国家自然科学基金应急项目系列丛书

防范通货紧缩及通缩预期对经济增长影响的政策研究

郭克莎 汪红驹 主编

科学出版社

北京

内 容 简 介

本书从通货紧缩的判断标准、物价指数构成、技术进步、大宗商品价格、债务周期、资本市场发展和资产价格、全球经济外部环境等角度全面评价了通货紧缩和通缩预期形成的原因，并分析了通货紧缩及通缩预期对经济增长的影响，同时结合经济新常态探讨未来两到三年影响中国通货紧缩预期的主要因素，研究防范通货紧缩预期的政策建议。中国经济进入"新常态"，需要切实深化和推动改革，强化长期增长的信心，稳定经济增长预期；推进供给侧结构性改革，适度扩大国内需求，为化解通货紧缩压力创造有利条件，使经济运行保持在合理区间。

本书适合宏观经济研究及相关领域工作人员阅读，也适合相关领域大学教师及学生作为参考书。

图书在版编目（CIP）数据

防范通货紧缩及通缩预期对经济增长影响的政策研究 / 郭克莎，汪红驹主编. —北京：科学出版社，2017.6

（国家自然科学基金应急项目系列丛书）

ISBN 978-7-03-051756-2

Ⅰ. ①防… Ⅱ. ①郭…②汪… Ⅲ. ①通货紧缩-经济政策-研究-中国 Ⅳ. ① F822.5②F120

中国版本图书馆 CIP 数据核字（2017）第 027064 号

责任编辑：魏如萍 / 责任校对：彭　涛
责任印制：霍　兵 / 封面设计：蓝正设计

科学出版社 出版
北京东黄城根北街 16 号
邮政编码：100717
http://www.sciencep.com

北京通州皇家印刷厂 印刷
科学出版社发行　各地新华书店经销

*

2017 年 6 月第 一 版　开本：720×1000　1/16
2017 年 6 月第一次印刷　印张：26 1/2
字数：520 000

定价：**186.00 元**
（如有印装质量问题，我社负责调换）

国家自然科学基金应急项目系列丛书编委会

主　编
　　吴启迪　教　授　国家自然科学基金委员会管理科学部
副主编
　　李一军　教　授　国家自然科学基金委员会管理科学部
　　高自友　教　授　国家自然科学基金委员会管理科学部
编委（按拼音排序）
　　程国强　研究员　国务院发展研究中心
　　方　新　研究员　中国科学院
　　辜胜阻　教　授　中国民主建国会
　　黄季焜　研究员　中国科学院地理科学与资源研究所
　　李善同　研究员　国务院发展研究中心
　　李晓西　教　授　北京师范大学
　　汪寿阳　研究员　中国科学院数学与系统科学研究院
　　汪同三　研究员　中国社会科学院数量经济与技术经济研究所
　　魏一鸣　教　授　北京理工大学
　　薛　澜　教　授　清华大学
　　杨列勋　研究员　国家自然科学基金委员会管理科学部

本书课题组名单

总课题：防范通货紧缩及通缩预期对经济增长影响的政策研究（项目批准号：71541010）

总课题主持人：郭克莎（华侨大学经济发展与改革研究院院长、研究员）

课题组成员：邓洲（中国社会科学院工业经济研究所副研究员）、渠慎宁（中国社会科学院工业经济研究所助理研究员）、黄彦彦（华侨大学经济发展与改革研究院助理研究员）、杨阔（中国社会科学院研究生院博士研究生）

研究报告执笔人：郭克莎、邓洲、渠慎宁、黄彦彦

子课题1：通货紧缩的判断标准与测度指标研究（项目批准号：71541011）

课题主持人：李拉亚（华侨大学经济与金融学院教授）

课题组成员：项后军（华侨大学统计学院教授）、张新红（华侨大学经济与金融学院教授）、程细玉（华侨大学经济与金融学院教授）、赵凯（华侨大学经济与金融学院讲师）、王燕玲（华侨大学经济与金融学院讲师）、刘素凤（华侨大学经济与金融学院博士研究生）、陈平（华侨大学经济与金融学院博士研究生）、陈学军（华侨大学经济与金融学院博士研究生）、杜习瑞（华侨大学经济与金融学院博士研究生）

研究报告执笔人：李拉亚

子课题2：中国消费物价指数结构性因素对通货紧缩预期的影响研究（项目批准号：71541012）

课题主持人：赵林海（华侨大学经济发展与改革研究院院长助理、副教授）

课题组成员：胡日东（华侨大学经济与金融学院教授）、苏梽芳（华侨大学经济与金融学院教授）、李宝良（华侨大学经济与金融学院副教授）、傅联英（华侨大学经济与金融学院副教授）、陈鹏军（华侨大学经济与金融学院副教授）、徐小君（华侨大学经济与金融学院副教授）、徐海东（华侨大学经济与金融学院硕士研究生）、李伟（华侨大学经济与金融学院硕士研究生）、刘兴宗（华侨大学经济与

金融学院硕士研究生）

研究报告执笔人：赵林海、徐海东、李伟、刘兴宗、杨永刚、龚莹、李书琴、梁耀文

子课题 3：技术创新发展对通货紧缩预期的影响研究（项目批准号：71541013）

课题主持人：贺俊（中国社会科学院工业经济研究所中小企业与创新创业研究室主任、研究员）

课题组成员：黄阳华（中国社会科学院工业经济研究所副研究员）、王秀丽（中国社会科学院工业经济研究所助理研究员）、黄娅娜（中国社会科学院工业经济研究所助理研究员）、渠慎宁（中国社会科学院工业经济研究所助理研究员）、江鸿（中国社会科学院工业经济研究所助理研究员）

研究报告执笔人：贺俊、黄阳华、王秀丽、黄娅娜、江鸿、渠慎宁

子课题 4：国际大宗商品价格走势与输入性通货紧缩影响研究（项目批准号：715411014）

课题主持人：汪红驹（中国社会科学院财经战略研究院综合部副主任、研究员）

课题组成员：翟雪玲（农业部农村经济研究中心研究员）、李大伟（国家发展和改革委员会对外经济研究所副研究员）、汪川（中国社会科学院财经战略研究院副研究员）、王振霞（中国社会科学院财经战略研究院副研究员）、张昊（中国社会科学院财经战略研究院助理研究员）、吕风勇（中国社会科学院财经战略研究院助理研究员）

研究报告执笔人：汪红驹、王振霞、张彬斌、汪川

子课题 5：债务处置周期对通货紧缩预期的影响机制研究（项目批准号：715411015）

课题主持人：高培勇（中国社会科学院财经战略研究院院长、研究员）

课题组成员：张斌（中国社会科学院财经战略研究院研究员）、付敏杰（中国社会科学院财经战略研究院副研究员）、汤林敏（中国社会科学院财经战略研究院助理研究员）、汪德华（中国社会科学院财经战略研究院研究员）、于树一（中国社会科学院财经战略研究院副研究员）、范建鏋（中国社会科学院财经战略研究院副研究员）、刘柏惠（中国社会科学院财经战略研究院助理研究员）、赵早早（中

国社会科学院财经战略研究院助理研究员）

研究报告执笔人：高培勇、付敏杰、戎梅

子课题 6：资本市场发展对通货紧缩预期的影响机制研究（项目批准号：71541016）

课题主持人：闫先东（中国人民银行调查统计司处长，副研究员）

课题组成员：朱迪星（中国人民银行武汉分行经济师）、郭永强（中证资本市场运行统计监测中心副总经理，高级经济师）、张建平（中国人民银行长春中心支行经济师）、叶欢（中国人民银行调查统计司经济师）、李倩（中国人民银行武汉分行经济师）、栾惠德（中国人民银行调查统计司经济师）、胡新杰（中国人民银行调查统计司高级经济师）、秦栋（中国人民银行调查统计司经济师）、刘西（中国人民银行调查统计司副处长，副研究员）

研究报告执笔人：闫先东、朱迪星、张建平、叶欢、李倩

子课题 7：全球经济调整对通货紧缩预期的影响机制研究（项目批准号：71541017）

课题主持人：张慧莲（外交学院国际经济学院副教授）

课题组成员：夏先良（中国社会科学院财经战略研究院研究员）、欧明刚（外交学院国际经济学院教授）、胡再勇（外交学院国际经济学院教授）、付韶军（外交学院国际经济学院讲师）、郭宏宇（外交学院国际经济学院副教授）、邓鑫（外交学院国际经济学院副教授）

研究报告执笔人：张慧莲、付韶军

子课题 8：防范通货紧缩预期对经济增长影响的政策研究（项目批准号：71541018）

课题主持人：田国强（上海财经大学高等研究院、经济学院院长，教授）、黄晓东（首席经济学家，上海财经大学高等研究院常务副院长、中国宏观经济研究中心主任、特聘教授）

课题组成员：王玉琴（上海财经大学高等研究院助理研究员）、巫厚玮（上海财经大学高等研究院助教授）、吴化斌（上海财经大学高等研究院助理研究员）、赵琳（上海财经大学高等研究院助理研究员）、周亚虹（上海财经大学经济学院数量经济学系主任，常任教职副教授）、朱梅（上海财经大学高等研究院副研究员，

校讲席副教授）、张敏（上海财经大学经济学院副教授）

研究报告执笔人：田国强、黄晓东、陈旭东（上海财经大学高等研究院助理研究员、院长助理）、王玉琴、巫厚玮、吴化斌、赵琳、周亚虹、朱梅、张敏

总　　序

为了对当前人们所关注的经济、科技和社会发展中出现的一些重大管理问题快速做出反应，为党和政府高层科学决策及时提供政策建议，国家自然科学基金委员会于1997年特别设立了管理科学部主任基金应急研究专款，主要资助开展关于国家宏观管理及发展战略中急需解决的重要的综合性问题的研究，以及与之相关的经济、科技和社会发展中的"热点"与"难点"问题的研究。

应急研究项目设立的目的是为党和政府高层科学决策及时提供政策建议，但并不是代替政府进行决策。根据学部对于应急项目的一贯指导思想，应急研究应该从"探讨理论基础、评介国外经验、完善总体框架、分析实施难点"四个主要方面为政府决策提供支持。每项研究的成果都要有针对性，且满足及时性和可行性要求，所提出的政策建议应当技术上可能、经济上合理、法律上允许、操作上可执行、进度上可实现和政治上能为有关各方所接受，以尽量减少实施过程中的阻力。在研究方法上要求尽量采用定性与定量相结合、案例研究与理论探讨相结合、系统科学与行为科学相结合的综合集成研究方法。应急项目的承担者应当是在相应领域中已经具有深厚的学术成果积累，能够在短时间内（通常是9~12个月）取得具有实际应用价值成果的专家。

作为国家自然科学基金的一个特殊专项，管理科学部的"应急项目"已经逐步成为一个为党和政府宏观决策提供科学、及时的政策建议的项目类型。与国家自然科学基金资助的绝大部分（占预算经费的97%以上）专注于对管理活动中的基础科学问题进行自由探索式研究的项目不同，应急项目有些像"命题作文"，题目直接来源于实际需求并具有限定性，要求成果尽可能贴近实践应用。

应急研究项目要求承担课题的专家尽量采用定性与定量相结合的综合集成方法，为达到上述基本要求，保证能够在短时间内获得高水平的研究成果，项目的承担者在立项的研究领域应当具有较长期的学术积累。

自1997年以来，管理科学部对经济、科技和社会发展中出现的一些重大管理问题做出了快速反应，至今已启动45个项目，共323个课题，出版相关专著16部。其他2005年前立项、全部完成研究的课题，其相关专著亦已于近期出版发行。

从2005年起，国家自然科学基金委员会管理科学部采取了新的选题模式和管理方式。应急项目的选题由管理科学部根据国家社会经济发展的战略指导思想和方针,在广泛征询国家宏观管理部门实际需求和专家学者建议及讨论结果的基础上,形成课题指南,公开发布,面向全国管理科学家受理申请;通过评审会议的形式对项目申请进行遴选;组织中标研究者举行开题研讨会议,进一步明确项目的研究目的、内容、成果形式、进程、时间结点控制和管理要求,协调项目内各课题的研究内容;对每一个应急项目建立基于定期沟通、学术网站、中期检查、结题报告会等措施的协调机制以及总体学术协调人制度,强化对于各部分研究成果的整合凝练;逐步完善和建立多元的成果信息报送常规渠道,进一步提高决策支持的时效性;继续加强应急研究成果的管理工作,扩大公众对管理科学研究及其成果的社会认知,提高公众的管理科学素养。这种立项和研究的程序是与应急项目针对性和时效性强、理论积累要求高、立足发展改革应用的特点相称的。

为保证项目研究目标的实现,应急项目申报指南具有明显的针对性,从研究内容到研究方法,再到研究的成果形式,都具有明确的规定。管理科学部将应急研究项目的成果分为四种形式,即一本专著、一份政策建议、一部研究报告和一篇科普文章,本丛书即应急研究项目的成果之一。

为了及时宣传和交流应急研究项目的研究成果,管理科学部决定将2005年以来资助的应急项目研究成果结集出版,由每一项目的协调人担任书稿的主编,负责项目的统筹和书稿的编撰工作。

希望此套丛书的出版能够对我国管理科学政策研究起到促进作用,对政府有关决策部门发挥借鉴咨询作用,同时也能对广大民众有所启迪。

国家自然科学基金委员会管理科学部

前　言

中国经济进入新常态，是发展阶段的重大转变。如果将 2012 年确定为中国经济进入新常态的开端，预计新常态的持续时间要达到 10 年以上，其中前 5 年将是比较艰难的转换期和适应期。在这样的大背景下，本书研究了新常态下中国通货紧缩及通缩预期对经济增长的影响和防范这些影响的政策取向。

研究经济新常态下的通缩和通缩预期对经济增长的影响具有重要意义。自 20 世纪 90 年代初开始，长期的通货紧缩给日本经济造成极大伤害，导致日本经济经历了 20 多年的长期停滞。一是通货紧缩导致名义 GDP 缩水，日本经济规模失去世界第二宝座。泡沫经济破灭后的几年，1992 年至 1998 年，日本虽然消费物价涨幅尚未出现负增长，但生产价格指数已经出现负增长，年平均 GDP 增速降至 0.9%；而在日本官方承认的通货紧缩时期，从 1999 年至 2012 年，年平均 GDP 增长率降至 0.8%。根据国际货币基金组织（International Monetary Fund，IMF）提供的数据，日本 GDP 缩减指数从 1995 年至 2013 年一直为负值，年均下降 1%，因此实际 GDP 的缓慢增长还不够弥补价格下跌的幅度，这就导致其名义 GDP 总体上是下降的，这一期间名义 GDP 最低值与最高值之间相差大约 10%，2013 年与 1997 年相比名义 GDP 缩水 8.6%。日本经济增长停滞期间，其 GDP 规模在 2010 年被中国超越，失去 GDP 规模世界第二的位置。二是失业率上升。1990 年年底，日本失业率最低为 2.0%，泡沫经济破灭后，失业率逐步上升，2002 年最高升至 5.4%，随后略有回落，2008 年金融危机后，再度上升，2009 年 8 月重新升至 5.4%。在政策大力刺激下，失业率才缓慢回落，2014 年 8 月降至 3.5%。三是货币供应增速大幅下降。1980 年至 1990 年，日本货币供应（M3 口径）年平均增幅为 9.2%，泡沫经济破灭后，1991 年至 1998 年，M3 年平均增幅降至 2.6%，在官方承认的通货紧缩时期，1999 年至 2012 年，M3 年平均增幅为 1.1%，其中 2000 年至 2008 年 M3 年平均增幅只有 0.5%。

中国经济新常态下物价变化呈现两个特征：一是居民消费价格指数涨幅基本稳定，二是生产者价格指数出现大起大落。2012 年 1 月至 2017 年 2 月，居民消费物价指数（consumer price index，CPI）涨幅均值为 2.1%，中位数为 2.0%；离差为 0.68%；生产者价格指数（producer price index，PPI）自 2012 年 3 月转为负增长后，持续 54 个月负增长，直到 2016 年 9 月才转正，随后又大幅上升，2017 年 2 月 PPI 同比涨幅升至 7.8%。综合起来，2012 年 1 月至 2017 年 2 月 PPI 均值为 –2.1%，中位数为 –2.2%，离差为 2.75%，最低值为 –5.9%，最高值为 7.8%。

在高速增长时期，防通胀反通胀是宏观调控主基调。中国经济进入新常态以后，经济由高速增长转为中高速增长，通胀水平出现较快回落，通缩可能成为潜在的风险。受中长期结构性因素影响，中国经济增速存在下移趋势，GDP 增速自从 2010 年第 1 季度达到 12.2%的峰值后，逐步下移至 2016 年的 6.7%左右，降幅达到 5.7 百分点。经济增速大幅下移，使物价低迷、结构性通缩和通缩预期对经济增长的负向冲击变得更为敏感。

在长达四年零六个月的 PPI 负增长期间，结构性通缩比较突出，市场通缩预期有所增强。其中一段时期，受世界经济复苏缓慢、美元汇率走强等影响，国际大宗商品价格低位徘徊，对中国产生输入性通缩影响；国内价格总水平走势中，能够持续拉动价格上涨的主要方面或重大因素不多；特别是，总需求不足、产能过剩严重的状况难以改变，通缩风险及通缩预期的影响逐步上升，并可能引发价格下行螺旋、需求收缩螺旋、债务紧缩螺旋、货币紧缩螺旋等一系列连锁性负面效应。

为比较全面地研究清楚经济新常态下通缩和通缩预期对中国经济增长的影响，本书利用 DSGE 模型分析通货紧缩的来源，从外生需求、投资和货币冲击等角度全面评价通缩预期对宏观经济的影响，分析通缩预期影响经济增长的机制和主要因素，并从国际化和历史视野研究通货紧缩预期对经济增长的影响，结合经济新常态探讨未来两到三年影响中国通货紧缩预期的主要因素，研究防范通货紧缩预期的政策思路。中国需要切实深化改革，加大定向宽松政策的力度，强化长期增长的信心，稳定预期，将"稳增长、促改革、调结构、惠民生、防通缩、控风险"的政策结合起来，进一步实施积极有效的财政政策和稳健灵活的货币政策，继续深化经济体制改革，创新宏观调控方式方法，加大力度扩大国内需求，使经济运行保持着合理区间，为化解通货紧缩压力创造有利条件。

在导论研究防范通缩及通缩预期影响的总体框架后，本书按照以下顺序展开。

（1）通货紧缩的判断标准与测度指标研究。依据通货紧缩理论和实践需求，确定通货紧缩的判断标准，建立通货紧缩的初步测度指标体系。通过这些测度指标，我们能分析导致通货紧缩的一些关键因素（如宏观杠杆率），捕捉原有统计指标难以反映的一些经济现象（如预期），反映政策关注指标（如经济增长质量），了解通货紧缩对经济的影响（如就业），分析统计指标之间的关系（如 PPI 与 CPI 的关系），考察理论界和政策界长期忽视现在重视的重要经济因素（如金融周期），因而弥补了统计指标考察通货紧缩及其影响的不足。

（2）中国消费物价指数结构性因素对通货紧缩预期的影响研究。近十年来，中国消费物价指数的结构性变化趋势明显。通胀主要表现为以农产品价格、服务业价格为代表的结构性价格上涨，工业品价格涨幅缓慢以至下降。围绕这种现象，研究当前和今后一个时期消费物价变动趋势的主要决定因素，包括农产品价格、劳动力成本、资源环境成本、服务业价格等因素对消费价格上涨的影响，工业品价格等因素对消费价格下行的影响，从人均收入分层和地区差异分层两个层面科学界定CPI商品篮子的结构权重，重新计算中国CPI。

（3）技术创新发展对通货紧缩预期的影响研究。当今，新一轮科技革命和产业变革正在孕育兴起，全球技术创新呈现出新的发展态势和特征。技术进步是影响物价总水平的重要因素。技术创新不仅影响产品的生产效率和成本，从供给侧影响物价水平，在开放竞争的条件下，技术进步还会影响国家间的收益分配和需求增长，从而从需求侧影响物价水平。本书在"第三次工业革命"的背景下将技术进步的外延界定为生产制造的自动化、智能化和网络化，并在将技术进步对物价总水平的影响分解为"部门转移效应"和"新部门创造效应"两种机制的基础上，利用历史分析方法和DSGE分析方法分别从长期和短期研究技术进步对物价的影响，最后在实证分析的基础上给出政策建议。

（4）国际大宗商品价格走势与输入性通货紧缩影响研究。重点分析国际原油、大宗矿产品等大宗商品价格呈持续下行趋势，对中国输入性通货紧缩的影响，同时构造DSGE模型，探讨国际价格对国内价格的传导效应，系统研究输入性通货紧缩的影响渠道和影响程度，以及与国内经济周期波动之间的联系。

（5）债务处置周期对通货紧缩预期的影响机制研究。系统研究了Fisher的非均衡经济周期理论和过度负债引起的资产下行期的债务通缩理论，列举了关于中国目前通缩状况的不同代表性观点，分析了中国的债务水平，虽然相对于发达国家而言，中国的各部门静态债务水平都是比较低的，但债务处置中存在通缩倾向。政府部门的紧缩是导致中国式债务–通缩的关键。中国的财政风险总体可控，政府部门过于保守的行为无助于债务处置，而改革滞后的财经制度也成为破解经济紧缩的关键。

（6）资本市场健康发展对通货紧缩预期的影响机制研究。通缩时期常常与资产价格泡沫相伴，主要是因为通缩是泡沫破裂后实体经济陷入困境的表现。在通缩时期，资产价格的上涨反而会吸引更多资金投入资本市场或房地产市场，甚至会加剧通缩的程度。防止资产价格的非理性上涨有利于抑制通缩，一是可以防止资金过多逃离实体经济，二是可以防止资产价格泡沫破裂后经济崩溃陷入通缩。

（7）全球经济调整对通货紧缩预期的影响机制研究。当前全球经济结构处于深度调整过程，世界经济分化格局使不同国家之间出现经济周期错配，货币政策相互冲突、宏观协调难度加大。随着美联储在加息通道上继续前行，中国将面临资本外流、货币贬值和资本市场动荡等诸多挑战。中国需要根据国内外经济发展形势，综合考虑国内经济增长、资产价格、人民币汇率、资本流动等因素的相互作用，在内外部平衡中寻求政策最佳着力点，兼顾短期增长和长期稳定。

（8）通缩及通缩预期影响经济增长的机理分析与改革治理。结合中国经济新常态，探讨与通货紧缩预期及经济增长相关的基础理论研究和政策研究，将通货紧缩预期对经济增长的影响机制的研究纳入一个准结构化的宏观经济预测模型中。主要研究内容包括债务通缩、新凯恩斯模型理论、中国宏观经济形势分析预测、政策应对的情景分析等。结合国内外相关理论和实践，探讨了生产部门紧缩和通货紧缩预期的影响因素，致力为新常态之下的中国宏观经济调控以及"十三五"规划的具体落实提供科学的理论依据和决策参考。

总之，在经济新常态的转换期和适应期，宏观调控需要从主要防控通胀向主要防控通缩转变，把调控重心转向消除或减少价格下行因素，改变或减弱市场通缩预期，扭转价格总水平可能出现的下降趋势。货币政策不仅要实行调控取向的转变，把基本目标从防控通胀转向防控通缩，而且要变被动性为主动性，提升对经济走势的预见性和调控作用。

本书各部分分工如下：导论由郭克莎、邓洲、渠慎宁、黄彦彦完成；第一章由李拉亚完成；第二章由赵林海、徐海东、李伟、刘兴宗、杨永刚、龚莹、李书琴、梁耀文完成；第三章由贺俊、黄阳华、王秀丽、黄娅娜、江鸿、渠慎宁完成；第四章由汪红驹、王振霞、张彬斌、汪川完成；第五章由高培勇、付敏杰、戎梅完成；第六章由闫先东、朱迪星、张建平、叶欢、李倩完成；第七章由张慧莲、付韶军完成；第八章由田国强、黄晓东、陈旭东、王玉琴、巫厚玮、吴化斌、赵琳、周亚虹、朱梅、张敏完成。全书由郭克莎、汪红驹合作担任主编，负责处理和协调本书汇编、出版中的具体问题。各章统稿的分工如下：郭克莎负责导论，李拉亚负责第一章，赵林海负责第二章，贺俊负责第三章，汪红驹负责第四章，高培勇负责第五章，闫先东负责第六章，张慧莲负责第七章，田国强负责第八章。

尽管我们在课题研究的过程中秉承扎实、可靠、科学和高度负责的态度，力求从长远性和总体性两方面把握观点，在整理编纂书稿的过程中也力求认真仔细，在编辑的帮助下也反复修改多次，但是书中仍不可避免地存在不足之处，恳请读者批评指正！

郭克莎、汪红驹

2017年3月13日

目　　录

导论：防范通货紧缩及通缩预期对经济增长影响的政策研究 1
  第一节　未来两年中国通货紧缩及通缩预期分析 1
  第二节　未来 2~3 年通货紧缩及通缩预期对经济增长的影响 13
  第三节　防范通货紧缩及通缩预期对经济增长影响的政策建议 26
  参考文献 35

第一章　通货紧缩的判断标准与测度指标研究 38
  第一节　理论基础 38
  第二节　通货紧缩预期 43
  第三节　宏观杠杆测度 48
  第四节　就业与失业 51
  第五节　经济增长 58
  第六节　PPI 与 CPI 指标 65
  第七节　经济周期和金融周期 70
  第八节　总结 79
  参考文献 79

第二章　中国消费物价指数结构性因素对通货紧缩预期的影响研究 ... 81
  第一节　通货膨胀与通货紧缩预期对微观经济决策的影响研究 81
  第二节　物价变动、预期与宏观经济 92
  第三节　关键成分对 CPI 走势的影响分析以及政策制定 105
  第四节　编制不同收入层次和不同经济区域的分层 CPI 114
  参考文献 123

第三章　技术创新发展对通货紧缩预期的影响研究 129
  第一节　本章的理论分析框架 129
  第二节　技术经济范式转换对物价变动的长期影响：历史分析 134
  第三节　技术进步对物价的短期影响：基于 DSGE 的分析 149
  第四节　结论与政策建议 164
  参考文献 169

第四章　国际大宗商品价格走势与输入性通货紧缩影响研究 … 171
第一节　从投入产出角度的初步考察 … 171
第二节　国际油价波动对中国通货紧缩的影响 … 177
第三节　国际矿产品价格对国内通货紧缩的传导机制及效应 … 192
第四节　大宗商品价格对中国经济的冲击——基于DSGE模型的分析 … 213
参考文献 … 231

第五章　债务处置周期对通货紧缩和通缩预期的影响机制研究 … 233
第一节　理论基础 … 234
第二节　中国的债务水平 … 238
第三节　国内目前关于债务通缩的认识与分歧 … 246
第四节　防范债务处置路径中的通缩倾向 … 249
第五节　地方政府性债务处置必须坚持股权化思路 … 256
参考文献 … 267

第六章　资本市场发展对通货紧缩预期的影响机制研究 … 269
第一节　资本市场：国际比较及中国现实 … 269
第二节　通货紧缩的历史考察 … 280
第三节　股票价格泡沫、物价波动与货币政策反应 … 291
第四节　房地产价格、产出增长与物价波动 … 301
第五节　相关政策建议 … 307
参考文献 … 311

第七章　全球经济调整对通货紧缩预期的影响机制研究 … 313
第一节　当前国际经济深度调整的主要表现 … 313
第二节　影响各国物价水平波动的国际经济因素 … 324
第三节　国际经济深度调整的原因：理论解释 … 329
第四节　国际经济因素对中国消费价格指数的影响：实证分析 … 332
第五节　中国应对国际经济调整，稳定通货紧缩预期的对策建议 … 341
参考文献 … 346

第八章　通缩及通缩预期影响经济增长的机理分析与改革治理 … 350
第一节　债务-通缩、通缩预期对经济增长的影响机理 … 350
第二节　中国宏观经济形势分析与预测的基本分析框架 … 354
第三节　化解通缩及通缩预期影响经济增长的改革治理 … 361
参考文献 … 376

附录：发达国家应对通货紧缩及通缩预期对经济增长影响的政策研究 … 378

后记 … 405

导论：防范通货紧缩及通缩预期对经济增长影响的政策研究[①]

当前，中国经济增速下行压力较大，但对是否出现通货紧缩[②]，各方面看法分歧较大。本章作为全书的导论章，将对未来两三年的通缩及通缩预期形势进行研究预测，分析判断由此对经济增长可能带来的影响，并提出防范通货紧缩及通缩预期对经济增长影响的政策建议。

第一节 未来两年中国通货紧缩及通缩预期分析

要保证和提高经济决策的科学性，充分掌握制定决策所必备的各种信息是必不可少的。价格作为市场经济下反映供求关系的最重要指标，准确预测其走势无疑具有十分重要的意义。2010 年以来，受到世界经济危机的影响，我国进入了新一轮宏观紧缩的周期，价格水平的波动和公众对于通胀预期的不确定性给宏观政策的制定带来了一定困难。基于上述原因，本部分研究结合我国的实际情况对我国未来两年通缩形势进行预测，并对构建我国通货紧缩预测方法提出相应的政策建议。

一、通货紧缩的定义

通货紧缩的经济学定义是一国价格总水平的持续全面下降或者单位货币购买力的持续上升（Samuelson and Nordhaus，1998）。这个定义包含两个关键因素：一是价格总水平，二是价格总水平的持续全面下降。若经济中出现某一种或某些商品价格的局部下降，不能称之为通货紧缩；若价格总水平间断下降也不能称之为通货紧缩。

常用的价格水平指标包括消费者价格指数（consumer price index，CPI）、工

[①] 本章执笔人：郭克莎、邓洲、渠慎宁、黄彦彦。
[②] 本书"通货紧缩"与"通缩"表示相同概念。

业生产者出厂价格指数（producer price index，PPI）和国内生产总值（GDP）平减指数。CPI是用来度量一定时期内居民所支付消费商品和劳务价格变化程度的相对数指标，反映生活成本变动，是最常用做衡量通货紧缩的指标，CPI为月度定期发布数据，很多中央银行都将CPI作为货币政策的目标。PPI是度量一定时期内工业企业产品出厂价格变化程度的相对数指标，反映企业支付生产资料和劳务价格变化程度，由于企业最终将这些费用以更高的消费价格转嫁给消费者，于是通常认为PPI的变动有助于预测CPI的变化状况。GDP平减指数是以最终产品和劳务为对象的按当年价格计算的GDP与按可比价格计算的GDP的比率。它的统计范围更广泛，不仅包括国内所有的商品和劳务，也包括进出口商品，是经历过增值过程的所有商品，能够更全面地反映整体价格总水平的变化，理论上讲，GDP平减指数是最适合充当通胀指数的价格指标。

采用不同的通货紧缩指标判断我国经济是否进入通货紧缩阶段的结论有所区别。若以CPI为衡量通货紧缩的指标，尽管自2014年以来CPI处于较低水平，但上涨率仍然为正，所以不能认为我国已进入通货紧缩阶段。若以PPI为衡量指标，自2012年3月至2015年9月PPI已连续42个月负值，所以可以判断我国早在2012年就步入通货紧缩阶段。若以GDP平减指数为衡量指标，虽然2015年第一季度和第三季度的当季同比增长为负值，但不是持续下降，可以认为我国还没有步入通货紧缩阶段。由此可见，采用不同的通货紧缩指标得出的结论迥然不同，不科学的判断和预测可能为货币政策制定者提供错误的信息。

二、模型选择与数据说明

（一）模型估计方法与选择

本部分研究采用基于菲利普斯曲线的向量自回归（vector autoregression，VAR）模型和时间序列自回归积分移动平均（autoregressive integrated moving average，ARIMA）模型进行预测，这主要基于如下考虑：①自回归（autoregression，AR）模型虽然没有考虑复杂的实时信息，也忽视供需方面的变化对通货膨胀产生的重要影响，但是在一系列的线性和非线性的模型中是表现得最好的预测模型（Stock and Watson，1999）；②基于菲利普斯曲线的VAR模型不仅在经济理论基础上考虑各主要经济变量的相互影响作用，而且对通货膨胀率的预测具有较高的预测精度（张卫平，2012）。

（二）变量选取与数据说明

1. 通货膨胀率

为了全面综合地预测我国的通缩形势，本部分研究采用四个指标度量我国的通货膨胀率，分别是CPI指标、核心CPI指标（剔除法）、PPI指标与GDP平减指数指标。以上指标的环比和同比都是衡量通缩的常用指标，本部分研究选择常用的不包含季节性影响的同比指标，它可以直观地反映物价总水平的变动。

由于我国只发布月度CPI同比数据，没有季度的CPI同比数据，本部分研究通过季度内三个月的移动平均先求出季度同比CPI数据，然后计算季度通货膨胀率π_1，即等于（季度CPI-1）×100%。采用类似的方法，可以得到核心CPI和PPI的季度同比数据以及相应的季度通货膨胀率π_2和π_3。GDP平减指数定义为名义GDP除以实际GDP。此外，我国没有发布GDP平减指数的季度数据，本部分研究采用Wind资讯提供的GDP平减指数季度累计同比增长率及名义GDP的季度水平值推算出GDP平减指数与上年同季度的对数差分，即GDP平减指数季度同比增长率，记为季度通货膨胀率π_4。

2. 产出缺口

产出水平采用GDP来表示。产出缺口定义为实际GDP偏离潜在GDP的百分比，表示为实际GDP与潜在GDP的对数差。为实现对产出缺口的估计，需要利用实际GDP增长率计算出实际GDP。本部分研究根据国家统计局提供的名义GDP水平值和GDP指数（上年同期=100）推算出以1995年为不变价的实际GDP季度值，然后对实际GDP采用X_{12}法进行季度调整得到实际GDP。潜在GDP的估计方法主要有经济结构估计法和趋势分解法。前者利用经济理论分离出结构性和周期性因素对产出的影响，典型的是生产函数法。后者主要是采用回归和滤波方法。本部分研究选择常用的HP（Hodride-Prescott）滤波法计算潜在产出（对于季度数据，$\lambda=1\,600$），记为y。

3. 货币供应量

本部分研究采用广义货币供给（M_2）增长率来衡量货币供应增长率，通过季度内三个月的移动平均求出季度同比M_2数据，记为m。

4. 供给冲击

Calvo（1983）认为成本推动冲击（石油供给冲击）对价格水平变化有重要影响。本部分研究用石油价格变动来衡量石油供给冲击，并作为基于货币因素的菲利普斯曲线的VAR系统的外生变量。国际石油价格数据采用石油输出国组织（Organization of Petroleum Exporting Countries，OPEC）每月公布的一揽子原油价格(美元/桶),利用月度汇率值转换以人民币计价的原油价格(元/桶),并将季度内的月度数据平均得到季度平均价格,计算得到石油价格的季度同比增长率。

三、未来两三年通货紧缩形势预测

本部分将采用1996年第一季度至2016年第一季度各通货紧缩指标的季度数据,基于ARIMA模型和VAR模型对我国未来两年通货膨胀率的走势进行预测,进而对我国经济的通货紧缩形势进行判断。

(一)ARIMA模型

ARIMA模型是由Box-Jenkins提出的一种精度较高的时间序列预测方法,用变量的滞后项和随机误差项来解释变量。进行ARIMA建模的前提是时间序列为平稳序列,本部分研究首先进行单位根检验,其次进行模型识别,并基于贝叶斯信息准则(Bayesian information criterion,BIC)和预测精度最小化原则进行模型选择,最后进行样本外预测。关于预测长度设置,国外中央银行通常采用的预测长度不超过两年。例如,美国联邦储备系统(简称美联储)的预测长度一般为6~8个季度(Reifschneider et al.,1997);瑞士中央银行为一年或两年(Heikensten,1999);英格兰银行为10个季度。为了预测未来两年内的通货膨胀率,本部分研究的预测步长分别设置为3个季度和7个季度。

1. 单位根检验

在进行计量分析之前,先对各通货膨胀率指标进行单位根检验。如表0-1所示,ADF(augment dickey-fuller)单位根检验结果表明各变量都是一阶平稳序列,即各变量均为$I(1)$序列。

表0-1 变量的平稳性检验

变量	类型(C, T, K)	ADF检验统计量	变量	类型(C, T, K)	ADF检验统计量
π_1	(C, 0, 11)	−1.571	$D(\pi_1)$	(C, 0, 10)	−3.759***
π_2	(C, 0, 11)	−2.595	$D(\pi_2)$	(C, 0, 10)	−3.147**
π_3	(C, 0, 8)	−1.295	$D(\pi_3)$	(C, 0, 8)	−6.328***
π_4	(C, 0, 7)	−1.662	$D(\pi_4)$	(C, 0, 1)	−3.616***

*代表10%以下显著性水平;**代表5%以下显著性水平;***代表1%以下显著性水平
注:检验形式(C, T, K)分别表示截距项、趋势项和根据施瓦兹准则(Schwarz criterion,SC)确定的最优滞后阶数。本书不同表格所用的统计软件不同,*表示的显著性水平亦有差异

2. 模型识别与选择

由各变量的平稳性检验可以知道通货膨胀率各指标是一阶单整的,即 $d=1$。

根据 B-J（Box-Jenkins）法，对各变量的差分序列进行自相关分析，由自相关图和偏自相关图可确定 p 与 q 的最大阶数 m 与 n。对 $p\in[0,m],q\in[0,n]$ 所有可能组合的 ARIMA 模型进行参数估计。为了得到较准确的预测模型，将 1996 年第一季度至 2016 年第一季度整个样本区间根据预测步长分割为两个子样本，第一个子样本估计区间为 1996 年第一季度至 2015 年第二季度，第二个子样本估计区间为 1996 年第一季度至 2014 年第二季度，这两个子样本分别进行预测步长为 3 个季度和 7 个季度的样本内估计和预测。根据 BIC 最小的准则进行最优模型选择，具体结果见表 0-2。

表 0-2　模型（p，q）选择

变量	$D(\pi_1)$		$D(\pi_2)$		$D(\pi_3)$		$D(\pi_4)$	
预测步长（季度）	3	7	3	7	3	7	3	7
p	1	1	2	2	3	3	1	1
q	3	3	0	0	3	3	1	1
残差检验	35.52（p=0.53）	35.67（p=0.53）	23.18（p=0.96）	23.24（0.96）	31.69（p=0.63）	34.82（p=0.47）	42.91（p=0.23）	42.11（p=0.26）
残差平方检验	45.85（p=0.15）	45.74（p=0.15）	32.09（p=0.70）	32.31（p=0.68）	12.63（p=0.90）	10.52（p=1.00）	33.08（p=0.65）	33.11（p=0.65）

根据 BIC，本部分研究选择的模型如下：当预测步长为 3 个季度，拟合通货膨胀率 π_i（$i=1,2,3,4$）的模型分别是 ARIMA（1，1，3）、ARIMA（2，1，0）、ARIMA（3，1，2）、ARIMA（1，1，1）；当预测步长为 7 个季度，四个通货膨胀率的模型选择分别是 ARIMA（1，1，3）、ARIMA（2，1，0）、ARIMA（3，1，3）、ARIMA（1，1，1）。

无效的模型是不能用于预测的，因此有必要对以上模型进行诊断检验，这主要是针对各模型的残差序列进行白噪声检验。对各模型的残差序列进行 LB（Ljung-Box）检验，结果表明在 1% 的显著性水平下都不拒绝残差序列无自相关的原假设，这说明这些模型能较好地描述通货膨胀率的动态变化。表 0-2 也给出了各模型残差序列的条件异方差检验结果，结果显示这些模型中都不存在异方差的情形。以上检验结果表明，根据 BIC 最小准则选择的模型都适用于拟合我国通货膨胀率。

3．模型预测

在利用子样本对上述模型进行估计和检验的基础上，接下来对我国季度通货膨胀率进行样本内预测和样本外推预测。为了检验模型预测效果，定义均方预测误差（mean square forecast error，MSFE）为 $\frac{1}{T}\sum_{i=1}^{T}(\pi_i-\hat{\pi}_i)^2$，分别利用两个子样本的估计结果可以计算出不同模型的均方预测误差。当预测步长为 3 个季度时，衡量通货膨胀率的四个变量选择的模型的均方预测误差分别为 0.565、0.463、2.580、1.192；当预测步长为 7 个季度，衡量通货膨胀率的四个变量选择的模型的均方误差分别为 0.568、0.458、2.621、1.103。这表明样本内预测的误差比较小，可以采用这些模型对我国的季度通货膨胀率进行预测步长为 3 个季度和 7 个季度的样本外预测。图 0-1 给出了预测步长为 7 个季度时，各通缩指标的走势。

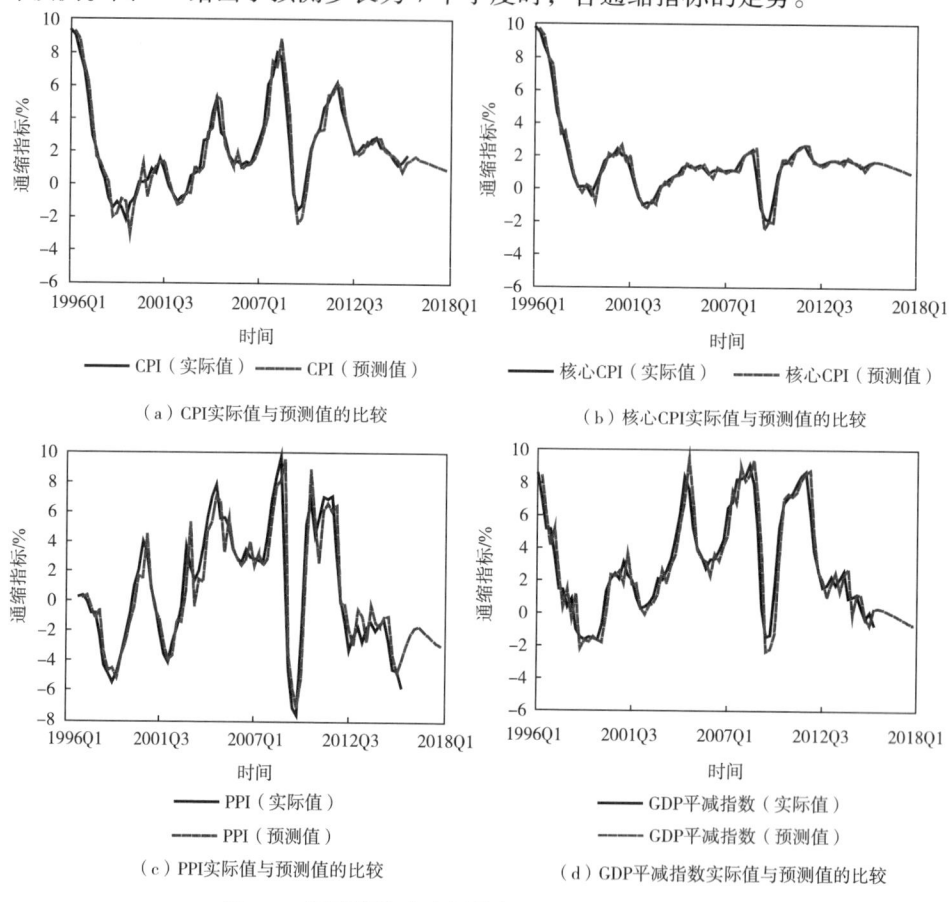

图 0-1 通货膨胀率实际值与预测值比较（$h=7$）
Q 表示季度；h 表示预测步长

样本外的预测结果表明，2016~2017 年，通货膨胀率的各指标都呈先上升后下降的趋势。预计 2016~2017 年 CPI 增速缓慢下行，2016 年和 2017 年全年 CPI 平均为 1.6%左右和 1.3%左右。预计 2016~2017 年核心 CPI 增速趋缓，2016 年和 2017 年核心 CPI 平均为 1.39%左右和 1.21%左右。2016~2017 年虽然 PPI 仍是负增长，但是增幅趋缓，预计 2016 年和 2017 年全年 PPI 增速分别为–2.11%和–2.63%，表明工业通货紧缩的压力有所下降。预计 2016 年 GDP 平减指数增长率由负转为正，呈不断上升的态势，全年平均增速为 0.08%，预计 2017 年 GDP 平减指数再次进入负增长，并持续 4 个季度，整个经济的通货紧缩的压力增大。

（二）VAR 预测

虽然上文的 ARIMA 模型在预测通货膨胀率方面具有良好的预测效果，但是它忽视实际中的经济变量对通货膨胀产生的影响，而事实上，供需方面的变动与通货膨胀紧密关联，这种关联关系可以由 VAR 模型来捕捉。VAR 模型可以研究各个变量之间的动态关系，而且 VAR 模型是泛理论的，包括衡量通货膨胀率指标在内的各个变量都是内生变量，从而避免主观判断设定模型的缺点。

1. 平稳性与协整检验

在进行计量分析之前，先对各变量进行单位根检验，其中表征通货膨胀率指标的单位根检验的结果见表 0-3，其结果表明，货币增长率和产出缺口都是一阶平稳序列，即各变量均为 $I(1)$ 序列。如果变量同为一阶单整且存在协整关系，那么这些变量可以建立 VAR 系统。对 VAR 系统进行定义，将 π_i ($i=1,2,3,4$) 与货币供应量、产出缺口组成的系统分别称为 VAR_i，$i=1,2,3,4$。对各变量进行的基于多变量的 Johansen 协整检验、迹检验统计量（trace statistics）结果表明，在 5% 显著性水平下，各通货膨胀率指标、货币供应量与产出缺口至少存在两个确定性的协整关系（表0-4）。

表 0-3 变量的平稳性检验

变量	类型 (C, T, K)	ADF 检验统计量	变量	类型 (C, T, K)	ADF 检验统计量
m	(C, 0, 4)	−2.741	$D(m)$	(C, 0, 11)	−3.050**
y	(C, 0, 11)	−2.035	$D(y)$	(C, 0, 3)	−5.250***

*代表10%以下显著性水平；**代表5%以下显著性水平；***代表1%以下显著性水平

注：检验形式（C, T, K）分别表示截距项、趋势项和根据 SC 准则确定的最优滞后阶数

表 0-4 各系统变量 Johansen 协整检验结果

VAR 系统	协整方程个数	特征根迹检验	5%临界值	VAR 系统	协整方程个数	特征根迹检验	5%临界值
VAR_1	没有	48.61	29.68	VAR_3	没有	42.69	29.68
	1个	23.72	15.41		1个	19.79	15.41
	2个	9.35	3.76		2个	2.91	3.76
VAR_2	没有	57.90	24.31	VAR_4	没有	51.83	29.68
	1个	22.25	12.53		1个	26.40	15.41
	2个	1.90	3.84		2个	5.35	3.76

注：检验形式为序列有线性趋势而协整方程只有截距项

2. Granger 因果分析

上述检验结果表明,各通货膨胀率指标、货币供应量与产出缺口之间存在协整关系,那么就可以直接建立 VAR 模型。借鉴陈彦斌(2008)的研究经验,根据模型精简原则建立 VAR(1)模型。VAR 系统的特征根都落在单位圆内,这表明模型是稳定的。在确立各 VAR 系统后,对变量进行 Granger 因果关系检验,如表 0-5 所示。

表 0-5 各系统 Granger 因果检验

零假设	VAR_1	VAR_2	VAR_3	VAR_4
货币增长率没有引致通货膨胀率	2.859 ($p=0.091$)	0.741 ($p=0.389$)	10.929 ($p=0.001$)	9.389 ($p=0.002$)
产出缺口没有引致通货膨胀率	3.617 8 ($p=0.057$)	4.041 ($p=0.044$)	3.346 ($p=0.067$)	1.626 ($p=0.202$)
通货膨胀率没有引致货币增长率	4.008 ($p=0.045$)	8.342 ($p=0.004$)	4.928 ($p=0.026$)	2.428 ($p=0.119$)
通货膨胀率没有引致产出缺口	5.231 ($p=0.022$)	0.055 ($p=0.814$)	5.224 ($p=0.022$)	3.704 ($p=0.054$)

检验统计量结果表明,在 VAR_1 系统中,产出缺口和货币增长率分别在 10%的显著性水平下是通货膨胀率的 Granger 原因,同时通货膨胀率在 5%的显著性水平下是产出缺口和货币增长率的 Granger 原因。在 VAR_2 系统中,通货膨胀率在 1%显著水平下是货币增长率的 Granger 原因,但通货膨胀率不是产出缺口的 Granger 原因。在 VAR_3 系统中,货币增长率和产出缺口分别在 1%和 10%的显著性水平下是通货膨胀率的 Granger 原因,同时通货膨胀率在 5%的显著性水平下是产出缺口和货币增长率的 Granger 原因。在 VAR_4 系统中,货币增长率在 1%的显著性水平下是通货膨胀率的 Granger 原因,而产出缺口在 10%显著水平下不是通货膨胀率的 Granger 原因,同时通货膨胀率在 10%的显著性水平下不是货币增长率的 Granger 原因,在 10%的显著性水平下是产出缺口的 Granger 原因。综上,通货膨胀率、货币增长率和产出缺口之间相互关联,共同变化,通过建立各 VAR 系统对通货膨胀率进行预测是合理的。

3. 基于菲利普斯曲线通货膨胀率预测

根据前面有关货币供应量、产出缺口与 CPI 的 Granger 因果分析结果,考虑到我国主要实行以货币供应量为中介目标的货币政策体系,在菲利普斯曲线中加入货币增长率构建 VAR 模型能够更全面地考察影响物价变化的因素,并提高预测的准确性。

1)基于货币因素的菲利普斯曲线

在借鉴 Stock 和 Watson(1999)提出的广义菲利普斯曲线的基础上,加入货

币因素对我国通货膨胀变化趋势进行预测。含有货币因素的菲利普斯曲线的模型1形式为

$$\begin{pmatrix} \pi_{it} \\ y_t \\ m_t \end{pmatrix} = A_0 + A_1 \begin{pmatrix} \pi_{t-1} \\ y_{t-1} \\ m_{t-1} \end{pmatrix} + \cdots + A_p \begin{pmatrix} \pi_{t-p} \\ y_{t-p} \\ m_{t-p} \end{pmatrix} + \begin{pmatrix} \varepsilon_{1t} \\ \varepsilon_{2t} \\ \varepsilon_{3t} \end{pmatrix}, i = 1,2,3,4 \quad (0-1)$$

其中，$\pi_{t-i}, i=1,2,\cdots,p$ 表示滞后 p 期通货膨胀率；y_t 表示产出缺口；m_t 表示货币增长率；p 表示滞后阶数；此时的预测模型为 $\pi_{it} = \sum_{j=1}^{p} a_j \pi_{i,t-j} + \sum_{j=1}^{p} b_j y_{i,t-j} + \sum_{j=1}^{p} c_j m_{i,t-j} + \varepsilon_{1t}, i=1,2,3,4$。

2）考虑外部冲击的菲利普斯曲线

在模型1的基础上，再加入石油供给价格的冲击，则菲利普斯曲线的扩展形式（模型2）可以表示为

$$\begin{pmatrix} \pi_{it} \\ y_t \\ m_t \end{pmatrix} = A_0 + A_1 \begin{pmatrix} \pi_{t-1} \\ y_{t-1} \\ m_{t-1} \end{pmatrix} + \cdots + A_p \begin{pmatrix} \pi_{t-p} \\ y_{t-p} \\ m_{t-p} \end{pmatrix} + A_{p+1} o_t + \begin{pmatrix} \varepsilon_{1t} \\ \varepsilon_{2t} \\ \varepsilon_{3t} \end{pmatrix}, i = 1,2,3,4 \quad (0-2)$$

其中，o_t 表示国际石油价格增长率，预测模型可以表示为

$$\pi_{it} = \sum_{j=1}^{p} a_j \pi_{i,t-j} + \sum_{j=1}^{p} b_j y_{i,t-j} + \sum_{j=1}^{p} c_j m_{i,t-j} + d_j o_t + \varepsilon_{1t}, i=1,2,3,4$$

在采用模型2进行预测之前，需要对国际石油价格未来两年的走势进行预测。鉴于模型预测精度的考虑，本部分研究选择采用自回归移动平均模型对国家石油价格进行预测，模型中参数的确定步骤同第一部分相同，最终将 ARMA（1，1）确定为预测模型。利用模型1和模型2得到的预测精度见表0-6，无论是样本内3个季度预测还是7个季度预测，模型2的均方误差都明显小于模型1，从全样本的预测效果看，也可以得到这个结论。这说明考虑成本冲击（石油供给冲击）的预测效果更好，国际石油价格变动对我国石油价格总水平的影响显著，因而采用模型2预测未来两年的通货膨胀率的走势。

表 0-6 VAR 模型均方预测误差比较

预测长度	π_1 模型1	π_1 模型2	π_2 模型1	π_2 模型2	π_3 模型1	π_3 模型2	π_4 模型1	π_4 模型2
3个季度	0.569	0.837	0.196	0.239	3.67	2.999	1.55	1.381
7个季度	0.570	0.88	0.190	0.247	3.86	3.129	1.604	1.426
全样本拟合	0.570	0.936	0.186	0.234	1.925	1.752	1.252	1.185

预计 2016~2017 年，CPI 和核心 CPI 增速呈先升后降的态势，而 PPI 和 GDP 平减指数增速呈上升趋势。具体来看，2016 年 CPI 为 1.78%左右，2017 年为 1.54%左右。预计 2016 年核心 CPI 有所提高，平均为 1.31%，而 2017 年将小幅下降，全年预计为 1.15%。预计 2016~2017 年，虽然 PPI 增速仍然为负，但下降幅度减弱，2016 年和 2017 年分别为-4.2%和-3.7%。预计 2016~2017 年 GDP 下降幅度不断减弱，预计 2016 年 GDP 平减指数为-0.21%；到 2017 年将由负转正，而且不断上升，预计全年 GDP 平减指数为 0.02%。

4．预测结果比较

通过对不同的通货膨胀率指标分别建立 ARIMA 和 VAR 模型，对我国 2016~2017 年的通货膨胀率进行预测。表 0-7 给出了 2016 年第二季度到 2017 年第四季度的各通货膨胀率指标的 ARIMA 和 VAR 模型的预测值和均方预测误差值，采用 ARIMA 建模的 CPI 和核心 CPI 指标的均方误差较小，分别为 0.570 和 0.186；采用 VAR 建模的 PPI 和 GDP 平减指数的均方误差更小，分别为 1.752 和 1.185。为预测 2016~2017 年各通货膨胀率的走势，本部分研究采用 ARIMA 模型预测 CPI 和核心 CPI 增速，采用 VAR 模型预测 PPI 和 GDP 平减指数增速。

表 0-7　2016 年第二季度到 2017 年第四季度的各通货膨胀率指标值

项目	π_1 ARIMA	π_1 VAR	π_2 ARIMA	π_2 VAR	π_3 ARIMA	π_3 VAR	π_4 ARIMA	π_4 VAR
2016 年第二季度	1.510	1.804	1.475	1.384	-2.055	-4.209	0.151	-0.249
2016 年第三季度	1.448	1.664	1.384	1.266	-1.875	-4.013	0.024	-0.212
2016 年第四季度	1.335	1.536	1.288	1.165	-1.974	-3.793	-0.112	-0.160
2017 年第一季度	1.240	1.425	1.190	1.081	-2.232	-3.557	-0.252	-0.097
2017 年第二季度	1.139	1.330	1.091	1.012	-2.537	-3.320	-0.393	-0.024
2017 年第三季度	1.040	1.253	0.990	0.955	-2.792	-3.088	-0.535	0.053
2017 年第四季度	0.941	1.193	0.890	0.909	-2.953	-2.871	-0.677	0.134
均方误差	0.570	0.936	0.186	0.231	2.485	1.752	1.201	1.185
2016 年	1.61		1.39			-4.2		-0.21
2017 年	1.35		1.21			-3.7		0.02

如图 0-2 所示，2016~2017 年 CPI 增速稳中趋减，但 CPI 增速仍然保持正值，预计 2016 年的增速平均为 1.61%左右，2017 年的增速平均为 1.35%左右，从 CPI 增速来判断通货膨胀率，则 2016~2017 年中国经济不会进入通货紧缩阶段。核心 CPI 未来两年呈幅度比较平缓的先升后降态势，预计 2016 年的增速平均为 1.39%左右，2017 年的增速平均下降为 1.21%左右。但从 2017 年第三季度开始连续两个

季度核心 CPI 增速为负值,要继续保持这个增速,如果采用核心 CPI 增速来判断通货膨胀率,则中国经济有可能于 2017 年进入通货紧缩阶段。PPI 增速在未来两年虽然仍然为负值,但是下降增速不断减缓,预计 2016 年为-4.2%,2017 年为-3.7%,这表明在外部冲击(石油价格)保持目前趋势的前提下,工业通货紧缩将持续到 2017 年。GDP 平减指数在未来两年的变化趋势与 PPI 的变化趋势基本保持一致,呈不断上升的趋势,预计在 2016 年第四季度由负转为正,结束负增长的态势。预计 2016 年平均为-0.21%;2017 年平均为 0.02%。这表明如果采用 GDP 平减指数来判断通货膨胀率,那么中国经济未来两年的通货紧缩压力较大。

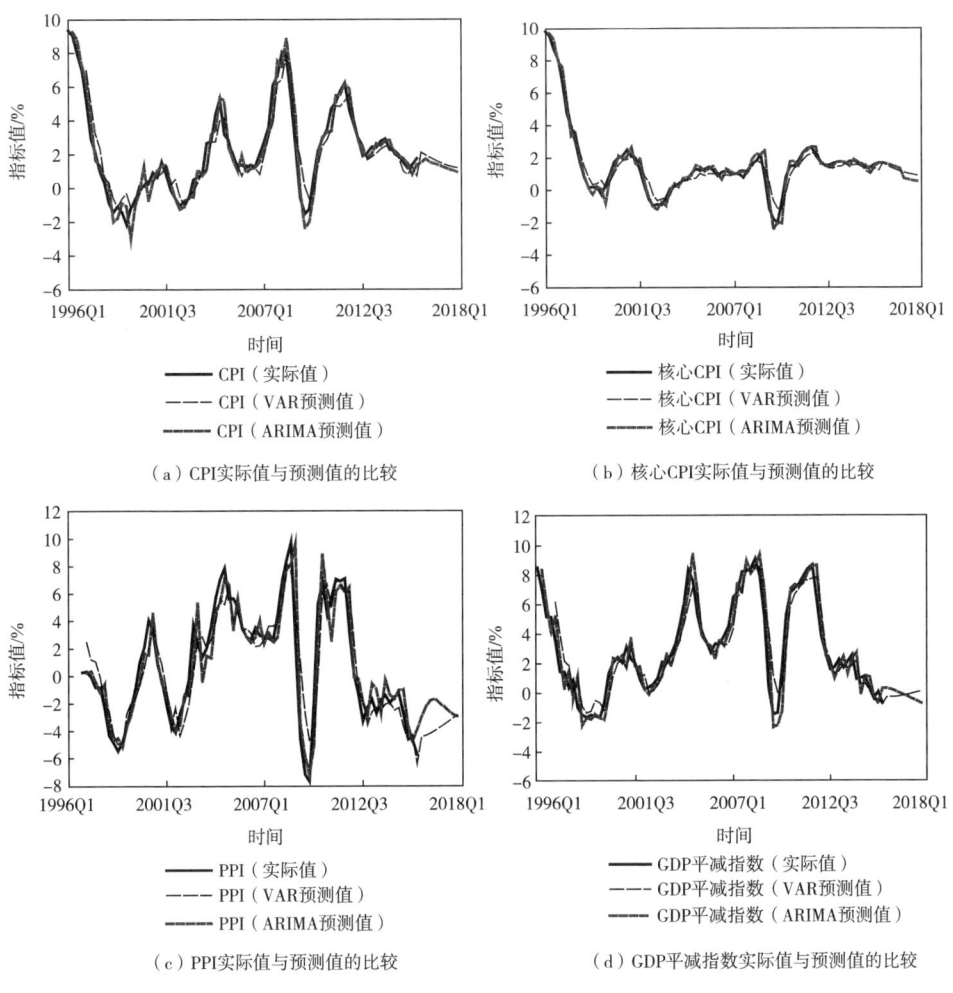

图 0-2　各通货膨胀率指标实际值与预测值
Q 表示季度

四、结论与政策思路

通货紧缩预期是货币政策的重要管理目标之一。正确认识当前国内的价格水平形势,对通货膨胀率做出准确可靠的预测,这对于政府部门和中央银行稳定通胀预期、控制通货紧缩,从而实现物价稳定和产出增长的货币政策目标具有至关重要的作用。通过对目前国内外预测通缩方法的经验总结,本部分对未来我国通缩预测体系和方法提出以下五点建议。

第一,在建立适合我国国情的动态随机一般均衡(dynamic stochastic general equilibrium,DSGE)模型之前,预测通货膨胀可以以基于先行指标的非结构方法为主。尽管从理论上来说,DSGE模型的微观理论基础更加完善,但前文的论述表明,由于在实际应用中存在着测量误差、模型结构错误、非外生冲击等缺陷问题,DSGE模型对于价格变动特别是短期价格变动的预测能力并不一定好于基于先行指标的非结构模型。特别是对于正处在转型时期的我国来说,市场经济的各项制度依然有待完善,各种微观机制仍然需要理顺,盲目照搬国外机构的现成模型,不但无助于通货紧缩的准确预期,也不利于对我国经济运行自身发展规律的认识。

第二,同时考虑供给因素与需求因素对价格水平波动所造成的影响。受到凯恩斯主义的影响,传统的先行指标体系中一般只包含经济需求面的先行指标。但从我国近年来经济周期的相关经验来看,价格水平波动既有供给来自总需求和货币政策的原因,也有来自天气和老龄化等供给面的因素。特别是随着我国经济体量的不断提升和对外开放程度的进一步增加,国际市场和别国的经济形势对于我国宏观经济运行的影响也日渐突出。特别是石油、铁矿石等进口原材料国际价格的波动,已经逐步成为影响企业的运营成本和国内价格水平的重要变量。

第三,将股票、房产等资产价格的变化纳入先行指标体系考量。从美国次贷危机的教训来看,房地产市场泡沫的积累和以投机行为为代表的金融中介机构的过度创新是经济危机的主要原因。特别是对于房地产等项目的投资具有延迟建成(time to build)的性质,短期内对于需求面波动的供给弹性较小,其价格和与之相关的信贷投放使对总需求变动的识别能力更强。与此同时,资产价格波动也是微观主体形成通胀预期的重要途径。限于统计制度,以CPI和PPI为衡量的价格水平并不能对其做出及时的调整。但随着人民生活水平的提高,耐用消费品在我国居民消费构成中的比例在未来会呈现上升趋势,资产价格波动因此也越来越成为居民、机构和企业形成通胀预期的重要形式。因此,充分挖掘资产价格变动在预期价格变化中的作用,是未来通缩预期方法论上的一个重要方向。

第四,注重通胀预期在实际价格水平波动形成过程中的重要作用。需要注意到在现阶段我国面临通货紧缩风险的背景下,以CPI和PPI衡量的价格水平经历了一个较长时间的下行过程，这可能使公众对于前一时期的通胀预期发生逆转。不仅如此，诸如政府支出、货币增长率、政策利率等财政政策和货币政策的改变也可能对公众的预期产生较大影响，从而进一步改变实际价格水平的走势。在我国的宏观经济实践中，2009年10月21日温家宝在国务院常务会议中提出，要把保持经济平稳较快发展、调整经济结构和管理好通胀预期的管理作为宏观调控的重点，首次从官方的口径明确了通胀预期在实际通胀形成和通胀管理中的作用。从这一角度来看，未来我国价格预期理论模型的建立也必须进一步加强对公众通胀预期本身重要性的认识。

第五，在关注先行指标体系建设与预测方法研究的同时，注重通胀预测过程中的细节处理，提高挖掘数据信息的效率和质量。例如，在正式利用数据对价格波动进行预测之前，通常需要对数据进行诸如季节调整在内的工作。目前国内的大多数研究均采用美国国家统计局发布的 X_{12} 季节调整模型，但由于并没有针对我国的传统节日开发专门的调整过程，利用上述方法调整后的数据依然存在较大的季节性因素，这会进一步影响对价格水平未来走势的判断。

第二节　未来2~3年通货紧缩及通缩预期对经济增长的影响

随着我国经济增速进一步趋缓，货币供需两端增速呈现下行趋势，各类产品价格亦持续走弱，整体经济形势已呈现出一定的类通缩特征，市场对于通缩风险的担忧也在逐步升温。自2015年以来，我国经济需求下行压力持续存在，前3个季度GDP增速也创下了1991年以来的新低，降至6.9%。工业增加值增速也出现大幅跳水，降至2009年以来的最低值（6.2%）。在外需下降、内需不振的影响下，各类价格水平也在持续走弱。CPI同比增速由2014年6月的2.3%降至2015年12月的1.6%，PPI同比降幅也由2014年6月的1.1%扩大至2015年12月的5.9%。自2014年9月起，我国CPI同比涨幅开始低于2%，趋向实际通缩的压力已成为当前我国经济的一个新特征，并逐步影响人们对未来2~3年的通缩预期。在我国经济增长趋向于"L"形筑底的同时，未来2~3年通货紧缩的出现会对我国经济增长产生怎样的影响？而在短期经济波动过程中，通缩预期又会对我国经济增长产生怎样的影响？当前形势下如何更好地判断通缩和通缩预期对经济增长的影响？本部分将对这些问题进行研究。

一、通货紧缩对中国经济增长的影响：基于理论与历史数据的经验性分析

（一）通货紧缩出现的主要原因

通货紧缩出现的主要原因有两种：一是来自需求的萎缩，二是来自供给的扩张。这两种不同类型的通货紧缩，对经济带来的影响也有较大区别。

1. 需求萎缩型通货紧缩

需求萎缩型通货紧缩是指经济需求端萎缩所带来的总体物价水平的持续下行。这种通货紧缩的发生，往往伴随着经济衰退，即价格与产出均出现持续下行，并会推升实际利率水平，侵蚀企业利润，甚至对就业带来冲击。另外，需求萎缩型通货紧缩会损害债务人利益，容易导致信用收缩，在影响货币政策传递效果的同时，也会加大经济的信用风险。经济危机期间，这种需求萎缩型通货紧缩发生的概率较大。例如，2008年全球金融危机期间，发生了世界性的通货紧缩现象。

2. 供给冲击型通货紧缩

供给冲击型通货紧缩是指经济供给端（如技术进步导致整体生产率的提升，或原材料价格下降导致生产成本的改善等）的扩张所带来的总体物价水平的持续下行。这种通货紧缩的发生，不大会对经济带来恶性冲击，反而会带来经济需求端的一定改善，这也决定了其具有通缩程度温和、持续性不长的特性，很多时候甚至都不构成严格的通缩标准，但价格的持续下行容易引起市场对于通缩担忧的误解。这类通缩的发生，具有物价下行、产出扩张的经济特征。20世纪90年代的美国，就处于物价持续温和、产出扩张的经济福利改革等中长期有利因素影响中，从降低生产成本、提升劳动生产率等方面使经济总供给曲线右移，即带动产出扩张、通胀低位。其中1998年，美国GDP增速高达4.5%，而CPI增速却降至1.6%（接近通缩标准水平），除去前面提到的供给端中长期影响因素外，当时主要还受到能源价格快速下行所带来成本端的良性冲击（当年美国CPI增速由1997年的2.3%降至1.6%，核心CPI却仅由1997年的2.4%小幅降至2.3%，而CPI中的能源价格却由1997年的增长1.3%大幅下滑至下降7.8%）。

总体来看，供给冲击所带来的通货紧缩对经济的影响大体偏良性，具有程度温和、持续时间不长的特征。而需求萎缩带来的通货紧缩往往会带来较大的负面影响，需要刺激性经济政策来应对。当前，我国面临的通缩威胁显然由需求萎缩产生。因此，本部分主要讨论需求萎缩型通缩对经济增长的影响。

（二）通货紧缩与经济增长的关系

目前，国内外学界普遍将需求萎缩型通缩视为导致经济衰退的一个"原因"（cause）。物价的下降会通过各种传导渠道影响总需求与金融稳定性，必须要避免通缩。比较明显的经验性证据便是大萧条。通缩有害的观点主要基于以下四点。

首先，通缩会导致居民延缓当期消费。当消费者观察到物价处于下降通道时，便会形成物价进一步下降的预期，从而会将当期的消费推迟到未来，以求购买更便宜的商品。这会导致当期消费和总需求减少（Romer，1992）。

其次，通缩会提高实际利率。著名的 Mundell-Tobin 效应指出，受人们的资产组合决策影响，通胀不仅会影响名义利率，还会影响实际利率。根据公式 $i=r+\pi$，当物价开始下降时，"现金为王"的效应开始显现，人们会将手头持有的利率相关资产转移到现金，从而导致实际利率提高，人们减少投资（Krugman，1998）。在极端情况下，凯恩斯的"流动性陷阱"便会出现。此时即使名义利率降为 0，但若通缩加剧，实际利率将仍然较高，从而抑制投资并影响总需求。比较典型的是 20 世纪 90 年代的日本。

再次，在高负债率的经济环境中，通缩具有很大的危害性。Fisher（1933）认为当企业高负债时，若负债合同按名义利率结算，通缩将会使得企业的实际负债额上升。企业实际收入增长与实际负债增长不匹配，导致许多企业逐步资不抵债，从而破产。即便企业出卖资产用以还债，也会进一步加剧通缩，从而增加实际债务负担。此时，"负债—通缩"恶性循环就会出现，导致总供给与总需求受到双重抑制（Bernanke and Gertler，1989）。

最后，一些生产要素的价格存在黏性，这意味着通缩环境下要素的实际价格会上涨，从而促使要素利用率下降。例如，由于合同工资的存在，短期内工资存在黏性。通缩环境下若工资不下降或下降速度不及物价，会导致劳动力市场难以出清、失业增加与产出减少。Bernanke（1995）就发现短期内工资不能及时调整是导致大萧条出现的重要原因。

（三）中国通缩发生的主要原因

从历史上看，自有统计数据的时间算起，中国出现通缩的次数较少，至今共发生过三轮通缩，分别是 1998 年 4 月至 2000 年 1 月、2001 年 11 月至 2002 年 11 月、2009 年 2 月至 2009 年 10 月（图 0-3）。相比其他国家，中国出现通缩的次数少、时间短，因此针对中国形成通缩预期原因的研究较为有限。已有研究中，流动性不足、产能过剩、人口老龄化等因素被认为是造成中国形成需求萎缩型通缩的主要因素：①流动性不足。李斌（2010）指出随着流动性过剩向流动性不足逆转，物价也将表现为主要由初级产品和资产泡沫膨胀引发的结构性通胀向泡沫破裂导致的通缩预期转化。因此，流动性过剩导致的结构性通胀预期、流动性不足引发的通缩预期，以及相互之间的交替反复，很可能成为未来宏观调控长期面临的问题。②总供给增加造成的产能过剩。张军和方红生（2007）认为在其他条件不变的前提下，实际投资的增加对总需求的拉动会在头两年导致通货膨胀，之后五年左右则会由投资累积的资本存量增加造成潜在总供给增加，从而导致通货紧缩。王岳平（2007）认为导致通货膨胀的因素主要是农产品和能源原材料等初级产品以及房地产供应不足，而制成品价格上涨不大，甚至有些下降，但是如果处理不好，供不应求导致的通货膨胀与产能过剩导致的通货紧缩有可能交替出现。韩国高和王立国（2014）阐述了产能过剩与通货膨胀并存的具体原因，以及长期产能过剩条件下通胀与通缩转换的可能性。指出投资"潮涌"拉动了基础原材料行业的需求，引发物价水平上升。同时，工农业部门生产率差距也倒逼着农产品价格不断上涨，推高通胀水平。地方政府和国企的投资冲动、制造业在 CPI 中比重较低以及通胀成因复杂是中国产能过剩与通胀并存的真正原因，从长期来看，产能过剩行业的生存空间日益缩小，投资拉动需求推高价格上涨的传导机制不可持续，通胀向通缩转换具有很大可能性。③人口老龄化。殷剑锋（2015）通过分析 1997 年亚洲金融危机后中国经历的通货紧缩，认为目前的"潜在"通货紧缩既有类似的短期和中期原因，突出表现为产能过剩、债务累积、资产价格下跌以及外部传导的影响，也有一些不同的、更加长期性的因素，如人口老龄化。政府不仅要有针对通货紧缩短期和中期因素的宏观经济政策，更要有应对长期通货紧缩的准备。

（四）通货紧缩对中国经济增长的实际影响

由于通胀时间序列较短，从统计学角度看并不能通过计量回归来分析通货紧缩与经济增长之间的相关性。对此，我们采取统计性描述来考察通货紧缩对经济增长的影响。如前文所述，通缩可以分成需求萎缩型通缩与供给冲击型通缩。中国有数据记录以来发生的均为需求萎缩型通缩。由图 0-3 和图 0-4 可见，中国通缩时期共同特点如下：CPI 和 PPI 同比均为负值，且 CPI 同比降幅明显小于 PPI。就对经济增长的影响而言，需求萎缩型通缩在一定程度上拉低了经济增长速度（图 0-5）。同时，从工业增加值角度看，需求萎缩型通缩也在一定程度上拉低了工业增加值增速（图 0-6）。因此，从中国历史经验性数据来看，需求萎缩型通缩会对中国经济增长造成负面影响。

导论：防范通货紧缩及通缩预期对经济增长影响的政策研究

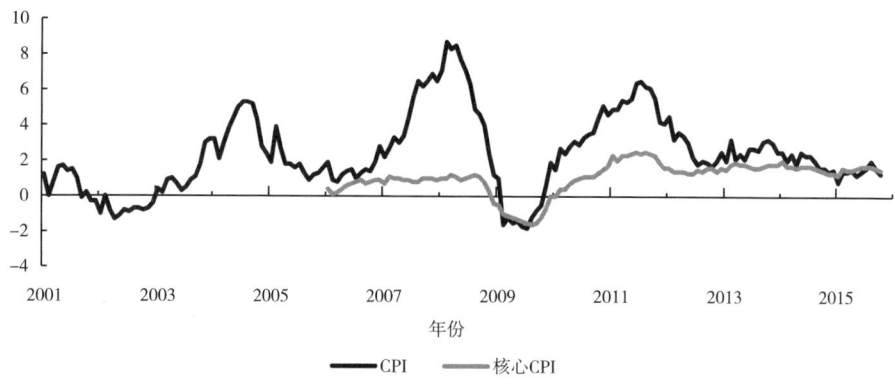

图 0-3　中国 CPI 变化趋势

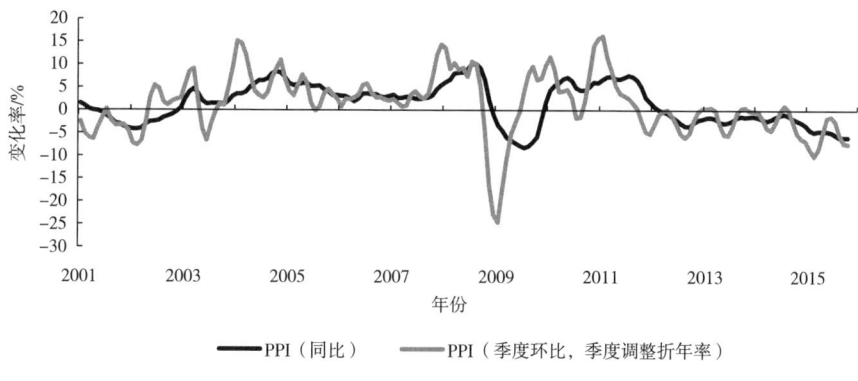

图 0-4　中国 PPI 变化趋势

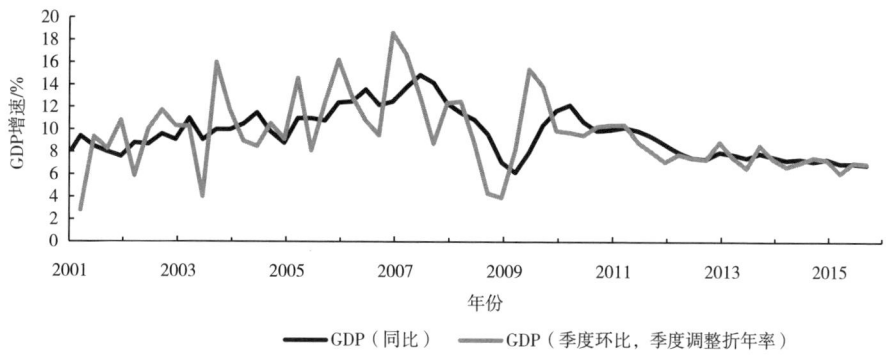

图 0-5　中国 GDP 增速变化趋势

图 0-6　中国工业增加值变化趋势

与中国相比,历史上国外一些国家通缩出现次数多,持续时间较长,且有完善的统计数据支撑,可以为通缩对中国经济增长的影响提供借鉴。观察日本 1990~2014 年 CPI 与 GDP 增长率可发现,日本自 1992 年开始的需求萎缩型通缩对经济增长产生了明显的抑制作用,导致经济增长速度长期处于低位徘徊(图 0-7)。

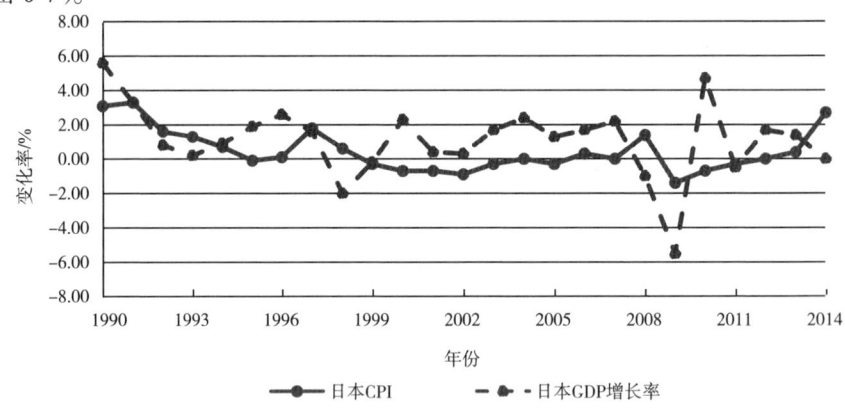

图 0-7　日本 CPI 与 GDP 变化趋势

因此,可以得出以下结论:在长期中,需求萎缩型通缩对中国经济增长会带来明显的负面影响。

二、当前需要合理判断通货紧缩和通缩预期对经济增长的影响

如上文所述,从长期看,需求萎缩型通货紧缩会不利于中国经济增长;从短期看,通缩预期又会给宏观经济带来较大波动。为了解决中国目前已出现的通缩

预期，国内一些学者认为政府应当继续借助于货币政策和财政政策等工具，及早防范，降低通缩预期影响。何德旭（2014）认为中央银行前瞻性地进行通货紧缩的管理是非常必要的，由此决定了稳健的货币政策必须更积极一些。陆旸（2015）在状态依存模型框架内，估计了中国制造业企业价格黏性的非对称性和异质性。结果显示由于价格黏性的非对称性，在存在通缩预期的时期，为提高产出而实行的扩张性货币政策将更多地表现为产出水平提高，扩张性货币政策在短期内更有效。李扬（2015）则认为反通缩是一个宏观问题，商业银行对此无能为力，需要财政有所作为。今后货币政策和财政政策的配合问题，包括各自的地位、工具的使用问题，都会以尖锐的形式体现出来，因此需要研究日本银行、美联储、欧洲中央银行的做法。

同时，采取加强价格监管、改革落后定价体系等行动稳定居民预期，减少居民对未来的通缩预期判断也较为重要。王军（2015）建议不再公布2015年价格预期调控目标并以预测值替代。同时，采取措施，加强价格调控监管，预防通货紧缩。积极调整宏观经济政策，保持CPI温和上涨，减轻PPI通缩风险。稳定资产价格，防止股价和房价大起大落，并正确引导社会舆论、引导公众对于价格上涨和资产价格波动的合理预期。刘元春（2015）则认为，可充分利用目前能源资源价格低迷的窗口期，加大价格改革力度，改变过去形成的价格扭曲，以缓解价格回落压力，降低通缩预期影响。还有学者认为，解决通缩预期的根本办法是转变当前经济增长方式、扩大可持续的内生性需求。李斌（2010）指出要进一步完善货币政策框架，更加关注更广泛意义上的整体物价变动，同时推动以扩大消费内需为核心的经济结构调整和改革，从根本上增强经济平衡和可持续发展能力，及早防范通缩预期风险。李德水（2015）指出在通货紧缩压力和经济下行压力都比较大的时期，要增强定力，把压力转变为调结构、转方式的强大动力。建议要正确认识、主动适应、积极引领经济新常态，坚持以问题为导向，努力开拓国内外市场，整顿和规范金融秩序，使金融更好地为实体经济发展服务，客观判断、正确引导通货紧缩的预期。

纵观当前国内学者提出的建议，主要以货币政策防范和供给侧改革转型为主。然而，政策的基础是要先找到判断通缩发展趋势的方法，对此我们将挖掘判断通缩预期对经济增长影响程度的指标，并提出以下几点建议。

（一）通过观察M1和M2增长率之差来判断通缩预期对经济增长的影响

1. 当前利用M2增速判断通缩预期影响的缺陷

货币主义学派认为一切价格都是货币现象，通过货币数据来判断CPI的走势,这也成为最常用的方法。目前,学术界一般用货币供应量来判断 CPI 的未来走势,通过分析广义货币供应量(M2)来对未来 CPI 做粗略预判(殷剑锋,2015;刘元春,2015)。但无论是从理论逻辑,还是从经验性数据上,用 M2 增速来判断 CPI 的方法都存在一定缺陷。

从理论逻辑方面看。广义货币供应量 M2 对应的是所有的实物以及虚拟资产,而 CPI 衡量的只是实物中的部分价格,并不包括虚拟资产,甚至一些重大的实物资产价格也不包含在其中,因此用 M2 增速的变化来判断未来 CPI 的走势,在理论上并不合适。从经验性数据方面看,无论是中国还是美国,M2 增速对 CPI 增速并无显著的领先关系,也无正相关关系,甚至大多时间内二者呈现的是比较明显的负相关关系。中国的 M2 同比增速与 CPI 同比增速相关系数为-0.43(2003~2015 年的数据),美国的 M2 同比增速与 CPI 同比增速相关系数为-0.24(1997~2015 年的数据)。呈现负相关的主要原因在于 M2 增速代表着货币政策取向。当经济低迷、通胀下行时,中央银行倾向于前瞻性地放松货币,从而推升 M2 增速;而当经济开始过热时,中央银行倾向于谨慎收紧货币,从而会带来 M2 增速的下行,因此二者在多数时间内表现出的是负相关性。

2. 利用 M1 和 M2 增速之差来判断通缩预期对经济增长的影响

在此情况下,我们选择 M1 和 M2 增速之差作为判断通缩预期的指标,结果显示具有良好的前瞻效果(图 0-8)。从经济学含义上看,如果 M1 增速大于 M2,意味着企业的活期存款增速大于定期存款增速,企业和居民交易活跃,微观主体盈利能力较强,经济景气度上升。如果 M1 增速小于 M2,表明企业和居民选择将资金以定期的形式存在银行,微观个体盈利能力下降,未来可选择的投资机会有限,多余的资金开始从实体经济中沉淀下来,经济运行回落。

图 0-8　M1 和 M2 增速之差与 CPI 的变化趋势

当前，居民与企业资产配置发生明显变化，银行理财产品迅速发展对短期M1资金形成明显分流效果。截至2015年6月，银行理财产品余额高达12.65万亿元，而2011年年底银行理财余额仅有4.6万亿元左右。银行理财余额占短期资金余额的比重由2010年的4.9%大幅增长至2013年的13%左右，推动银行表外业务快速扩张。理财产品在资产配置中的权重明显上升，分流了现金、企业活期存款以及个人储蓄存款等短期资金。银行理财产品主要投向债券市场、银行协议存款、货币基金以及一些非标准化债权资产等，大多还是形成了准货币，从而促使M1中的资金减少，扩大了M2增速与M1增速间的缺口（图0-9）。M1与M2之间的增速缺口，对应的是对市场变化最为敏感的那部分货币。当经济形势不好时，这部分货币会对通胀（通缩）提前3个月左右反应，减少流向实体经济，转而寻求固定收益。因此，M1和M2增速之差在一定程度上可以成为判断通缩预期对经济增长影响的风向标。

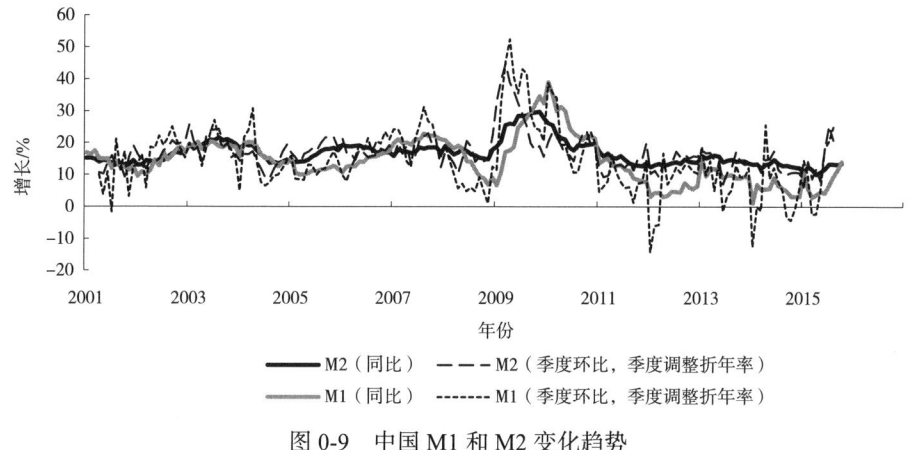

图0-9 中国M1和M2变化趋势

（二）通过观察反映终端消费需求的食品价格变化来判断通缩预期对经济增长的影响

从价格体系的构成来看，CPI可分为食品和非食品两大类。食品又分为粮食、鲜菜、鲜果、肉禽及其制品等16个中类，非食品也分为烟酒及用品、衣着、家庭设备用品及其维修服务等7个中类。CPI食品中主要以农产品为主，因此CPI价格指数与GDP第一产业平减指数存在较好的一致性。而CPI非食品部分，既含有部分第二产业的价格，又包含部分第三产业的价格，其价格波动也较食品部分小很多，而且从分项与权重来看，其更多地反映了第三产业的价格。与之相比，工业品出厂价格PPI，则较好地衡量了第二产业的价格。

从对CPI的领先性角度看，CPI食品价格波幅最大，且要领先于CPI非食品价格与PPI，是最合适的通缩预期判断指标（图0-10）。通过历史数据可发现，这些分别反映不同价格的指标，其波动周期几乎一致，存在差别的只是波幅大小以及领先滞后关系。CPI食品价格波幅远大于非食品价格，且大于PPI。相对应的即为GDP第一产业价格波幅最大，其次为第二与第三产业价格。这与第一产业产品的生产周期较长有关，产能难以及时出清或跟上，导致价格波动幅度较大。为何食品价格比PPI与非食品价格更适合判断通缩预期对经济增长的影响？主要原因有以下两点。

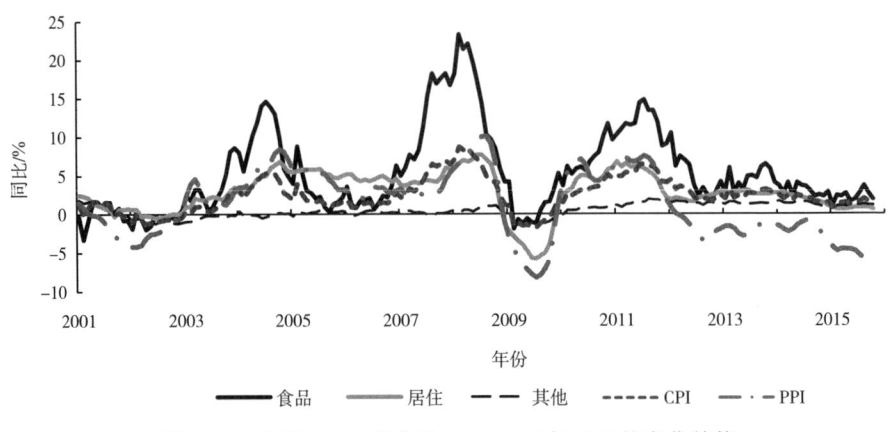

图0-10 食品CPI、非食品CPI、PPI与CPI的变化趋势

1. 食品价格比PPI更能反映市场的终端消费需求

"吃穿住行"是最为本质的终端消费需求，其对应价格最为领先，自下而上传导。人的一切社会活动都是围绕着"吃穿住行"的终端物质消费需求，以及各种服务业反映的人的精神消费需求来进行的。CPI食品价格领先于PPI，是因为CPI食品反映的是终端消费的供需变化，其价格变化会逐步传导至中上游领域，终端消费品价格的上行也会逐步引起工业品的通胀预期，一定程度上带动其他生产资料价格波动。例如，CPI食品价格（反映"吃"的基本供需状况）与CPI租房价格或者住宅价格（反映"住"的基本供需状况）波动周期几乎一致，其均衡量着最为终端的消费价格，而随后才会出现工业品价格的波动。

2. 食品价格黏性较低，而非食品价格黏性较高

CPI非食品价格更多地反映了服务消费价格，亦属于终端消费需求，但其价格波动周期却滞后于CPI食品以及非食品中的租房价格，主要原因在于非食品价格普遍具有明显的黏性。相比于非食品部分，CPI中的食品价格波动幅度要大得多，价格黏性相对更弱。一般来看，充分竞争的市场，产品同质性更强，价格黏性更弱，而同质性弱的产品则价格黏性更强。例如，食品中的大米、小麦等粮食，

同质性强,各品牌或区域的大米具有显著的替代性,属于充分竞争市场,其价格能及时反映供需变化,因此价格黏性较弱。而对于手机、汽车等产品以及娱乐、医疗、教育服务等非食品部分,其品牌、功能等强特质导致其同质性较弱,这意味着某一产品或服务的市场可以细分为很多相互较为独立的小市场。典型的如苹果、华为等手机市场,厂商议价权强,产品价格具有明显的黏性。可见,食品的同质性与可替代性较强,市场竞争较为充分,没有明显的价格黏性,而非食品则同质性较弱,价格黏性更为明显,导致非食品价格对 CPI 的领先性不明显。

(三)当前形势下如何判断通缩及通缩预期对经济增长的影响

未来 2~3 年里,受制于国内外严峻的经济形势,我国的通缩压力有增无减。第一,我国中上游生产资料行业产能普遍过剩,2015 年生产资料 PPI 加速下降,降幅相当于前 3 年之和。企业效益普遍下降,贷款抵押物严重缩水,未来 2~3 年这些行业企业的融资将更加困难,生产资料 PPI 将继续下降。第二,全球厄尔尼诺处于峰值期,全球粮食丰收导致粮价下跌。目前我国粮食库存处于历史新高水平,2015 年下半年粮食批发价格下跌较快,未来 2~3 年粮食价格及以粮食为原料的行业产品价格将普遍面临下跌压力。第三,2011 年以来,城镇化呈现放缓趋势。2014 年常住人口城镇化率为 54.77%,比 2013 年上升 1.04 百分点,上升幅度小于 2013 年的 1.16 百分点和 2012 年的 1.30 百分点。随着城镇化放缓,蔬菜价格、服务价格和房租等涨幅也将放缓。第四,多数消费品产能过剩,年增长率回落到个位数。为保市场份额,价格战将加剧,未来 2~3 年消费品价格有可能将低于 2015 年。第五,新能源的发展极大地压缩了传统能源的消费空间,未来 2~3 年煤炭、石油、天然气等价格仍有下降空间,而电价也有可能下调。

因此,当前经济形势下,我国通缩预期的形成已不可避免,在此情况下,我国政府应关注以下几点,及时判断通缩预期对经济增长的影响。

1. 当 CPI 降至 1.5%时,通缩预期对经济增长的影响将开始放大

我国本轮 CPI 的下降与历史上曾经发生的 3 轮通缩有所不同,尽管 2012 年 3 月以来,PPI 同比一直下降,但 CPI 同比始终没有回落到 0 以下。这是因为随着刘易斯拐点来临,2011 年以来劳动年龄人口比重逐步下降,城镇化过程中劳动密集型产品,如蔬菜价格、服务价格和房租持续上涨。自 2011 年 1 月到 2015 年 10 月,蔬菜价格累计上涨 34.5%,服务价格累计上涨 12.3%,房租累计上涨 17.3%。要素成本上升是 CPI 仍然保持正值的重要原因。然而,这并不能减缓市场对通缩的担忧。

根据国际货币基金组织(International Monetary Fund,IMF)对通货紧缩的定义:通货紧缩是指用消费者物价指数(一般用 CPI 表示)或 GDP 平减指数来衡

量的总体物价水平的持续下降。所谓价格水平持续下降,一般是指6个月以上(两个季度)的持续下降,即 CPI 环比连续 6 个月以上处于负增长状态。然而,CPI 环比具有显著季节性(例如,我国 CPI 指数每年第一季度末至第三季度初大多处于负增长的淡季状态),这会对通缩判断形成干扰,因此直接用 CPI 同比来衡量更为简洁直观。由于物价指数在统计中经常会有 0.5%~1% 的上偏差,一般认为,1% 的 CPI 同比增速是物价稳定与下降的临界点。考虑到我国仍处于发展中国家阶段的国情,我们认为 1.5% 作为通缩预期对经济增长影响判断的临界点更为合适。当通货膨胀率低于 1.5% 时,市场对通缩的预期将会加强,而对经济增长的影响也将放大。因此,政府应力争使 CPI 保持在 1.5% 以上。

2. 当猪肉价格增速跌破 10% 时,通缩预期对经济增长的影响将开始放大

在食品价格尚未启动下行空间之前,短期 CPI 低迷会加剧通缩预期担忧,但真实发生通缩的可能性并不大。这种输入性冲击主导的价格低迷不同于需求萎缩主导的通胀下行,其会带来生产成本的下降,对实体经济总体偏良性,价格低迷的持续时间不会太久。因此,在价格体系中,食品价格是通缩预期对经济增长影响程度判断的核心内容。在食品领域,能够很好地观察到产能状况的指标是生猪。在 CPI 食品价格中,猪肉价格对 CPI 食品部分的影响最为显著,且两者同比增速正相关性最高(2005~2015 年,两者同比增速相关系数高达 0.91)。而 CPI 与鲜果、鲜菜等主要食品价格同比增速的相关性则要弱很多。这是因为肉禽之间的替代性比鲜果、鲜菜更显著,而且肉禽在 CPI 食品中占比最高、波动幅度最大,因此对猪肉价格对食品部分的影响判断至关重要。

2011 年,CPI 中的猪肉价格上涨 35% 左右。2014 年年初猪肉价格趋势性回升,主要拉动因素在于餐饮消费的趋势性复苏,猪肉价格的上涨保证了 CPI 的正值。然而,从 2015 年 10 月开始,猪肉价格有所回落,CPI 指数也应声下滑。未来 2~3 年里,生猪存栏和能繁母猪存栏将在低位企稳回升。自 2013 年 12 月以来,生猪存栏呈下降趋势,2014 年 6 月至 9 月有所反弹,但 10 月后持续下降,到 2015 年 6 月下降至 38 461 万头,下降 11.84%,比 2013 年 11 月高点下降 17.92%。自 2013 年 9 月以来,能繁母猪存栏数持续减少,2015 年 10 月底已减少至 3 848 万头,比 2013 年 8 月高点下降 23.24%。因此,从存栏数观察,生猪有所企稳,能繁母猪仍处于去产能过程中。

从生猪供需来看,未来 2~3 年生猪价格将总体下跌,或有阶段性反弹:一是随着八项规定从严执行、进口猪的增加,以及鸡、鸭、鱼等白肉的兴起,猪肉需求有所下降;二是随着规模化养殖的发展,养猪效率不断提高,养猪业生产水平会提高到每头母猪年均出栏 20 头左右。因此所需母猪约 2 500 万头,母猪存栏可能还要下降 35% 左右。从长期来看,生猪存栏和能繁母猪存栏数量还

会继续减少,不排除在这一过程中生猪价格在春节前或中秋节前小幅反弹的可能性,之后生猪价格将保持低迷。因此,有关部门要时刻关注猪肉价格波动,猪肉价格明显下滑表明通缩预期将开始加剧,对市场的影响将趋于严重。2015年11月,猪肉价格同比上涨13.9%,而CPI仅同比上涨1.5%。对此,考虑到统计误差,我们认为可将10%增速作为猪肉指标的警戒线,若未来猪肉价格同比上涨低于10%,CPI很可能将低于1.5%,通缩预期将开始加剧,而对经济增长的影响也将放大。

3. 当M1和M2增速之差小于-5%时,通缩预期对经济增长的影响将开始放大

当前通过货币政策保增长的过程中,降息效果并不显著。2014年11月以来,中国人民银行6次下调基准利率,存款基准利率累计下调1.50百分点,贷款基准利率累计下调1.65百分点。但在利率市场化大背景下,存贷款利率均存在上浮空间,导致降息效果大打折扣。从结果看,CPI下降的趋势并未被逆转。2015年11月CPI同比上涨1.5%,存款基准利率为1.5%,接近负利率的临界点。如果再进行降息,不仅将导致实际负利率,还会加剧资本流出风险,进一步加大人民币面临的贬值压力,因此未来的货币政策中再降息的空间已经有限。

在降息受限的情况下,通过货币政策控制通缩预期对经济增长的影响只能采用降准或量化宽松(quantitative easing,QE)两个手段。降准和QE都是对流动性进行调节,均可向市场注入流动性,属于数量型货币政策工具。其效果类似,都是增加货币供应量。而中国人民银行在增加货币供应量时,应当时刻监控货币市场结构,进行有针对性的供应。降准和QE只能提高M2的增速,难以影响M1的增速。当前,宽松政策不断加码,信贷与社会融资投放总体保持较高水平,实体经济资金面持续宽松,M2增速不断创新高。然而,宽松的流动性如何把资金盘活流入实体经济和中小企业中仍然存在较大问题。由于投资意愿有限,M1增速还不稳定,总需求并未出现企稳迹象,经济增速不断下行,已迫近增长底线。中国人民银行宽松的货币政策并未有效转化成信用加速派生,这是短期内形成"宽货币、弱经济"的核心原因。从需求层面看,如果信用派生问题解决,M1增速将能得到保障,需求回升也将会有较大空间。因此,中国人民银行在释放货币流动性的同时,应重点监控M1增速的变化,力争扩大M1和M2增速差。从历史数据看,当M1和M2增速差小于-5%时,CPI下行趋势明显,通缩威胁开始出现。有关部门应当以-5%作为通缩预期影响的警戒线,低于该值后,通过刺激信用派生需求,力保M1增速,以此减缓通缩预期对经济增长的负面冲击。

第三节 防范通货紧缩及通缩预期
对经济增长影响的政策建议

面对通货紧缩和通缩预期对经济增长的影响，我们需要深入研究应对方法，确定宏观调控的基本取向，防范通货紧缩的发生、发展，打破通缩预期与经济下行的恶性循环。

一、明确宏观调控的基本取向

要确定宏观调控的取向，必须对经济走势进行分析判断。当前和未来一段时间（如2016~2018年），我国会不会发生通货紧缩？或者说通缩风险与通胀风险哪一个更大？对此，人们的看法还存在着较大分歧，这种分歧影响着宏观政策的选择。主要观点有以下三种。一是认为我国当前没有出现通货紧缩，未来发生通缩的可能性也不大（周小苑，2014；马志刚，2015；钟红等，2015）。主要依据如下：我国的CPI没有出现下降通道，CPI总体上仍温和上涨，房价、股价没有下跌；对CPI影响较大的猪肉价格可能温和回升，服务价格受劳动力等要素成本上涨影响，持续坚挺；货币供应量、信贷总量或货币存量的规模相当大；消费需求保持较快增长；输入型通货膨胀的压力仍在；价格改革在加快推进，将推动物价向上走。二是认为我国还没有发生通货紧缩，但通缩的风险或压力较大（李德水，2015；庄健，2015；张前荣和王福祥，2015）。通缩压力主要来自于：国内需求不足，外部需求下滑，产能严重过剩；国际大宗商品价格下行的输入性影响；货币政策偏紧的影响；新的商业模式极大地降低了商品价格。三是认为我国已出现一定程度的通缩趋势，未来通缩风险将继续加大（张平，2015；邱兆祥和刘永元，2015；黄志凌，2015；潘正彦，2014）。主要理由如下：PPI连续下降，生产部门已出现通货紧缩，通缩传导机制可能继续发展；整体物价水平持续下跌，经济增长率和货币供给率下降；CPI与PPI的背离掩盖了通货紧缩的隐患，消费对经济的拉动作用难以持续；同时，从局部经济泡沫、货币供应和流通量、CPI与PPI关系等角度批评了对通缩趋势和风险的怀疑。应该说，以上三种观点都有各自的道理，实质上是对经济走势的判断不同，反映了对通胀与通缩问题分析角度的差异。

通胀与通缩是可以相互转换的，但就某个时间段来看，只能有一种趋势；并且停留在中间地带（既没有通胀也没有通缩）的时间是相对短暂的。从大的趋势看，通胀一般是与需求扩张、经济过热相伴随的，而与需求不足、经济下行相伴随的一般是通缩，除非经济运行中有一股很强的力量推动价格上涨而出现滞涨[①]。近几年我国经济增速持续回落，目前下行压力还在增大，总需求不足的矛盾突出，这是大多数经济学家认为存在通缩压力和风险的基本原因。虽然从判断通缩的主要标准（如价格总水平持续6个月下降）看，我国经济还没有完全出现通缩局面，但PPI连续50个月同比下降，CPI涨幅总体上处于较低水平，年度GDP平减指数出现负值，这些现象表明通缩风险在加大。未来一段时间，可能引起物价上涨的主要因素，都受到国内外需求疲弱的约束。例如，劳动力成本上升的趋势，将受到市场低迷、企业经营困难、对劳动力需求减弱的制约；猪肉等价格回升对食品价格的影响，会受到粮食等农产品总体过剩、价格下行压力较大和各类产品替代效应的限制；货币存量较大对价格总水平的推动作用，将继续受制于实体经济低迷、难以有效吸收流动性而转化为商品价格的上涨；国际大宗商品价格虽有所反弹，但在世界经济复苏艰难、多数商品供过于求、国际市场竞争激烈，以及美元可能重新走强等条件下难以持续回升。同时，PPI的长时间持续下降，会逐步传导到CPI上；投资和经济增速的不断下滑，也会对居民收入和消费增长产生影响，制约居民消费价格的上升。因此，至少在未来两年，出现新一轮通货膨胀的概率很低，通缩已成为比通胀更加明显的趋势。

现在的问题是，宏观调控或宏观政策需要有一个明确的取向，以抵消或减弱经济趋势性走向的惯性影响。我们不能既防通缩，又防通胀，那样会使市场主体特别是投资者无所适从。鉴于当前的主要任务是稳定经济增长，为了防止通缩风险加剧经济下行压力，应当打出防范通货紧缩的旗号。那么，明确提出防通缩的政策取向，是有利于还是不利于引导市场预期？笔者认为，答案应该是肯定的。一是不承认通缩风险并不能改变市场通缩预期，任由市场自身做出判断，趋势性和惯性的作用可能加重通缩预期。二是政策模糊必然出现摇摆，一会防通缩，一会防通胀，这将增加经济运行的不确定性，影响宏观调控政策的效果。三是明确提出经济中的通缩风险，打出防通缩、反通缩的旗号，可以起到稳定市场预期的作用，至少可避免通缩预期的自我强化。我国在1998~2002年曾发生过通缩[②]，这对经济增长产生较大影响。当时出台了一系列宏观调控政策，但最终带动经济走出通缩并快速增长的，主要不是靠这些宏观政策，而是靠两大事件——加入世界贸易组织（WTO）带来的外需扩张和住房制度改革后房地产市场带来的内需扩张，这表明了治理通缩的难度。当前我国面临的通缩压力和经济下行压力，具有周期性因素影响和发展阶段变化的双重导因，而且难以再有新的重大事件引起总

---

① 20世纪70~80年代发达国家出现的经济滞涨，一个重要原因是石油价格的大幅上涨。
② 具体时间是1998年4月至2000年1月连续22个月、2002年3月至12月连续10个月，这两个期间CPI同比增速为负。

需求的根本转变,这使经济增速下行和通货紧缩压力可能持续较长时间,需要尽快采取更加明确的宏观调控取向,把稳增长与防通缩结合起来,把短期政策与中长期政策结合起来,把需求侧的综合性调控与供给侧的结构性改革结合起来。

二、加强需求侧综合性调控

应对通货紧缩压力和风险,需要进行需求侧的调控,如扩大或刺激需求,这是防通缩、稳增长的主要宏观调控政策,也是所有其他相关政策,包括供给侧结构性改革的重要基础。提出综合性调控,是指既调控需求总量,又调控需求结构,因为我国经济面临的通缩风险和减速风险,既有周期性因素的影响,也有结构性因素的影响,需求调控必须把总量调控与结构调控结合起来。这一轮国际金融危机,发达国家在应对通货紧缩、促进经济增长方面有了新的实践,理论上也有不少新的分析总结,尤其是美国经济已经比较成功地走出了通缩的困境,经济增长和就业逐步回到正常轨道,有些经验值得我们研究和借鉴。未来一段时间,从我国的基本国情出发,针对我国面临的主要问题,借鉴有关的国际做法、经验和理论,加大需求侧综合性调控,应重点采取以下几个方面的政策措施。

(一)合理确定经济增长和价格上涨目标

多年来,我国每年的《政府工作报告》都公布政府对当年经济增长和价格上涨的预期目标。近几年,经济增速下行压力加大,这两个目标不仅反映了政府对经济运行的判断和预测,而且越来越具有影响社会预期的作用。为了防范通货紧缩及通缩预期对经济增长的影响,我们需要更加重视研究和运用好这两个预期目标。当年一些国际经济学家在为日本治理通货紧缩"开药方"时,主流学派提出的一项主张,就是宣布一个通胀目标或价格上涨路径。例如,克鲁格曼(Krugman,1998)、伯南克(Bernanke, 2000)、波森(Posen, 1998)都建议把一个足够大(或足够长)的通胀目标作为未来通胀率的承诺,以此作为反通缩政策的重要一环或基础。其作用是使公众产生通货膨胀预期,以打破通货紧缩及通缩预期的恶性循环,拉动经济走出流动性陷阱。尽管后来不少经济学家在进行理论分析或实证研究时,对这项政策措施的效果有争议,但几乎没有人指出其弊端或后遗症。我国当前经济仍运行于中高速增长区间,CPI 涨幅仍为正数,但增速下行压力加大,如果没有一系列宏观调控政策的对冲,经济增长可能出现大幅下滑或失速。其中,市场通缩预期对需求有较大的影响,对投资、经济增长和物价走势起了明显下拉作用,一旦形成通缩螺旋效应,引发债务紧缩螺旋、货币紧缩螺旋,将对经济运行和金融市场带来更大冲击。在这种情况下,政府明确公布有利于引导社会预期的经济增长和价格上涨预期目标，对于改善或稳定市场通缩预期、增强投资者信心，是必要和重要的。

从经济增长预期目标看，要实现到2020年GDP和城乡居民人均收入比2010年翻一番的目标，"十三五"期间的GDP年均增速需达到6.5%以上。从实际过程看，前两三年实现这个增速有不小的困难，但这不仅是一项政治性任务，而且关系到社会信心的稳定性和经济运行的大趋势，我们没有退路。确定未来两三年的经济增长预期目标，可以有三种选择：一是年度GDP增速继续定为7%左右；二是年度GDP增速下调为6.5%左右；三是年度GDP增速调整为6.5%~7%。把增长预期目标保持在7%左右，有利于稳定社会信心，但会给各方面带来较大压力，2015年的GDP实际增速已下降为6.9%，未来两三年国内外形势的复杂性上升，要实现7%左右的增长难度更大。把增长预期目标下调到6.5%左右，可减轻当年实现目标的压力，但不利于引导市场预期，增强社会信心，还会把完成"十三五"任务的压力推延到后几年。把增长预期目标调整为6.5%~7%，有利于减少前两种选择的困难，既能够稳定社会信心和市场预期，也可以减小完成任务的难度和压力，并为以后几年的发展创造有利条件。2016年的《政府工作报告》已采用了第三种选择，以后两三年，仍可继续实行这个方案。不利之处是将GDP增长预期目标定为一个区间，会给财政预算、货币投放、投资、进出口、就业等安排带来麻烦，解决办法是以增长区间的中位数作为相关宏观指标安排的测算口径，并以此作为调控市场的依据。

从价格上涨预期目标看，价格总水平的走势，不仅影响经济增长的过程，还影响到2020年GDP和居民收入翻番目标的实现，如果"十三五"期间CPI负增长，GDP平减指数转为负数，那么即使年均GDP增速达到6.5%多一些，以当年价格计算的GDP也可能达不到翻番的数值。例如，2015年GDP实际增长6.9%，但由于GDP平减指数为负，以当年价格计算的GDP增长率只有6.3%，低了0.6%。未来两三年，我国CPI的涨幅可能只有2%左右，甚至可能下降到1%以下，但确定价格总水平上涨预期目标，仍应定为3%左右（不是3%以内）。这既是为可能引起价格上涨的价格改革及其他改革留下空间，也是为了使社会产生一定程度的通货膨胀预期，打破通缩预期自我强化、需求自我收缩及其对经济运行的影响，促进投资、消费和经济增长。

（二）实施适度宽松和定向调控的货币政策

应对通缩压力和通缩预期对经济增长的影响，最重要的宏观调控是运用好货币政策。这需要在借鉴国际做法和经验、把握国际货币政策走势的基础上，根据我国经济运行的主要趋势，确定货币政策的调控取向和重点。这次美联储采用非传统货币政策（unconventional monetary policy，UMP）应对美国经济衰退和通缩风险，在实践上取得了较好的政策效果，在理论上也得到多数国际经济学家的认可和好评。我国的经济背景和政策框架虽与美国有很大不同，但美联储的不少做法仍值得参考。一是一步步实施QE，较好地处理政府干预与市场作用的关系。2008~2014年，美联储实施了4轮（或3.5轮）QE，既逐步观察政策的效果，给市场发挥作用提供条件，又形成了政策的累积效应，减少政策的弊端和后遗症。二是采取"扭曲操作"政策，拓展货币政策调控的空间。美联储在公开市场操作（买卖国债）中采用了"买长卖短"的创新方式，既规避了资产负债表规模扩大的风险，又通过调整债券期限结构增加了QE政策的空间。三是实行前瞻性指引政策，持续对市场预期进行引导。2008~2014年，美联储相继实施了8次前瞻性指引政策，"表示"或"承诺"超低利率、QE政策的持续时间，通过主动与市场沟通，诱使公众对未来利率和通胀形成合理预期，打破通缩趋势和通缩预期对经济运行的影响。四是把货币政策与财政政策、产业政策结合起来，通过QE政策支持财税政策实施（增支和减税），促进产业发展和结构调整。这些非传统货币政策的做法和经验，在防范通缩风险和通缩预期影响中是可以借鉴的，尽管我国的货币政策仍运行于常规政策的框架内，但其中处理政府与市场关系、灵活设计引导政策等方法是有参考价值的。

当前世界各国的货币政策差异较大，美国与欧元区的货币政策步调不一致，美联储已把加息问题提上日程，而欧元区正在推行新的QE政策，这使中国的货币政策选择面临困难。但透过现象看本质，根据世界经济走势的内在逻辑，也许可以大胆判断，至少在未来一两年，全球性QE政策的主基调不会改变，欧元区的QE继续"在路上"，日本也加入了实施负利率的行列，美国加息的进程难以走远。由于大多数国家经济仍不景气，国际贸易和投资依然低迷，美元升值对美国的出口和经济增长产生影响，美联储的加息周期将是缓慢曲折的，可能会不时停顿下来甚至出现反复，很难较快达到基准利率2%的加息目标。因此，中国实施适度宽松的货币政策，总体看仍具有较为稳定的外部环境。

这些年我国的货币政策一直表述为稳健的货币政策，2015年也称为松紧适度、定向宽松的货币政策，2016年表述为稳健的货币政策要灵活适度，这样可以使货币政策的运用更加适应调节短期经济运行的需要。笔者认为，我国现阶段总需求不足与结构性矛盾交错并存，如果确认未来一段时间发生通缩的风险明显大于发生通胀的风险，那么，为了防范通货紧缩、改善通缩预期、稳定经济增长，在实际操作中应实施适度宽松和定向调控的货币政策。明确提出以"适度宽松"取代"松紧适度"，同时保持灵活的短期特点，更符合经济运行走势，更有利于引导市场预期。"适度宽松"的表述，仍属于"稳健"的范畴，但更加有针对性，更加积极一些。货币政策的定向调控,就是继续推进2014年以来的结构性宽松政策,加大对"三农"、服务业、新兴产业、中小微企业以及企业兼并重组、技术改造等供给侧结构性改革方面的货币信贷支持,同时继续控制产能过剩行业的信贷需求。

未来一段时间,中国人民银行主要仍是运用好常规性的货币政策,但需要把政策目标定位到防通缩、稳增长的方向上来,尽快明确基本政策取向,避免政策模糊和摇摆。主要政策空间和重点包括:一是有效增加基础货币的投放。根据外汇占款的变化,及时下调存款准备金率。这方面的政策还有较大空间,应适应经济形势的变化,较快进行。同时,与推进商业银行信贷资产质押再贷款结合起来,扩大商业银行信贷资金可使用规模和提高操作灵活性。加大公开市场操作的节奏和力度,调节商业银行的顺周期倾向和行为。二是及时降低基准利率的水平。继续降低实体经济的资金成本,依然是货币政策适应经济走势、加强调控作用的重要环节。我国的存贷款利率已基本市场化,由于商业银行的存款利率普遍上浮,CPI涨幅继续低位运行,下调存款利率仍有一定空间,银行的存贷差也有缩小的余地。如果市场通缩预期增强,我国使资源合理配置或经济适度增长的"实际利率"(市场经济国家称为"充分就业实际利率"或"自然利率")可能持续下滑,以至降低到真实利率(名义利率与价格涨幅之差)以下,因此需要密切跟踪实体企业投资、中长期贷款走势,及时适度降低基准利率,引导市场利率下行,促进社会投资特别是中长期投资。三是合理保持人民币汇率的稳定。汇率属于潜在或附加的货币政策,但实际上大多数国家都在直接或间接地施加调控手段。未来一段时间,我国人民币汇率指数的走势,应保持在合理均衡水平上的基本稳定,处理好对强势美元适度贬值与对一篮子货币相对稳定的关系,既有利于支持国内出口的增长,又不影响人民币国际化的进程,实现国内外经济发展、短期调节与中长期战略的均衡。四是加强对广义货币M2、社会融资总量、信贷规模尤其是中长期贷款等指标走势关系的跟踪分析,及时发现社会资金需求的变化趋势,稳定和加强货币政策的调控作用。五是积极实施定向调控的政策。这是现阶段中国货币政策的一个特色,也是新常态下稳增长与调结构结合的要求。对于需要货币信贷政策实行宽松倾斜、定向支持的产业、企业、投资项目等,中国人民银行应会同国家发展和改革委员会(简称国家发改委)等部门制定明确的目录清单,督促商业银行认真执行,并通过中国银行业监督管理委员会(简称中国银监会)加强监管。

(三)实施更加积极和结构性的财政政策

财政政策具有调控需求和供给的双重功能,积极的财政政策可以扩大总需求和推进结构调整,从总量和结构两个方面发挥稳定经济增长和改善通缩预期的作用。需要研究的问题是，如何合理加大财政政策的力度，更好地实现财政政策的效果。

拓展积极财政政策的空间，主要路径有以下几个方面：一是适当提高财政赤字率。2016 年《政府工作报告》提出，当年财政赤字率由上一年的 2.3%提高到 3%。这与往年相比有了较大幅度的增加。从《政府工作报告》公布的赤字率看，2013 年和 2014 年都是 2.1%，2015 年提高到 2.3%，只增加 0.2 百分点，而 2016 年一下增加了 0.7 百分点。多年来，我们一直按照欧洲联盟（简称欧盟）的衡量标准，把 3%的赤字率作为一条不可超越的警戒线，应对这轮国际金融危机以来，赤字率最高的年份（2009 年）也只有 2.8%。但是，现在有不少专家对欧盟标准的合理性和适用性提出了质疑（陈莎莎，2015）。现在美国、日本的赤字率都在 6%以上（贺军，2015），中国以 6.5%以上的预期 GDP 增长率，安排 3%的财政赤字率，从实践上看是必要、可行和安全的，从理论上说还留有政策空间。从稳增长与防风险的角度看，还可考虑把年度赤字率提高到 3%~4%。二是推进地方政府债务置换。2015 年推出的地方政府发行债券置换存量债务的措施，是积极财政政策的一个大手笔，相当于调整债务期限的"扭曲操作"，实现了债务重组和资产证券化。2015 年地方政府债务置换 3.2 万亿元，加上新增地方债发行 6 000 亿元，为地方政府腾挪出了 3.8 万亿元的运作空间。这有利于摸清地方政府债务底数，缓解地方政府存量债务风险，减轻偿债压力和降低债务成本（减少利息支出），从而使地方政府能够更好地实施或配合实施积极的财政政策。改革开放以来尤其是 1994 年分税制改革以来，地方政府一直是我国经济发展的重要推动力量，近两年，受经济增速下滑、房地产市场调整等影响，地方财税收入特别是土地出让收入增速大幅下降，沉重的债务负担束缚住地方政府的手脚，因此采取有效的办法使地方政府尽快从债务压力中解脱出来，以新的姿态为地方发展提供公共服务、创造良好环境，是新常态下实施好积极的财政政策和稳增长、调结构的重要环节。未来三年，还有 15 万亿元左右的地方政府存量债务需要置换，通过推进债务置换和完善置换模式，推动地方政府融资平台改造转型，规范地方政府的投融资方式和机制，可以增强积极财政政策的有效性和可持续性。三是进一步盘活财政存量资金。财政资金闲置比例高，大量资金"趴在账上"，不仅导致可用资金短缺，而且影响新增资金发挥作用。针对这种状况，国务院出台了《推进财政资金统筹使用方案》，提出推进财政资金统筹使用的十条具体措施，但落实效果并不理想。旧的资金花不出去，新的资金又沉淀下来，问题与财务支出管理制度有很大关系。例如，科研经费的支出规定不合理，不符合一般国际惯例，大量经费不能正常使用，造成不少科研人员不愿意申报科研项目。为了加快盘活财政存量资金，增加积极财政政策的资金来源，既要加强资金使用的统筹协调，加大各类资金的整合力度，发挥好积极财政政策的作用，需要把扩大财政支出与实施减税政策有机结合起来。扩大财政支出具有稳增长与调结构的双重功能，结构性的积极财政政策就是要通过推动结构调整，更好地实现稳增长的效果。从防范通货紧缩和通缩预期的影响看，未来一段时间扩大财政支出的重点：一是继续扩大公共投资，带动民间资本进入，促进全社会投资稳定增长。要通过深化改革、运用市场办法，使公私合作模式（public-private-partnership，PPP）得到有效运用和推广。二是加大对重点领域支持，促进经济转型升级，拓展大众创业、万众创新的空间。三是增加保障和改善民生支出，加快教科文卫体等社会事业和产业发展，带动居民消费结构升级和消费需求增长。从减税政策看[①]，主要起促生产、稳增长的作用。2015年实施了结构性减税和普遍性降费的政策，减轻了企业尤其是小微企业的负担。未来要实施更加积极和结构性的财政政策，还要扩大结构性减税的范围，以至实行全面减税的政策，同时加大结构性减税的力度，达到同时调控总量和结构的效果，更好地促进企业投资、引导市场预期和增强发展积极性。

三、推进供给侧结构性改革

2015年中央提出加强供给侧结构性改革的政策取向，对此各方做了多种不同的解读。笔者认为，推进供给侧结构性改革，对于稳定经济增长、缓解通缩压力具有重要作用。主要理由如下：一是现阶段我国经济下行、通缩风险与结构问题密切相关。经济结构尤其是产业结构不合理，导致供给不适应需求，工业产能严重过剩，部分服务业相对短缺，资源配置效率下降，经济增速持续下行；工业生产者价格大幅下滑，严重的结构性通缩引发市场通缩预期，加大全面通缩风险。结构问题加剧总量矛盾，总量矛盾加重通缩压力。二是需求侧调控必须与供给侧管理结合起来。习近平总书记在中央财经领导小组会议上强调，"在适度扩大总需求的同时，着力加强供给侧结构性改革"[②]。在总量问题与结构问题相互影响的情况下，需求调控与供给管理同样重要，需求调控可以为供给管理创造条件，供给改善可以使需求得到更好释放；需求调控侧重于化解短期矛盾，供给管理侧重于解决中长期问题。应当指出的是，当前推出供给管理的政策，虽然要借鉴供给学派的一些理论和主张，但中国所面临的经济环境和需要解决的问题，与当年西方应用供给主义和里根经济学的情况大为不同。当时西方国家经济普遍陷入滞

[①] 从本质上说，减税政策不是需求政策而是供给政策。著名的拉弗曲线就是通过大幅度减税来刺激供给从而刺激经济活动。拉弗教授因此成为供给学派的代表人物，并当上了里根总统的经济顾问。

[②] 转引自《上海证券报》2015年12月7日，新闻报道。

涨，需求调控政策已经不起作用，只能转向采用供给管理政策；而现在世界上多数国家面临通缩风险，中国还受到结构性矛盾的影响，需要在调控总需求的同时改善供给结构。当时美国、英国实施的供给管理政策主要有四个方面，即大幅度减税、大幅度削减社会福利、收紧货币政策、减少政府管制，其中第一、四项我们正在实施并将继续推进，而第二、三项并不符合我们的要求，就防范通缩影响、引导市场预期看，正好相反，我们需要继续改善社会福利，适度扩张货币政策，以促进需求稳定增长。三是通过深化供给侧改革促进结构调整和经济增长。供给管理政策的基本取向是，降低投资成本，优化发展环境，激发企业活力，促进资本、劳动、土地、技术、管理等生产要素合理流动和有效配置，带动产业结构调整优化、经济转型升级和资源配置效率提高，加快全要素生产率增长和经济增长。实现这个过程，从根本上说要依靠市场机制的作用。但目前改善供给结构和效率仍受到体制机制问题的制约，这使政府的许多政策措施难以落到实处和收到效果。因此，必须着力深化供给侧结构性改革，破除体制机制性障碍，推进供给制度创新，增强市场配置资源的功能，从而使供给政策的信号能较快地传导到经济运行过程中，发挥推动经济发展的作用。

推进供给侧改革，提升经济发展的活力和动力，要把握好三个要点：一是处理好政府与市场关系。供给侧改革不是要加强政府干预，而是要放松政府管制，进一步简政放权让利、搞活民营经济、完善竞争机制等改革，使市场主体更有效配置资源。二是促进供给结构调整优化。供给侧改革不仅要推动供给增长，而且要推动结构改进，提高经济增长的质量和效益。加快财税、金融、土地等结构性改革，促进制度和技术创新，改善资源配置、结构调整的体制和市场环境。三是依托改革完善宏观调控。提出供给侧改革，不是否定需求调控，而是要把需求调控与供给管理、深化改革结合起来。把深化改革引入宏观调控，有利于创新调控思路和方式，协调好短期性需求调控与中长期供给管理的关系。

从稳增长、防通缩角度看，推进供给侧改革要抓好以下重点领域和关键环节。一是加快国有企业分类改革，促进市场微观基础创新。这是进一步搞活微观经济、加快产业转型升级的重要环节。深化国有企业产权制度改革，大力发展混合所有制经济，增加非国有经济控股比例。深化垄断性行业改革，多渠道引入市场竞争机制。加快国有资产管理向以管资本为主转变，通过资产证券化，使部分国有资本从传统产业退出，转向战略性新兴产业、加强公共服务、充实社保基金。推动不同行业、不同地区、不同所有制企业兼并重组，关闭一批僵尸型国有企业，促进产能过剩行业转型升级。二是推进金融市场化改革，降低资金成本和防范金融风险。加快发展民营银行等金融企业，打破国有金融一股独大、垄断经营的局面，促进投资多元化和市场有效竞争。推进多层次资本市场制度建设，加快扩大直接金融比重，支持体制机制创新。推动信贷资产证券化，分散产能过剩行业、地方政府债务带来的金融风险。规范互联网金融等新型业态发展，加强金融监管体系和机构建设，完善金融市场混业经营监管制度。三是深化非农产业用地供给制度改革，使土地资源配置有利于经济转型升级。适应产业结构转型升级背景下要素流动和资源再配置的要求，积极推进非农建设用地管理体制改革，扭转工业用地过于便宜、服务业用地价格偏高、房地产用地价格过快上涨的格局，推动产业用地供给模式和结构调整，盘活城镇、工矿区各类闲置存量土地，促进土地资源合理配置和有效利用，拓展传统产业转型的潜力和空间，支持新兴产业、新型业态发展。四是调整完善中央与地方财税分配关系，增强新阶段的地方发展动力和活力。在地方工业下滑、房地产市场调整等趋势下，地方政府财税收入和卖地收入受到严重影响，延续了20多年的中央与地方分税制框架也面临新的挑战。深化中央与地方财税分配体制改革的大动作可能需要一个过程，但阶段性的财税分配关系调整可以较快提上日程。应当尽快为地方财税收入增长培育新的来源，除了推进地方政府债务置换外，还要多措并举减轻地方政府收支压力和债务负担，继续发挥好地方政府在提供公共服务、完善市场环境、加强社会保障、推动转型发展等活动中的积极作用。五是推进资源性产品、公共服务等价格改革，加快完善新时期的价格形成机制。在经济面临通缩压力的情况下，应当抓住机会深化价格形成机制和管理体制改革，理顺原来因担心通胀而扭曲的价格体系，使价格水平反映市场化的社会成本（包括资源环境成本）和利润水平，把被企业亏损、财政补贴等掩盖的利益关系显性化。推进资源性产品价格改革，可以改变市场化产品价格大幅下跌而垄断性产品价格依然高企的失衡状况，消除对相关行业和经济运行的非市场影响，有利于减轻投入类企业成本负担、促进产出类企业转型升级，也有利于推进资源税改革和合理征收环境税。推进公共服务价格改革，可以使价格水平更好体现市场供求关系，吸引民间资本参与公共领域投资发展，有利于为政府创新公共服务提供方式，增加政府以购买服务改善公共民生的规模和比重，促进企业提供服务的市场竞争，提高服务效率和服务质量，并加快社会事业改革。

参 考 文 献

陈莎莎. 2015-11-23. 财政赤字率红线能破吗. 国际金融报（007版）.
陈彦斌. 2008. 中国新凯恩斯菲利普斯曲线研究. 经济研究，12：50-64.
崔文军，袁静文. 2013. 中国货币政策产出效应的实证研究. 西北大学学报，（5）：105-110.
韩国高，王立国. 2014. 我国工业投资、产能过剩与通胀通缩转换分析. 数学的实践与认识，（21）：71-84.
何德旭. 2014. 松紧适度的核心是因势而变. 中国金融家，（12）：12-13.

贺军. 2015-12-03. 适度扩大赤字率 中国官方学界渐成共识. http://www.zmoney.com.cn/zhengcefenxi/show.php？itemid=337.

黄志凌. 2015. 通货紧缩的争议与实证分析. 全球化，（5）：85-98.

李斌. 2010. 从流动性过剩（不足）到结构性通胀（通缩）. 金融研究，（4）：50-63.

李德水. 2015. 对我国当前通货紧缩压力的分析和对策建议. 全球化，（4）：20-24.

李巍. 2008. 货币和资产收益的联动效应——源自通缩与通胀时期的证据. 财经研究，（12）：84-96.

李扬. 2015. 新常态下的几个宏观经济问题. 金融论坛，（4）：5.

刘元春. 2015-02-05. 物价回落：需求不足还是通缩输入. 人民日报. 第23版.

陆旸. 2015. 成本冲击与价格粘性的非对称性. 经济学季刊，（2）：623-650.

马志刚. 2015-01-22. 通货紧缩出现的可能不大（时评）. 经济日报（009版）.

潘正彦. 2014-04-22. 吁请高度警惕被遮蔽的通货紧缩压力. 上海证券报（A03版）.

邱兆祥，刘永元. 2015-02-26. 应对我国通货紧缩风险的几点思考. 中国经济时报（005版）.

万光彩，陈璋，刘莉. 2009. 结构失衡、"潮涌现象"与通胀通缩逆转. 数量经济技术经济研究，（12）：3-18.

王军. 2015. 加强价格调控监管 预防通货紧缩风险. 宏观经济管理，（3）：49-50.

王岳平. 2007. 通货膨胀还是"产能过剩"——对当前经济形势的几点认识. 宏观经济管理，（9）：10-13.

殷剑锋. 2015. 通货紧缩的成因与应对. 中国金融，（6）：72-75.

张军，方红生. 2007. 投资与通货膨胀-紧缩的联系：来自中国的经验数据. 经济学家，（1）：82-88.

张平. 2015. 通缩机制对中国经济的挑战与稳定化政策. 经济学动态，（4）：4-11.

张前荣，王福祥. 2015. 当前物价面临下行压力的原因分析及政策建议. 中国物价，（4）：7-10.

张卫平. 2012. 中国通货膨胀预测：基于AR和VAR模型的比较. 统计与决策，4：11-15.

钟红，李宏瑾，苏乃芳. 2015. 通货紧缩的定义、度量及对当前经济形势的判断. 国际金融研究，（7）：33-42.

周小苑. 2014-11-12. 中国经济无需担心通货紧缩（综述）. 人民日报（海外版）.

庄健. 2015. 我们需要担心通货紧缩吗. 中国外汇，（4）：14-16.

Atkeson A, Kehoe P J. 2004. Deflation and depression: is there an empirical link? American Economic Review, 94 (2): 71-75.

Bernanke B S. 1995. The macroeconomics of the great depression: a comparative approach. Journal of Money, Credit and Banking, 27 (1): 1-28.

Bernanke B S. 2000. Japanese monetary policy: a case of self-induced Paralysis?// Ryoichi M, Posen A. Japan's Financial Crisis and its Parallelsto U.S. Experience, Institute for International Economics, Washington D C.

Bernanke B S. 2002-11-21. Deflation-making sure it doesn't happen here. Speech before the national economists club, Washington D C.

Bernanke B S, Gertler M. 1989. Agency costs, net worth, and business fluctuations. American Economic Review, 79 (1): 14-31.

Bordo M D, Lane J L, Redish A. 2004. Good versus bad deflation: lessons from the gold standard era. NBER Working Paper 10329.

Bordo M D, Redish A. 2003. Is deflation depressing? Evidence from the classical gold standard. NBER Working Paper 9520.

Calvo G A. 1983. Staggered prices in a utility maximizing framework. Journal of Monetary Economics, 12: 383-398.

Fisher I. 1933. The debt-deflation theory of great depressions. Econometrica, 1 (1): 337-357.

Guerrero F, Parker E. 2006. Deflation and recession: finding the empirical link. Economics Letters, 93: 12-17.

Hayek F A. 1931. The "paradox" of saving. Economica, (32): 125-169.

Heikensten L. 1999. The riksbank's inflation target-clarification and evaluation. Sveriges Riksbank Quarterly Review, 1: 5-17.

Krugman P R. 1998. It's baaack: Japan's slump and the return of the liquidity trap. Brookings Papers on Economic Activity, (2): 137-205.

McCandless G T, Weber W. 1995. Some monetary facts. Federal Reserve Bank of Minneapolis Quarterly Review, 19 (3): 2-11.

Posen A S. 1998. Restoring Japan's Economic Growth. Washington D C: Institute for International Economics.

Reifschneider D L, Stockton D J, Wilcox D W. 1997. Econometric models and the monetary policy process. Carnegie-Rochester Conference Series on Public Policy, 47: 1-37.

Romer C D. 1992. What ended the great depression? Journal of Economic History, 52 (4): 757-784.

Salerno J T. 2003. An austrian taxonomy of deflation-with applications to the U.S. Quarterly Journal of Austrian Economics, 6 (4): 81-109.

Samuelson P, Nordhaus W. 1998. Economics. 16nd ed. New York: Irwin McGraw-Hill.

Stock J, Watson M. 1999. Forecasting inflation. Journal of Monetary Economics, 44: 293-335.

第一章 通货紧缩的判断标准与测度指标研究[①]

本章依据通货紧缩理论和实践需求，确定通货紧缩的判断标准，建立通货紧缩的初步测度指标体系。通过这些测度指标，我们能分析导致通货紧缩的一些关键因素（如宏观杠杆率），捕捉原有统计指标难以反映的一些经济现象（如预期），反映政策关注指标（如经济增长质量），了解通货紧缩对经济的影响（如就业），分析统计指标之间的关系（如 PPI 与 CPI 的关系），考察理论界和政策界长期忽视、现在重视的重要经济因素（如金融周期），因而弥补了统计指标考察通货紧缩及其影响的不足。

第一节 理 论 基 础

一、通货紧缩判断标准

在国际上，通货紧缩定义与通货膨胀定义是对应的。通货膨胀定义为一般物价水平持续上升。通货紧缩定义为一般物价水平持续下降（Ophèle，2009；Borio et al.，2015）。通货紧缩的定义，给出了通货紧缩最为直接的判断标准。

在国内，谢平和沈炳熙（1999）归纳了通货紧缩的三种不同定义：①通货紧缩是物价的普遍持续下降。这种观点和国外经济学界关于通货紧缩的主流观点比较接近。②通货紧缩是物价持续下跌、货币供应量持续下降，与此相伴的是经济衰退。③通货紧缩是经济衰退的货币表现，因而必须具有三个特征：物价持续下跌、货币供应量持续下降；有效需求不足、失业率高；经济全面衰退。

Borio 等（2015）的研究表明，通货紧缩可分为两种情况。一种是经济扩张时，因技术进步、管理体制改善等，或风调雨顺等外部环境变好，会出现价格持

[①] 本章执笔人：李拉亚。如无特别说明，本章数据取自于中国经济统计数据库。

续下降的情况。这可称为好的通货紧缩。另一种情况是总需求不足导致经济增长持续下降，同时价格也持续下降。这称为坏的通货紧缩。我们关心的是坏的通货紧缩，因此通货紧缩判断标准有两个因素，即价格水平和经济增长。这两个因素是判断通货紧缩的基本依据。

有了判断依据，还要有测度的数量标准。欧菲乐（Ophèle，2009）的文章《通货紧缩还是去通货膨胀》(Deflation or disinflation?)对此有很清楚的解释。"通货膨胀指经济中一般物价水平持续增长。它不是对某些商品价格的一个瞬时冲击。它是一般价格水平的一个持续过程。通货膨胀受预期驱动——当工人和公司预期价格上涨时，他们相应向上调整价格和工资。""相反，通货紧缩是经济中一般价格水平的持续下降。如果只有一些商品的价格下跌，这不是通货紧缩。例如，笔记本电脑或音响设备的价格可能会由于技术进步而下降，但这并不是通货紧缩。""去通货膨胀是通货膨胀率降低或一般价格水平暂时下降。例如，如果通货膨胀率每年从3%下降到1%，这是去通货膨胀。然而，如果通货膨胀以每年1%下降，已下降到负值区域，并预计下降将持续，这才是通货紧缩。"这三段论述，定义了通货紧缩，区分了通货紧缩和去通货膨胀这两个概念。国内对这两个概念区分不是很清楚。

可见，国际上通货紧缩判断的数量标准有两个：一是门槛值，一般价格水平要掉到零以下。二是时间长短，一般价格水平要持续掉到零以下。这个持续时间是多长，欧菲乐（Ophèle，2009）的文章没有提到，但谢平和沈炳熙（1999）提到："有的国家以一年为界，有的国家以半年为界，我国通货膨胀潜在压力较大，可以一年为界。"

中国通货紧缩判断标准是半年为界还是一年为界，可以讨论。我们认为重要的是通货紧缩趋势，一般价格水平下降的时间长短可以作为通货紧缩严重程度的一个度量。如果一般价格水平持续下降到零以下有半年时间，可视为较轻的通货紧缩，时间长达一年以上，可视为较重的通货紧缩。持续时间越长，通货紧缩越严重。通货紧缩程度的另一个度量，是一般价格水平掉到零以下的数量大小，如-10%比-3%要严重。

一般价格水平是一个理论概念，我们通常可用平减指数表示。但是统计机构通常只公布CPI和PPI。国际上通常用CPI作为通货紧缩判断标准的指标。美联储前主席伯南克（Bernanke，2002）指出："通货紧缩意味着各种商品价格普遍下跌，可用包含商品较为全面的价格指标表示，如CPI持续下降。"伯南克以CPI作为判断通货紧缩的标准，但他更强调的是范围广泛的商品价格下降，这也可以包括生产要素的价格下降。中国目前情况有点特殊，CPI在1%左右波动，而PPI已近50个月负增长。我们可用PPI作为生产部门通货紧缩的判断标准。这与伯南克的观点并不冲突。

二、通货紧缩测度指标的理论框架

（一）反映经济系统的传统指标

中国人民银行长期使用的经济增长、就业和物价指标，是弹性通货膨胀目标制的基本指标。这三类指标，既可用于考察通货膨胀，也可用于考察通货紧缩，构成本章通货紧缩指标体系的组成部分。

2007年美国次贷危机已显露出来。该年美国的CPI为2.8%，失业率为5%，GDP增长率为4.9%。这些指标值均属正常。但2008年9月美国次贷危机演变为金融危机，随后演变为全球经济危机。这一事实证明，即使经济运行在弹性通货膨胀目标制认可的目标内，经济危机仍然可以发生。这促使了经济理论的新发展。新的经济理论认识到经济危机的根源可能是金融系统。故我们考察通货紧缩，仅仅考察经济增长、就业和物价这些反映经济系统的指标还不够，还需考察金融系统指标，以满足宏观调控的新需求，跟上经济理论的新发展。

（二）反映金融系统的新指标

就像通货膨胀理论要涉及金融理论一样，几种经典的通货紧缩理论也涉及金融理论。

费雪（1932）的"债务-通货紧缩"理论、明斯基（Minsky，1986）的金融脆弱理论、伯南克和格特勒（Bernanke and Gertler，1989）的金融加速器理论是连接金融领域和经济领域的三种理论，均可用于分析通货紧缩问题。这三种理论涉及资产负债表、金融周期和经济周期三大内容，可分析金融系统和经济系统的相互影响。

克鲁格曼（Krugman，1998）将理性预期引入凯恩斯的流动性陷阱理论中，认为中央银行增发货币，可以提高公众的通货膨胀预期，从而有助于经济走出流动性陷阱。克鲁格曼的文章 It's baaack: Japan's slump and the return of the liquidity trap，是从预期角度研究通货紧缩的经典文献，指出了预期对走出通货紧缩的重要意义。

辜朝明（2008）关于资产负债表衰退危机的理论，是一种新的通货紧缩理论。该理论认为当企业债务过重，或者企业杠杆太高时，企业不再追求利润最大化，而是追求债务最小化，这导致经济衰退和通货紧缩。

依据上述通货紧缩理论，我们考察预期、宏观杠杆和金融周期三类指标，以反映金融系统。

(三) 指标分类和层次结构

依据以上理论分析，本章建立的通货紧缩测度指标体系，分为经济系统、金融系统、周期系统三大类。

经济系统有就业、经济增长和物价三个子类。金融系统有预期、宏观杠杆两个子类。本章测度资产负债表中所隐含的预期行为，所用数据来自于银行，故我们把预期测度归入金融系统。周期有经济周期和金融周期两个子类。通货紧缩与经济周期有内在联系，通货紧缩一般处于经济周期的下行阶段。经济周期与金融周期也有内在联系，故我们把金融周期纳入周期这一范畴中，与经济周期一并分析。本章针对每一个子类，进行专门介绍。

上面每个子类下面有一级指标，有的一级指标是在二级指标的基础上构成的。每个二级指标和没有二级指标的一级指标，至少在两个统计指标基础上构成。只有流通中现金同比增速这项指标例外，它只用了一个统计指标。

有的指标建立在模型基础之上。例如，我们建立了五个数量模型，分别用最小二乘、VAR 和 ARDL 方法测度 PPI 和 CPI 各自变化及其之间的相互影响。潜在 GDP 增速指标和金融周期综合指标则由 HP 滤波模型得出。

我们把指标分类和层次结构图总结为图 1-1。这是我们的设计大纲。本节将分析这些指标间的逻辑关系。我们将在随后各节中逐个介绍这些指标的内容和测度方法，解释这些指标的测度结果，指出这些指标所蕴含的理论价值。

(四) 指标之间的经济联系

上述通货紧缩理论，是本章的理论基础。依据这些理论设计的通货紧缩测度指标体系，指标之间有着内在经济联系，能交织反映通货紧缩变化，能用之分析现实经济问题。

第一，通货紧缩预期指标与经济增长、就业和价格这三类指标有密切关系。通货紧缩预期会改变实际经济部门未来的生产计划和消费计划，这一预期变化可以在生产者和消费者的购买意愿上体现出来，也会在他们的资产负债表上体现出来。当他们计划扩大生产和消费时，其资产结构中活期存款比定期存款的比率增加。当他们计划减少生产和消费时，这一比重会降低。在通货紧缩预期加剧时，这一比重降低，意味着经济人将减少支出，从而导致经济下行压力增加，新毕业生[1]和核心要就业人员[2]的就业压力增加，PPI 处于负增长，CPI 增长疲软，这又进一步加强了生产者和消费者的通货紧缩预期。这放大了经济周期，加剧了经济

---

[1] 指初中及以上学历的当年毕业生。
[2] 解释见本章第四节第三部分。

增长率围绕潜在经济增长率波动的幅度。

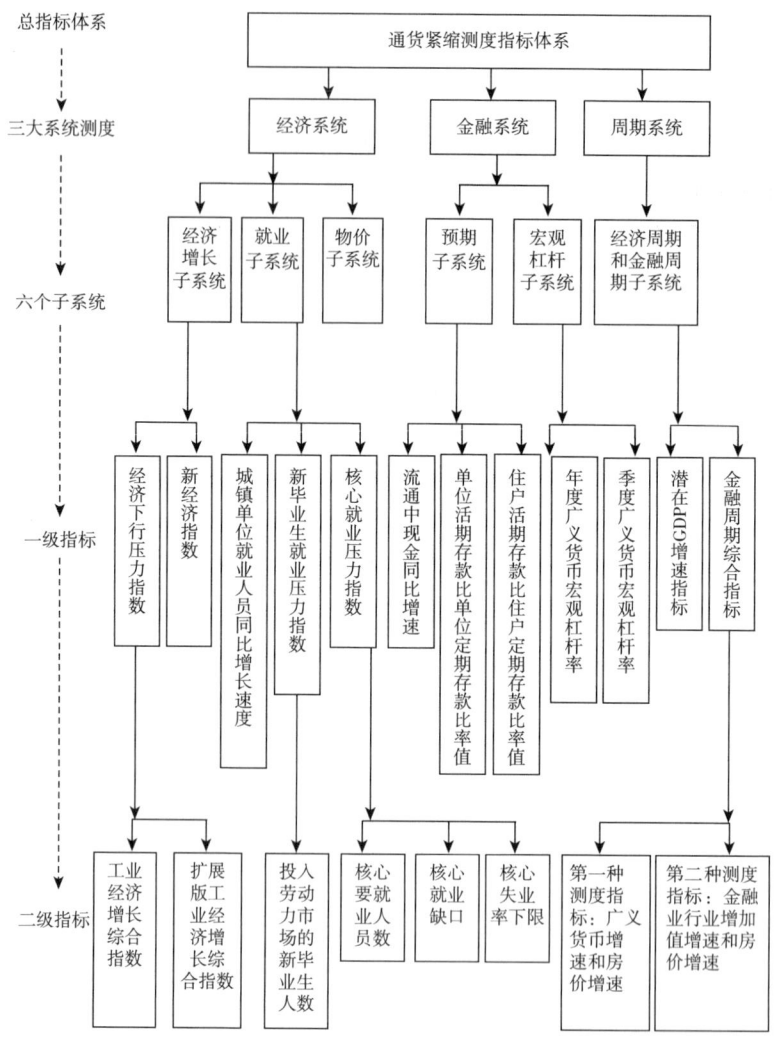

图 1-1　指标分类和层次结构图

第二，实际经济部门的资产结构变化，不仅影响到自己的杠杆率，也会影响金融部门的资产负债表，影响金融部门的资产配置。如果资产配置出现期限错配问题，金融机构会增加债务，或者变卖资产，影响到其杠杆变化。在宏观层次上，实际部门和金融部门的杠杆变化体现为宏观杠杆率的变化。当杠杆率越来越高时，实际经济部门和金融机构都难以承受，一旦它们从追求利润最大化转变为追求债务最小化，将会出现经济衰退和通货紧缩。

第三，金融机构的资产负债表不稳健时，金融机构会惜贷。此时，实际经济部门难以贷到款，经济增长下行压力随之增大，其还债能力也将下降，银行则会更加惜贷。中国经济以间接融资为主，银行贷款的扩张与收缩影响到经济系统的扩张与收缩。中国实际经济部门和金融部门之间存在的这种互相反馈的关系导致经济周期和金融周期步调较为一致。经济周期和金融周期都处于下行阶段，对通货紧缩的影响十分大。

本章设计的12个一级指标和8个二级指标及5个价格模型，将从6个方面（即6个子系统）系统测度上述经济系统和金融系统各自的变化和相互影响，从而刻画出通货紧缩的总体势态和主要特征。这是通货紧缩测度指标体系的基本内容，也是用该指标体系分析中国通货紧缩问题的逻辑思想和理论框架。我们用这一逻辑思想和理论框架主导了关于该指标体系的分类和层次设计大纲。

第二节 通货紧缩预期

我们采用银行数据，依据现金增速、居民和企业的资产结构调整，间接测度预期变化。这为测度预期对通货紧缩的影响，提供了一种可行方法。

一、现金增速

（一）现金增速与预期关系

流通中现金（money in circulation，M0）同比增速是一个能间接反映经济形势的指标。一般而言，当经济过热时，该指标值升高；当经济降温时，该指标值下降。这一现象可用下面两种理由解释。

在不考虑黄金和外汇的情况下，贷款与存款之差等于流通中现金。经济过热时，贷款需求增加，银行乐于放贷，贷款与存款之差扩大，流通中现金增加。经济下滑时，贷款需求减少，银行惜贷，贷款与存款之差缩小，流通中现金减少。

近几年电子货币发展很快，如信用卡等的大量使用，导致消费者减少了现金需求。但在中国人民银行的资产负债表中，电子货币以存款形式存在，不会改变贷款等于流通中现金加存款的事实。

我们还可以用预期行为解释这一现象。我们知道，人们买涨不买落。经济过热时，人们预期价格上升，会提前购买，现金需求升高。当经济增长下降时，人们预期价格下降，不急于购买，现金需求降低。

根据上述两种理由，我们可由现金同比增速变化，间接判断人们的预期变化。当经济过热时,我们可由该指标值上升间接判断人们对通货膨胀的预期在加强。当经济增长下滑时,我们可由该指标值下降间接判断人们对通货紧缩的预期在加强。

(二)年度数据分析

图 1-2 反映了 1979 年来流通中现金同比增速的变化情况。图 1-2 中空心圆线代表流通中现金同比增速,方框线代表 GDP 增速。我们可以看到,流通中现金同比增速与 GDP 增速有同方向变动的特点,即 GDP 增速上升,流通中现金同比增速也上升,GDP 增速下降,流通中现金同比增速也会下降。

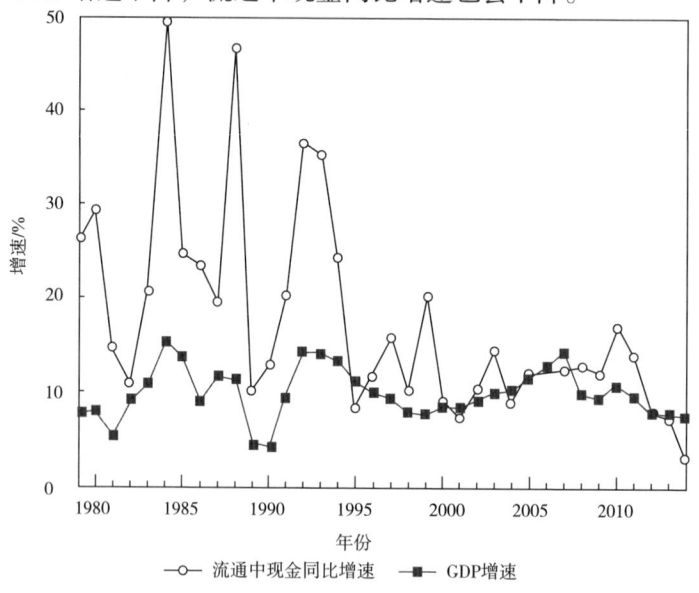

图 1-2 流通中现金同比增速与 GDP 增速

流通中现金同比增速若能反映通货膨胀和通货紧缩预期,那么该指标与价格变化也应有同方向变动趋势。图 1-3 显示了这一点。我们在图 1-2 中加上 CPI 指标和 PPI 指标,得图 1-3。图 1-3 中,空心圆点线代表流通中现金同比增速,方框线代表 GDP 增速,×线代表 CPI,实心圆点线代表 PPI。我们可以看到,流通中现金同比增速与 CPI 和 PPI 有同方向变动的特点。

(三)月度数据分析

图 1-4 是自 1996 年以来流通中现金同比增速月度数据。一个基本规律是春节前夕,流通中现金同比增速会冲高。春节前和春节中,人们要大量购物,对现金需求高。反常的是,2012 年的春节是 1 月 23 日,该月该指标不高,只

有 3.03%。

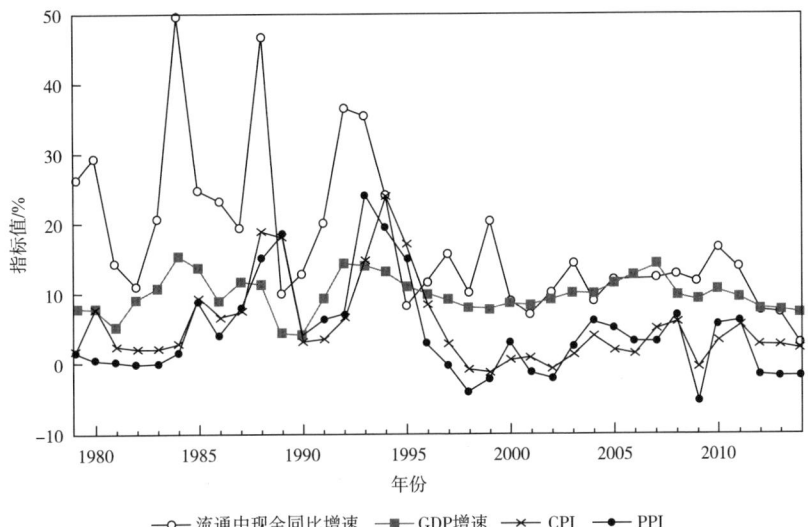

图 1-3　流通中现金同比增速与 GDP 增速、CPI 和 PPI

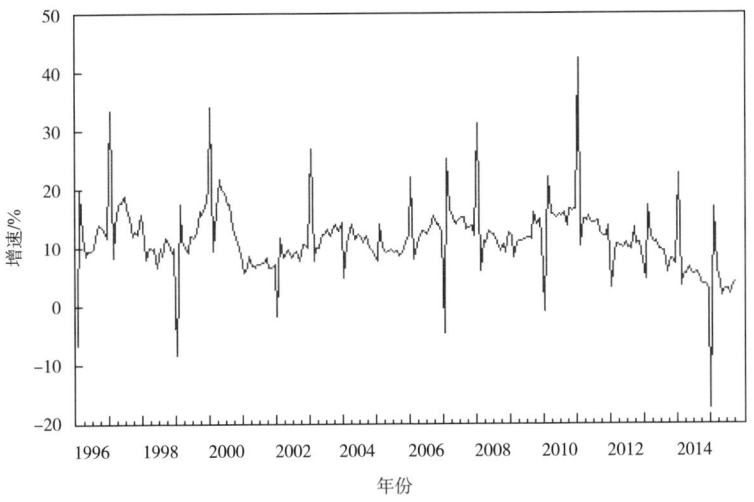

图 1-4　流通中现金同比增速

值得注意的是，从 2015 年 5 月开始，流通中现金同比增速没有继续下降，变得平稳，并有稍稍走高的趋势，见图 1-5。这反映人们的通货紧缩预期已有触底迹象。这一迹象能否维持并持续好转，还有待继续观察。总之，制止经济持续下滑，已到一个关键时刻，我们应继续出台一些定向刺激政策，促使经济增长回升，以稳定经济形势，为供给侧结构性改革创造必要条件。

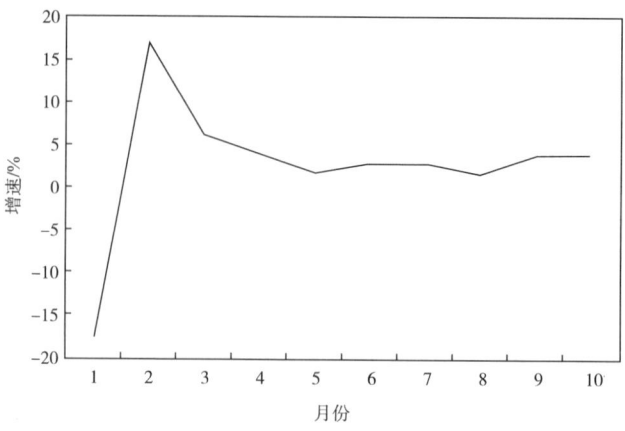

图 1-5　2015 年 1 月至 10 月流通中现金同比增速

二、单位活期存款比单位定期存款的比率

（一）购买意向与存款结构关系

购买意向是购买计划，购买意向决定准备购买的资金安排。反过来，准备购买的资金安排变化也反映出购买意向变化。购买计划包括日常开支计划，购买大件消费品计划和投资理财计划等。这些计划都会伴随资金安排，即调整资产组合结构。

存款结构是资产组合结构的一种。一般而言，存款结构受多种因素影响，如利率、预期价格和政策等。单位准备购买时，会准备足够的活期存款。单位不准备购买时，会将活期存款转为定期存款，或者直接将进账存入定期账户。因此，用单位活期存款比单位定期存款更能反映单位购买意向，准确说是反映单位购买意向决定的资金安排。单位购买意向受价格预期和政策规定等的影响。例如，当单位预期价格下降时，不会急于采购，而是处于待购状态。

（二）计算结果

我们计算出了单位活期存款与单位定期存款的比率，见图 1-6。

这一比率变化，一方面说明单位的理财概念在增强，单位在意定期比活期所能取得的更高利息。另一方面说明，2011 年以来，单位购买意向在不断降低，或者说单位不急于采购。这与单位形成的通货紧缩预期有关。当单位预期价格仍会下降时，购买意向也会下降，处于待购状态。这与地方政府在公款消费上处于谨慎状态也有关，还与懒政怠政有关。2015 年 2 月开始，单位购买意向在增强，说

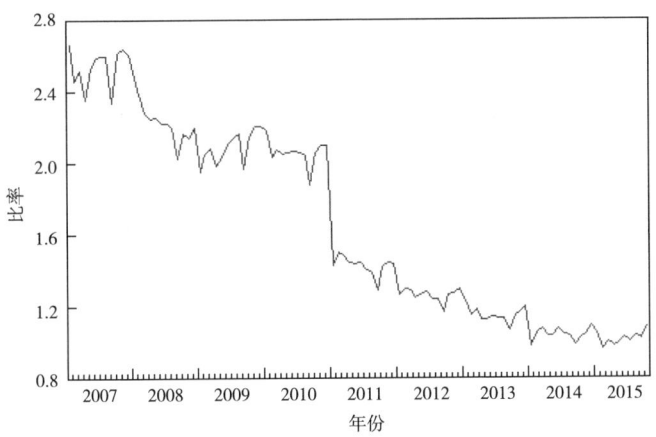

图 1-6 单位活期存款与单位定期存款的比率

明单位对未来通货紧缩预期已经触底。这一现象与国务院督促地方政府增强支出也有关系。我们认为不断增强的定向刺激政策在改变单位的通货紧缩预期,是导致单位购买意向增强的主要因素。

类似的,我们还可以计算住户活期存款与住户定期存款比率,用以反映居民购买意向的变化,进而间接反映居民通货紧缩预期变化。为节省篇幅,这里不列出计算结果。

三、指标所蕴含的理论价值

上文对三个指标的分析,只采用了 2016 年前的数据,发现了通缩预期有触底迹象和单位购买意向增强的苗头。2016 年第一季度数据表明,我们的指标及时预示了经济形势中的积极变化。这三个指标可作为先行指标。

1994 年《金融研究》第 4 期《通货膨胀预期与不确定性:从资产组合角度进行的分析与验证》一文中,提出了住户活期存款与住户定期存款比率指标。之后,该文收入 1995 年出版的《通货膨胀与不确定性》一书中。该文指出,"凯恩斯提出了货币需求的三种动机:交易动机、预防动机、投资动机"。其中,第一种和第三种动机是购买意向的动机,第二种动机也与购买意向紧密关联。当人们预期未来不确定性增加时,人们就会增加现金和活期存款,以预防未来购买时资金不足的情况。

2008 年美国金融危机后,中央银行的理论基础正在发生重大变化。预期管理、宏观审慎管理和资产负债表管理成为中央银行新理论基础。中央银行宏观调控的核心是管理预期。我们关于预期测度的三种指标,均来自于银行数据,有助于中央银行实行预期管理。

我们关于预期测度的三种指标，把资产结构变化与预期联系起来。这是原有资产负债表理论的薄弱环节。预期研究是贯穿现代经济理论发展的一条主线，在资产负债表理论中突出预期因素，顺应了经济理论的发展潮流，深化了我们对资产负债表管理的认识。我们的测度，也有助于中国人民银行的资产负债表管理。

第三节 宏观杠杆测度

2008年美国金融危机后，国内外经济理论界普遍认为，当经济中杠杆率太高时，要去杠杆。而去杠杆有可能增加经济下行的压力，导致通货紧缩，甚至使经济滑入流动性陷阱。

一、年度广义货币宏观杠杆率

（一）定义

我们常使用的一个公式是，在不考虑黄金和外汇的情况下，贷款等于流通中现金加存款。因此，广义货币等于贷款，换言之，广义货币等于贷款所代表的债务。

本部分试图把广义货币（M2）与GDP比重作为一种宏观杠杆率，称之为广义货币宏观杠杆率。这是国内外常使用的一种宏观杠杆率。

（二）计算结果

我们计算出的1991~2014年的广义货币宏观杠杆率见图1-7。

广义货币宏观杠杆率从1991年以来，总体看是不断上升的。但在2004~2008年有波动。该指标在2004年有所下降，在2005年回升后，2006~2008年其值又有所下降。此外，在1994年和2011年，该指标也出现下降情况。从2009年开始，这一数据是逐年递增的（2011年除外），说明近些年中国经济中并没有去杠杆，而是在增加宏观杠杆率。中国的债务风险在积累，这是政府部门应高度关注的因素。

二、季度广义货币宏观杠杆率

（一）定义

上文分析的广义货币宏观杠杆率是年度指标，其对应的广义货币数量是存量

第一章 通货紧缩的判断标准与测度指标研究

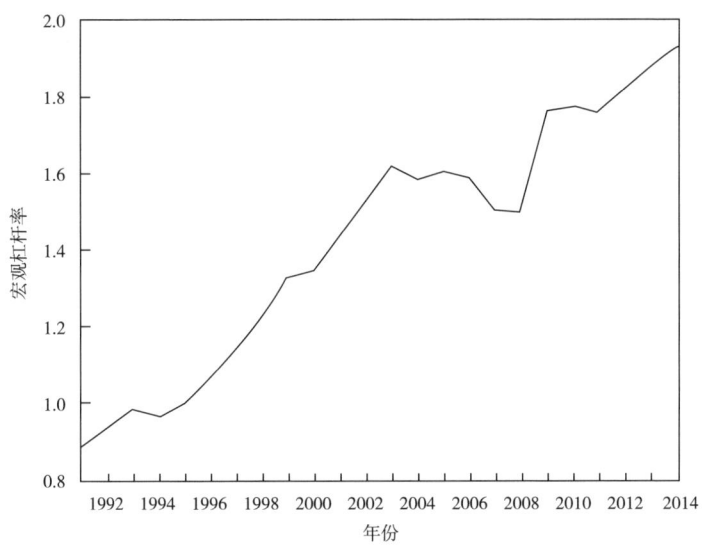

图 1-7 年度广义货币宏观杠杆率

指标。本部分试图用广义货币的季度增量比季度 GDP，得出季度广义货币宏观杠杆率。这一指标能按季度计算，具有及时性的优点。另外，这一指标使用广义货币的季度增量，属于流量指标，更具有敏感性。这有助于决策者及时发现问题和分析问题

中国人民银行提供了按月统计的广义货币数量。由本季度最大的广义货币数量减去上季度最大的广义货币数量，可得本季度新增广义货币量。

（二）计算结果

我们计算出的本季度新增广义货币量与本季度 GDP 的比率见图 1-8。图 1-8 中，空心圆线是采用 HP 滤波得到的趋势值（取 λ 值为 100），实线是季度广义货币宏观杠杆率。

季度广义货币宏观杠杆率较为敏感，波动较大，甚至可能出现负值（如 2014 年第三季度）。

图 1-8 中，1996~2009 年，趋势值变化显示出两个周期。2009 年第二季度后，趋势值是不断下降的，2015 年这一趋势值停止下降，并稍有回升。

比较图 1-7 和图 1-8，可以看出，虽然年度广义货币杠杆率从 2011 年以来不断上升，但季度广义货币杠杆率从 2009 年以来不断下降。这说明，从流量角度看，中国人民银行对季度广义货币杠杆率的控制还是起作用的。

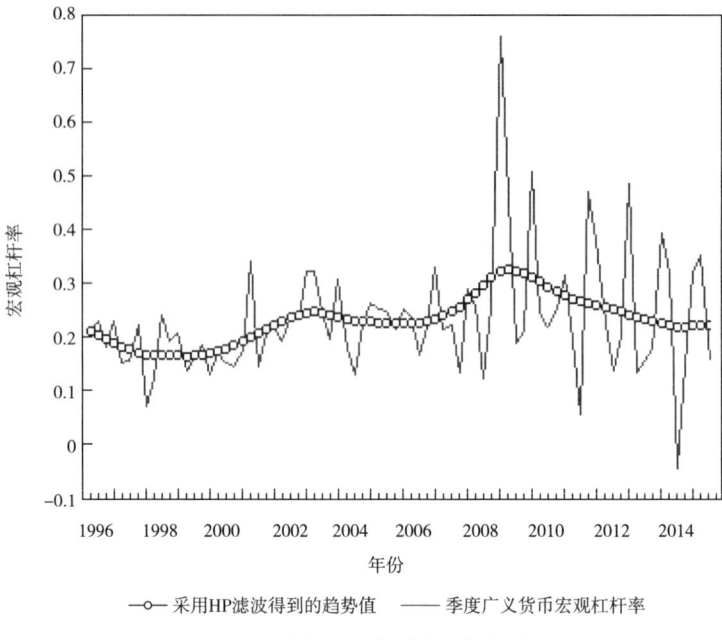

图 1-8　季度广义货币宏观杠杆率

三、指标所蕴含的理论价值

依据本部分测度指标，我们的主要发现是，中国人民银行对投放货币还是谨慎的，这体现在季度广义货币杠杆率从 2009 年以来不断下降。广义货币杠杆率从 2011 年以来不断上升，这是货币投放存量不断累积所致。

如果我们把 V 视为广义货币的流通速度，把 Q 视为产量，把 P 视为价格水平，则依据费雪交易方程式，有 $MV=PQ$ 成立，即有 $M/PQ=1/V$，并且这是一个恒等式。我们把 M/PQ 作为年度广义货币宏观杠杆率，它等于货币流通速度 V 的倒数。

通过费雪交易方程式这一传统理论框架，我们把年度广义货币宏观杠杆率与广义货币流通速度联系起来了。这是采用这一指标的理论优势。毕竟，传统经济理论对费雪交易方程式，尤其对货币流通速度，做了很多分析，取得了丰硕成果。我们可以把分析货币流通速度的一些概念、理论和方法借用过来分析年度广义货币宏观杠杆率。

广义货币宏观杠杆率指标将成为货币政策和宏观审慎政策的一个结合点，对广义货币数量的货币政策调控，能起到影响宏观杠杆率的作用，也起到宏观审慎管理的作用。这是我们对货币政策功能的一个新认识。传统经济理论只分析货币政策对经济系统的影响,即对经济增长、就业和价格的影响,忽视了货币政策对金融系统的影响。现在,我们应该加强货币政策对金融系统影响的研究。

第四节 就业与失业

通货紧缩不仅与经济增长相关,也与就业相关。通货紧缩的后果之一是就业率降低、失业率增加。测度就业水平是测度通货紧缩影响的一个重要方面。

国家统计局正式公布的城镇登记失业率变化很小。国家统计局尝试使用的城镇调查失业率尚未正式公布,但从国家统计局已经公布的该指标的一些消息看,该指标同样变化很小。我们应研制出更为敏感的就业和失业指标,以分析宏观经济形势,为宏观经济政策制定服务。

一、城镇单位就业人员同比增长速度

我们可以在中国经济信息网(简称中经网)的中国经济统计数据库中查到城镇单位就业人员数_期末这一季度指标。我们计算出其同比增长速度,见图1-9。图1-9中,空心圆线表示城镇单位就业人员同比增长速度,实线表示GDP增速。城镇单位就业人员同比增长速度对经济增长变化很敏感,这两个指标在2011年以前有同方向变动趋势。2012年后,GDP增速持续下滑,但该指标同比增速在2013年逆势而上,直到2014年第一季度才开始缓慢回落,在2014年第四季度则急剧下降。

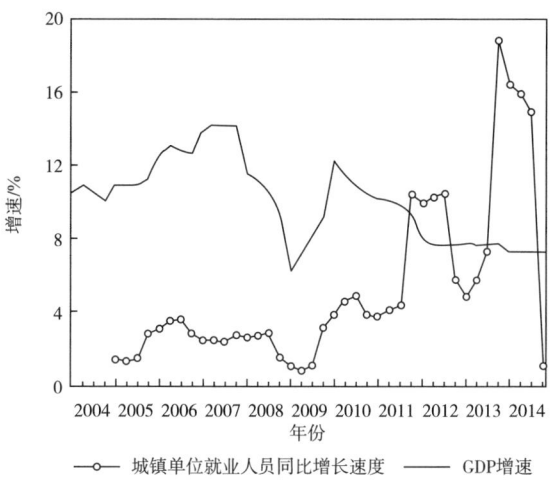

图1-9 城镇单位就业人员同比增长速度及与GDP增速比较(季度)

二、新毕业生就业压力指标

(一) 新毕业生人数定义

企业在经济不景气时先不招工,然后才考虑裁员。因此,经济波动对刚走出校门的毕业生找工作影响更大。新毕业生失业率的波动程度要大于城镇登记失业率和城镇调查失业率,是可以理解的。因此,新毕业生就业率和失业率是反映就业和失业的先行指标,可作为政府监控就业率和失业率的辅助指标。

我国城镇登记失业率和城镇调查失业率的失业者年龄下限均为16周岁。初中毕业生年龄大致也为16周岁(7岁入学和9年教育)。

(二) 计算结果

我们可从中经网的中国经济统计数据库中得到每年的初中阶段毕业人数和招生人数、高中阶段(包含中专及成人高中和成人中专)毕业人数和招生人数、大学本专科毕业人数和招生人数、硕士研究生毕业人数和招生人数、博士研究生毕业人数和招生人数、在职研究生毕业人数和招生人数。

某阶段当年毕业生人数减入学时的招生人数,即为该阶段当年肄业生人数。某年较低阶段的毕业生人数减去相邻较高阶段的招生人数,扣除较低阶段在职毕业人数,加上较低阶段肄业生人数,其值为该年较低阶段毕业生走上劳动力市场的人数,即该阶段新毕业生人数。

例如,2010年初中阶段毕业生人数减去2010年高中阶段招生人数,加上2010年初中阶段肄业生人数,因不用考虑初中阶段在职生毕业人数因素,其值为2010年初中阶段的新毕业生人数。

由此我们可以计算出每年初中毕业(包含肄业)以上新毕业生人数。我们计算出的2007~2014年的新毕业生人数见图1-10。

(三) 新毕业生就业压力数据分析

如果我们用每年新增城镇单位就业人数比每年新毕业生人数,可得出一个有意义的就业率分析指标,即新毕业生就业压力指标。虽然新增城镇单位就业人数不完全由新毕业生构成,但它表示城镇单位对新毕业生的可能吸纳力度,或者反过来讲,反映了新毕业生的就业压力。新增城镇单位就业人数越少,新毕业生人数越多,新毕业生就业压力越大。

我们计算的新增城镇单位就业人员数与每年新毕业生人数的比率见图1-11。

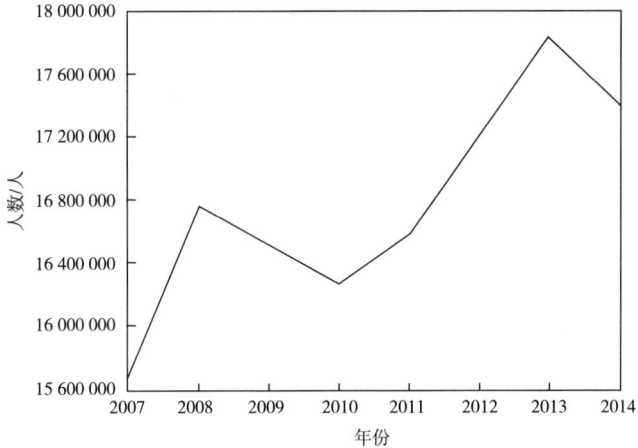

图 1-10　新毕业生人数

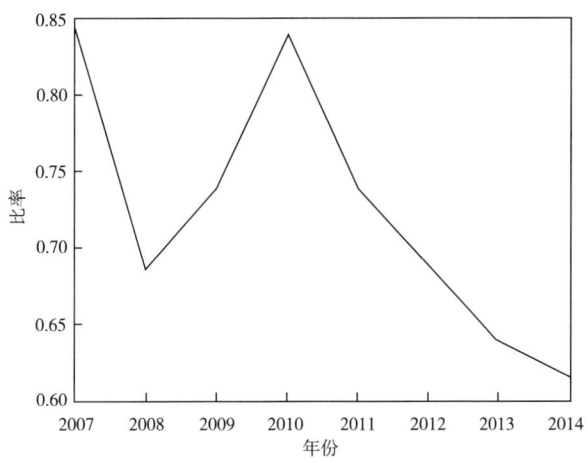

图 1-11　新毕业生就业压力

图 1-11 的数据表明，在经济增长率较高的 2007 年，该指标达 84%。这表明最多 84% 的新毕业生在城镇单位找到工作。严格说，因新增城镇单位就业人数不完全由新毕业生构成，新毕业生在城镇单位找到工作的比例还应低于 84%。这一年新毕业生找工作压力较小。在 2008 年，该指标降到 69%。随 4 万亿元刺激计划执行，2009 年该指标又升到 74%。2010 年该指标达到 84%，然后一路下降，2011 年为 74%，2012 年为 69%，2013 年为 64%，2014 年只有 62%。可见，2010 年以来，新毕业生找工作压力持续增加。

三、核心失业率

（一）定义

每年新增城镇单位就业人员大致有三个来源：一是上年城镇登记失业人员；二是大学、中专新毕业生，以及城镇未继续升学的高中毕业生、初中毕业生及肄业生；三是从农村转移到城镇的劳动力（包括已来城镇工作后失业的农村劳动力）。政府和社会均关注前两类人员的就业和失业情况。我们可以把这两部分人员称为核心要就业人员。这些人员的失业率称为核心失业率。这与城镇登记失业率和城镇调查失业率均不相同，可以作为政府判断失业率的辅助指标，以及判断当前就业形势的重要指标。

城镇登记失业人员是指具有本地城镇户口，在法定的劳动年龄段内（16周岁至法定退休年龄），有劳动能力，无业而要求就业，并已在当地就业服务机构进行失业登记的人员。这一指标不包括在本地城镇单位就业后失业的非本地城镇户口人员，如农村来的劳动人员。

城镇中没有继续升学的高中毕业生和初中毕业生及肄业生的人数没有数据。我们估计这些人数占当年城镇高中毕业生的10%左右。我们这样估计，是基于网上报道城镇户口的高中毕业生92%继续升学，并考虑到城镇初中毕业生未继续升学的人数及城镇高中、初中肄业人数，以及城镇高中毕业生中不少人是农村户口。例如，2014年城区高中毕业生有373万人，其10%约是37万人。镇区高中毕业生有402万人，其10%约是40万人。两者之和为77万人。因核心要就业人数很多，如2014年为2 170万人，故该数据对核心失业率影响很小。

（二）核心要就业人员数

根据中经网中国经济统计数据库的数据（城镇登记失业人数和大专、中专新毕业生数，以及城区和镇区普通高中毕业生数），我们可以计算出每年这两部分人员的数量，即上年度城镇登记失业人数+本年度城区普通高中毕业人数的百分之十+本年度镇区普通高中毕业人数的百分之十+本年度中等职业学校毕业人数+本年度本专科毕业人数−本年度研究生招生数+本年度研究生毕业数，这是核心要就业人员数，其计算结果见图1-12。

从图1-12中可以看到，2004年起，核心要就业人员数逐年上升。但2010年以来，核心要就业人员数由2 098万人升至2 100多万人，趋于平稳，2014年有下降趋势。政府面临的核心就业压力很重，但已经见顶。

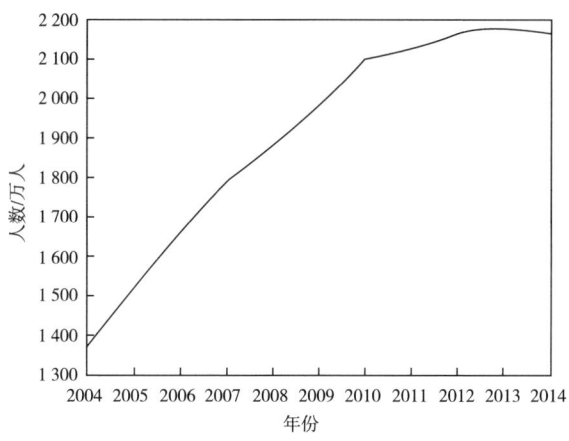

图 1-12 核心要就业人员数

(三) 核心就业缺口

图 1-13 表示核心要就业人员数与每年城镇单位新增就业人员数的差额。这一差额称为核心就业缺口。图 1-13 表明,即使当年城镇单位新增就业人员全部由核心要就业人员构成,他们中仍有相当数量的人当年不能在城镇单位就业。例如,2014 年核心要就业人员数为 2 170 万人,城镇单位新增就业人员数为 1 070 万人,两者之差为 1 100 万人,即核心要就业人员中至少有 51% 的人当年没有在城镇单位找到工作。

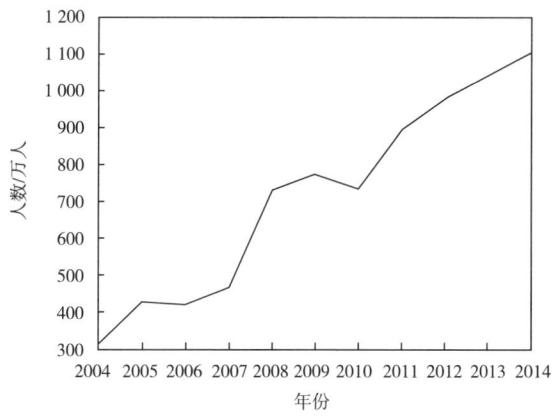

图 1-13 核心就业缺口

(四) 核心就业压力指数

我们把核心就业缺口人员数比核心要就业人员数的百分数作为核心要就业人

员的就业压力指数,称为核心就业压力指数。我们计算出的核心就业压力指数见图 1-14。2010~2014 年,该百分数分别是 35%,42%,45%,48%,51%,每年约升高 3 百分点。这与前文所说新毕业生就业压力近年持续上升一致。可见,解决核心要就业人员的就业问题,仍是政府的重要任务。何况,新城镇化还要求继续从农村中转移人口到城市来。

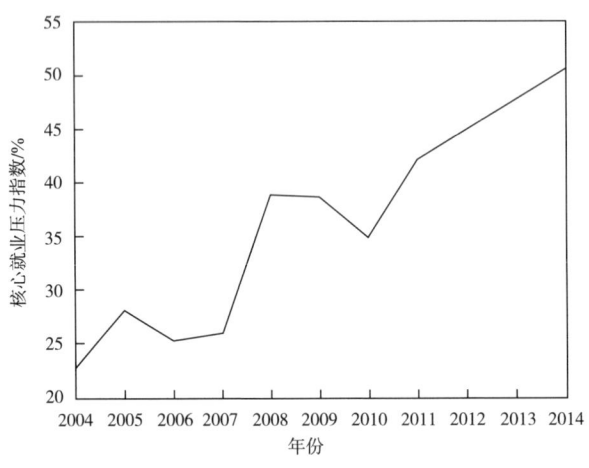

图 1-14 核心就业压力指数

（五）核心失业率下限

计算核心失业率,我们还缺少数据支持。但是,可以推算核心失业率的下限变化。我们把核心就业缺口作为分子,把上年城镇单位就业人员数加本年度核心要就业人员数作为分母。分母数代表该指标对应的城镇经济活动人口数。它不同于城镇调查失业率对应的城镇经济活动人口数,如它没有包括失业的农民工在内。但它大于城镇登记失业率对应的城镇经济活动人口数,因为它包括了从农村来的新毕业生。该分数值见图 1-15。该分数是核心失业率的下限,因为城镇单位新增就业人员中还会包括一些未受过大学或中专教育的劳动力（其中大多来自农村）。因此,实际的核心失业率要高些。

核心失业率变化与经济增长变化相关,如 2006 年经济增长率较高,核心失业率下限降低。2008 年受美国金融危机影响,经济增长率降了下来,核心失业率下限升了上去。2010 年 4 万亿刺激计划起到刺激经济增长作用,核心失业率下限有所下降。2010 年后核心失业率下限持续上升,但已趋于稳定。

2010~2014 年核心失业率下限数据分别为 2.1%,2.4%,2.6%,2.7%,2.7%。从这一指标的下限变化看,2013 年以来它上升幅度很小,基本平稳。如果考虑农民工在城镇单位新增就业人员数占的比重变化,实际的核心失业率变化可能大些,

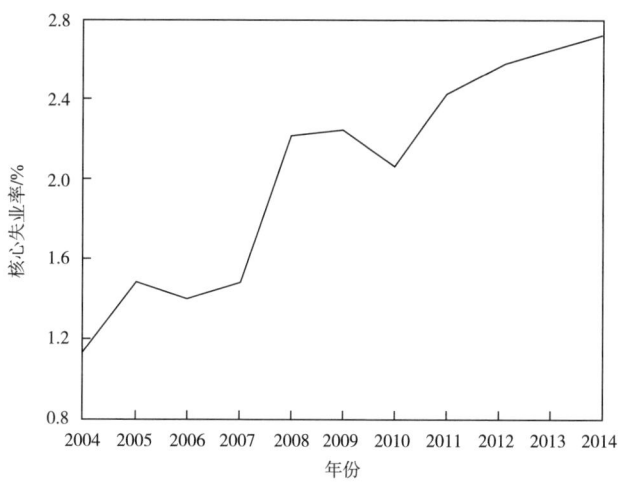

图 1-15 核心失业率下限

但也应趋于稳定。

要注意的是,新毕业生中有城镇户口的若当年没有找到工作,可以去登记城镇失业率。但新毕业生中来自农村的毕业生,因没有城镇户口,不能登记城镇失业率。他们可能一年以上找不到工作但仍生活在城镇,没有返回农村。对这些失业一年以上没有城镇户口的毕业生(包括他们工作后又失业了),应该计入核心失业率。我们没有这方面的数据,故计算核心失业率下限时没有包括他们。

(六)核心就业压力指数与核心失业率下限的异同

前述核心就业压力指数近年来每年约增加 3 百分点,2014 年该指数值达到 51%,显得就业问题很严峻,而核心失业率下限近年趋于平稳,其值也不高,似乎就业问题没那么严峻,这二者是否矛盾?这并不矛盾。这两个百分数的分子相同,但分母值相差很大,故这两个分数的值会相差很大。例如,计算核心失业率下限时,分母是其对应的城镇经济活动人口,基数很大,分数值变化就小了,分数值也不高了。因此,这两个指标对政府判断就业形势都很重要。

四、指标所蕴含的理论价值

依据本部分指标的测度结果,我们的主要发现是,2010 年以来新毕业生找工作越来越困难,其就业压力持续升高。核心就业压力指数近年每年约增加 3 百分点。但是,我们的测度也表明,政府面临的核心就业压力虽然很重,但已趋于平稳,或者说已经到顶。

就业和失业与经济增长有着密切的关系。我们设计的指标对经济增长变化敏感。2010年以来新毕业生就业压力持续升高，与经济增长率持续下降是有关联的。只要经济增长能保持在目前水平上，就业问题就不会恶化。现在要注意的就业重点是，去产能过程中，怎样妥善解决下岗人员的重新安置问题。

怎样计算就业率和失业率，历来是经济统计中的一大难题。经济理论中的自然失业率、隐蔽性失业率、摩擦失业率、结构失业率和周期失业率等只是理论概念，没有统一的测度方法。如何在中国经济中测度这些失业率，是尚需研究的课题。

第五节　经 济 增 长

我们用两类指标反映经济增长。我们用工业经济增长综合指数和扩展版工业经济增长综合指数反映传统经济增长，用新经济指数反映新经济增长。中国正在从传统经济向新经济过渡，测度新旧经济增长，对了解通货紧缩发展趋势，具有重要意义。

一、工业经济增长综合指数

（一）定义

近年来，国内外经济界常用一个综合指标判断中国的工业经济增长情况，本章称该综合指标为工业经济增长综合指数。该综合指标由三个指标加权构成。这三个指标是工业用电量指标、铁路货运量指标和银行贷款指标。该综合指标注重经济增长统计的真实性和可靠性。我们知道，统计上针对实物的统计数据可靠性要高些，银行贷款数据也不存在造假的可能，所以该指标用工业用电量、铁路货运量和银行贷款指标评估经济增长。

（二）工业经济增长综合指数计算

工业经济增长综合指数=工业用电量×0.4+人民币贷款余额×0.35+铁路货运量×0.25。这些指标均为同比增长的月度数据。该公式采用了国内外通常计算该综合指标所用的权重。我们由此计算出的工业经济增长综合指数见图1-16。图1-16中，空心圆线代表工业经济增长综合指数，实心圆线代表工业经济增长速度。从图1-16中可以看出2010年中期以来，工业经济增长综合指数绝大多数时间处于工业经济增长速度之下。2015年以来，两者之间的缺口在扩大，这反映了经济下行压力还在继续增加。

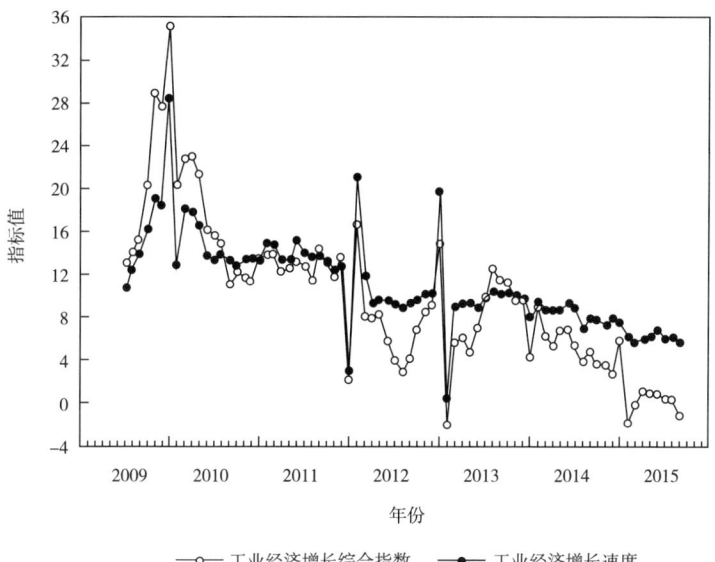

图1-16 工业经济增长综合指数与工业经济增长速度对比

（三）计算工业经济增长综合指数的数据说明

工业经济增长综合指数数据由课题组成员杜习瑞从中经网的中国经济统计数据库收集。该数据库提供的工业用电量数据有缺失，如2010年9月至2011年1月数据缺失，还有一些年份的1月和12月数据缺失，这些缺失数据由杜习瑞从其他网站获得，或从全年累计用电量数据（或者截至部分月份累计用电量数据）推算出来。

二、扩展版工业经济增长综合指数

（一）定义

目前我国进出口因素对经济影响大，而这两个因素在工业经济增长综合指数中没有反映出来。为弥补这一不足，我们在工业经济增长综合指数中加上了进口增长速度和出口增长速度两项指标，得出扩展版工业经济增长综合指数。进口增长速度和出口增长速度两项指标较为可靠，不存在地方政府追求业绩可能导致的数据失真问题。这符合制定工业经济增长综合指数要求数据可靠的原则。

(二)扩展版工业经济增长综合指数计算

扩展版工业经济增长综合指数=工业用电量×0.35+人民币贷款余额×0.25+铁路货运量×0.15+进口×0.15+出口×0.10。我们在工业经济增长综合指数的权重基础上进行调整,赋予进口比出口更高的权重。这是因为进口更能反映国内经济情况。当国内经济下行时,进口能力自然要变弱。而出口主要受国外因素影响。赋予进口比出口更高的权重对测度经济下行压力而言,是合理的。这些指标均为同比增长的月度数据。图1-17中,空心圆线代表扩展版工业经济增长综合指数,实心圆线代表工业经济增长速度。

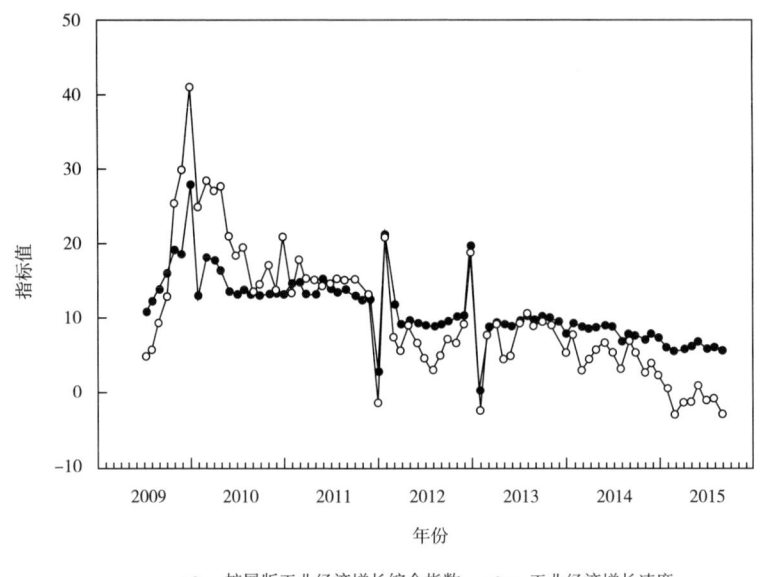

图1-17 扩展版工业经济增长综合指数及与工业经济增长速度对比

(三)工业经济增长综合指数和扩展版工业经济增长综合指数比较

我们把工业经济增长综合指数和扩展版工业经济增长综合指数放在一张图上比较,见图1-18。图1-18中,实心圆线代表扩展版工业经济增长综合指数,空心圆线代表工业经济增长综合指数。可以看出,扩展版工业经济增长综合指数对经济增长反应更为敏感。在经济增长较快时,扩展版工业经济增长综合指数曲线在工业经济增长综合指数曲线上面。当经济增长较慢时,扩展版工业经济增长综合指数曲线基本在工业经济增长综合指数曲线的下面。

第一章 通货紧缩的判断标准与测度指标研究

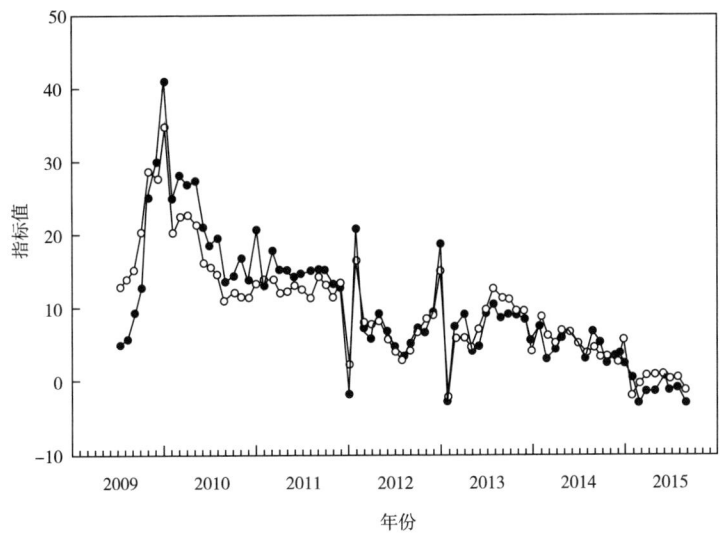

图 1-18 工业经济增长综合指数和扩展版工业经济增长综合指数比较

三、经济增长压力指数

（一）定义

扩展版工业经济增长综合指数对工业经济增长反应很敏感。当工业经济增长快时，该指数会大于工业经济增长率，即在图形上该指数曲线处于工业经济增长率曲线的上方。当工业经济增长慢时，该指数会小于工业经济增长率，即在图形上该指数曲线处于工业经济增长率曲线的下方。我们可以把工业经济增长速度减扩展版工业经济增长综合指数的缺口视为工业经济增长的压力测度指标，该指标为正时视为工业经济增长下行的压力测度指标，该指标为负时视为工业经济增长上行的压力测度指标。

由于工业经济增长对生产部门和国民经济增长具有至关重要的作用，我们也可以把这一压力指标大致视为生产部门经济增长的压力指标，甚至是经济增长的压力指标。

（二）计算结果

我们计算出的经济增长压力指数值（即工业经济增长速度减扩展版工业经济增长综合指数值）见图 1-19。前面已经指出，压力指数为负数时，表示经济增长上行的压力；压力指数为正数时，表示经济增长下行的压力。由图 1-19 可见，该压力指数从 2013 年 9 月开始一直大于零,其趋势是上升的,表示经济增长下行的压力在增加。

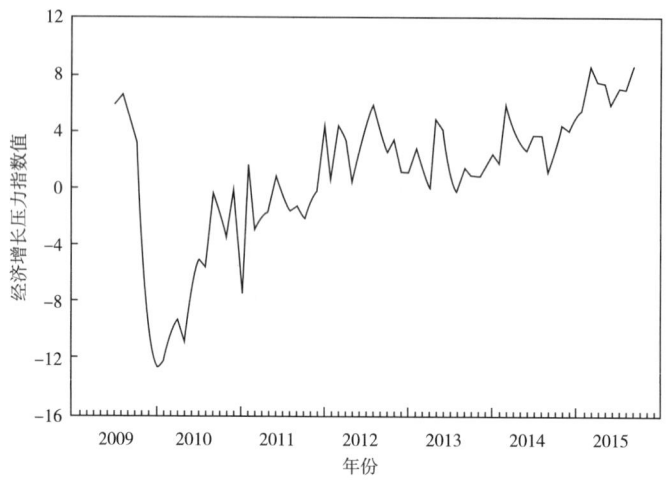

图 1-19　经济增长的压力指数

四、新经济指数估算

(一)新经济指数的构成

2015 年中国政府提出了一个评价经济发展的综合指标,本章称之为新经济指数。该指数由三个指标构成,即就业指标、居民收入指标、能耗强度指标(即单位 GDP 能耗指标)。新指标注重民生和环保,更适合反映新经济增长。

(二)每项指标的目标值

新经济指数提出后,我们目前还只是分别对其三种指标进行考察,没有把这三种指标综合起来统一为一种指标。我们不妨依据世界上其他国家的这三种指标状况,结合中国的实际情况,分别确定这三种指标的目标值,即我们经过努力后这些指标能实现的目标。然后根据每项指标的实际值与目标值的差距,给出分数,对每一指标的分数加权汇总,得出总分。这可为政府评估宏观经济发展状况提供参考。

新经济指数没有确定就业采用什么指标,也没有规定居民收入增加采用什么指标。对这两个指标的选定,只要符合新经济指数的精神实质就行。

我们可用前文提出的核心就业压力指数反映就业情况。该指标对经济波动较为敏感。反映经济发展状况,应使用对经济波动敏感的指标。根据该指标的历史变动情况，我们可用35%作为政府追求目标。

居民收入虽可采用居民可支配收入指标，但难以进行国际比较，也难以反映居民收入分配的公平性。目前中国经济中穷富差别问题引人瞩目，这在居民可支配收入中难以反映。我们可用恩格尔系数和基尼系数反映居民收入水平及其公平性。这样可以比较国际上其他国家的情况，以帮助确定我们的目标。恩格尔系数可以反映居民绝对生活水平提高，基尼系数可以反映居民相对生活水平提高。

国际上认为恩格尔系数值在30%~40%为富裕。国家统计局计算的中国恩格尔系数分城镇和农村两种，到2012年这两种恩格尔系数均已在这一区间内。对城镇恩格尔系数，我们可用30%作为政府追求目标；对农村恩格尔系数，我们可用35%作为政府追求目标。

国际上认为基尼系数在0.3~0.4为相对合理。国家统计局公布的中国基尼系数为0.46~0.48。我们可用0.4作为政府追求目标。

我们可用单位GDP能耗指标反映能耗强度。可用能源消费总量减去生活消费的能源总量，作为生产能源消费总量。用生产能源消费总量除以不变价计算的GDP，得出生产每单位GDP消耗的能源量。2013年，中国单位GDP能耗是世界平均水平的2.5倍，是我们可以挖掘经济增长潜力的地方。只要在单位能耗上达到世界平均水平，只要保持现在能源消费量，我们的GDP还可以增长很多。因此，可以把世界平均水平的单位GDP能耗作为政府追求目标，即把2013年计算出的单位GDP能耗1.084 353除以2.5得出0.433 741 2。这意味着按照世界平均水平，中国每亿元GDP大约只能消耗能源0.43万吨标准煤。

（三）新经济指数的值

我们赋予每个指标的目标值为零分。如果每个指标都等于目标值，那么每个指标得零分，汇总也是零分。目前情况下，每个指标都高于目标值，我们试图努力将其降低到目标值，因此高于目标值得负分，低于目标值得正分。几个指标围绕各自目标值打分，要尽量客观、公正和一致，不要出现过高、过低分。每个指标具体计算得分的方法如下。

核心就业压力指数的目标值是0.35，我们计0.01为1分。如果该指标的实际值低于0.35的差值是0.01，那么该指标得1分。如果该指标的实际值高于0.35的差值是0.01，那么该指标得-1分。例如，2006年核心就业压力指数值是0.25，低于目标值0.10，那么该指标得10分；2009年该指标值为0.39，高于目标值0.04，得-4分。

城镇恩格尔系数的目标值是0.30，我们计0.01为1分。如果该指标的实际值低于0.30的差值是0.01，那么该指标得1分。如果该指标的实际值高于0.30的差值是0.01，那么该指标得-1分。

农村恩格尔系数的目标值是0.35，我们计0.01为1分。如果该指标的实际值低于0.35的差值是0.01，那么该指标得1分。如果该指标的实际值高于0.35的差值是0.01，那么该指标得-1分。

基尼系数的目标值是0.40，我们计0.01为1分。如果该指标的实际值低于0.40的差值是0.01，那么该指标得1分。如果该指标的实际值高于0.40的差值是0.01，那么该指标得-1分。

以上几项指标，我们坚持了一致性原则，即每个指标都计0.01为1分。

单位GDP能耗的目标值是0.43，我们计0.01为0.1分。如果该指标的实际值低于0.43的差值是0.01，那么该指标得0.1分。如果该指标的实际值高于0.43的差值是0.01，那么该指标得-0.1分。这样计分避免了该项指标得分过高的问题，即坚持公正性原则。

由此得出每项指标的得分后，对每项指标分数赋予权数，进行加权汇总，得出总分。我们给每项指标赋予权数，采用两分法等权数原则，并要求这些权数之和为1。具体来说，新经济指数评估民生和环保，我们给民生和环保同样权重，都是0.5。民生的0.5中，赋予就业和居民收入同样权重，各为0.25。居民收入的0.25中，我们用恩格尔系数和基尼系数间接描述，这二者也给予同样权重，均为0.125。恩格尔系数中的城镇和农村两部分，我们也给予同样权数，均为0.0625。由此计算出的新经济指数值见图1-20。

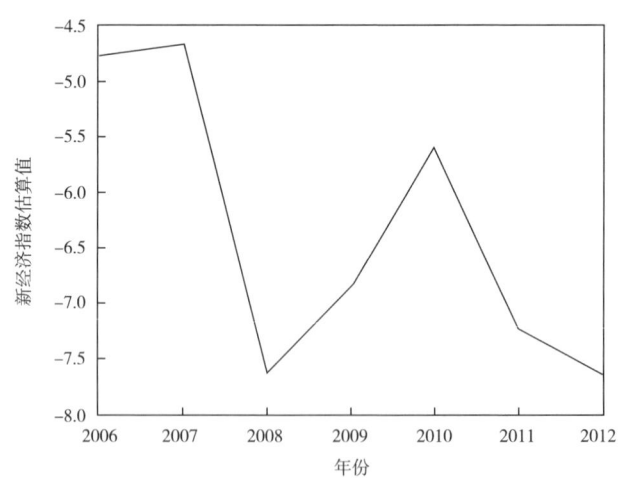

图1-20　新经济指数估算值走势

各项指标离各自目标值均有一段距离，得出的总分是负数，该数离零越近，说明经济发展改善情况越好。未来经济发展达到目标后，我们得出的总分是正数，该数越大，经济发展状况越好。

我们得到的数据，只能计算出 2006~2012 年的新经济指数值。从中可以看到，新经济指数走势与经济增长走势有关联。因为经济增长影响到就业。2006 年和 2007 年新经济指数值较高，主要是当时就业情况较好。2008 年新经济指数值较低，与当年就业形势严峻有关。经济增长和经济效益的关系，主要方面还是互相促进。只追求增长忽视效益固然不对，但把效益和增长对立起来也是不可取的。

单位 GDP 能耗指标权数最高，随着单位 GDP 能耗不断降低，这一指标对新经济指数值影响会增大。这一指标不仅仅反映环保，也反映效益，赋予它最高权数，反映了新经济指数对效益的重视。

五、指标所蕴含的理论价值

依据本节的压力指数测度结果，从 2013 年 9 月开始经济增长下行压力在增加，下行压力增加的趋势是明显的。

我们测度新经济指数时，发现经济增长质量与经济增长速度有关联。当经济增长速度较高时，就业指数也较高，人民的生活改善也较快。我们没有必要把速度和效益对立起来。当然经济效益提高，主要还在于科技水平和管理水平的提高。

第六节　PPI 与 CPI 指标

本节建立了最小二乘、VAR 和 ARDL 三类计量模型。为节省篇幅，我们没有附上模型的检验结果，只附上了模型的模拟结果。考虑到测度指标的直观性要求，我们建立 VAR 模型时，输入变量是非平稳的，我们未做差分以求平稳化。建模后单位根检验虽符合要求，所得参数仍可能有偏差，但从我们的模拟结果看，对模拟的准确度影响不大。

一、PPI 变动的解释

中国现在面临通货紧缩威胁，PPI 指数已经连续 40 多个月下降。怎样解释 PPI 指数变化，影响到宏观经济政策的制定思路。

（一）从经济周期角度解释 PPI 变动

PPI 指数持续下降，与我们面临的周期走势密切相关。厂商制定出厂价格时，不仅分析供需关系，也会分析经济增长走势，即对未来经济发展进行预期。如果预期经济增长趋于上升,厂商会判断未来需求高于供给,价格也会上升,因此会制定较高的价格。反之亦然。因此,透过供需因素的"面纱",我们可以看到,在预期作用下,经济周期是影响 PPI 走势的重要因素。那些影响经济周期的因素,在更深的层次上影响到 PPI 价格走势。

(二)从进口商品价格角度解释 PPI 变动

PPI 不仅受到经济周期影响,也受到许多其他因素影响,特别受外部经济影响,即受到进口商品价格影响。

(三)PPI 变动的经验方程

我们可以做 PPI 和工业经济增长指数及进口价格指数的回归分析,得出的经验方程如下(均采用月度同比数据):

$$PPI = 95.50 + 0.33 \times 工业增加值增速(上两个月)$$
$$+ 0.33 \times 进口商品价格指数(上两个月)$$

式中,进口商品价格指数减去 100。工业增加值增速和进口商品价格指数均滞后两个月,说明这两者的变动要有两个月才影响到 PPI 的变动。

我们用经验方程计算的 PPI 值与 PPI 实际值的比较见图 1-21。图 1-21 中,空心圆线代表 PPI 计算值,虚线代表 PPI 实际值。从图 1-21 中可以看到,1997~2004 年,两者之间误差大些。2004 年以后,两者的误差要小些。2015 年以来,PPI 计算值要小于 PPI 实际值。从 1997~2015 年整个时间段上看,两者的波动是大体一致的。

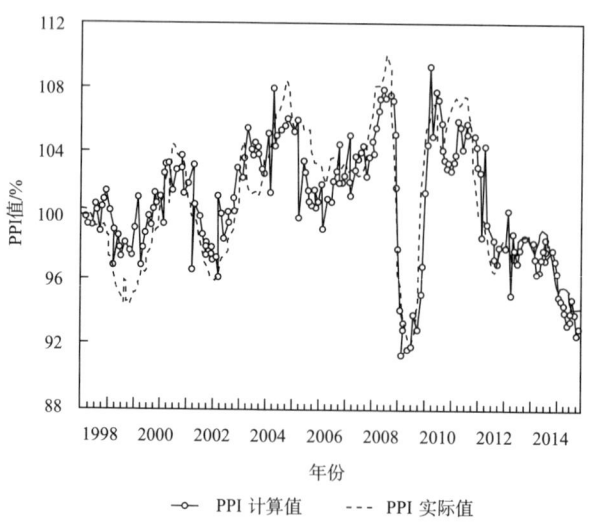

图 1-21 PPI 计算值与实际值比较

国家统计局已经公布了 2015 年 12 月的 PPI 为 94.1%。2015 年 10 月的工业增加值指数是 5.6%，进口商品价格指数是 89.8%（减去 100 后是 -10.2）。由经验公式得出的 2015 年 12 月 PPI 的估算值是 93.98%。

（四）输入的通货紧缩

我们的经验方程，有助于评估从外部经济中输入的通货紧缩对国内通货紧缩的影响程度。在我们的经验方程中，两者的系数都是 0.33。这就表示，规模以上工业增加值增速和进口价格对 PPI 的影响一样大。我们虽然不能估算出输入的通货紧缩对 PPI 的具体贡献，但可以推测其影响不会小。

二、CPI 是否会被 PPI 拖入负增长区间

（一）问题的政策意义

PPI 已经连续 40 多个月负增长，从价格角度看，工业领域确实出现了通货紧缩现象。工业领域的通货紧缩是否会向其他领域蔓延，CPI 是否也会落入负增长区间？这是各界均关注的问题。

（二）CPI 变动的惯性

我们发现，仅仅依靠 PPI 对 CPI 变动解释有限，如果我们把 CPI 变动的惯性考虑进来，即把前期的 CPI 作为方程的变量，建立的经验方程解释力会增强不少。此外，我们还把本期 PPI 与前期 PPI 的缺口也作为方程的变量。我们采用 ARDL 方法建立的方程如下：

$$CPI = 0.98 \times CPI(-1) + 0.02 \times PPI + 0.23 \times [PPI - PPI(-1)]$$

式中，CPI（-1）表示上月的 CPI；PPI（-1）表示上月的 PPI。该方程式表明，上月的 CPI 对本月的 CPI 影响较大，本月的 PPI 对 CPI 的影响要小很多。因此，PPI 在短期内难以将 CPI 拖入负增长区间。

缺口 PPI-PPI（-1）对 CPI 的影响较为敏感。这相当于生产 CPI 商品的厂商在决定自己商品价格时，不仅考虑 PPI，更考虑 PPI 的发展趋势。CPI 由供需双方决定，生产 CPI 商品的厂商的这一考虑，在 CPI 的变化中体现了出来。在经济理论中，缺口对经济变量的影响是常见的，如外推性通货膨胀预期形成中，前后两期实际价格缺口对预期就起到修正作用。

我们依据此经验方程计算的 CPI 和实际的 CPI 数据对比见图 1-22。图 1-22 中，空心圆线代表我们计算的 CPI，十字线代表实际的 CPI。

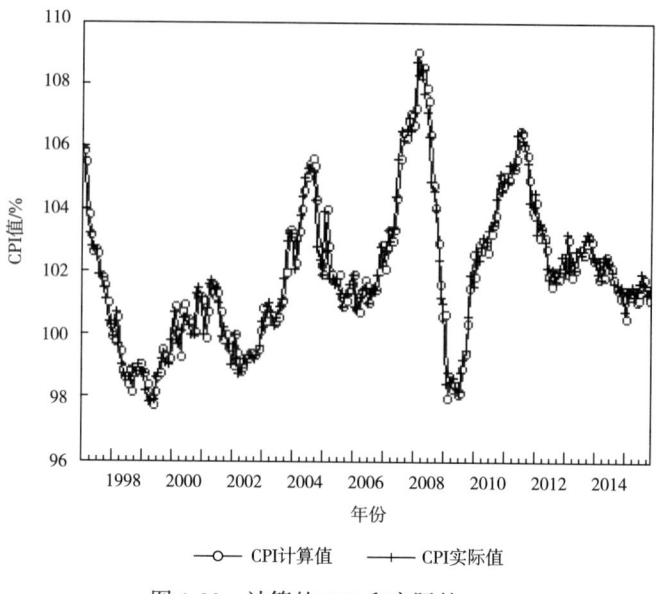

图 1-22　计算的 CPI 和实际的 CPI

(三) PPI 和 CPI 互相影响关系

其实，不仅 PPI 影响到 CPI，CPI 也影响到 PPI，PPI 和 CPI 互相影响。我们采用 VAR 方法建立这两者之间的经验方程如下：

$$CPI = 0.99 \times CPI(-1) + 0.01 \times PPI(-1)$$
$$PPI = 0.02 \times CPI(-1) + 0.98 \times PPI(-1)$$

从 CPI 和 PPI 的互相影响看，PPI 对 CPI 的影响确实不大。同时，CPI 对 PPI 的影响也不大。这也说明 PPI 在短期内难以将 CPI 拖入负增长区间。

三、PPI 与几种价格的关联

从理论研究文献看，研究 PPI 与 CPI 关系时，往往把 PPI 视为 CPI 的先行指标。从成本推进角度看，这是易于理解的。从一般均衡理论体系看，各种商品价格之间互相关联，一种商品价格变化，会引起其他商品的价格变化。另外，我们还可从需求拉动的角度看 CPI 对 PPI 的影响。因此，也可用 CPI 来解释 PPI 变动。

从统计分析角度看，我们采用中国的数据和 Granger 因果检验方法，排除了 PPI 和 CPI 之间不存在因果关系的假设。

本部分我们分析 PPI 与 CPI、进口价格 I 和资金价格 M（用 4 个月期限的银行间同业拆借加权平均利率表示）之间的关系。这些指标均为月度指标。

首先，我们分析 PPI 与 CPI 和 I 之间的关系。我们采用 ARDL 方法，发现它们之间的关系如下：

$$PPI=0.876\times PPI(-1)+0.066\times CPI+0.294\times [CPI-CPI(-1)]$$
$$+0.056\times I+0.089\times [I-I(-1)]$$

由此公式计算的 PPI 与国家统计局公布的 PPI 的模拟结果也很好。这里为节省篇幅，不再列出模拟图。

从上式可见，本期 PPI 受上期 PPI 惯性影响，其系数为 0.876。同时还受 CPI 的影响和 I 的影响。本期 CPI 对 PPI 影响较小，其系数只有 0.066，但受本期 CPI 与上期 CPI 之差（即缺口）的影响要大些，其系数为 0.294。这意味着，从生产者角度看，他在安排自己的价格时，更注意到 CPI 的变化趋势。类似的，本期 I 对 PPI 影响较小，其系数只有 0.056，但受本期 I 与上期 I 之差（即缺口）的影响要大一点，其系数为 0.089。这意味着，从生产者角度看，他在安排自己的价格时，更注意到 I 的变化趋势，但重视程度不及本期 CPI 与上期 CPI 的缺口。

其次，我们把资金的价格（M）也考虑进来。我们采用 ARDL 方法，发现 PPI 与 CPI、I 和 M 之间的关系如下：

$$PPI=0.824\times PPI(-1)+0.508\times [PPI(-1)-PPI(-2)]$$
$$+0.117\times CPI+0.059\times I-0.080\times M(-2)$$

由此公式计算的 PPI 与国家统计局公布的 PPI 的模拟结果也很好。这里为节省篇幅，不再列出模拟图。

这一方程有两个特点：一是 PPI 不仅受到上一期惯性的影响，还受到上一期与再上一期的缺口的影响；二是 PPI 受到上两期的资金价格的影响，并且系数为负。这里资金价格反映了银行间资金紧张程度，当银行间资金紧张时（需求大于供给时），资金价格上升，反之亦然。为什么上两期资金价格的系数为负呢？当银行间资金紧张时，对实体经济的贷款会收缩，实体经济资金也紧张。两个月后，企业会对此做出反应，即降低出厂价格，加紧回笼自己的资金，以保证资金链条不会断裂。

四、指标所蕴含的理论价值

本节我们的主要分析结论是，PPI 对 CPI 变动的影响力有限，PPI 难以把 CPI 拖入负增长区间。

我们发现，无论是 PPI，还是 CPI，其变动都有很强的惯性。21 世纪欧美经济理论界兴起的理性疏忽、黏性信息和黏性预期理论，能对经济变量的惯性做出比传统经济理论更为接近实际的解释。流体力学上有句话，叫做一怕漩、二怕黏。经济理论对变量的漩和黏，目前解释力很弱，我们期待年轻一代经济学家在这方面有所突破。

第七节　经济周期和金融周期

一、潜在 GDP 增速与周期性成分

（一）计算潜在 GDP 增速的滤波方法

影响潜在 GDP 增速的因素很多，科学技术、经济体制、管理水平、资本存量、劳动力资源及其素质、自然资源和外在环境等都会影响到潜在 GDP 增速。怎样计算潜在 GDP 增速，没有统一方法。

我们在 1995 年出版的《通货膨胀与不确定性》一书的第 75 页中，指出经济增长中持久性的趋势变化和暂时性的波动变化混淆在一起，能观察到的是经济增长率（如 GDP 增速），可用滤波方法从经济增长率中把这两种变化分离出来。

一旦得到 GDP 增速的趋势值，我们可以得到 GDP 增速缺口，即实际 GDP 增速与 GDP 增速趋势值的差值。GDP 增速缺口反映了经济增长中的暂时性波动变化，或者称之为经济增长中的周期性成分。因此，用滤波方法计算潜在 GDP 增速，实际上也计算了经济周期。

从经济理论上讲，GDP 增速缺口与物价同方向变动。该缺口值为正时，会引起通货膨胀；该缺口值为负时，会引起通货紧缩；该缺口值为零时，物价不会上升也不会下降。GDP 增速缺口与物价的这一理论关系可用于检验计算出来的潜在 GDP 增速是否合理。我们在 1991 年出版的《通货膨胀机理与预期》一书的第 217 页至第 220 页论述过这一理论。

依据这一理论关系，比较简单的计算潜在 GDP 增速方法是，先计算 GDP 增速的趋势值。如果某年的物价水平接近于零，则该年 GDP 增速的趋势值应大致接近于潜在 GDP 增速。

计算 GDP 增速趋势值的滤波方法不止一种。现在较为常用的一种滤波方法是 HP 滤波法。本章采用该方法（取 $\lambda=100$）把 GDP 增速的趋势值和其周期成分（即波动变化）计算出来，见图 1-23 和图 1-24。

图 1-23 中，实心圆线为 GDP 增速的趋势值。空心圆线为实际 GDP 增速。从图 1-23 中可见，存在六个实际 GDP 增速低于 GDP 增速趋势值的区间，即空心圆线处于实心圆线下面的那些区间。也存在六个实际 GDP 增速高于 GDP 增速趋势值的区间，即空心圆线处于实心圆线上面的那些区间。

GDP 增速缺口表示 GDP 增速的周期性成分，如图 1-24 所示。

第一章　通货紧缩的判断标准与测度指标研究

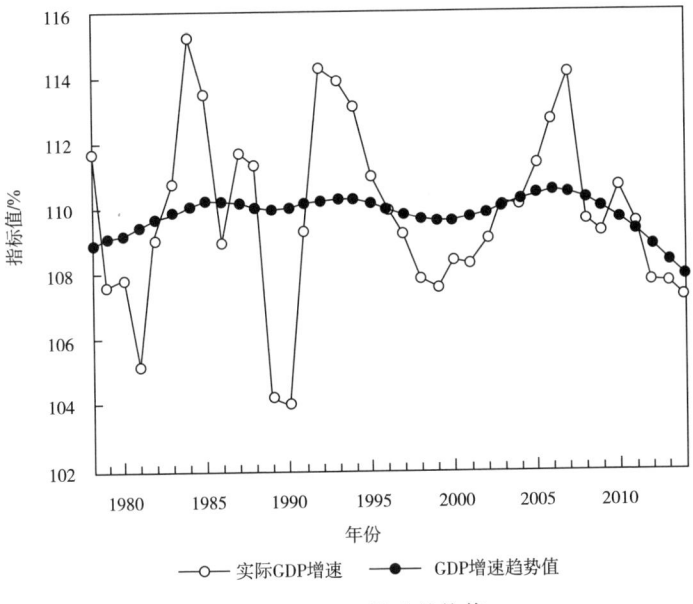

图 1-23　GDP 增速趋势值

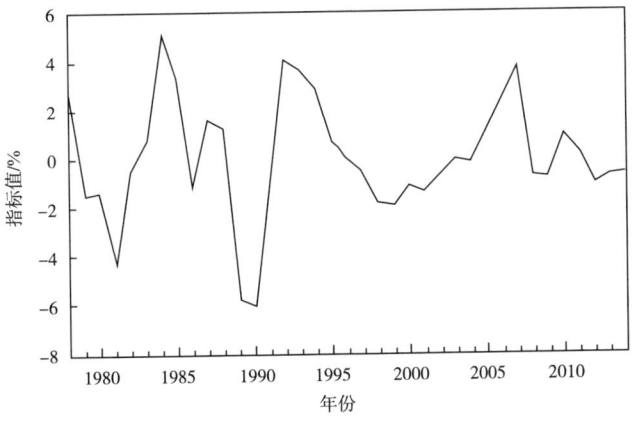

图 1-24　GDP 增速缺口

（二）检验

我们检验 GDP 增速缺口与物价是否存在同方向变动。把 GDP 增速缺口值与 CPI 和 PPI 放在同一张图中，见图 1-25。

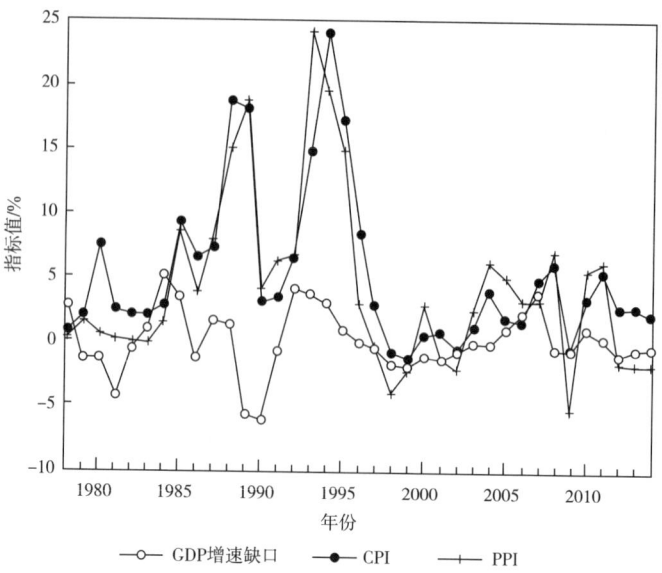

图 1-25 GDP 增速缺口与 CPI 和 PPI 同方向变化

图 1-25 中，空心圆线代表 GDP 增速缺口，实心圆线代表 CPI，十字线代表 PPI。我们可以看到，GDP 增速缺口的每一个谷底的前后时期，都会有 CPI 和 PPI 的下降，或者说，有 CPI 的一个谷底和 PPI 的一个谷底。GDP 增速缺口的每一个波峰的前后时期，都会有 CPI 和 PPI 的上升，或者说，有 CPI 的一个波峰和 PPI 的一个波峰。一般而言，GDP 增速缺口会领先 CPI 和 PPI 的变动，即该缺口到达谷底或者波峰后，CPI 和 PPI 才会随后到达谷底或者波峰。并且，CPI 和 PPI 的波动幅度要大于该缺口的波动幅度。

由上观察可见，GDP 增速缺口与 CPI 和 PPI 确实存在同方向变动。

我们还可以把 GDP 增速缺口与 GDP 平减指数放在同一张图中，见图 1-26。图 1-26 中，实心圆线代表 GDP 平减指数，空心圆线代表 GDP 增速缺口。从图 1-26 中可以观察到，GDP 增速缺口与 GDP 平减指数也存在同方向变动。

（三）1978 年以来中国潜在 GDP 增速

我们分析潜在 GDP 增速、GDP 增速与 GDP 平减指数的关系，见图 1-27。图 1-27 中，实心圆线代表 GDP 增速值，十字线代表 GDP 增速趋势值，空心圆线代表 GDP 平减指数值。我们以 GDP 平减指数为主要依据，参考 CPI 和 PPI 变动，判断 1978~2014 年的中国潜在 GDP 增速值。

第一章 通货紧缩的判断标准与测度指标研究

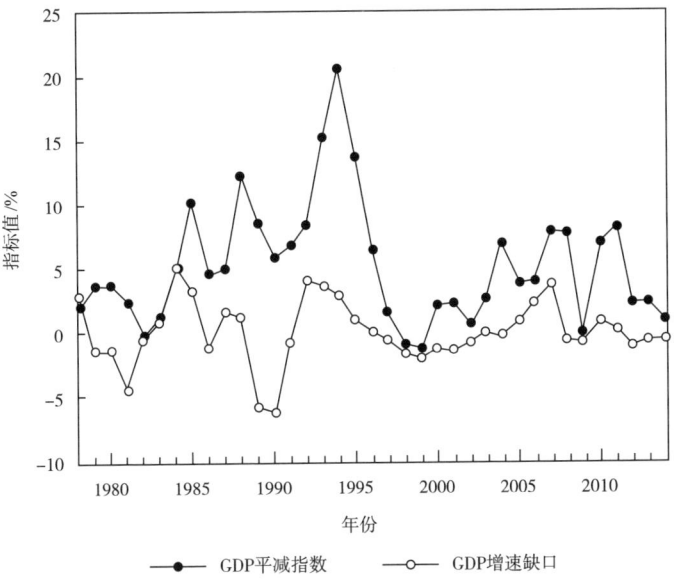

图 1-26　GDP 增速缺口与 GDP 平减指数同方向变化

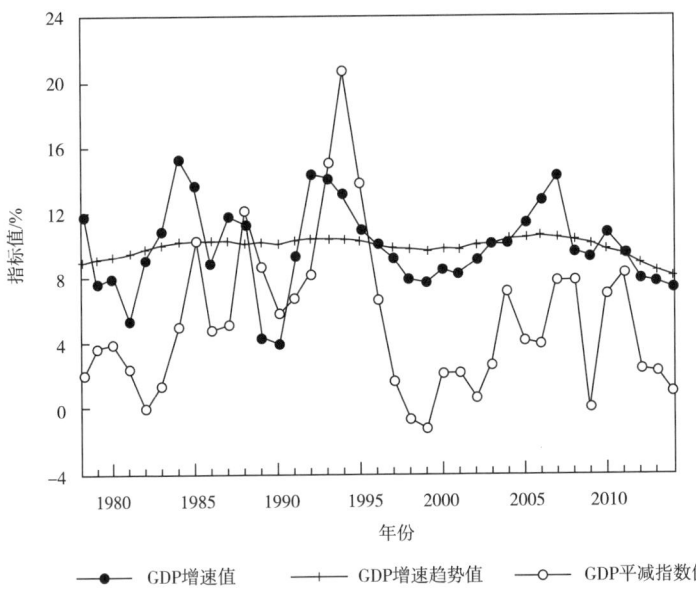

图 1-27　潜在 GDP 增速、GDP 增速与 GDP 平减指数的关系

1982 年，GDP 平减指数值为-0.12%，该值十分接近于 0，该年的 GDP 增速值为 9.03%。该年的 GDP 增速趋势值为 9.7%，可以视为该年的潜在 GDP 增速。

1998 年，GDP 平减指数值为-0.92%，该年的 GDP 增速值为 7.85%。该年的

GDP 趋势值为 9.69%。我们可以大致判断 9.75% 为该年的潜在 GDP 增速。

2002 年，GDP 平减指数值为 0.59%，该值接近于 0，该年的 GDP 增速值为 9.08%。该年的 GDP 增速趋势值为 9.9%。我们可以大致判断 9.85% 为该年的潜在 GDP 增速。

2009 年，GDP 平减指数值为 -0.11%，该值十分接近于 0，该年的 GDP 增速值为 9.24%。该年的 GDP 增速趋势值为 10%，可以视为该年的潜在 GDP 增速。

从上面分析可看到，1982~2009 年，中国的潜在 GDP 增速为 9.69%~10%，可大致判断 9.85% 为这一时间段的潜在 GDP 增速。在长达 27 年的时间内，潜在 GDP 增速变化不大，这是值得研究的现象。

有意思的是，我们测算潜在 GDP 增速的这几个年份，也就是 GDP 平减指数值接近于 0 的年份，GDP 增速都处于谷底状态。这说明，一旦 GDP 平减指数接近 0，或者 CPI 和 PPI 接近 0，政府都会制定刺激经济增长的宏观经济政策，不让 GDP 增速进一步下滑。问题是，刺激政策一旦制定，GDP 增速不是达到潜在 GDP 增速就维持不动，而是会依惯性继续上升，一直到物价出现显著上升，政府才会制定宏观经济的刹车政策，让 GDP 增速降下来。

（四）目前中国可能的潜在 GDP 增速

依据近几年 GDP 增速、CPI 增速、PPI 增速和 GDP 平减指数值，我们判断，目前中国可能的潜在 GDP 增速应为 7.5% 左右。

2011 年，GDP 增速为 9.49%，CPI 增速为 5.39%，PPI 为 6.03%，GDP 平减指数值为 8.14%。该年 GDP 增速趋势值是 9.29%。显然，该年的 GDP 增速高于潜在 GDP 增速。

2012 年，GDP 增速为 7.75%，CPI 增速为 2.65%，PPI 为 -1.72%，GDP 平减指数值为 2.39%。CPI 比上年明显下降，但仍为正数，而 PPI 则大幅下降，变为负增长。该年 GDP 增速趋势值是 8.83%。

2013 年，GDP 增速为 7.69%，CPI 增速为 2.62%，PPI 为 -1.91%，GDP 平减指数值为 2.24%。该年 GDP 增速趋势值是 8.36%。

2014 年，GDP 增速约为 7.27%，CPI 增速为 1.99%，PPI 增速为 -1.89%，GDP 平减指数值为 0.85%。该年 GDP 增速趋势值是 7.9%。

2012 年以来，GDP 增速趋势值持续下滑，CPI 增速仍在正区间，PPI 增速在负增长区间，GDP 平减指数值虽在正区间，但已经小于 1%，较为接近于 0 了。我们判断 GDP 增速趋势值在 7.5% 左右，GDP 平减指数值会在 0 左右。如果我们以 GDP 平减指数值为主要依据，参考 CPI 和 PPI 的变化，则可以取 7.5% 为目前中国可能的潜在 GDP 增速。

潜在 GDP 增速从原来的接近 9.85%变化到 7.5%，降低了 2.35 百分点，确实反映了中国经济增长处于一种新的常态。当然，我们只是依据物价和 GDP 增速趋势值来判断潜在 GDP 增速的，只是从一个角度说明了问题。这对中国经济新常态，也只是提供了一个方面的解释。

二、金融周期测度

（一）金融周期理论简介

1929 年经济大危机为费雪研究债务通货紧缩理论提供了实践基础和研究动机。债务通货紧缩理论可视为金融周期理论的开端。明斯基的金融脆弱性理论和伯南克等的金融加速器理论加深了人们对金融周期的认识。然而，长期来看传统宏观经济理论重视经济周期，忽视金融周期。2008 年美国金融危机后，金融周期引起了经济学家的重视。

国际清算银行（Bank for International Settlements，BIS）货币和经济部门主管博里奥（Borio，2014）指出，"金融周期频度比传统商业周期低得多（Drehmann et al.，2012）。根据传统的测量方法，商业周期频度在 1~8 年：统计滤波模型就在这个区间内试图将 GDP 的趋势成分和周期成分区分开来。相比之下，20 世纪 60 年代以来，根据七大工业国的样本，金融周期的平均长度为 16 年"，"金融周期至少有五个典型的经验特征。金融周期最好用信贷和资产价格的共同变化来刻画。它的周期比传统商业周期长得多，波幅也大得多。它和系统性银行危机紧密相连，危机常常紧接着周期的波峰发生。它使我们有可能实时甚至提前识别未来金融危机的风险。它高度依赖现行的财政、货币和实体经济方面的政策框架"。

（二）中国金融周期第一种测度

博里奥（Borio，2014）说："金融周期最好用信贷和资产价格的共同变化来刻画。"针对中国的情况，我们认为可以用 M2 的期末同比增速作为一个刻画金融周期的指标。M2 反映了贷款，用其反映信贷是合理的。我们能得到 1996 年以来该指标的数据。我们用房地产开发企业商品房平均销售价格（元/米^2）这一指标计算出其增速，并将其作为刻画金融周期的另一个指标。我们能得到 1992 年以来该指标的数据。我们发现这两个指标在刻画金融周期上较为吻合。

图 1-28 中，空心圆线为房地产开发企业商品房平均销售价格（元/米^2）的增速，实心圆线为 M2 的期末同比增速。在 1996~2014 年整整 19 年中，只有 2004~2008 年这 5 年内，房价增速变化幅度大于 M2 增速变化幅度。在其余年份，两者变化较为一致。两者差异较大的年份是 2008 年，受美国金融危机影响，中国房价增速

在该年掉入谷底。受 4 万亿刺激计划影响，M2 增速在该年较为平稳。此外，2004 年 M2 增速有所回落，而房价增速在 2006 年才回落。

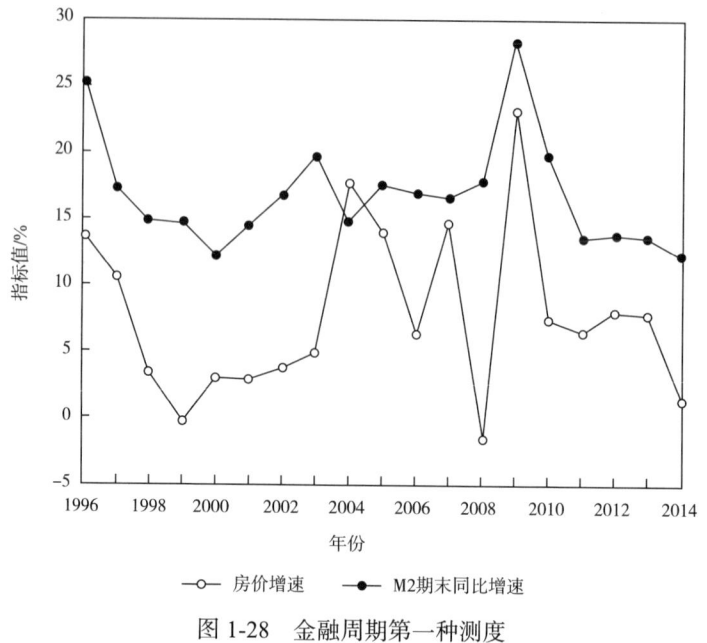

图 1-28　金融周期第一种测度

作为一个金融周期，我们把 1999 年作为金融周期上行阶段的起点（M2 增速在 2000 年开始回升），把 2009 年作为金融周期上行阶段的终点。这一波上升行情有 10 年之久。从 2010 年开始，这两个指标均进入回落阶段，即金融周期进入下行阶段。目前，我们尚不知这一轮下降行情的终点在何年。

我们发现，中国的金融周期与经济周期也较为吻合，即两者的波谷、波峰和周期长度都较为接近。但经济周期显得要平稳一些，即波动幅度要小一些。我们把 GDP 增长速度加入图 1-28，可以看出这一点。图 1-29 中，十字线代表 GDP 指数（上年=100）。从 1999 年开始，GDP 增速进入上行阶段，在 2007 年达到波峰。随后年份，除在 2010 年有所上升（受 2008 年 4 万亿刺激计划影响），该指标处于下降阶段。

（三）中国金融周期第二种测度

金融业行业增加值增速（由金融业行业增加值计算出）间接反映了信贷扩展的情况，该指标的优势是能反映 1952 年以来金融行业发展情况。我们也可以用金融业行业增加值增速与全国房价增速一起刻画金融周期。为节省篇幅，我们不再列出图形表示。

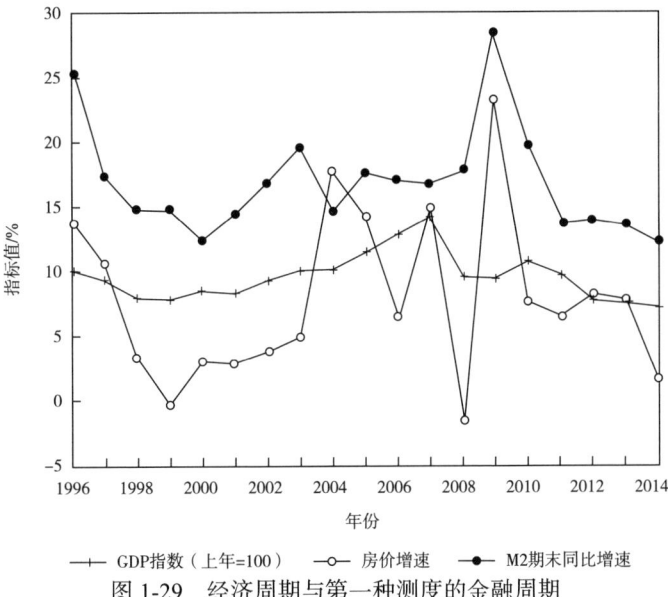

图 1-29 经济周期与第一种测度的金融周期

(四) 金融周期综合指标

我们可以把 M2 增速、金融业行业增加值增速和房价增速三个指标加起来除以 3, 得出金融周期综合指标。图 1-30 中, 实心圆线为金融周期综合指标, 空心圆线为 GDP 指数 (上年=100)。由此得出的中国金融周期与经济周期也较为吻合。

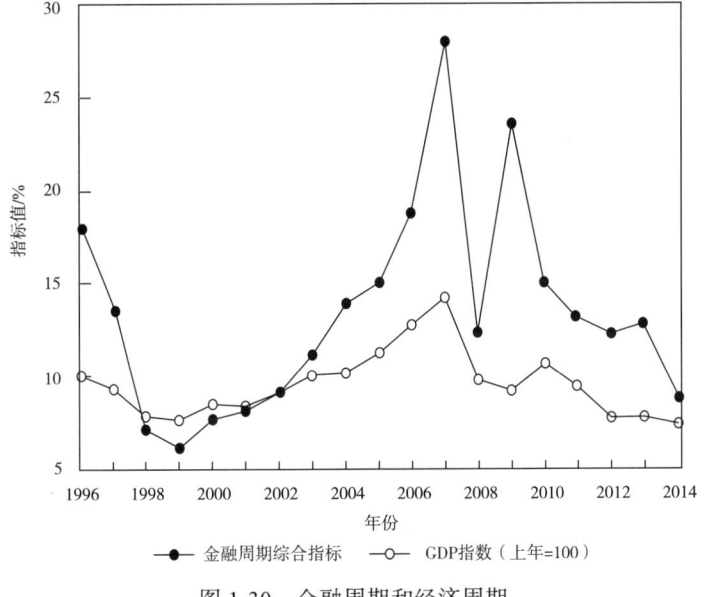

图 1-30 金融周期和经济周期

三、经济周期和金融周期比较

我们对图 1-30 中的金融周期和经济周期做 HP 滤波（设 λ 值为 100），得出这两个周期的趋势值，见图 1-31。图 1-31 中，虚线是金融周期的趋势值，实线是经济周期的趋势值。图 1-31 中，经济周期比金融周期要领先一年到达波峰，两者虽不同步但趋势相当吻合。

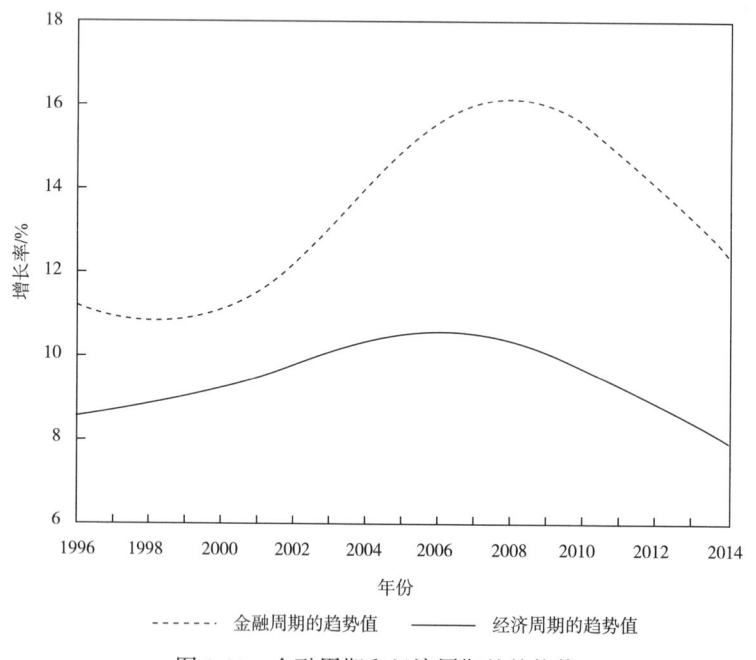

图 1-31　金融周期和经济周期的趋势值

从图 1-31 中，我们得出的主要观察结果如下：中国的金融周期与欧美国家或地区的情况有所不同。中国的经济周期的波峰、谷底和长度与金融周期的波峰、谷底和长度较为接近，这与欧美国家或地区不一样。我们也发现，金融周期的波动幅度比经济周期的波动幅度大，这点与欧美国家或地区情况类似。

四、指标所蕴含的理论价值

本节我们的主要发现是，目前中国可能的潜在 GDP 增速为 7.5% 左右。1982~2009 年，中国的潜在 GDP 增速为 9.69%~10%。中国经济目前处于经济周期和金融周期双下降阶段。这是中国现阶段通货紧缩的一个重要背景，却被理论界和政策界忽视了。

在这一双下降阶段，实际经济部门和金融部门的资产负债表都处于比较脆弱阶段，企业的债务负担较重，宏观杠杆率较高，这导致经济增长乏力，价格疲软，经济增长、就业等压力指数上升。我们测度的各种指标，综合起来反映了这一情况。

当前的通货紧缩威胁，既有世界经济周期和中国经济周期同时处于下行阶段的大背景，也有经济结构不合理和生产要素配置扭曲的深层次问题。我们也没有必要把周期问题和结构问题对立起来。经济结构问题和要素扭曲问题往往是借助于周期波动的力量解决的。在经济危机中，或者在周期的底部，过剩产能被去掉，新的生产力发展起来，经济结构和要素配置得到改善。

第八节 总　　结

2008年美国金融危机后，经济理论的新观念是，经济领域的一些问题，根源可能在金融领域。因此经济研究不再局限于研究经济系统，还扩展了研究范围，研究金融领域。依据这一经济理论的新认识和中国经济的实践需求，我们建立了初步的通货紧缩测度指标体系。我们在物价、经济增长和就业这三大类传统的通货紧缩测度指标之上，引进预期、杠杆、金融周期等测度内容，在经济领域和金融领域测度通货紧缩。

我们设计的指标体系，建立在已有的通货紧缩理论基础之上，指标之间有着密切的内在逻辑关系和分类层次结构，每类指标都蕴含一定的理论价值。这一指标体系，从六个子系统测度了通货紧缩的主要方面，用20个指标和5个价格模型测度和分析了通货紧缩的基本内容。该指标体系弥补了我们对通货紧缩测度的一些薄弱环节，有助于我们加深对通货紧缩的认识，也有助于政府制定预防和化解通货紧缩的政策。

该指标体系是对原有统计指标考察通货紧缩的补充，可与原有统计指标配合使用，如可与原有统计指标中的投资指标、货币指标、税收指标、海关指标和就业指标等配合使用，以得到更为完整和深入的通货紧缩信息。

参 考 文 献

费雪 O. 1932. 繁荣与萧条. 李彬译. 北京：商务印书馆.
辜朝明. 2008. 大衰退——如何在金融危机中幸存和发展. 喻海翔译. 北京：东方出版社.
李拉亚. 1994. 通货膨胀预期与不确定性：从资产组合角度进行的分析与验证. 金融研究, 4: 25-28.

谢平，沈炳熙. 1999. 通货紧缩与货币政策. 经济研究，8：14-22.

Bernanke B. 2002-11-21. Deflation：making sure "It" doesn't happen here. Before the National Economists Club, Washington D C, November 21. http://www.federalreserve.gov/boarddocs/speeches/2002/20021121/default.htm.

Bernanke B, Gertler M.1989.Agency costs, net worth, and business fluctuations.American Economic Review, 79（1）：14-31.

Borio C.2014.The financial cycle and macroeconomics：what have we learnt? Journal of Banking & Finance, 45：182-198.

Borio C, Erdem M, Filardo A, et al. 2015-04-11. Should we be spooked by deflation? A look at the historical record. http://www.voxeu.org/article/historical-look-deflation.

Drehmann M, Borio C, Tsatsaronis K. 2012. Characterising the financial cycle：don't lose sight of the medium term! BIS Working Papers, No 380, June.

Krugman R P.1998.It's baaack：Japan's slump and the return of the liquidity trap. Brookings Panel on Economic Activity, 2：137-205.

Minsky H P.1986.Stabilizing an Unstable Economy.New York：Yale University Press.

Ophèle R. 2009-02-11. Deflation or disinflation? http://www.voxeu.org/article/deflation-or-disinflation.

Svensson L E O. 2012. Comment on Michael Woodford, "inflation targeting and financial stability" .Sveriges Riksbank Economic Review, 1：33-39.

第二章 中国消费物价指数结构性因素对通货紧缩预期的影响研究[①]

第一节 通货膨胀与通货紧缩预期对微观经济决策的影响研究

一、引言

一般来讲,预期就是对经济变量未来值的预测,通胀/通缩预期就是指经济行为者对未来物价水平的一种估计或推断。通胀/通缩预期对经济主体经济决策的影响大多都是从宏观和微观两个角度出发。宏观角度,各个经济行为者的通胀/通缩预期会对当前需求和供给决策产生作用,并以各种方式影响价格总水平。例如,工人会将预期的通胀率反映到工资谈判中,可能导致工资和物价水平的上涨;企业在给产品定价时,也会考虑未来物价的发展趋势,从而影响当期价格总水平。微观角度,通胀/通缩预期会通过财富效应和购买力效应来对消费者的最终消费决策产生影响(余永定和李军,2000)。当消费者认为未来物价上升后,市场上流通的商品价格随之上涨,那么消费者已经购买的耐用品或者家庭持有的生息资产的市场价值会随着商品价格上升而增加;从而消费者就会相对变得更加富有,从而会增加消费;同样的,当消费者预期未来物价上升时,为了防止货币资金等贬值导致未来的购买力下降,消费者更倾向于在当期增加消费。除此之外,通胀/通缩预期对不同的消费者消费决策的影响可能也存在差异。例如,Henderson 和 Quandt(1985)认为通货膨胀预期会引起实际利率下降,从而促使消费者将更多的储蓄转化为消费;de Long 和 Summers(1986)指出通货膨胀预期增强会基于利率效应和财富再分配效应刺激消费者提高消费水平,即通胀预期能够促进消费。但是 Juster 等(1972)却认为通货膨胀预期增强会增加消费者未来的不确定性,导致

[①] 本章执笔人:赵林海、徐海东、李伟、刘兴宗、杨永刚、龚莹、李书琴、梁耀文。

消费者增加预防性储蓄，减少消费；高玉成等（2007）也认为通货膨胀预期对消费的财富效应强于替代效应，因此通货膨胀预期与消费支出呈负向变动关系。

通胀预期具有自我实现、自我消逝、混沌性和惯性等特点，在通胀预期的形成过程中，不同经济主体会根据自己对信息的认知和处理能力形成不同的通胀预期，因而也就导致了经济主体对微观经济决策的不确定性，进而影响宏观经济运行，其传导机制如图 2-1 所示。

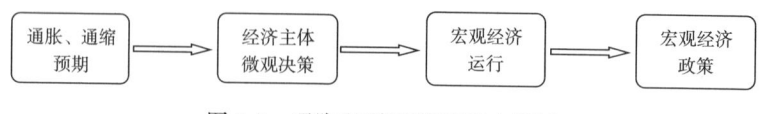

图 2-1　通胀/通缩预期的影响机制

此外，通胀预期是一种心理活动，容易受到市场情绪和突发冲击的影响，一旦市场出现悲观情绪，预期出现通货膨胀的经济主体就会迅速下降，甚至可能形成通缩预期，直接影响宏观经济波动。居民是经济活动的微观基础，通过对居民微观经济活动的研究，并且了解经济主体的通胀预期对消费、投资和储蓄的影响对中央银行制定完善的货币政策和提高宏观调控效力具有重要的参考价值。

二、数据的选取及说明

本部分数据来自中国家庭金融调查（China household finance survey，CHFS），调查由西南财经大学中国家庭金融调查与研究中心组织实施。调查的内容主要包括：金融资产和包括住房资产在内的非金融资产、负债和信贷约束、收入、消费、社会保障和保险、转移支付、人口特征和就业以及支付习惯等。该中心每两年进行一次全国性入户追踪调查访问，目前已经分别在 2011 年和 2013 年成功进行两次调查。2011 年第一轮调查样本分布在我国 25 个省（自治区、直辖市），80 个县（区、县级市），320 个村（居）委会，样本规模为 8 438 户。2013 年第二轮调查样本分布在我国 29 个省（自治区、直辖市），262 个县（区、县级市），1 048 个村（居）委会，样本规模为 28 141 户。由于西南财经大学中国家庭金融调查与研究中心只公布了 2011 年的数据，考虑到数据的可得性，我们选取 2011 年的数据作为我们的原始数据，剔除缺失值后最终样本数为 7 821。

我们用 CHFS 问卷中关于未来物价变化的指标，即问卷中"未来一年，您预期物价会如何变化"来衡量通胀/通缩预期。答案分别为"上升很多"、"上升一点"、"几乎不变"、"降低一点"和"降低很多"五个等级，其取值分别为 1~5。选取问卷中"您预期未来三年经济形式会如何变化"来衡量经济预期，选取问卷中"未来一年，您预期房价会如何变化"来衡量房价预期。从调查结果来看，2011

年总体上有33.28%的居民认为未来一年物价会上升很多，51.14%的居民认为物价会上升一点，有9.17%的居民认为物价会几乎不变，有6.41%的居民认为物价会降低一点或降低很多，居民的通胀/通缩预期均值为1.89（上升一点为2），表明总体来说我国居民认为未来一年物价会上升一点。而关于未来房价变化的判断，有24.87%的居民认为未来房价会上升很多，46.94%的居民认为未来房价会上升一点，有18.16%的居民认为房价几乎不变，而有10.04%的居民认为未来房价会降低一点或很多，居民预期房价变化的均值为2.14（上升一点为2），表明我国大部分居民都认为未来房价会上升一点。另外，有20.47%的居民认为我国未来三年的经济形势非常好，有58.07%的居民认为我国未来的经济形势较好，从而有将近80%的居民对我国未来的经济发展持有乐观的态度，仅有13.55%的居民认为我国未来的经济会保持不变，7.9%的居民认为我国未来的经济会降低一点或降低很多。

此外，我们选取经济主体的利率预期作为宏观经济预期中的一个重要变量；选取经济主体的活期存款总额和定期存款总额作为微观经济主体的储蓄；选取经济主体拥有的股票市值、投资基金市值、投资银行理财产品市值和投资黄金市值作为微观经济主体的投资；选取经济主体的现金持有量、信用卡消费、伙食费、在外就餐消费以及文化娱乐消费作为经济主体的消费，主要变量的说明如表2-1所示。

表2-1 主要变量说明

变量名	变量说明
通胀/通缩预期	1=上升很多；2=上升一点；3=几乎不变；4=降低一点；5=降低很多
经济形势判断	1=非常好；2=较好；3=几乎不变；4=较差；5=非常差
预期房价变化	1=上升很多；2=上升一点；3=几乎不变；4=降低一点；5=降低很多
预期利率变化	1=上升很多；2=上升一点；3=几乎不变；4=降低一点；5=降低很多
投资	股票账户市值、投资基金市值、投资理财产品市值、投资黄金市值
消费	现金持有、信用卡消费、伙食费和文化娱乐消费
储蓄	活期存款总额和定期存款总额

三、通胀预期对微观经济决策的描述性统计分析

（一）预期与宏观经济预期关系分析

为了研究经济主体的微观行为，首先我们研究当经济主体形成通胀预期时，会对其他宏观经济预期造成什么影响；统计结果如图2-2～图2-5所示，其中图2-2表

示的是预期未来一年物价变化的频率直方图；从图 2-2 可以看出，有超过 30%的人认为未来一年物价会上升很多,超过 50%的人认为未来一年物价上升一点,低于 10%的人认为物价会几乎不变，而认为物价会降低一点或降低很多的人所占的比例还不足 10%。图 2-3~图 2-5 分别表示的是对未来经济形势预期的频率分布直方图、预期未来利率变化的频率分布直方图和预期未来房价变化的频率分布直方图。从图 2-2~图 2-5 我们发现，经济预期、利率预期和房价预期的走势大致与通胀预期的走势基本保持一致，即从 1~5 这一过程中都是先在 2 处达到顶点然后下降，并且在 5 处达到最低点。从而我们可以得出，经济主体对未来物价变化的预期会在一定程度上影响其对经济形势、利率和房价的预期，进而影响其微观经济决策。而经济主体的微观经济决策，最终体现在其对储蓄、投资和消费的态度上，因而下文我们就对微观经济主体在通胀预期条件下的储蓄决策、投资决策和消费决策进行研究。

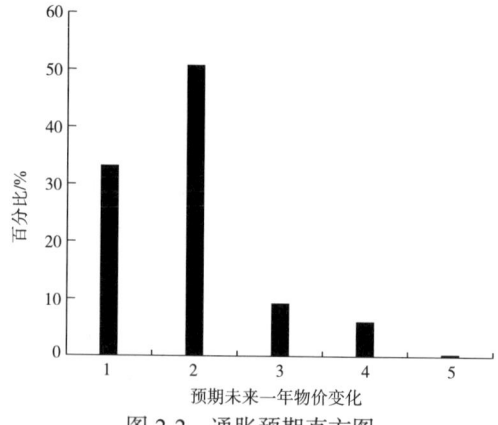

图 2-2 通胀预期直方图

1 表示上升很多；2 表示上升一点；3 表示几乎不变；4 表示降低一点；5 表示降低很多

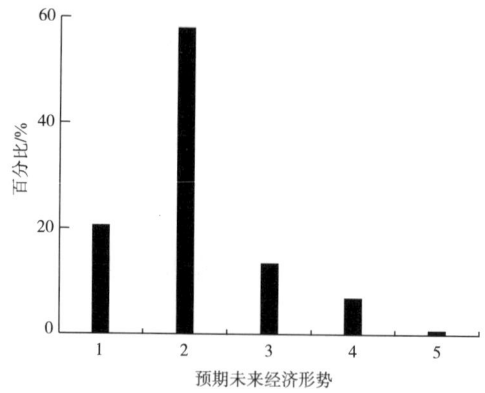

图 2-3 未来经济形势直方图

1 表示非常好；2 表示较好；3 表示几乎不变；4 表示较差；5 表示非常差

第二章 中国消费物价指数结构性因素对通货紧缩预期的影响研究 ·85·

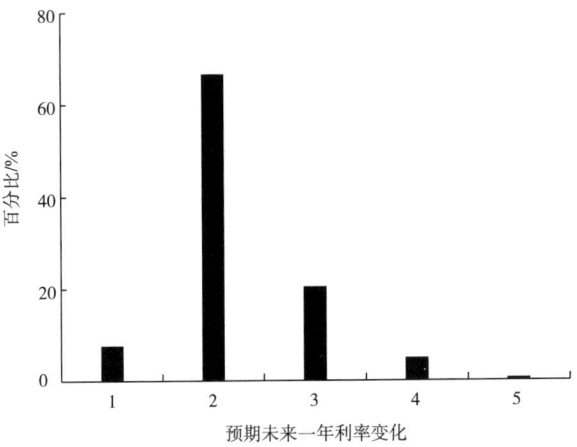

图 2-4 利率预期直方图

1 表示上升很多；2 表示上升一点；3 表示几乎不变；4 表示降低一点；5 表示降低很多

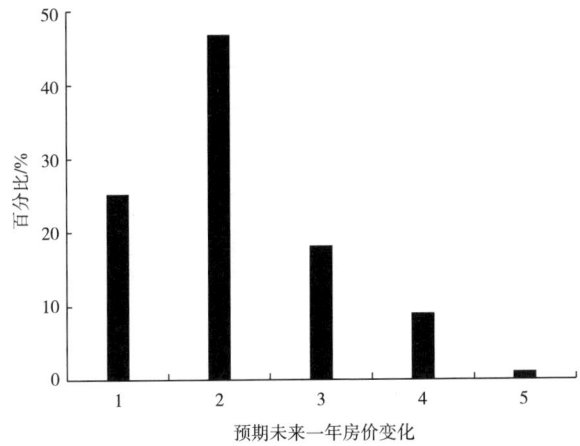

图 2-5 房价预期直方图

1 表示上升很多；2 表示上升一点；3 表示几乎不变；4 表示降低一点；5 表示降低很多

（二）预期对储蓄决策的影响

图 2-6 表示在不同通胀预期条件下各微观经济主体目前所拥有活期存款总额的散点图，图 2-7 表示在不同通胀预期条件下各微观经济主体定期存款总额的散点图。从图 2-6 我们明显可以看出，当经济主体的预期从上升很多到降低很多这一过程中（即从 1 到 5），微观经济主体的活期存款是减少的，即当经济主体预期未来物价上升很多时，其活期存款最多；当经济主体预期未来物价上升一点时，其活期存款总额次之；以此类推，当其预期未来物价降低很多时，活期存款总额最少；这一特征我们也可以从表 2-2 看出，预期未来物价从上升很多到预期未来

物价降低很多的这一过程中，微观经济主体活期存款总额的平均值分别为 23 471.28 元、22 843.67 元、23 776.6 元、21 654.04 元和 15 840.71 元，即呈现一种下降趋势。这与我们的一般感受相反，即当出现通胀预期时，一般经济主体都会减少储蓄，增加投资和消费。虽然表 2-2 中在预期物价基本不变这一点上有所上升，但是整体上活期存款总额在这一过程中是下降的，我们认为这可能是我国居民的储蓄习惯导致的，即我国居民不会因为预期会出现通货膨胀而突然改变其储蓄习惯。除此之外，从定期存款散点图中并不能看出这种趋势，虽然图 2-7 表明预期未来物价上升一点的定期存款明显比其他条件下要高，但从表 2-2 可以看出，从预期物价上升很多到预期物价下降一点这一过程中，微观经济主体定期存款总额的平均值变化并不是很明显，这可能是由于定期存款是在预期形成之前就产生的，从而经济主体根据随后形成的通胀预期来进行调整。

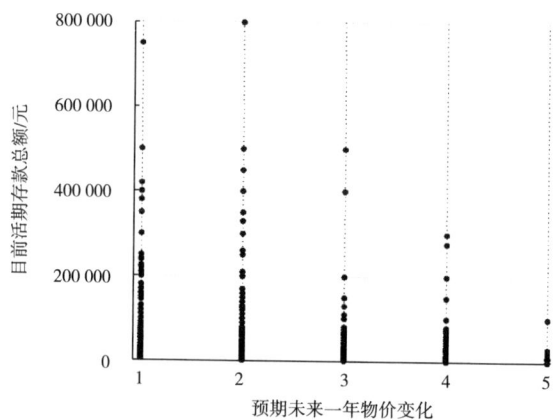

图 2-6　预期条件下活期存款总额散点图
1 表示上升很多；2 表示上升一点；3 表示几乎不变；4 表示降低一点；5 表示降低很多

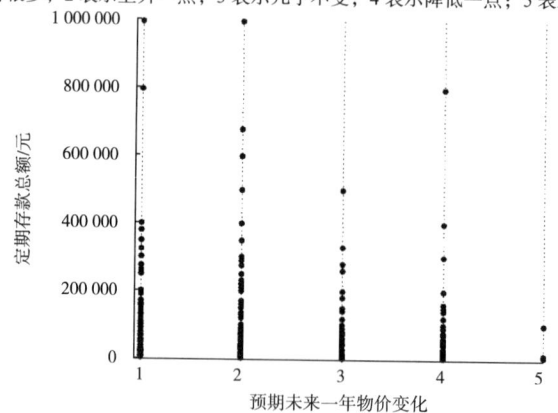

图 2-7　预期条件下定期存款总额散点图
1 表示上升很多；2 表示上升一点；3 表示几乎不变；4 表示降低一点；5 表示降低很多

表 2-2 预期条件下活期、定期存款总额统计分析

变量名称	活期存款总额 样本量	活期存款总额 平均值	定期存款总额 样本量	定期存款总额 平均值
预期未来物价上升很多	1 541	23 471.28	418	62 268.35
预期未来物价上升一点	2 166	22 843.67	675	71 478.08
预期未来物价基本不变	341	23 776.60	125	62 826.00
预期未来物价降低一点	271	21 654.04	76	66 302.63
预期未来物价降低很多	14	15 840.71	3	39 000.00

（三）预期对投资决策的影响

微观经济主体的投资主要表现在股票、基金、银行理财产品和黄金等方面，因而下面我们就对这几个投资产品与通胀预期的关系进行分析。其中图 2-8 表示的是在不同通胀预期条件下，微观经济主体所拥有股票市值散点图，图 2-9 为基金市值散点图，图 2-10 为银行投资理财产品市值散点图，图 2-11 为投资黄金市值散点图。从图 2-8~图 2-11 各投资产品的散点图，我们可以看出当经济主体预期未来物价上升很多时，投资股票、基金、银行和黄金所花的资金最多，并且预期从上升很多到降低很多这一过程中，各项投资的市值也在减少。从而我们可以得出当经济主体预期未来会出现通货膨胀时，其会增加投资，当经济主体预期未来出现通货紧缩时，就会减少投资。

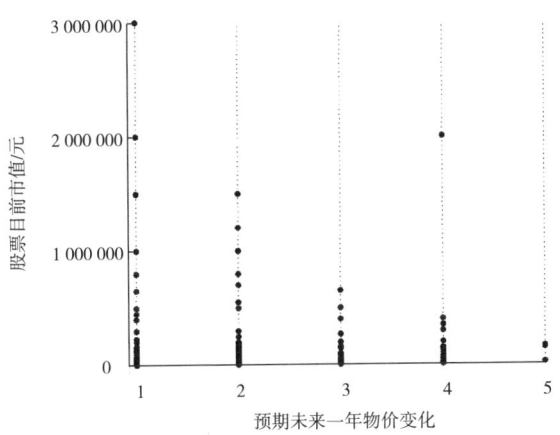

图 2-8 预期条件下投资股票市值散点图

1 表示上升很多；2 表示上升一点；3 表示几乎不变；4 表示降低一点；5 表示降低很多

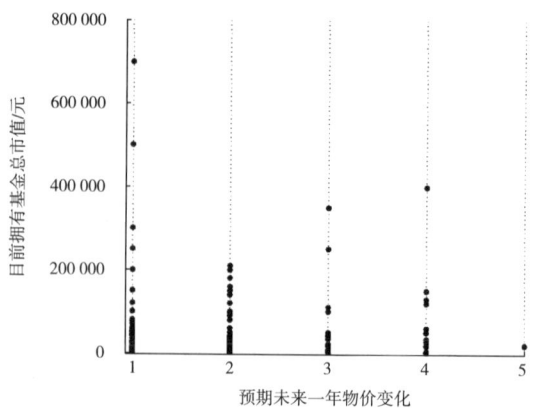

图 2-9　预期条件下投资基金市值散点图

1 表示上升很多；2 表示上升一点；3 表示几乎不变；4 表示降低一点；5 表示降低很多

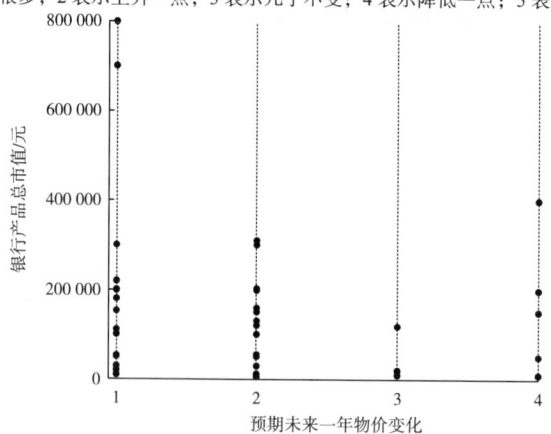

图 2-10　预期条件下投资理财产品散点图

1 表示上升很多；2 表示上升一点；3 表示几乎不变；4 表示降低一点；5 表示降低很多

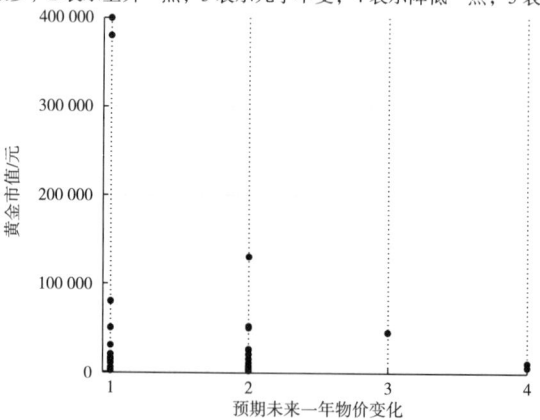

图 2-11　预期条件下投资黄金市值散点图

1 表示上升很多；2 表示上升一点；3 表示几乎不变；4 表示降低一点；5 表示降低很多

（四）预期对消费决策的影响

微观经济主体的消费主要表现在以下几个方面，即为了维持日常消费所持有的现金量、反映网络消费方面的信用卡消费、反映日常生活方面的伙食费和在外就餐以及反映精神消费层面的文化娱乐消费。图 2-12 表示的是在不同通胀预期条件下，微观经济主体所持有现金量的散点图；图 2-13 表示的是在不同通胀预期条件下，信用卡消费散点图；图 2-14 表示的是在不同通胀预期条件下，经济主体所拥有伙食费的散点图；图 2-15 表示的是在外就餐散点图；图 2-16 表示的是在不同通胀预期条件文化娱乐消费支出散点图。从图 2-12~图 2-16 各个图形，我们可以发现预期未来物价从上升很多到预期未来物价下降很多这一过程中，微观经济主体的各项消费都存在减少的趋势。因而为了详细研究这一过程，微观经济主体各项消费的变化，我们对各项消费进行统计分析，结果如表 2-3 所示。从表 2-3 我们可以看出各项消费在大致趋势上都随着通胀预期的降低而降低；但是从表 2-3 我们同样可以发现在这一过程中，各项消费的平均值并不是一直下降的，而是在预期物价降低一点时会比预期物价基本不变时有所上升；但毫无疑问的是在预期物价上升方面，上升很多的消费平均值会比上升一点的消费平均值要高，在预期物价下降方面，降低一点的消费平均值会比降低很多的平均值要高。

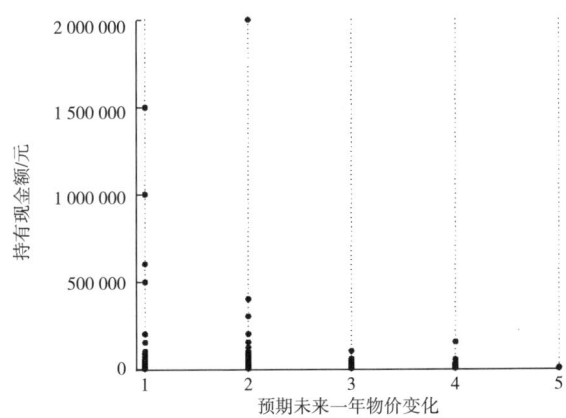

图 2-12　预期条件下持有现金散点图

1 表示上升很多；2 表示上升一点；3 表示几乎不变；4 表示降低一点；5 表示降低很多

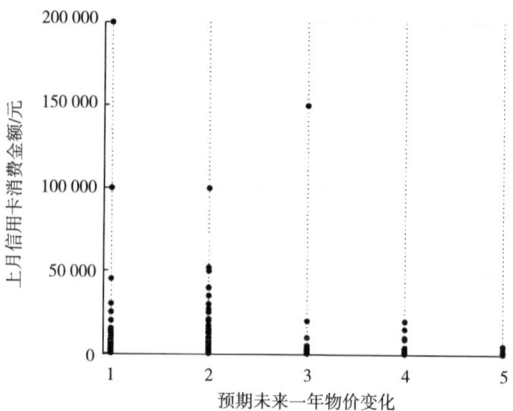

图 2-13 预期条件下信用卡消费散点图

1 表示上升很多；2 表示上升一点；3 表示几乎不变；4 表示降低一点；5 表示降低很多

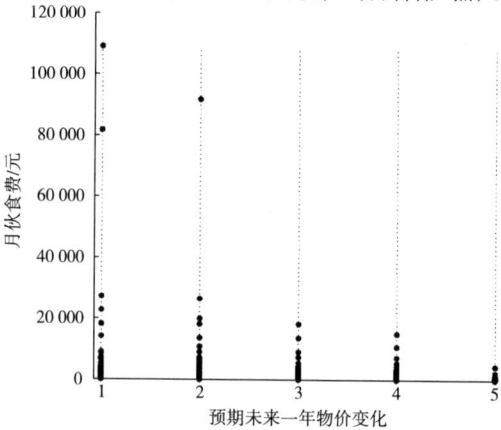

图 2-14 预期条件下伙食费散点图

1 表示上升很多；2 表示上升一点；3 表示几乎不变；4 表示降低一点；5 表示降低很多

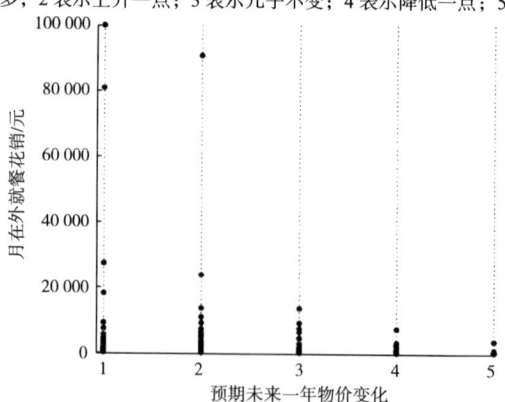

图 2-15 预期条件下在外就餐散点图

1 表示上升很多；2 表示上升一点；3 表示几乎不变；4 表示降低一点；5 表示降低很多

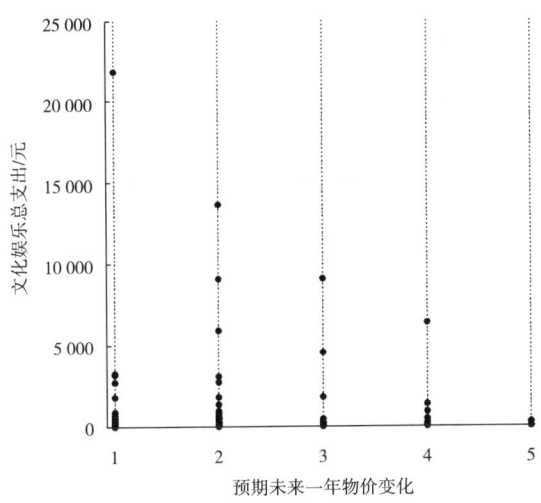

图 2-16 预期条件下文化娱乐消费散点图

1 表示上升很多；2 表示上升一点；3 表示几乎不变；4 表示降低一点；5 表示降低很多

表 2-3 预期条件下各项消费的统计分析

预期未来物价	持有现金量		信用卡消费		伙食费		文化娱乐消费	
	样本量	平均值	样本量	平均值	样本量	平均值	样本量	平均值
上升很多	2 722	5 414.112	487	3 038.294	2 749	1 299.351	2 757	46.847 3
上升一点	4 140	4 482.219	480	3 264.717	4 206	1 103.741	4 222	30.539 32
几乎不变	758	2 903.404	63	3 828.73	767	1 001.511	773	31.679 17
降低一点	497	3 369.143	62	1 900.903	506	1 203.022	509	37.897 84
降低很多	37	1 297.676	5	1 783.6	38	981.473 7	38	14.026 32

四、结论和政策建议

本节基于 2011 年 CHFS 的微观调查数据，研究了通胀、通缩预期和宏观经济预期的关系，并对通胀、通缩预期如何影响经济主体的储蓄、投资和消费进行了描述性统计分析，研究结果表明经济预期、利率预期和房价预期的走势与通胀预期的走势基本保持一致，并且当微观经济主体出现通胀预期时，增加投资和消费；但与此同时微观经济主体也会增加储蓄，这与我们的主观感受有些相反，我们认为这可能是我国居民的储蓄习惯导致的。

因此，基于以上结果，我们可以提出如下政策建议，即政府可以加强对消费者微观决策的引导作用，在经济不景气时，引导消费者进行消费和投资，同时在经济发展过快时，可以适当地限制消费和投资，避免发生恶性通货膨胀。第一，加强政府干预，使消费在国民收入中所占比重趋于稳定。关注通货膨胀对消费的负面影响，管理通货膨胀预期，增强消费者信心，减少消费的不确定性。在通货膨胀、紧缩时期，通过调整消费占国民收入的比例并使之合理化，有助于抑制通货膨胀、紧缩，使经济尽快走出大起大落的状态，回归正常发展轨道。第二，需要重视分配结构调整对消费的影响。不同收入阶层受通货膨胀的影响是不一样的，高收入阶层消费占收入比重相对较小，低收入阶层消费占收入比重相对较大。政府应关注通胀引发的消费不平等。通货膨胀对不同地区、不同收入阶层、城市和农村消费的影响存在差异性。在通胀水平较高的情况下，应对农村地区和欠发达地区的消费、低收入阶层的消费给予一定的补贴，减少消费的不平等。第三，关注公众的投资习惯，适当引导投资者的投资行为，尤其要警惕公众在股票投资上的"投机"行为。中国股票市场的高投机性往往能够对宏观经济运行产生重要的影响，我国居民的高储蓄资金在股市与房市之间的流动对通货膨胀/紧缩无疑有着至关重要的作用。第四，在关注居民的投资习惯的同时，也要合理改变我国居民的储蓄习惯，从思想上转变我国居民，尤其是农村居民的消费观念和储蓄观念，提高农民对非现金支付的认知，变封闭式消费观念为开放式消费观念，倡导居民多消费，引导和改变我国居民的储蓄习惯，从源头上"熨平"居民谨慎消费带来的消极影响。第五，优化居民信贷性信用消费环境。根据国外信用消费发展的经验，预期性消费主要表现为信用消费，而信用消费必须以良好的信用环境和规范的信用秩序为依托。其中完善的金融监管体系和个人信用制度是最重要的基础。目前，全国虽有部分地区已建立起覆盖全区人口的个人信用体系，使消费信贷在风险防范和工作效率方面都大大提高，但总体上较为滞后，有待在全国加快建设统一的社会信用体系和消费信贷法律体系，并逐渐实现跨区域联网，达到诚信消费。

第二节　物价变动、预期与宏观经济[①]

一、引言

兼顾物价稳定和经济增长一直是中国人民银行货币政策的目标，但是无论是在理论上还是实践中，要保持一定的经济增长，就需要一定的经济刺激政策；而这样的经济政策，尤其是货币政策会在很大程度上增加通货膨胀压力并影响我国经济结构调整的效果。另外，在物价稳定和经济增长中，我国货币政策制定者明显比较关注经济增长，甚至有制造意外通货膨胀以刺激经济增长的动机。事实上，

---

① 如无特殊说明，本节中的通货膨胀包括通货紧缩，通货膨胀预期包括通货紧缩预期。

人们对未来通货膨胀的预期也会显著影响通货膨胀。因此,在2012年3月到2015年10月,我国PPI已经连续43个月同比涨幅为负的条件下,研究物价变动及预期对我国宏观经济造成的影响,对于制定合理的货币政策、处理好经济增长和物价稳定的关系、保持我国国民经济整体健康发展意义重大。

关于通货膨胀与经济增长的关系,国内外普遍的观点是,通货膨胀存在一个门限值,当通货膨胀大于这一门限值时,通货膨胀对经济增长就会起抑制作用;当小于这一门限值时,通货膨胀对经济增长起促进作用(Vaona,2012)。因此有研究认为,通货膨胀是经济运行中主要的甚至会带来灾难性后果的障碍,并且强调货币政策就应该彻底消除通货膨胀(Gavin and Stockman,1988)。尽管关于温和的通货膨胀对经济增长的影响存在较大的争议,但是不管是从实践中还是从理论上看,通货膨胀在经济增长理论中的作用都是不可替代的。同时,在当代通货膨胀理论中,研究通货膨胀与宏观经济的关系,不可避免地要考虑通胀预期的因素,虽然它只是一种心理行为,但它会影响经济主体的经济选择,从而对经济运行产生实质性的影响(Forsells and Kenny,2002)。Bean指出,经济学界在经历多年争论之后,已经对宏观经济理论和货币政策达成了"新共识",其核心观点如下:在中长期内货币是中性的,政策决定机制影响公众预期;短期内工资和价格存在刚性,物价和总产出之间有负向替代关系,菲利普斯曲线成立(Bean,2007)。另外,对于肩负保持物价稳定和经济增长重任的中央银行来说,深入研究经济主体的通胀预期是十分必要的(Bernanke,2007)。适度的通胀预期可以促进经济增长,增加社会总需求,对经济发展和民生的改善十分有益。如果通货膨胀预期不当且不断地被强化,就会引发一系列的问题,给现实经济生活带来虚假需求和推动价格上涨等许多负面效应。它会影响投资和消费、冲击资本市场、引发预期的通货膨胀和引起人们的不满,对经济社会造成许多负面影响。正如Mishkin所说,货币经济学最重要的发展就是认识到预期对于经济运行的重要影响,以及通胀预期对于通货膨胀的推动作用。因此,将通胀预期纳入货币政策的宏观框架,同时认识到预期在通货膨胀决定和货币政策向宏观经济传导过程中所起的关键作用,已成为全球各中央银行的共识(Mishkin,2010)。

为了研究通货膨胀和通胀预期对宏观经济的影响,最重要的是准确地度量通胀预期。关于通胀预期的衡量,国内外的研究方法大致分为三种。第一种方法为建立包含宏观经济变量的计量模型(李拉亚,1994;赵留彦,2005;祝丹和赵昕东,2014);第二种方法是利用各国中央银行和金融机构的调查问卷采用差额统计法或概率法进行转换测量(肖争艳和陈彦斌,2004);第三种方法是利用金融市场上某些指标来进行预测(郭涛和宋德勇,2008;李宏瑾等,2010;姚余栋和谭海鸣,2011)。在得出通胀预期以后,大部分学者都从以下两个方面对通胀预期进行研究。第一个方面，通胀预期的性质与动态调整过程，如肖争艳和陈彦斌（2004）发现我国通胀预期不是完全理性的，并且在长期中既没有高估也没有低估通货膨胀；杨继生（2009）发现我国通胀预期适应性与理性兼而有之；黄正新和黄金波（2014）发现我国通胀预期在短期内属于适应性预期，在长期内属于有限理性预期。第二个方面，通胀预期的影响因素研究，如 Ueda 和 Kozo 借助 SVAR 模型对影响美国和日本通胀预期的因素进行研究（Ueda，2010）；张健华和常黎（2011）在新凯恩斯菲利普斯曲线模型的框架下，建立分布滞后回归模型，利用 OLS 和 GMM 两种方法对宏观经济因素对通胀预期的影响进行研究；陈涤非等（2011）也基于 SVAR 模型探究不同因素对中国居民通胀预期的动态影响过程；随后大多学者也都建立 SVAR 或 VAR 模型对通胀预期的影响因素进行研究。但是，国内鲜有文献研究通胀预期对宏观经济的影响。关于通胀预期对经济增长的影响，一般认为通胀预期先从微观层面改变经济个体的消费、储蓄和投资等行为，然后对一国宏观经济稳定产生影响。例如，以 Clarida 等（1999）的模型[①]为代表的"新共识"宏观经济模型将预期与总产出的关系通过菲利普斯曲线反映出来，通胀预期越高，总产出越大。Leduc 等（2007）也证实了通胀预期冲击对宏观经济存在较为显著的影响。Dufourt 等（2009）在太阳黑子驱动型经济周期模型中引入通胀预期冲击，研究了通胀预期对宏观经济波动的影响。

在国内，李成等（2011）的研究表明，通胀预期的偏差冲击通过改变微观个体对未来的通胀预期来影响经济中均衡的风险利率进而对宏观经济波动产生影响。另外，姚余栋和谭海鸣（2011）基于新凯恩斯的"新共识"宏观金融模型，并结合中国实际情况对中国宏观经济进行研究，研究结果表明，通胀预期对中国实体经济的影响大于通胀本身。当前，中国经济正步入经济发展方式转变和经济结构调整的新常态。经济结构调整短期内可能意味着经济面临下行的压力，但在中长期将为经济的可持续增长注入动力。因此，在这一过程中认识到通货膨胀和通胀预期的关系及其在经济增长中所起的关键作用，对处理好稳增长、促改革、调结构、惠民生和防风险之间的关系具有相当重要的意义。

基于以上分析，本部分从两个角度来对通胀预期与经济增长的关系进行研究。首先，运用分位数回归的方法研究预期的通货膨胀率如何影响经济主体的微观经济决策（消费、投资和储蓄）；其次，采取 VAR 和 KPPS 方差分解的方法来研究通胀预期如何影响主要宏观经济指标（经济增长、失业和进出口，以下统称宏观经济）。

---

① Clarida-Gali-Gertler 模型，简称 CGG 模型。

二、模型和数据的选取及处理

（一）模型的选取

下面介绍的模型来源于 Diebold 和 Yilmaz（2012），其原始基础是 Pesaran 和 Shin（1998）提出的一般化 VAR 模型。模型首先对 n 个经济变量建立 n 维的 VAR 模型，然后对预测误差进行 KPPS 方差分解，来构造一经济变量对另一经济变量的影响。

首先建立 n 变量滞后 p 期的 VAR 模型：

$$x_t = \sum_{i=1}^{p} \boldsymbol{\Phi}_i x_{t-i} + \boldsymbol{\varepsilon}_t \qquad (2-1)$$

其中，$x_t = (x_{1,t}, x_{2,t}, \cdots, x_{n,t})$ 为 n 个经济变量的矩阵；$\boldsymbol{\Phi}_i$ 为 $n \times n$ 的系数矩阵；$\boldsymbol{\varepsilon}_t$ 为残差矩阵且 $\boldsymbol{\varepsilon}_t \sim (0, \boldsymbol{\Sigma})$；$\boldsymbol{\Sigma}$ 为方差-协方差矩阵。若 VAR 模型具有平稳的协方差，则式（2-1）就可以转换为移动平均形式：

$$x_t = \sum_{i=0}^{\infty} \boldsymbol{B}_i \boldsymbol{\varepsilon}_{t-i} \qquad (2-2)$$

其中，$\boldsymbol{B}_i$ 为移动平均方程的 $n \times n$ 系数矩阵，且 $\boldsymbol{B}_i$ 满足递归形式 $\boldsymbol{B}_i = \boldsymbol{\Phi}_1 \boldsymbol{B}_{i-1} + \boldsymbol{\Phi}_2 \boldsymbol{B}_{i-2} + \cdots + \boldsymbol{\Phi}_p \boldsymbol{B}_{i-p}$；$\boldsymbol{B}_0$ 为 $n \times n$ 阶单位矩阵，且当 $i<0$ 时，$\boldsymbol{B}_i = 0$。

对上述一般化 VAR 模型的方差-协方差矩阵 $\boldsymbol{\Sigma}$ 进行方差分解，有助于我们了解一个经济变量在多大程度上受另一个经济变量的影响。

根据 Diebold 和 Yilmaz 给出的一般化 VAR 模型方差分解的定义，滞后 T 期误差的方差分解 $\theta_{ij}(T)$ 为

$$\theta_{ij}(T) = \frac{\sigma_{ii}^{-1} \sum_{t=0}^{T-1} (e_i' \boldsymbol{B}_t \boldsymbol{\Sigma} e_j')^2}{\sum_{t=0}^{T-1} (e_i' \boldsymbol{B}_t \boldsymbol{\Sigma} \boldsymbol{B}_t' e_i')}, i \neq j \qquad (2-3)$$

其中，σ_{ii} 为第 i 个方程的残差 $\boldsymbol{\varepsilon}_t$ 的标准差；e_i 为标准单位向量；$\boldsymbol{B}_t$ 为移动平均方程的系数矩阵；$\boldsymbol{\Sigma}$ 为残差项的方差-协方差矩阵；$\theta_{ij}(T)$ 表示在 T 步预测误差的方差的水平上 x_j 对 x_i 的冲击，也可以说是经济变量 x_i 的方差中有多大比例归功于经济变量 x_j 的冲击，或者说是经济变量 x_j 对经济变量 x_i 的影响程度。但是，由于这种方法并没有将残差序列正交化，$\sum_{j=1}^{n} \theta_{ij}(T) \neq 1$，因此需要将 $\theta_{ij}(T)$ 进行标准化：

$$\tilde{\theta}_{ij}(T) = \frac{\theta_{ij}(T)}{\sum_{j=1}^{n} \theta_{ij}(T)} \quad (2\text{-}4)$$

基于以上标准化,从而得出:$\sum_{j=1}^{n} \tilde{\theta}_{ij}(T) = 1$ 和 $\sum_{i,j=1}^{n} \tilde{\theta}_{ij}(T) = n$。

因此,我们就可以定义两个有方向的影响程度指数,即所有其他经济变量对经济变量 i 的定向影响程度 $S_{i\bullet}(T)$ 和经济变量 i 对其他所有经济变量的影响程度 $S_{\bullet i}(T)$:

$$S_{i\bullet}(T) = \frac{\sum_{j=1,j\neq i}^{n} \tilde{\theta}_{ij}(T)}{\sum_{j=1}^{n} \tilde{\theta}_{ij}(T)} \times 100 = \sum_{j=1,j\neq i}^{n} \tilde{\theta}_{ij}(T) \times 100 \quad (2\text{-}5)$$

$$S_{\bullet i}(T) = \frac{\sum_{j=1,j\neq i}^{n} \tilde{\theta}_{ji}(T)}{\sum_{j=1}^{n} \tilde{\theta}_{ji}(T)} \times 100 \quad (2\text{-}6)$$

从而将上述两个有方向的影响程度相减,即 $S_i(T) = S_{\bullet i}(T) - S_{i\bullet}(T)$,可以衡量经济变量 i 对所有其他经济变量的影响程度和其他所有经济变量对经济变量 i 的影响程度之差。

最后,为了衡量经济变量 j 和经济变量 i 之间的净影响程度,定义 $S_{ij}(T)$:

$$S_{ij}(T) = \left[\frac{\tilde{\theta}_{ij}(T)}{\sum_{k=1}^{n} \tilde{\theta}_{ik}(T)} - \frac{\tilde{\theta}_{ji}(T)}{\sum_{k=1}^{n} \tilde{\theta}_{jk}(T)} \right] \times 100 = \left[\tilde{\theta}_{ij}(T) - \tilde{\theta}_{ji}(T) \right] \times 100 \quad (2\text{-}7)$$

(二)数据的选取及处理

中国人民银行每年的 2 月、5 月、8 月、11 月都会在全国城镇储蓄用户中进行抽样调查,其中关于通胀预期的问题为"你预计未来三个月物价水平将比现在",候选答案分别是"上升"、"基本不变"、"下降"和"看不准"[①];因此在计算通胀预期的时间段时,分别将 12~2 月、3~5 月、6~8 月和 9~11 月作为四个非自然季度。另外由于调查问卷只在城镇储蓄用户中抽样,因此在计算通货膨胀率 π 时,我们选取城镇居民月度环比 CPI 作为原始数据,并将月度数据除以 100 以后,

---

① 从 2009 年第二季度起,加入了"看不准"一项,并且对"看不准"一项进行了处理,具体处理方法参见 Carlson 和 Parkin(1975)。

按照非自然季度区间连乘再减1，得到实际通货膨胀率。

除此之外，全国储蓄调查问卷还给出了"在当前经济形势下应该更多储蓄""在当前经济形势下应该更多消费""在当前经济形势下应该更多投资"三项，而这三项正好表示了在消费者预期未来物价变动的条件下，所做出的微观经济决策，即消费、投资还是储蓄。

GDP新的非自然季度数据，由自然季度数据转化为月度数据，然后按照非自然季度数据加权平均所得；失业率也做相应的处理。另外进出口总额的月度数据为流量数据，因此将月度数据按照非自然季度简单加总，即得非自然季度数据。

以上所有数据均来自国家统计局、中经网、中国人民银行网站，部分失业率的数据来自于中国宏观经济分析季度报告。数据选取的时间跨度为2001年第一季度至2015年第二季度。

三、实证分析

（一）通胀预期的计算及检验

本部分假定我国通胀预期具有一定的理性预期，即认为经济主体的通胀预期与下一期的通货膨胀率较为接近；另外我们还假设经济主体对物价变动最大的敏感性边界为2%，即如果经济主体预期通货膨胀变动超过2%时，那么经济主体就一定会认为通货膨胀上升或下降；假设 π_t 表示第 t 期的通货膨胀，π_t^e 为经济主体在 $t-1$ 期对第 t 期的通胀预期，那么从长期来看求时变参数 a_t,b_t 就会变成以下函数的优化求解问题，即

$$f(a_t,b_t) = \min \sum_{t=1}^{n} (\pi_t - \pi_t^e)^2 \qquad (2\text{-}8)$$

其中，$0 < a_t, b_t < 2$。通过将服从不同分布函数的通胀预期函数代入以上优化函数中，采用多目标粒子群优化算法（multi-objective particle swarm optimization，MOPSO），即可计算出服从不同分布函数的时变参数 a_t, b_t，然后将 a_t, b_t 代入分布函数中，得到服从不同分布的通胀预期数据。

下面就分别使用 MAE、RMSE、TUI 三种指标对不同分布条件下的通胀预期数据进行比较和筛选。

$$\text{MAE} = \sum_{t=1}^{T} |\pi_t - \pi_t^e| / T \qquad (2\text{-}9)$$

$$\text{RMSE} = \sqrt{\sum_{t=1}^{T} (\pi_t - \pi_t^e)^2 / T} \qquad (2\text{-}10)$$

$$\text{TUI} = \sqrt{\sum_{t=1}^{T} (\pi_t - \pi_t^e)^2 \Big/ \sum_{t=1}^{T} (\pi_t)^2} \qquad (2\text{-}11)$$

计算结果如表 2-4 所示,其中时变参数法为按照以上方法计算出的通胀预期,改进概率法为固定敏感性边界 a,b 计算出的通胀预期。从表 2-4 的结果可以看出,服从均匀分布的通胀预期序列结果最优,因此以下的实证分析中,我们就采用服从均匀分布计算出的通胀预期数据。

表 2-4 不同分布条件下预期通胀率比较

预测指标	正态分布		均匀分布		Logistic 分布	
	时变参数法	改进概率法	时变参数法	改进概率法	时变参数法	改进概率法
MAE	0.505 62	0.541 63	0.498 12	0.543 86	0.582 96	0.541 54
RMSE	0.676 57	0.722 50	0.667 96	0.719 51	0.750 55	0.724 29
TUI	0.675 29	0.721 13	0.666 70	0.718 15	0.749 13	0.722 92

(二)微观分析——分位数回归

为了更加形象地研究预期的通货膨胀率如何影响经济主体的微观经济决策,我们采取分位数回归方法对预期、储蓄和投资进行回归[①]。回归结果如表 2-5 所示,其中,QR_0.2 表示 20%的分位数回归、QR_0.4 表示 40%的分位数回归,依此类推,OLS 表示普通的线性回归。

表 2-5 分位数回归结果

分位数回归	QR_0.2	QR_0.4	QR_0.6	QR_0.8	OLS
被解释变量	预期	预期	预期	预期	预期
更多储蓄	0.038 5***	0.040 4**	0.036 8**	0.038 2***	0.041 1***
	(3.52)	(2.94)	(3.35)	(4.56)	(4.76)
更多投资	0.036 0***	0.063 8***	0.060 7***	0.074 5***	0.075 2***
	(4.46)	(4.42)	(3.97)	(4.50)	(6.84)
常数项	−2.649***	−3.579***	−3.078***	−3.472***	−3.885***
	(−4.45)	(−3.88)	(−3.61)	(−4.31)	(−6.12)
N	58	58	58	58	58

*表示在 5%的水平下显著,**表示在 1%的水平下显著,***表示在 0.1%的水平下显著
注:括号内是 T 统计量

从表 2-5 的回归结果可以看出,首先,"更多储蓄"的系数先增大后减少,但最终变化幅度不大,这表明当出现通货紧缩时,经济主体将会选择增加储蓄,随着预期的通货膨胀率的加大,储蓄越来越不利,从而经济主体减少储蓄。其次,"更

[①] 储蓄、投资和消费的序列相加等于固定常数 100,因此为了避免伪回归,此处只对储蓄和投资进行回归。

多投资"的系数随着预期的通胀率增加而增加,这表明当经济主体的通胀预期增加时,他们更希望增加投资来购买房屋、汽车等一些保值品,从而减少自己的损失。

(三)宏观分析——VAR

建立 VAR 模型要求经济变量是平稳的时间序列或者存在协整关系,因此先对通货膨胀、通胀预期、经济增长率、进出口增长率和失业率进行 ADF 单位根检验,检验结果如表 2-6 所示。

表 2-6　ADF 单位根检验

变量	T 统计量	1%临界值	5%临界值	10%临界值	p 值
通货膨胀(phi)	−6.025	−3.570	−2.924	−2.597	0.000
通胀预期(phie)	−3.251	−3.570	−2.924	−2.597	0.017
失业率(r)	−3.040	−3.570	−2.924	−2.597	0.031
经济增长率(g)	−8.419	−3.570	−2.924	−2.597	0.000
进出口增长率(f)	−7.877	−3.570	−2.924	−2.597	0.000

通过表 2-6,我们可以发现通货膨胀、通胀预期、经济增长率、进出口增长率和失业率均为平稳的时间序列,因而可以建立 5 维的 VAR 模型,根据 AIC、BIC[①],得到滞后阶为 4。VAR 模型的结果表明[②],我国的通货膨胀会受到其自身和宏观经济的影响,其中经济增长的滞后一期、三期和进出口的滞后一期对通货膨胀的影响更为显著,并且经济增长的符号为正,这更加表明了经济增长与通货膨胀的关系,即一旦经济增长速度上升就会出现通货膨胀。另外,通货膨胀滞后一期、二期和自身滞后一期、三期会对我国居民的通胀预期产生显著的影响,且系数为正,这说明我国居民在形成通胀预期时,不仅会参考历史的通胀水平和前几期形成通胀预期,而且前几期的通货膨胀和通胀预期会对当期的通胀预期产生正向影响;从结果可以看出,我国的宏观经济运行状况会对我国居民的通胀预期有显著的影响,特别是失业率的滞后一期会对我国通胀预期产生显著的影响,这说明一旦当前发生失业,那么就会形成通胀预期并在下一期反映出来。最后,从宏观经济角度来看,我国的失业率会受到通货膨胀、通胀预期、进出口和其自身的影响,其中通货膨胀的滞后一期、二期,通胀预期的滞后一期,进出口和其自身的滞后一期、二期、四期都会对失业率造成显著影响;我国的经济增长会受到通货膨胀、通胀预期和自身的影响,且通货膨胀的系数为负,这说明如果发生通

[①] 由于研究季度数据选取的最大滞后阶一般为 4,因此本部分设定最大滞后阶为 4,然后根据 AIC、BIC 选取最优滞后阶。

[②] 由于篇幅关系,VAR 模型的结果不一一列出。

货膨胀就会减缓经济增长的速度；进出口对经济增长的滞后 1、2、3、4 阶都显著，且符号都为正，这表明经济增长会对我国的进出口产生正向影响。

（四）滞后影响分析

根据式（2-3），我们可以研究物价变动和预期对我国宏观经济的影响。结果如图 2-17 所示，图 2-17 表明的是物价变动和物价变动预期在滞后 1~8 个季度内对宏观经济的影响，其中实线表示物价变动对宏观经济的影响，虚线表示物价变动预期对宏观经济的影响，T 表示滞后期（以季度为单位）。

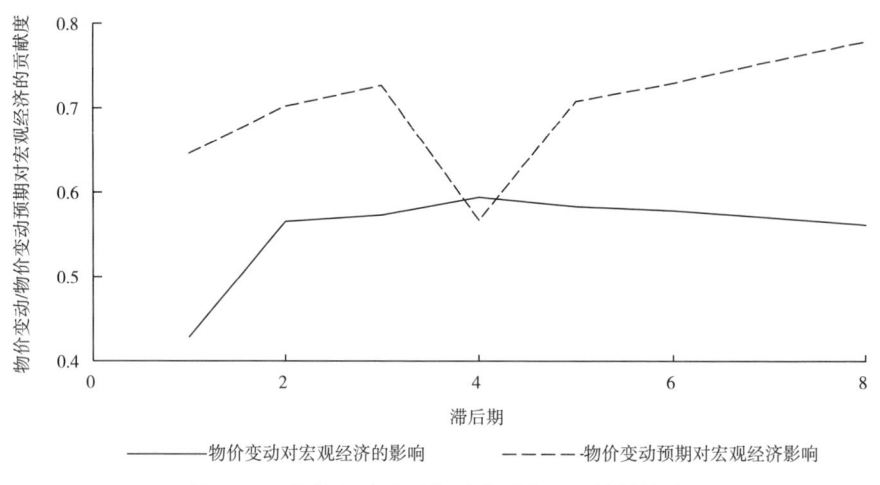

图 2-17　物价变动及预期对我国宏观经济的影响

从图 2-17 中我们可以看出，物价变动对宏观经济的影响在前两个季度内逐渐增加，但是自滞后两个季度以后影响逐渐趋于平稳，这说明一旦当前发生通货膨胀会立即对宏观经济造成影响，并在前两个季度内影响逐渐加大，但是这种影响在两个季度以后就不会增加，这表明我国经济主体比较关注当前的通胀水平。与通货膨胀相反，预期对宏观经济会产生长远影响，虽然在滞后第三期预期对宏观经济的影响有短暂的下降，但是在第五期后又迅速回升并且逐渐增大，这表明经济主体会一直关注预期对宏观经济的影响，并且会考虑历史的预期来进行宏观经济决策。

（五）影响程度分析

为了更加准确地衡量预期及物价变动对宏观经济的影响，我们先单独对预期和宏观经济指标建立 VAR 模型来研究预期对宏观经济的影响，然后再加入通货膨胀重新建立模型来研究加入通货膨胀以后，通货膨胀和预期对宏观经济的影响，具体结果如表 2-7 和表 2-8 所示。其中表 2-7 表示只有预期条件下宏观经济变量的相互影响，表 2-8 表示在加入通货膨胀条件下各个宏观经济变量的影响。

表 2-7 宏观经济变量相互影响程度

进出	通胀预期	失业率	经济增长率	进出口增长率
T=1				
通胀预期	0.999	0.000	0.000	0.000
失业率	0.407	0.593	0.000	0.000
经济增长率	0.699	0.000	0.067	0.233
进出口增长率	0.299	0.000	0.004	0.696
T=3				
通胀预期	0.994	0.005	0.000	0.001
失业率	0.564	0.400	0.000	0.036
经济增长率	0.797	0.005	0.037	0.162
进出口增长率	0.602	0.004	0.002	0.391
T=5				
通胀预期	0.985	0.008	0.000	0.007
失业率	0.387	0.524	0.000	0.088
经济增长率	0.947	0.001	0.008	0.044
进出口增长率	0.907	0.001	0.001	0.091
T=7				
通胀预期	0.983	0.010	0.000	0.007
失业率	0.504	0.403	0.000	0.092
经济增长率	0.956	0.003	0.005	0.036
进出口增长率	0.924	0.004	0.000	0.071

表 2-8 通货膨胀及预期对宏观经济变量的影响

进出	通货膨胀	通胀预期	经济增长率	失业率	进出口增长率
T=1					
通货膨胀	0.966	0.034	0.000	0.000	0.000
通胀预期	0.723	0.277	0.000	0.000	0.000
经济增长率	0.677	0.271	0.011	0.000	0.040
失业率	0.498	0.296	0.000	0.202	0.004
进出口增长率	0.093	0.000	0.006	0.005	0.897

续表

进出	通货膨胀	通胀预期	经济增长率	失业率	进出口增长率
			T=3		
通货膨胀	0.965	0.034	0.000	0.000	0.001
通胀预期	0.888	0.111	0.000	0.000	0.001
经济增长率	0.702	0.260	0.007	0.001	0.030
失业率	0.930	0.040	0.000	0.021	0.009
进出口增长率	0.856	0.084	0.000	0.001	0.060
			T=5		
通货膨胀	0.959	0.040	0.000	0.000	0.001
通胀预期	0.897	0.100	0.000	0.001	0.002
经济增长率	0.893	0.100	0.001	0.000	0.005
失业率	0.836	0.123	0.000	0.027	0.015
进出口增长率	0.867	0.117	0.000	0.000	0.016
			T=7		
通货膨胀	0.955	0.044	0.000	0.000	0.001
通胀预期	0.882	0.115	0.000	0.001	0.002
经济增长率	0.905	0.090	0.001	0.000	0.004
失业率	0.636	0.307	0.000	0.036	0.021
进出口增长率	0.898	0.091	0.000	0.000	0.011

从表2-7的结果中可以看出，在一个季度内，通胀预期对宏观经济的影响较大，其中对失业率的影响程度为40.7%，对经济增长率的影响程度为69.9%，对进出口增长率的影响程度为29.9%；另外，经济增长率还受到进出口增长率的影响达到23.3%左右。在三个季度内，通胀预期对宏观经济的影响变强，对失业率的影响程度为56.4%，对经济增长率的影响程度为79.7%，对进出口增长率的影响程度为60.2%。在五至七个季度内，通胀预期对宏观经济的影响逐渐变强，虽然在五个季度内对失业率的影响有所下降，但是最终也有40%~50%，对经济增长率和进出口增长率的影响稳定在90%左右；同时，进出口增长率对经济增长率的影响逐渐减弱，对失业率的影响加强。但是从表2-7我们也发现，在不考虑通货膨胀的情况下，虽然通胀预期对其他宏观经济变量的影响较大，但是通胀预期受自身的影响比较大，几乎不受其他宏观经济变量的影响；因此我们有必要引入通货膨胀，然后重新研究通货膨胀和通胀预期对宏观经济变量的影响。

从表2-8可以看出，在加入通货膨胀后，通胀预期对宏观经济的影响明显有所减弱；在一个季度内，通胀预期对经济增长率的影响程度为27.7%，对失业率的影响程度为27.1%；在随后的几个季度内，通胀预期对经济增长率的影响逐渐减弱,进出口的影响逐渐增强,并最终维持在10%左右,但是对失业率的影响在一至五个季度内先是减少,然后到七个季度内迅速上升到30%左右,这说明预期对失业率的影响大约在一年以后才能得到反映。同时,从表2-8我们还发现通货膨胀对宏观经济的影响较大,并且随着期数的增加有影响程度增加的趋势。

(六)总体影响程度

我们采用一季度的滚动样本模型研究自2008年第一季度到2015年第三季度以来,物价变动和物价变动预期对宏观经济的动态影响程度。实证结果如图2-18所示,其中虚线表示物价变动对宏观经济的影响,实线表示物价变动预期对宏观经济的影响。

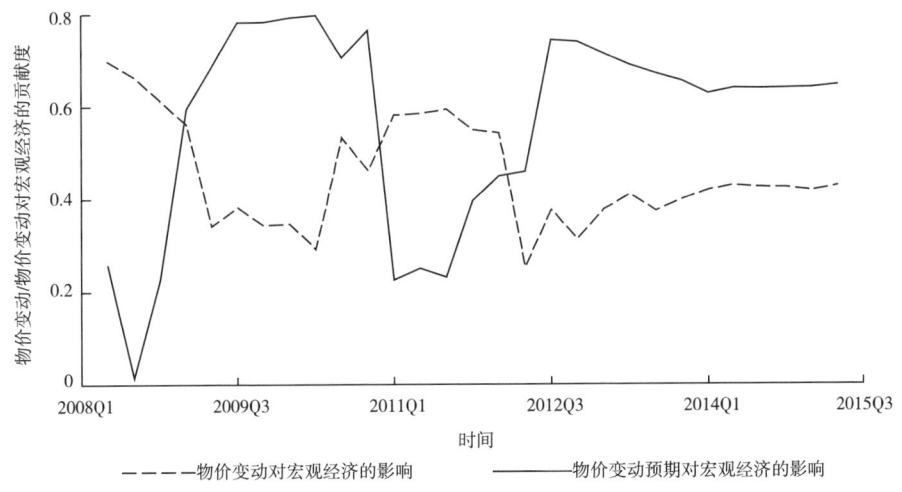

图2-18 物价变动及预期对宏观经济的动态影响
Q表示季度

首先,从图2-18的动态影响变化过程中,可以看出,虽然物价变动和预期对宏观经济的影响程度会随着时间的变化而变化,但是只要宏观经济没有出现较大的变化,物价变动及预期对宏观经济的影响基本保持在一定程度。例如,物价变动对宏观经济的影响保持在20%~60%,预期对宏观经济的影响保持在20%~80%;一旦宏观经济出现较大的变动,物价变动及预期对经济的影响将会超出这一范围,如2008年出现了严重的通货膨胀,此时物价变动对宏观经济的影响加大,而预期对宏观经济几乎不起作用。另外,物价变动对宏观经济的影响有随着通货膨胀增大而增大的趋势,2008~2009年受美国次贷危机的影响,我国出现了短暂的通货膨胀,从而对我国宏观经济造成了波及,而2011~2012年由于我国自身的各种原因(投资结构变化、货币发行过多、农产品价格持续上涨等),也出现了通货膨胀,从而造成了对宏观经济的影响，在图 2-18 中表现为，在 2008~2009 年和 2011~2012 年，通货膨胀对宏观经济的影响都出现了显著的上升。

其次，从图 2-18 中我们还可以分析通胀预期对宏观经济的影响；通胀预期和通货膨胀对宏观经济的影响有交相辉映的趋势，即当通货膨胀对经济的影响增大时，通胀预期对宏观经济的影响就减弱；当通货膨胀对宏观经济的影响减弱时，通胀预期对宏观经济的影响就加强。这可能是由于当出现通货膨胀时，人们比较关注通货膨胀本身，而忽略通胀预期的影响；当物价较为平稳时，人们的关注重点就变为预期，稳定通胀预期来控制通货膨胀，从而通胀预期对宏观经济的影响较大。近年来，由于我国产业结构调整，自 2012 年以来物价变动对宏观经济的影响逐渐加强，而预期对宏观经济的影响逐渐减弱，虽然在 2015 年以后趋于平稳，但是物价变动及预期会对宏观经济造成影响是毋庸置疑的，并且预期的影响比物价变动的影响要大。当前中国经济正处在增速换挡和转变发展方式的阶段，既有结构调整的阵痛，也渐显调整和改革所激发的活力；综合增长潜力和动能等各方面因素看，未来一段时期中国经济有望继续保持平稳运行，在此条件下合理地管理预期，发挥预期在宏观经济中的作用，对我国经济平稳发展有着不可替代的作用。

四、结论

本节采取分位数回归和 VAR 模型两种方法，来研究通胀预期如何影响我国经济主体的微观经济决策和我国的宏观经济。首先，当经济主体预期未来通货膨胀会上升时，随着预期通货膨胀率的增高，其最终会减少储蓄，并且会一直增加投资，如购买房屋、汽车等大型保值物品。其次，对我国宏观经济的 VAR 模型分析表明，我国的通胀预期属于适应性预期，其不仅会考虑以前的通货膨胀，还会根据前几期形成的通胀预期进行调整；另外，在不考虑通货膨胀的条件下，通胀预期对失业率的影响程度为 40.7%，对经济增长的影响程度为 69.9%，对进出口的影响程度为 29.9%；在考虑通货膨胀的条件下，通胀预期对经济增长的影响程度为 27.7%，对失业率的影响程度为 27.1%，虽然出现了一定程度的减弱，但是通胀预期对宏观经济的影响还是占有相当大的比重。最后，我们构建滚动样本模型研究自 2008 年第一季度到 2015 年第二季度以来，物价变动和物价变动预期对宏观经济的动态影响。结果表明自 2008 年以来，通胀预期和通货膨胀对宏观经济的影响程度呈现交替变换，主要表现为当经济出现波动时，人们主要关注通胀，因而通胀对宏观经济的影响上升；当经济平稳发展时，预期又居于主要位置。

当前我国经济发展稳定，另外为了适应经济发展新常态，我国实施稳健的货币政策，保持政策的连续性和稳定性，保持松紧适度，适时预调微调，并且综合运用数量、价格等多种货币政策工具。因而中国人民银行在制定货币政策时，必须有前瞻性,以控制通胀预期的角度来制定货币政策,并且把货币政策放到实体经济运行的体系中去考察,同时关注对微观经济主体预期的引导,才能够发挥货币政策的灵活性,维护好物价稳定,并促进经济健康发展。

第三节 关键成分对CPI走势的影响分析以及政策制定

CPI的统计结构由八大类组成:食品、烟酒及用品、娱乐教育、医疗保健、文化用品及服务、通信与交通、家庭设备用品以及居住。本节将侧重分析CPI结构中的关键成分,即食品、住房以及工业制成品三个主要结构性因素对CPI变动的影响,并结合现有国情提出相应稳增长、调结构的对策[①]。最后,重点借鉴成熟市场经济国家的经验,进一步对如何促进人民银行各大区行区域经济治理功能的发挥加以探讨。

一、食品类商品价格与CPI

食品类商品在CPI商品篮子中占比将近三分之一,因此食品类商品价格是决定CPI走势的主要因素。图2-19是2000年后我国食品价格和CPI走势关系图,从图2-19中我们可以看出,我国食品价格指数在三个时段上涨幅度明显高于同时期CPI的涨幅(刘辉,2013)。

第一个时段是2003~2004年。受国内退耕政策、农民大量外出务工以及国际粮食库存量减少的影响,这一时期,我国粮价上涨了近5百分点。粮食库存不足,供不应求导致的粮价上涨是这一时期食品类价格上涨的关键因素(李新祯,2011)。

第二个时段是2006~2008年,在此期间,我国CPI涨幅超过10%,其中87%是由食品价格上涨引起的,即由食品价格带动的CPI涨幅达到9.6%。该期间食品价格上涨大部分是来自猪肉和食用油。蓝耳病的爆发导致农民养猪积极性降低,猪肉产量大幅度下降,猪肉供不应求是这一时期猪肉价格上涨的主要原因(张文朗和罗得恩,2010)。相关数据显示,该时期最大的猪肉价格同比增幅达到70%。同时,受进口大豆价格的影响,国内大豆价格也呈现上涨趋势,豆价的上涨加大了食用植物油的压榨成本,而大豆油压榨总量占我国食用油压榨总量的60%,因

[①] 2016年1月,我国调整了CPI统计结构,新的八大类为:食品烟酒、衣着、居住、生活用品及服务、交通和通信、教育文化和娱乐、医疗保健和其他用品与服务。

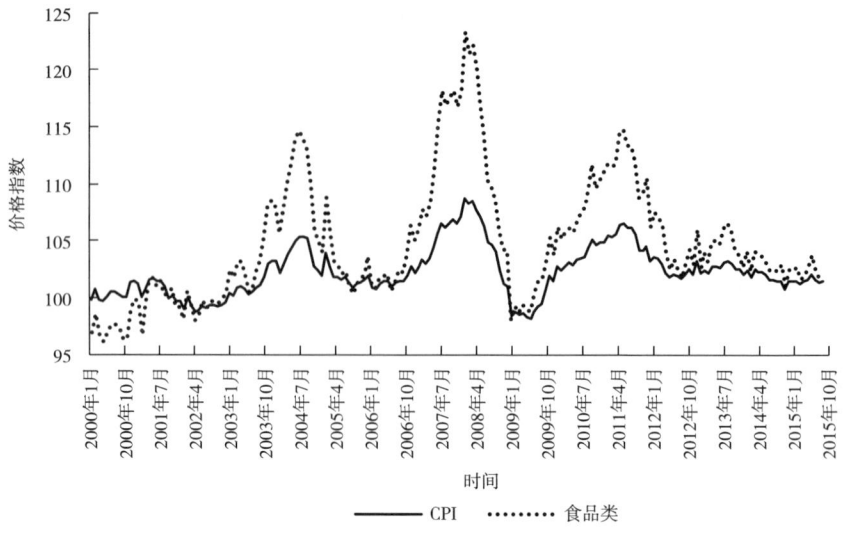

图 2-19 我国食品价格与 CPI 走势
资料来源：国家统计局官网

此，大豆价格的上涨促使食用油价格也开始居高不下。在该时期，食用油最高涨幅达到了 40%。

第三个时期是 2009~2011 年，食品价格涨幅对 CPI 涨幅的贡献在 65% 左右，这一时期食品价格对整体 CPI 的影响仍占据主要地位。究其原因，该时期食品价格上涨主要是受货币供应量扩张以及自然灾害的影响。在 2008 年年底，为缓解全球经济危机对国内经济的不利影响，我国推出 4 万亿经济刺激计划，大大增加了经济运行中的货币供应量，加之 2010 年冬天和 2011 年春天恶劣天气频发导致我国农副产品供给不足，国内整体食品基准价格呈现上涨态势。此外，在原材料价格上涨的基础上，农业生产资料价格的增长进一步带动了食品价格上涨。以上三个时期说明了：食品类商品价格上涨均是 CPI 上涨的一大主要根源。

二、居住类商品价格与 CPI

居住类商品价格占 CPI 的权重在 14% 左右。居住类商品并不是指商品房价格，它的编制主要是以居住要素价格为主。它包括建房、装修过程中的材料费用，如水泥、砖头、家具、涂漆、玻璃和灯具等；它还包括居住成本，如租金费用、物业费，以及家用水电费和燃气费等。虽然居住类商品统计结构中没有包括房价，但诸如租金、水泥、砖头、涂漆这些涉及建筑、装修方面的要素价格都会影响到房价。同时，房价的上涨会增加房地产商的投资需求，进而抬高建筑要素成本价格。

据图 2-20 显示,居住类商品价格有两个相对重要的调整阶段。第一阶段是在 2002~2005 年,居住类商品价格消费指数呈现加速上涨的态势。对照图 2-21 中的国房景气指数里的商品房销售价格指数,我们得知:这一阶段商品房销售价格指数与居住类商品价格指数呈现出类似的上涨态势,因此商品房销售价格应是拉动这一时期居住类商品价格上涨的一个不可忽视的影响因素。

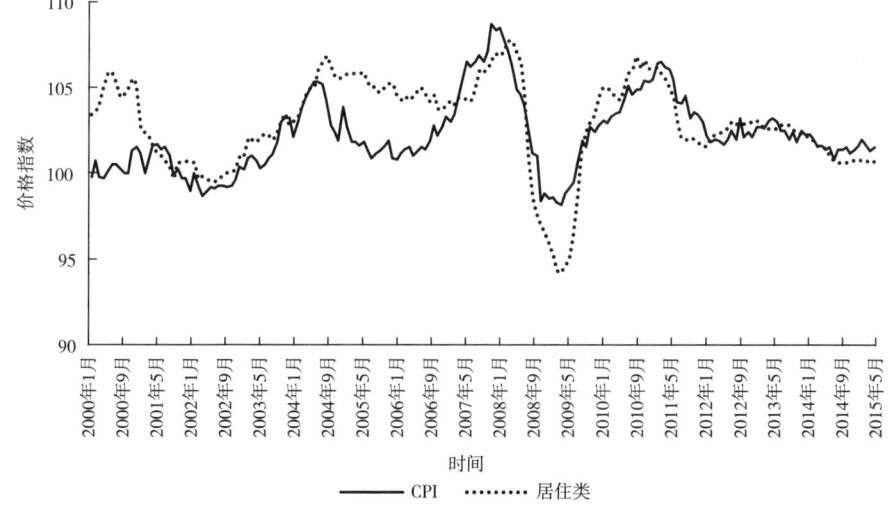

图 2-20　居住类商品价格指数和 CPI 走势
资料来源:国家统计局官网

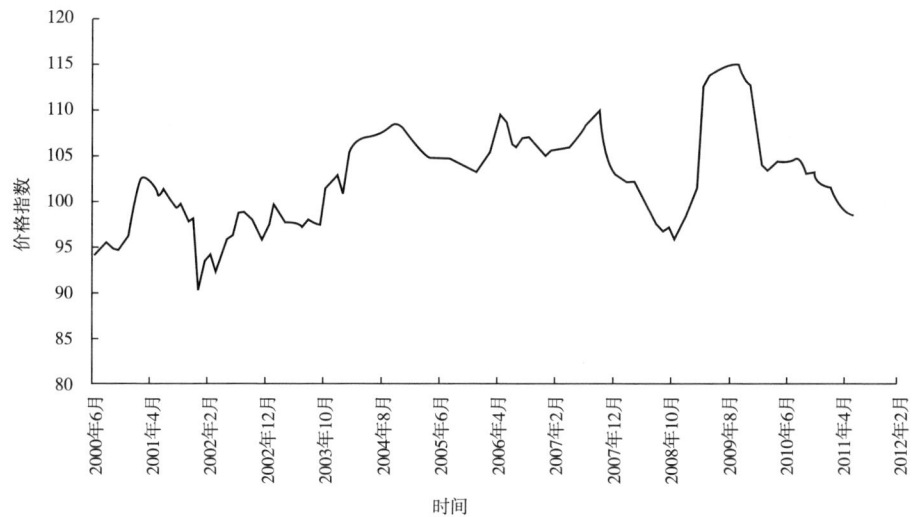

图 2-21　商品房销售价格指数走势
资料来源:国家统计局官网

第二阶段是在 2008~2011 年，居住类商品价格指数在这一时期呈现出大"V"形，同时，在 2009 年该指数达到近 15 年来的最低点。同样对照图 2-21 中的商品房销售价格指数，我们可以看到商品房销售价格指数在这一时期也处在大"V"形的走势阶段，但该阶段商品房价格指数的最低点并不是 15 年来的最低点。因此，该阶段居住类居民消费价格指数下跌除商品房销售价格下跌的影响外还另有其因。由于水电燃料费在 CPI 中占据 7%左右的比重，几乎占据了居住类商品价格指数一半的比重，在居住类居民消费价格指数中有着举足轻重的地位。结合图 2-22，我们得知：水电燃料类价格应是主导该阶段居住类居民消费价格指数下跌的主要因素。

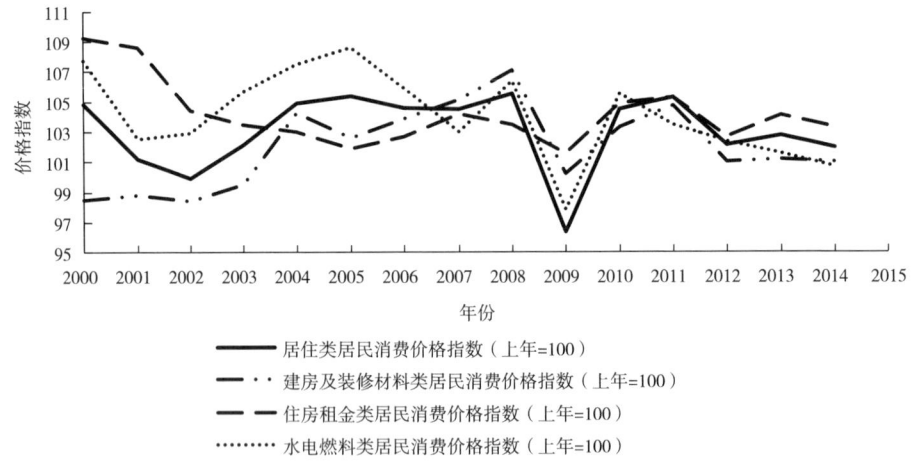

图 2-22　居住类居民消费价格指数与各分类价格指数走势
资料来源：国家统计局官网

三、工业制成品与 CPI

自改革开放以来，我国工业制成品数量和收入一直保持较快增长，工业制成品在国际贸易竞争中也占据着主体地位。工业制成品是衡量一国出口竞争实力的重要标准，也是一国国际竞争力的体现，因此多年来我国一直把做大做强制造业当成迈向工业强国的关键因素。现阶段，我国已实现了制造大国的目标，但仍未实现制造业强国的目标。

相比西方发达经济体，由于缺乏自主创新能力和知识产权，加之以大规模流水线生产模式，我国很多企业掌控价值链高端环节的能力相对不足，大量同质化工业制成品成为市场无序竞争和产能过剩的诱因，压价竞争成为许多厂商的唯一选择。而商品价格下跌令厂商利润减少，许多厂商会试图通过缩小生产规模和裁员来维持工厂的生产和经营,从而进一步导致失业工人的增加以及居民收入水平的下降。收入下降一方面会让人们感受到生活成本上涨,进而减少投资、减少生活支出;另一方面,收入下降会让部分负债人士感受到实质债务加重,甚至可能通过出售资产来缓解困境。因此,粗放式的经济增长方式是现阶段引发居民通缩预期的一大根源(王越,2010)。

物价的稳定与否会影响到居民的通货膨胀预期高低,相反,居民的通货膨胀预期对于物价的稳定也具有反作用。因此,根据上述分析,我们理应针对食品类、居住类以及工业制成品等影响 CPI 指标的关键因素制定相应的政策,以更好地促进经济平稳发展,防止通货紧缩预期。

四、基于 CPI 关键成分的稳增长、调结构政策制定

(一)基本思路

面对经济下行的压力,2015 年 1 月中国人民银行宣布普降存款准备金率 1 百分点,这是自 2008 年 11 月以来中国人民银行最大力度的一次降准行为。在 2015 年 11 月后,中国人民银行又通过两次降息、两次降准、财政赤字的规模增加等政策来稳定经济。中国人民银行之所以频频"出拳"并非是要让经济重回粗放式增长的老路,而是为了让经济运行保持在合理区间,防止货币政策被动紧缩,维护货币政策的中性和稳健性,在稳增长和调结构之间寻求更佳平衡。因此,我们认为近期国家经济调控的基本思路如下:密切关注宏观经济变化和物价变动的同时,保持货币政策和财政政策的合理配合,保持政策定力,在区间调控的基础上保持合理的上下限,以稳定和完善宏观政策。同时,在价格干预政策上保持一定的灵活度,建好稳定物价的长期有效保障机制,以实现经济稳健增长、物价稳定、经济结构优化合理的经济发展目标。

(二)需要处理好的几个宏观关系

经济增速在新常态下呈现出增速放缓,为实现稳物价、稳增长、保就业、调结构、促改革、惠民生等多重目标,在政策制定上,应侧重解决以下几个方面的关系。

1. 商品供给与需求关系

供需是决定价格的基本要素。当供给大于需求时,物价趋向下跌;当供给小于需求时,物价趋向上涨。根据近年来经济下行的变化趋势,未来物价稳定政策应侧重供需结构方面的改革。政策制定上,重点应注重供需平衡,通过提高税收、限购等方式来控制物价过大幅度上涨,通过降低税收、刺激需求来促进经济增长,

调节物价的连续下跌。同时，确立创新驱动的新常态经济增长模式，以经济效益作为经济增长的归宿。

2．政府与市场关系

在新常态下，实现政府调控让位于市场主导，将是引领新常态经济增长的总体思路。一方面，要通过简政放权，规范政府权力清单，进一步完善社会主义市场经济体制，充分发挥市场的主导作用。打破行业垄断局面，为价格的合理形成创造良好的市场环境。另一方面，要保留政府的一部分必要权力。在市场机制失灵，无法保障经济稳定运行时，政府要及时地发挥宏观调控的作用，以更好地弥补市场缺陷，保证经济、物价的稳定。

3．物价稳定和环境价改关系

党的十八大提出了要围绕资源性产品的价格和税费进行价格改革，根据资源在市场的稀缺程度，对稀缺资源的使用进行征费，并对体现生态价值的企业给予生态补偿费。环境价改会在一定程度上提高企业的生产成本，导致企业利润下降，进而影响到产品的供给和产品的价格。因此，环境价改要在保障市场供应，不影响经济总体运行态势的情况下择机出台，同时配合现有的收入分配、财税政策，以更好地保障环境价改正面作用的发挥。

（三）关键成分指数波动情况分析

表2-9是根据2000年1月至2015年11月的月度相关数据计算出来的食品、居住、衣着类价格指数标准差和极差。这里，我们以衣着类价格代表工业制成品价格。其中，标准差结果为食品类>居住类>衣着类；极差结果为食品类>居住类>衣着类。标准差反映组内个体间的离散程度，是价格指数不确定性的一种测量。极差是指一组测量值内最大值与最小值之差，它代表着测量值变动的最大范围。因此，我们得知：该段时间内，食品类商品价格波动幅度和波动空间都是最大的，其对CPI影响的不确定性也最多。居住类商品价格波动幅度和空间是食品类商品价格的一半，其对CPI影响相对食品类商品来说比较不明显。衣着类商品价格波动幅度和波动范围是三类关键成分中最小的，其对CPI的影响相对前两者来说少很多。

表2-9　各分类指标项目描述统计分析

类别	标准差	极差
食品类价格指数	5.57	27.2
居住类价格指数	2.69	13.5
衣着类价格指数	2.00	6.7

（四）针对不同物价成分的政策建议

1. 食品类商品的政策制定

1）促进农作物商品价格平稳

由于农作物在生产过程中受环境影响较大，其价格波动对农民生产的积极性会有很大的影响。此外，粮食是人们生活的基本需求，其价格波动必然影响到人们对总体物价的信心。因此，在针对食品价格政策制定上，必然要重点关注农作物商品的价格。

第一，保证农作物的供需平衡。在农作物商品价格面临下行压力的时候，可以通过财税政策、农业补贴政策、价格政策等措施来保障粮食供给、保持农民生产的积极性，减少农作物商品供不应求的情况，以保证农产品商品价格的平稳运行。

第二，促进传统农业向农业现代化转变。在财政预算上，将农作物作为重点来安排，健全专项资金管理机制，支持农作物耕作基础设施建设，确保农作物投入产出效益、结构调整和农业总体的可持续发展；在生产经营上，加快土地流转进程，促进农作物生产的规模化、产业化和集约化。

2）促进养殖业商品价格的稳定

肉类价格是影响食品类居民消费价格的走势的重要因素，而肉类的生产来自于养殖业。养殖业价格易受市场供应量的影响，在畜禽养殖过程中，疫病的发生是影响畜禽供给失衡的一大因素，同时，缺乏专业化生产也是阻碍养殖业发展的重要因素。因此，在政策制定上要侧重从疾病预防和专业化生产来保障肉类的供给。

第一，加大资金投入，给予养殖业技术支持。根据养殖业未来市场的需求趋势，坚持科技先行，提高技术装备水平，发展循环经济，推进产业化进程，以更好地推进养殖业增长方式的转变，保障肉类的市场供给以更好地稳定其市场价格。

第二，强化养殖业人才政策扶持，普及养殖业疾病预防知识。将政策倾斜于相关产业人才培养方面，加强后备人才队伍建设，提高农业科研院校的投入经费，保证人才的素质和质量，为相关产业的疾病预防提供坚强的后盾，从而更好地实现肉类产品的稳定供给。

2. 居住类商品方面的政策制定

1）促进房地产市场平稳运行

近年来，受限购令、住房公积金调整、国内经济发展速度放缓的影响，三四线城市楼市需求下滑、房地产库存水平增高，导致楼市整体价格下跌。整体楼市价格的下跌抑制了房地产商投资建筑的积极性，致使建筑、装修类商品需求量减少，从而进一步导致建房及装修材料类 CPI 的下滑。同时，三四线城市楼价下跌也会导致相关地区住房租金的下跌，导致整体住房租金类 CPI 下滑。然而 2015 年下半年以来，在一二线城市则出现了房价进一步飙升的现象。因此，在制定房地产相关政策上，应侧重考虑维持房地产价格稳定。

第一，刺激房地产投资需求。通过在中小城市实行限购解除政策，或通过降低二套房首付即限贷松绑以及推出公积金异地贷款、扩大提取范围等政策来放松房地产投资门槛，提高有实力投资房地产人士的投资积极性，以带动房地产市场需求增加。

第二，调整房地产市场外资准入。允许外资机构和在中国工作的、学习的外国人购买符合实际需要的自用、自住商品房，对于实施住房限购政策的城市，境外个人只要符合当地的政策规定，都可以进行自用、自住商品房的购买。

第三，优化房地产市场的供应结构。对房产供应明显偏多的城市，减少其住宅用地供应量直至暂停计划供应；对房产供求严重矛盾的城市，适当有效地增加住宅用地的供应规模。同时，允许部分房地产商在不改变用地性质的条件下，根据实际市场情况调整套型结构或户型。

2）稳定居住类商品价格走势

水电、燃气费支出是居民日常生活的基本开支，同时，水电燃料在居住类商品价格指数中占重大比重。因此，水电、燃料费价格的调整必然对居住类商品价格指数波动有重大影响。在居民收入不变的情况下，水电、燃料单位价格提高必然会提高居民的通胀预期；相反，则会提高居民的通缩预期。近年来，我国经济处于下行阶段，水电、燃料费价格指数的下跌会进一步增加居民的通缩预期。因此，政府应通过提高部分群体的收入水平来稳定该群体的通胀预期，从而保证居住类 CPI 的稳定。

第一，稳定低收入群体的通胀预期。低收入群体包括部分从事种植、养殖业的农民以及部分国有企业下岗职工和部分城市贫民。在经济下行阶段，政府可以适当提高这类群体中农民的最低生活保障或职工的最低失业救济来提高他们的物价预期水平。

第二，稳定中等收入群体的通胀预期。中等收入群体包括公务员以及在事业单位工作的职员。在经济下行阶段，政府应该适当提高这类群体的工资标准，规范单位补贴，辅之以工效挂钩的方式来稳定该类群体的通货膨胀预期，更好地达到维持物价稳定的目的。

3．工业制成品方面的政策制定

近期我国工业制成品商品价格的下降主要是受到粗放式和外延式生产过程中过分强调数量、空间和规模拓展导致的结构性产能过剩的影响。因此，针对以工业制成品为主的制造业供需调整方面，要从供给、生产端入手，通过提高劳动和资本配置效率、扩大生产可能性边界以及提高自主创新能力，着力提高供给品的质量，锁定新兴领域等多方面政策支持，创造出新的经济增长点，改善工业制成品的质量和经济效益。

在促进工业制成品政策制定上，要注重两个领域的内容。一是技术创新。要充分认识"科技就是第一生产力"，大力发展自主科技创新，提高技术进步率，增加劳动力和经济资源之间配置效率，进而改善经济增长的质量和效益。二是制度创新。一方面，要实行一系列宏观和微观层面上新的制度安排，借此鼓励科技创新，创建一个良好的、有利于科技创新的大环境。另一方面，在应对新风险、新挑战的过程中，政府要不断创新宏观调控思路和方式，丰富政策工具，优化政策组合，在确保经济平稳较快增长的基础上，侧重于解决局部性和结构性问题。

五、CPI 结构的信息沟通和区域经济治理

（一）加强中央银行的信息沟通能力

中央银行是货币政策的制定者，其通常会在分析通货膨胀实际趋势的基础上，确定相应的货币政策框架，最终公布货币政策决策。而决策过程中的信息公开与公众对公开信息的反馈对于提高最终决策的有效性有着举足轻重的作用。因此，中央银行应该加强信息沟通，通过发布通胀预期报告以及货币政策目标，及时让公众了解到相关政策的意图；同时，通过公开通货膨胀货币决策过程中使用到的通胀数据、所采取的程序、CPI 预测中考虑到的经济因素，让广大公众充分了解 CPI 的含义和具体内容，以更好地达到稳定公众物价变动预期的目的。

（二）加大统计工作流程和数据透明度

国家统计当局应按经济法律法规规定，公布 CPI 统计数据信息。例如，按月度提供 CPI 总指标以及具体各成分指标的相关数据，提供对应的数据走势图、分布直方图，同时还可以对历史 CPI 数据进行更深入的分层统计。例如，按不同区域、不同收入水平、不同人群等不同分类标准编制分层 CPI。此外，国家统计局还应该公布具体的 CPI 商品篮子及其权重，实现有关信息公开透明，让信息公开对象对 CPI 有更深入的了解。

（三）借鉴美联储的经验来发挥人民银行各大区行的作用

美联储在每次召开例会后都会及时地公布会议纪要，并向公众说明内部委员对未来通货膨胀的风险评价。此外，该委员会的主席还会通过演说、参与经济论

坛等方式向人们传递美联储的未来政策取向和经济预期，从而对人们判断世界经济产生影响（中国人民银行合肥中心支行金融研究处，2014）。因此，中国人民银行可以在借鉴美联储经验的基础上，发挥各大区行的功能和作用。各大人民银行区行应该根据当地实际 CPI 状况，在深入探讨经济数据、经济参数的基础上，建立起符合当地经济发展状况的通胀预期模型。并通过在当地召开新闻发布会，公布当地经济金融的实际发展状况以及对当地经济金融数据的研究成果，实现相关信息的公开透明。同时，在各区行充分发挥自身区域经济治理独立性的基础上，还要适当发挥总行的总体经济政策导向作用。各大人民银行区行应在每年年末，向总行递交当地的物价变动年度报告，并汇报总体物价政策在当地的执行情况，以更好地确保经济政策的有效执行。

第四节　编制不同收入层次和不同经济区域的分层 CPI

一、我国 CPI 的基本概况

CPI 定义为反映一定时间段内城乡居民所购买的生活消费品价格和服务项目价格变动趋势与程度的相对数，是对城市居民消费价格指数和农村居民消费价格指数进行综合汇总计算的结果。

根据国家统计局网站的资料可知，我国目前的 CPI 涵盖了八大类商品和服务项目，其中每一大项中又包含若干小项。

第一类，食品类。作为我国 CPI 的大类分类指数中最重要一类商品，食品类所占权重是最高的，约为 34%。食品类大项商品中包括 13 类细项，分别是粮食类、蛋类、菜类、肉禽及其制品类、糖类、调味品类、水产品类、糕点饼干面包类、干鲜瓜果类、在外用膳食品类、茶及饮料类、液体乳及乳制品类、其他食品类。粮食类包含大米、淀粉、面粉、油脂、豆制品及干豆类；蛋类包括鲜鸡蛋、鹌鹑蛋、鲜鸭蛋等及蛋制品；菜类即各种新鲜蔬菜；肉禽及其制品类包含猪、牛、鸡肉等肉类及其肉制品；糖类包含白砂糖、绵白糖、粗砂糖等；茶及饮料类包含各种茶叶及茶饮料；水产品类包含蟹、虾、鱼等淡水海水产品；干鲜瓜果类包含各类新鲜水果；调味品类包含盐、醋、酱等作料。

第二类，烟酒及用品类。烟酒及用品类商品中的烟类商品，包含卷烟、烟叶以及用于吸烟的物品，酒类商品则包含了白酒、红酒、啤酒等酒种以及饮酒工具。

第三类，衣着类。衣着类商品中包含各种男女服装、鞋类、帽类、袜类，以及各种加工服装用的衣着材料和衣着加工服务。

第四类，医疗保健和个人用品类。医疗保健商品和服务包括医疗器具及用品、中药材及中成药、西药、保健器具及用品以及医疗保健服务。个人用品及服务包括化妆美容用品、清洁化妆用品、个人饰品以及个人服务。

第五类，家庭设备用品及维修服务类。作为人们日常家庭生活中必备的商品与服务，家庭设备用品及维修服务类包含家具和家庭设备等耐用消费品、床上用品、家庭日用杂品、室内装饰品及家庭维修服务。

第六类，娱乐教育文化用品及服务类。娱乐教育文化用品及服务类包括教育、文娱耐用消费品及服务、文化娱乐、旅游四类大项商品和服务。其中，文化娱乐包含书报杂志、文化娱乐用品；教育包含参考书、教材、学杂费、托幼费。

第七类，交通和通信类。交通和通信类商品是满足人们沟通与出行的商品，交通类商品包含交通工具、车辆使用维修支出、车用燃料、市内及城市间交通支出，通信类商品包含通信工具及服务。

第八类，居住类。我国目前居住类项目包含建房、租房、装修材料、水电燃料等支出。

二、收入群体角度

（一）不同收入群体的划分

根据《中国统计年鉴》的统计划分标准，可以将城镇居民收入群体分为七大类，农村居民收入群体分为五大类，其每一类具体所占比重由表2-10给出。

表2-10　城镇与农村不同收入水平划分（单位：%）

城镇居民收入阶层划分	比重	农村居民收入阶层划分	比重
最低收入户	10	低收入户	20
较低收入户	10	中等偏下收入户	20
中等偏下收入户	20	中等收入户	20
中等收入户	20	中等偏上收入户	20
中等偏上收入户	20	高收入户	20
较高收入户	10		
最高收入户	10		

（二）不同收入的分层居民消费价格指数的编制

对于不同收入层次的居民而言，各类消费品价格指数权重可用下列公式计算得出：

$$居民消费项目权重 = \frac{人均单项消费品现金支出}{人均消费品总现金支出}$$

根据国家统计局提供的数据，城镇居民与农村居民人均消费现金支出主要由八类支出项目构成，即食品类、衣着类、居住类、家庭设备及用品类、医疗保健类、交通通信类、文教娱乐类、杂项与服务类。消费价格指数也由八类项目构成，即食品类、烟酒及用品类、衣着类、家庭设备及用品类、医疗保健类、交通通信类、文教娱乐类、居住类。对比发现，城乡居民消费支出项目与居民消费价格指数基本一致，只有消费支出中"杂项与服务类"与消费价格指数中"烟酒及用品类"缺乏对应。分层居民消费价格指数的编制需要将居民的商品支出权重与商品价格指数一一对应，因此我们需要对不一致的两项进行调整。根据何新华（2011）的处理方式，将居民消费支出项目中的杂项与服务类一半归于烟酒及用品类，另一半并入医疗保健类，根据何新华的估算，通过这种调整方式得出的城市、农村居民环比价格指数与国家统计局公布的指数高度一致。

七大类不同收入层次的城镇居民以及五大类不同收入层次的农村居民消费者权数分别由表 2-11~表 2-22 给出。

表 2-11　城镇最低收入居民消费品大类权数（单位：%）

年份	2002	2003	2004	2005	2006	2007	2008	2009	2010	2011	2012	2013
总权重	100	100	100	100	100	100	100	100	100	100	100	100
食品类	47.21	47.72	49.66	47.43	46.33	47.17	48.14	46.81	46.15	45.85	45.34	44.03
衣着类	8.09	7.75	7.48	7.83	8.36	8.94	8.78	9.36	9.39	9.45	9.68	9.95
居住类	11.84	12.06	11.32	12.34	12.48	11.62	12.27	11.81	11.99	11.65	11.40	12.67
家庭设备类	3.63	3.59	3.43	3.51	4.09	4.06	4.21	4.61	5.27	5.21	5.55	6.08
交通通信类	6.60	6.80	6.93	7.34	7.53	7.78	7.62	8.06	8.19	7.79	8.26	8.49
文教娱乐类	13.30	12.79	12.39	11.69	11.86	11.04	9.36	9.33	9.19	9.99	9.90	8.53
医疗保健类	8.11	8.08	7.65	8.67	8.10	8.17	8.38	8.71	8.61	8.79	8.69	9.12
烟酒用品类	1.22	1.22	1.16	1.20	1.25	1.21	1.24	1.31	1.21	1.17	1.18	1.12

表 2-12　城镇较低收入居民消费品大类权数（单位：%）

年份	2002	2003	2004	2005	2006	2007	2008	2009	2010	2011	2012	2013
总权重	100	100	100	100	100	100	100	100	100	100	100	100
食品类	44.73	44.93	46.35	44.84	43.51	43.51	45.94	44.63	44.11	43.67	43.16	42.49
衣着类	9.50	9.28	8.93	9.51	9.86	10.03	9.66	10.15	10.93	10.73	10.88	11.42
居住类	10.89	10.93	10.49	10.99	11.12	10.74	11.11	10.90	10.53	10.28	9.62	8.30
家庭设备类	4.44	4.40	3.92	3.99	4.45	5.01	5.00	5.43	5.80	5.75	5.92	6.55
交通通信类	7.90	8.47	8.37	8.75	9.05	9.74	8.60	8.64	9.09	9.89	9.93	9.89
文教娱乐类	13.05	12.81	12.40	12.08	12.01	11.48	9.60	9.88	10.15	10.30	10.77	9.41
医疗保健类	8.21	7.93	8.22	8.50	8.67	8.10	8.74	8.92	7.94	8.09	8.35	10.23
烟酒用品类	1.29	1.26	1.33	1.33	1.33	1.38	1.36	1.45	1.44	1.28	1.38	1.41

表 2-13　城镇中等偏下收入居民消费品大类权数（单位：%）

年份	2002	2003	2004	2005	2006	2007	2008	2009	2010	2011	2012	2013
总权重	100	100	100	100	100	100	100	100	100	100	100	100
食品类	42.15	42.26	43.21	41.91	40.67	41.31	42.90	41.66	40.89	41.72	40.95	42.07
衣着类	10.42	10.01	9.61	10.14	10.90	10.91	10.55	11.01	11.15	11.50	11.47	11.64
居住类	10.03	10.08	10.10	10.40	10.73	10.08	10.52	10.08	40.47	9.41	9.45	8.56
家庭设备类	5.38	5.01	4.63	4.82	4.93	5.40	5.47	5.97	6.23	6.13	6.19	6.70
交通通信类	8.74	9.39	9.41	9.62	9.99	9.97	9.56	9.86	10.90	10.58	11.34	11.56
文教娱乐类	13.71	13.29	13.25	12.92	12.80	12.32	10.66	10.91	10.76	10.70	10.80	9.91
医疗保健类	8.19	8.55	8.38	8.75	8.47	8.53	8.85	8.87	8.11	8.48	8.29	7.98
烟酒用品类	1.37	1.42	1.41	1.43	1.50	1.49	1.50	1.64	1.50	1.49	1.51	1.58

表 2-14　城镇中等收入居民消费品大类权数（单位：%）

年份	2002	2003	2004	2005	2006	2007	2008	2009	2010	2011	2012	2013
总权重	100	100	100	100	100	100	100	100	100	100	100	100
食品类	39.25	39.23	39.72	38.84	38.19	38.89	40.42	39.00	37.86	38.97	38.56	40.10
衣着类	10.48	10.56	10.17	10.74	11.19	11.19	10.99	11.17	11.17	11.61	11.23	11.59
居住类	10.33	10.07	9.89	10.20	10.11	9.61	10.25	10.00	9.99	8.79	8.81	7.93
家庭设备类	6.08	5.87	5.38	5.44	5.62	5.90	5.96	6.20	6.61	6.58	6.58	6.36
交通通信类	9.28	10.23	10.72	10.46	10.88	10.92	10.43	11.36	12.85	12.56	13.13	13.82
文教娱乐类	14.63	13.88	13.88	13.49	13.25	12.89	11.32	11.41	11.27	11.67	11.36	10.51
医疗保健类	8.49	8.63	8.71	9.26	9.11	8.81	8.93	9.12	8.55	8.16	8.66	8.05
烟酒用品类	1.47	1.53	1.53	1.57	1.64	1.70	1.70	1.74	1.69	1.66	1.69	1.65

表 2-15　城镇中等偏上收入居民消费品大类权数（单位：%）

年份	2002	2003	2004	2005	2006	2007	2008	2009	2010	2011	2012	2013
总权重	100	100	100	100	100	100	100	100	100	100	100	100
食品类	37.42	36.61	37.51	36.40	35.70	36.56	37.87	35.87	35.38	35.87	35.82	36.81
衣着类	10.62	10.49	10.18	10.74	10.96	11.05	10.76	10.70	11.07	11.26	11.16	9.73
居住类	9.27	10.33	9.74	9.79	9.88	9.47	9.51	9.98	9.32	8.96	8.62	8.35
家庭设备类	6.64	6.26	5.76	5.80	5.71	6.20	6.29	6.53	6.88	7.03	6.79	6.85
交通通信类	10.36	10.95	11.25	11.42	12.37	12.28	12.27	13.68	14.61	14.58	14.93	16.20
文教娱乐类	15.08	14.61	14.16	14.20	14.38	13.35	12.24	12.08	12.40	12.32	12.35	12.06
医疗保健类	8.98	9.09	9.69	9.88	9.22	9.28	9.20	9.16	8.45	8.11	8.32	7.87
烟酒用品类	1.63	1.66	1.71	1.75	1.76	1.83	1.86	2.00	1.89	1.85	2.02	2.12

表 2-16　城镇较高收入居民消费品大类权数（单位：%）

年份	2002	2003	2004	2005	2006	2007	2008	2009	2010	2011	2012	2013
总权重	100	100	100	100	100	100	100	100	100	100	100	100
食品类	35.55	34.67	34.80	34.30	33.35	33.09	34.03	33.02	32.17	32.59	33.19	32.67
衣着类	9.71	9.82	9.97	10.38	10.26	10.32	10.38	10.31	10.60	10.87	10.73	10.71
居住类	10.16	10.03	10.24	9.88	10.19	9.39	10.04	9.21	9.52	8.85	8.35	7.80
家庭设备类	7.24	7.14	6.38	6.24	6.40	6.33	6.76	6.88	7.14	7.26	7.09	6.82
交通通信类	11.11	11.49	11.85	13.14	13.68	16.13	14.72	16.52	17.29	16.58	16.68	18.07
文教娱乐类	15.40	15.40	15.57	14.05	14.44	13.68	12.84	12.78	13.05	13.20	13.31	14.13
医疗保健类	9.09	9.67	9.42	10.13	9.72	9.26	9.13	9.07	8.24	8.49	8.39	7.57
烟酒用品类	1.72	1.80	1.78	1.89	1.97	1.91	2.10	2.21	1.98	2.16	2.27	2.24

表 2-17　城镇最高收入居民消费品大类权数（单位：%）

年份	2002	2003	2004	2005	2006	2007	2008	2009	2010	2011	2012	2013
总权重	100	100	100	100	100	100	100	100	100	100	100	100
食品类	31.45	29.85	29.18	28.02	27.29	27.59	29.18	28.05	26.87	27.52	27.41	26.33
衣着类	8.46	8.79	8.68	9.18	9.29	9.27	9.80	9.59	9.91	10.51	10.43	10.66
居住类	11.39	12.36	10.76	9.91	10.43	9.81	9.94	9.87	9.49	9.30	8.29	8.41
家庭设备类	7.78	8.08	7.10	6.72	6.52	6.84	7.14	7.29	7.50	7.46	7.45	7.07
交通通信类	13.27	14.34	16.79	19.68	20.50	20.63	18.48	20.20	21.32	19.65	21.17	22.78
文教娱乐类	16.48	15.22	16.08	15.18	15.08	15.11	14.67	14.19	14.22	14.38	14.42	13.86
医疗保健类	9.16	9.37	9.32	9.02	8.46	8.52	8.34	8.41	8.25	8.37	8.00	7.90
烟酒用品类	2.01	2.00	2.09	2.29	2.24	2.21	2.45	2.39	2.45	2.80	2.82	2.99

表 2-18　农村低收入居民消费品大类权数（单位：%）

年份	2002	2003	2004	2005	2006	2007	2008	2009	2010	2011	2012	2013
总权重	100	100	100	100	100	100	100	100	100	100	100	100
食品类	38.04	37.63	38.16	37.40	35.98	37.57	38.54	35.49	37.40	36.43	35.96	38.51
衣着类	8.35	7.97	7.66	7.50	7.56	7.74	7.24	7.10	7.46	7.36	7.54	7.42
居住类	15.25	15.43	15.25	15.79	17.14	18.17	19.21	21.50	19.08	19.24	18.55	20.14
家庭设备类	5.75	5.33	5.05	5.07	5.12	5.17	5.25	6.20	5.93	6.09	6.04	5.64
交通通信类	6.18	7.72	8.65	9.56	10.42	10.08	10.06	10.02	10.31	10.32	11.05	9.71
文教娱乐类	14.40	14.90	14.39	13.37	11.82	10.16	8.78	8.22	8.16	7.15	7.06	5.16
医疗保健类	10.28	9.84	9.58	10.24	10.73	9.93	9.82	10.39	10.53	12.23	12.59	12.09
烟酒用品类	1.78	1.19	1.26	1.08	1.23	1.18	1.11	1.09	1.12	1.18	1.22	1.33

表 2-19　农村中等偏下收入居民消费品大类权数（单位：%）

年份	2002	2003	2004	2005	2006	2007	2008	2009	2010	2011	2012	2013
总权重	100	100	100	100	100	100	100	100	100	100	100	100
食品类	36.92	37.11	38.12	37.25	36.49	36.89	38.39	35.80	35.87	36.39	35.88	34.22
衣着类	7.83	7.68	7.30	7.26	7.26	7.29	6.89	6.89	7.07	7.22	7.28	7.25
居住类	15.49	14.94	15.02	14.89	16.46	18.07	18.43	21.34	19.79	18.72	18.86	20.31
家庭设备类	5.60	5.13	4.93	5.09	5.28	5.21	5.68	5.96	6.45	6.50	6.33	6.73
交通通信类	7.19	8.37	9.50	10.34	11.02	10.95	10.42	10.11	10.47	10.24	10.46	10.68
文教娱乐类	15.45	16.07	14.58	14.08	12.48	10.41	9.04	8.86	8.76	7.72	7.46	5.51
医疗保健类	9.74	9.42	9.27	9.86	9.74	9.88	9.93	9.93	10.40	11.99	12.43	13.93
烟酒用品类	1.79	1.28	1.29	1.22	1.27	1.30	1.22	1.10	1.21	1.22	1.30	1.38

表 2-20　农村中等收入居民消费品大类权数（单位：%）

年份	2002	2003	2004	2005	2006	2007	2008	2009	2010	2011	2012	2013
总权重	100	100	100	100	100	100	100	100	100	100	100	100
食品类	35.96	36.36	37.65	37.25	35.47	36.09	37.75	35.41	35.50	35.61	34.85	35.25
衣着类	7.45	7.18	7.14	7.05	6.99	7.14	6.93	6.88	6.96	7.17	7.29	7.13
居住类	16.98	15.48	14.93	15.08	17.52	18.63	18.12	20.49	19.96	19.15	19.52	19.97
家庭设备类	5.39	4.91	4.74	5.07	5.12	5.42	5.61	5.86	6.42	6.71	6.49	6.44
交通通信类	8.00	9.56	10.24	11.06	11.38	11.58	10.94	10.79	10.87	11.05	11.13	11.43
文教娱乐类	15.38	16.19	14.68	14.01	12.76	10.70	10.03	9.75	9.28	7.99	7.87	6.12
医疗保健类	9.03	9.04	9.23	9.20	9.43	9.14	9.37	9.64	9.81	11.06	11.50	12.07
烟酒用品类	1.82	1.31	1.40	1.28	1.33	1.30	1.26	1.20	1.20	1.27	1.34	1.58

表 2-21　农村中等偏上收入居民消费品大类权数（单位：%）

年份	2002	2003	2004	2005	2006	2007	2008	2009	2010	2011	2012	2013
总权重	100	100	100	100	100	100	100	100	100	100	100	100
食品类	35.15	35.72	36.95	36.42	34.60	35.26	36.35	34.05	34.44	35.06	34.31	32.76
衣着类	7.18	6.93	6.80	6.84	6.92	6.91	6.73	6.57	6.79	7.28	7.25	7.53
居住类	17.88	17.13	15.74	15.65	17.26	18.94	19.72	20.99	20.02	19.13	20.38	21.19
家庭设备类	5.46	4.96	4.81	5.22	5.27	5.53	5.59	6.07	6.16	6.78	6.33	6.80
交通通信类	9.02	10.19	10.89	11.55	12.47	12.05	11.21	11.50	11.72	11.53	11.41	11.74
文教娱乐类	14.49	15.40	14.52	14.15	13.32	11.11	10.46	10.19	9.95	8.57	8.30	7.14
医疗保健类	8.83	8.32	8.83	8.85	8.84	8.84	8.70	9.40	9.71	10.34	10.65	11.37
烟酒用品类	1.99	1.37	1.36	1.32	1.33	1.37	1.24	1.22	1.21	1.31	1.37	1.47

表 2-22　农村高收入居民消费品大类权数（单位：%）

年份	2002	2003	2004	2005	2006	2007	2008	2009	2010	2011	2012	2013
总权重	100	100	100	100	100	100	100	100	100	100	100	100
食品类	32.40	32.33	32.92	34.32	32.87	32.46	32.72	30.99	30.93	32.84	32.71	36.31
衣着类	6.33	6.29	6.23	6.57	6.55	6.49	6.22	6.22	6.44	7.10	7.30	7.26
居住类	21.61	20.54	19.85	17.39	20.07	21.45	23.10	24.04	22.73	21.00	19.52	14.90
家庭设备类	5.37	5.35	5.45	5.34	5.25	5.39	5.38	5.48	5.64	6.43	6.28	7.03
交通通信类	10.27	12.16	12.66	12.86	12.83	12.91	12.67	12.99	13.93	13.13	14.42	15.03
文教娱乐类	13.32	13.72	13.28	13.62	12.46	11.78	10.40	10.31	10.15	9.36	9.34	8.99
医疗保健类	8.58	8.17	8.20	8.59	8.66	8.13	8.30	8.70	8.92	8.77	8.96	8.75
烟酒用品类	2.13	1.44	1.43	1.32	1.31	1.40	1.21	1.27	1.27	1.37	1.47	1.74

根据国家统计局的年度数据，八大类商品的居民消费价格指数每年都提供，所以根据国家统计局的数据可以算出各个收入阶层的居民消费价格指数。

根据国家统计局现行的《价格统计报表制度》规定：编制居民消费价格指数中各项商品、服务的权数，是依据对城乡居民上一年实际消费构成计算而成，权数每年确定一次，一年内固定不变，少数受季节影响较大的蔬果等具体品种的权数，根据居民当月实际支出结构重新确定。所以根据现有的2002~2013年的居民消费价格指数的权重即可编制2003~2014年的居民消费价格指数。不同收入层次的城镇居民和农村居民综合消费价格指数分别见表2-23及表2-24。

表 2-23　2003~2014 年不同层次城镇居民综合消费价格指数

年份	城镇总CPI	城镇困难	城镇最低收入	城镇较低收入	城镇中等偏下	城镇中等	城镇中等偏上	城镇较高	城镇最高
2003	100.90	101.74	101.68	101.49	101.33	101.22	101.11	101.06	100.92
2004	103.30	105.36	105.21	104.82	104.48	104.16	103.91	103.70	103.29
2005	101.60	102.18	102.13	101.94	101.82	101.70	101.63	101.61	101.46
2006	101.50	101.75	101.69	101.56	101.47	101.40	101.33	101.30	101.14
2007	104.50	106.43	106.29	105.88	105.50	105.18	104.85	104.59	103.78
2008	105.60	107.72	107.49	106.91	106.57	106.21	105.87	105.35	104.56
2009	99.10	99.62	99.60	99.59	99.55	99.51	99.48	99.38	99.26
2010	103.20	104.26	104.13	103.94	103.68	103.49	103.27	103.03	102.68
2011	105.30	106.96	106.81	106.53	106.18	105.84	105.53	105.17	104.57
2012	102.70	103.14	103.09	103.00	102.93	102.80	102.66	102.51	102.29
2013	102.60	103.08	103.02	102.91	102.81	102.69	102.56	102.44	102.16
2014	102.10	102.25	102.20	102.13	102.11	102.04	101.93	101.84	101.65

注：上年=100

表 2-24 2003~2014 年不同层次农村居民综合消费价格指数

年份	农村总 CPI	农村低收入	农村中等偏下	农村中等	农村中等偏上	农村高收入
2003	101.60	101.45	101.39	101.39	101.33	101.30
2004	104.80	104.35	104.30	104.25	104.25	104.03
2005	102.20	102.01	102.02	102.00	102.01	102.08
2006	101.50	101.65	101.59	101.60	101.61	101.64
2007	105.40	105.28	105.29	105.20	105.05	104.97
2008	106.50	106.56	106.46	106.35	106.25	105.95
2009	99.70	99.28	99.30	99.29	99.20	99.03
2010	103.60	103.81	103.82	103.75	103.66	103.56
2011	105.80	106.20	106.06	106.00	105.87	105.57
2012	102.50	102.80	102.79	102.75	102.71	102.61
2013	102.80	102.73	102.73	102.70	102.69	102.58
2014	101.80	102.08	101.99	101.99	101.96	101.94

注：上年=100

三、经济区域角度

（一）不同经济区域的划分

八大经济区域具体划分情况为东北地区（辽宁省、吉林省、黑龙江省）、北部沿海地区（北京市、天津市、河北省、山东省）、东部沿海地区（上海市、江苏省、浙江省）、南部沿海地区（福建省、广东省、海南省）、黄河中游地区（山西省、内蒙古自治区、河南省、陕西省）、长江中游地区（安徽省、江西省、湖北省、湖南省）、西南地区（广西壮族自治区、重庆省、四川省、贵州省、云南省）和大西北地区（西藏自治区、甘肃省、青海省、宁夏回族自治区和新疆维吾尔自治区）。

（二）不同区域的分层居民消费价格指数的编制

对于不同的经济区域，由于经济情况的不一致，其 CPI 的权重结构也是不一样的。我们需要了解八大类消费品在不同经济区域的权重以确定各个经济区域的综合 CPI。CPI 的权重结构是指构成 CPI 的各类商品在 CPI 中所占的比重，是反映各调查项目的价格变动对总指数变动影响程度的指标。中国的权重结构依据居民家庭住户调查资料得出，并且采用固定的权重模式，每 5 年对权重进行一次大的调整，每年对某些项目进行微调，这里为了分析的简便，我们借鉴王彬（2014）的做法，假定连续 5 年内的 CPI 权重保持不变，且按调整年的城镇居民最终消费支出情况对其进行计算。近十年来，中国的 CPI 权重调整的年份分别是 2001 年、

2006年和2011年,由于2001年各省(自治区、直辖市)的城镇居民最终消费支出难以获得,这里选用2005年的数据进行代替。得出的2005年、2006年和2011年各区域八大类商品的权重分别见表2-25~表2-27。

表2-25　2005年八大类消费品权重结构(单位:%)

类别	食品类	衣着类	居住类	家庭设备类	医疗保健类	交通通信类	文教娱乐类	烟酒用品类
北部沿海	33.78	10.91	10.21	6.41	8.94	12.38	13.99	3.39
黄河中游	33.74	13.27	10.66	5.88	8.21	10.17	14.35	3.71
东北	36.19	11.84	11.31	4.27	10.05	10.13	12.04	4.16
东部沿海	35.56	9.06	9.27	5.86	6.51	14.62	15.40	3.73
南部沿海	37.23	6.09	10.37	5.13	5.88	18.24	13.79	3.28
长江中游	39.46	11.31	10.05	5.69	6.98	10.13	13.21	3.17
西南	39.78	9.25	9.88	5.83	7.15	11.38	13.62	3.11
大西北	36.35	12.52	9.93	5.51	7.81	11.13	12.84	3.89

表2-26　2006年八大类消费品权重结构(单位:%)

类别	食品类	衣着类	居住类	家庭设备类	医疗保健类	交通通信类	文教娱乐类	烟酒用品类
全国	33.60	9.00	13.60	6.20	9.40	9.30	14.40	4.50
北部沿海	32.46	11.36	10.24	6.30	8.62	13.26	14.13	3.65
黄河中游	32.53	13.33	10.79	6.30	7.85	11.44	14.06	3.69
东北	35.84	12.24	11.86	4.57	9.47	10.25	11.64	4.13
东部沿海	34.72	9.08	9.77	5.74	6.02	15.64	15.30	3.73
南部沿海	37.01	6.19	10.57	5.16	5.59	17.92	14.28	3.28
长江中游	38.65	11.34	10.33	5.72	6.71	10.68	13.39	3.18
西南	39.05	9.95	9.88	6.05	6.49	12.43	13.02	3.14
大西北	35.37	12.81	10.55	5.77	7.59	10.81	12.97	4.14

表2-27　2011年八大类消费品权重结构(单位:%)

类别	食品类	衣着类	居住类	家庭设备类	医疗保健类	交通通信类	文教娱乐类	烟酒用品类
全国	31.39	8.51	17.82	5.84	9.04	9.25	14.15	3.99
北部沿海	33.27	12.15	10.24	6.93	7.11	14.83	11.65	3.83
黄河中游	33.60	13.69	9.32	7.42	7.65	12.39	11.94	3.99
东北	35.07	13.20	9.93	6.24	8.49	12.16	10.69	4.23
东部沿海	35.43	9.91	7.66	6.58	5.56	15.54	14.99	4.33
南部沿海	37.60	7.31	9.94	6.80	4.72	17.21	12.60	3.82
长江中游	39.23	11.37	9.85	6.47	6.37	11.80	11.75	3.16
西南	39.86	11.13	8.65	6.86	5.99	13.49	10.65	3.37
大西北	37.83	13.60	8.97	6.36	7.65	11.78	9.85	3.96

每个经济区域的综合 CPI 是根据各个经济区域的八大类 CPI 以每个省市的人均 GDP 为权重进行加权平均，具体结果如表 2-28 所示。

表 2-28 2005~2014 年各区域的 CPI

年份	2005	2006	2007	2008	2009	2010	2011	2012	2013	2014
北部沿海	101.4	101.0	103.7	105.2	99.0	102.8	105.3	102.8	103.3	101.7
黄河中游	101.9	101.5	105.0	106.3	99.8	106.3	105.7	102.8	103.4	101.6
东北	101.3	101.6	105.3	104.8	100.1	103.5	105.2	102.8	103.3	101.7
东部沿海	101.0	101.3	103.7	105.3	99.4	104.6	105.5	102.6	101.8	102.1
南部沿海	101.9	101.2	104.3	105.2	98.3	103.4	105.6	102.9	101.8	102.3
长江中游	102.1	101.2	105.5	106.3	99.7	103.0	106.0	102.6	102.5	101.9
西南	101.3	101.8	106.3	106.6	99.4	103.4	106.0	102.8	101.9	102.0
大西北	100.9	101.6	105.4	108.0	101.4	104.1	106.2	103.0	103.3	102.3

注：上年=100

参 考 文 献

陈涤非，李红玲，王海慧，等. 2011. 通胀预期形成机理研究——基于 SVAR 模型的实证分析. 国际金融研究，（3）：29-36.
高玉成，赵庆光，张群. 2007. 心理预期对我国城镇居民消费支出影响的实证研究. 金融理论与实践，（3）：19-21.
郭涛，宋德勇. 2008. 中国利率期限结构的货币政策含义. 经济研究，（3）：7.
何新华. 2011. 准确理解 CPI 之争中的几个关键概念. 宏观经济研究，（3）：3-7.
黄正新，黄金波. 2014. 中国通货膨胀预期陷阱研究. 经济研究，49（11）：31-42.
李成，马文涛，王彬. 2011. 学习效应，通胀目标变动与通胀预期形成. 经济研究，（10）：39-53.
李宏瑾，钟正生，李晓嘉. 2010. 利率期限结构，通货膨胀预测与实际利率. 世界经济，（10）：120-138.
李拉亚. 1994. 预期与不确定性的关系分析. 经济研究，（9）：12-19.
李新祯. 2011. 我国粮食价格与 CPI 关系研究. 经济理论与经济管理，（1）：27-32.
刘辉. 2013. 中国近两轮 CPI 上涨的特点及原因分析. 华南理工大学硕士学位论文.
王彬. 2014. 我国不同经济区域 CPI 的编制与应用问题探讨. 厦门大学硕士学位论文.
王越. 2010. 我国工业制成品国际竞争力影响因素研究. 河北经贸大学硕士学位论文.
肖争艳，陈彦斌. 2004. 中国通货膨胀预期研究：调查数据方法. 金融研究，（11）：1-18.
杨继生. 2009. 通胀预期，流动性过剩与中国通货膨胀的动态性质. 经济研究，（1）：106-117.

姚余栋, 谭海鸣. 2011. 中国金融市场通胀预期——基于利率期限结构的量度. 金融研究, (6): 61-70.

余永定, 李军. 2000. 中国居民消费函数的理论与验证. 中国社会科学, 1 (12): 123-133.

张健华, 常黎. 2011. 哪些因素影响了通货膨胀预期. 金融研究, (12): 19-33.

张文朗, 罗得恩. 2010. 中国食品价格上涨因素及其对总体通货膨胀的影响. 金融研究, (9): 1-18.

赵留彦. 2005. 中国通胀预期的卡尔曼滤波估计. 经济学 (季刊), 4 (4): 843-864.

中国人民银行合肥中心支行金融研究处. 2014. 中央银行沟通策略: 理论概述与实践演进. 金融发展评论, (3): 58-64.

祝丹, 赵昕东. 2014. 中国通胀预期测度及其对实际通胀的影响——基于贝叶斯 Gibbs 抽样算法的状态空间模型估计. 西部论坛, 24 (6): 52-60.

Mishkin H P. 2010. 货币政策方略: 来自金融危机的教训. 金融评论, 2 (6): 6-32.

Bean C. 2007. Is there a new consensus in monetary policy? // Arestis P. Is There a New Consensus in Macroeconomics. Houndmills: Palgrave Macmillan: 167-185.

Bernanke B S. 2007. Inflation expectations and inflation forecasting. Speech at the Monetary Economics Workshop of the National Bureau of Economic Research Summer Institute, Cambridge, Mass., July.

Carlson J, Parkin M. 1975. Inflation expectations. Economica, 42: 123-138.

Clarida R, Gali J, Gertler M. 1999. The science of monetary policy: a new keynesian Perspective. Journal of Economic Literature, 37: 1661-1707.

de Long J, Summers L. 1986. Is increased price flexibility stabilizing? American Economic Review, 76 (5): 1031-1044.

Diebold F, Yilmaz K. 2012. Better to give than to receive: predictive directional measurement of volatility spillovers. International Journal of Forecasting, 28 (1): 57-66.

Dufourt F, Lloyd-Braga T, Modesto L. 2009. Expected inflation, sunspots equilibria and persistent unemployment fluctuations Iza Discussion Paper, No. 4302.

Forsells M, Kenny G. 2002. The rationality of consumers' inflation expectations: survey-based evidence for the euro area. Working Paper Series from European Central Bank, No. 163.

Gavin W, Stockman D. 1988. The case for zero inflation. Economic Commentary, (Sep).

Henderson J M, Quandt R E. 1985. Microeconomic Theory: A Mathematical Approach. Irwin: McGraw-Hill.

Juster F, Wachtel P, Hymans S H, et al. 1972. Inflation and the consumer. Brookings Papers on Economic Activity, (1): 71-121.

Leduc S, Sill K, Stark T. 2007. Self-fulfilling expectations and the inflation of the 1970s: evidence from the livingston survey. Journal of Monetary Economics, 54 (2): 433-459.

Pesaran M, Shin Y. 1998. Generalized impulse response analysis in linear multivariate models. Economics Letters, 58 (1): 17-29.

Ueda K. 2010. Determinants of households' inflation expectations in Japan and the United States. Journal of the Japanese and International Economies, 24 (4): 503-518.

Vaona A. 2012. Inflation and growth in the long run: a new Keynesian theory and further semiparametric evidence. Macroeconomic Dynamics, 16 (1): 94-132.

附表 全国八大经济区域八大类商品价格指数（上年=100）

附表 2-1 东北区域

指标	食品类	烟酒用品类	衣着类	家庭设备类	医疗保健类	交通通信类	文教娱乐类	居住类
2005	101.28	101.08	98.67	99.71	99.32	98.20	103.48	106.89
2006	102.68	100.25	100.56	100.45	100.63	99.44	99.71	104.90
2007	112.91	100.79	99.11	101.17	103.69	99.19	98.84	104.83
2008	112.10	103.29	97.29	103.05	102.88	98.42	99.41	104.14
2009	101.80	101.07	96.31	100.77	101.77	97.93	98.95	99.53
2010	108.36	100.83	98.09	99.79	103.31	99.62	99.79	103.68
2011	111.35	102.41	102.30	102.32	103.73	100.21	99.98	105.83
2012	105.06	102.46	102.08	101.88	102.15	99.97	100.75	102.77
2013	105.57	100.89	102.13	100.70	101.41	99.38	101.30	102.36
2014	102.62	100.39	102.67	100.59	101.43	100.13	101.28	101.35

附表 2-2 北部沿海区域

指标	食品类	烟酒用品类	衣着类	家庭设备类	医疗保健类	交通通信类	文教娱乐类	居住类
2005	103.74	99.94	98.41	99.41	98.31	98.37	100.96	105.99
2006	102.70	101.12	98.66	100.78	101.04	99.22	99.18	103.25
2007	111.29	102.31	99.13	101.41	100.60	97.39	99.30	103.87
2008	114.00	103.11	99.03	104.49	102.31	98.45	98.46	105.13
2009	101.51	102.92	97.45	99.90	101.16	96.49	97.64	94.20
2010	107.18	102.50	99.61	99.52	102.45	99.38	99.35	103.71
2011	111.23	103.67	102.06	103.91	102.72	100.60	99.87	106.46
2012	105.45	103.49	103.89	101.97	101.88	98.86	100.54	102.46
2013	106.94	100.48	101.88	101.49	100.72	99.01	102.61	103.88
2014	102.89	99.36	101.86	101.61	100.54	99.60	102.28	101.71

附表 2-3　东部沿海区域

指标	食品类	烟酒用品类	衣着类	家庭设备类	医疗保健类	交通通信类	文教娱乐类	居住类
2005	103.95	100.00	94.99	100.47	100.41	98.09	99.76	103.67
2006	102.46	100.03	102.79	102.23	101.46	98.79	98.52	103.92
2007	110.35	101.18	100.88	102.69	101.03	97.83	97.47	104.67
2008	114.29	102.14	100.27	105.80	103.69	97.27	98.64	103.66
2009	101.37	100.97	98.91	100.97	100.60	96.86	98.65	95.76
2010	108.79	102.60	100.62	101.81	105.19	100.13	102.52	105.91
2011	111.48	102.24	103.62	105.29	103.68	100.53	99.89	104.97
2012	105.31	102.22	102.69	103.24	101.02	100.16	99.52	102.32
2013	103.21	99.56	101.87	101.85	100.44	99.88	101.19	103.04
2014	102.98	99.82	103.22	102.20	101.29	99.89	102.18	103.25

附表 2-4　南部沿海区域

指标	食品类	烟酒用品类	衣着类	家庭设备类	医疗保健类	交通通信类	文教娱乐类	居住类
2005	103.74	100.77	97.63	100.28	99.17	98.91	101.96	105.52
2006	102.24	100.81	97.91	101.31	99.84	100.24	98.85	105.54
2007	110.56	100.88	99.01	102.06	102.68	99.98	98.07	104.04
2008	113.34	101.90	97.12	102.40	102.59	99.65	97.33	105.42
2009	98.97	102.11	97.21	100.21	101.76	97.36	98.44	94.08
2010	106.97	101.60	98.51	100.71	103.15	99.78	100.11	106.09
2011	111.76	102.27	101.60	102.07	103.34	100.64	100.36	105.00
2012	105.23	102.30	104.20	102.30	102.18	100.20	100.41	101.80
2013	102.42	100.26	101.46	101.22	101.69	100.03	101.83	103.48
2014	103.81	99.05	102.68	100.79	101.08	99.92	101.47	102.22

附表 2-5　黄河中游区域

指标	食品类	烟酒用品类	衣着类	家庭设备类	医疗保健类	交通通信类	文教娱乐类	居住类
2005	102.56	100.48	99.09	100.06	101.08	99.83	102.78	106.24
2006	102.56	101.76	100.26	101.12	100.97	100.40	99.42	104.43
2007	113.47	101.89	99.71	101.87	101.31	99.13	100.12	104.44
2008	115.87	102.45	100.08	102.12	102.41	99.46	99.97	106.88
2009	101.51	101.25	98.84	99.52	101.22	97.81	99.22	97.22
2010	108.76	101.76	99.12	99.15	103.05	99.41	100.29	103.34
2011	112.61	102.96	102.38	101.38	103.17	100.52	100.86	105.05
2012	104.83	103.02	103.09	101.95	102.44	99.75	100.87	102.43
2013	107.06	101.19	102.95	101.61	101.61	99.38	101.94	102.38
2014	102.80	99.54	101.99	100.90	101.33	99.69	101.58	101.25

附表 2-6 长江中游区域

指标	食品类	烟酒用品类	衣着类	家庭设备类	医疗保健类	交通通信类	文教娱乐类	居住类
2005	103.36	100.32	99.11	99.69	99.22	100.08	102.12	106.14
2006	101.44	100.70	99.56	101.37	101.68	99.88	99.86	104.68
2007	112.70	101.92	99.58	101.51	101.76	99.17	99.71	104.89
2008	114.60	102.58	97.44	101.30	102.60	99.85	100.11	106.35
2009	100.48	100.96	98.99	100.28	101.09	98.07	100.22	96.54
2010	105.72	101.03	99.66	100.04	102.64	99.78	100.60	104.99
2011	111.54	102.64	102.90	101.79	103.42	100.77	100.67	105.47
2012	104.46	102.63	101.63	101.75	102.35	100.09	101.07	101.95
2013	104.11	100.79	102.34	101.45	101.62	99.73	101.99	102.12
2014	102.73	99.25	101.79	101.05	101.32	99.87	102.43	102.35

附表 2-7 西南区域

指标	食品类	烟酒用品类	衣着类	家庭设备类	医疗保健类	交通通信类	文教娱乐类	居住类
2005	101.41	101.09	96.30	100.04	101.59	99.95	103.82	104.42
2006	102.73	100.30	98.48	100.96	102.58	99.92	101.20	105.27
2007	114.62	102.11	98.50	101.93	101.88	99.60	100.19	105.02
2008	115.84	102.78	96.02	102.50	102.62	99.66	99.76	104.52
2009	100.40	101.34	96.36	99.29	100.74	98.44	99.82	97.48
2010	107.00	102.36	98.45	99.82	102.76	100.20	100.77	104.43
2011	113.22	102.96	100.88	101.46	102.71	100.37	99.71	103.87
2012	104.83	103.59	103.65	100.67	101.81	99.50	100.71	102.07
2013	102.62	100.34	102.89	101.51	101.51	99.48	101.35	103.13
2014	103.55	98.84	101.63	100.77	101.33	100.21	101.12	101.85

附表 2-8 大西北区域

指标	食品类	烟酒用品类	衣着类	家庭设备类	医疗保健类	交通通信类	文教娱乐类	居住类
2005	100.62	99.69	99.46	99.38	103.03	97.96	100.81	107.05
2006	103.10	100.55	98.85	99.65	101.29	100.81	99.76	104.86
2007	112.14	102.36	101.62	101.49	102.39	99356	99.13	103.31
2008	117.13	103.42	102.11	102.94	103.63	100.17	99.84	109.93
2009	102.66	101.85	101.24	101.04	101.81	98.39	99.97	101.49
2010	108.30	101.53	101.84	100.91	102.58	100.45	102.18	103.01

续表

指标	食品类	烟酒用品类	衣着类	家庭设备类	医疗保健类	交通通信类	文教娱乐类	居住类
2011	111.78	102.59	102.75	101.84	103.88	100.99	101.28	106.40
2012	105.99	102.95	101.86	100.72	101.96	99.87	100.05	102.44
2013	106.67	100.39	101.81	101.16	101.81	99.53	100.86	103.11
2014	103.76	99.64	102.90	101.01	101.33	100.16	101.82	102.00

第三章 技术创新发展对通货紧缩预期的影响研究[①]

技术进步是影响物价总水平的重要因素。技术创新不仅影响产品的生产效率和成本，从而从供给侧影响物价水平，在开放竞争的条件下，技术进步还会影响国家间的收益分配和需求增长，从而从需求侧影响物价水平。本章研究在"第三次工业革命"的背景下将技术进步的外延界定为生产制造的自动化、智能化和网络化，并在将技术进步的物价总水平的影响分解为"部门转移效应"和"新部门创造效应"两种机制的基础上，利用历史分析方法和 DSGE 分析方法分别从长期和短期研究技术进步对物价的影响，最后在实证分析的基础上给出我们的政策建议。

第一节 本章的理论分析框架

本部分研究使用两类模型探讨技术进步影响总体价格水平的机制。一类是技术进步使部门之间的就业需求和相对劳动生产率发生变化，进而影响物价水平，在"第三次工业革命"的背景下，制造技术的变化使工业部门被替代的劳动力转入其他部门（服务业和农业），其导致通货紧缩的机制是，技术进步主要发生在工业部门，而如果生产自动化和智能化导致的机器替代人使劳动力从初始工资更高的工业部门流向初始工资更低的服务业和农业，就会发生我们称之为"部门转移效应"导致的物价下降。另一类是机器人替代人后，新的部门随之产生并吸纳原有部门的劳动力，通常新部门的生产效率和工资水平更高，从而提高物价总水平，但在开放条件下，如果新部门的创造主要发生在发达国家，而后发国家主要是新技术应用，就会导致后发国家的通货紧缩。也就是说，技术进步对新部门和旧部门的影响可能发生在不同国家，导致通货膨胀和通货紧缩的交叉中和作用因技术

[①] 本章执笔人：贺俊、黄阳华、王秀丽、黄娅娜、江鸿、渠慎宁。

进步水平的差距而表现出差异性，发达国家的经济在适度的通货膨胀的刺激下快速增长，而发展中国家更多的是技术扩散引起的旧部门的成本下降，导致投资和消费不足，失业率上升，从而产生通货紧缩和经济衰退。需要说明的是，本分析框架将由技术进步引起的产品品种的增加定义为"新部门创造效应"，既有产品的生产效率提升定义为"旧部门提升效应"。进一步的，从"新部门"概念内涵来看，"新部门"既包括罗默的内生增长模型中的中间产品部门，也包括新的最终产品和服务，如新一代智能化技术驱动下产生的新的生产装备和人工智能的软件、互联网技术带来的各种新业态。

我们假定，工业机器人等工艺技术与其他通用技术结合创造新部门的速度慢于其应用于既有部门的速度，因此技术创新通过既有部门转移效应影响物价的效果将先于技术创新通过新部门创造影响物价的效果。因此，本节将在分析技术进步对物价的部门转移效应影响的基础上，引入新部门创造效应对基本模型进行拓展。

一、部门转移效应模型

我们假设在一个经济体中存在两个产业，工业和非工业（由农业和服务业构成）。出于简便起见，我们假设每个产业只有一个企业，那么该社会中存在两家企业：工业企业 i 和非工业企业 s，分别雇用数量为 L_i 和 K_i 工人，假设社会总人口为 $L = L_i + L_k$，且分别是配置了数量为 K_i 和 K_s 的资本。

1. 引入工业机器人之前

假设两个企业的生产技术均为 C-D 生产函数，则它们的产出分别为

$$y_{i1} = A_{i1}(L_{i1})^{\alpha_i}(K_{i1})^{\beta_i} \tag{3-1}$$

$$y_{s1} = A_{s1}(L_{s1})^{\alpha_s}(K_{s1})^{\beta_s} \tag{3-2}$$

其中，α、β 分别为要素的产出弹性。假设两个企业的工资水平为 w_i 和 w_s。那么，在静态均衡下，工业产出 $y_{i1}^* = A_{i1}(L_{i1}^*)^{\alpha_i}(K_{i1}^*)^{\beta_i}$。其中，$L_{i1}^* = \frac{\alpha_i}{\beta_i}K_{i1}^*$。

当前我国工业企业引入工业机器人的决策是由企业家做出的，工人只是被动地适应工业机器人带来的变化，且假设工人的收入全部用于消费。因此，工业企业家利润最大化条件也即行业的均衡条件。均衡条件下，工业部门的工资、利息和利润分别为 $\left(\frac{\alpha_i}{\beta_i}\right)w_i K_{i1}^*$，$rK_{i1}^*$ 和 $\Pi_{i1}^* = p_{i1}y_{i1}^* - w_{i1}L_{i1}^* - rK_{i1}^*$。

相应的，非工业部门的均衡产出为

$$y_{s1}^* = \Phi K_{s1}^{*\,\alpha_s+\beta_s} \tag{3-3}$$

其中，$\Phi = \left(\dfrac{\alpha_s}{\beta_s}\right)^{\alpha_s} A_{s1}$。非工业部门的工资、利息和利润分别为 $w_{s1}\dfrac{\alpha_s}{\beta_s}K_{s1}^*$，$rK_{s1}^*$，

$\Pi_{s2}^* = p_{s1}\Phi K_{s1}^{*\,\alpha_s+\beta_s} - \left[\dfrac{\alpha_s}{\beta_s}w_{s1} + r\right]K_{s1}^*$。

2. 引入工业机器人之后

当工业企业引入 n 台工业机器人后，假设 1 台工业机器人能够替代 ρ 名低技能的劳动力，每台工业机器人的价值为 k_r。令采用 n 台工业机器人能够替代的劳动力 $n\rho$ 占的比重为 u，即 $u = \dfrac{n\rho}{L_i}$；资本占原资本的比重为 σ，即 $\sigma = \dfrac{nk_r}{K_i}$。采用工业机器人后，工业生产效率提升为 $(1+\dot{g})A_{i1}$，$\dot{g}$ 为技术进步率。

工业企业采用工业机器人后的生产函数为

$$y_{i2} = (1+\dot{g})A_{i1}(1-u)^{\alpha_i}(1+\sigma)^{\beta_i}(L_{i1})^{\alpha_i}(K_{i1})^{\beta_i} = (1+\dot{g})(1-u)^{\alpha_i}(1+\sigma)^{\beta_i}y_{i1} \tag{3-4}$$

均衡条件下，$y_{i2}^* = \Theta\Omega K_{i1}^{*\,\alpha_i+\beta_i}$，工业部门的工资、利息和利润分别为 $\left(\dfrac{\alpha_i}{\beta_i}\right)(1-u)w_{i1}K_{i1}^*$，$(1+\sigma)rK_{i1}^*$，$\Pi_{s2}^* = (1+u)^{\alpha_s}p_{s2}\Phi K_{s1}^{*\,\alpha_s+\beta_s} - w_{s1}\left(\dfrac{\alpha_s}{\beta_s}K_{s1}^* + u\dfrac{\alpha_i}{\beta_i}K_{i1}^*\right) - rK_{s1}^*$。

相应的，非工业企业的新增就业 $n\rho = uL_{i1}$，即采用机器人后，非工业部门的就业变为 $L_{s1}^* + uL_{i1}^*$。又根据均衡条件 $\dfrac{L_{i1}^*}{L_{s1}^*} = \dfrac{\alpha_i\beta_s K_{s1}^*}{\alpha_s\beta_i K_{s1}^*}$，$\dfrac{\alpha_i\beta_s K_{s1}^*}{\alpha_s\beta_i K_{s1}^*} = \Psi$ 可以得到非工业部门的就业变为 $(1+u\Psi)L_{i1}^*$，生产函数为

$$y_{s2} = (1+u\Psi)^{\alpha_s}y_{s1} \tag{3-5}$$

均衡条件下，非工业企业的均衡产出为 $y_{s2}^* = (1+u\Psi)^{\alpha_s}y_{s1}^*$，工资、利息和利润分别为 $w_{s1}\left(\dfrac{\alpha_s}{\beta_s}K_{s1}^* + u\Psi\dfrac{\alpha_i}{\beta_i}K_{i1}^*\right)$，$rK_{s1}^*$，$\Pi_{s2}^* = (1+u\Psi)^{\alpha_s}p_{s2}\Phi K_{s1}^{*\,\alpha_s+\beta_s} - w_{s1}\left(\dfrac{\alpha_s}{\beta_s}K_{s1}^* + u\dfrac{\alpha_i}{\beta_i}K_{i1}^*\right) - rK_{s1}^*$。

3. 工业机器人对总供给和总需求的影响

引入工业机器人之后，社会总产出（供给）变化为

$$\Delta S = (\Theta p_{i2} - p_{i1})\Omega K_{i1}^{*\,\alpha_i+\beta_i} + [(1+u\Psi)^{\alpha_s}p_{s2} - p_{s1}]\Phi K_{s1}^{*\,\alpha_s+\beta_s} \tag{3-6}$$

社会总收入（需求）变化为

$$\Delta D = (\Theta p_{i2} - p_{i1})\Omega K_{i1}^{*\alpha_i+\beta_i} - \left(\frac{\alpha_i}{\beta_i}\right) u\Psi(w_{i1} - w_{s1})K_{i1}^{*} + \left[(1+u\Psi)^{\alpha_s} p_{s2} - p_{s1}\right]\Phi K_{s1}^{*\alpha_s+\beta_s} \tag{3-7}$$

那么，

$$\Delta S - \Delta D = \left(\frac{\alpha_i}{\beta_i}\right) u\Psi(w_{i1} - w_{s1})K_{i1}^{*} \tag{3-8}$$

由此可见，引入工业机器人后，社会总产出增量和社会总收入增量之差，取决于工业部门和非工业部门之间的初始工资水平之差。

情景1：当工业部门的工资高于非工业部门时（$w_{i1} - w_{s1} > 0$），引入工业机器人后，社会总供给增量大于总需求增量，那么物价水平将出现下降。

情景2：当工业部门的工资低于非工业部门时（$w_{i1} - w_{s1} < 0$），引入工业机器人后，社会总供给增量小于总需求增量，那么物价水平将出现上升。

在有效率的劳动力市场上，部门工资率由劳动生产率水平决定。根据相关研究，如果制造业劳动生产率为1，目前中国服务业效率均值约为0.6，而且还在下降（张平，2013），那么中国工业部门的工资率高于服务业部门，加上工业的劳动生产率高于农业，中国工业部门的工资率高于非农业部门。据此推断，现阶段，中国工业企业引入工业机器人后，对宏观经济的影响将是情景1的结果，即物价水平具有下降的趋势。也就是说，如果不考虑下面讨论的新部门创造效应，本轮技术浪潮对中国物价总水平的影响是导致通货紧缩。

二、新部门效应模型

1. 引入机器人之前

假设只有一个传统企业 i，生产技术为C-D生产函数，则产出为

$$y_{i1} = A_{i1}(L_{i1})^{\alpha_i}(K_{i1})^{\beta_i} \tag{3-9}$$

其中，α、β 分别为要素的产出弹性。假设企业的工资水平为 w_i。那么，在静态均衡下，传统部门 i 的产出 $y_{i1}^{*} = A_{i1}(L_{i1}^{*})^{\alpha_i}(K_{i1}^{*})^{\beta_i}$。其中 $L_{i1}^{*} = \frac{\alpha_i}{\beta_i}K_{i1}^{*}$。这样有 $y_{i1}^{*} = A_{i1}\left(\frac{\alpha_i}{\beta_i}\right)^{\alpha_i}(K_{i1}^{*})^{\alpha_i+\beta_i} = \Omega(K_{i1}^{*})^{\alpha_i+\beta_i}$，其中，$\Omega = A_{i1}\left(\frac{\alpha_i}{\beta_i}\right)^{\alpha_i}$。

当前我国企业引入机器人的决策是由企业家做出的，工人只是被动地适应机器人带来的变化，且假设工人的收入全部用于消费。因此，传统部门 i 企业家利

润最大化条件也即行业的均衡条件。均衡条件下，传统部门 i 的工资、利息和利润分别为 $w_{i1} \cdot \frac{\alpha_i}{\beta_i} K_{i1}^*$，$r \cdot K_{i1}^*$，$\Pi_{i1}^* = p_{i1} y_{i1}^* - w_{i1} \cdot \frac{\alpha_i}{\beta_i} K_{i1}^* - r \cdot K_{i1}^*$。

2. 引入机器人之后

当传统部门 i 引入 n 台机器人后，假设 1 台工业机器人能够替代 ρ 名低技能的劳动力，每台工业机器人的价值为 k_r。令采用 n 台机器人能够替代的劳动力 $n\rho$ 占的比重为 u，即 $u = \frac{n\rho}{L_i}$；资本占原资本的比重为 σ，即 $\sigma = \frac{nk_r}{K_i}$。采用机器人后，传统部门 i 的生产效率提升为 $(1+\dot{g})A_{i1}$，$\dot{g}$ 为技术进步率。

传统部门 i 采用机器人后的生产函数为

$$y_{i2} = (1+\dot{g})A_{i1}(1-u)^{\alpha_i}(1+\sigma)^{\beta_i}(L_{i1})^{\alpha_i}(K_{i1})^{\beta_i} \quad (3\text{-}10)$$

均衡条件下 $y_{i2}^* = \Theta\Omega K_{i1}^{*\alpha_i+\beta_i}$，其中，$\Theta = (1+\dot{g})(1-u)^{\alpha_i}(1+\sigma)^{\beta_i}$。传统部门 i 的工资、利息和利润分别为 $(1-u)w_{i2}\frac{\alpha_i}{\beta_i}K_{i1}^*$，$(1+\sigma)rK_{i1}^*$，$\Pi_{i2}^* = p_{i2}\Theta\Omega K_{i1}^{*\alpha_i+\beta_i} - (1-u)w_{i2}\frac{\alpha_i}{\beta_i}K_{i1}^* - (1+\sigma)rK_{i1}^*$。

劳动力将转入新兴部门 j，其生产技术也为 C-D 生产函数，其产出为

$$y_j = A_j(uL_{i1})^{\alpha_j}(K_{j1})^{\beta_j} \quad (3\text{-}11)$$

均衡条件下 $K_{j1}^* = u\frac{\beta_j}{\alpha_j}L_{i1} = u\frac{\beta_j}{\alpha_j}\frac{\alpha_i}{\beta_i}K_{i1}^*$，新兴部门 j 的均衡产出为 $y_j^* = A_j\left(\frac{\beta_j}{\alpha_j}\right)^{\beta_j}\left(u\cdot\frac{\alpha_i}{\beta_i}\right)^{\alpha_j+\beta_j}(K_{i1}^*)^{\alpha_j+\beta_j} = X\Phi(K_{i1}^*)^{\alpha_j+\beta_j}$，其中 $X = A_j\left(\frac{\beta_j}{\alpha_j}\right)^{\beta_j}$，$\Phi = \left(u\cdot\frac{\alpha_i}{\beta_i}\right)^{\alpha_j+\beta_j}$，工资、利息和利润分别为 $w_j u\frac{\alpha_i}{\beta_i}K_{i1}^*$，$u\frac{\beta_j}{\alpha_j}\frac{\alpha_i}{\beta_i}\cdot r\cdot K_{i1}^*$，$\Pi_j^* = p_j y_j^* - w_j u\frac{\alpha_i}{\beta_i}K_{i1}^* - u\frac{\beta_j}{\alpha_j}\frac{\alpha_i}{\beta_i}\cdot r\cdot K_{i1}^*$。

3. 机器人对价格的影响

引入工业机器人之后，社会总产出（供给）变化为

$$\Delta S = p_{i2}\Theta\Omega K_{i1}^{*\alpha_i+\beta_i} + p_j X\Phi(K_{i1}^*)^{\alpha_j+\beta_j} - p_{i1}\Omega(K_{i1}^*)^{\alpha_i+\beta_i} \quad (3\text{-}12)$$

社会总收入（需求）变化为

$$\Delta D = p_{i2}\Theta\Omega K_{i1}^{*\alpha_i+\beta_i} + p_j X\Phi\left(K_{i1}^*\right)^{\alpha_j+\beta_j} - p_{i1}\Omega\left(K_{i1}^*\right)^{\alpha_i+\beta_i} + u\frac{\alpha_i}{\beta_i}K_{i1}^*\left(w_j - w_{i1}\right) \quad (3\text{-}13)$$

那么，

$$\Delta S - \Delta D = \aleph \cdot \left(w_{i1} - w_j\right)$$

其中，$\aleph = u\dfrac{\alpha_i}{\beta_i}K_{i1}^*$。

由此可见，引入机器人后，社会总产出增量和社会总收入增量之差，取决于传统部门和新兴部门之间的初始工资水平之差。

情景1：传统部门工资高于新兴部门工资时，引入机器人后，社会总供给增量大于总需求增量，那么物价水平将出现下降。

情景2：传统部门工资低于新兴部门工资时，引入机器人后，社会总供给增量小于总需求增量，那么物价水平将出现上升。

现实中，新兴部门的工资往往较传统部门高，这意味着物价将会出现上升趋势。

在有效率的劳动力市场上，部门工资率由劳动生产率水平决定。现阶段观察到的新型部门生产效率一般比传统部门生产效率高。据此推断，现阶段，中国传统行业引入机器人后，对宏观经济的影响将是情景2的结果，即物价水平具有上涨的趋势。

部门转移效应和新部门效应对物价的影响有相互抵消的趋势，为了得到当前技术进步对价格的影响的综合影响，接下来将从历史分析和宏观分析两个角度来研究。

第二节　技术经济范式转换对物价变动的长期影响：历史分析

本部分的基本研究思路是在经典的技术经济范式分析框架下，剖析新一轮产业变革中初现端倪的新的技术经济范式的核心要素的演进，并在如下方面拓展既有技术进步对物价影响的研究。一是在经济周期的研究中突出技术变动的贡献，分析技术经济范式变革中长经济周期波动的规律，为研判当前初现端倪的新一轮技术变革对通货紧缩的影响提供新思路。目前，对我国通货紧缩的研究聚焦两个问题：通货紧缩的成因识别和与之对应的应对措施研究。其中，关于前者，代表性的研究认为造成我国面临"潜在"通货紧缩的因素分为短（中）期因素（如债务累积、资产价格下降和外部传统因素等），以及长期因素（如人口老龄化），相应的应对思路包括实施广泛的"债转股"、继续拓宽融资渠道和加快关键领域的改革扩大总需求等。二是推动现有关于新一轮产业变革的研究从现象描述向结构化、系统化和理论化研究转变，以更好地把握这场变革的核心节点，为制定和优化通货紧缩预期管理政策提供扎实的理论指导。

一、技术浪潮与经济周期性波动的历史考察

相比于历史学家常用"工业革命"概念，深受熊彼特创新理论影响的演化经济学家更青睐"技术浪潮"的概念。在传统工业革命史研究中，技术虽然居于重要地位，但是技术在工业革命中的作用常被视为外生的和线性的。在演化经济学家看来，工业革命史更为复杂。第一，重大技术演进本身就是一项重要的研究课题。如果仅仅将技术作为外生冲击，那么对工业革命的解释就不可避免地存在局限性，这也是以新政治经济学家为代表的制度主义在解释工业革命时面临的主要批评。第二，技术创新对产业的影响不是简单明了的"冲击-反应"模式。如果机械地认为技术突破将自发导致工业革命，那么容易陷入技术决定论。演化经济学家坚持发明都必须经成功的商业化才能成为创新，才能引发产业、经济和社会系统的变化。这个过程极为漫长、复杂且不确定，应成为工业革命史研究的重点。创新可分为非连续的激进创新和既定技术路线上的渐进创新，对产业结构的影响也存在明显差异，那么引爆"工业革命"的是激进创新还是渐进式改进？对此，Freeman 和 Louçã（2001）认为激进创新带来了通用技术的更替，导致全要素生产率出现跨越式增长。因此，在工业化历史长河中寻找里程碑式的激进创新，成为研究工业革命的切入点。第三，研究创新及其扩散的历史甚至比技术史更为重要。激进创新通常是在某些先导产业率先出现后向其他产业扩散，对其他产业的带动效应是多种形式的，如提供关键原材料和通用装备，或者改善交通和通信基础设施。因此，聚焦先导产业的成长有助于深入揭示工业革命的发展过程。在给定技术机会的前提下，先导产业的发展受制于三方面的因素，即核心要素的可得、基础设施的支撑和经济组织的支撑。先导产业与这三方面的因素共同构成了技术经济范式的核心构件。可见，管理与组织变革贯穿于历次长波当中（Freeman and Louçã, 2001; Lazonick, 1990; Chandler, 1977; Chandler and Hikino, 1999），以至于钱德勒以"组织能力"所处的制度环境、组织能力的

构建和扩散分析历次工业革命中典型国家产业竞争力的形成，提出"组织能力即为核心能力"这一著名命题（Chandler，1977）。

综上，在注重过程分析的演化经济学家看来，工业革命的发展过程可用图 3-1 表示。首先，从技术突破到非均衡产业结构变化是一个漫长、复杂但层次清晰的历史过程。在此过程中，创新的发生及其扩散居于核心地位，先导产业是激进创新的载体。其次，激进创新的扩散需要与核心投入、基础设施和生产组织协同演化，促进先导产业部门的成长。最后，先导产业通过直接或间接的产业关联和示范效应，带动产业体系发生显著变化。这个过程也被称为技术经济范式的转变。演化经济学家借助该分析框架，通过翔实的史料分析，不仅全景式分析了 18 世纪工业革命以来的产业演化史，而且还精巧地将历次激进创新浪潮与康德拉季耶夫长波相匹配（表 3-1），赋予了创新浪潮更丰富的经济学意义（Freeman and Louçã，2001；Perez，2002）。所以，在技术层面看似跳跃的工业革命在经济层面却是连续展开的，"革命"一词虽然突出了工业革命对经济社会的巨大影响，但模糊了技术创新及其扩散过程的连续性。因此，弗里曼和卢桑主张使用"连续发生的工业革命"反映波澜壮阔的产业演进过程。

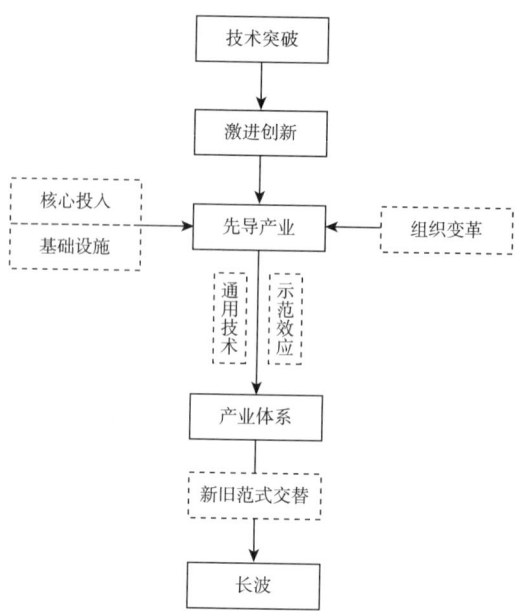

图 3-1 技术创新与宏观经济周期的分析框架

表 3-1 技术创新浪潮与康德拉季耶夫长波

技术和组织创新浪潮	技术与商业创新的明例	"先导"产业和主导产业	核心及关键投入	交通与通信基础设施	管理与组织变革	繁荣/衰退
工业的水力机械化	阿克怀特的克罗姆福德作坊（1771年）	棉纺、铁制品、水车、漂白剂	铁、原棉、煤	运河、收费公路、帆船	工厂制、企业家、合伙制	1780~1815年↑
	科特搅炼法（1784年）					1815~1848年↓
工业与交通的蒸汽机械化	利物浦—曼彻斯特铁路（1831年）	铁路与铁路设备、蒸汽机、机床、制碱业	铁、煤	铁路、电报、蒸汽船	股份制、技工承包制	1848~1873年↑
	布鲁内尔的"大西方"跨大西洋蒸汽船（1838年）					1873~1895年↓
工业、运输和家庭电气化	卡耐基的贝西莫钢轨厂（1875年）	电气设备、重型机械、重化工、钢制品	钢、铜、合金	钢轨、钢船、电话	职业经理人、"泰勒制"、大企业	1895~1918年↑
	爱迪生纽约珍珠发电站（1882年）					1918~1940年↓
交通、军民摩托化	福特海兰德公园装配线（1908年）	汽车、卡车、拖拉机、坦克、柴油机、飞机、炼油厂	石油、天然气、合成材料	无线电、高速公路、机场、航空	大规模生产与消费、福特制、科层制	1941~1971年↑
	伯顿重油裂化工艺（1913年）					1971~1990年↓
国民经济计算机化	IBM1410和360系列（1964年）	计算机、软件、电信、设备、生物技术	芯片（集成电路）	"信息高速公路"（互联网）	内部网、局域网和全球网	1990~2008年↑
	英特尔处理器（1971年）					2008年至今↓

虽然历次技术浪潮背后的驱动技术存在很大差距，但是每次技术周期都遵循着类似的阶段和经济景气。每次技术周期都具有双重意义：一是新产业加速涌现，驱动经济爆炸性增长，二是驱动传统产业转型升级。每一次新技术经济范式的转变都根植于上一次技术经济范式基础之上，因此存在新旧技术经济范式之间的斗争。因此，每次一次技术浪潮的拓展分为两个时期，即新技术经济范式替代旧技术经济范式前后两个阶段，即新技术经济范式的导入期和拓展期，每个阶段持续20~30年。因此，每次完整技术经济范式的转换构成40~60年的长周期。期间，技术创新和相应的金融创新是造成经济周期波动的主要驱动因素。新技术经济范式的导入阶段是一个熊彼特式的创造性毁灭过程。在旧范式拓展期的末期，投资机会减少，在经济中积累了大量的游资，需要寻找新的投资机会。被锁定于旧范式之下的经济体通常全要素生产率增速下降，经济增长放缓，产能过剩或利用不

足，面临着通货紧缩的风险。这种情况下，通常伴随着金融投机，导致实体经济与虚拟经济脱钩。随着新技术出现，因为大量游资不受旧范式的羁绊，大量投资新范式下的固定资本、销售网络、基础设施和管理经验推动新范式的导入。每一次新技术经济范式都包含着基础设施的升级，投资门槛相比于新技术、新产业更低，是金融资本投资的重点领域，也是金融泡沫频发的领域。因此，在过去 200 多年内，先后出现了运河投资泡沫、铁路投资泡沫、公路投资泡沫和互联网投资泡沫等。等到泡沫破灭的时候，基础设施却留了下来，基础设施的升级有力地支撑了新产业和新产品的拓展，与旧范式的斗争逐渐占据上风，产业资本投资收益率回升吸引了产业资本的进入，不仅新产业加速成长，也加速了传统产业的改造升级，经济增速加速，物价水平也随之上涨，直到新技术的潜力耗尽，下一次技术经济范式的到来。

相应的，演化经济学家提出 18 世纪中期英国第一次工业革命实现了工业机械化实质是第一、二次创新浪潮的演进过程，19 世纪第三、四次创新浪潮实现了工业自动化为特征的第二次工业革命。依照上述理论分析框架和历史过程研究，有学者推断 20 世纪下半叶以来的"第三次工业革命"，很可能是第五、六次创新浪潮的涌现与拓展过程（贾根良，2013）。当前引起热切关注的新一轮产业变革极可能是第六次创新浪潮，应该继续按照成熟的技术经济范式加以系统化的深入研究。

二、五次长波的技术经济范式及其对物价的影响

本部分在将第一次工业革命以来的技术进步分为五次技术浪潮的基础上，分析技术进步对物价总水平变动和宏观经济的长期影响。

（一）第一次工业革命与第一、二次长波

棉纺织业是第一次工业革命重要的经济增长点，在工业革命史研究中占据重要地位。纺织机械的技术进步极大地提升了行业生产效率，棉花加工效率从 1780 年的 1 磅/小时上升至 1830 年的 14.3 磅/小时，单个工人在一个童工的配合下可同时操作 4 台动力织布机，生产效率相当于 20 名手织工（兰德斯，2002）。企业大规模采用机器的条件是采用机器的边际成本低于边际产品价格[①]。当时，铁是轧棉机的主要原料，铁的成本在相当大程度上决定了降低机器的成本。所以，在演化经济学的分析框架下，铁成为制约先进生产工艺大规模推广的瓶颈[②]。正如兰

[①] 这一历史过程仍然具有当代启示。近年来，面对劳动力成本上涨的压力和加强产品质量控制的需要，越来越多的中国企业使用工业机器人，只有当采用工业机器人的边际收益高于机器人的边际成本时，机器人革命才会到来。

[②] 甚至因为廉价铁不可得，延缓了瓦特蒸汽机的大规模推广。

德斯指出,"由于其在后来经济发展中的巨大重要性,炼铁工业所受到的注意有时远远超过了其在工业革命史上所应得的地位"。

18世纪焦炭炼铁法和科特搅练法两项关键炼铁技术的突破打破了铁难以廉价供给的瓶颈[①]。1780~1840年,英国的铁年产量从6万吨增长至200万吨,一跃成为欧洲产铁大国。大量廉价铁的供给降低了机器的生产成本,促进了以蒸汽机和轧棉机为代表的高端装备的广泛采用,工业革命才真正步入了快车道。蒸汽机的广泛应用引致了对煤炭的需求,同时采煤业引入蒸汽机等铁制装备后提高了生产效率,煤炭价格下降又降低了蒸汽机的使用成本。因此,受棉纺织业刺激而发展起来的铁和煤成为工业革命的核心投入要素,不仅极大地推动了其他产业的机械化,而且推动了运输力从水力转变为蒸汽动力,公路交通得到了长足发展,提高了综合运输方式的效率。

工业技术的进步推动了生产组织的巨变。以纺织业为例,1890年前后纺纱经历了从分包制到工厂制的转变。一方面,在传统的生产工艺下纺纱业劳动密集程度高,早期企业不具备雇佣、培训和监督工人的管理能力。另一方面,以农民为主的劳动者尚不适应工厂的工作和管理制度,不愿意进入工厂生产。因此,按照经典的企业理论,企业主要倾向于采用市场交易的方式,将纺纱外包给纺织工可以降低企业招聘、培训和监督工人的管理成本。随着企业增加专用性固定资产投资,继续将生产设备外包给纺织工人显然会导致高昂的交易成本,也不利于发挥规模经济。工厂制度凭借资本集中、企业内分工、再生产和分销网络优势,以及更好地执行劳动纪律(限制工人集体行动),到18世纪90年代成为纺织业的主流生产组织。工厂制产生了较强的示范效应,诸多行业纷纷效仿。蒸汽动力代替水力和风力等自然力,为工厂的选址带来更大的自由度,也促进了工厂制的流行。早期的工厂内部管理分工尚不发达,技术工人、企业家和资本家的角色通常由同一人担任,限制了工厂规模的扩张,随后出现的合伙制在很大程度上克服了这一限制。

鉴于第一次长波主要发生于英国,我们选择了1781~1848年英国的CPI反映这一时期价格水平的变化。1781~1815年,英国的CPI从111增长至20世纪80年代中期的180的水平。之后,英国的CPI进入下降的阶段。至1848年,英国的CPI下降至115(图3-2)。如果以CPI作为通货膨胀的核心指标,那么英国在第一次长波的导入期和拓展期,经历了一次从通货膨胀到通缩紧缩的完整过程。

[①] 焦炭炼铁法是炼铁工业发展史上的里程碑事件。早期炼铁以木炭为燃料,但木炭供给能力有限,遂改为以煤炭为燃料。煤炭中的硫导致铁变脆,不利于加工成铁制品。焦炭炼铁法先将煤炭炼成焦炭,后者热值高、还原性强、低硫并对炉中的铁矿石起骨架作用,不仅更经济、更稳定和更安全,而且生产出的铁具有更好的性能。科特搅练法将生铁加工成具有更好的延展性的熟铁。生产工艺的改进不仅极大地提高了铁的产量和品质,降低了铁的价格,而且可根据需要进一步铸造或者锻造成铁制品,使铁成为一种通用材料。

类似的，同一时期美国也出现了类似的变化，不仅 CPI 先升后降，批发价格指数的变化趋势也与之高度相关。

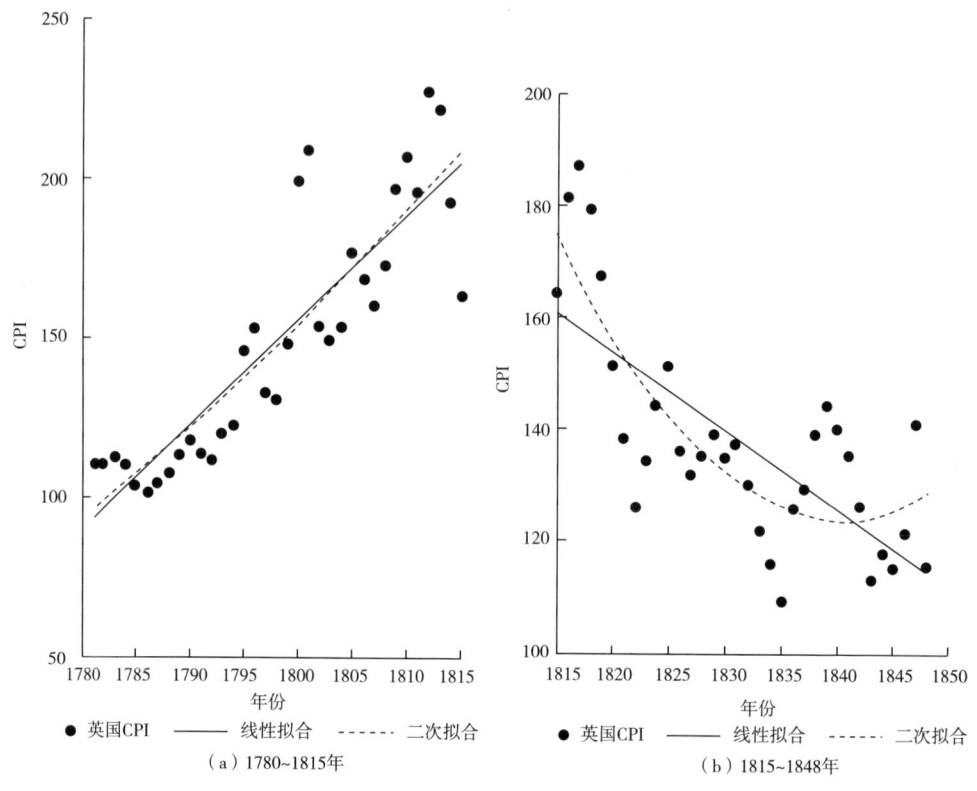

图 3-2 第一次技术创新浪潮英国 CPI

资料来源：International historical statistics：1750—2010. Palgrave Macmillan，2013

与第一次长波中轧棉机类似，瓦特改良的双动蒸汽机虽然数倍地提升了功率，但由于成本高昂，在相当长时间内并未取得商业成功。直到两个条件成熟后瓦特蒸汽机才被广泛采用：一是在供给方，机器、铁、煤被广泛应用，特别是机床的出现降低了蒸汽机的生产成本；二是在需求方，铁路网的扩张拉动了蒸汽机车制造、铁路车辆和铁路装备产业的成长，并逐渐成为核心制造部门。为了制造铁路装备，机床的精密度不断提高。机床作为工业生产的通用装备可被广泛应用至其他产业，由此形成了"铁-煤-蒸汽机-铁路装备-精密机床"之间的协同效应。蒸汽机、机床和其他机械装备的传播不仅提高了工业生产率，而且促进了工业革命向更广阔地区（特别是欧洲大陆）传播。

第一，随着机器和专用设备种类的增加，工厂的专用性投资提高，企业规模不断扩大，工厂组织的制度成本也不断上涨。为此，工厂内部兴起了技术工人承包制,即将生产责任发包下放至技术工人或领班,由他们组织工人生产和机器管理。这一时期的分包制是在工厂内部分包("内包制"),而18世纪90年代以前则是"外包制"。内包制在一定程度上是外包制与工厂制的结合。相比于工厂制,技术工人承包制增加了生产的科层,形成了多层委托代理关系,降低了监管成本。相比于外包制,工厂还可以实行指令管理。技术工人承包制持续了约一个世纪,促进了英国产业工人专业技能的积累、行会合作精神的形成和技术工人责任感的培育,塑造了精益求精的工匠文化。第二,铁路对现代企业制度的形成起到了示范效应(Chandler,1977)。今天高效企业所具备的属性很多源于铁路运营和扩张(特别是长距离运输)的实践。例如,守时、前向服务规划、惯例化检修、控制关键供应商、及时配送、总部管控、分段运营形成的科层制、层次分明的职责体系,乃至围绕铁路建设运行创新投融资体系(如股份制)等对19世纪下半叶以来大型企业的经营尤为重要。

第一次技术创新浪潮美国 CPI 见图 3-3,第一次技术创新浪潮美国批发物价指数见图 3-4。

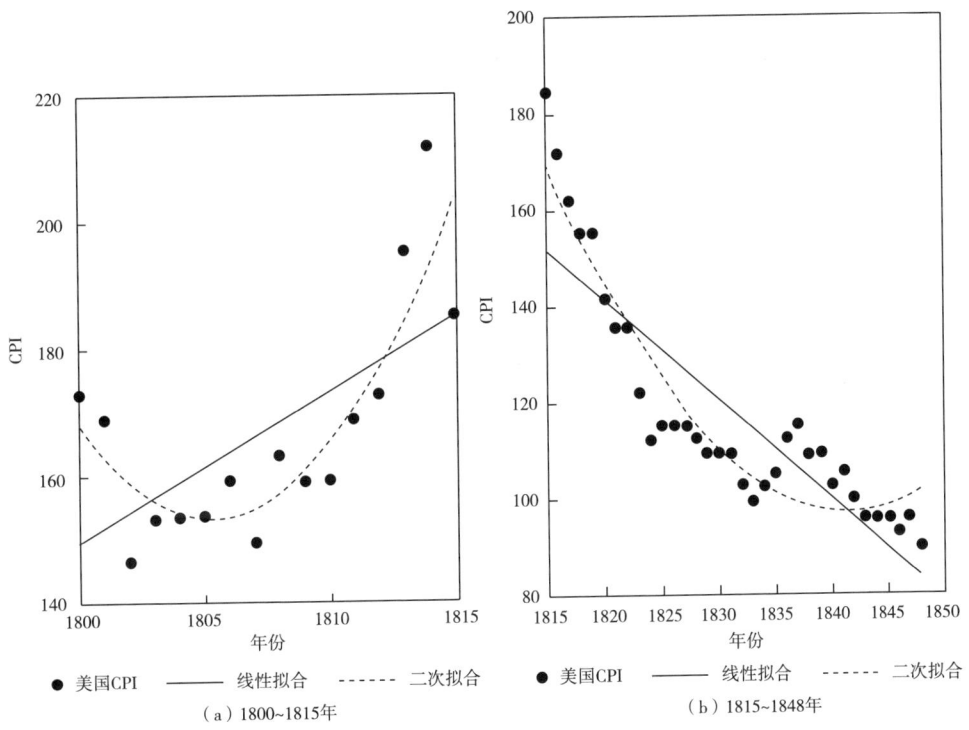

图 3-3　第一次技术创新浪潮美国 CPI

资料来源:International historical statistics:1750—2010. Palgrave Macmillan,2013

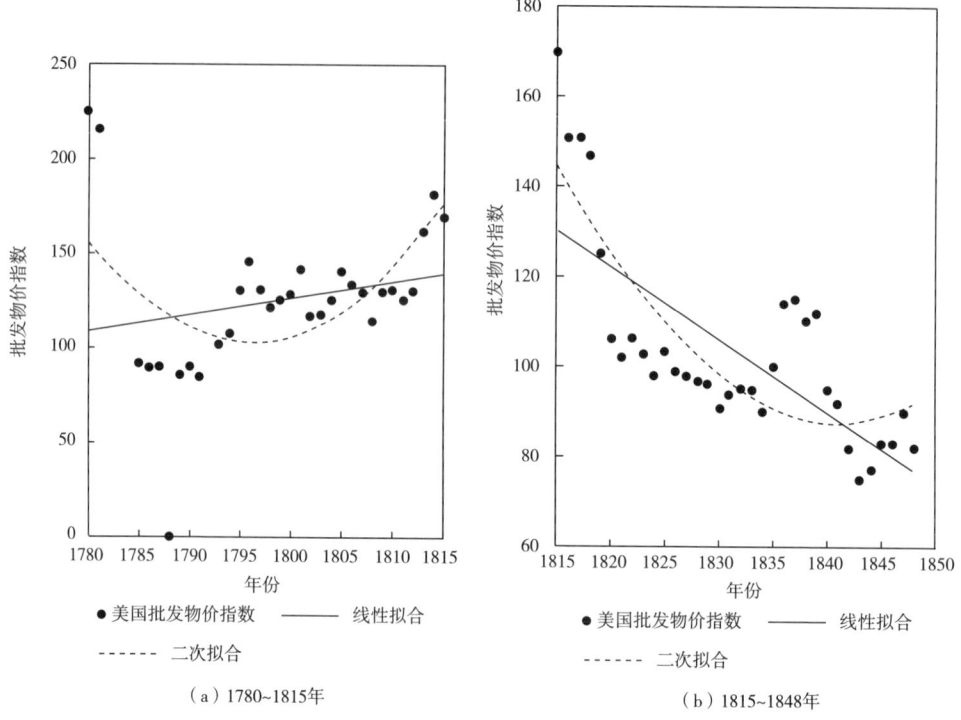

图 3-4 第一次技术创新浪潮美国批发物价指数

资料来源：International historical statistics：1750—2010. Palgrave Macmillan, 2013

第二次技术创新浪潮中，CPI 也出现了从连续上涨到连续下降的变化过程。1848~1873 年，英美两国的 CPI 都呈现出上涨的趋势，而后 CPI 出现下降趋势，持续了约 20 年（图 3-5 和图 3-6）。类似的，这一时期，美国的批发价格指数在 1848~1873 年持续上涨，在 1873~1895 年则出现约 20 年的下降（图 3-7）。

（二）第二次工业革命与第三、四次长波

电力对第二次工业革命的意义堪比铁和煤之于第一次工业革命的意义。虽然人类对电力的探索早已有之，但是直到 19 世纪中期电枢、交流发电机、转子等发电设备的核心部件得以突破后，一些国家才率先实现了大规模发电和输变电。电力作为一种新兴工业品，初始市场是有轨电车和城市电气轨道交通，在推广过程中涉及昂贵的设备、先进的技术、复杂的保养、烦琐的会计核算及各类协调。过去所有者和经营者不分的马车市政管理当局已经难以胜任电气化交通的管理任务，受薪职业经理人阶层应运而生，从而对工厂制形成了较大冲击。电力通过改善工作环境和优化工业流程两个渠道重塑了工业生产组织方式（Nye, 1992）。在

第三章 技术创新发展对通货紧缩预期的影响研究

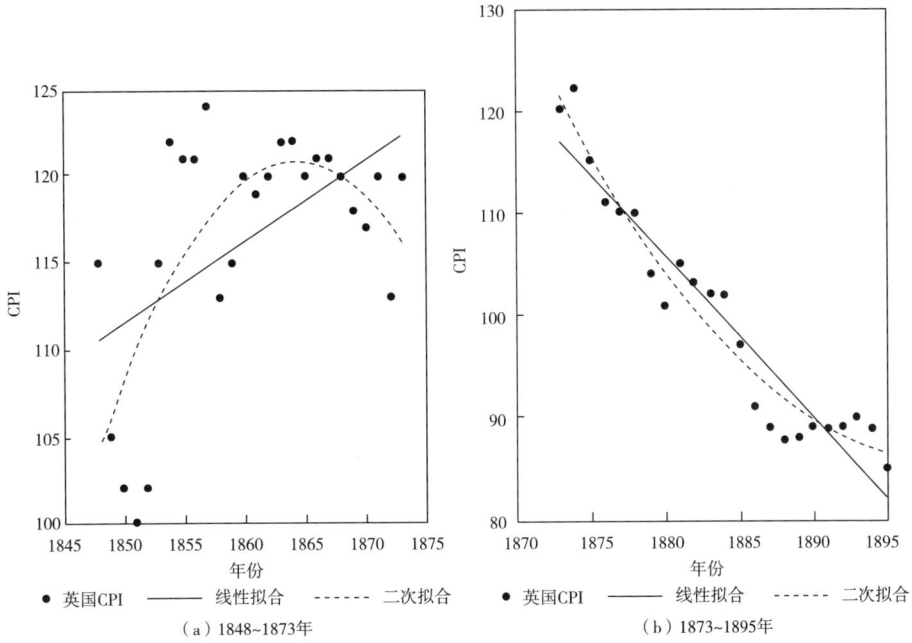

图 3-5 第二次技术创新浪潮英国 CPI

资料来源：International historical statistics：1750—2010. Palgrave Macmillan, 2013

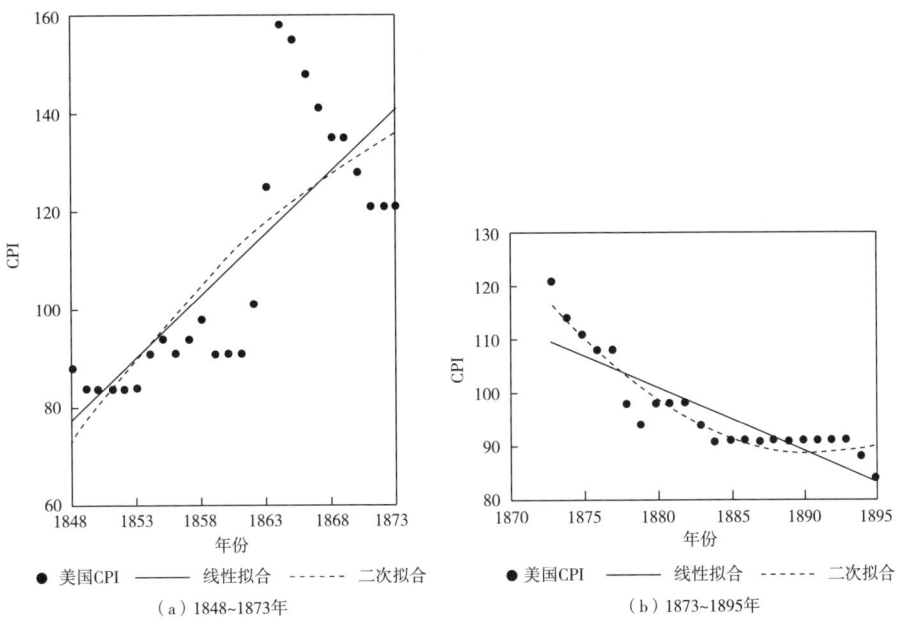

图 3-6 第二次技术创新浪潮美国 CPI

资料来源：International historical statistics：1750—2010. Palgrave Macmillan, 2013

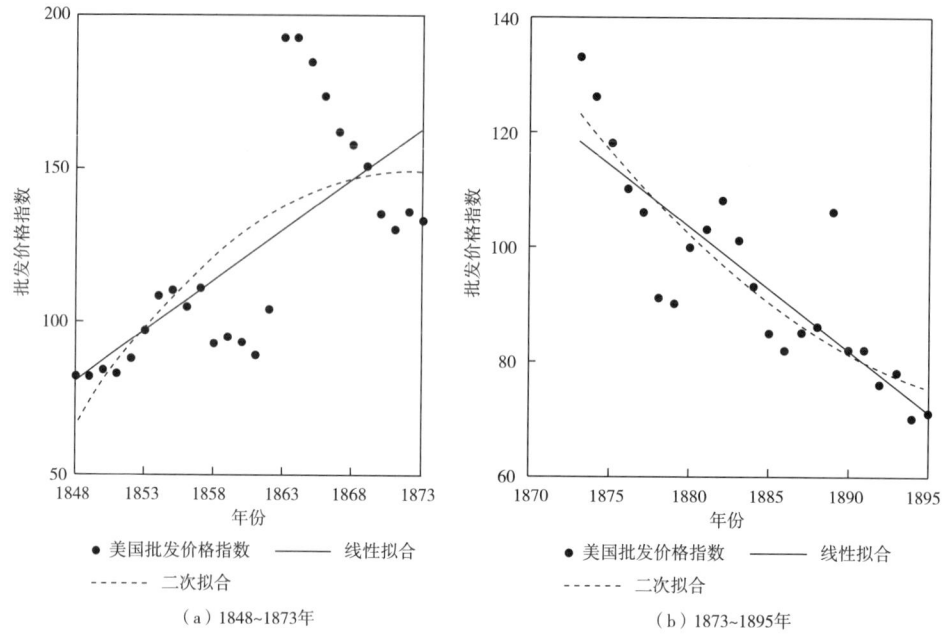

图 3-7　第二次技术创新浪潮美国批发价格指数
资料来源：International historical statistics：1750—2010. Palgrave Macmillan，2013

使用电力之前，生产线依靠多台蒸汽机协作提供动力，任一蒸汽机故障都会影响整条生产线的运转。经电气化改造后，生产流程变得简洁、稳定、灵活，电网不断扩张也提高了工厂选址的灵活度。电力还改变了机械装备的设计、制造和操作，进一步优化了生产流程。在这些创新的驱动下，不仅工业生产效率快速增长，而且工业生产组织方式也发生了重要变迁，以至于奈（D. Nye）惊叹道："19 世纪 90 年代美国变动最快的制度非工厂制度莫属。"

在制造业电气化浪潮的推动下，一大批新兴产业特别是原材料工业快速发展，并且产生了极强的溢出效应。首先，钢材具有良好的延展性，钢板的厚度可被有效压缩，价格下降的空间大，以钢为原材料的中间产品连续创新提升了下游产业的效率，中间产品和终端产品相互促进形成"内生增长模式"（Aghion and Howitt，1998）。在交通运输方面，工程性能更优的钢轨替代铁轨。其次，铜具有良好的导电性和耐腐蚀性，是理想的导电材料。电的使用促进了电解铜技术的进步，降低了铜价。廉价铜线压低了输电成本和电价，又反过来降低了铜的成本，形成了"铜材-输变电-电价"的正反馈效应。这一时期，蒸汽船、铁路得到长足发展，电话、电报和打字机促进生产和分销的快速扩张，全球市场一体化达到了史无前例的水平[①]。产业链和

[①] 特别是跨大西洋电报的建立。

分工网络超越了民族国家的边界,工业领域内出现了最早的跨国公司,工业生产组织方式也随之而变。首先,工业产业组织由小工厂演变成对产业和国家具有重要影响的大企业,对企业治理结构提出了新挑战。其次,产品复杂度不断提高,生产流程持续延长、技术知识快速增长,管理活动专业化水平逐步提升,导致企业内部的协调成本急剧上升,第一次工业革命中形成的技术工人(领班)承包制已难以应对。再次,技术工人已经难以掌握足够的生产知识,技工承包制逐渐演进为职业经理人管控模式。最后,企业所有权结构也发生了重大变化,企业主和管理者不分的私人企业演变为所有权和管理权分离的治理结构,被后世称为"管理革命"。

企业管理的职业化、专业化促进了成本会计、生产流程控制、营销等发展成专业技能,企业内部的研发设计、人力资源、公共关系、信息、市场研究等管理活动也逐渐专业化。以专业管理团队为基础的"泰勒制"[①]随之发展起来,企业管理逐渐从车间上移至管理团队(Lazonick, 1990)。专业管理团队的分工协作也增强了企业的动态能力,多元化战略也逐渐流行起来,经典案例便是杜邦公司实施多元化战略后管理部门的演变。此后,企业管理也逐渐发展成一门独立的学科。

第三次技术创新浪潮时期,同样经历了 CPI 的长周期变化。1895 年以后,特别是 1915 年之后,美国的 CPI 快速飙升。1918 年到 20 世纪 30 年代中期,美国 CPI 则进入了持续下降的通道[②](图 3-8)。第三次技术创新浪潮美国批发价格指数见图 3-9。

福特制的建立标志着制造业进入了自动化阶段,常被视为第二次工业革命的标志。今天关于流水线的起源有两种观点。一是认为 1913 年福特"T 型车"下线标志着流水线生产首次成功应用。此观点流传甚广,以至于福特制和流水线常被当做同义词。二是认为早在 1870 年,辛辛那提的屠宰场便建立了自动化流水线。暂且搁置这两种观点的差异,制造业自动化可上溯至 18 世纪末的"美国制造体系"(罗森伯格,2004;Pisano and Shih, 2012)。"美国制造体系"脱胎于美国军工产业,基本特征是产品(武器)标准化,可互换零部件和采用大功率生产设备。这种基于标准化制造的理念不仅极大地提高了军工产业的生产效率,而且派生出了庞大的制造体系,成为美国早期工业化重要的推进器。这一时期,以新型机床为代表的装备工业大发展进一步强化了以高效率、标准化、可互换性为基础的"美国制造体系",为大规模推广流水线奠定了产业基础,并最终使其成为第四次长波的典型组织方式,推动了国民经济从电气化向自动化跃升。

[①] 科层制也被称为"官僚制",通过明确各部门的权责和规则,形成分工协作的管理方式和组织体系。
[②] 第四次技术浪潮已出现了类似的情况。

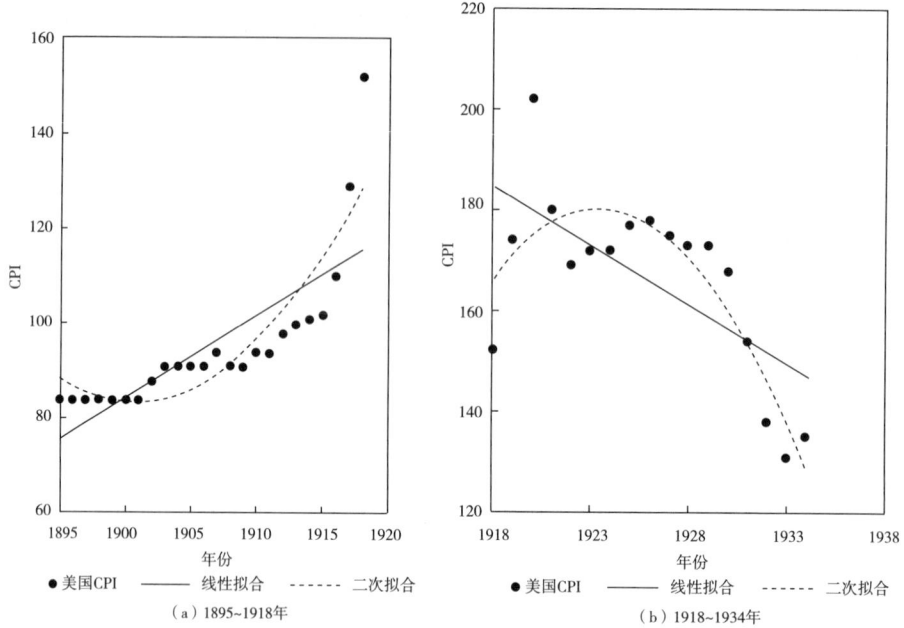

图 3-8 第三次技术创新浪潮美国 CPI

资料来源：International historical statistics：1750—2010. Palgrave Macmillan，2013

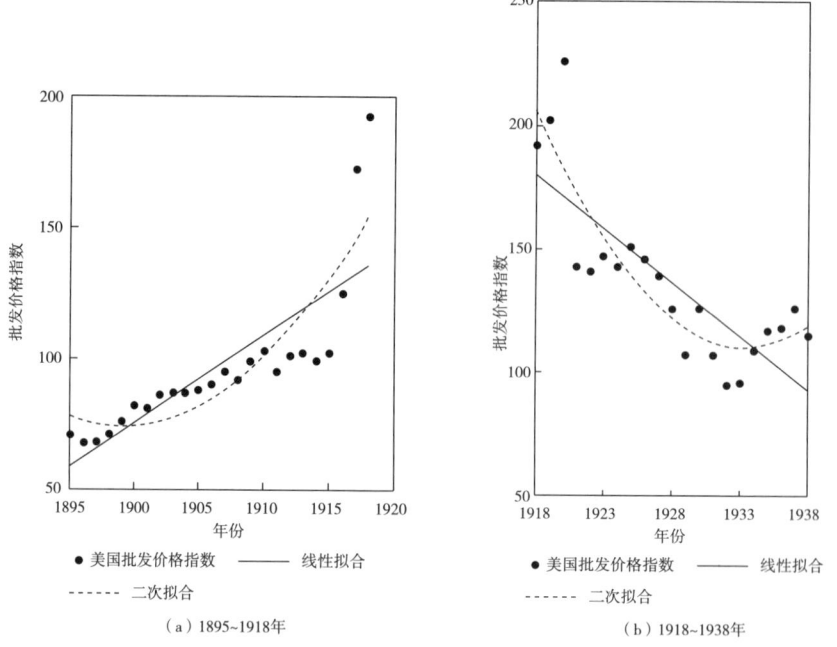

图 3-9 第三次技术创新浪潮美国批发价格指数

资料来源：International historical statistics：1750—2010. Palgrave Macmillan，2013

在第四次长波中，产业结构的突出特征是耐用消费品制造业成为先导部门，需求因素超过供给因素成为拉动产业成长的首要驱动力。第一，1929 年"大萧条"抑制了第一次全球化，资本主义国家之间的利益冲突令全球笼罩在战争阴霾之下。军队铁路投送已不再适应机动化作战的需要，军事列强纷纷加速了摩托化和机械化进程。巨大的军事需求刺激了汽车、卡车、坦克和航空器的增长。第二，汽车、卡车和拖拉机等耐用消费品虽颇受民用市场青睐，但生产和使用成本居高不下抑制了千家万户的需求。我们仍然以汽车产业为例。在福特"T 型车"之前，主流的生产方式是用户直接向汽车制造商"定制"汽车，由技艺精湛的技师根据客户的需求生产汽车。这种生产方式虽满足了用户的个性化需求，但缺乏规模经济，汽车价格昂贵，交付周期较长，汽车是富人标榜社会地位的炫耀性商品[①]。福特"T 型车"实现了从订制生产到标准化生产的转变，规模经济极大地降低了汽车生产成本。以伯顿裂化炼油工艺和胡德利催化裂化工艺为代表的炼化技术进步降低了汽油的价格，加油站和公路网的拓展降低了汽车使用成本。

福特制利用标准化生产打破了工人技能对产量的限制，上下游工序流程再造形成了流水线，专业化分工提高了各工序生产效率，标准化零部件产生了规模经济，这些因素综合起来有效降低了生产成本。劳动生产率的大幅提升提高了工人的工资水平与消费能力，金钱外部性又刺激了对其他产品的市场需求。这种"大规模生产、大规模消费"方式至今仍是主流。产品标准化程度提高后，企业主要竞争策略有二。一是产品多样化策略，即设立不同的产品线，用更丰富的产品型号开拓细分市场并差异化定价。采取这种策略的企业规模也会随之扩大，如在汽车产业，该策略的代表便是美国通用汽车公司。二是成本控制策略。实施福特制的必要条件是零部件的标准化和及时供应，那么供应链和车间管理效率对福特制的成败具有决定性意义。该策略的成功案例便是日本丰田汽车公司采取的精益生产方式，即"丰田制"（Ohno，1988；Fujimoto，1999）。

第四次技术创新浪潮美国 CPI 见图 3-10。

（三）作为第三次工业革命前半段的第五次长波

工业化先后完成了机械化和自动化之后，自 20 世纪 70 年代进入了信息化时代。如果我们将工业发展视为一个连续过程，那么工业信息化可以视为第五次长波。在这次长波中，电子芯片扮演了核心投入的角色。自 20 世纪 50 年代末第一块集成电路诞生后，将电子元件集成在一块硅芯片上促进了电子产品小型化、高精度、高稳定、高能效和智能化。与前四次长波类似，核心投入的供给速度决定

[①] 根据我们在北京市顺义区某大型汽车厂的调研，因为汽车组装线高度自动化，大部分的工序由工业机器人完成，今天的汽车生产线须达到年产量百万辆以上才能获得较为显著的规模经济。

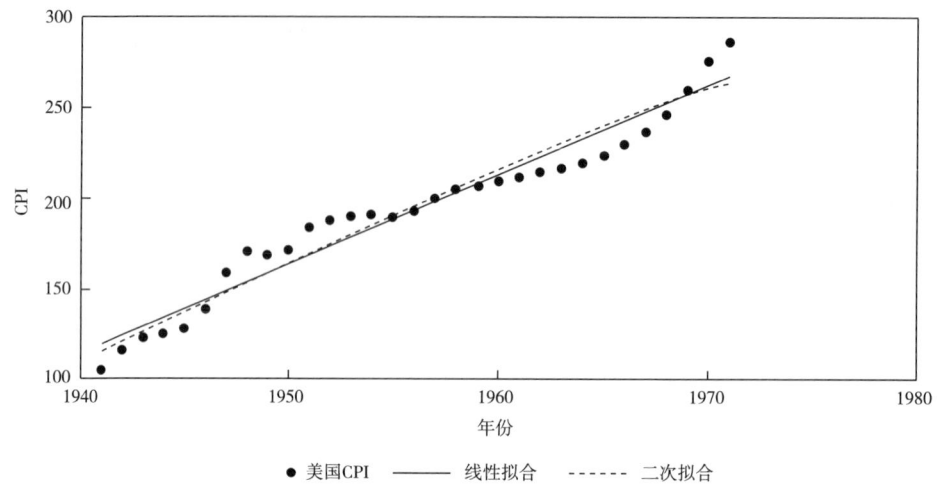

图 3-10　第四次技术创新浪潮美国 CPI

资料来源：International historical statistics：1750—2010. Palgrave Macmillan，2013

了先导产业和基础设施的发展水平。"摩尔定律"很好地归纳了电子芯片技术的演变特征，即每隔 1~2 年芯片容量就会翻倍，大幅提高了电子芯片的性价比，加快了电子计算机的普及和应用，最终将工业送入了信息化的轨道。在这一阶段，通信基础设施对于核心投入的大范围应用具有不可替代的作用。

计算机的出现对工业的影响是极为深刻的。从 20 世纪中期开始，机床植入了计算机系统后形成了数控机床的雏形，逐渐发展出了工业控制系统，促进了工业设计、控制和编程的持续改进。值得一提的是，1972 年英特尔处理器大幅降低了计算机的成本，计算机同时在消费品市场和资本品市场加快了应用。制造业信息化促进了自动化水平的显著提升，出现了至今仍具有广泛影响的"柔性制造系统"（flexible manufacturing system，FMS）。建立在标准化之上的大规模生产的经济学含义是减少产品种类以追求规模经济，但是数控机床出现后厂商可将消费者的个性化需求分门别类，减少生产设备的调整，缩短生产延时，生产出不同批次的、具有一定差异的产品。这种柔性生产方式对企业竞争策略具有显而易见的意义，于是自 20 世纪 70 年代开始，美国、欧洲、日本和韩国等经济体纷纷着手构建柔性制造系统。得益于计算机芯片、传感数控机床、软件工程、目标导向数据库、可视化工具和数控检测设备的改进，柔性制造系统不断更新换代，到了 20 世纪 80~90 年代，"灵活制造"（agile manufacturing）风行一时，不仅实现了更高水平的自动化，而且制造柔性更高，适应小批量生产之需。

生产工艺的巨变促使生产组织方式发生如下变化。第一，企业组织结构扁平化。在大规模生产方式下，企业为了实现产品差异化，通常是在内部设立不同事业部负责不同的产线,科层组织可以更有效地协调部门之间的信息传递,降低企业内部的交易成本。但是随着企业规模的不断扩大,特别是一些企业横向一体化不断变大后,部门间信息传递效率低下的"大企业病"日益严重。但是到了信息化时代,信息的收集、传递和分析的成本明显降低,企业管理对科层结构的依赖程度也相应下降,企业结构呈现出扁平化的趋势。第二,企业网络这一新型产业组织兴起。在第二次工业革命时代,生产高度一体化要求企业具有较强的资源动员能力,要求企业掌握技术、职能和管理三类知识(Chandler and Hikino, 1999)。通常而言,一体化的大企业能够利用相对稳定的盈利支撑这三类知识的获取,因而更具优势。但是到了信息化时代,生产一体化向碎片化过渡,原先由企业内部完成的业务流程越来越多地由企业间协作完成。更为重要的是,信息大爆炸一方面降低了企业的知识学习成本,另一方面企业间信息传递效率的提高也更方便利用知识的互补性。因此,在某些产业,企业网络这种新型产业组织方式的重要性不断提升。

如果将第一次工业革命以来的技术进步分为五次技术浪潮,并观察五次技术浪潮对物价总水平的影响,可以发现,在前三次技术浪潮中,技术进步确实导致了长期价格水平的下降。但在第四次和当前正在发展中的第五次浪潮中,物价总水平并没有出现显著的下降趋势。我们认为之所以出现这种特征化现象,可能有两个方面的原因,一是 20 世纪 30 年代以后,需求管理逐渐成为主导的宏观经济管理思维,反周期的需求管理政策一定程度上抵消了技术进步促进物价下降的效应;二是第四次和第五次技术浪潮在促进既有部门生产成本大幅下降的同时,各种通用技术相互融合发展的趋势显著增强,大量的新部门在通用技术融合的过程中产生,创造了大量更高收入水平的工作岗位,并带动了投资和消费的增长,从而形成物价上涨的总体效应。

第三节 技术进步对物价的短期影响:
基于 DSGE 的分析

以生产的自动化、数字化、智能化为核心特征的新一轮技术革命将影响企业的成本结构,从而对产品价格水平产生深刻的影响。那么,新一轮技术革命在促进生产效率大幅提升的同时,如何影响价格水平以及是否会导致通货紧缩呢?前文从机器人替代工业劳动力的角度分析了技术进步引起通货紧缩的机制,本部分使用新凯恩斯假定下的 DSGE 模型从更为宏观的角度对这一问题进行探讨。

一、研究现状

截至2016年4月，PPI连续51个月负增长，业界一度认为经济进入"通货紧缩，至少是'潜在'通货紧缩"（殷剑锋，2015）状态。尽管对于我国是否已经进入通货紧缩状态尚有争论（张超，2015；卢峰，2015；郑联盛，2015），但各界对价格下降"自我强化作用"将导致经济锁定于萧条状态的担忧日益加剧。20世纪30年代"大萧条"之后，世界各国中央银行实施货币扩张的政策，让通货紧缩一度远离大家的视野；如今，随着价格持续不断下降，通货紧缩再度成为热议的对象。世界各国中央银行一向视币值稳定为首要和最终目标，作为币值稳定的反面，与通货膨胀一样，通货紧缩也被视为币值不稳定的一种表现，而被宏观经济学界和中央银行所关注。然而，通货紧缩是否需要治理并不存在定论（巴格斯，2015）。

历史上很多的案例显示，通货紧缩经常与经济衰退相伴而生，而通货紧缩导致的收入分配效应使债务人负担加重，以及由此导致的银行惜贷，也往往成为经济衰退的助推器。然而，通货紧缩是一种结果而非原因，需求侧和供给侧的变动都会造成通货紧缩，对经济的影响差异较大，政府的应对措施也应有所不同。而当前以新工业革命为代表的技术进步，已经并将持续提高工业生产的效率；与此同时，随着大数据、智能制造、移动互联和云计算在制造业和商业中的推广，生产的组织模式，商业模式也在发生变革，网络经济、平台经济逐渐兴起，借由打破时间和空间的局限，扩大生产者的销售范围。图3-11显示，1978年以不变价度量的全员劳动生产率（每人每年不足五千元），而2015年近7.7万元/人，38年增长15倍。随着生产效率的不断提高和市场范围的持续扩大，供给不断提高，势必引起价格的持续下降，然而，技术进步对通货紧缩的影响效果究竟如何，目前鲜有文献进行系统探讨。

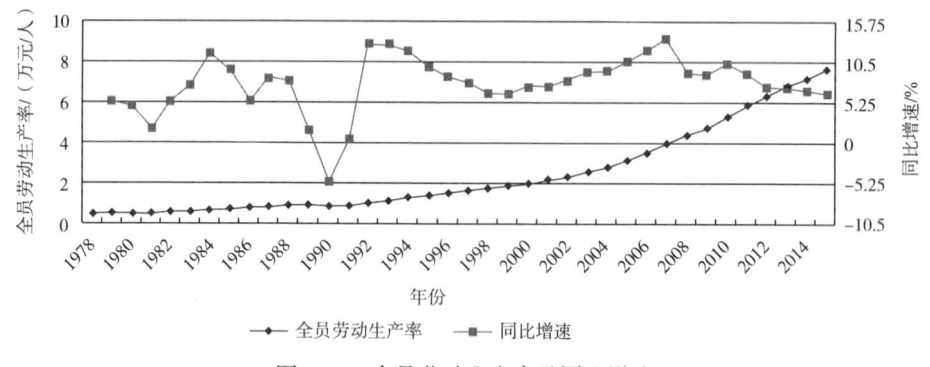

图3-11　全员劳动生产率及同比增速
资料来源：国家统计局

历史上，受货币中性假设的影响，古典主义学派围绕技术进步的探讨限制在实际变量（如产出、就业）的影响上，鲜有对价格等短期因素影响的研究，技术进步与价格关系研究成为边缘课题；而 20 世纪 30 年代之后兴起的凯恩斯学派，加剧了技术进步对短期影响研究的边缘化状态，形成了"长短期二分法"的研究现象。凯恩斯主义认为由于边际消费倾向递减、投资的预期回报率递减以及流动性陷阱的存在，产品市场、货币市场、资本市场常常处在非出清状态，短期的刺激政策有助于经济恢复到潜在生产力水平上，故而为积极的财政政策提供理论支持。希克斯在凯恩斯基础上，建立了 IS-LM 模型，使短期波动研究得以量化。其货币市场和商品市场均衡模型如下：

$$\frac{M}{P} = L(i, Y)$$
$$Y = C(Y - T) + I(i - \pi^e) + G$$

奥肯实证研究发现，当失业率下降 1%，产出就增长 3%，这种失业率与产出之间的稳定关系，被称为奥肯定律。菲利普斯将这种关系拓展至价格和失业的关系，形成了新凯恩斯主义的总供给模型：$\pi_t = a_3 E_t \pi_{t+1} + a_4 y_t + v_{2t}$，进一步完善了凯恩斯主义的宏观分析框架。后来为了解释 20 世纪 70 年代出现在西方发达国家的滞胀状态，凯恩斯主义学派提出了加速通货膨胀的菲利普斯曲线，以弥补凯恩斯主义解释现实的不足。

20 世纪 60 年代凯恩斯主义理论面临理论层面和实践层面的双重挑战。理论上，首先，弗里德曼的永久收入假说，逐渐取代凯恩斯的暂时性收入假说，成为消费决定理论的分析基础，从根本上动摇了凯恩斯消费不足假说。其次卢卡斯指出，基于凯恩斯的国民收入决定理论得出很多的参数，如乘数-加速数、弹性等，是不稳定的，这些参数受深层次参数的影响，缺乏微观基础而沦为纯粹美学考量。来自于实践层面的压力更为迫切，20 世纪 70 年代，西方国家出现普遍的滞涨状态，即失业率和通货膨胀双双高起，总供给模型（即菲利普斯曲线）失效。

这期间 Prescott 和 Kydland 以新古典增长模型为核心，利用 DSGE 模拟了技术进步对实际变量的关系，进而指出实际中观测到的波动是由技术进步引起，劳动的跨期替代效应和建筑周期等因素导致产出、消费等调整而呈现出来的，被称为真实经济周期研究，其核心思想是经济中的波动是由经济中的真实因素引起的，挑战了凯恩斯以名义变量为主的经济周期研究，同时打破了古典主义"长短期二分法"的传统。RBC 模型的核心假定为

$$\max \sum \beta^t U(C_t, N_t)$$

模型假定经济体中存在无数个无限期存在的家庭。在任何时间点上，每个家庭需要权衡消费 C_t 和闲暇 N_t 以满足期望效用最大化，其中瞬时效用函数满足无

餍足性 $U'(x_t) > 0$ 和边际效用递减性 $U''(x_t) < 0$，本部分假设瞬时效用函数为 $U = \log C_t + \varphi \log N_t$，$\beta$ 是主观折现率，是[0,1]上的常数，β 越高，意味着家庭对未来消费的权重越高，越倾向于减少消费，增加投资；反之亦然。家庭的生产消费行为受约束当前的生产水平为 $Y_t = f(A_t, K_t, L_t)$，资本积累水平为 $K_{t+1} = (1-\delta) K_t + I_t$，所以家庭需要在闲暇还是劳动（$L_t + N_t = 1$），消费还是投资（$C_t + V_t = Y_t$）中做出选择。其中，$Y_t$ 为当期产出；L_t 为当期劳动投入；K_t 为当期资本投入；δ 为资本折旧率；I_t 为当期投资。$Y_t = f(A_t, K_t, L_t)$ 模型使用常见的 C-D 生产函数 $f(K, L) = A K^\alpha L^{1-\alpha}$。

当凯恩斯主义者将价格黏性和工资黏性，加入上述模型后，发现模型的解释范围得以扩大，也为研究技术进步与价格之间的关系提供了研究框架，故本部分使用新凯恩斯框架下的DSGE模型展开对技术进步与价格之间关系的模拟研究。

二、模型描述

模型以真实经济周期理论模型为核心，添加了商品市场和劳动力市场的不完全竞争特征，同时结合目前中国的金融结构特征，添加了伯南克的金融加速器模型，以模拟技术冲击下通货紧缩的发生机理。

（一）技术水平和生产条件

假定生产中间产品的企业是垄断竞争行业，服从 C-D 生产函数，形式如下：

$$Y_{jt} = A_t K_{jt}^\alpha L_{jt}^{1-\alpha} \quad (3\text{-}14)$$

其中，$0 < \alpha < 1$。L_{jt} 和 K_{jt} 分别为 t 期生产第 j 个中间产品时所使用的劳动和资本。假设在稳态条件下，各行业的利润趋于均等，超额利润为 0。对于垄断竞争厂商而言，假设企业依据成本最小化原则组织生产，即

$$\min \ R_t W_t L_{jt} + R_t^k K_{jt}$$

根据一阶条件可得边际成本为

$$s_t = \left(\frac{1}{1-\alpha}\right)^{1-\alpha} \left(\frac{1}{\alpha}\right)^\alpha \left(R_t^k\right)^\alpha \left(R_t W_t\right)^{1-\alpha} \quad (3\text{-}15)$$

零售商出售的最终产品是一个混合品，包括众多的商品，众多商品以不变替代弹性的生产函数确定：

$$Y_t = \left[\int_0^1 Y_{jt}^{\frac{1}{\lambda_f}} \mathrm{d}j\right]^{\lambda_f} \quad (3\text{-}16)$$

其中，$1 \leqslant \lambda_f < \infty$；$Y_t$ 为 t 期最终产品；Y_{jt} 为 t 期中间产品 j 的投入数量；P_t 和 P_{jt} 分别为 t 期最终产品和中间产品 j 的价格。假设产品的边际收益等于平均价格，且零售商面临的商品市场是完全竞争的，其利润最大化行为为 $P_t Y_t - \int_0^1 P_{jt} Y_{jt} \mathrm{d}j$，约束为式（3-16）。于是可得中间产品需求函数：

$$\left(\frac{P_t}{P_{jt}}\right)^{\frac{\lambda_f}{\lambda_f - 1}} = \frac{Y_{jt}}{Y_t} \quad (3\text{-}17)$$

同时可得到中间产品价格和最终产品价格的如下关系式：

$$P_t = \left[\int_0^1 P_{jt}^{\frac{1}{1-\lambda_f}} \mathrm{d}j\right]^{(1-\lambda_f)} \quad (3\text{-}18)$$

本部分接受新凯恩斯主义对菜单成本的假定，由于菜单成本的存在，价格的设定并不随着市场供需变化而改变，而是存在一定程度黏性。Calvo 提出一个用于理论分析的黏性价格模型（Calvo，1983），该理论模型在实证研究和理论研究上构建了一个桥梁，为 DSGE 建模提供了的理论依据。模型设定时假定生产企业在 t 期调整价格的概率为 $1-\xi_p$，而未进行价格调整的生产企业其价格设定由以下规则决定：$P_{j,t} = \pi_{t-1} P_{j,t-1}$，其中 π_{t-1} 为上期通胀指数。假设企业 j 的边际成本等于平均成本，生产企业在（3-17）约束下选择利润最大化：

$$E_{t-1} \sum_{l=0}^{\infty} (\beta \xi_p)^l (\tilde{P}_t X_{tl} - s_{t+l} P_{t+l}) Y_{j,t+l}$$

其中，$X_{tl} = \prod_{i=1}^{l} \pi_{t-i}$，据一阶条件可得

$$E_{t-1} \sum_{l=0}^{\infty} (\beta \xi_p)^l (\tilde{P}_t X_{tl} - \lambda_f s_{t+l} P_{t+l}) Y_{j,t+l} = 0 \quad (3\text{-}19)$$

对于生产企业而言，假定技术进步 A_t 是一个外生变量，令 $a_t = \ln A_t - \ln A$，其中 A 为稳态时的技术进步水平，假设技术进步冲击的演化路径服从 AR（1）过程：

$$a_t = \rho_a \cdot a_{t-1} + \varepsilon_t^a$$

（二）家庭行为与劳动力市场

假定经济体中存在无数个家庭，家庭在时间上是延续不断的。在任何时间点上，每个家庭需要选择工作时间 h_t、消费 C_t 以及资产组合以满足期望效用最大化。对家庭而言，消费、闲暇以及手持现金都能带来效用；但是闲暇的增加，将导致工作时间的减少，工作时间减少将导致劳动资本的减少，进而导致收入的减少；收入减少后，导致消费的减少。所以家庭在选择劳动和闲暇实际上是选择闲暇还

是消费，由于消费函数是凹函数，这意味着消费和闲暇的边际效用随着本身的增加是递减的，也意味着二者之间存在一个最优解，效用达到最大化。需要强调的是，对于家庭而言，工资的外生性，导致家庭选择是局部最优的。本部分采用MIU（money in utility）设计货币，意味着持有货币会带来效用。现实中对应的含义是现金的交易便利性是无法取代的。然而，相对于其他资产而言，手持现金没有利息，而利息损失意味着收入减少，进而减少消费，所以权衡资产的持有形式，实际是在消费和手持现金中做选择，而基于边际效用递减规律，消费和持有的现金存在此消彼长的替代关系。本部分假设资产的持有形式除了现金之外只有银行存款 D_{t+1}。

$$E_t^j \sum_{l=0}^{\infty} \beta^l \left[\ln(C_{t+l}) + \varsigma \ln(M_{t+l}/P_{t+l}) + \xi \ln(1-h_{t+l}) \right] \quad (3\text{-}20)$$

其中，β 为主观折现率；M 为现金；M_{t+l}/P_{t+l} 是指现金的实际购买力。约束条件为

$$C_t = W_t h_t - T_t + \Pi_t + R_t D_t - D_{t+1} + (M_{t-1} - M_t)/P_t \quad (3\text{-}21)$$

其中，$R_t = 1 + i_t$；i_t 为存款利率；P_t 为价格；Π_t 为零售商分配的利润；T_t 为政府征收的税收；D_t 为居民的上一期存款。

根据家庭最优化行为的一阶条件可得

$$\frac{1}{C_t} = E_t \left\{ \left(\beta \frac{1}{C_{t+1}} \right) R_{t+1} \right\} \quad (3\text{-}22)$$

$$\frac{W_t}{C_t} = \xi \frac{1}{1-h_t} \quad (3\text{-}23)$$

$$\frac{M_t}{P_t} = E_t \left\{ \varsigma C_t \left(1 - \frac{1}{R_{t+1}^n} \right)^{-1} \right\} \quad (3\text{-}24)$$

其中，$R_{t+1}^n = R_{t+1} P_{t+1}/P_t$ 为名义利率；R_{t+1} 为实际利率。本部分假定不存在存款准备金制，于是 $D_t = B_t$，其中 B_t 为银行贷款。

假设劳动的边际收益等于平均工资，劳动力市场最优化的目标函数和约束如下：

$$\begin{aligned} &\max \ W_t H_t - \int_0^1 W_{jt} h_{jt} \mathrm{d}j \\ &\text{s.t.} \ H_t = \left[\int_0^1 h_{jt}^{\frac{1}{\lambda_w}} \mathrm{d}j \right]^{\lambda_w} \end{aligned} \quad (3\text{-}25)$$

其中，$1 \leq \lambda_w < \infty$，$W_t$ 和 W_{jt} 分别为家庭 j 在 t 期最终劳动和中间劳动的工资。可得劳动力需求函数为

$$\left(\frac{W_t}{W_{jt}}\right)^{\frac{\lambda_w}{\lambda_w-1}} = \frac{h_{jt}}{H_t} \quad (3\text{-}26)$$

对式（3-26）积分，并将式（3-25）代入可得工资指数和差别化的工资之间的关系：

$$W_t = \left[\int_0^1 W_{jt}^{\frac{1}{1-\lambda_w}} \mathrm{d}j\right]^{(1-\lambda_w)} \quad (3\text{-}27)$$

20 世纪 80 年代之前，经济学家对于工资-价格机制的研究主要集中在实证研究领域，在实证研究上，工资-价格机制的主要实证特征已取得"一致意见"，认为考虑价格通胀效应的菲利普斯曲线可以用来解释工资形成机制。1983 年 Calvo 提出一个用于理论分析的模型，该理论模型在实证研究和理论研究上构建了一个桥梁，为 DSGE 建模提供了理论依据。本部分依据 Calvo（1983）所使用的方法，假定在 t 期调整工资的概率为 $1-\xi_w$，而未调整工资者其工资的设定由以下规则决定：$W_{j,t} = \pi_{t-1} W_{j,t-1}$，其中 π_{t-1} 为上期通胀指数。

假设家庭 j 的边际成本等于平均工资，在整个生命周期内，家庭将在式（3-20）约束下选择其最优化工资 $\tilde{W}_t$，其最优化行为可表示为

$$E_t^j \sum_{l=0}^{\infty} (\xi_w \beta)^l \left(\lambda_{2,t+l} \tilde{W}_{j,t} X_{tl} - z'(h_{t+l})\right)$$

其中，$X_{tl} = \prod_{i=1}^{l} \pi_{t-i}$；$z'(h_{t+l}) = \xi \frac{1}{1-h_t}$；$\lambda_{2,t+l} = 1/C_t$。于是可得关于 $\tilde{W}_t$ 的一阶条件：

$$E_t^j \sum_{l=0}^{\infty} (\xi_w \beta)^l h_{j,t+l} \left(\lambda_{2,t+l} \tilde{W}_{j,t} X_{tl} - \lambda_w z'(h_{t+l})\right) = 0 \quad (3\text{-}28)$$

（三）资本品的生产与资本的需求函数

假定市场上存在着大量的、同质的资本生产商，他们将价格视为给定。资本生产商使用上期的资本 K_t 和投资 I_t 生产下期使用的资本 K_{t+1}。由于资本的使用，上期资本物理损耗为 δK_t。资本量的演化公式为

$$K_{t+1} = \Phi\left(\frac{I_t}{K_t}\right) K_t + (1-\delta) K_t \quad (3\text{-}29)$$

资本生产商的利润可用以下模型表示：

$$\Pi_t^k = Q_t \left[\Phi\left(\frac{I_t}{K_t}\right) K_t + (1-\delta) K_t\right] - Q_{t-1}(1-\delta) K_t - I_t \quad (3\text{-}30)$$

对 I_t 求最优化的一阶条件得

$$Q_t = \left[\Phi'\left(\frac{I_t}{K_t}\right)\right]^{-1} \quad (3\text{-}31)$$

资本需求方程式则与预期资本回报率和预期资本价格变动有关。$\frac{\alpha Y_{t+1}}{K_{t+1}}$ 为商品生产商最优化行为下得到的资本回报率；$\frac{1}{X_{t+1}}$ 为价格调整指数，由于价格粘性的存在，实际价格与完全竞争下的价格存在差异，X_{t+1} 为由于垄断而存在的价格差异；R_{t+1}^k 为资本的需求价格。

$$E\{R_{t+1}^k\} = E\left\{\frac{\frac{1}{X_{t+1}}\frac{\alpha Y_{t+1}}{K_{t+1}} + Q_{t+1}(1-\delta)}{Q_t}\right\} \quad (3\text{-}32)$$

在资本价格不变的调价下，资本回报率越高，资本需求越旺盛，资本需求价格越高；而在预期资本回报率不变的前提下，预期的资本价格越高，资本的需求也越旺盛，资本的需求价格越高。

（四）金融加速器与资本的供给函数

假定市场上存在大量的套利企业。这里的套利企业特指介于银行与生产企业之间满足双方资金供求的企业，套利企业的存在是为了分离企业的风险。由于净资产的不同，不同套利企业所面临的融资环境是异质性的。假定每个时期都有 $1-\gamma$ 的企业因盈利能力不足而退出市场。为了分析便利，这里沿用 BGG 模型的假定，市场上的套利企业总数不变，有多少退出市场的套利企业，就会有相同数目的套利企业进入市场。由于市场存在不确定性，对于套利企业 j 而言其盈利服从一个分布函数。套利企业和银行双方需要订立合约以确定在各种情况下双方的责任和义务。

对于净资产为 N_{t+1}^j 的套利企业 j 而言，在 t 期决定购买 K_{t+1}^j 的资本，资本的市场价格为 Q_t，该套利企业需要融资的额度 B_{t+1}^j 由以下恒等式决定：

$$B_{t+1}^j = Q_t K_{t+1}^j - N_{t+1}^j \quad (3\text{-}33)$$

假定市场的资本回报率为确定性的，银行和套利企业 j 面临的不确定性来自于套利企业的盈利能力。需要区分市场的资本回报率和单个套利企业的市场回报率，假定市场的资本回报率为 R_{t+1}^k，而套利企业的资本回报率为 $\omega^j R_{t+1}^k$。ω^j 服从以下两个条件：其一，ω^j 服从均值为 1 的分布函数为 $F(\omega)$，ω^j 和 R_{t+1}^k 是独立的，即市场的资本回报率和单个套利企业的资本回报率是独立的；其二，$F(\omega)$ 是定

义在 $[0,\infty)$ 的分布函数，满足 $\dfrac{\partial(\omega h(\omega))}{\partial \omega}>0$，其中 $h(\omega)=\dfrac{\mathrm{d}F(\omega)}{1-F(\omega)}$。

银行和套利企业达成如下协议：对套利企业设定一个临界值 $\bar{\omega}^j$，当套利企业的 ω^j 大于或等于 $\bar{\omega}^j$ 时，在 t 期末，银行所获得利润为 $\bar{\omega}_{t+1}^j R_{t+1}^k Q_t K_{t+1}^j = Z_{t+1}^j B_{t+1}^j$，套利企业所得为 $(\omega_{t+1}^j - \bar{\omega}_{t+1}^j) R_{t+1}^k Q_t K_{t+1}^j$；当套利企业的 ω^j 小于 $\bar{\omega}^j$ 时，银行获得 $(1-\mu)\omega_{t+1}^j R_{t+1}^k Q_t K_{t+1}^j$，其中 μ 为监管费用系数，$\mu \omega_{t+1}^j R_{t+1}^k Q_t K_{t+1}^j$ 是银行所付出的监管费用，套利企业什么都不得，在当期消费掉其净资产后退出资本市场。

对于处在完全竞争市场上的银行来说，其所获得的收益等于其机会成本，暗含的假定为

$$\left[1-F\left(\bar{\omega}_{t+1}^j\right)\right]Z_{t+1}^j B_{t+1}^j + (1-\mu)\int_0^{\bar{\omega}_{t+1}^j}\omega \mathrm{d}F(\omega) R_{t+1}^k Q_t K_{t+1}^j = R_{t+1} B_{t+1}^j \quad (3\text{-}34)$$

将式（3-33）和 $\bar{\omega}_{t+1}^j R_{t+1}^k Q_t K_{t+1}^j = Z_{t+1}^j B_{t+1}^j$ 代入式（3-34）可得

$$\left\{\left[1-F\left(\bar{\omega}_{t+1}^j\right)\right]\bar{\omega}_{t+1}^j + (1-\mu)\int_0^{\bar{\omega}_{t+1}^j}\omega \mathrm{d}F(\omega)\right\} R_{t+1}^k Q_t K_{t+1}^j = R_{t+1}\left(Q_t K_{t+1}^j - N_{t+1}^j\right) \quad (3\text{-}35)$$

套利企业的期末回报为

$$E\left\{\int_{\bar{\omega}_{t+1}^j}^{\infty}\omega R_{t+1}^k Q_t K_{t+1}^j \mathrm{d}F(\omega) - \left[1-F\left(\bar{\omega}_{t+1}^j\right)\right]\bar{\omega}_{t+1}^j R_{t+1}^k Q_t K_{t+1}^j\right\} \quad (3\text{-}36)$$

套利企业在式（3-35）约束下追求预期回报与机会成本之差最大化：

$$\left\{1-\mu\int_0^{\bar{\omega}_{t+1}^j}\omega \mathrm{d}F(\omega)\right\} R_{t+1}^k Q_t K_{t+1}^j - R_{t+1}\left(Q_t K_{t+1}^j - N_{t+1}^j\right) \quad (3\text{-}37)$$

可得金融加速器表达式：

$$E\left\{R_{t+1}^k\right\} = R_{t+1}s\left(\frac{N_{t+1}^j}{Q_t K_{t+1}^j}\right), \quad s'(\cdot)<0 \quad (3\text{-}38)$$

以上得出了资本供给方程式，当实际利率不变时，杠杆率越高，银行要求套利企业家所偿付的利率越低；杠杆率越高，套利企业家所需偿付的利率越高。当杠杆率不变时，资本回报率越高，债务合约中，套利企业所能偿付的利息越高，而资本回报率越低，债务合约中套利企业所能偿付的利息越低。

（五）资本家收入与净财富的积累

由于资本供给方程式依赖于杠杆率的变动，而杠杆率与净资本息息相关。净资本的积累成为资本需求价格变动中的一个关键设置。BGG 中假设，式（3-23）中的劳动力可以进一步分解为资本家劳动力和家户劳动力。资本家劳动力的报酬 W_t^e 作为净资产累积的部分，而家户劳动力的劳动报酬进入家户行为约束中。分解式如下：

$$L_t = H_t^{\Omega}\left(H_t^e\right)^{1-\Omega} \quad (3\text{-}39)$$

则有

$$W_t^e = (1-\alpha)(1-\Omega)\frac{Y_t}{K_t} \qquad (3\text{-}40)$$

净资本演化方程式为

$$N_{t+1} = \gamma V_t + W_t^e \qquad (3\text{-}41)$$

其中，γV_t 为存活下来的资本家所持有的净财富或者股本。当期消亡的企业股本为 $(1-\gamma)V_t$，也就是说，企业家的消费就是 $C_t^e = (1-\gamma)V_t$。

$$V_t = R_t^k Q_{t-1} K_t - \left(R_t + \frac{\mu\int_0^{\bar{\omega}_t} \omega R_t^k Q_{t-1} K_t \mathrm{d}F(\omega)}{Q_{t-1}K_t - N_t} \right)(Q_{t-1}K_t - N_t) \qquad (3\text{-}42)$$

由式（3-40）~式（3-42）得到净资产积累公式：

$$N_{t+1} = \gamma\left[R_t^k Q_{t-1} K_t - \left(R_t + \frac{\mu\int_0^{\bar{\omega}_t} \omega R_t^k Q_{t-1} K_t \mathrm{d}F(\omega)}{Q_{t-1}K_t - N_t} \right)(Q_{t-1}K_t - N_t) \right] + (1-\alpha)(1-\Omega)\frac{Y_t}{K_t}$$

$$(3\text{-}43)$$

（六）政府行为与总量约束

本部分假定货币供应量 M_t 是外生变量，其变动取决于进出口规模的变动以及通货膨胀的考量。即

$$M_t = e^{g_t} M_{t-1} \qquad (3\text{-}44)$$

均衡条件下，政府支出受政府收入约束：

$$G_t = T_t + \frac{M_t - M_{t-1}}{P_t} \qquad (3\text{-}45)$$

经济体中的总供给等于总需求，这样得到总量约束方程：

$$Y_t = C_t + I_t + C_t^e + G_t + \mu\int_0^{\bar{\omega}_t} \omega R_t^k Q_{t-1} K_t \mathrm{d}F(\omega) \qquad (3\text{-}46)$$

其中，Y_t 为总供给；C_t 为家庭消费；I_t 为投资；C_t^e 为退出市场的金融企业的消费；$\mu\int_0^{\bar{\omega}_t} \omega R_t^k Q_{t-1} K_t \mathrm{d}F(\omega)$ 为监管成本。

三、数据来源和参数赋值

（一）静态参数赋值

由于模型参数较多，本部分使用稳态赋值的方法对部分模型进行赋值。当经济处在稳态时，上一期的变量等于下一期变量等于稳态值，即 $x_{t+1}=x_t=x$。这里

的变量包括消费、投资、价格、资本存量、产出、货币供应量。当价格不变时，名义利率等于实际利率。

（1）主观折现率 β 的赋值。稳态时主观折现率等于无风险利率的倒数，即 $\beta=1/R$，本部分将月度主观折现率设定为 0.997 5（表 3-2），意味着月度无风险利率为 0.002，那么以复利计算的年度无风险利率为 0.025 左右，大致相当于 1 年期定期存款利率。在校准该参数时，美国采用国债收益率作为校准参数，但是中国缺乏统一的、市场化意义上的无风险利率。目前中国市场上存在三种参照基准利率：中国人民银行公布的存贷款基准利率、上海银行间市场基准利率 Shibor 和银行间债券回购利率。本部分选择定期存款利率作为无风险利率主要考虑到以下几点：首先，美国债券收益率是基准利率，其余利率参照该利率和风险溢价设定；而中国的基准利率是存贷款利率，其余利率设定参照存贷款及基准利率设定。其次，与模型更加匹配。在美国，居民的投资渠道多元化，居民在无风险利率基础上选择；在中国银行间市场基准利率和银行间债券回购利率的交易对象是金融机构，居民投资的主要渠道是存款，不能直接参与银行间市场。尽管近年来理财产品的兴起拓展了居民的投资渠道，但居民大部分的剩余资金仍以存款形式为主，故选择定期存款利率赋值。

表 3-2 静态参数和动态参数的先验参数赋值

序号	符号	符号的含义	赋值
1	β	主观折现率	0.997 5
2	α	资本回报率	0.55
3	Ω	资本家劳动的产出弹性的份额	0.01
4	δ	折旧率	0.025
5	C/Y	消费产出比	0.41
6	I/Y	投资产出比	0.43
7	G/Y	政府支出产出比	0.15
8	C^e/Y	企业家消费产出比	0.01
9	φ	资本价格对投资资本比的弹性	0.25
10	ξ_p	价格调整概率	0.6
11	ξ_w	工资调整概率	0.5
12	λ_w	工资的加成弹性	0.25
13	$1-\gamma$	企业死亡率	0.002
14	μ	监管费用占损失的比率	0.12
15	K/N	资本净财富比（杠杆率的倒数）	0.7
16	R^k-R	风险利率与无风险利率之差（风险溢价）	0.02
17	$F(\bar{\omega})$	年均套利企业退出率	0.03
18	$\log(\omega)$ 的方差	企业失败概率的对数的方差	0.99

（2）生产要素回报率和折旧的赋值。在稳态水平下，劳动回报率等于劳动者报酬除以产出水平，而在规模报酬不变的假设前提下，资本回报率=1−劳动回报率−企业家回报率。这里假定企业家与劳动者分别属于不同的生产要素，获得不同于劳动者报酬的收入。根据国家统计局数据显示，2000~2014年劳动者报酬占GDP的比重平均为0.45，本部分采用此数据；资本回报率与企业家回报率分别为0.54和0.01。本部分沿用李雪松和王秀丽（2011）对折旧率的假定，即0.025，那么年折旧率为0.3。

各类支出的比重赋值。国家统计局数据显示，2000~2014年消费占国民总支出的比重平均为0.41，政府支出占0.15，而投资占0.43，企业家消费占0.01。

其余参考李雪松和王秀丽（2011）予以赋值，见表3-1。

（二）数据来源

用于估计动态参数的数据序列是2005年1月至7月的工业增加值、M0和居民消费价格指数月度数据。资料来源于中经网数据库。为了使系统与数据相匹配，需要对数据进行调整。首先，对数据取对数后进行季节调整。由于季节变动的原因，月度数据的波动率要远远大于外在因素引起的波动，以致高估政府支出、货币供应量和技术变动的方差。其次，去掉趋势项。本部分建立的模型主要是研究经济波动的传导机制和经济波动的特征，需要分离出经济增长的部分。最后，模型是建立在对数差分系统的基础上，数据需要进行相应的处理，即差分处理。

（三）动态参数和动态参数分析

除了稳态参数以外，我们将经济结构参数，如代表商品市场垄断程度的价格调整系数 ξ_p 和代表劳动力市场垄断程度的工资调整系数 ξ_ω 作为待估参数进行估计。这里，价格调整系数越高，说明市场的垄断程度越低；价格调整系数越低，说明市场的垄断程度越高。对于工资亦是如此。另外方程系统中有三个随机演化方程式，即政府支出演化方程式、货币供应量演化方程式及技术经济演化方程式，本文假定其服从AR（1）的随机分布，系数和随机扰动项的均值与方差待估。估计的结果如表3-3和图3-12所示。

表3-3 动态参数的先验值和后验值比较

参数	先验均值	后验均值	上限	下限	分布函数
rho_gm	0.7	0.012 7	0.002 3	0.022 7	Beta
rho_a	0.9	0.172 3	0.005 5	0.328 4	Beta
rho_g	0.5	0.745 7	0.703 8	0.800 8	Beta
thetw	0.5	0.172 5	0.126 5	0.232 7	Beta

续表

参数	先验均值	后验均值	上限	下限	分布函数
thet	0.5	0.489 1	0.173 2	0.813 2	Beta
sig	0.7	0.983 8	0.964 5	0.999 6	Beta
e_g	0.035	0.778 4	0.672 1	0.888 2	Invg
e_m	0.035	0.368 8	0.329 7	0.407 9	Invg
e_a	0.035	0.066	0.054 3	0.077 6	Invg

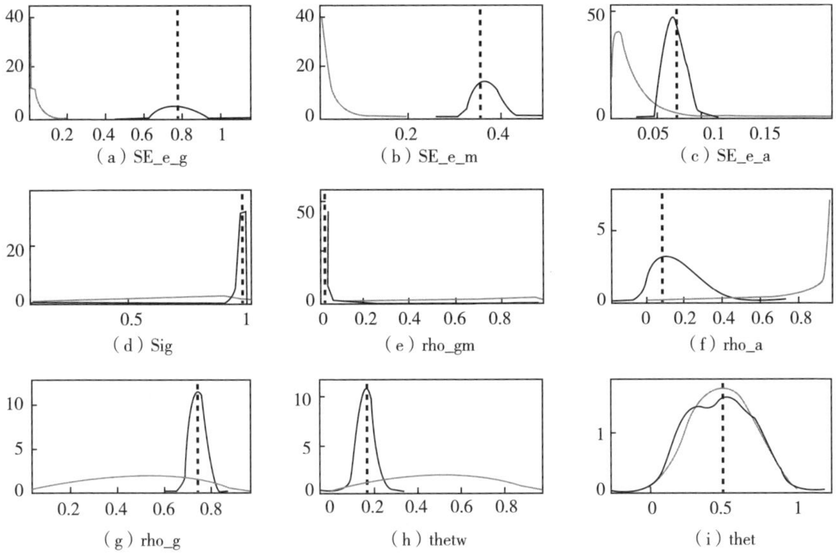

图 3-12 贝叶斯估计结果

在技术冲击模型 $a_t = \rho_a \cdot a_{t-1} + \varepsilon_t^a$ 中，先验的一阶相关关系和方差分别为 0.9 和 0.035，数值模拟的后验一阶相关系数和后验均值分别修正为 0.17 和 0.066，一方面说明，原始数据中所包含的技术进步的信息较多，模型较为可信；另一方面说明，技术冲击的延续性较小，但是技术冲击的变动性较大。

四、技术进步冲击的通货紧缩效应及探讨

（一）模拟结果

技术冲击 a 会促进产出 y 的提高，模拟结果显示一单位技术进步的冲击，见图 3-13（b）与图 3-14（a），导致产出正向刺激。此时劳动产出效率和资本产出效率得到提高。生产商的效率提高，会产生以下效应。

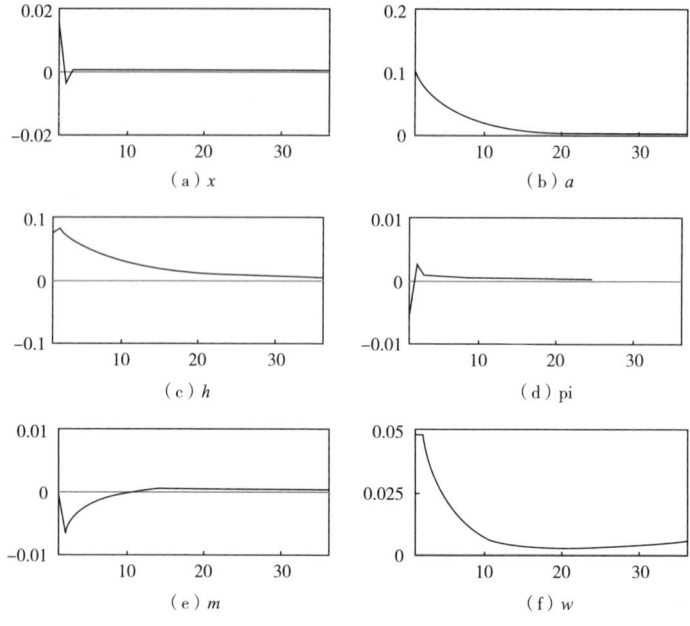

图 3-13　技术进步冲击对宏观经济的影响（一）

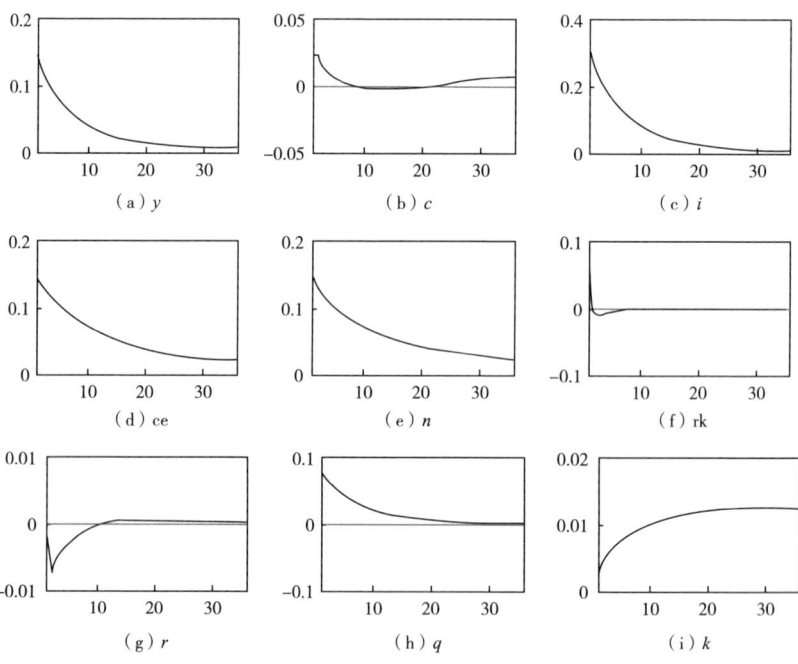

图 3-14　技术进步冲击对宏观经济的影响（二）

（1）价格效应。由于单位劳动和单位资本的产出增多，"薄利多销"往往能获得更多的利润，销售商开始通过定价策略降低成本。因为菜单成本的存在，销售商按成本的变动、前期价格、为未来的价格预测一个最终价格，并每期调整49%的商品价格的方式对商品定价，最终影响消费品价格指数 pi [图3-13（d）]。

（2）投资效应、资产价格效应、财富效应及货币需求效应。短期的利润会提高，生产商的资本回报率提高，这样会刺激生产商的投资需求 i [图3-14（c）]；与此同时，资本回报率的提高，直接提高了资本价格 q，而资本价格效应和资本回报率效应有助于企业家财富的积累 n。资产价格上升，引致持有现金的机会成本增长，货币需求下降，活期存款利率 r 也随之下降。

（3）生产要素回报率效应。随着劳动产出效率和资本产出效率的提高，由于资本回报率和劳动回报率的提高，生产商倾向于提高工资 w [图3-13（f）] 和股票分红 rk [图3-14（f）]，由此家庭获得收入提高。

（4）收入的消费效应。家庭的收入提高后，消费水平 ce [图3-14（b）] 也随之提高。与此同时闲暇的机会成本变得更高，家庭会倾向于牺牲部分闲暇的实践，提高劳动时间 h [图3-13（c）]。

当然，最终的价格水平由销售商的定价策略，以及商品市场上的供需共同决定，模拟结果显示，一单位一阶自回归的技术冲击会在短期内造成价格的下降，0.1个单位技术冲击 a 在一个月内即会引起价格 pi 下降 0.008 左右。然而这种冲击的货币通缩效应持续时间较短，两个月后恢复为正值，并引起通货膨胀，但通货膨胀效应并不显著。另外由于商品价格的定价机制，这种价格持续下降的效应将逐渐累积，并对未来的价格产生直接作用，不过由于技术冲击的一阶相关系数的后验均值为 0.17，说明当期技术冲击的影响力更大，这意味着持续不断的技术冲击会引起通货紧缩。反观技术冲击对其他宏观经济变量的影响会发现，技术进步有助于提高工人工资，而这种提高能延续 10 个月之久 [图3-13（f）的 w]，同时也会促使增加劳动时间 [图3-13（c）的 h]，且持续时间长达 20 个月左右。与此同时，投资、消费和产出都存在不同程度增加。由此可见，有技术冲击尽管会引致通货紧缩，但是对于产出规模是增加的，并未对经济产生实质性伤害，且起到一定的正向激励作用。

而且，技术进步对价格影响的持续性并不强，相对于实体经济的变动轨迹，通货膨胀价格的变动轨迹货币市场的变动轨迹相关性更强。在持续性的维度上，资本回报率 rk 的收敛速度最快，其次是价格指数 pi，接下来是货币量 m 以及活期存款利率 r 和工资水平 w，而资本价格 q 收敛速度相对较慢，产出 y、投资 i、企业家的财富以及企业家的消费水平 ce 收敛速度更慢，而资本存量的收敛速度最慢。这意味着，当前的经济下行压力与技术进步及由此引起的价格下降相关性并不强,而稳定价格的方式需从其他方面寻找解决之道。由于技术进步有助于促进产出增加,面对当前经济下行压力加大的局面,应着力解决技术进步过程遇到的瓶颈与障碍,大力推进技术进步以此带动经济增长。

(二)政策含义及拓展方向

静态地看,以自动化、智能化为特征的新一轮技术革命会通过替代劳动、提高生产效率降低工业产品的价格,从而可能带来通货紧缩效应。但如果考虑到技术革命也会创造新的部门(迂回生产),则技术进步同时会驱动经济增长并创造新的需求,从而对通货紧缩效应形成抵消。技术进步的"净"效应取决于一国是否能够有效促进新型生产方式的扩散,是否能够创造新兴的产业部门。当技术进步主要发生在产能过剩的行业时,产品市场供过于求,市场难以消化过多的产品,劳动效率的提高意味着给定数量的产品,劳动需求不断下降,这意味着更多的工人面临失业的风险。失业风险的提高将考验尚未完善的失业保障系统和再就业培训系统。政府应加强和完善失业保障系统建设和再就业工程。

DSGE 模型模拟结果显示,当前的经济结构下技术进步将导致未来一段时间的价格下降,这意味着当前阶段部门转移效应影响力较大,而新部门效应不明显。这与当前的实际情况暗合,在本部分的考察期内(2005~2015年),技术创新主要发生在国外,我国主要是引进技术用以改造传统部门,经济效应主要是部门转移效应。当前市场处在完全竞争状态,技术在部门之间扩散较快,进而大大提高总供给水平,总需求变化慢于总供给变化引起价格不断下降。

以上的探讨局限在封闭性国家,在全球进入新一轮技术革命的背景下,技术进步可能发生在中国也可能发生在其他国家。本模型没有考虑到开放问题,得出的结论也不免局限,希望今后进一步拓展模型至两国模型,以得到技术进步对通货紧缩和经济增长影响更为全面的结论。

第四节 结论与政策建议

一、结论

本章在构建理论分析框架的基础上,综合运用历史分析和 DSGE 模型,从长周期和短期的两个层面对技术进步的价格影响问题进行分析。

从长期看,技术进步会对通货紧缩产生影响。每一次技术浪潮的拓展分为两个时期,即新技术经济范式替代旧技术经济范式前后两个阶段,即新技术经济范式的导入期和拓展期,每个阶段持续20~30年。因此,每次完整技术经济范式的转换构成40~60年的长周期。期间,技术创新和相应的金融创新是造成经济周期波动的主要驱动因素。18世纪中期英国第一次工业革命实现了工业机械化实质是第一、二次创新浪潮的演进过程,19世纪第三、四次创新浪潮实现了以工业自动化为特征的第二次工业革命。20世纪下半叶以来的"第三次工业革命",很可能是第五、第六次创新浪潮的涌现与拓展过程,当前引起热切关注的新一轮产业变革极可能是第六次创新浪潮。历史分析显示,在六次技术浪潮的前三次技术浪潮中,英国和美国的CPI都出现了从连续上涨到连续下降的变化过程。如果以CPI作为通货膨胀的核心指标,那么英国和美国在前三次长波的导入期和拓展期,都经历了从通货膨胀到通缩紧缩的完整过程。

从中短期看,技术进步对通货紧缩的影响程度有限。静态地看,以自动化、智能化为特征的新一轮技术革命会通过替代劳动,提高生产效率降低工业产品的价格,从而可能带来通货紧缩效应。但如果考虑到技术革命也会创造新的部门(迂回生产),则技术进步同时会驱动经济增长并创造新的需求,从而对通货紧缩效应形成抵消。本课题利用DSGE模型寻求企业、家庭、资本、政府等不同主体在技术冲击下的市场均衡,研究技术冲击对我国经济波动的影响,通过模型校准和数值模拟,得到包含技术冲击的新凯恩斯主义菲利普斯曲线,最终得到技术冲击对通货紧缩预期的影响。采用2005~2015年我国的宏观经济数据,研究发现技术进步冲击在我国表现为轻微的通货紧缩效应,持续时间为两个月,且会带来劳动力成本的长期提高,产出规模增加。虽然鉴于数据可得性和模型的复杂性,本章并未通过数据验证全球开放性经济体下其他发达国家的影响,但如何通过技术进步来实现传统工业的转型升级、创造新的产业部门,在全球分工体系中占据有利的竞争位置,是值得进一步探讨的问题。

二、政策建议

在现有的分析基础上,为了利用创新和科技进步,防范通缩风险,保证经济持续快速增长,本章提出以下的政策建议。

第一,抓住第三次工业革命的机遇,进一步突出制造业的战略性地位,弥补与发达国家的技术差距,平衡技术进步引起的"旧部门提升效应"和"新部门创造效应"的作用,防范通缩和经济衰退的风险。在基于传统制造技术的国际分工体系下,后发国家凭借比较优势通过承接产业转移在劳动密集型产业和环节形成初步的制造基础,然后通过制造工艺的改良、提高产品的性价比和国际竞争力,进一步通过产品的模仿性创新和原始创新实现技术和产业赶超。在"第三次工业革命"背景下，由于技术领先优势，发达工业国家不仅可以通过发展工业机器人、高端数控机床、柔性制造系统等现代装备制造业控制新的产业制高点，而且可以通过运用现代制造技术和制造系统装备来提高传统产业的生产效率，通过装备新兴产业来强化新兴技术的工程化和产业化能力，同时，由于现代制造系统与服务业的深度融合，发达国家在高端服务业形成的领先优势也可能被进一步强化。这意味着，"第三次工业革命"不仅会削弱发展中国家的低成本比较优势，而且有利于发达国家创造新的部门，形成新的竞争优势，从而把握技术发展浪潮，实现经济增长。

如果后发国家不能充分利用现代制造技术创造的技术和市场机会，"第三次工业革命"将使不利于发展中国家的"中心-外围"世界分工体系被进一步固化。曾经为寻找更低成本要素而从发达国家转出的生产活动有可能向发达国家回溯，导致制造业重心再次向发达国家偏移。随着现代制造技术和制造系统的大规模应用，发达工业国家不仅可以在产品创新和品牌方面抑制后发国家，甚至能够利用具有更高生产效率的制造直击后发国家的初始优势，形成新的部门，使供给和需求同步繁荣，形成良性通货膨胀，促进经济快速增长。与此同时，后发国家的产业赶超将面临来自发达国家的全方位抑制，导致投资和消费不足、失业率上升，产生通货紧缩和经济相对衰退。

因此，我国不仅需要加强信息设备投资和现场管理水平提升，补上柔性化制造和标准化生产的功课，使旧部门的生产效率得到有效提高，而且要抓住第三次工业革命的机遇，大力推动前沿技术的研发，实现新部门的创造，摆脱发达国家对我国经济发展的全面围困。

第二，大力发展"母工厂"，促进先进制造装备和工艺的适应性创新和高效率应用，以点带面地提升我国制造业的生产效率，创造更多高质量的工作岗位。《中国制造2025》明确了智能制造、快速成型等先进制造技术的战略重要性，相对于以往产业政策和各类科技项目所存在严重的"重产品技术、轻工艺创新；重实验室研发、轻工程化开发"的倾向，具有重要的认识上的进步。但由于没有充分考虑到先进制造系统的技术集成特性和工程密集特性，规划有关我国新一轮先进制造技术突破和应用的组织、制度和政策安排并不能起到有效的支撑作用。总体上看，目前《中国制造2025》有关数字化、网络化、智能化生产制造技术的内容，一是强调基础工艺技术研究机构建设的重要性，二是强调工业机器人、智能机床等相关装备制造部门的培育和发展。基础研究和装备产业发展固然重要。但是，无论是生产系统技术自身的技术集成特性，还是德国在推进工业4.0过程中尤其强调在系统应用层面部署的战略逻辑，都表明先进制造系统在大量迭代试验和现场应用过程中在系统层面的持续优化是先进制造技术赢得竞争优势的关键环节。

支撑先进制造技术系统优化的载体，应当是一批能够明确提出先进制造系统技术条件和工艺需求、具备与先进制造技术相适应的现代生产管理方法和劳动技能的现代工厂（母工厂）。加快先进制造系统应用载体的建设，是后续进一步完善《中国制造 2025》规划体系的重要内容。

日本的"母工厂"战略为完善中国先进制造技术创新和应用体系提供了重要的参考。"母工厂"是日本制造业企业集团在日本本土设置的技术水平和管理水平最高的工厂，这些工厂不是仅仅从事生产的普通工厂，而是承担着技术支援、开发试制、先进制造技术应用和满足高端市场需求功能的战略单元。从智能制造等先进生产制造技术创新、扩散应用的一般科学规律出发，充分借鉴日本的"母工厂"经验，在《中国制造 2025》"1+X"政策框架下制定、出台中国的《母工厂建设计划》，加快培育中国的"母工厂"，打造中国以"母工厂"为中心的生产体系。组织技术、产业和管理专家，加快制定和出台中国的《母工厂建设计划》，明确提出依托具有先进制造能力的优势企业，加快建设中国的制造业"母工厂"（名称上也可以考虑采取"现代工厂"的说法，但"现代工厂"实际上并不能准确反映和向产业界传递"母工厂"的生产制造技术策源和技术援助的内涵），明确中国先进制造提升的总体战略、基本思路、发展目标、重点任务，以及相应的配套扶持政策。以一批"母工厂"建设为载体和抓手，加快人工智能、数字制造、工业机器人等先进制造技术和制造工具的研发和应用，"系统性地"发展先进制造技术和先进制造。通过母工厂建设，最终以点代面地提升中国的制造水平。

第三，加强知识产权保护，形成有利于新兴产业培育、发展的制度环境，促进形成有利于新兴产业发展的市场机制和"赚钱效应"。知识产权保护是激励创新的最市场化的、最有效的、成本最低的制度安排。与各种降低研发成本的政府补贴和奖励等政策工具不同，知识产权是通过界定对创新的产权、形成创新收益预期来激励创新者开展研发投入、工程化、商业化等一系列的创新努力。与研发投入挂钩的各种补贴和税收优惠政策，其直接的经济效果是刺激研发投入，而不是创新；此外，这些政策都需要政府在创新实现以前预判谁是可能的成功创新者。结构性政策的这些固有的经济学缺陷决定了，补贴和优惠不应当也不可能成为形成创新者赚钱效应的主要工具。相比之下，知识产权保护一方面是奖励创新实现者，而不是创新投入者；另一方面是事后的奖励，不需要任何机构对创新者进行预判，更重要的是，对知识的产权界定使知识可以在不同的创新者之间交易。目前学术界和政府都看到了培育高技术中小企业、促进高技术创业对经济发展的重要性。然而，只要有效的知识产权市场没有形成，中小企业和创业企业为了实现创新收益就必须完成从基础研究、产品开发到工程化和商业化的整个创新过程。而从国外的经验看，在 ICT 和生物医药等高技术产业领域，在技术市场将知识产权授权或转让给商业化能力更强的大企业以实现创新收益,是大量高技术中小企业和创业企业的主导盈利模式。因此,有力的知识产权保护是激发企业进行创新、有效选择创新者、形成分工合作的创新生态的最重要的制度条件。因此,也许当今中国学术界和政府部门已经不应该继续讨论什么是知识产权的最优保护强度,而应当研究如何制定一个可置信的时间表,在稳步推进知识产权保护的同时,尽可能减少新的竞争范式带来的经济冲击,毕竟当今中国相当数量的工业企业仍然严重依赖技术模仿来维持生存。

第四,随着技术进步带来的产业冲击,正确引导投资方向,稳定物价,防范金融风险和经济泡沫。通货膨胀或通货紧缩作为货币现象,均是实体经济与虚拟经济出现摩擦、矛盾时产生的结果。随着金融市场的国际化和进一步开放,金融经营模式的创新和金融衍生工具已经在资本市场上发挥重要作用,与此同时物价也引起了较大的波动和变化。伴随着技术进步带来的产业冲击,无论是新部门的创造效应还是旧部门的提升效应,都可能引导社会投资方向。在经济快速发展的情况下,若出现过度投资和过度信用扩张,则存在较大金融风险,可能引起恶性的通货膨胀或通货紧缩,从而造成经济衰退。

为了更好地防范经济泡沫和经济金融危机,政府须更好地引导投资方向,加强财政政策与货币政策在社会投资领域、刺激消费需求、出口退税与汇率形成机制中的协调。密切关注国际国内金融最新动向和国际资本流动的变化,适时适度采取宏观调控措施,继续实施稳健的货币政策,实行有效的财政政策,注重松紧适度,保持适度流动性,实现货币信贷及社会融资规模合理增长,大力推进经济结构调整和转型升级,长期保持国民经济的健康、稳定和持续发展。

第五,加强人力资源投资,大力发展职业教育和技能培训,特别是"精英型的技能培训和教育",提高劳动技能与机器生产的匹配,促进劳动力在部门间和企业内部的自由流动。工业机器人一方面替代和淘汰了部分低技能劳动力,使其流入生产效率普遍更低的农业或服务业;另一方面则对已有工人有了更高的技术水平要求,要求他们与机器生产方式匹配。为了达到此目的,首先,需树立与市场经济相适应的教育理念、建立和完善以培养学生的实践能力和创新能力为重点的教育质量评价体系;其次,需建设一支相对稳定、结构合理、素质优良、乐于奉献的教师队伍。随着高等职业教育的改革和发展,职业院校办学规模在不断扩大、办学水平在不断提高,但是现有师资队伍与发展需要却存在着较大差距,加强师资队伍建设已经迫在眉睫。近年来,学术界和政府部门常常将德国、日本作为中国制造业转型升级的榜样,并大谈德国和日本企业家如何"耐得住寂寞"、德国和日本产业工人具有如何优秀的工匠精神。但更需要我们向德国和日本学习的,是他们的企业家精神和工业文化背后的制度基础。脱离了德国、日本的主银行公司治理体系、终身雇佣、强有力的工会、有效的知识产权保护等深层次的制度性因素，无视德国、日本在工业化国家中劳动时间最短、劳资收入差距最小等典型事实，而在企业恶性竞争、存在巨大劳资收入差距的前提下徒讲企业家抱负和工匠精神，只会使工业文明成为空中楼阁。形成"工匠制度"比宣扬"工匠精神"更重要。

技术进步对产业的冲击引起劳动力的流动，无论在部门间还是企业内部，劳动力需重新适应新的工作环境与压力，且由于收入分配受到影响，进一步引致需求变动，供需不平衡，容易引发通货紧缩。为了更好地把握需求的稳定性，首先，在劳动力流动时需打破市场垄断，创造更好的劳动环境，使劳动力得到最优分配。其次，受户籍制度、住房制度、社保制度、子女教育等外界因素影响，劳动力的流动阻力较大，政府需尽量进行协调，减少对市场经济的制度约束。

参 考 文 献

巴格斯 F. 2015. 通缩之问. 杨农，熊越译. 北京：清华大学出版社.
贾根良. 2013. 第三次工业革命与新型工业化道路的新思维：来自演化经济学和经济史的视角. 中国人民大学学报，（2）：43-52.
兰德斯 D. 2002. 1750—1914 年间西欧的技术变迁与工业发展//载哈巴库克，波斯坦. 剑桥欧洲经济史（第六卷）：工业革命及其以后的经济发展. 王春法译. 北京：经济科学出版社.
李雪松，王秀丽. 2011. 工资粘性、经济波动与货币政策模拟——基于 DSGE 模拟的分析. 数量经济技术经济研究，（5）：22-33.
卢峰. 2015. 反思通缩恐惧. 财新周刊，（22）：60-63.
罗森伯格 N. 2004. 探索黑箱：技术、经济学和历史. 北京：商务印书馆.
殷剑锋. 2015. 通货紧缩的成因与应对. 中国金融，（6）：72-75.
张超. 2015. 中国不会陷入通货紧缩. 金融博览，（5）：37.
张平. 2013. 致力推动经济从高速转向高效增长. 求是，（19）：31-32.
郑联盛. 2015. 警惕通货紧缩的风险. 金融博览，（5）：36.
Aghion P, Howitt P. 1998. Endogenous Growth Theory. Cambridge：MIT Press.
Bernanke B S, Gertler M, et al. 1999. The financial accelerator in a quantitative business cycle framework. Handbook of Macroeconomics, 1：1341-1393.
Bernanke B S, Laubach T, Mishkin F S, et al. 2001. Inflation Targeting：Lessons from the International Experience. Princeton：Princeton University Press.
Calvo G A. 1983. Staggered price in a utility-maximizing framework. Journal of Monetary Economics，12：383-398.
Chandler A. 1977. The Visible Hand：The Managerial Revolution in American Business. Cambridge：Cambridge University Press.
Chandler A, Hikino T. 1999. Big Business and the Wealth of Nations. Cambridge：Harvard University Press.

Freeman C, Louçã F. 2001. As Time Goes by: The Information Revolution and the Industrial Revolutions in Historical Perspective. New York: Oxford University Press.

Fujimoto T. 1999. The Evolution of A Manufacturing System at Toyota. New York: Oxford University Press.

Industrie 4.0 Working Group. 2013. Securing the future of—German manufacturing industry recommendations for implementing the strategic initiative INDUSTRIE 4.0.

Kydland F E, Prescott E C. 1977. Rules rather than discretion: the inconsistency of optimal plans. The Journal of Political Economy, 85(3): 473-491.

Lazonick W. 1990. Competitive Advantage on the Shop Floor. Cambridge: Harvard University Press.

Nye D. 1992. Electrifying America: Social Meanings of a New Technology. Cambridge: MIT Press.

Ohno T. 1988. Toyota Production System: Beyond Large-Scale Production. New York: CRC Press.

Perez C. 2002. Technological Revolutions and Financial Capital: The Dynamics of Bubbles and Golden Age. Cheltenham: Edward Elgar.

Pisano G, Shih W. 2012. Producing Prosperity: Why America Needs a Manufacturing Renaissance. Cambridge: Harvard Business Review Press.

Romer D. 2006. Advanced Macroeconomics. 3rd Ed. Boston: McGraw-Hill/Irwin.

第四章 国际大宗商品价格走势与输入性通货紧缩影响研究[①]

第一节 从投入产出角度的初步考察

2010~2015 年，基础产品价格大幅下降，生产价格指数也连续三年持续负增长，在经济增长速度下滑的情况下，基础产品价格下跌是生产价格指数下跌的原因之一。本章结合投入产出数据、VAR 模型以及 DSGE 模型，分析基础产品价格下跌对产出、PPI 和 CPI 的影响以及价格冲击的传递路径。

一、中国基础产品对外依存度和大宗商品价格的变化

从海关统计的进口商品数量和金额数据计算得到的进口量与进口价格增长速度可以看出，受经济周期变动及其他因素的影响，基础产品进口量与价格长期处于波动之中。从进口量上看，除谷物进口量有较大波动外，大部分产品进口量在 2001 年以前总体比较平稳，2001~2005 年经历了一个周期性变化，在 2004 年达到顶点，2009 年和 2012 年又出现过两次阶段性高点（图 4-1）。

与此同时，进口价格也表现出相应的波动趋势，尤其需要注意的是 2010~2015 年，大宗商品价格出现了连续下跌的走势（图 4-2）。

[①] 本章执笔人：汪红驹、王振霞、张彬斌、汪川。

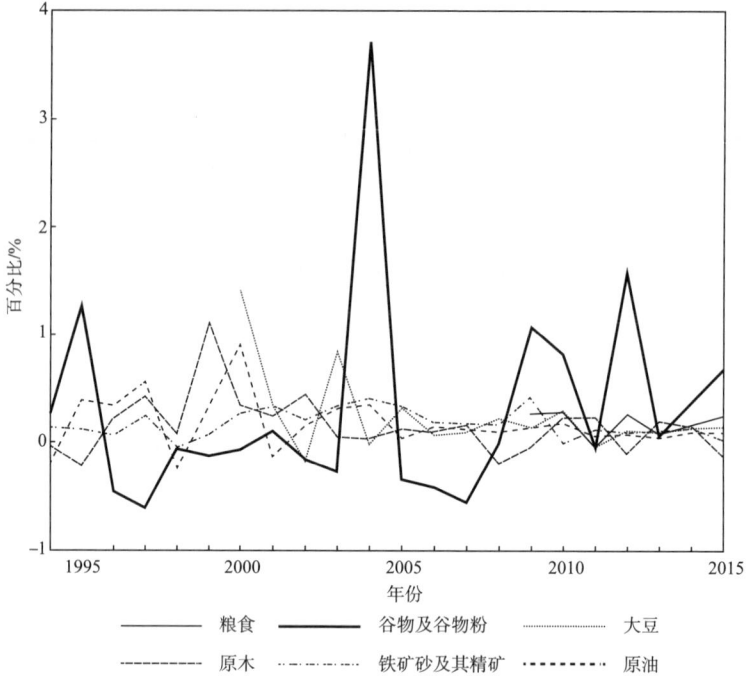

图 4-1　1994~2015 年主要大宗商品进口数量百分比变化

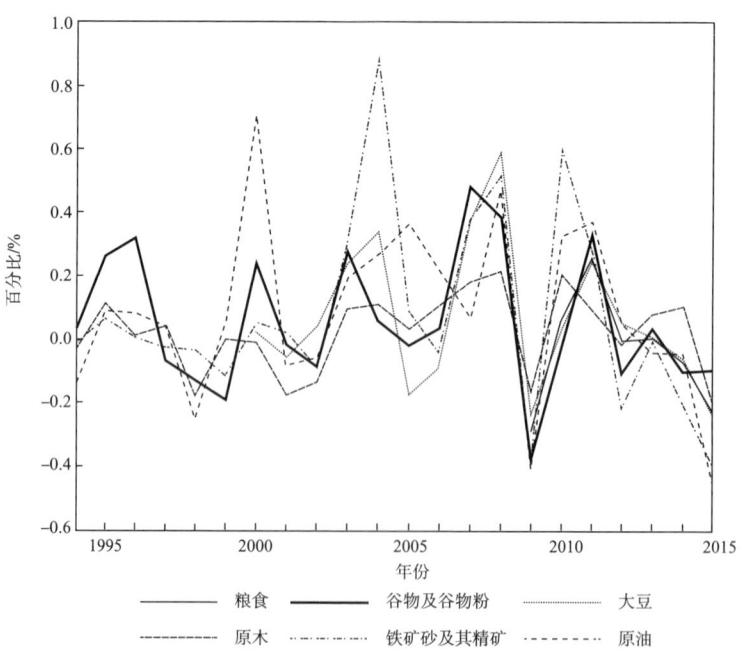

图 4-2　1994~2015 年按进口价值与进口数量折算的基础产品进口价格

从投入产出数据来看，基础产品中进口比重较大的主要是农业中的林业、石油天然气开采、黑色金属矿采选与有色金属矿采选，占比分别为 22.2%、53.8%、43.2%、33.4%。与 2007 年相比，增长最快的是石油天然气开采，2012 年石油天然气开采占该行业总供给的比重比 2007 年提高 16.1 百分点，种植业的进口比重提高了 1.9 百分点；林业、黑色金属矿采选、有色金属矿采选占比略有下降（表4-1）。本部分利用投入产出数据将重点分析进口依赖程度较大的金属矿、原油，以及基础产业中农产品价格上涨的影响及影响模式的变化。

表 4-1　1997~2012 年基础产品进口占国内产出和出口的比重（单位：%）

行业	2012 年 进口/总产出	2012 年 进口/出口	2007 年 进口/总产出	2007 年 进口/出口	2002 年 进口/总产出	2002 年 进口/出口	1997 年 进口/总产出	1997 年 进口/出口
种植业	7.6	600.0	5.7	2.8	2.0	90.0	2.0	107.0
林业	22.2	15012.1	26.1	191.6	10.0	4095.0	11.0	353.0
畜牧业	0.8	344.7	1.0	3.0	1.0	160.0	1.0	70.0
渔业	0.8	105.5	0.3	0.2	0.0	31.0	0.0	18.0
煤炭开采和洗选	7.5	1986.5	2.0	0.8	1.0	18.0	0.0	12.0
石油天然气开采	53.8	7625.0	37.7	33.2	34.0	906.0	28.0	194.0
黑色金属矿采选	43.2	316610.0	43.5	3762.0	36.0	153837.0	43.0	153962.0
有色金属矿采选	33.4	3653.2	33.8	15.8	15.0	593.0	7.0	606.0
非金属矿采选	7.4	307.3	7.2	2.0	11.0	118.0	3.0	60.0

利用 2012 年投入产出表及其附属的进口矩阵，我们计算出基础产品进口主要用于哪种最终产品的生产：农产品进口 75.5% 用于食品制造及烟草加工业，10.8% 用于纺织业皮革羽绒制品鞋，木材加工及家具制造业占 0.72%，造纸印刷文体娱乐占 1.8%，科教文卫商务服务占 2.2%。在石油天然气和金属矿进口中，用于电热燃气的占比为 7.3%，化工肥料橡胶的占比为 5.6%，石油炼焦及核燃料加工的占比为 85.9%。黑色金属矿中金属冶炼及压延占比为 86.9%（表 4-2）。

表 4-2　各类基础原材料用于生产各部门国内最终产品的比例（单位：%）

农产品	比例	石油天然气	比例	黑色金属矿	比例
食品制造及烟草加工业	75.5	电热燃气	7.3	金属冶炼及压延	86.9
纺织业皮革羽绒制品鞋	10.8	矿产开采	0.48	通用专用设备制造业	0.11
化工肥料医药	4.7	化工肥料橡胶	5.6	金属制品业	1.01
木材加工及家具制造业	0.72	石油炼焦及核燃料加工	85.9	家电及其他电器设备	0.08
造纸印刷文体娱乐	1.8	通用专用设备制造业	0.15	电气机械及器材制造	0.07
建筑业	0.94	建材金属冶炼制造	0.57		
科教文卫商务服务	2.2				
住宿和餐饮业	0.97				
累计	97.63		100		88.17

二、基础产品价格下跌行业成本带来的影响

基础产品价格下跌如何影响不同产业的成本下降，利用2012年投入产出数据测算的结果表明，农产品价格下跌造成成本下跌最大的是食品制造及烟草加工业，每1%的农产品价格下跌将带来食品制造及烟草加工业0.49%的成本下降。此外，受农产品价格影响较大的产业还包括住宿和餐饮业、纺织业、木材加工及家具制造业、纺织服装鞋帽皮革羽绒及其制品业等。

原油天然气价格的下跌直接影响以它为原料的能源加工业，石油加工、炼焦及核燃料加工业以及燃气生产和供应业成本下降，此外交通运输及仓储业、化学工业也将受较大的价格冲击。

金属矿价格的上涨影响最大的是金属冶炼及压延加工业，每1%的金属矿价格下跌将带来其成本下跌0.23%。其他如金属制品业、机械设备制造也将受到较大影响（表4-3）。

表 4-3　基础产品价格下跌1%对不同部门的影响（单位：%）

农产品	影响值	原油天然气	影响值	金属矿	影响值
食品制造及烟草加工业	0.49	石油加工、炼焦及核燃料加工业	0.62	金属冶炼及压延加工业	0.23
住宿和餐饮业	0.18	燃气生产和供应业	0.55	金属制品业	0.11
纺织业	0.27	交通运输及仓储业	0.14	电气机械及器材制造业	0.10
木材加工及家具制造业	0.21	化学工业	0.14	通用、专用设备制造业	0.09
纺织服装鞋帽皮革羽绒及其制品业	0.20	金属矿采选业	0.10	交通运输设备制造业	0.07
工艺品及其他制造业	0.18	金属冶炼及压延加工业	0.10	建筑业	0.06

续表

农产品	影响值	原油天然气	影响值	金属矿	影响值
造纸印刷及文教体育用品制造业	0.10	非金属矿及其他矿采选业	0.09	工艺品及其他制造业	0.04
文化、体育和娱乐业	0.08	电力、热力的生产和供应业	0.08	仪器仪表及文化办公用机械制造业	0.04
化学工业	0.08	非金属矿物制品业	0.08	通信设备、计算机及其他电子设备制造业	0.04
水利、环境和公共设施管理业	0.08	建筑业	0.08	煤炭开采和洗选业	0.03
研究与试验发展业	0.08	金属制品业	0.07	非金属矿物制品业	0.03
卫生、社会保障和社会福利业	0.06	电气机械及器材制造业	0.07	研究与试验发展业	0.03
租赁和商务服务业	0.06	卫生、社会保障和社会福利业	0.07	石油和天然气开采业	0.02
居民服务和其他服务业	0.06	通用、专用设备制造业	0.07	化学工业	0.02

平均来看，原油天然气价格下跌对各产业成本的影响程度最大，农产品次之，金属矿的影响较小。即使 PPI 出现 1%的下跌幅度看起来并不大，但对产业乃至整体经济的冲击不可忽视。从受影响比较大的产业来看，农产品的影响面最广，轻工业和服务业中的住宿餐饮业成本下降的影响较大，这对经济产出、增加消费可能存在正面影响。相对的，原油天然气的影响比较集中，前者集中于原材料能源行业，后者集中于重工业行业，这也是导致能源、煤炭、钢铁等行业利润下降和亏损的重要原因。

我们认为，单纯从投入产出数据分析基础产品价格下跌对通货紧缩的影响存在如下缺陷：一是中国投入产出数据严重滞后，国家统计局每五年编制一次，2012年的投入产出表是 2015 年 12 月才发布的，不能满足动态及时的分析需求；二是投入产出表以生产者价格指数为基础来核算，对于分析 CPI 的变化存在困难；三是投入产出表分析难以纳入货币因素，也难以分析微观主体经济行为的决策机制和传递机制。因此下面的分析我们采用 VAR 模型和 DSGE 模型，重点分析原油以及矿产品价格下跌对物价的影响，并采用 DSGE 模型阐述内部机制。主要内容和结论总结如下。

（1）国际油价波动对中国通货紧缩的影响。2014 年下半年以来，国际石油价格持续低位震荡。近期油价波动的主要原因是全球原油市场供求格局变化、地缘政治以及美元汇率波动等。预计短期内国际油价将继续保持低位。中国石油对外依存度较高，国际油价波动必将对国内主要宏观经济指标产生影响。具体到物价领域，经过实证分析，国际石油价格波动将直接影响 PPI，间接影响 CPI。国际石油价格每下降 1%，将导致下一期国内 PPI 下降 0.02%；而 PPI 每下降 1%，将引致下一期 CPI 下降 0.3%~0.5%。国际石油价格波动对中国物价走势影响不容忽视。现阶段，国内物价总水平和国际石油价格均保持低位，是大力推进资源能源价格改革的有利时机。深化原油、成品油价格形成机制改革有助于更好地与国际市场接轨，维护国家能源安全和优化资源配置。

（2）围绕国际矿产价格波动和国内价格指数变化趋势的实证分析，我们分析了国际矿产品价格对国内通货紧缩的传导机制及效应。矿产价格持续下跌与国内通货紧缩之间存在紧密的正相关性。中国发展阶段转换、传统制造业增速放缓是矿产价格下跌和国内通货紧缩风险加大的主要因素。国际矿产价格经历了先上涨后下跌的过程，2008 年金融危机之后的量化宽松环境带来了矿产价格的阶段性上涨，随着货币效应的退却，自 2011 年起，矿产市场乃至整个大宗商品市场开始了持续下跌。国内 PPI 和 CPI 也出现了相同的走势。鉴于中国对国际矿产品的依存度超过了 50%，来自中国制造的需求放缓，是造成国际矿产价格下行的重要因素，也是国内通货紧缩的风险来源。

（3）应用 DSGE 模型分析，我们发现：①2009~2011 年（关联度削弱），我国 GDP 周期成分明显上升为正，相应的，通胀周期也逐渐从底部反弹，至 2010 年之后重现通胀局面，这意味着这阶段我国经济周期也进入了上升阶段；但平滑的大宗商品价格冲击仍持续下降。由此可见，2009~2011 年，大宗商品价格冲击与我国的关联性有所削弱。②在 2012 年之后（与通胀周期呈高关联性），平滑的大宗商品价格冲击波动性增强，相应的，我国通胀的周期成分也表现出较为明显的周期特征，且与大宗商品冲击呈现较强的相关性；相比之下，我国同期 GDP 的周期分量则持续下降，2014 年之后显现为负，这意味着我国经济周期进入下行阶段，GDP 与大宗商品价格冲击的相关度较为模糊。

2015 年通货紧缩压力来自供给侧和需求侧两个方面，供给侧的冲击导致物价下行，有利于降低下游企业和产品成本，增加产出，但是对于中国的原材料生产商而言，则是利润下降和亏损主要原因之一。需求侧的冲击主要表现为各种因素导致经济增长速度下滑，从而引起全面的紧缩效应。对于防范通货紧缩蔓延的政策需要区分供给侧和需求侧两大类原因，分别采取对策。去产能、去库存在短期内存在紧缩作用。

中国作为进口大宗商品的大国，大宗商品价格下跌对国内经济的影响有好有坏，难点是不同的冲击对物价下行压力和通货紧缩预期的最终影响不尽相同，需要分析大宗商品价格下跌影响国内通货紧缩预期的福利效应，并在此基础上提出促进大宗商品价格稳定与国内物价稳定的思路和政策建议。

第二节 国际油价波动对中国通货紧缩的影响

一、国际油价走势及其波动的原因

2014年以来,国际原油价格出现震荡下跌。以西得克萨斯轻质原油(West Texas Intermediate,WTI)现货价格为例,已经由2014年6月的105.37美元/桶跌至2015年8月的42.52美元/桶,跌幅达56.3%。虽然在2015年个别月份国际石油价格略有回升,但是总体下跌趋势明显(图4-3)。

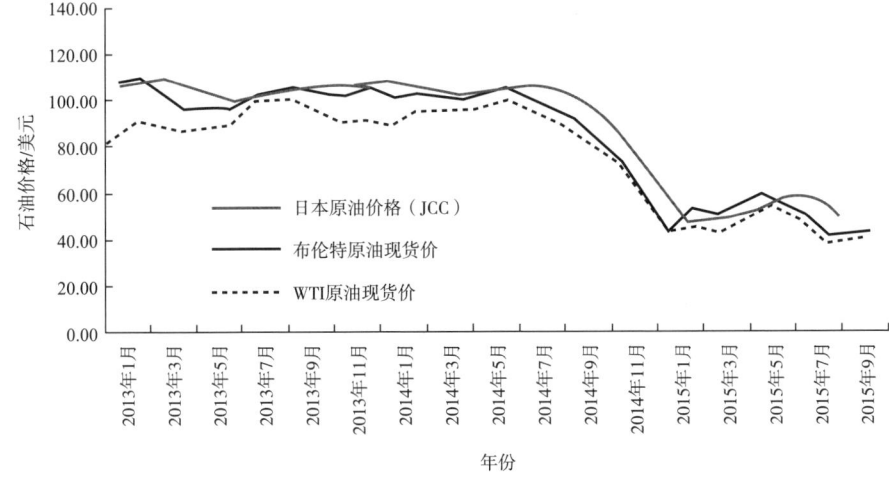

图4-3 2013年1月至2015年9月国际主要原油价格走势图
资料来源:wind数据库

研究影响国际石油价格涨跌的文献很多,主要涉及耗竭性、供求关系、地缘政治、美元汇率、国际能源金融等领域。其中,耗竭性以及石油峰值因素主要决定国际油价长期走势。从短期市场价格波动来看,供求关系、地缘政治和美元汇率是主要的影响因素。

(一)供求关系对国际石油定价机制和价格波动的影响

国际市场供求关系对石油价格影响的研究起源于20世纪60~70年代,研究的主要内容是需求价格弹性、生产国与消费国关系等对石油价格形成和波动的影响。Hogan(1989)提出石油价格波动完全是需求量变化的结果。价格变化也会带来需求量的调整,但是其调整的速度滞后于价格随需求变化而变动的速度,二者之间的相互作用构成了一个循环的波动模式。Kalymon(1975)和Ezzati(1978)为石油需求对价格的影响研究提供了大量的实证模拟模型,包括区分不同等级和层次的需求造成的价格歧视等。

在讨论石油生产者和消费者关系对石油价格形成影响的文献中，Kemp 和 Ohyama（1978）做出了开创性的贡献。该文献指出世界上的国家可以分成两类，一类是进口石油等能源、生产工业制成品的国家，另一类是进口工业制成品、生产石油等初级能源的国家。他们指出前者对石油价格的影响力要大得多，因为生产工业制成品的国家可以通过税收或者控制出口量等方式减少甚至完全不对生产能源国家出口。Findlay（1979）进一步证实了以上的观点，并指出如果生产石油的国家也提高出口税，势必会增加工业国家使用石油的成本，但是这样的结果将会是减少能源生产国获得的工业制成品和消费品的数量。

也有观点认为石油生产国和消费国对价格影响作用是一样的。例如，西得克萨斯研究集团提供的 1869~2004 年油价的统计数据显示，从 1869 年开始，经通货膨胀因素调整后，美国原油平均价格为每桶 18.59 美元，而世界原油平均价格为每桶 19.41 美元。其中有一半时间，美国和世界原油价格低于 15.17 美元/桶的中值。在欧佩克成立之前，石油价格大多数年份处于价格中值以下，这表明石油需求国家在利益分配中占有优势。在欧佩克成立之后，石油价格大多数年份处于价格中值以上，表明石油生产国家在利益分配中占有优势。可见，石油价格波动的长期趋势实际上反映了世界能源供求格局中两大力量的消长。

从 2014~2015 年国际石油市场价格走势看，既有欧盟经济复苏缓慢及中国经济新常态导致的需求下降，也有页岩油气大量开采导致的供给过剩。2015 年，世界银行报告《欧洲中亚地区经济展望：大宗商品低价与货币疲软》称，该地区经济虽然有复苏迹象，但是不同国家之间差异极大。受投资持续回落、金融系统危机以及地缘政治因素影响，欧洲国家经济复苏速度难以达到预期。加之中国经济增长速度回落和日本等亚太国家经济增长速度放缓，在未来短期内国家石油市场供过于求的格局或将继续维持。

（二）地缘政治对国际石油定价机制和价格波动的影响

20 世纪 70 年代的石油危机给世界经济带来了巨大的冲击。这使发达的工业国家开始认识到石油不再是普通的生产要素，而是维持国家经济发展的战略性资源，是国家实现自身经济、政治利益的物质保障之一。长久以来，国际地缘政治对石油价格的影响存在着一些争论。有的研究认为国际地缘政治因素并不影响价格形成和价格水平，无论生产国与消费国之间是否存在政治制度、价值观念的差异，国际石油市场的参与者都是按照利益最大化的原则进行生产和交换，政治动机并不是石油生产者和消费者主要考虑的因素。例如，Adelman（1990）提出阿拉伯国家的政治信仰并不是其在石油生产和定价过程中主要考虑的因素，OPEC

的生存和经济利益还是首要因素。Marshalla 和 Nesbitt（1986）认为即使在国际石油供给模型中加入了政治性的需求，利润最大化的假设依然有效。Kilian（2008）通过对石油危机、海湾战争以及伊拉克战争对石油价格的影响，以及石油价格与美国宏观经济数据的关系研究，得出结论认为中东能源政策只是影响能源价格的外生变量，并且石油价格与美国宏观经济之间的负向关系也没有得到证实。Gately（2007）也通过实证研究得出类似的结论，认为OPEC的石油生产和定价政策是以营利性而非政治联盟为目的的。

但是，也有研究认为，国际政治性事件确实是影响石油价格的重要因素。例如，Issawi（1973）提出美国石油消费的快速增长使能源的稳定供给显得格外重要，美国的外部石油供给来源既包括美国可以控制的墨西哥湾等地区，也包括委内瑞拉、尼日利亚，特别是中东等与美国存在意识形态冲突的国家和地区。美国可以控制的地区石油开采面临着资金和储量减少的制约，稳定石油供给安全需要美国与欧盟等合作，并积极制定应对中东问题的能源政策。Stork（1974）认为1967~1973年的石油危机主要源于阿拉伯国家利用石油作为武器，迫使美国干预中东局势，最终将以色列赶出阿拉伯的领土。研究认为这次石油危机改变了国际石油产业生产结构，也加剧了美国与欧盟、日本等在石油消费中的竞争关系。基欧汉和奈（2002）提出，稳定的国际货币体系、开放的市场和保持石油价格的稳定将成为美国核心竞争力的组成部分。Parra（2004）和Noreng（2006）等都表明了石油价格大幅变化是与地缘政治有关的，并给出了触动每次石油大幅变动相对应的政治事件。BP在2008年发布的能源统计年鉴指出，石油价格大幅波动与伊朗战争、海湾战争以及入侵伊拉克有着重要的联系。Wirl（2009）提出OPEC组织（至少是核心成员）不仅关心国际石油贸易的经济收益，也关心自身的政治收益。在西方国家对石油需求缺乏弹性的条件下，石油减产的手段是实现这两部分收益的最好方法，不仅能获得政治上的收益，还可以通过短期的价格上涨获得超额收益。

从图4-4可以看出，1984~2008年，国际石油价格剧烈波动与相应的政治事件都具有一定的关联性。20世纪80年代中期，两次石油危机后，需求急剧下降造成价格下降；1990年海湾战争以及2003年的第三次海湾战争造成价格大幅上升等。但是这种影响是暂时的，并没有形成持久性的影响。国际地缘政治并不能连续地解释国际石油价格的形成和波动，甚至不能有效地解释某些剧烈的价格波动。例如，国际地缘政治事件并不能解释2004年以来，特别是2007~2008年国际石油价格的剧烈上涨。

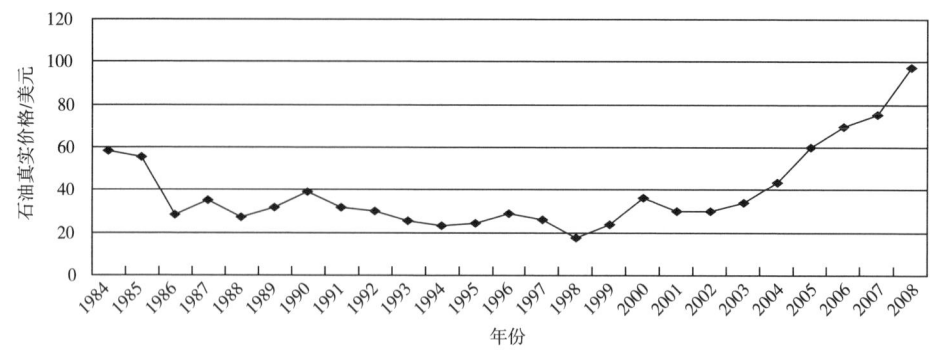

图 4-4 1984~2008 年国际石油真实价格波动趋势

从目前情况看，美国与俄罗斯之间在亚太地区的关系，以及 OPEC 全球战略的制定将成为影响未来国际油价的重要原因。俄罗斯石油产量居世界第二位，占世界原油产量的 12% 左右。石油产业是俄罗斯重要的支柱产业。有研究证明，国际石油价格如果达到 100 美元/桶，将可以满足俄罗斯国内财政收支平衡，而目前的油价将极大地冲击俄罗斯国内经济，客观上有利于美国亚太战略的实施。为此俄罗斯实施诸多救市政策，如 2015 年 10 月俄罗斯与伊朗石油商议签订"互换协议"，目的是两个国家互助拓展石油销售市场，以扩大在石油国际贸易中的市场份额，争取更大的定价权等。但是，从短期看尚难以改变国际油价走势。

此外，以沙特阿拉伯为代表的 OPEC 成员是否有意愿减产以维护原油价格稳定。本轮国际石油价格下跌后，沙特阿拉伯等石油生产大国没有沿袭之前减产稳价的策略，而是通过不减产维护市场份额。如果国际市场价格持续大幅走低，不排除 OPEC 成员改变策略实施减产的可能。

（三）美元汇率对国际石油定价机制和价格波动的影响研究

美元汇率波动也被认为是国际石油价格形成和波动的重要影响因素。Cheng（2008）提出美元汇率变动是石油价格上涨的原因，美元贬值使得与美元汇率挂钩的国家必须采取适度宽松的货币政策，以平抑美元贬值对本国货币币值的影响，这种宽松的货币政策在一定程度上提高了石油等生产、生活资源的需求，从而提高了石油价格。Breitenfellner 和 Cuaresma（2008）认为，美元汇率导致石油价格上涨是通过影响生产国的收益来实现的。美元是国际石油贸易的主要交易货币，石油生产国拥有大量的石油美元，一旦美元货币贬值，为了保障自身的收益，石油生产国势必会提高石油价格来补偿损失。Rogoff 和 Rossi（2008）提出，与传统决定价格的供求等因素相比，汇率等新价格影响因素对价格信息的反应更加灵活，汇率等因素不仅包括现有的商品价格信息，还包括商品价格未来的信息，实体经济的发展趋势能够更加准确地反映在汇率上，进而影响石油价格，形成价格的涨跌。虽然很多国家也计划实现国际石油交易货币多元化,但是实际实施效果难以达到预期。例如,每当国际石油贸易考虑以欧元计价时,欧元币值都会发生不利的变化,这是美元捍卫主导货币地位的重要表现。

欧元走势与石油欧元(PetroEuro)计价机制的关系见表4-4.

表4-4 欧元走势与石油欧元(PetroEuro)计价机制的关系

时间	关系
2000年11月	伊拉克宣布以欧元计价石油,欧元相对于美元的跌势中止
2002年4月	欧佩克代表发布演讲,称欧佩克将考虑实施石油欧元计值的可能性
2002年4月至2003年5月	欧元币值上升
2003年6月	美国将伊拉克的石油销售重新转变为用美元计值
2003年6月至9月	欧元相对于美元下跌
2003年10月至2004年2月初	俄罗斯和欧佩克官员们宣称正在考虑石油以欧元计价,欧元相对美元上升
2004年2月10日	欧佩克称并没有达成转为使用欧元的决定
2004年2月至5月	欧元相对于美元下跌
2004年6月	伊朗宣布建立石油交易所的意图
2004年6月	欧元相对于美元开始重新上升

资料来源:Nunan C. Petrodollar or petroeuro? A new source of global conflict. http://www.feasta.org/documents/review2/nunan.htm

如果美元将继续作为国际石油交易货币,那么美元币值变化将极大地影响国际石油价格走势。目前,美元处于上涨周期中,加息预期一直存在。2015年11月初,美国公布10月季调后非农就业人口增加27.1万人,失业率下降至5.0%,这是2008年4月以来的最低点。这为美元加息提供空间,受此影响国际大宗商品价格持续走低。

综上所述,无论是从供求关系、国际地缘政治还是美元汇率走势分析,至少在短期内国际石油价格或将维持低位震荡走势。虽然沙特阿拉伯等主要国家或许会减产保价,但是国际市场供需格局不会发生太大变化,未来石油价格或将维持在40~50美元。

二、国际油价波动对中国物价总水平的影响和传导途径

国际油价波动对国内经济指标影响也是研究的热点之一。虽然国际石油价格走势和波动将通过各种途径影响国内经济增长、通货膨胀水平,但是影响的程度和途径是有差异的。有的国家可以在很大程度上消化石油价格上涨的影响,有的国家则对石油价格波动非常敏感。这种差别源于国家经济增长的速度、经济发展阶段、能源结构、环境政策等各个方面。

Nordhaus 等（1980）指出，1973 年之后，石油价格增长由每年上升 2%变为每年上升 26%，OECD 成员经济增长从平均每年 5.3%下降到 2.7%，通货膨胀由每年的 3.6%上升到 9.3%，生产率由 3.9%下降到 1.7%。但是与传统的结论不同，他们认为经济衰退 1.8 百分点中只有 0.11%是能源价格波动的影响。石油价格上升会带来企业利润率的下降和实际工资的下降，使经济出现下滑，但是灵活的税率政策可以有效地应对石油价格冲击。Rotemberg 和 Woodford（1996）提出，20 世纪 70 年代经济的萧条与其说是石油供给冲击的影响，不如说是紧缩货币政策的影响。从搜集数据的期间来看，石油价格的上升确实伴随着下一个季度货币供给的减少，但是不能由此认为石油价格上升是经济衰退的唯一原因。文章通过实证分析得出结论，石油价格上升不是经济衰退的主要原因，货币供给的减少才是主要原因。大量的货币供给减少确实会减少产出和实际工资，在世界石油价格上升的阶段没有适当地调整货币政策是经济衰退的主要原因。

Blanchard 和 Galí（2007）提出，石油价格的变化不是经济剧烈波动的主要因素，原因有以下四个方面：一是在石油价格波动时期，国家可能会幸运地出现了与其作用相反的事件，从而抵消了石油价格上涨的作用；二是现代经济社会中，石油生产在总产出中的比例很小；三是现在的劳动力市场更加灵活；四是货币政策不断改进。Kilian（2008）通过实证分析，认为有的发达国家可以很大程度上消化石油价格上涨对经济的影响，石油价格上涨很难造成大范围的经济衰退。Korhonen 和 Ledyaeva（2009）运用 VAR 模型实证分析，认为石油价格上升会促进俄罗斯、加拿大等石油生产国经济的增长。国际石油价格每上升 50%就会带动俄罗斯 GDP 上升 6%。但是，石油价格上升带来的石油进口国经济下滑，间接地影响了石油生产国的经济增长。石油消费国对石油价格上涨的反应是不同的，有的国家会严重受创，有的国际可以自行消化。石油价格上涨对中国、日本、美国、芬兰和瑞士的影响最大，而对其他国家影响相对较小。由此可见，石油价格水平和波动对不同的国家产生不同的影响。对于工业化程度较高、产业结构相对优化、货币政策调整灵活、能源结构相对优化的国家，石油价格上涨对其主要经济指标不会产生巨大的冲击。

具体到国际石油价格对中国国内物价水平的影响来看，主要是通过以下几个方面来实现：一是国际石油进口价格变化直接影响国内油气、化工产业，或者间接影响化纤制造、塑料橡胶等产业，从而影响 PPI 走势；二是通过影响交通运输等价格，直接影响 CPI 走势；三是通过 PPI 向 CPI 的传导，影响国内物价总水平走势；四是通过影响国内货币政策，影响未来价格总水平走势。

为了验证国际石油价格对国内物价总水平的影响，本部分先分析 2014 年 6 月以后，国内石油、化工等相关行业价格走势，直观了解国际石油价格下跌的影响。之后，建立 VAR 模型，实证研究国际石油价格下跌对国内主要价格指标的影响程度和时滞。

（一）国际石油价格对国内相关行业价格走势的影响

我国石油进口依存度较高。据海关总署统计，2014 年我国进口原油 3.1 亿吨，原油对外依存度为 59.6%，较 2013 年的 57% 上升 2.6 百分点。原油作为基础投入品，国际市场价格变化将直接影响国内油气等相关行业价格走势，并影响工业生产者价格指数。石油工业和化学工业是构成 PPI 的两个重要行业，从 2014 年 6 月以来，这两个行业价格明显、大幅下跌，特别是石油工业价格由 2014 年 6 月的上涨 3.30%，跌至 2015 年 9 月的 -28.27%（表 4-5），成为 PPI 下行的重要推动因素。

表 4-5 2014 年 6 月至 2015 年 9 月石油、化工行业价格走势

时间	石油工业	化学工业
2014 年 6 月	3.30	−1.23
2014 年 7 月	3.91	−0.72
2014 年 8 月	0.66	−0.60
2014 年 9 月	−3.79	−0.84
2014 年 10 月	−6.63	−1.53
2014 年 11 月	−10.33	−2.37
2014 年 12 月	−16.13	−3.63
2015 年 1 月	−24.83	−4.83
2015 年 2 月	−28.28	−5.22
2015 年 3 月	−25.38	−4.74
2015 年 4 月	−25.53	−4.31
2015 年 5 月	−22.60	−3.83
2015 年 6 月	−21.77	−3.95
2015 年 7 月	−21.77	−3.95
2015 年 8 月	−27.54	−5.54
2015 年 9 月	−28.27	−6.08

资料来源：wind 数据库

石油、化工行业价格的大幅下跌也导致这两个行业的盈利水平大幅下降，石油和天然气开采行业以及与石油天然气有关的服务活动等企业，在 2014 年下半年以来出现大面积经营亏损的情况（表 4-6）。2015 年石油天然气开采行业固定资产投资累计额明显低于 2014 年，都表明石油天然气行业经营困境将在短期内难以改善。

表 4-6　2014 年 6 月至 2015 年 9 月石油和天然气行业经营亏损情况（单位：万元）

时间	石油和天然气开采业 利润总额（累计同期增减）	石油和天然气开采业 亏损企业亏损总额（累计值）	与石油和天然气开采有关的服务活动 利润总额（累计同期增减）	与石油和天然气开采有关的服务活动 亏损企业亏损总额（累计值）
2014 年 6 月	−464 558.10	210 781.00	−80 871.60	144 902.10
2014 年 7 月	−6 195.00	216 637.50	−79 954.10	175 896.20
2014 年 8 月	104 254.30	220 050.70	−29 054.40	203 782.20
2014 年 9 月	−3 252 597.30	258 703.50	58 372.60	215 492.20
2014 年 10 月	−3 760 358.00	296 595.20	51 860.80	249 041.80
2014 年 11 月	−4 681 541.40	341 674.00	41 505.70	272 905.40
2014 年 12 月	−5 023 904.50	458 619.60	466 743.50	410 156.10
2015 年 2 月	−4 533 142.70	782 810.50	−91 853.20	192 778.10
2015 年 3 月	−7 136 555.70	1 050 784.10	−72 291.00	131 156.00
2015 年 4 月	−9 372 201.50	1 340 939.10	−98 213.50	183 191.00
2015 年 5 月	−11 312 814.40	1 520 054.10	−144 553.00	221 058.40
2015 年 6 月	−13 611 672.40	1 575 312.30	−214 940.90	232 562.30
2015 年 7 月	−15 379 310.00	1 675 007.00	−286 865.10	278 102.20
2015 年 8 月	−17 668 826.80	1 866 647.20	−360 960.80	319 471.90
2015 年 9 月	−17 371 695.10	2 351 445.50	−428 178.20	385 410.70

资料来源：wind 数据库

（二）国际石油价格波动对国内物价总水平的影响——基于 VAR 模型的分析

在分析国际石油价格对通货膨胀率等宏观经济变量的影响的文献中，VAR 是比较常用的方法（Lescaroux and Mignon，2008）。实证分析结论普遍认为，作为基础性投入品，石油价格上涨将引起 CPI 和 PPI 的变化，波动的幅度取决于石油类产品在价格指数中的比重，而 CPI 和 PPI 的变化则会导致生产成本和工资水平的变化，进一步影响物价总水平。对于中国而言，国际石油价格和国内石油价格哪个会影响物价总水平，并且影响时滞等问题存在一些争论。

本部分选取 2010 年 1 月至 2015 年 9 月的中国国内 CPI、PPI 作为衡量国内物价总水平的指标。选取 WTI、北海布伦特原油现货价格（Brent）以及迪拜原油现货价格（Dubai）作为衡量国际油价波动的指标。剔除季节因素和不规则数据之后，计算国际石油价格波动率：

$$P_t = 100 \times \ln(P_t/P_{t-1})$$

从基本统计量看，从国际石油价格波动分布为非正态，且具有尖峰厚尾特征。从国内价格波动看，PPI 比 CPI 波动更加剧烈（表 4-7）。模型经过稳健性检验，模型稳定，后续采用 VAR 模型不会产生伪回归的问题。

表 4-7　各宏观变量的基本统计量分析

统计量	WTI	Brent	Dubai	CPI	PPI
均值	−0.736	−0.682	−0.76	2.97	0.41
方差	7.82	7.61	7.34	1.43	4.24
峰度	2.973 2	5.01	6.76		
偏度	−0.24	−0.298	0.23		

假设国内物价总水平走势指标为 CPI、PPI 和国际油价 P，建立 VAR 模型描述为

$$\text{CPI}_t = \mu_1 + \sum_{i=1}^{n}\varphi_{1i}\text{CPI}_{t-i} + \sum_{j=1}^{n}\gamma_{1j}\text{PPI}_{t-j} + \sum_{h=1}^{n}\beta_{1h}P_{t-h} + \varepsilon_{1,t} \quad (4-1)$$

$$\text{PPI}_t = \mu_2 + \sum_{i=1}^{n}\varphi_{2i}\text{CPI}_{t-i} + \sum_{j=1}^{n}\gamma_{2j}\text{PPI}_{t-j} + \sum_{h=1}^{n}\beta_{2h}P_{t-h} + \varepsilon_{2,t} \quad (4-2)$$

$$P_t = \mu_3 + \sum_{i=1}^{n}\varphi_{3i}\text{CPI}_{t-i} + \sum_{j=1}^{n}\gamma_{3j}\text{PPI}_{t-j} + \sum_{h=1}^{n}\beta_{3h}P_{t-h} + \varepsilon_{3,t} \quad (4-3)$$

建立 VAR 模型，经过检验发现：第一，中国国内 CPI、PPI 等物价总水平指数对国际石油价格波动没有影响作用，这说明虽然中国作为石油消费大国，其消费量会成为决定国际石油价格走势的重要影响因素，但是中国国内物价水平变化导致的货币政策和汇率变化等均没有影响国际原油价格走势和波动。这一方面与人民币国际化水平不高，不是国际大宗商品贸易交易货币有关，另一方面也与国际大宗商品价格受能源金融、地缘政治等多种因素影响有关。这也说明目前中国尚没有掌握国际大宗商品定价权。

第二，无论是 Brent、WTI 还是 Dubai，国际石油市场价格波动不能对 CPI 产生直接影响。虽然随着国际石油价格下调，中国在 2015 年 1 月至 12 月先后 12 次下调国内成品油价格，但是目前国内消费品市场价格波动对国际市场价格依然并不敏感。这也验证钱行（2006）提出的虽然应重视国际市场因素的影响，但是中国的通货膨胀主要由国内因素造成。

第三，国际石油价格波动对 PPI 影响非常明显。实证研究显示，国际石油价格每下降 1%，将带来 PPI 0.017~0.02 个单位的波动，且两者属于正相关关系。这说明国际市场价格下跌确实是国内工业领域通缩的影响因素。当然，国际石油价格波动并不能成为国内工业生产者价格指数大幅、明显下降的主要原因，国内相关产能过剩行业经济困境值得引起重视。

第四，国际石油价格对国内消费价格指数有间接影响作用，主要是通过 PPI 向 CPI 传导来实现的。PPI 每下降 1%，将导致下一期 CPI 下降 0.3%~0.5%。这个影响有两个方面的解释：一是国际石油价格下跌通过工业产品价格下跌，生产成

本下降，从而影响消费品价格变化；二是国际石油价格直接影响交通运输价格，从而导致 CPI 下降。

国际市场价格波动对国内物价指数影响分析见表 4-8。

表 4-8　国际市场价格波动对国内物价指数影响分析

主要变量	WTI	Brent	Dubai
L.WTI	0.266** （2.17）		
L2.WTI	−0.011 (−0.08)		
L3.WTI	−0.245* (−1.86)		
L.CPI	−1.849 (−0.77)	−1.494 (−0.69)	−1.915 (−0.94)
L2.CPI	3.976 （1.62）	2.122 （1.04）	2.467 （1.28）
L3.CPI	−0.743 (−0.32)		
L.PPI	−0.694 (−0.29)	2.402 （1.39）	2.105 （1.29）
L2.PPI	2.391 （0.6）	−2.218 (−1.24)	−1.938 (−1.14)
L3.PPI	−1.9 (−0.86)		
L.brent		0.176 （1.41）	
L2.brent		−0.131 (−0.96)	
L.dubai			0.292** （2.37）
L2.dubai			−0.114 (−0.84)
截距项	−4.678 (−1.26)	−2.202 (−0.62)	−1.991 (−0.59)
对 CPI 的影响			
L.WTI	0.004 98 （0.77）		
L2.WTI	−0.004 85 (−0.70)		
L3.WTI	0.007 95 （1.15）		
L.CPI	0.461*** （3.66）	0.453*** （3.77）	0.452*** （3.73）
L2.CPI	0.371*** （2.86）	0.370*** （3.26）	0.372*** （3.23）
L3.CPI	−0.067 9 (−0.56)		

续表

主要变量	WTI	Brent	Dubai
L.PPI	0.530*** (4.2)	0.306*** (3.17)	0.313*** (3.2)
L2.PPI	−0.774*** (−3.68)	−0.250** (−2.49)	−0.255** (−2.52)
L3.PPI	0.325*** (2.79)		
L.brent		0.00941 (1.35)	
L2.brent		−0.00383 (−0.50)	
L.dubai			0.00798 (1.08)
L2.dubai			−0.00428 (−0.53)
截距项	0.700*** (3.57)	0.536*** (2.7)	0.533*** (2.66)
对PPI的影响			
L.WTI	0.0175*** (2.69)		
L2.WTI	−0.00888 (−1.27)		
L3.WTI	0.00767 (1.1)		
L.CPI	0.113 (0.89)	0.0292 (0.24)	0.0183 (0.15)
L2.CPI	0.068 (0.52)	−0.0801 (−0.69)	−0.0688 (−0.59)
L3.CPI	−0.263** (−2.15)		
L.PPI	1.778*** (13.95)	1.591*** (16.07)	1.609*** (16.24)
L2.PPI	−1.146*** (−5.39)	−0.604*** (−5.88)	−0.620*** (−6.02)
L3.PPI	0.369*** (3.14)		
L.brent		0.0184*** (2.58)	
L2.brent		−0.00233 (−0.30)	
L.dubai			0.0203*** (2.71)
L2.dubai			−0.00704 (−0.86)
截距项	0.161 (0.81)	0.094 (0.46)	0.0931 (0.46)

***表示在1%的水平上显著；**表示在5%的水平上显著；*表示在10%水平上显著
注：括号内为回归 t 值

三、深化国内原油、成品油价格改革的政策建议

中国石油对外依存度高,国际石油价格波动必将对国内产生影响。如何提高中国在国际石油市场上的定价权,实现国内外市场有效接轨,并不断提高国内能源自给能力,不仅关系到国家经济安全,也关系着资源优化配置和转变经济发展方式。正是由于其重要性,深化原油、成品油等资源能源价格改革成为"十三五"期间的重要工作。在深化石油价格形成机制改革的过程中,选择合适的时机可以减少改革过程中的阻力。一般而言,石油价格改革合适的时机需要具备五个条件(金三林,2008):一是 CPI 涨幅不大,走势平稳;二是国内石油供求矛盾缓和;三是国际石油价格走势平稳;四是其他能源供应相对充裕;五是与资源税、消费税改革时机不冲突。现阶段比较适合石油等大宗商品价格改革的深化,我国应抓住这样的机遇,将石油价格改革看做转变经济增长方式、优化能源结构和参与国际能源合作的重要手段和推动力量,逐步推进我国的石油行业的健康发展。

第一,深化我国原油价格水平改革的长期目标是促进我国石油市场健康发展。

从长期来看,我国原油定价机制改革的目标不仅要反映国内原油的真实价值和真实供给状况,实现与国际石油价格水平的接轨,更重要的是实现与国际石油定价机制的接轨。目的是以价格改革鼓励我国石油生产企业合理科学地开采石油,完善石油储备体系,积极有序发展石油金融产业,逐步参与国际石油定价,以及广泛参与国际能源合作。

原油定价机制改革长期目标实现的基础是按照国际先进的经验完善国内基准价格的定价模型。这要求我国逐渐开发原油勘探和开采环节,引入竞争,发现真实的生产成本。积极发展低碳机制,明确环境成本价值。以转变经济发展方式;逐步缩小石油价格和清洁能源价格之间的价格差,鼓励发展清洁能源,优化能源结构;提高石油消费效率;以及动态调整基准价格模型系数。鼓励国内企业积极参与国际能源合作和竞争。发展符合国际标准的石油金融体系,增加石油金融定价的能力。逐步实现与国际石油市场定价机制的接轨。在此同时,辅助以必要的国内财政、货币和产业政策,平抑石油价格波动造成的经济波动,保证石油产业和国民经济平稳健康发展。

在现实操作的过程中,基准价格的确立是市场生产、消费等各个参与主体博弈的结果,扩大生产企业、居民等原油消费者在定价过程中的主导权,是确定基准价格的有效途径。科学合理的价格形成机制也应该避免石油价格波动过于频繁,引导生产者和消费者形成合理的价格预期。Bernanke(1983)研究表明由于不能明确预期石油价格未来的走势,社会经济的参与者会产生对未来发展的不确定性预期,这种不确定性会使微观企业选择推迟必要的投资,从而对整个国民经济的

发展产生制约。Pindyck (1991) 从油价对企业资本的边际产出产生影响的角度也得出了类似的结论，认为油价的不确定性会推迟新的投资，阻碍经济的增长。我国在制定石油价格定价机制时应遵循的原则是建设有利于形成稳定合理的均衡石油价格，避免价格过度频繁或者大幅波动。

第二，建立科学的成品油价格形成机制。

成品油定价机制改革与原油价格改革侧重点不同：一方面成品油生产企业更加关心成品油价格与原油价格之间的价差，而不是成品油的绝对价格水平；二是成品油价格直接影响价格总水平和居民生产生活成本，是价格宏观调控的重要领域。

现有的成品油定价机制基本上由成本加成的方法决定。在确定原油成本的基础上，成品油价格取决于生产商的炼制成本、经营成本、利润和税收。现有的成品油价格形成机制中价格调节的手段已经由行政手段调节转变为国际通用的税收等经济调节手段，这是成品油价格调整机制改革的进步。但是，现有的定价机制难以起到鼓励成品油生产企业提高经营水平，减少生产成本的作用。从国际石油市场的发展来看，我国的成品油生产企业必须和跨国石油公司进行激烈的竞争，积极参与国际石油市场博弈，其中生产炼制成本是提高竞争力的关键。此外，我国成品油生产企业合理利润水平的确定也是价格改革的主要内容，这关系到我国成品油行业的可持续发展。

政府可以直接干预成品油价格制定的前提是完全掌握成品油生产成本信息和利润水平，这在现实中是难以实现的。成品油价格改革的深化依赖于逐步实现竞争性的市场。鼓励竞争需要从三个方面积极探索：首先应打破我国现有的生产、炼制和销售一体化的纵向垄断；其次在产业各个环节引入竞争，逐步打破横向垄断，实现生产、经营企业的多元化；最后积极发展石油金融，为我国成品油生产企业提供投融资、金融服务咨询等金融扶持，并推动成品油生产企业参加境外合作。

我国目前成品油定价原则是在原油价格水平基础上加上合理利润、加工成本、税金和费用形成。在国际原油价格居高时，为了保证国内经济发展的要求，要适度减少成品油企业的利润水平，保证成品油价格稳定。这种价格形成机制实际上并没有鼓励国内成品油生产企业将工资福利、经营费用等成本降低。我国的石油生产企业是高度垄断的，由于价格主管部门不了解企业的真实信息，石油生产企业可以在原油开采和成品油炼制加工之间转移成本，利用现有定价机制的缺陷，获得双重的利益。改变这一局面的方法是将成品油生产的成本核算标准与国际接轨，按照国际先进石油炼化企业的成本水平，结合我国实际情况形成成品油成本监测标准，并制定合理的利润水平。为了实现成品油定价机制改革这个目标，我国应首先打破石油生产的高度垄断。因为我国成品油的对外依存度不高,在原油价格确定的条件下,成品油价格水平主要取决于国内生产企业的经营水平和市场竞争环境。引入竞争,可以有效地制定成本监审办法,真实地了解国内成品油生产的真实成本和利润水平。具体分析,主要的工作应体现在以下三个方面。

一是从短期看,放开国内成品油零售市场,引入竞争,鼓励生产企业降低成本。我国目前的石油开采、加工以及销售等完整产业都由三大石油集团垄断经营,而三大集团之间还具有明确的地域,这就造成了事实上的高度垄断经营局面。高度垄断的危害在于:①企业具有完全的定价权利和影响国家价格监管的能力,容易形成垄断高价;②高度的一体化经营,会加大监审成本信息的难度,难以区分真实成本和转移成本,对合理监管价格水平造成很大的困难;③高额垄断利润的长期存在,容易拉大垄断部门与其他社会部门的收入差距,影响社会稳定。放开对石油行业进入门槛的限制,鼓励有实力的企业进入石油生产加工以及销售领域,可以形成有效的竞争,提高企业的经营水平,减低成本,形成合理价格。放开成品油行业的管制、鼓励市场竞争,需要有明确的开放顺序。首先应放开销售环节,鼓励各种所有制的石油企业在全国范围内建立零售网点。因为在零售市场上成品油生产者与消费者可以形成最直接的博弈,直接影响企业收益,最容易发现真实的市场价格信息。由于我国的成品油生产和销售环节是高度垄断的,国家应制定相应的法律,并组建专门的价格监管部门,防止垄断经营者制定串谋价格。

二是从中长期看,应逐步放开炼制环节的垄断,鼓励国内企业实现成品油成本核算标准与国际接轨,制定调价的合理界限。零售环节的竞争可以推动企业提高经营效率,减少经营成本。引入多种所有制的成品油加工企业不仅可以使我国企业提高国际化的竞争力,还可以引进先进的管理经验。对于我国石油企业公平报酬率的确定,应逐步由公正报酬率规制形式过渡到激励规制形式,采取价格上限、区域间标尺竞争、特许投标制等激励性规制使企业受到利润刺激或竞争性刺激,从而合理化企业的利润标准(高杰,2005)。

三是完善税收和法律制度,鼓励技术进步和提高效率。我国近年来的石油定价机制改革已经开始重视对税收等经济手段的应用,单位税额的提高有利于我国提高能源使用效率和开展节能减排工作,也有利于优化能源结构和实行经济持续健康发展。但是,我国税费改革没有和其他的经济手段配合使用。例如,没有征收用于环境污染治理的能源税种;没有大范围征收体现石油资源产权的资源税种;没有计提用于技术更新换代、替代能源开发的基金;等等。可以说,我国并没有充分发挥税收、基金对形成合理价格的引导作用。同时,已经征收的税收水平也比较低。以资源税为例,国际石油价格每吨420美元时,俄罗斯政府从每吨石油中收取了超过180美元的税收,占油价的42%~43%;美国政府则从中取得了134

美元的权利金，占油价的32%左右，同期中国从每吨石油中只拿了不到4美元的资源税，还不到石油价格的1%（王喜爱，2009）。此外，中国对于能源立法工作相对落后，没有体现法律对能源价格形成和能源市场竞争行为的规范作用。

第三，理顺原油定价和成品油定价之间的关系，推进石油金融发展。

我国成品油生产受政府物价部门管制较多，价格调整的频率和幅度小于原油，也存在一定的调整时滞。由于原油、成品油的定价机制不统一，成品油价格与原油价格尚没有形成有效的联动。所以，建立原油、成品油价格联动机制是成品油价格改革的重要内容之一。

理顺原油和成品油价格联动机制需要从以下两个方面体现：一是完善成品油价格随原油价格调整的时间和方式；二是鼓励石油金融体制的发展。成品油加工企业并不关心原油和成品油的绝对价格水平，而是关心两者之间的差额，从而确定利润水平。积极发展成品油期货等金融工具，尤其是裂解价差期货等金融衍生品，可以有效地保护成品油生产企业的利益。成品油期货市场的发展不仅有利于发现成品油的真实价值，同时能源金融市场的发展还能提供炼制企业技术进步所需要的资金和金融咨询服务。

石油金融是石油市场与金融市场的统一，即包括石油货币、石油银行、石油公司、石油风险基金、石油期货、石油衍生工具市场等（刘拓，2007）。发展石油金融体制体现了现阶段金融工具的价格发现功能，有利于我国成品油定价机制与国际的接轨。近年来，石油定价的金融属性不断得到强化，已实现从商品属性向金融属性的转换，石油交易已经演变成一种金融工具，期货市场规模不断增大，对石油影响力也大于现货市场，定价权已成为石油市场金融化的核心所在。期货等金融衍生品的发展是现代石油定价最主要的手段，石油金融衍生品的发展不仅为石油企业提供融资等便利条件，还提供套期保值、发现合理价格等作用，是国际石油市场定价的重要手段。

同时，能源基金是能源金融在现阶段发展的新形式，能源基金包含两个方面的含义：①从实体经济发展角度分析，能源基金是一种对原油、成品油等能源企业进行投资和提供经营管理服务的利益共享、风险共担的金融工具，这种基金工具可以快速聚合资金，有效促进成品油生产企业的技术升级，通过股权融资和高效的基金管理促使能源企业发展壮大。②从虚拟经济角度分析，能源基金可以利用能源金融市场和金融衍生品的发展获得虚拟经济发展的利益，是取得国际能源定价权的主要物资保障。我国已经开始认识到能源产业发展基金、境外能源基金以及能源产业引导基金对促进行业发展、规范定价原则的重要推动作用。基金建立的具体方式可以由我国国内的基金管理人或者管理公司组织发起，资金来源以国内资金，包括居民储蓄、社保基金、财政资金和外汇储备等为主的，针对我国成品油生产企业的发展阶段和特点，鼓励国内企业技术升级，扶持能源企业"走出去"参与国际竞争与合作提供资金保障。

第三节　国际矿产品价格对国内通货紧缩的传导机制及效应

中国发展阶段转换、传统制造业增速放缓是矿产价格下跌和国内通货紧缩风险加大的主要因素。国际矿产价格经历了先上涨后下跌的过程，2008年金融危机之后的量化宽松环境带来了矿产价格的阶段性上涨，随着货币效应的退却，自2011年起，矿产市场乃至整个大宗商品市场开始了持续下跌。国内PPI和CPI也出现了相同的走势。鉴于中国对国际矿产品的依存度超过了50%，来自中国制造的需求放缓，这是造成国际矿产价格下行的重要因素，也是造成国内通货紧缩的风险来源。

一、主要矿产品价格及需求变化趋势分析

（一）主要矿产品价格走势

自2008年金融危机以来，国际大宗商品价格经历了由涨转跌的局面，拐点出现在2010年前后，铁、铜、铝、镍等主要矿产价格也是如此。描述国际矿产价格的总体走势，最常用的是CRB指数[①]。CRB指数是国际市场使用最广的商品价格指数。图4-5中的曲线分别为CRB现货金属指数和CRB现货综合指数的走势。2008年金融危机之后，在国际上QE政策和国内四万亿投资的推动下，商品价格指数也随之走高，作为通货膨胀率的前瞻性指标，CRB的上涨恰恰印证了2010年前后通胀抬头的宏观经济环境。然而，任何刺激经济的政策效果都是阶段性的。从2011年起，CRB金属现货指数进入下行通道，从2014年开始，CRB金属现货指数加速下跌。相比之下，CRB现货综合指数保持相对平稳，从2014年才开始呈现下降趋势。由此可见，在大宗商品中，以矿产为原料的金属价格下跌比其他商品更显著，也成为国内通货紧缩的一个主要风险点。

[①] CRB是Commodity Research Bureau的缩写，该指数的构成主要为原材料性质的大宗物资商品，CRB指数反映了世界商品现货价格和期货价格的总体变化。CRB指数的更新频率高，能够提前反映出PPI和CPI的变动，可视为通货膨胀或通货紧缩的指示器，起到经济预警的作用。

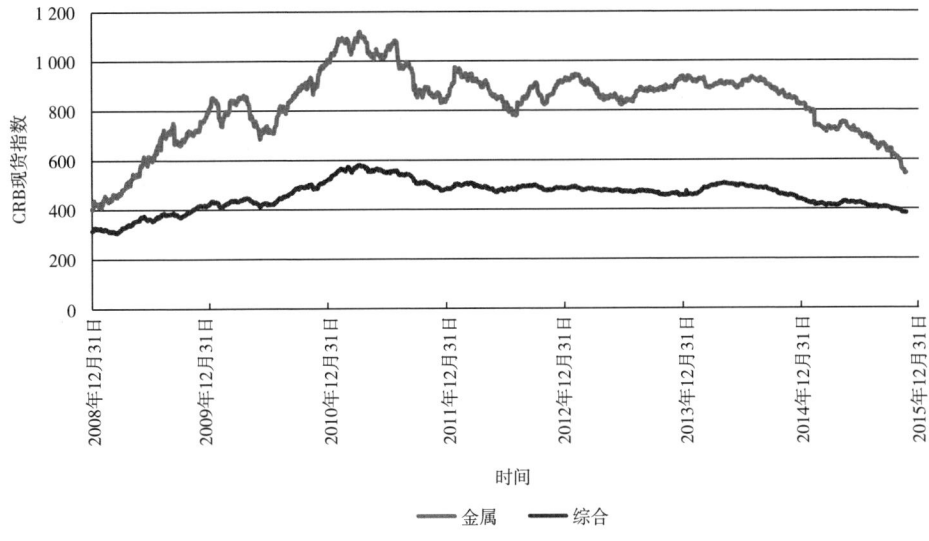

图 4-5 CRB 现货指数趋势图
资料来源：wind 资讯宏观数据库

与 CRB 指数相似，国内编制的中国大宗商品指数也形成了同样的走势，只是下跌的时间晚于 CRB 指数。图 4-6 中显示了矿产品价格指数从 2010 年到 2013 年的变动，伴随着较大波动的上涨行情持续到 2011 年年初，从 2011 年第三季度开始进入下行通道，2012 年全年加速下跌。

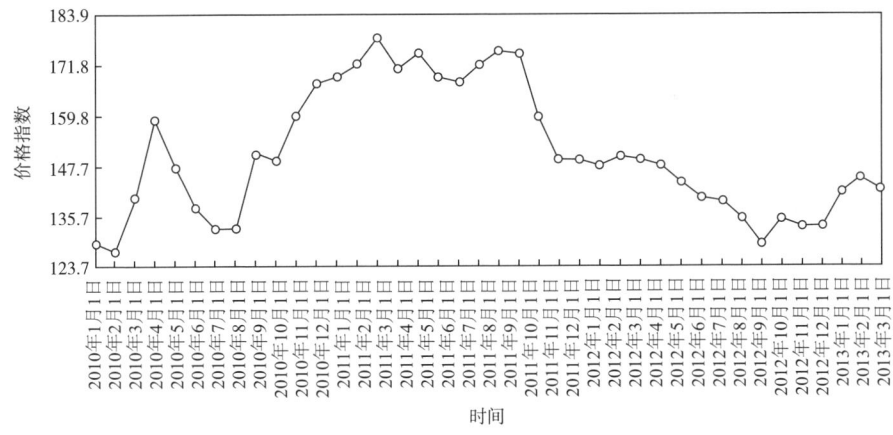

图 4-6 矿产品价格指数
资料来源：中国大宗商品指数网

伴随着全球经济增长放缓，国际市场对大宗商品的需求也逐渐萎缩。需求端的疲软是矿产品价格下行的主要因素，然而，矿产品的供给端并未出现对等的减产。例如，2014年美国矿产品原材料产值为776亿美元，较2013年的742亿美元增加了4.6%。在供给方面，出于规模效应的考虑，国际主要矿山并没有因为矿产价格下降而减产。

货币因素对矿产品价格的影响也同样不容忽视。作为大宗商品结算货币的美元，其汇率波动将对矿产品价格产生直接影响。举例来说，2011年4月以来，美元指数从73上升至2014年12月的89，同期国际金价从约1 900美元/盎司降至1 200美元/盎司，伦敦金属交易所6种有色金属（铜、铝、铅、锌、锡、镍）价格的伦敦金属期货交易所（London Metal Exchange，LME）指数从4 500下降至3 000左右，降幅达30%。下文分别对铁矿石和主要有色金属价格的历史走势进行分析。

1. 铁矿石价格走势

以铁矿石为代表的黑色金属是我国重工业生产的重要原材料。国内钢铁冶炼的原材料需求主要通过国际铁矿石市场来满足。因此，我国铁矿石的进口依存度一直处于高位。根据wind资讯的数据，从2009年起中国对铁矿石的进口量已经占到国际铁矿石总进口量的50%以上，这意味着来自中国的需求对国际铁矿石价格的影响举足轻重。通过图4-7可见，铁矿石进口平均价格在2008年金融危机之后企稳并小幅上涨，从2011年开始一路下跌。结合我国在金融危机之后政府投资效应的逐步减弱，可以初步判断，国际铁矿石价格从2011年开启的下行通道，与来自中国需求的调整有关。

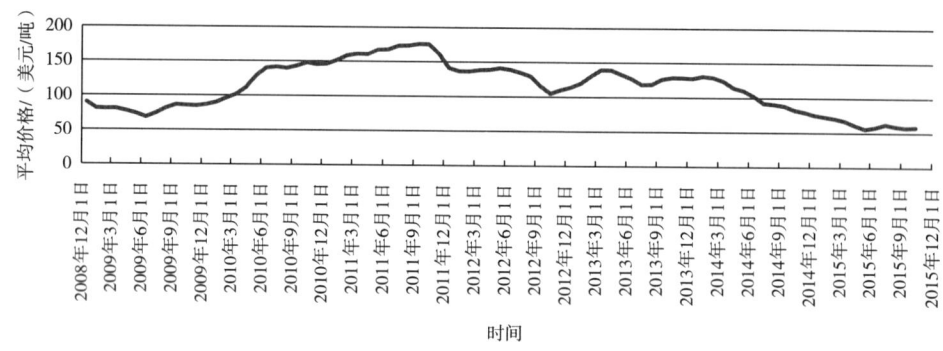

图4-7　进口铁矿石平均价格
资料来源：wind资讯商品数据库

尽管来自新兴市场国家的需求增长乏力，但由于矿产供给曲线仍然具有边际成本递减效应，主要矿山对铁矿石的产量不减反增。在供给方面，国际铁矿石三巨头仍然在增加产能，以寻求通过降低每吨的生产成本；在市场方面，寡头竞争的市场格局使铁矿石供应商有较强的动机扩大销售、增加市场份额。2015年第三季度，必和必拓铁矿石产量增至6 130万吨，增幅7%，力拓产量增加12%，淡水河谷铁矿创公司有史以来最高单季产量，达8 820万吨。2015年前三个季度，淡水河谷铁矿石产量达到破纪录的2.48亿吨，较上年同期增加1 180万吨。另外，澳大利亚的铁矿项目可能会增加全球市场供应，再加上中国钢铁企业减产预期强烈，因此未来铁矿石价格仍将以较大概率下行。

铁矿石价格下行，与下游钢铁制造业的需求不足有直接关系。从钢铁行业PMI指数来看，2015年11月为37.0%，较上月下挫5.2百分点，该指数三连降创2008年12月以来的最低水平，并连续19个月保持在50%的荣枯线以下。从PMI分项指数来看，生产指数、新订单指数均降至2015年7月以来的最低，购进价格指数三连降至2015年2月以来的最低，产成品库存指数及新出口订单指数小幅反弹。

中国经济增速放缓，投资环境随着大行业的衰退而转弱，钢铁行业的两大下游中端房地产投资和汽车制造业都出现了需求不足的情况。2015年前三个季度，国内房地产投资完成7万亿元，增速连续下降已经达到18个月，第三季度同比负增长0.57%，是1998年实行住房制度改革以来的首次负增长。螺纹钢为国内钢材市场单品类产销量最大的品类，房地产投资下降导致螺纹钢的销路也受阻。汽车制造业虽然境遇略好于房地产，但也并不乐观。汽车行业已结束高速增长黄金十年，步入微增长阶段，这也将严重压制国内汽车制造钢材的使用量。2015年1月至10月，中国汽车产销量达到1 900万吨，虽然10月单月产销量同比增长可观，但整体来看也仅略高于上年同期水平。

2. 有色金属价格走势

1）铜、铝和铅矿价格

与黑色金属相似，有色金属也经历了2008年之后的上涨和2011年开始的下跌。图4-8为铜、铝和铅三种金属矿产价格的走势图，左轴为铜价，右轴为铅和铝的价格。由图4-8可见，2011年三种金属价格波动率较大，从2012年开始，该波动率收窄，形成了本轮的趋势性下跌。

2）锌矿价格变化及产业链联动

尽管锌金属作为基本金属中供求面最好的品种之一，但伴随着下游需求的超预期下滑，锌矿加工行业正面临着产能过剩需求不足的困境。国家统计局数据显示，2014年精炼锌累计产量为582.7万吨，同比增长7%。沪锌主力（ZNM）期货2015年11月20日收盘价格为12 470元/吨，较年初下跌25.37%，同时也创下了2009年以来的新低。2015年锌价是大宗商品整体低迷的一个缩影，6年来不断下挫，大部分大宗商品价格较2007年时跌幅已经超过50%甚至更多。锌行业长鞭效应逐渐显现，供求缺口较难逆转。根据国际铅锌研究部（International Lead and

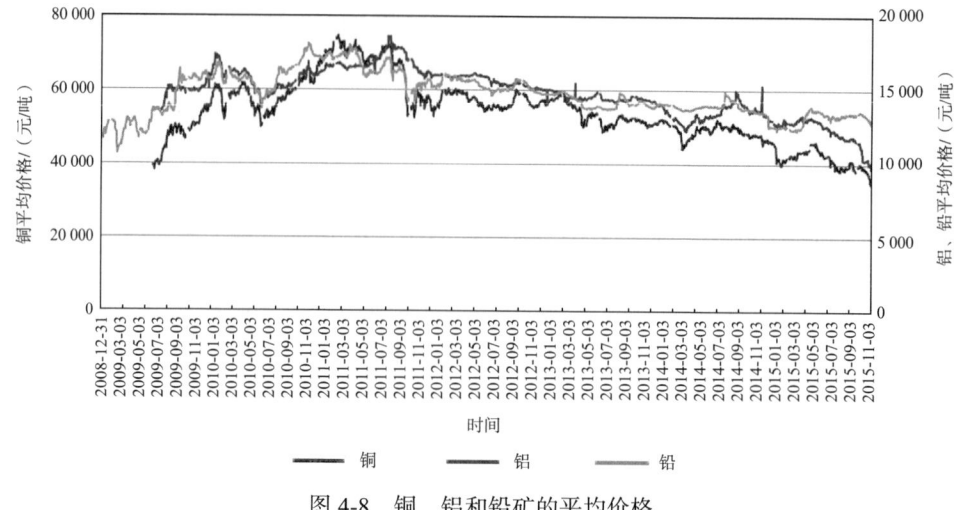

图 4-8 铜、铝和铅矿的平均价格

资料来源：wind 资讯商品数据库

Zinc Study Group，ILZSG）的统计，2015 年 1 月至 8 月全球精炼锌产量同比增长 5.8%，但消费仅仅增长约 1%，主要源于钢铁镀锌板产量增速的下滑，对应到终端汽车产销的疲弱。

短期来看，锌精矿和锌锭库存的高企成为压制锌价的重要因素，再加上 2016 年第 1 季度行业处于消费淡季和资金紧张的时间阶段，企业普遍存在主动去库存、回笼现金的意愿。长期来看，由于全球经济的下滑，对于很多经济体，投资下滑向居民收入下滑的阶段逐渐开启，但市场尚未将此纳入预期之中，这意味着下游需求企稳的时间节点可能滞后于市场预期，企业的限产保价的行业基础十分脆弱。

在上游方面，2015 年 10 月，国内锌精矿产量为 38.82 万吨，同比减少 15.2%，而且下降幅度有所增加。1 月至 10 月累计锌精矿产量 398.91 万吨，累计同比减少 9.21%，较同期明显下滑。精炼锌产量增速下滑有两方面原因，一方面是锌价快速下跌后，冶炼厂开工意愿减弱；另一方面是不少冶炼厂在该年满负荷运作，产量难以再提升。国内精炼锌产量继续增长的概率不大。由于锌价持续下跌，国内矿亏损幅度扩大，很多中小矿山选择停产来度过"行业寒冬"，而大型矿山减产的可能性增大。

在下游方面，锌矿的加工制成品也出现了产量下滑的局面。2015 年 10 月，国内镀层板产量为 431.54 万吨，同比减少 2.36%，延续负增长趋势。进入新常态后，国内制造业面临着需求不振的宏观经济环境，使得镀锌行业同样陷入低迷。

（二）矿产价格与需求结构变迁

矿产价格与中国经济的发展阶段息息相关。在改革开放之后的三十多年里，中国经济走过了规模驱动的重工业主导阶段，正在朝着人力资本驱动的技术主导阶段转变。这一结构转换意味着，中国对国际大宗矿产品的需求逐渐减少。目前，中国钢铁、水泥等重工业行业产能严重过剩，对铁矿石等原材料的需求已明显放缓，汽车生产和消费进入相对较低的增长期，制造业投资增长率由过去的30%下降到15%。

与此同时，其他新兴市场国家经济发展出现了增速放缓现象，且分化现象较为明显。面临着来自美元加息预期和全球风险投资的快进快出及通货膨胀的风险，新兴市场的经济脆弱性不容忽视。非洲经济表现抢眼，仅次于亚太新兴市场，但GDP总量有限，2014年总规模为2.3万亿美元，难以弥补中国因经济放缓对矿产资源的需求缺口。

美国经济复苏实施的"再工业化"战略对传统的大宗矿产需求不会有较大改变，其重点发展的高端化、清洁化、智能化的现代制造业将带动新兴高技术矿产，如锂、钴、稀土等增长。总体来看，全球短期内难觅有效的接续中国需求的经济体，全球矿产品需求将继续疲软。

中国经济进入新常态，发展方式转变带来的需求结构变迁，对国际矿产价格造成重要影响。经过了改革开放后三十多年的快速发展，中国经济的增长速度从2010年第三季度逐步放缓。2012年以来中国GDP增速一直在7.5%左右，2014年全年经济增长7.4%，远低于2008~2012年年均增长9.3%的水平。尽管在全面深化改革推进之后，改革红利的释放起到了一定作用，但远不足以形成能完全替代过去增长的动能。

矿产品价格主要受到供需关系、美元指数和库存的影响，这三种因素共同主导着全球主要矿产品价格的走势。例如，在2014年美元走强的阶段，铜、铅、锡的价格震荡下行主要源于供大于求，去库存化明显的铝价格止跌回升，锌供应减少带动锌价上涨，美元指数与大宗商品价格呈现负相关。

1. 铁矿石产业链上游需求持续走弱

图4-9为铁矿砂及其精矿的进口量，从绝对数额来看，2010年以来中国对铁矿砂的进口总量是逐渐增长的，但从当月同比增长率来看，2014年以来增长明显放缓，并从2014年第三季度开始频繁出现负增长。这表明，中国经济结构自2014年进入新常态以来，发生了较为显著的转变，对铁矿砂这类原材料的需求已经明显下降。这是导致国际铁矿石价格下降的内在原因。

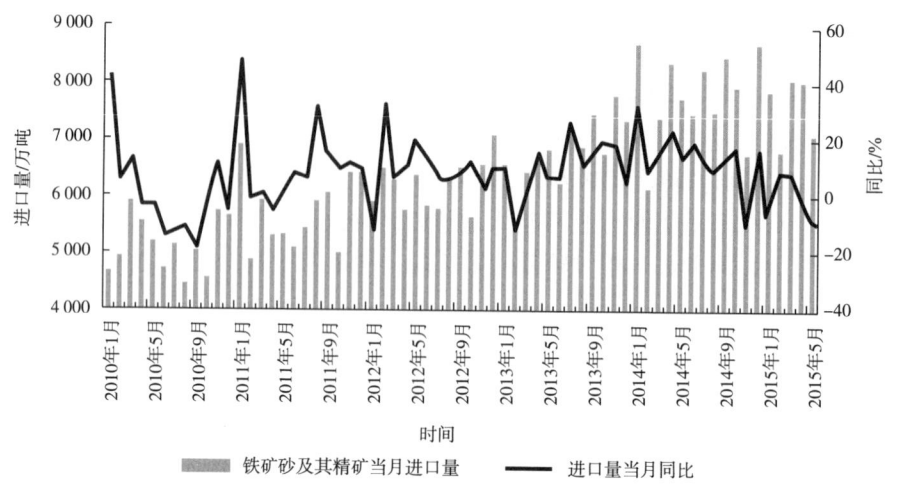

图 4-9　铁矿砂及其精矿进口量
资料来源：wind 资讯商品数据库

铁矿石产业链上游，中国原矿产量加进口铁矿石数量远远大于对铁矿石的需求总量。并且，对铁矿石的需求逐月负增长，使国内和国际铁矿石市场均出现了价格下跌的趋势。表 4-9 列出了我国铁矿石的供需结构，包括原矿、进口铁矿、粗钢的产量与增速，以及当期的库存和需求情况。粗钢产量同比下降并且降幅扩大，第四季度预计粗钢产量 19 643 万吨，环比继续回落。由于进入第四季度，企业普遍面临资金紧缺的问题，国产矿开工呈现持续下降态势，截至 11 月 20 日，国内矿开工率 43.5%，较 10 月末下降 5.1%。在钢厂减产预期强烈的背景下，铁矿石等原料遭受大幅重挫，铁矿石期货合约下跌至 330 的低点。总体来看，铁矿石依然受供大于求的压制，矿价难以出现持续上涨的局面，价格重心仍将不断下移。

2. 铁矿石产业链中下游产能严重过剩

铁矿石产业链下游，国内粗钢、螺纹钢价格再创新低。钢厂延续大面积亏损的局面，受资金压制，生产企业实施裁员减薪以及被动减产措施，螺纹钢期货合约跌破 1 700。截至 11 月 23 日收盘，螺纹钢期货合约较 10 月末下跌了 7.58%，上海三级螺纹钢现货下跌 7.73%。

2015 年 10 月，我国粗钢日均产量为 213.29 万吨，较上月降低 3.2%；粗钢当月产量为 6 612 万吨，同比下降 3.1%；2015 年 1 月至 10 月累计粗钢产量为 67 510 万吨，同比下降 2.2%。10 月我国生铁产量为 5 631 万吨，同比下降 4.4%；1 月至 10 月累计生铁产量 58 472 万吨，同比下降 3.3%。2015 年 1 月至 10 月全国粗钢累计产量同比降幅达到 2.2%。产量迫于成本压力并没有出现明显回升，钢价受需求的拖累，也没有出现反弹。在供需矛盾再度突显后，钢价下跌走势不变，较前

表 4-9 铁矿石供需平衡表

时间	2014年10月	2014年11月	2014年12月	2015年1月	2015年2月	2015年3月	2015年4月	2015年5月	2015年6月	2015年7月	2015年8月	2015年9月	2015年10月	2015年11月	2015年12月
粗钢产量/万吨	6 752	6 330	6 809	6 858	6 195	6 948	6 891	6 995	6 895	6 584	6 694	6 612	6 613	6 550	6 480
增速/%	-0.21			-0.21	-0.21	-1.09	0.11	-0.68	-0.50	-3.64	-2.86	-2.10	-2.06	-3.48	-4.83
中国原矿产量/万吨	13 485	12 818	12 627	9 223	8 330	10 510	10 410	11 766	12 848	12 619	12 381	13 157	12 536	12 000	11 500
中国原矿产量（62%）/万吨	3 763	3 577	3 524	2 574	2 325	2 933	2 905	3 284	3 585	3 522	3 455	3 672	3 499	3 349	3 209
增速/%	-4.22			-4.22	-4.23	-13.09	-14.93	-10.82	-7.78	-7.72	-9.31	-4.21	-7.03	-6.38	-8.93
进口铁矿石数量/万吨	7 422.965	6 301.9	8 120.475	7 350.97	6 352.39	8 369.185	7 499.635	6 626.345	7 008.76	8 050.35	6 930.22	8 052.594	7 061.12	7 200	7 000
增速/%	-9.46			-9.46	-10.94	21.02	-3.81	-8.41	0.52	4.34	-1.01	1.69	-4.87	14.25	-13.80
当期库存变化量/万吨	-351	-29	-630	-82	-148	184	-297	-1 385	-460	197	-116	493	-107	213	200
中国铁矿石需求/万吨	10 803	10 128	10 895	10 973	9 911	11 117	11 026	11 192	11 032	10 534	10 710	10 579	10 581	10 480	10 368
增速/%	-0.21			-0.21	-0.21	-1.09	0.11	-0.68	-0.50	-3.64	-2.86	-2.10	-2.06	3.48	-4.83
铁矿石供需缺口/万吨	32	-278	120	-1 131	-1 382	369	-918	-2 667	-898	1 235	-441	1 638	-128	282	41

几月不同的是，需求同比降速出现明显放缓，需求端的状况进一步加大了价格下跌的风险。

从国内粗钢供需平衡表（表4-10）来看，2015年12月，预计新增产能依然没有增加，由于钢利润多数处于亏损状态，产量较11月有所下降。需求方面，12月粗钢表观消费量持续负增长，增长率为–3.03%，主要体现在国内终端消费持续低迷，房地产以及基建对成材消费并未有明显拉动，趋势上看仍未脱离底部，对应钢厂亏损继续扩大，基本面仍未走出困境。

2015年前三个季度，我国大中型钢铁企业亏损约为281.22亿元，亏损企业占统计企业数量的48.51%。我国钢铁行业产能过剩，且短期内难消化。从需求面来讲，目前房地产业、基础设施投资不景气影响钢材需求。过去为GDP贡献20%增速的房地产行业，目前仅有5%的助力，基础设施投资因资金短缺问题也难有明显利好。钢铁供求关系的核心驱动因素是需求下滑。一方面内需增速持续负增长，另一方面出口虽然保持了快速增长，但总量难以扭转内需的回落。10月钢铁行业采购经理人指数（PMI）为42.2%，已连续18个月处在50%的荣枯线以下，显示钢铁行业整体形势更加严峻。

钢铁行业的供求矛盾，同时也表现为钢材库存压力增大。图4-10显示了螺纹钢等主要钢材产品的库存和钢坯价格及库存的走势。螺纹钢和热卷（板）库存增长尤为明显，自2010年起处于高位，说明了铁矿石下游市场的产能过剩状况严重。钢坯库存起伏较大，其价格自2012年以来持续下滑，同样揭示了钢材市场供大于求的局面。

在进出口贸易数据也体现出钢铁库存压力的增加。截至11月20日，国内大中型钢厂进口铁矿石平均库存可用天数为23天，较10月末减少1天。截至11月末，国内铁矿石港口库存合计8 658万吨，较10月末增加213万吨；港口贸易矿库存较10月末增加67万吨至2 645万吨。铁矿石主要港口到港总量982.2万吨，环比10月末上升81.2万吨，澳大利亚、巴西总装港量2 311.5万吨，较10月末上升197.2万吨。

3. 有色金属行业减产预期强烈

国际铜价持续低迷，引发了国内铜矿下游企业推出联合减产计划。2015年11月，LME三月期合约价格快速下滑，跌幅接近10%。受到中国经济增速减缓和供应过剩的影响，全球铜价已经连续四年下跌，与2011年的高点相比，跌幅达到50%以上。

表 4-10 粗钢供需平衡表

时间	2014年10月	2014年11月	2014年12月	2015年1月	2015年2月	2015年3月	2015年4月	2015年5月	2015年6月	2015年7月	2015年8月	2015年9月	2015年10月	2015年11月	2015年12月
粗钢产能/万吨	7 252	6 888	7 183	7 281	6 929	7 913	7 665	7 764	7 747	7 737	7 848	7 742	7 734	7 770	7 714
新增产能/万吨	98		295	98	−352	984	−248	98	−16	−10	111	−105	−8	36	−56
产能增速/%				−0.53	4.70	2.74	1.78	1.63	3.42	6.10	7.73	8.21	6.64	12.80	7.40
粗钢产量/万吨	6 752	6 330	6 809	6 858	6 195	6 948	6 891	6 995	6 895	6 584	6 694	6 612	6 613	6 550	6 480
产量增速/%				−0.21	0.21	−1.09	0.11	−0.68	−0.50	−3.64	−2.86	−2.10	−2.07	3.48	−4.83
产能利用率/%	93.10	91.90	94.80	94.20	89.40	87.80	89.90	90.10	89.00	85.10	85.30	85.40	85.50	84.30	84.00
粗钢进口/万吨	117	122	132	128	94	131	129	115	126	116	110	113	100	100	100
粗钢出口/万吨	911	1 036	1 083	1 096	831	820	910	962	948	1 038	1 037	1 198	980	900	900
粗钢净出口/万吨	794	914	951	968	737	689	781	867	822	922	927	1 086	880	800	800
粗钢表观消费量/万吨	5 958	5 416	5 858	5 890	5 457	6 259	6 110	6 128	6 073	5 663	5 767	5 526	5 733	5 750	5 680
粗钢表观消费量增速/%				−7.12	−6.49	−3.61	−2.67	−3.85	−3.60	−7.26	−6.84	−7.81	−3.79	6.16	−3.03

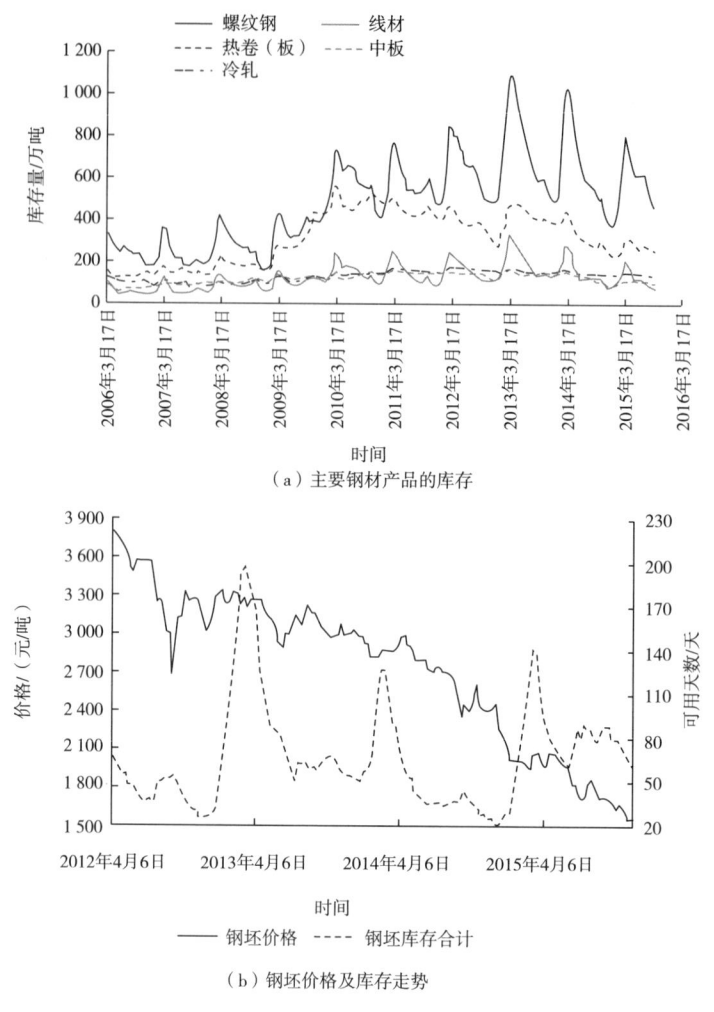

图 4-10 我国钢材库存及钢坯价格

2015 年 12 月 1 日，包括江西铜业、铜陵有色在内的中国 10 家铜冶炼企业发布削减铜产量的声明，计划将 2016 年产量削减 35 万吨，削减比例占 2015 年全国铜产量的 8.75%。为统筹兼顾企业短期利益和行业中长期利益，联合减产的十家企业决定短期内先关停亏损产能；在中长期，为避免重蹈其他行业产能严重过剩造成全行业亏损的覆辙，将进一步加快淘汰落后产能，并决定未来几年不再扩大产能。与此同时，向有关部门建议停止审批新增铜冶炼产能，加大对骨干企业的支持力度，并引导社会资本采取参股、控股等资本手段对行业进行兼并重组，从而保持国内铜冶炼产能总量总体稳定。

2015 年 11 月 27 日，包括亚洲最大的镍生产商金川集团在内的中国八家镍企发布《中国镍生产企业联合倡议书》，八家镍企达成不参与低价竞销的意向，同时推行减产计划。计划2015年12月减产1.5万吨镍金属产量，2016年计划削减镍金属产量20%。此外，国内十大锌炼厂也宣布2016年减产50万吨。上述企业寄希望于通过减产来提振有色金属价格，但价格下跌的主因在于需求端，减产行为只能算作无法改变需求格局情况下的被动之举。

4. 国内市场需求持续低迷

2015年，由于中国经济增速放缓等，有色金属行业需求低迷。中国有色金属工业协会此前指出，铜价低位震荡，消费疲软，短期需求难有起色，铝冶炼行业深层次矛盾较大，未来走势仍不乐观。有色金属需求处于一个持续下降阶段，预计2016年铜的需求将下降3%~10%。供需失衡的情况仍将延续。此外，铝、铅、锌、镍等基本金属今年以来同样面临价格大幅下滑的压力。wind数据显示，截至2015年11月，LME铜、LME铝、LME铅、LME锌、LME镍分别下降27.24%、22.05%、11.46%、28.61%、41.54%。在这样的背景下，矿产品产业链上的企业需要面对从原材料到产成品市场全面价格下跌的调整，在长期供大于求的过程之中，通过价格调节机制达成新的供求关系均衡状态。

（三）国内大宗商品价格与PPI、CPI指数

1. 国内大宗商品价格持续下行

国内大宗商品市场与国际市场高度联动，中国大宗商品价格指数显示，国内大宗商品价格持续走低。在2011年开始的下跌行情中，2014年下半年的急速下跌尤其值得注意。从2014年8月到2015年1月，中国大宗商品价格指数从130降到100附近，跌幅超过20%。虽然2015年上半年经历了小幅反弹，但6月起又进入下行通道。以2015年10月的数据为例，CCPI延续了跌势（图4-11）。数据表明，2015年10月CCPI平均为93.59点，与上月相比下跌了1.5点,跌幅1.6%；与上年同期相比下降29.7点，降幅24.1%；与2015年年初相比下跌了10点，跌幅9.6%。

基于中国大宗商品指数的分项指标，可以看到矿产、钢铁和有色金属的价格下跌幅度较大。根据中国大宗商品指数网的数据，在CCPI所包含的商品中，共有八类商品价格下跌，矿产、钢铁、有色、农产品、牲畜、橡胶、油料油脂和能源类价格环比分别下跌3.7%、2.7%、3.5%、3.3%、2.3%、1%、0.5%和0.1%；只有食用糖类商品价格上涨了3.5%。与上年同期相比，2015年10月的指数中，除食糖和牲畜类价格上涨以外，其余七大类商品价格均呈下跌态势，矿产、有色、能源、钢铁、橡胶、油料油脂和农产品类商品价格分别下降17.1%、14.8%、38.4%、31%、24.5%、20.6%和7.4%。与2015年年初相比，10月共有七大类商品价格下

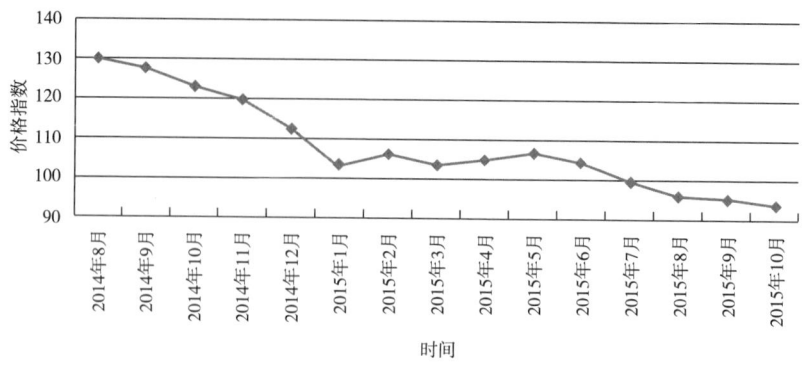

图 4-11 CCPI 走势
资料来源：中国大宗商品指数网

跌，钢铁、橡胶、能源、有色、矿产、油料油脂和农产品类价格分别下跌 24.7%、19.2%、14.5%、9.9%、9.9%、7%和 5.1%；食糖和牲畜类价格分别上涨 20.4%和12.4%。

2．PPI 持续下降，大宗商品价格传导效应显著

2015 年以来，PPI 降幅出现了扩大的趋势，已从 1 月的下降 4.3%扩大到了 10 月的下降 5.9%，处于 2009 年 10 月以来最低值，已是连续第 44 个月负增长。持续的工业通缩对经济增长带来负面影响，受影响的主要是资源能源和产能过剩行业紧密相关的产品。大宗商品价格整体趋势性下降，通缩继续向国内上游产品价格传导，如石油和天然气价格同比大幅下跌，输入性价格下降影响 PPI 走势；同时，PPI 面临的通缩压力逐渐从上游行业传导至下游行业，采掘、原材料及黑色金属材料类价格环比跌幅在 10 月有所收窄，而生活资料的出厂价格跌幅明显扩大。

经济下行压力下货币政策将继续偏松调节，大量基建投资项目加快落实进度，将有助于提振需求并带动工业产品价格持续下跌趋势的改善。但国际大宗商品价格仍将是 PPI 未来走势的不确定因素。国内去产能的压力，加上国际矿产价格下跌带来的输入性通缩，内外因素使工业品价格难以回升，PPI 负增长态势仍将延续。

3．CPI 环比下跌，通货紧缩风险增大

国家统计局数据显示，2015 年 10 月 CPI 同比上涨 1.3%，涨幅较 9 月收窄 0.3 百分点，连续第二个月回落；PPI 同比下降 5.9%，跌幅与上月持平。持续的工业通缩对经济增长带来负面影响，PPI 增速下滑开始向 CPI 传导。上游行业通缩和下游行业的低通胀局面在短时间内很难得到改变，从而推动实际利率高企，这在

很大程度上加大了企业的融资成本和债务负担，产业链风险增大。CPI、PPI 连续涨幅低于预期，显示物价下行压力明显增大。

从 CPI 数据来看，居民消费价格环比下降，同比涨幅有所回落。食品价格下降主要是受鲜活食品价格下降较多的影响。特别是猪肉、鸡蛋由涨转跌，降幅明显，环比分别为-1.9%和-6.9%；同时，鲜菜价格连续第二个月下跌，且跌幅增至 5.6%。四项合计影响 CPI 环比下降 0.32 百分点，超过了 CPI 环比总降幅。非食品价格环比为 0.1%，远低于历史均值 0.3%。服务价格环比负增长，为-0.1%，低于历史均值 0.3%，反映出国内消费需求疲软。

4. PPI 增速下滑向 CPI 传导

PPI 持续负增长将对 CPI 的走低产生影响。2015 年 9 月、10 月 CPI 的走势开始显示出 PPI 增速持续下滑向 CPI 传导的结果。PPI 农副产品价格的波动对 CPI 食品部分存在一定的影响，尤其是粮食和猪肉的价格；食品价格环比增速的走低，受 PPI 增速持续下滑带来成本降低的影响；而非食品价格环比增速连续三个月低于历史同期值，进一步显示了 PPI 增速下滑向 CPI 的传导。综合来看，9 月、10 月 CPI 同比涨幅的收窄是与环比涨幅回落同步的，表明新涨价因素力量减弱是 CPI 回落的主要原因。受 PPI 同比增长率持续走低的影响，CPI 同比增长率回升幅度将进一步缩小，通货紧缩风险进一步加大。

二、国内矿产品价格与国际市场价格的关系

（一）来自中国制造的引致矿产需求

国际矿产价格指数与中国经济发展的关系可通过路透-杰弗里商品研究局（Reuters-Jefferies Commodity Research Bureau，RJ/CRB）指数与中国 GDP 同比增速的趋势线一目了然（图 4-12）。中国需求主导大宗商品价格，在 2000 年后中国经济进入重化工业阶段，经济持续高速增长，而 2001 年加入 WTO 后与全球经济联动性进一步加强，中国工业化城市化进程的加快、基础设施建设加大了对于矿产品等原材料的需求，可以看到，2002 年后中国经济增长速度与 RJ/CRB 指数的变动趋势一致，中国经济的发展对国际大宗商品的价格产生重大的影响。RJ/CRB 指数的 19 种商品中有 14 种是中国净进口商品，权重约占 79%。中国经济的高速增长以及对资源进口的高依赖性加大了对于大宗商品的需求，推动全球大宗商品价格上涨。中国有色金属的消费量占全球的比重不断增加。例如，中国精铜的消费量在 1995 年占全球消费总量仅为 9.40%，而 2014 年以接近全球近 50% 的消费量。中国有色金属的消费量增速高于全球整体速度，特别是在 2010~2011

年全球精炼铜和精铝同比增速下降，来自中国制造的需求成为全球矿产价格、有色金属价格变动的主要因素。

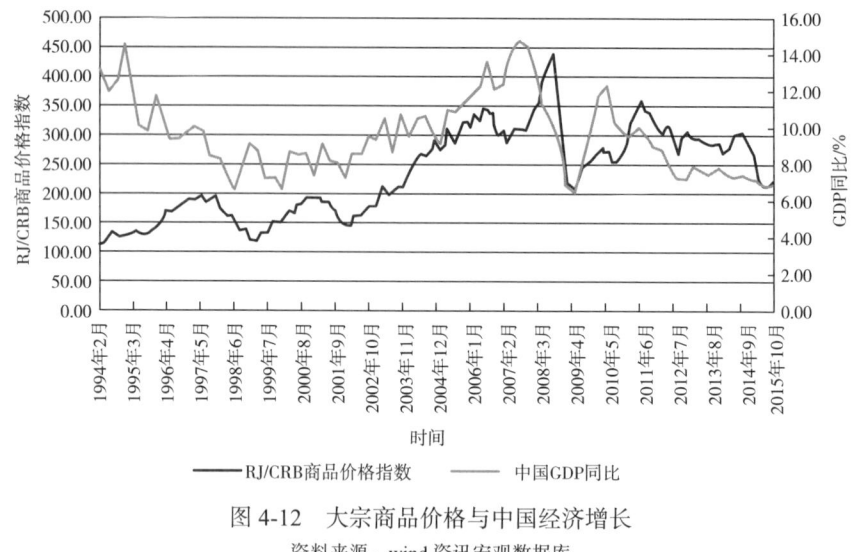

图 4-12　大宗商品价格与中国经济增长
资料来源：wind 资讯宏观数据库

1. 矿产品的国际依存度

对矿产品的需求，站在消费品的角度来讲，属于工业制造过程中对于原材料的引致需求。因此，矿产品价格对于消费价格指数的影响，是通过中间产品价格传导形成的。中国已经成为世界第一制造业大国，来自中国制造业的需求，也自然而然地构成了支撑国际矿产价格的主要力量。

从 2008 年起，中国铁矿石进口数量就占到了世界铁矿石进口总量的 48%（图 4-13），这一数字从原材料需求的角度体现了中国工业作为世界工厂的规模。尽管国际铁矿石的进口总量逐年增长，然而中国的进口数量也在增加，从 2009 年以来，中国进口铁矿占世界铁矿石进口总量的比例保持在 50% 以上。这说明来自中国制造对国际矿产品的需求，足以从需求端对其价格造成趋势性的影响。

中国制造的规模和中国矿产资源的状况决定了中国对国际矿产的依存度一直保持在高位。在规模方面，作为世界上最大的钢铁生产国，早在 2005 年，中国的钢铁产量就占到世界钢铁产量的近 1/3，超过了日本和美国钢铁产量的三倍。2010 年，我国钢铁产量占世界钢铁总产量的比重升至 49.3%。在资源禀赋方面，作为世界上第一人口大国，劳动力资源和自然资源劣势使得中国的重工业发展需要大量依靠自然资源的进口。

中国对铁矿石的需求、对有色金属的需求，构成了矿产市场不可忽视的力量。从 2006~2010 年中国对铁矿石的总需求及其占世界总需求来看，中国对铁矿石需

第四章　国际大宗商品价格走势与输入性通货紧缩影响研究

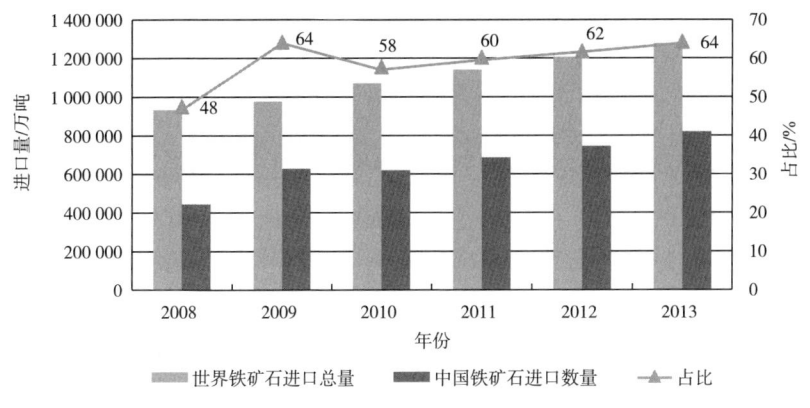

图 4-13　中国铁矿石进口份额
资料来源：wind 资讯宏观数据库

求的增速是世界铁矿石需求的两倍。中国铁矿石的需求量占世界铁矿石需求的比重从 2006 年的 40.2%增加至 2010 年的 54.3%。2009 年和 2010 年中国铁矿石需求在全球的占比显著增加，这在一定程度上反映了大规模刺激政策的影响。

自 2000 年以来，中国对主要金属的需求保持着年均 14.7%的增速。来自中国的需求从此也成为金属价格波动的主要因素，1992~2010 年，中国铁矿石的年进口量提高了 25 倍——从 2 500 万吨增加到 6.18 亿吨；1997~2010 年锰矿石的年进口量提高了 5.7 倍；铜矿年进口量提高了 5.5 倍；铬矿石年进口量提高了 7.7 倍。

2. 中国经济结构调整对国际矿产需求的影响

随着中国经济发展阶段的转变，以重化工业为代表的规模驱动型增长阶段逐渐成为历史，向着以电子产品为代表的人力资本驱动的生产阶段转变，国内结构调整正在对国际矿产品价格产生不可忽视的影响。在国内产业结构转换期，国际矿产品价格面临着较大的不确定性。但从长期来看，中国经济对国际矿产品的需求将仍然维持在相对稳定的水平。首先，基础设施建设需求仍然强劲，虽然国内铁路建设（包括高速铁路）的增速可能放缓，基础设施建设的对外投资将成为新的增长源泉。其次，国内各区域的发展存在巨大差异，无论是在自然资源禀赋历史环境，还是经济环境方面都存有很大的不同。一方面，东部沿海地区的经济发展水平较高且拥有良好的基础设施；另一方面，内陆地区的发展水平仍然较低，而且基础设施建设仍较为落后，中西部地区还蕴藏着巨大的投资机会。最后，我国的城市化进程也在促进着需求结构的调整，按照"十三五"发展规划的目标，2020 年常住人口城镇化率达到 60%左右。城镇化率提高也将构成对矿产品及其产出品的一个需求来源。综合上述理由，中国经济结构调整并非一蹴而就的，在这个转变过程中，国际矿产价格仍然具有一定的需求支撑。

（二）国内矿产价格与国际矿产价格联动

在矿产品价格方面，国内市场与国际市场有着很高的联动性。在国际市场，最具代表意义的指标是 CRB 指数。它是由美国商品调查局依据世界市场上 22 种基本的经济敏感商品价格编制的一种价格指数，包括期货价格和现货价格。在国内市场采用的 CCPI，涵盖了能源、钢铁、矿产品、有色金属、橡胶、农产品、牲畜、油料油脂、食糖 9 大类别 26 种商品。国内和国际大宗商品市场价格指数的比较见图 4-14。

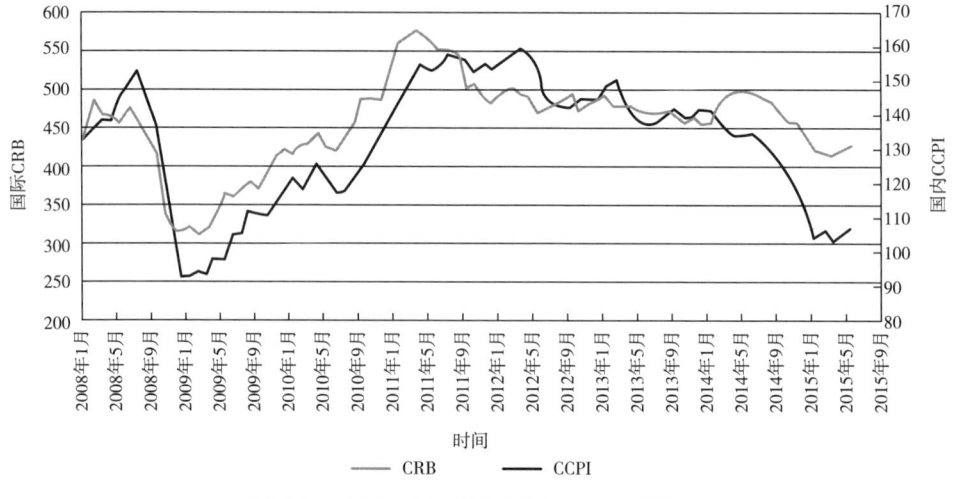

图 4-14　国际 CRB 指数与国内 CCPI 的联动

以 CRB 所示的国际矿产价格指数为例，经历了 2008 年的陡然下滑，2009~2011 年的逐步回升，以及 2011 年以后的趋势性下跌。以 CCPI 所示的国内矿产价格指数为例，也形成了相似的曲线，略晚于 CRB 指数，CCPI 指数在 2012 年形成趋势性下跌的走向。

在图 4-14 中，左轴为 CRB 指数，代表国际大宗商品价格指数，右轴为 CCPI，代表国内大宗商品价格指数，两者在趋势上是一致的。值得注意的是，在 2009~2011 年，CCPI 形成的趋势略晚于 CRB 指数，表明这一时间区间内，国际市场是主导，国内市场随之响应；从 2011 年起，尤其是 2014 年以后，国内 CCPI 先行于 CRB 指数，表明两个市场的联动关系发生了变化，国内市场的牵引作用增加了。这也说明大宗商品价格变化的驱动力，在 2014 年以后逐渐转移到来自国内的需求。

三、国际矿产价格对国内价格传导机制分析

随着中国工业化道路的发展，来自中国的需求已经成为国际大宗商品价格的有力支撑。然而，随着经济结构转变，步入"新常态"的中国对大宗商品的需求有所放缓，国际大宗商品价格也因此失去了支撑。与此同时，国际大宗商品价格的下跌，加剧了国内通货紧缩的风险。

（一）矿产品价格对国内物价的传导

国际矿产价格对国内通货紧缩的影响，主要体现在原材料价格对工业中间品价格的影响，进而对最终消费品价格产生影响。其传导路径可概括为资源品→中间工业品→最终消费品。值得注意的是，两个环节的影响力度有所不同，工业中间品对资源品的需求缺乏弹性，因此资源品价格变动对中间品价格的影响力度更强，最终消费品对工业中间品的需求弹性相对较高，因此最终消费品价格受上游产品价格的影响相对小一些。下文将分别对产业链内的传导和价格指数之间的联动进行定量研究，通过实证数据得出矿产价格对国内通货紧缩的冲击。

矿产品对国内 PPI 和 CPI 的传导路径主要沿着产业链进行，即通过工业品生产加工流程的各个环节以成本的方式影响中间产品价格进而影响大宗消费品价格。举例而言，作为钢铁原材料的铁矿石价格发生波动，直接影响到下游螺纹钢的制造成本，进而导致其出厂价格的变动。这一个过程可以分解为两个步骤进行研究，一是上游产品价格波动沿产业链向下游传导，二是中间品价格波动向消费价格指数传导。前者是指上游产品价格波动，通过原材料采购成本对下游产业造成影响，沿着产业链传导价格。后者是指中间品价格波动将反映在生产价格指数和消费物价指数上，进而成为通货膨胀或通货紧缩的一个源头。

自 2008 年金融危机以来，CCPI 与我国 PPI 呈现出相同的变化趋势（图 4-15）。2009 年无论是大宗商品价格指数还是国内生产价格指数都跌入谷底，可见来自金融危机的冲击已经对国内造成了实质性的通货紧缩，随着政府的四万亿投资效应的显现，2009 年第三季度国内生产价格指数和铁矿石价格指数双双反弹，持续到 2011 年 9 月。自 2011 年第三季度起，CCPI 和 PPI 进入下行通道，反映了国内需求疲软和国际经济衰退的局面。

若以 CPI 作为通货紧缩的指标，上述趋势同样清晰可见。图 4-16 为 CCPI 与 CPI 的变动。由于传导路径更长，CPI 与 CCPI 的关联不如 PPI 与 CCPI 紧密，两者在 2014 年下半年开始呈现先发散后收敛的形态，大宗商品价格指数的下降速度快于消费价格指数，体现了由大宗商品价格到国内消费品价格的联动存在传导时滞。

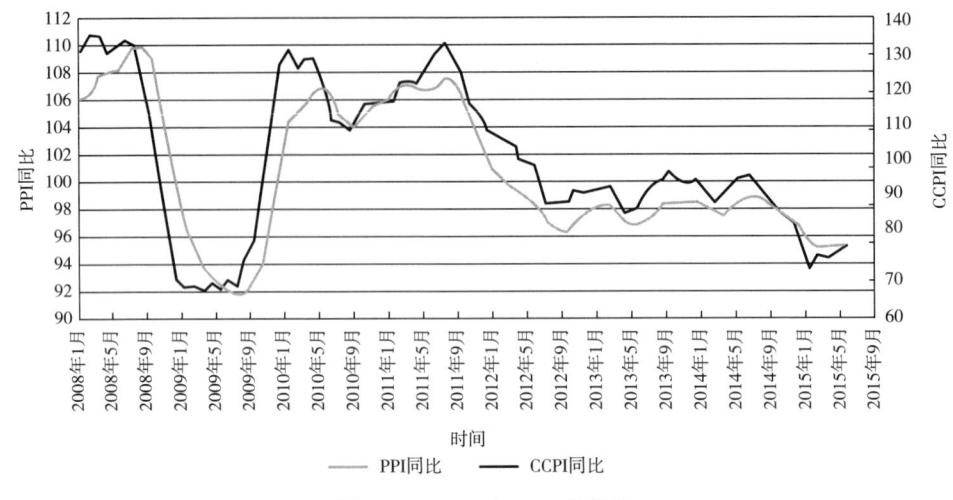

图 4-15　CCPI 与 PPI 的联动

资料来源：中国大宗商品指数网

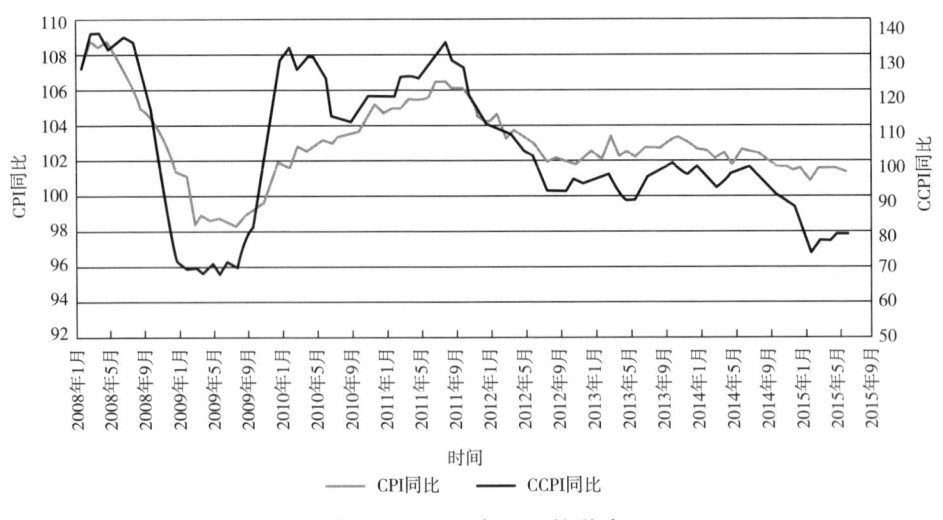

图 4-16　CCPI 与 CPI 的联动

资料来源：中国大宗商品指数网的联动

（二）矿产价格传导机制的实证分析

1. 矿产价格沿产业链的传导

矿产品价格波动沿产业链传导，一个典型的例子是铁矿石与螺纹钢之间的联动关系。图 4-17 展示了螺纹钢现货价格走势。从 2014 年以来，上海和北京 HRB400（20 毫米）螺纹钢的价格一直呈现下跌趋势，不到两年时间跌幅已接近 50%，作为铁矿石下游产品的热轧板材卷价格也显示了同样的下行趋势。

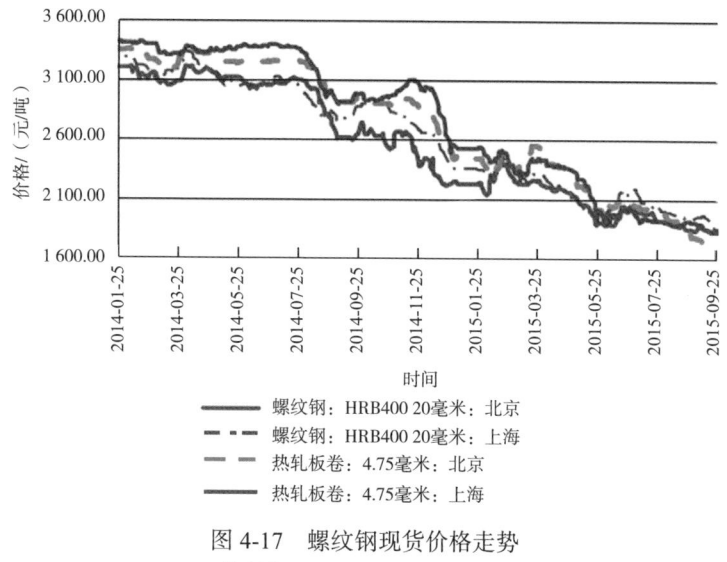

图 4-17 螺纹钢现货价格走势
资料来源：wind 资讯商品数据库

下文采用动态时间序列方法，定量研究矿产品价格对 PPI 和 CPI 的影响。为消除序列相关等干扰，在涉及时间序列数据的回归分析中，在回归模型中引入被解释变量的滞后值，采用分布滞后模型（distributed-lag model）使计量结果具有稳健性和一致性。模型设立为

$$\text{PPI}_t = \alpha + \beta_1 \text{PPI}_{t-1} + \beta_2 \text{ORE}_t + \mu_t \tag{4-4}$$

其中，被解释变量 PPI 为通货紧缩变量，主要解释变量包括 PPI 的滞后项和矿产品价格 ORE，β_i 是该解释变量的系数，μ_t 为随机扰动项。

在得到 PPI 总额与铁矿石价格的关联之后，进一步将其拆解到 PPI 指数中与铁矿石关联最紧密的下游产品螺纹钢价格指数，从而验证传导机制的稳健性。出于对产品上下游价格传递的时滞的考虑，影响当期螺纹钢价格的因素不仅包括当期铁矿石的价格，还应涵盖上一期铁矿石的价格。数据频率为月度。

$$\text{STEEL}_t = \alpha + \beta_1 \text{STEEL}_{t-1} + \beta_2 \text{ORE}_t + \beta_3 \text{ORE}_{t-1} + \mu_t \tag{4-5}$$

根据上述分布滞后模型的回归结果（表 4-11），可见螺纹钢价格对铁矿石价格有显著影响。铁矿石价格变动一元，螺纹钢价格指数同向变动 0.26 元。注意到，被解释变量螺纹钢价格的上一期指标也显著影响当期价格，铁矿石上一期价格对螺纹钢价格的影响不显著。回归结果的 R^2 为 0.93，在时间序列分析中属于拟合度较低的，说明作为原材料的铁矿石价格仅仅是影响螺纹钢价格的因素之一，还有其他因素包含在了随机扰动项中。F 统计量表明模型整体通过显著性检验。

表 4-11 螺纹钢价格对铁矿石价格的回归结果

解释变量	系数	t 值
螺纹钢价格 $t-1$	0.920 0***	14.08
铁矿石价格 t	0.261 7**	2.08
铁矿石价格 $t-1$	−0.225 7	−1.97
样本量	75	
R^2	0.926 9	
F 统计量	300.15	

*表示 $p<0.1$；**表示 $p<0.05$；***表示 $p<0.01$

2. 传导效应对价格指数的冲击

国际大宗商品价格与国内价格指数的关系，可从 CRB 指数与 PPI 和 CPI 的走势（图 4-18）中一目了然。右轴代表 CRB 金属现货指数，各点取的是该指数的年末值，左轴代表 CPI 指数和 PPI 黑色金属矿业价格指数。从 2010 年开始，三条曲线的起伏形态趋于一致。这种联动性体现了由黑色金属 PPI 所代表的中间品价格向最终产品价格指数 CPI 的传导路径。同时也反映出代表了国际原材料价格的 CRB 金属现货指数对国内价格指数 PPI 黑色金属的影响渠道。

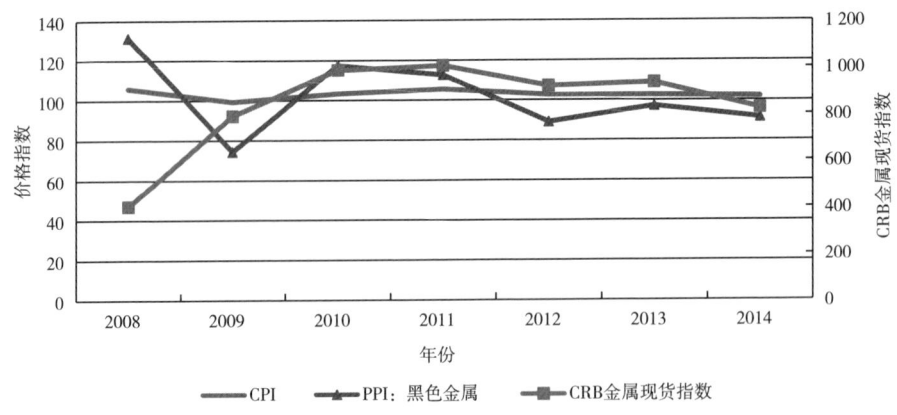

图 4-18 CPI、黑色金属 PPI 与 CRB 金属现货指数
资料来源：wind 资讯宏观数据库

为分析铁矿石价格对 PPI 和 CPI 的定量关系，建立如下分布滞后模型进行时间序列回归。

$$PPI_t = \alpha + \beta_1 PPI_{t-1} + \beta_2 ORE_t + \mu_t \quad (4\text{-}6)$$

$$CPI_t = \alpha + \beta_1 CPI_{t-1} + \beta_2 ORE_t + \mu_t \quad (4\text{-}7)$$

其中，被解释变量分别为黑色金属采矿业的 PPI、有色金属采矿业的 PPI 和 CPI；解释变量分别包括两者的滞后一期的值 PPI_{t-1} 和 CPI_{t-1}；铁矿石价格为 ORE_t；μ_t

为随机扰动项。

回归结果显示，铁矿石价格对 PPI 和 CPI 有显著正向影响。即铁矿石价格的下跌将推动 PPI 和 CPI 的下跌。具体而言，铁矿石价格每下跌一元，黑色金属采矿业 PPI 将下降 0.384 3，有色金属采矿业 PPI 下降 0.259 5，CPI 下降 0.632 7（表 4-12）。从 F 统计量表明，整体回归结果解释变量的系数显著不为零。

表 4-12　PPI、CPI 对铁矿石价格的回归结果

项目	PPI：黑色金属采矿业	PPI：有色金属采矿业	CPI
滞后一期的被解释变量	−0.368 9*	−0.228 0	−0.147 1
	(−2.04)	(−0.98)	(−1.53)
铁矿石价格 t	0.384 2**	0.259 5**	0.632 7***
	(2.91)	(2.85)	(7.89)
样本量	6	6	6
R^2	0.842	0.886 1	0.964 2
F 统计量	12.05	11.67	40.36

*表示 $p<0.1$；**表示 $p<0.05$；***表示 $p<0.01$

注：括号内为 t 值

铁矿石价格与国内 CPI、黑色金属采矿业 PPI 和有色金属采矿业 PPI 有显著的正相关关系，但上述关系并不能解释为因果关系。事实上，铁矿石价格与国内生产价格指数和消费价格指数之间的同向变动，是由国内需求下降这一因素共同推动的。即使通过回归分析找出其定量的关系，也不能忽略本质的需求因素。

第四节　大宗商品价格对中国经济的冲击 ——基于 DSGE 模型的分析

对于大宗商品价格的频繁剧烈波动，自 20 世纪 90 年代以来学者认为，其主要原因是实体经济的变动和货币金融层面的冲击，还有一些学者考察了中国因素对大宗商品价格波动的影响。从已有文献看，目前关于大宗商品价格的研究具有如下特点：第一，实证文献居多，该领域大多数文献主要研究了国家大宗商品价格的波动性，但在理论上对大宗商品价格冲击的研究文献较少；第二，受限于实证研究方法，大多数文献对于大宗商品价格对中国影响的分析局限于汇率和贸易渠道，大宗商品影响机制的分析不够全面。

本节主要从理论模型角度分析大宗商品价格对中国宏观经济的冲击。本部分模型设定主要基于 Christiano 等（2005）以及 Smets 和 Wouters（2003），并引入大宗商品价格因素，来分析大宗商品价格变动对于中国宏观经济变量的影响。

相对于一般关于大宗商品分析的文献和普通的 DSGE 模型，本部分模型包含了大量的真实和名义摩擦，使其可以拟合中国主要的宏观时间序列特征。模型是两部门经济，企业和银行分别生产最终品和交易服务。模型中包含家庭、企业家、垄断性的中间品生产企业、竞争性的最终品和资本品生产部门。家庭通过不同形式的存款进行储蓄。企业家购买资本品并出租给最终品生产企业。用两种方式引入货币：一种是货币先行约束（cash in advance，CIA）约束，企业利用短期贷款支付工资和租用资本，企业家利用长期贷款购买资本品；另一种是货币效用假设（money in utility，MIU），家庭的现金和活期存款产生效用。

值得指出的是，本部分模型将大宗商品作为外生冲击来引入，并采用 Christiano 等（2007）的方式，假定大宗商品冲击影响资本品生产部门的产能利用率，从而对投资、消费和经济增长等其他宏观经济变量产生影响。这种引入方式强调了大宗商品的价格冲击，其背后的经济逻辑如下：大宗商品价格通过成本渠道对工业部门，尤其是资本品生产部门（考虑到资本品生产部门在生产中更多地使用了石油等资源型大宗商品）的生产成本，从而对该部门的产能利用率造成影响。

一、模型设定

（一）最终品企业

最终品（Y_t）是由完全竞争的代表性企业生产。通过将一单位连续统的中间品（Y_{jt}）进行 Dixit-Stiglitz 加总得到

$$Y_t = \left[\int_0^1 Y_{jt}^{\frac{1}{\lambda_{f,t}}} dj \right]^{\lambda_{f,t}}, 1 \leq \lambda_{f,t} < \infty \tag{4-8}$$

$\lambda_{f,t}$ 度量了生产函数的弯曲程度，$\lambda_{f,t}$ 越大，表明不同产品 Y_{jt} 之间的替代程度越小。p_t 和 p_{jt} 分别是 t 时刻最终品和中间品的价格。给定价格，最终品企业选择 Y_{jt} Y_t 以最大化利润，可以得到

$$\left(\frac{p_{jt}}{p_t} \right)^{\frac{\lambda_{f,t}}{1-\lambda_{f,t}}} = \frac{Y_{jt}}{Y_t} \tag{4-9}$$

这是中间品企业面对的需求函数，对中间品 j 的需求是相对价格的减函数，是最终产出（Y_t）的增函数。需求弹性为 $\lambda_{f,t}/1-\lambda_{f,t}$，$\lambda_{f,t}$ 越大，商品之间越难替代，从而中间品企业的垄断程度越高，而需求弹性越小，价格加成也越高。

可以得到最终品和中间品的价格满足下面的关系：

$$p_t = \left[\int_0^1 p_{jt}^{\frac{1}{1-\lambda_{f,t}}} dj \right]^{(1-\lambda_{f,t})} \quad (4-10)$$

在传统的新凯恩斯主义模型，$\lambda_{f,t}$ 是一个参数，代表序列相关的价格加成冲击。这一假设有助于拟合数据。

一单位最终品可以被转化为一单位的消费品或者 Υ_t 单位的投资品。投资品生产的技术进步率为 $\Upsilon_t = \mu_t \Upsilon_{t-1}$，$\mu \Upsilon_t$ 是平稳的随机过程。$\mu \Upsilon_t > 1$，代表生产投资品技术的趋势增长率。由于使用最终品生产消费品和投资品的企业是完全竞争的，时期 t 的消费和投资的均衡价格分别为 p_t 和 $p_t / \mu \Upsilon_t$。

（二）中间品企业

1. 生产函数

第 j 种中间品使用以下生产函数生产：

$$Y_{jt} = \begin{cases} \varepsilon_t K_{jt}^{\alpha} (z_t l_{jt})^{1-\alpha} - \Phi z_t^* > 0 \\ 0 \end{cases}, 0 < \alpha < 1 \quad (4-11)$$

其中，ε_t 为影响全要素生产率的暂时性技术冲击；z_t 为影响劳动生产率的持久性技术冲击。z_t 遵循随机性趋势：$z_t = \mu_{z,t} z_{t-1}$，其中 $\mu_{z,t}$ 是平稳的随机过程。这在企业产出中引入了一个单位根过程，经济中的许多变量，如消费 C_t 等在均衡时与 z_t 共积。这种共积由模型中微观主体的优化得到，刻画了随机趋势环境中经济的主要比例为常数的经验事实。

Φz_t^* 是中间品生产的固定成本。用外生变量 z_t^* 标准化，是为了保证随着产出增长，固定成本相对于产出的比例不会趋向于 0。z_t^* 的增长率对应于稳态产出的增长率：

$$z_t^* = z_t \Upsilon_t^{\left(\frac{\alpha}{1-\alpha}\right)}, \quad \Upsilon > 1 \quad (4-12)$$

这一趋势一部分来自劳动增进型的技术进步，另外一部分来自生产投资品的技术进步，这种技术通过固化于资本来影响经济增长。在实际计算时，调整 Φ 以保证在稳态的利润为 0，这保证了在长期没有企业存在激励进入和退出市场。平均来说，经济利润接近于 0。

其中，K_{jt} 和 l_{jt} 分别代表资本和同质性劳动的服务。资本服务为 $K_t = u_t \bar{k}_t$，u_t 代表资本利用率，由企业家决定。中间品生产企业雇佣的同质性劳动（l_t）由不同家庭提供的差别劳动（$h_{i,t}$）进行 Dixit-Stiglitz 加总得到

$$l_t = \left[\int_0^1 (h_{i,t})^{\frac{1}{\lambda_w}} dj\right]^{\lambda_w}, 1 \leq \lambda_w < \infty \qquad (4-13)$$

类似于 $\lambda_{f,t}$，λ_w 可以是一个参数或外生变量，是劳动工资相对于劳动成本的加成，反映了劳动市场的垄断程度。不同种类劳动服务之间的期内替代弹性是 $\frac{\lambda w}{1-\lambda w} > 1$。

中间品生产企业在要素市场是竞争的，要面对资本租用价格 $p_t \tilde{r}_L^k$ 和工资率 W_t，两者都是以货币单位度量。在生产以前企业要支付 Ψ_k 比例的资本租金和 Ψ_l 比例的工资，需要从银行以利率 R_t 进行短期贷款。这相当于对企业的一种货币先行约束，在文献中被称为流动资金贷款（working-capital loan）。其他条件不变，货币扩张导致的贷款利率下降会降低边际成本，这有助于解释通货膨胀率对货币冲击的黏性调整。

2. 企业最优化

中间品生产企业的决策可以分为两步：第一步是成本最小化，决定要素需求比例。在生产技术和投入品价格的约束下，企业最小化生产成本：$\min W_t(1+\Psi_{l,t} R_t)l_t + p_t \tilde{r}_L^k (1+\Psi_{k,t} R_t) u_t \bar{k}_t$。由此得到所有中间品企业的资本劳动比率为

$$\frac{u_t \bar{K}_{t-1}}{l_t} = \left(\frac{\alpha}{1-\alpha}\right) \frac{W_t(1+\Psi_{lt} R_t)}{p_t \tilde{r}_t^k (1+\Psi_{kj} R_t)} \qquad (4-14)$$

由这一步可以得到真实边际成本：

$$s_t = \left(\frac{1}{1-\alpha}\right)^{1-\alpha} \left(\frac{1}{\alpha}\right)^\alpha \frac{\left[\tilde{r}(1+\psi_{kj} R_t)\right]^\alpha \left[\frac{W_t}{p_t}(1+\psi_{lt} R_t)\right]^{1-\alpha}}{\varepsilon_t z_t^{1-\alpha}} \qquad (4-15)$$

边际成本是和技术约束相关的拉格朗日乘数，度量了改变投入的影子价格。因为要素市场完全竞争，边际成本独立于产出，而只决定于工资、资本租金和短期贷款利率。

第二步是利润最大化，为中间产品定价。这里采用 Calvo 黏性价格的假设。这一机制刻画了企业调整价格的成本，这种成本不仅仅包括菜单成本，还包括信息搜集、谈判、决策和沟通的成本。企业只能够周期性地最优化，而在其他时期只能根据简单的法则改变价格。在每一期 t，只有 $1-\xi_p$ 比例的中间品企业可以最优化价格。这里 $1-\xi_p$ 可以看做更深层次结构形式的一种简化式表示。由于 $1-\xi_p$ 不随时间变化，Calvo 机制的结构是无记忆性的；因此，不需要追踪上一次价格最优化是在哪一期，这在数学上方便了加总。Calvo 黏性价格的假设具有相当程度的现实性。

如果在 t 时期第 i 个企业不能最优化，那么它根据以下的指数化规则调整价格：

$$P_{i,t} = \tilde{\pi}_t P_{i,t-1} \tag{4-16}$$

$$\tilde{\pi} = \left(\pi_t^{\text{target}}\right)^{\iota} \left(\pi_{t-1}\right)^{1-\iota} \tag{4-17}$$

其中，$\pi_t = P_t / P_{t-1}$ 为通货膨胀率；π_t^{target} 为货币当局的目标通货膨胀率。模型中目标通胀率可以是一个参数，令其等于稳态的通货膨胀率；也可以设为一个外生的冲击过程。当 $\iota_1 = 0$ 时，有 $P_{i,t} = \pi_{t-1} P_{i,t-1}$，被称为动态价格调整策略。当 $\iota_1 = 1$ 时，并且 $\pi_t^{\text{target}} = \bar{\pi}$（这里 $\bar{\pi}$ 为稳态的通货膨胀率），有 $P_{i,t} = \bar{\pi} P_{i,t-1}$，这被称为静态价格调整策略。

如果在 t 时期第 i 个企业可以最优确定价格，企业在 t 时期的利润是，它会选择 $P_{i,t} = \tilde{p}_t$ 以最大化折现利润之和：

$$E_t \sum_{j=0}^{\infty} \left(\beta \xi_p\right)^j \lambda_{t+j} \left(P_{i,t+j} Y_{i,t+j} - P_{t+j} s_{t+j} Y_{i,t+j}\right) \tag{4-18}$$

其中，s_{t+j} 为第一步计算的边际成本；λ_{t+j} 为家庭预算约束中企业利润的乘数，是一单位货币的效用值，对不同的家庭是相同的。$P_{i,t+j}$ 代表企业价格，只有在企业不能最优化的情况下才会影响企业利润，在 $t+1$ 到 $t+j$ 期之间不再优化价格的概率是 $(\xi_p)^j$。$(\xi_p)^j$ 起到隔离未来不确定性的作用，企业只需要考虑不能调整价格的情形。

3. 菲利普斯曲线

企业利润最大化可以得到一阶条件：

$$E_t \sum_{j=0}^{\infty} \left(\beta \xi\right)^j A_{t+j} \tilde{p}_t^{-1-\frac{\lambda_{f,t+j}}{\lambda_{f,t+j}-1}} \left(X_{t+j} \tilde{p}_t - s_{t+j} \lambda_{f,t+j}\right) = 0 \tag{4-19}$$

即价格调整后的边际成本等于边际收益。其中，

$$X_{t,j} \equiv \frac{\tilde{\pi}_{t+j} \cdots \tilde{\pi}_{t+1}}{\pi_{t+j} \cdots \pi_{t-1}} \quad A_{t+j} = \lambda_{z,t+j} Y_{z,t+j} \left(X_{t,j}\right)^{-\frac{\lambda_{f,t+j}}{\lambda_{f,t+j-1}}} \tag{4-20}$$

进一步得到动态的价格加成公式：

$$\tilde{p}_t = \frac{E_t \sum_{j=0}^{\infty} \left(\beta \xi_p\right)^j A_{t+j} \lambda_{f,t} s_{t+j}}{E_t \sum_{j=0}^{\infty} \left(\beta \xi_p\right)^j A_{t+j} X_{t+j}} \tag{4-21}$$

即企业根据预期的未来边际成本的加权平均确定价格。当 $\xi_p = 0$，上式简化为普通

的企业根据边际成本 s 加成的条件：

$$\tilde{p}_t - s_{t+j}\lambda_{f,t+j} = 0 \tag{4-22}$$

λ_f 是价格对于边际成本的加成，反映了中间品企业的垄断权力。边际成本是贷款名义利率、工资以及资本租金的函数。在弹性价格模型中，真实边际成本是常数。在黏性价格模型中，则是变量。企业在选择最优价格时已经考虑了未来不能最优化的可能性。假设企业预期到未来真实边际成本更高，那么会确定 $\tilde{p}_t > s_{t+j}\lambda_{f,t+j}$，因为它意识到未来真实边际成本提高时可能没有机会最优化价格。

总价格指数是上期价格水平和本期最优调整的价格的常弹性 CES 加总，根据以下形式演化

$$P_t = \left[\int_0^1 P_{i,t}^{\frac{1}{1-\lambda_{f,t}}} dj\right]^{(1-\lambda_{f,t})} = \left[(1-\xi_p)\tilde{p}_t^{\frac{1}{1-\lambda_{f,t}}} + \xi_p(\tilde{\pi}_t P_{t-1})^{\frac{1}{1-\lambda_{f,t}}}\right]^{(1-\lambda_{f,t})} \tag{4-23}$$

其中，ξ_p 为不能最优化企业的比例；$\tilde{\pi}_t$ 为不能最优化企业的指数化调整规则。对第二步中企业定价得到的方程在没有价格扭曲的稳态进行一阶对数线性化，则价格决定等式可以简化为

$$\hat{\pi}_t - \left[t\hat{\pi}_t^{\text{target}} + (1-t)\hat{\pi}_{t-1}\right] = \beta E_t\left\{\hat{\pi}_{t+1} - \left[t\hat{\pi}_{t+1}^{\text{target}} + (1-t)\hat{\pi}_t\right]\right\} + \frac{(1-\beta\xi_p)(1-\xi_p)}{\xi_p}\left(\hat{\lambda}_{f,t} + \hat{s}_t\right) \tag{4-24}$$

这是菲利普斯曲线的一般形式，$\hat{\pi}_t$ 表示相对于稳态偏离的百分比。

（三）资本品生产者

在 t 期末，资本品生产者购买投资品 I_t，以及折旧后的安装资本（installed capital）X，利用这些作为投入生产新的安装资本 X'。新资本的生产函数是

$$X' = X + F(I_t, I_{t-1}) \tag{4-25}$$

这里包含了滞后的投资，说明改变投资需要支付调整成本。令 $F(I_t, I_{t-1}) = 1 - S(\zeta_{i,t} I_t / I_{t-1})I_t$，其中 $\zeta_{i,t}$ 是投资边际效率的冲击，$S(\zeta_{i,t} I_t / I_{t-1})$ 是调整成本。折旧后的安装资本到新资本的转换率是 1，因此新资本和旧资本的价格相同，都用 $Q_{\bar{k},t}$ 表示。企业在 t 时期的利润为

$$\Pi_t^k = Q_{\bar{k},t}\left\{X + \left[1 - S\left(\frac{\zeta_{i,t} I_t}{I_{t-1}}\right)I_t\right]\right\} - Q_{\bar{k},t}X - \frac{P_t}{Y_t}I_t \tag{4-26}$$

由于存在调整成本，资本生产者的优化问题是动态的：

$$\max_{\{I_{t+j}, X_{t+j}\}} E_t\left\{\sum_{j=0}^{\infty} \beta^j \lambda_{t+j} \Pi_{t+j}^k\right\} \tag{4-27}$$

令 $\bar{k}_{t+j-1}$ 代表 $t+j$ 期初经济中的物质资本存量，δ 代表折旧系数。由于新资本生产函数是线性的，任何 x_{t+j} 都是利润最大化的。因此令 $x_{t+j} = \bar{K}_{t+j}$ 与利润最大化和资本品市场出清相一致。得到总资本存量根据下式演变：

$$\bar{K} = (1-\delta)\bar{K}_{t-1} + \left[1 - S\left(\frac{\zeta_{i,t}I_t}{I_{t-1}}\right)\right]I_t \quad (4\text{-}28)$$

最大化得到的一阶条件是

$$E_t\left[\lambda_{z,t}q_tF_{1,t} + \beta\frac{\lambda_{z,t+1}}{\mu_{z,t+1}^*\Upsilon}q_{t+1}F_{2,t+1} - \lambda_{z,t}\frac{1}{\mu_{r,t}}\right] = 0 \quad (4\text{-}29)$$

式（4-29）表示一单位投资生产 $F_{1,t}$ 单位的投资 $\bar{K}_{t+1}$，同时影响下一期生产的安装资本 $F_{2,t+1}$ 单位。式（4-29）中第二项度量了这些额外资本品的效用价值。最后一项是一单位投资的边际成本，这里考虑了投资品相对于消费品价格为 Υ_t。q_t 是标准化以后的资本品价格。

投资调整成本的函数形式设定为

$$S\left(\frac{\zeta_{i,t}I_t}{I_{t-1}}\right) = \frac{\sigma_I}{2}\left(\frac{\zeta_{i,t}I_t}{I_{t-1}} - \frac{I}{I_{-1}}\right)^2 \quad (4\text{-}30)$$

在稳态时，$S = S' = 0$，$F_1 = 1$，$F_2 = 0$，此时 $q=1$。$\sigma_I = S''$，度量了模型动态调整的速率，不影响模型稳态。

（四）大宗商品价格与资本利用率

这里假设由家庭积累资本，并决定资本利用率。在 $t+1$ 期，企业家选择 u_{t+1} 以最大化：

$$\max_{u_{t+1}}\left[u_{t+1}r_{t+1}^k - \tau_{t+1}^{\text{oil}}a(u_{t+1})\right]\omega_{t+1}\bar{K}_tP_{t+1}\Upsilon_{t+1}^{-1} \quad (4\text{-}31)$$

最优条件为

$$r_{t+1}^k = \tau_{t+1}^{\text{oil}}a'(u_{t+1}) \quad (4\text{-}32)$$

式（4-32）表明资本利用率取决于资本租金和大宗商品价格冲击。

对于资本利用函数 $a(u_t)$，应该满足两个条件：①在稳态资本利用率 $u_t = 1$；②在稳态资本利用成本 $a(1)=0$。由第一个条件和式（4-32）得到 $a'(1) = r^k$，r^k 是稳态的资本租金。对于均衡条件 $k_{t+1}^k = a'(u_{t+1})$ 在稳态对数线性化，并令 $\sigma_a = \frac{a''}{a'}$，得到 $r_{t+1}^k = \sigma_a\hat{u}_{t+1}$。其中 σ_a 是 $a(u_{t+1})$ 在稳态的曲率。a'' 不影响模型稳态，只影响模型动态。满足以上性质的函数形式为

$$a(u) = \frac{r^k}{\sigma_a}\left(e^{\sigma_a(u-1)} - 1\right) \quad (4\text{-}33)$$

资本的税后回报率的定义

$$R_{t+1}^k = \frac{(1-\tau^k)\left[u_{t+1}r_{t+1}^k - \tau_{t+1}^{\text{oil}}a(u_{t+1})\right] + (1-\delta)q_{t+1}}{\mu_r q_t}\pi_{t+1} + \tau^k\delta - 1 \quad (4\text{-}34)$$

（五）家庭

经济中有一个连续统的家庭，以 $j \in (0,1)$ 标记。家庭进行消费、储蓄并且提供差别化的劳动投入。第 j 个家庭的行动顺序如下：①当期总冲击实现；②家庭购买状态应变性证券，其支付取决于他本期是否能够最优化工资；③家庭发现能否最优化以后，决定本期工资率；④家庭根据企业需求无弹性地提供劳动，并且做出消费和资产组合决定。本部分先描述家庭效用函数和预算约束，然后讨论家庭的工资决定问题。

1．家庭效用函数

工资调整方式同样采用 Calvo（1983）的方式决定。由于家庭面对能否最优化工资的不确定性，他们的劳动供给和工资收入并不相同，从而家庭的消费和资产持有也不相同。本部分引入状态应变性证券（state-contingent security）保证均衡时所有家庭的消费和资产组合都是一样的。因此除了劳动供给，其他变量可以忽略下标 j。第 j 个家庭的偏好是

$$\sum_{j=0}^{\infty} \beta^t \zeta_{c,t}\left[\log(C_t - bC_{t-1}) - \zeta_t \psi_L \frac{h_{jt}^{1+\sigma}}{1+\sigma_L} + v_t \frac{\left(\frac{M_t}{P_t z_t^*}\right)^{1-\sigma_t}}{1-\sigma_q}\right] \quad (4\text{-}35)$$

C_t 是 t 时期的消费；$\zeta_{c,t}$ 是对 t 时期偏好的外生冲击；v_t 对应了流动性偏好；h_{jt} 是 t 时期的工作时间；ζ_{t+1} 是对劳动供给的外生冲击；ψ_L 是标准化常数，代表工作带来的成本；$1/\sigma_L$ 是劳动跨期替代弹性。

式（4-35）还刻画了现金 M_t 的效用，并对其服务的价值标准化，这是为了使现金在经济增长时存在稳态路径。

当 $b>0$ 时，式(4-35)包含了消费偏好的习惯形成，这使本期消费边际效用对于上期消费是单调增的。许多研究者在模型中包含了习惯形成，以解释消费的持续性，改善欧拉方程的拟合程度，并提高 DSGE 模型对资产价格波动的解释力。

2．家庭预算约束

这一节讨论家庭 t 时期资金使用和来源。家庭在 t 期初持有基础货币 M_{t-1}^b，将它分为现金 M_t 和银行存款 A_t，约束为

$$M_{t-1}^b - (M_t + A_t) \geqslant 0 \quad (4\text{-}36)$$

家庭资金来源包括：税后工资支付，$(1-\tau^l)W_{j,t}h_t$（其中$W_{j,t}$是家庭的工资率）、利润Π_t（来源于中间品企业），以及$A_{j,t}$。其中，$A_{j,t}$是家庭购买的状态应变性证券的净支付，用来隔离能否优化工资所带来的不确定性。最后，家庭支付其他一次性税收Lump$_t$。

$$M_t^b = (1 + R_t^a)(M_{t-1}^b - M_t) + (1 + R_t^m)D_{t-1}^m + X_t - D_t^m - (1 + \tau^c)P_tC_t \\ + (1-\Theta)(1-\gamma_t)V_t - W_t^e + (1-\tau^l)W_{j,t}h_{jt} + M_t + \Pi_t + A_{j,t} + \text{Lump}_t \quad (4\text{-}37)$$

（六）政府的财政和货币政策

政府公共支出是一个外生的冲击过程，$G_t = z_t^* g_t$，这里g_t是平稳的随机过程。在稳态政府支出是GDP的固定比例η_g。货币政策通过控制基础货币实现，政府在t期末转移支付给家庭现金X_t，从而使基础货币以$M_t^b = M_{t-1}^b(1+x_t)$方式演变。这里x_t是基础货币增长率。

政府通过一次性税收为公共支出和货币政策融资。每一期，政府执行调整税收使下面的预算约束平衡：

$$\frac{T_t}{P_t} = G_t + \frac{X_t}{P_t} \quad (4\text{-}38)$$

这是李嘉图财政政策的一种特殊形式。李嘉图财政政策下$\{T_t\}$是内生的，这保证了政府债务是有限的路径，从而非蓬齐（non-Ponzi）条件对于任意的内生变量路径始终成立。此时，通胀和其他内生经济变量的路径完全独立于财政安排，可以完全不考虑财政政策的细节。

二、模型估计

（一）方法选择

基于目前宏观计量的标准做法，本部分使用完全信息的贝叶斯方法进行估计。这里首先给出基准选择，然后在下文详细探讨。参照Christiano等（2007），对稳态参数校准，对动态参数估计。参照Smets和Wouters（2003），没有使用度量误差。选择10种外部冲击：持久性技术冲击（$\mu_{z,t}$）、暂时性技术冲击（ε_t）、货币冲击（x_t）、外生需求冲击（g_t）、投资品价格冲击（Υ_t）、投资效率冲击（$\zeta_{i,t}$）、价格加成冲击（$\lambda_{f,t}$）、消费偏好冲击（$\zeta_{c,t}$）、大宗商品价格冲击（$\tau_{o,t}$）和流动性偏好冲击（σ_q）。选择5个观测变量：GDP、消费、投资、通货膨胀率和货币

M2。假设所有冲击都是 AR（1）过程。冲击以对稳态的对数偏离表示为

$$\hat{x} = \rho_x x_{t-1} + \varepsilon_{x,t}, \quad \varepsilon_{x,t} \sim N(0, \sigma_x^2) \tag{4-39}$$

（二）数据处理

模型估计中使用的数据包括 GDP、消费、价格指数、货币，工资和就业的数据存在比较严重的质量问题，因此没有选用。原始数据来自于 wind 和中经网数据库，数据样本为 2007 年第一季度到 2015 年第四季度。数据的具体调整过程如下。

价格指数用 CPI 表示。由于国家统计局只公布了 CPI 月度的同比增长率，这里使用夏春（2001）的方法，将同比增长率转化为定基比序列。然后计算月度定基比序列的几何平均，得到季度的 CPI。

模型中的消费包含非耐用消费品和服务。基于数据可得性问题，这里用社会商品零售总额作为消费的近似度量。大宗商品价格数据采用加权的大宗商品价格指数数据。M2 采用季调后的月度数据，采用算数平均得到季度数据。最后，对于季度的 CPI、名义消费和名义 GDP 数据用 Tramo-Seats 方法进行季节调整。

（三）模型估计

本部分利用贝叶斯方法对模型进行估计，为了计算观测时间序列的似然函数，使用卡尔曼滤波方法。由似然函数与参数先验分布联合得到后验分布。通过最大化对数后验分布，得到参数的后验分布众数。再使用 Metropolis-Hastings 算法可以得到整个后验分布。

1. 控制稳态的参数校准

习惯持续性的参数 $b=0.7$，劳动供给弹性 $L\sigma=1$。劳动负效用的权重 $L\psi$ 设为 1。设定 $\delta=0.03$，这意味着年度折旧率为 12%。设定 $\alpha=0.4$，对应于稳态资本收入份额为 40%。劳动加成参数 λ_w 为 1.05，稳态的价格加成为 $\lambda_f=1.2$。η_g 表示外生的政府支出（包含了净出口）占 GDP 的比率，年度数据表明投资和消费分别占 GDP 比率为 40%，因此 η_g 设为 0.2。假设 $\beta=1.03^{-0.25}$，这意味着稳态年度真实利率为 3%。消费、劳动和资本税率都设为 0.1。

利用季度名义 GDP 对 M1 剔除趋势，然后和一年期存款利率进行以下回归：

$$\log\left(\frac{M_t}{P_t z_t^*}\right) = c(0) + c(1)^* \text{Rate}_t + \varepsilon_t \tag{4-40}$$

得到系数 $c(1)$ 约为 -8.5，表明一年期定期存款利率提高 1 百分点，则 M1

余额下降约 8.5 百分点。由稳态 $R=4.16\%$，得到 $\sigma_q=1.4$。在 $\sigma_q=1.4$ 的情况下，调整 ν 使得 $m=1/3$，这也是样本期内 M1 对 M2 的比率。得到 $\nu=0.035$。这两个参数主要控制利率对于货币冲击的初始反应，对模型其余部分的动态影响不大。

此外，主要稳态变量的取值为 $y=2.2458$，$c=1.08$，$i=0.71$，$g=0.4492$，$k=12.8$，$R=4.65\%$，$r^k=6.88\%$，$\Phi=0.45$，$m=0.3$，$m^b=3.18$。

2. 控制动态的参数先验分布

与动态有关的参数用贝叶斯方法估计，这些包括刻画工资和价格摩擦、资本利用以及投资调整成本的参数 ξ_w、ξ_p、ι_1、ι_{w2}、ϑ、σ_I、σ_a，刻画 10 个外生冲击的 20 个参数（用一阶自相关系数和标准差描述）。

价格和工资指数化调整的系数 ι_1、ι_{w2}、ϑ 假设为均值 0.5、标准差 0.15 的 Beta 分布。价格和工资的 Calvo 概率 ξ_w、ξ_p 假设为均值 0.5，这意味着价格和工资合约的平均长度为半年。对投资调整成本函数而言，参照 Smets 和 Wouters（2003），γ_I 先验分布设为均值为 4，标准差 1.5 的正态分布。这意味着资本价格增加 1%，投资增加 0.25%。由 $E\hat{r}_t^k = \sigma_a \hat{u}_t$ 是资本利用率对于资本租金的弹性，σ_a 越大，表明改变资本利用率的成本越高。参照 Christiano 等（2007），σ_a 先验设为均值为 6、标准差为 5 的 Gamma 分布。这意味着资本利用率增加 1 百分点，需要 r^k 增加 6 百分点。假设所有冲击遵循 AR（1）过程，冲击的标准误差遵循反 Gamma 分布，均值为 0.1，自由度为 2，这对应了非常松散的先验分布。持续性参数是 Beta 分布，均值为 0.5，标准差为 0.2。

三、模型结果分析

（一）动态参数的估计

控制模型动态的参数有 7 个，分别是企业和家庭的价格和工资设定的 Calvo 参数（ξ_w，ξ_p）、价格和工资方程中指数化调整系数（ι_1、ι_{w2}、ϑ），以及资本利用与投资的调整成本弹性（σ_I，σ_a）。

图 4-19 显示，对于 Calvo 参数：ξ_p 后验分布相对于先验往左移动，标准差变小，说明对这一参数数据中包含较多的信息。后验均值为 0.26，意味着在每个季度企业有 26%的概率不能调整价格。ξ_w 的后验分布向右移动，后验均值为 0.57，这一结果与国外的估计值相比略低，原因可能是观测变量对工资黏性识别较弱。

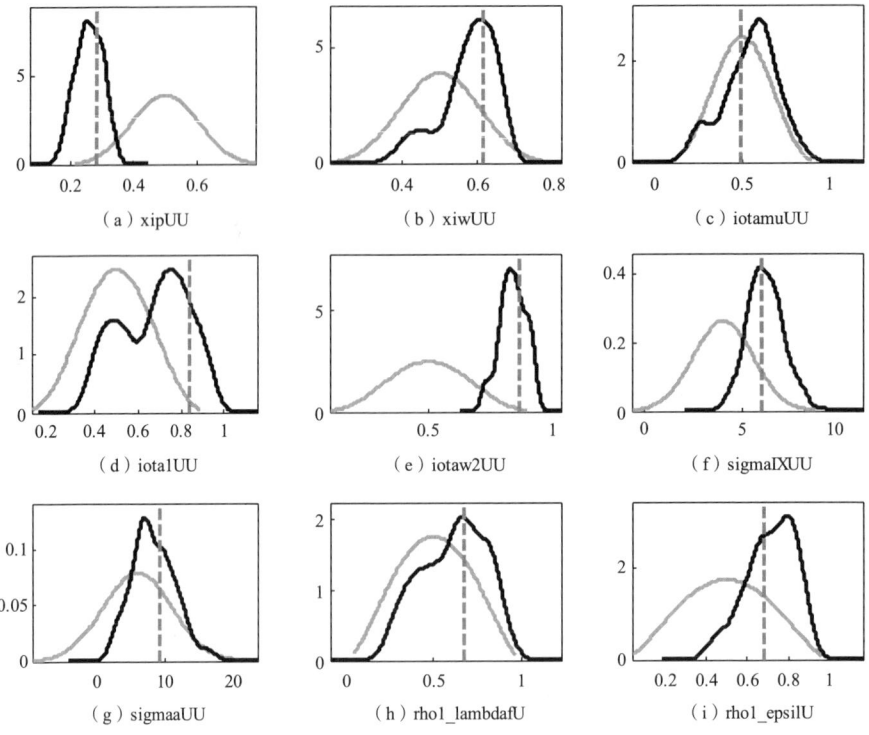

图 4-19 部分动态参数的先验与后验分布

对于价格和工资方程中的指数化调整系数（ι_1、ι_{w2}、ϑ）后验分布相对于先验的标准差变小。价格方程中的指数化参数 ι_1 的后验均值略靠右，后验均值为 0.55；而工资方程中的指数化参数的后验均值为 0.67，也较先验均值增大。对于投资调整成本 σ_I，后验均值为 6.13，相对于先验右移。对于资本利用率调整成本 σ_a，后验分布右移，均值为 8.34，该结果意味着生产能力利用率的调整成本较高。

对于外生冲击变量而言，一阶自回归系数度量了外生冲击的持续性。持续性最强的冲击还有货币冲击和技术冲击：货币冲击的持续性参数估计值为 0.77，较先验分布明显增强；技术冲击的后验均值为 0.71，也表现出较强的持续性特征。其次是政府支出冲击 g_t 和成本加成冲击，两者的后验均值均为 0.6，较高的持续性意味着政府支出和成本加成对中国经济存在着持续性的影响。最后，外生增长率冲击和大宗商品价格冲击的后验均值均为 0.51，也显示出了明显的持续性。

从冲击变量标准差的先验和后验分布来看（图 4-20），货币冲击、消费冲击和大宗商品价格冲击的后验标准差最高，分别为 0.22，0.19 和 0.1，其他冲击变量的后验均值均在 0.1 以下。该估计结果表明，货币冲击、消费冲击和大宗商品价格冲击对中国宏观变量存在较大的影响。

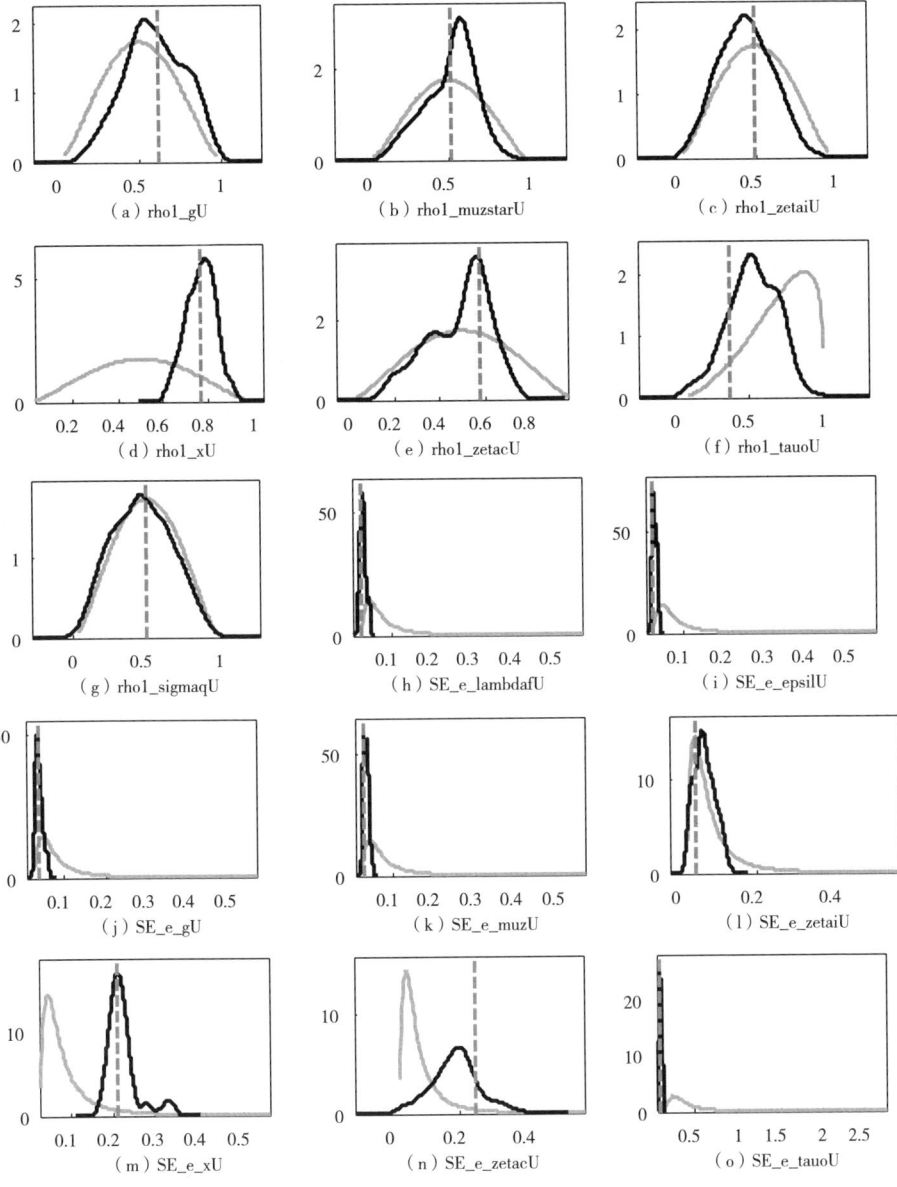

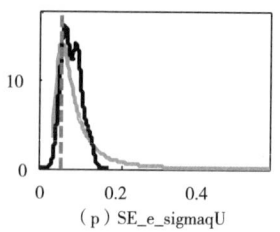

图 4-20 外生冲击变量的先验与后验分布

（二）大宗商品冲击的脉冲响应分析

下面我们假定大宗商品出现 1%水平的价格下降，从而通过对大宗商品价格的脉冲响应分析来研究大宗商品价格变动对我国宏观经济变量的影响。从模型的脉冲响应函数来看，大宗商品价格冲击（负向）对宏观经济变量造成的冲击影响大致可以分为两种类型：对真实经济变量（产出、消费、投资和产能利用率等变量）产生正面影响；对名义变量（如通胀）和生产成本（如边际成本）产生下拉作用。

总体来看，模型的脉冲响应函数显示，大宗商品价格冲击对我国宏观经济的影响较为平缓。由于上文模型中大宗商品价格直接影响产能利用率，因此大宗商品价格下降必然通过成本渠道导致产能利用率上升，而更高的产能利用率意味着更高的产出水平和更低的生产成本。从图 4-21 来看，1%水平的大宗商品价格下降将造成产能利用率（uU）上升 1.5%，而生产的边际成本（sU）下降近 0.2%，相应经济中的产出水平（yU）上升 0.2%。

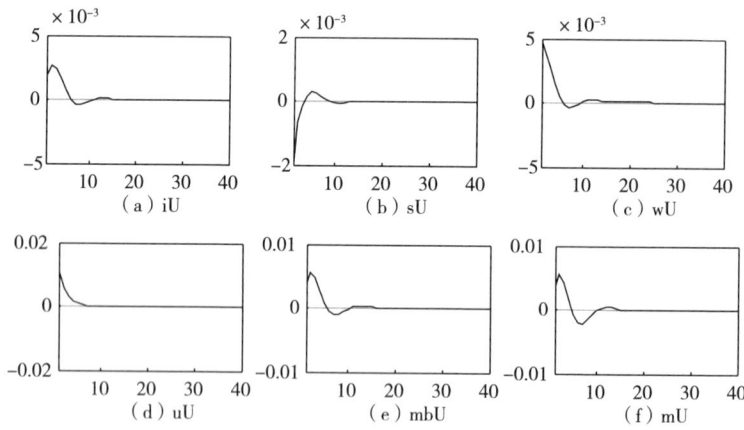

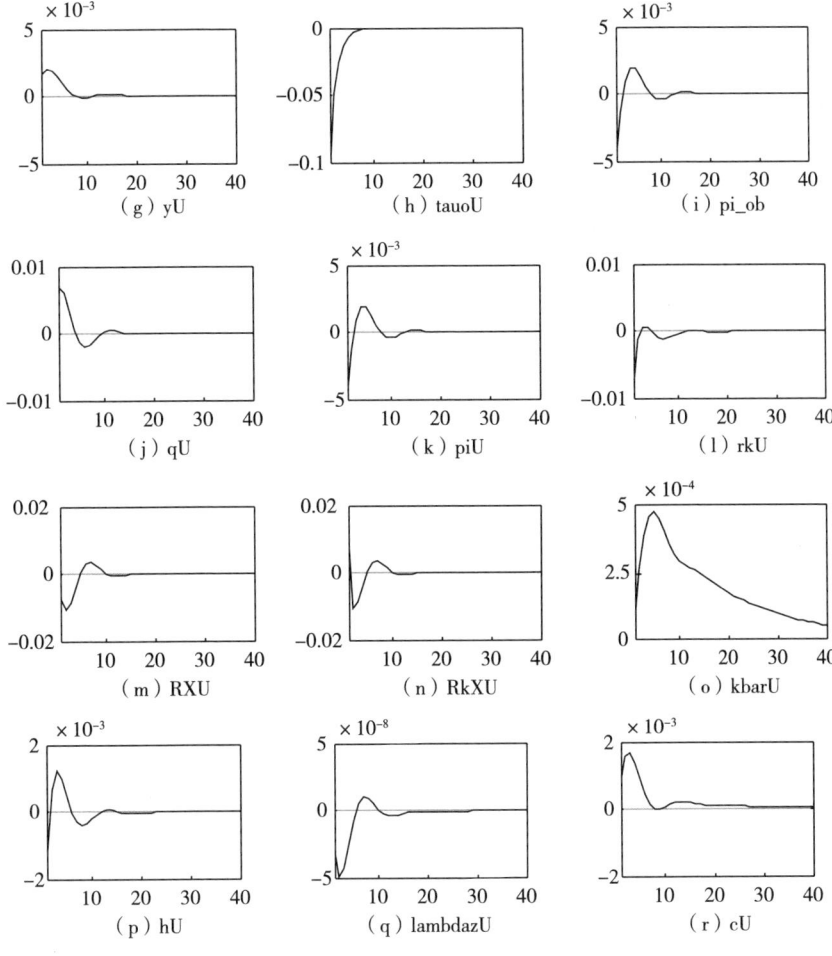

图 4-21　大宗商品价格冲击的脉冲响应分析

随着产出水平的上升，经济中的消费、投资和资本存量等变量都出现提高。图 4-21 显示，1%水平的大宗商品价格下降将导致消费(cU)和投资(iU)上升 0.2% 和 0.3%；投资的上升进一步导致资本形成（kbarU）上升 0.05%，资产价格（qU）也随之上升近 1%，就业水平也随之提高 0.1%。

值得注意的是，大宗商品冲击对我国通货膨胀的长期影响是模糊的。一方面，从成本渠道而言，由于大宗商品价格下降带来的成本降低和消费提升（消费的边际效用出现下降），短期内通货膨胀率会出现负面影响，即出现通货紧缩效应；另一方面，大宗商品价格下降导致的投资、就业率的提高和产出的增长，造成资本收益率（RkXU）和工资水平（wU）的明显提高，最终会推升通货膨胀率。

从脉冲响应的时间来看，大宗商品价格冲击对大多数宏观经济变量的影响周期在 10 个季度左右，即大宗商品对我国经济的影响将持续 2.5 年；从脉冲响应的峰值来看，大宗商品价格冲击对大多数宏观经济变量的影响逐步递减，且峰值不高，这再次印证了大宗商品价格冲击对我国经济的影响较为平缓。

（三）低产能利用率问题

大宗商品价格下降虽然造成了产能利用率的提高，但从模型的方差分解结果来看（表 4-13），大宗商品价格冲击对于我国产能利用率的解释仅占 10.55%，相比之下，增长率冲击、货币冲击和消费冲击对于我国产能利用率的影响更为明显。

表 4-13　方差分解（单位：%）

变量	加成冲击	技术冲击	财政冲击	增长率冲击	投资冲击	货币冲击	消费冲击	大宗商品价格冲击
资产价格	1.03	17.19	0.55	3.75	3.36	27.83	46.20	0.08
通货膨胀	0.81	6.50	0.19	1.30	0.08	82.31	8.77	0.05
利率	1.58	6.97	0.11	19.20	1.62	58.16	12.30	0.06
资本收益率	0.14	7.62	0.34	4.97	1.85	55.94	29.12	0.02
资本存量	0.06	2.25	0.03	49.10	4.10	35.03	9.43	0.00
劳动	1.50	8.28	0.45	9.65	2.69	68.71	8.69	0.04
消费	0.38	9.16	0.18	57.50	2.64	22.49	7.62	0.02
投资	0.29	6.01	0.11	0.32	8.74	61.56	22.96	0.01
生产成本	32.50	14.86	0.52	0.69	0.07	38.48	12.75	0.12
工资	1.37	13.22	0.28	14.94	1.12	56.51	12.49	0.07
产能利用率	1.42	6.24	0.10	52.05	1.45	17.19	11.01	10.55
货币	2.37	18.58	0.42	11.00	0.60	36.98	29.94	0.11
产出水平	9.97	10.72	0.40	23.58	2.99	43.05	9.22	0.08

图 4-22 总结了增长率冲击、投资冲击、货币冲击和消费冲击对我国产能利用率的影响。该图显示，1%的增长率下降将导致产能利用率下降 0.5%，而 1%的货币政策冲击对产能利用率的影响则超过了 1%，同样的，1%的投资下滑也将造成 0.1%的产能利用率下降；相比之下，消费等变量对产能利用率的影响较为模糊。鉴于增长率和投资下滑是我国在经济新常态下的突出特征，且货币政策受国内外宏观经济形势影响表现出不稳定性，可以认为增长率冲击、投资冲击和货币冲击是我国目前产能利用率低的主要因素。

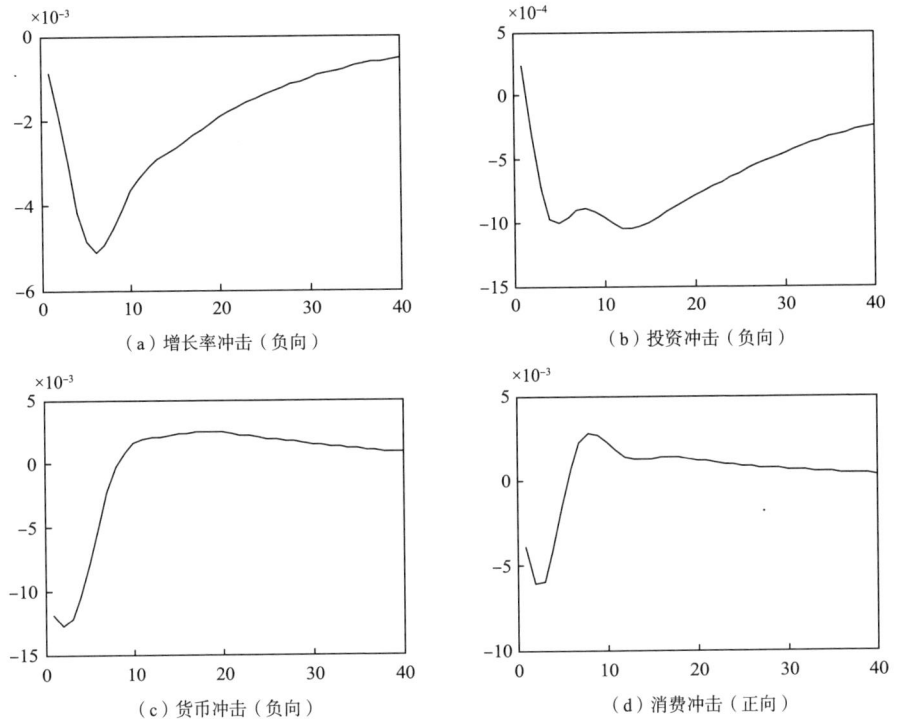

图 4-22 产能利用率的脉冲响应函数分析

(四)大宗商品价格冲击与中国经济周期

本部分我们分析大宗商品价格冲击与我国宏观经济周期的关联。这里,我们使用卡尔曼滤波技术来计算大宗商品价格的平滑冲击,并以 GDP 和消费数据为例提取宏观经济变量的周期成分,最后,将大宗商品价格冲击的平滑冲击与 GDP 和消费数据的周期成分相对比,以研究大宗商品冲击对我国经济周期的潜在影响。

在计算方法上,由于 DSGE 模型中的预期不可观测变量,可以通过卡尔曼滤波将通缩预期表达为一些决定变量或其滞后值上的统计投影。卡尔曼滤波对通缩预期的处理方式与现实中人们对下期的预期一致:在人们不知道下期的产出缺口和利率信息时,不仅可借助于 t 期之前的信息进行预测,还可借助于此后的通胀和利率信息进行平滑推断(smoothed inferences)。当然由于研究者无从得知人们实际预期时所采用的真实规则,这种统计推断只是真正预期值的一种合理近似。

图 4-23 显示了平滑的大宗商品冲击与 GDP 和通胀数据的周期成分的潜在联系。总体来看,2007 年之后,大宗商品冲击与我国经济周期之间的关联呈现三个阶段。

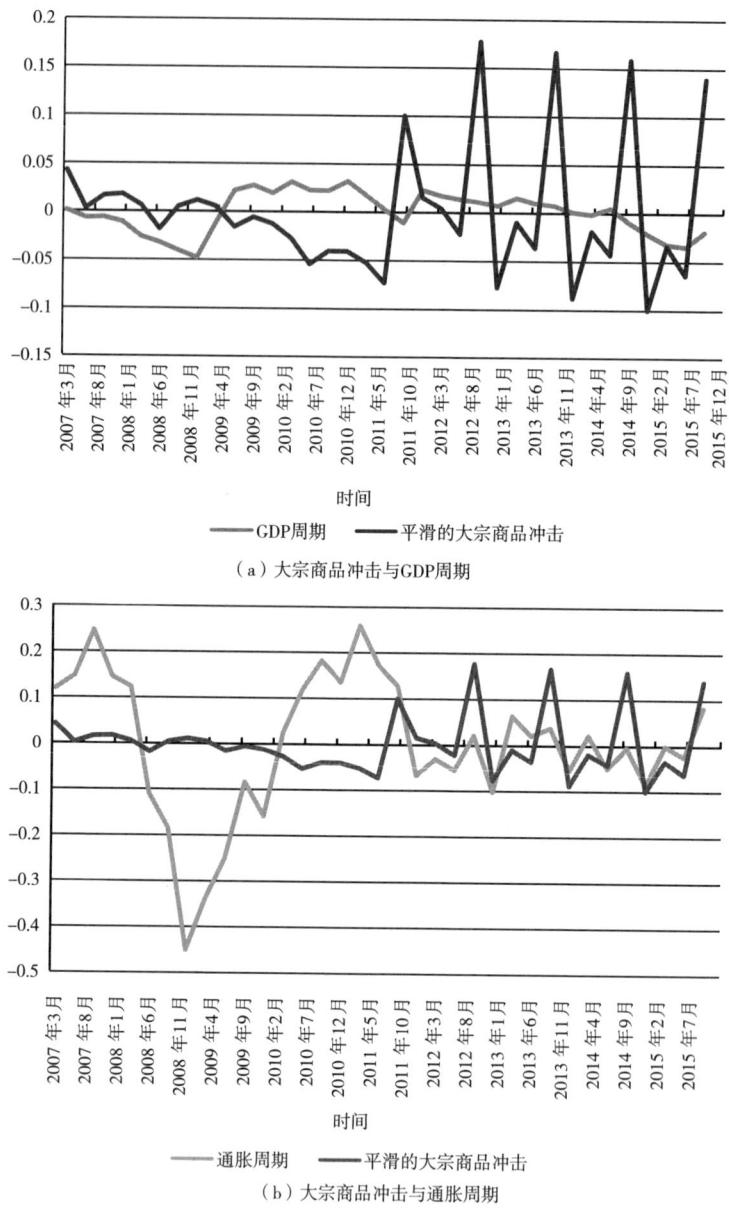

图 4-23 大宗商品价格冲击与经济周期

（1）2007~2009 年（关联度较高），大宗商品价格的平滑冲击在 2007 年之后出现下降趋势，相应的，GDP 的周期成分则明显低于 0，这意味着在这段期间我国宏观经济进入收缩时期，这段时期内大宗商品与我国经济周期表现出明显的相关性。这种相关性可能是国际金融危机后的经济下滑所导致的。同样的，在这一阶段，我国通胀也呈现周期性下滑，这与大宗商品的负面冲击也表现出一致性。

（2）2009~2011年（关联度削弱），我国GDP周期成分明显上升为正，相应的，通胀周期也逐渐从底部反弹，至2010年之后重现通胀局面，这意味着这阶段我国经济周期也进入上升阶段；但平滑的大宗商品价格冲击仍持续下降。由此可见，2009~2011年，大宗商品价格冲击与我国的关联性有所削弱。

（3）2012年之后（与通胀周期呈高关联），平滑的大宗商品价格冲击波动性增强，相应的，我国通胀的周期成分也表现出较为明显的周期特征，且与大宗商品冲击呈现较强的相关性；相比之下，我国同期GDP的周期分量则持续下降，2014年之后显现为负，这意味着我国经济周期进入下行阶段，GDP与大宗商品价格冲击的相关度较为模糊。

参 考 文 献

高杰. 2005.中国石油价格规制问题研究. 中国物价，(11)：9-13.

基欧汉 R，奈 J. 2002. 权利与相互依赖. 第三版. 门洪华译. 北京：北京大学出版社.

金三林. 2008. 成品油调价的影响与价格全面改革的时机.当代石油石化，(7)：9-12.

刘拓. 2007. 石油金融知识. 北京：中国石化出版社.

钱行. 2006. 通货膨胀国际间传导对我国影响的实证检验. 数量经济技术经济研究，(11)：113-123.

王喜爱. 2009. 从石油的金融属性看我国石油价格与国际接轨. 经济经纬，(2)：45-48.

夏春.2001.生产能力利用与中国经济波动. 北京大学硕士学位论文.

Adelman M A. 1990. The 1990 oil shock is like the others. The Energy Journal, 11(4)：1-14.

Bernanke B S. 1983. Irreversibility, uncertainty, and cyclical investment. Quarterly Journal of Economics, 98：85-106.

Blanchard O, Galí J. 2007. The macroeconomic effects of oil price shocks：why are the 2000s so different from the 1970s. NBER Working Paper No.13368.

Breitenfellner A, Cuaresma J. 2008. Crude oil prices and the Euro-dollar exchange rate：a forecasting exercise. Working Papers in Economies and Statistics, University of Innsbruck.

Cheng K C. 2008. Dollar depreciation and commodity prices// IMF. World Economic Outlook. Washington D C：International Monetary Fund.

Calvo G A. 1983. Staggered prices in a utility-maximizing framework. Journal of Monetary Economics, 12(3)：383-398.

Christiano L J, Eichenbaum M S, Evans C L.2005. Nominal rigidities and the dynamic effects of a shock to monetary policy. Journal of Political Economy, 113(1)：1-45.

Christiano L J, Motto R, Rostagno M. 2007. Financial factors in business cycles.Unpublished Manuscript,Northwestern University.

Ezzati A. 1978. World Energy Markets and OPEC Stability. Lexington：Lexington Books.

Findlay R. 1979. Economic development and the theory of international trade. American Economic

Review Proceedings, 69(2): 186-190.

Gately D. 2007. What oil export levels should we expect from OPEC? The Energy Journal, 28(2): 151-174.

Hogan W. 1989. World oil price projections: a sensitivity analysis. Discussion Paper No.E-89-04, Energy and Environment Policy Center, Harvard University.

Issawi C. 1973. Oil and middle east politics. Proceedings of the Academy of Political Science, 31(2): 111-122.

Kalymon B. 1975. Economic incentives in OPEC oil pricing policy. Journal of Development Economics, 2(4): 337-362.

Kemp M, Ohyama M. 1978. On the sharing of trade gains by resource-poor and resource-rich countries. Journal of International Economics, 8(1): 93-115.

Kilian L. 2008. A comparison of the effects of exogenous oil supply shocks on output and inflation in the G7 countries. Journal of the European Economic Association, 6(1): 78-121.

Korhonen I, Ledyaeva S. 2009. Trade linkages and macroeconomic effects of the price of oil. Energy Economics, doi: 10.1016/j.eneco.11.005.

Lescaroux F, Mignon V. 2008. On the influence of oil prices on economic activity and other macroeconomic and financial variables, CEPII, Working Paper.

Marshalla R A, Nesbitt D M. 1986. Future world oil prices and production levels: an economic analysis. The Energy Journal, 17(1): 1-22.

Nordhaus W, Houthakker H, Sachs J. 1980. Oil and economic performance in industrial countries. Brookings Papers on Economic Activity, (2): 341-399.

Noreng O. 2006.Crude Power: Politics and the Oil Market. New York: I.B. Tauris Publishers.

Parra F. 2004. Oil Politics: A Modern History of Petroleum. New York: I. B. Tauris Publishers.

Pindyck R S. 1991. Irreversibility, uncertainty, and investment. Journal of Economic Literature, 29: 1110-1148.

Rogoff C, Rossi B. 2008. Can exchange rates forecast commodity prices? Working Paper, Harvard University.

Rotemberg J, Woodford M. 1996. Imperfect competition and the effects of energy price increases on economic activity.Journal of Money, Credit and Banking, 28(4): 549-577.

Smets F, Wouters R. 2003. An estimated dynamic stochastic general equilibrium model of the Euro area. Journal of the European Economic Association, 1(5): 1123-1175.

Stork J. 1974. Oil and the international crisis. MERIP Reports, No. 32 .

Wirl F. 2009. OPEC as a political and economical entity. European Journal of Political Economy , 25: 399-408.

第五章 债务处置周期对通货紧缩和通缩预期的影响机制研究[1]

伴随着城市化的推进，从21世纪开始中国就进入了负债式扩张道路。2009年的大规模经济刺激计划开始，负债式扩张由于资本效率快速递减而难以持续，并遗留下"工业产能过剩"和"地方债处置"这两个前期政策消化问题。本章首先较为系统地研究了Fisher的非均衡经济周期理论和过度负债引起的资产下行期的债务通缩理论，列举了关于中国目前通缩状况的不同代表性观点，分析了中国目前的通缩状况，认为中国正在面临全面通缩的考验。其次分析了中国的债务水平，认为相对于发达国家而言，中国的各部门静态债务水平都是比较低的，尤其是家庭部门，政府部门债务水平也处于安全范围。企业部门的杠杆水平比较高，这在很大程度上是因为中国传统上就是一个以间接融资为主的国家，这是中国的制度特征。随后分析了债务处置中的通缩倾向。主要是来自于资产价格下跌或者出于对资产价格下跌的担忧而出现的经济主体行为变化，这些行为变化影响了总需求的各个部分。相对于新古典经济学连续性假设而言，这些行为往往是非对称的。有些就是二值变量选择，如"买"转变为"卖"。由于过度负债，企业不得不用大量的利润去还债而不是投资，这就会减少投资需求。家庭部门的耐久品，尤其是住房消费会经历从提前购买到推迟购买的转变。政府部门过度借债引起财政不可持续，从而政府不得不减少赤字，甚至减少支出。本章认为，当前政府部门的紧缩，是导致中国式债务-通缩的关键。包括地方债处置中的保守倾向，用债务置换的形式强制购买企业资产，从而导致以融资平台为核心的城市开发投资下降，紧缩来自投资部门转制、效率、期限、分配等几个方面。更重要的紧缩，来自于财经制度与市场不能接轨的条件下进行的财经纪律整顿，这导致政府非合意存款的过快增长和体制性紧缩的出现。我们认为中国的财政风险总体可控，政府部门过于保守的行为无助于债务处置，而改革滞后的财经制度改革也成为破解经济紧缩的关键。

---

[1] 本章执笔人：高培勇、付敏杰、戎梅。

第一节 理 论 基 础

Fisher（1933）在《繁荣与萧条》一书中首次提出债务-通货紧缩理论（debt-deflation theory，DDT），从过度负债导致的货币紧缩角度来解释1929~1932年的大萧条。DDT系统地阐述了债务、债务处置与通货紧缩的关系以及二者合力作用对经济造成的严重后果。

一、经典债务-通缩理论

Fisher认为，经济系统中包含大量的变量，包括物质财富、知识产权和服务在内的各种商品，以及这些商品的价格及价值（价格与数量乘积）。这些变量发生变化可能是由多种原因引起的。只有在理想情况下，这些变量才会在人类欲望的作用下全部处于均衡状态，更多的情形是非均衡状态。经济非均衡性趋势可以粗略分为三类：①稳定的增长或平稳趋势；②非稳定的偶然干扰；③不稳定但周而复始的周期性趋势。很难想象经济体中的变量可以处于完美的均衡状态保持不变，常常高于或低于均衡水平的重要变量如下：①资本项，如房产、工厂、船舶、生产能力、存货、金、货币、信用和债务；②收入项，如实际收入、贸易量、股票交易；③价格项，如证券价格、商品价格、利率水平等。

哪些经济变量足以引发历史上的大繁荣或者大萧条？相对于已有的文献，Fisher认为，各经济变量的变动可以解释小的扰动，但加总起来未必能解释大的扰动。Fisher认为，影响经济周期从繁荣走向萧条的主要因素是起初的过度负债和后来的通货紧缩，其他因素只是这两点因素造成的效应或症状，主要的破坏者是债务扰动和价格扰动。债务和通缩，作为经济的两种弊病，其负面作用比其他因素加起来都高。Fisher列出了七种受债务和通货紧缩影响的经济变量，加上债务和通缩共有九种因素变量，即债务、流通媒介、流转速率、价格水平、净财富、利润、贸易、商业信心、利率。

假定一个经济体仅存在过度负债，某一时点的过度负债会引发债务清算。然后可以得到如下九个逻辑关系构成的链条：（1）债务清偿导致廉价出售。引起（2）存款货币收缩，银行贷款被偿还，流通高速度下降。廉价出售引起的存款收缩和货币流通速度减慢，将导致（3）价格水平下跌。假定这种价格水平下跌未受到通胀恢复的干预，必然有（4）商业净资产的进一步缩水。引发银行破产以及（5）利润可能下降，引发对亏损的关注和担忧，导致（6）产出、贸易、就业的下降，进一步导致（7）悲观，丧失信心，反过来导致（8）货物囤积，流通速度进一步减慢。上述八项变化共同导致（9）对利率的复杂扰动，尤其是名义利率下降，实际利率上升。Fisher 认为，最重要的是货币存款减少和周转速度降低对贸易的直接紧缩效应。

如果仅仅是过度负债，而没有引发价格下跌，危害就要小得多。如果这一趋势被通货膨胀对冲（不管是偶然还是人为），结果导致的"周期"就会温和得多。如果通缩不是由债务引起的，结果也不会那么严重。债务和通缩的联合作用首先是债务问题，其次是货币问题，造成了最大程度的破坏。过度负债可能引起通货紧缩，通货紧缩也会加重债务负担。虽然通过偿债削减了名义债务，但债务削减速度跟不上货币升值速度，个体削减债务负担的努力反而增加了债务负担，这就是实际货币的升值效应。

Fisher 认为大萧条的原因在于，债务人还得越多，他们欠得越多，因为价格下行导致实际利率上涨。1929~1933 年的"大萧条"，就是最严重的债务-通缩型萧条。截至 1933 年 3 月，债务清偿削减了大约 20%的债务，但美元升值了 75%。这导致实际债务以大宗商品衡量的债务上涨了大约 40% [（100%-20%）×（100%+75%）=140%]。控制债务通缩机制的关键是阻止价格水平下跌。通过通胀将价格水平恢复到这样一种平均水平，债务将维持在某一水平保持不变。DDT 认为，防止债务通缩蔓延的关键是控制价格水平。

二、后期研究成果

Fisher 的 DDT 提出后，学术界对该理论进行了后续研究和经验论证。20 世纪 90 年代早期，一些私人债务增长最快的国家遭遇了最严重的衰退。King（1994）认为这些国家呈现了债务的"典型事实"，并进一步探讨了 Fisher 的 DDT 及其被同时代人接受的情况，认为应该将债务通缩看做实际经济周期现象。King 认为，总需求是资产价格的非单调函数，对债务通缩的分析需要构建一个不存在代表性消费者的实际经济周期模型。Wolfson（1996）认为，Fisher 的 DDT 的实质如下：在一个相互作用的过程里，商品价格下跌加重了借款者的债务负担，就像 1987 年股市崩盘所呈现的。现代债务通缩过程包含了资产价格下跌、偿债困难、惜贷、金融危机、对银行的影响，以及金融系统的相互依赖等。19 世纪 80 年代的债务通缩通过最后贷款人干预和政府对金融系统的支持中止了。

Bordo 等（2007）使用动态一般均衡模型分析了南北战争后、第一次世界大战后和沃克时期三次货币紧缩大相径庭的宏观经济效应，结果发现这三个历史事件的显著差异可以归结于货币政策设计及透明度的不同。对于可信度较高的政策体制，论文强调渐进政策的好处（如19世纪70年代），而不是突然的政策转变（如1920~1921年）。对于可信度较低的政策制度（如1980年的联邦储备），激进的政策立场起到重要的信号传递作用，使政策对私人个体的影响更为明显。马丁（2010）认为金融危机具有通缩效应，若银行中介功能瘫痪导致货币乘数降低，基础货币的投放无法通过银行实现货币供应量扩张，通缩就会产生。通缩提高了实际利率，对债务人不利，且降低企业的利润率。在金融危机下持有巨额债务的全球银行业将面临资产负债表的严重恶化。

2007年国际金融危机爆发以来，对欧元区债务通缩的担忧显著增加。欧元区经济不能满负荷运行，失业率平均达到12%，沉重打击了经济增长。回顾美国金融危机及其对欧元区的扩散，不难发现金融市场自由化和大规模金融创新，助长了金融资产的繁荣与破产，私人和公共部门过度负债之后，出现了债务型通缩。

Sau（2014）重新评价了债务紧缩理论，阐述当前对欧元区通缩的担忧。私人与企业认为价格将会进一步下降从而延迟支出，导致对货物和服务的需求降低。企业利润下滑最终导致企业削减产出和工资，不愿投资且解雇工人。收入下降和失业率上升导致总需求降低，出现一个自我加强的经济螺旋式下滑。由于贷款损失增加，银行变得无力。欧元区的债务人多集中于增长最慢且通缩易发的国家，如希腊、西班牙、葡萄牙和意大利。那些债务负担最严重的国家，将被要求施行极端的紧缩政策，会对国内银行和其他债权人造成连锁反应，造成进一步的困难。欧元区债务比率爆炸的风险正在上升。一旦形成债务-通缩，将造成很大的痛苦，要解决它也需要较长时间。

国内方面，高弘（2013）基于私人部门债务-通缩的角度研究了欧洲债务危机爆发的成因。该研究认为，美国次贷危机触发了欧洲银行业的流动性危机，私人部门随之发生了长周期的债务通缩。政府部门的救助行为促使债务在私人部门和公共部门之间转换，最终导致主权债务危机爆发。许一涌（2014）发现近年来以经济规模（GDP）衡量的企业杠杆率上升较快，与非上市企业相比，上市企业的杠杆率相对较低；分行业来看，交通运输、房地产和钢铁等重资产行业的杠杆率增长较快。中国人民银行杠杆率研究课题组（2014）估算出2012年中国经济的总杠杆率为183%，认为从总量上看，中国经济的杠杆率水平属于适度范围；从结构上看，中国地方政府及非金融企业的债务水平较高。

王春峰等（2015）将债务与经济周期的关系及趋势分为四个阶段，分别是同向增长阶段、逆向运行阶段、同向削减阶段和逆向运行阶段。他们认为初期债务的增长促进经济发展，但无限制的债务增长将会导致金融危机乃至经济危机,随着经济持续衰退,削减债务成为必然选择。当前中国的政府和企业部门要去杠杆,应立足所处债务与经济一周期阶段采取"博弈式"杠杆政策。陆婷（2015）指出,过去几年来中国非金融企业的杠杆率大幅提升,主要原因是资本产出比上升和加权平均息税前利润率下降,2014~2028 年企业债务对 GDP 的比率将会大幅增长。该研究认为,单纯依靠投资拉动的经济增长难以遏制企业杠杆率的上升趋势、推动企业部门去杠杆需要提升资本效率和企业利润率,并削弱企业对债务融资的依赖性。奇瓦科和林卫基（2015）利用 2003~2013 年上市公司数据评估了中国企业部门的债务风险,认为总体来说中国企业的杠杆率不高,且金融危机后私营上市公司呈现减杠杆趋势,但国有企业的杠杆率呈上升趋势。该研究发现,后金融危机时期房地产和建筑行业所面临的借贷成本低于其他行业,因此能够承受适度的利率冲击。宋美喆和胡丕吉（2016）认为,DDT 能够从逻辑上较好地解释当前中国社会经济中存在的高杠杆、高库存和资产价格下行压力现象。

为了防止过度负债,不少学者研究了一国能够负担的债务水平,更有文献通过研究政府债务与经济增长的关系来确定国债"适度规模"。政府债务对经济的影响是非线性的,往往先是正面影响后是负面影响。适度债务规模要求债务发挥正面影响,不仅能够缓解财政压力,还应促进经济增长。1996 年,国际货币基金组织和世界银行发起了重债穷国减债计划,目的是将这些国家的外债负担降到可持续水平,条件是他们需要实施强有力的宏观经济调整及结构改革,以此来促进增长消除贫困。Cordella 等（2005）利用 79 个发展中国家的数据估算了负债水平与经济增长之间的关系,发现对于重债穷国而言,当名义债务比率处于 20%~29% 时即将面临债务积压问题,更高的债务将导致负的边际效应。Marcelino 和 Hakobyan（2014）发现借助减债计划,重债穷国的确实现了更高速的增长,但很难区分这些国家的增长纯粹是减债的效果还是受其他并行因素影响。

Reinhart 和 Rogoff（2010）利用 44 个国家跨越 200 年的超过 3 700 个年度的数据研究了不同政府债务水平下经济增长和通货膨胀的情况。得出的主要结论是,当债务比率低于 90% 时,政府债务与实际 GDP 增长之间关系较弱,超过 90% 时明显负相关。Caner 等（2010）利用 99 个发展中及发达国家 1980~2008 年的数据估计适度债务规模,发现总体而言债务的适度水平是 77%,债务比率每上升 1 百分点,实际年增长率将下降 0.017 百分点；发展中国家的债务适度水平是 64%,债务比率每上升 1 百分点,年实际增长率将下降 0.02 百分点。

也有一些研究认为不存在单一的适度债务规模。Bowdler 和 Esteves（2013）回顾了近期发达国家的主权债务,以及欧元区主权债务危机前发生的事件,讨论了主权债务上涨对债券收益率、经济增长和通货膨胀的影响机制，认为不存在单一的临界值以至于超过该值主权债务会对宏观经济造成不利影响。Pescatori 等（2014）的研究也证明，没有显著证据表明存在这样一个债务上限值会对中期经济增长造成显著影响。

贾康和赵全厚（2000）将国债的最优规模定义为使"净正面效应最大化"的规模。何代欣（2013）选取美国、加拿大、澳大利亚、法国、英国、日本及德国 1990~2008 年的财政数据，采用面板门槛模型对经济增长的门槛效用进行估计，获取的单一门槛是 42.22%。郭步超和王博（2014）利用 52 个国家 1970~2011 年的面板数据，估算了发达国家和新兴市场国家债务对经济增长影响的转折点，结果发现新兴市场国家的债务转折点高于发达国家水平。

Reinhart 等（2003）建立了世界上大多数发生过债务危机国家几个世纪以来的债务数据库，概括了债务危机国家作为一个整体存在的典型特征，发现不同国家或同一国家不同时期所能承受的债务水平差异很大。一些国家违约时其债务水平甚至低于 15%，他们称其为"债务不耐"（debt intolerance）。欧盟《稳定与增长公约》中规定的 60%的债务上限不是普遍适用的。Manasse 等（2003）提出有效识别主权债务危机的脆弱性指标：一是偿付能力，如公共和外部债务与 GDP 的比率；二是流动性，如短期外债和外债偿还额与外汇储备或出口的比率；三是偿债意愿，由一国的政治、制度和其他变量度量。研究表明，债务与产出之比对于评估债务违约可能性没有多大意义。导致债务危机的因素非常复杂，是多种脆弱性因素综合作用的结果。

第二节　中国的债务水平

表 5-1 展现了社会科学院李扬等（2015）估计的 2007~2013 年中国的资产负债状况。资产方面，中国的资产总额从 2007 年的 284.70 万亿元提高到 2013 年的 691.29 万亿元。其中，非金融资产从 2007 年的 158.31 万亿元提高到 2013 年的 336.22 万亿元；金融资产从 2007 年的 126.39 万亿元提高到 2013 年的 355.07 万亿元。负债方面，从 2007 年的 118.95 万亿元上升到 2013 年的 339.07 万亿元。净资产方面，从 2007 年的 165.75 万亿元上升到 2013 年的 352.21 万亿元。虽然次贷危机以来中国的负债增长很快，但由于资产的增长幅度远高于负债的增长幅度，总的净资产保持增长的势头。

表 5-1 2007~2013 年国家资产负债表（单位：万亿元）

年份	国家总资产 非金融资产	国家总资产 金融资产	国家总资产 总额	国家总负债：金融负债	国家净金融资产	国家净资产
2007	158.31	126.39	284.70	118.95	7.44	165.75
2008	185.94	150.75	336.70	140.23	10.52	196.46
2009	213.63	187.11	400.74	174.53	12.57	226.20
2010	244.23	224.41	468.65	209.74	14.67	258.91
2011	288.55	257.96	546.51	241.97	15.99	304.54
2012	301.46	303.36	604.82	287.37	15.99	317.45
2013	336.22	355.07	691.29	339.07	15.99	352.21

资料来源：wind 资讯

根据表 5-1 中的数据，可以计算国家层面的资产负债率水平。结果显示，国家层面的资产负债率呈现显著的上升趋势，从 2007 年的 41.78% 上升到 2013 年的 49%，年均提高 1.2 百分点。

总杠杆率是各部门的杠杆率之和。图 5-1 展示了 1996~2014 年中国各部门的杠杆率以及总杠杆率变化情况。数据表明，近 20 年来，中国的总杠杆率由 1996 年的 113% 上升到 2014 年的 235.7%，增长率超过了 100%。分部门来看，中国非金融企业部门的杠杆率最高，政府部门的杠杆率次之，居民部门和金融企业部门的杠杆率较低。

一、中央政府负债状况

与欧美发达国家比起来，中国的公共债务开始得较晚。在清朝以前的各代，中国并不存在对外债务。新中国成立后经历了一段既无内债又无外债的阶段。与私人部门债务的历史比起来，中国的主权债务历史更短。中国的债务发展历程具有以下两个特点：一是私人债务的出现早于公共部门债务，二是外债的出现早于内债。新中国成立后，国家为了克服财政困难，筹集资金搞建设，曾多次发行公债。总体来说，新中国成立以来的公债发展可以分为两个阶段，即 20 世纪 50 年代的公债和 20 世纪 80 年代以后的公债。

新中国成立后，于 1950 年首次发行了"人民胜利折实公债"。1953 年，国民经济发展的第一个五年计划开始实行。为解决经济建设资金短缺的问题，1954~1958 年，每年发行一期"国家经济建设公债"。这 5 年共发行国债 35.44 亿元，相当于同期国家预算经济建设支出总数 862.24 亿元的 4.11%（肖宇，1999）。1958 年"大跃进"开始，国债发行停止，中国拒绝接受外援，反对利用外资，甚

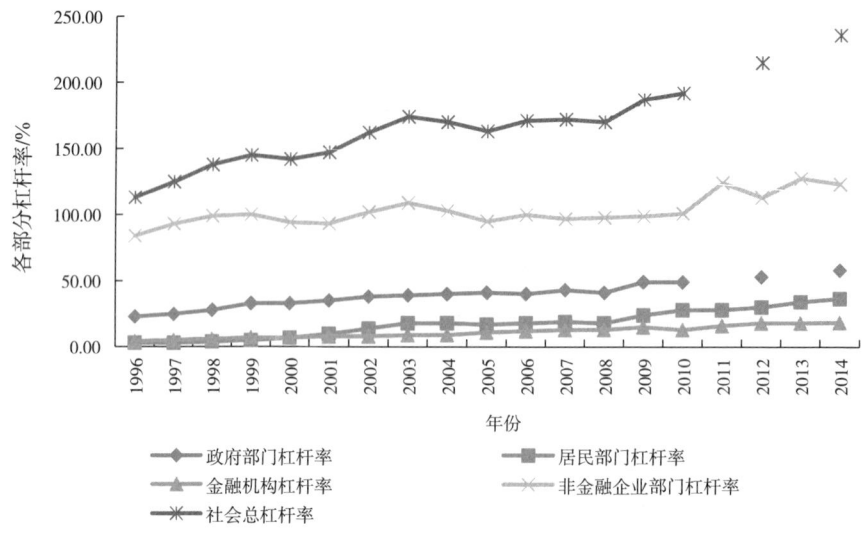

图 5-1　1996~2014 年中国各部门杠杆率走势

此处所用的杠杆率是指各部门债务占 GDP 比重。其中政府部门 2011 年和 2013 年的杠杆率数据缺失，社会总杠杆率的数据也相应缺失

资料来源：wind 资讯

至对在国内发行公债也进行了全盘否定。到 1968 年，国家已经偿付了全部内外债本息。此后很长的一段时间内，中国经历了"既无内债，又无外债"的特殊时期。

中共中央十一届三中全会以后，党和政府的工作重心转向经济建设。1981 年 1 月 16 日，《中华人民共和国国库券条例》颁布，国债发行得以恢复。恢复国债的最初几年（1988 年以前），国债的发行规模比较小，年度发行额不超过 100 亿元，1981~1988 年年均 59.5 亿元。1987 年以后，国债发行规模逐渐扩大。1994 年中国政府决定禁止财政向银行透支或借款，全部财政赤字只能以发行国债的方式弥补。在这种背景下，中国的国债规模出现了跳跃式的增长。数据显示，国债发行额逐年上升，从 1985 年发行额不到 90 亿元，到 1994 年突破 1 000 亿元大关，2000 年这一数据几乎达到了 7 000 亿元，至 2007 年国债发行额出现跳跃式增长。

除了发行额快速增长，中国的国债还具有另外一个特征，即国内公债发行所占的比重越来越高。自 1995 年起，中国的公债基本上都是在国内发行的，国内发行占比基本超过 95%（1996 年是 94%）。这依赖于中国较高的国民储蓄率水平，国家主要通过向国内发行债券的方式弥补财政赤字，这也有利于维持债务的可持续性。

图 5-2 展示的是 2005~2014 年中国中央政府债务余额与 GDP 的比率变化，以及发行的国内公债占债务总额的比重。从图 5-2 中可以看出，2005~2014 年中央政府债务比率一直处于 15%~20%，国内发行的公债占公债总额的比率一直处于很

高的水平，达到98%甚至更高。

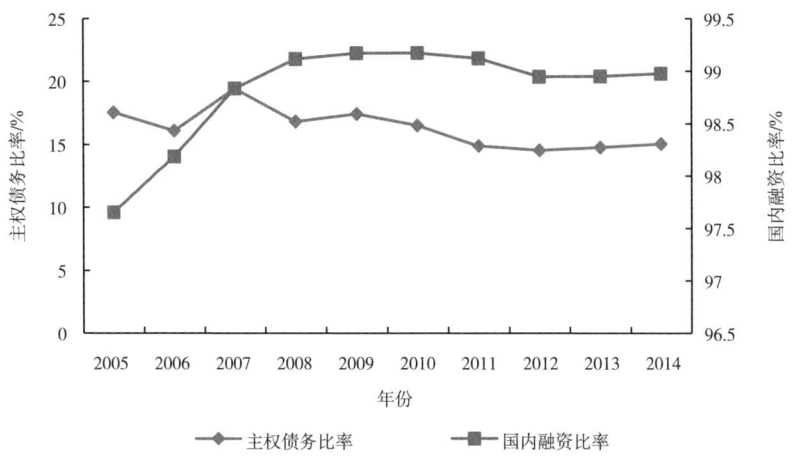

图 5-2　2005~2014 年中国主权债务比率及内债构成
资料来源：国家统计局

表 5-2 呈现了李扬等估计的 2007~2013 年以来中央政府的资产负债状况。数据表明，中央政府的资产总额从 2007 年的 14.09 万亿元提高到 2013 年的 25.35 万亿元，涨幅 11.26 万亿元；中央政府的总负债从 2007 年的 5.61 万亿元提高到 2013 年的 10.24 万亿元，涨幅 4.63 万亿元。中央政府总资产的增幅远大于总负债的增幅，使得净资产值提高了 6.63 万亿元。

表 5-2　2007~2013 年中央政府资产负债表

年份	中央政府总资产/万亿元			中央政府总负债/万亿元	中央政府资产净值/万亿元	杠杆率
	非金融资产	金融资产	总额			
2007	1.67	12.42	14.09	5.61	8.48	0.40
2008	1.89	14.59	16.48	5.75	10.73	0.35
2009	2.21	17.22	19.43	6.47	12.96	0.33
2010	2.59	20.43	23.01	7.22	15.79	0.31
2011	2.90	22.90	25.81	7.75	18.05	0.30
2012	8.74	15.69	24.43	8.57	15.86	0.35
2013	7.94	17.42	25.35	10.24	15.11	0.40

资料来源：wind 资讯

二、地方政府（性）债务

1994 年的《中华人民共和国预算法》（简称《预算法》）禁止地方政府借债，

直至2014年的预算法修订案才放宽了这个限制①。后文会专门讨论地方政府（性）债务的企业债券性质和融资平台来源及其对债务处置的影响。现有的地方债基本是地方融资平台债务置换而成，而融资平台本身是国有企业。融资平台的债券在发行方式、偿还方式、抵押形式、法律形式等方面都属于典型的国有企业债券。随着债务进程的推进，这些债务将取得政府债形式，但是需要明确的是，这些政府债券不是按照标准政府债形式发行出来的，而是通过置换公司债得到的。

从法律形式看，经过财政部置换后的地方政府（性）债券属于标准地方债，而债券置换的过程就是以政府债替换企业债，并将企业债券标的资产纳入政府体系的过程。截至2014年，地方政府资产总额已经超过100万亿元，达到108.20万亿元，负债总规模为30.28万亿元，净资产规模为77.92万亿元，资产负债率为0.28（表5-3），地方政府部门是相对健康的。

表5-3　2007~2014年地方政府资产负债表

年份	地方政府总资产/万亿元	地方政府总负债/万亿元	地方政府资产净值/万亿元	资产负债率
2007	49.87	13.89	35.98	0.28
2008	58.62	15.77	42.84	0.27
2009	63.80	18.94	44.86	0.30
2010	75.53	24.10	51.43	0.32
2011	89.98	28.86	61.12	0.32
2012	86.08	24.52	61.56	0.28
2013	97.58	27.56	70.02	0.28
2014	108.20	30.28	77.92	0.28

资料来源：wind资讯

三、非金融企业资产负债状况

资产方面，非金融企业的总资产包括金融资产和非金融资产。其中，金融资产包括：①货币资金，从2000年的4.62万亿元提高到2014年的31.24万亿元；

---

① 1995年起实施的旧《预算法》第二十八条明确规定"除法律和国务院另有规定外，地方政府不得发行地方政府债券"。《中华人民共和国担保法》（简称《担保法》）和《贷款通则》分别限制了地方政府为贷款提供担保和直接向商业银行借款的能力。从法律角度来看，地方政府直接负债的可能性完全被剥离。2014年修改后的《预算法》第三十五条规定："经国务院批准的省、自治区、直辖市的预算中必需的建设投资的部分资金，可以在国务院确定的限额内，通过发行地方政府债券举借债务的方式筹措。举借债务的规模，由国务院报全国人民代表大会或者全国人民代表大会常务委员会批准。省、自治区、直辖市依照国务院下达的限额举借的债务，列入本级预算调整方案，报本级人民代表大会常务委员会批准。举借的债务应当有偿还计划和稳定的偿还资金来源，只能用于公益性资本支出，不得用于经常性支出。"

②企业间信用，从 2000 年的 6.91 万亿元提高到 2014 年的 33.60 万亿元；③长期股权投资，从 2000 年的 1.86 万亿元提高到 2014 年的 8.82 万亿元；④其他金融资产，从 2000 年的 0.37 万亿元提高到 2014 年的 15.16 万亿元。非金融资产包括：①固定资产，从 2000 年的 11.29 万亿元提高到 2014 年的 79.16 万亿元；②存货，从 2000 年的 4.28 万亿元提高到 2014 年的 43.77 万亿元；③无形资产，从 2000 年的 0.94 万亿元提高到 2014 年的 10.5 万亿元；④其他非金融资产，从 2000 年的 1.23 万亿元提高到 2014 年的 17.89 万亿元。显而易见，非金融企业的非金融资产数值远高于金融资产数值。主要原因是，非金融企业部门代表了经济的实体层面，主要为其他经济部门提供商品和非金融服务。

负债方面，非金融企业的总负债包括：①短期借款，从 2000 年的 4.34 万亿元上升到 2012 年的 23.23 万亿元；②长期借款，从 2000 年的 2.12 万亿元上升到 2012 年的 23.06 万亿元；③企业间负债，从 2000 年的 4.96 万亿元上升到 2012 年的 60.55 万亿元；④其他金融负债，从 2000 年的 0.4 万亿元上升到 2012 年的 1.64 万亿元。不难发现，企业间负债是非金融企业负债的主要构成部分。

图 5-3 呈现了 2000~2014 年中国非金融企业的总资产、总负债状况和资产负债率。总资产方面，非金融企业的总资产从 2000 年的 36.57 万亿元提高到 2014 年的 337.61 万亿元；总负债方面，非金融企业的总负债从 2000 年的 24.55 万亿元上升到 2014 年的 201.87 万亿元。此间，非金融企业的资产负债率呈现先降后升的变化趋势，最低点位于 2008 年，为 52%。

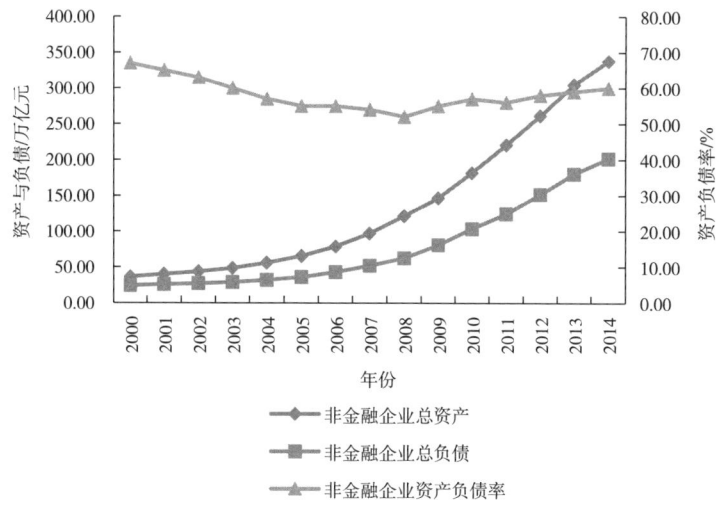

图 5-3　2000~2014 年中国非金融企业资产负债状况
资料来源：wind 资讯

国有企业方面,资产负债率水平变动幅度不大。2008年全球金融危机时国有企业的杠杆率降到21世纪以来的最低点,此后呈现缓慢回升趋势。总资产方面,全国国有企业的资产总额从2003年的19.97万亿元提高到2013年的104.09万亿元;其中中央企业的资产总额从2003年的9.84万亿元提高到2013年的48.59万亿元。具体而言,全国国有企业的总资产包括:①流动资产,从2003年的7.94万亿元提高到2013年的44.07万亿元;②长期投资,从2003年的1.67万亿元提高到2013年的5.94万亿元;③固定资产,从2003年的9.47万亿元提高到2013年的25.47万亿元;④无形资产,从2003年的0.47万亿元提高到2013年的4.95万亿元;⑤其他资产,从2003年的0.26万亿元提高到2013年的2.16万亿元。总负债方面,全国国有企业的负债总额从2003年的12.87万亿元上升到2013年的67.1万亿元;其中中央企业的负债总额从2003年的5.25万亿元上升到2013年的31.99万亿元。具体而言,全国国有企业的总负债包括:①流动负债,从2003年的7.63万亿元上升到2012年的34.83万亿元;②长期负债,从2003年的4.04万亿元上升到2012年的22.69万亿元;③少数股东权益,从2003年的1.19万亿元上升到2013年的6.33万亿元;④其他负债。

图5-4展现了全国国有企业、中央管理国有企业及非金融企业的资产负债状况。不难发现,国有企业和非金融企业表现出类似的特点,在全球金融危机前呈现出减杠杆趋势,此后开始逐步加杠杆。因此,2007~2008年是中国企业债务水平的一个低点。如前所述,中国工业企业的杠杆率水平变动幅度较小,21世纪以来呈现为一种稳定而缓慢的减杠杆过程。这说明,非金融企业资产负债的变化主要发生的服务业部门,金融危机后加杠杆趋势明显。

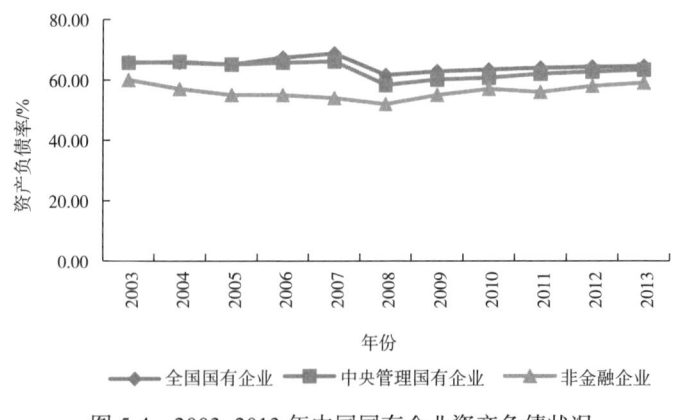

图5-4 2003~2013年中国国有企业资产负债状况

资料来源:wind资讯

李扬等(2015)通过比较国有企业、非金融企业的杠杆率和经济增长率发现,本轮非金融企业的债务杠杆变化具有明显的逆周期特征。主要原因有以下三个：一是资产价格具有明显的顺周期特征而负债往往保持不变，在经济繁荣、企业盈利良好时，各类资产价格趋于上涨，反之价格趋于下降。资产价格的顺周期特征，导致债务杠杆的逆周期特征。二是货币政策一般是逆周期的。货币当局倾向于在经济繁荣时收缩货币，使企业负债成本增加，在经济衰退时实施宽松的货币政策，降低企业负债成本。货币政策的变化影响企业的杠杆率。三是经济繁荣和企业盈利增加本身就可以降低企业杠杆率。

四、家庭部门债务

在国民经济各部门中，中国的家庭部门是最健康的。截至2014年，家庭部门拥有金融资产103.20万亿元、非金融资产150.52万亿元，资产总额为253.72万亿元。家庭总负债规模仅为23.14万亿元，家庭部门净资产为230.58万亿元，负债率仅为0.09（表5-4）。

表5-4　2007~2014年地方政府资产负债表

年份	家庭总资产/万亿元			家庭总负债/万亿元	家庭资产净值/万亿元	资产负债率
	金融资产	非金融资产	总额			
2007	33.55	60.55	94.10	5.07	89.03	0.05
2008	34.29	62.22	96.51	5.71	90.80	0.06
2009	41.09	79.15	120.24	8.18	112.06	0.07
2010	49.48	87.19	136.67	11.26	125.41	0.08
2011	57.80	104.44	162.25	13.61	148.64	0.08
2012	76.20	115.28	191.47	16.13	175.34	0.08
2013	86.19	129.25	215.43	19.85	195.58	0.09
2014	103.20	150.52	253.72	23.14	230.58	0.09

资料来源：wind资讯

从家庭部门的风险配置看，30%~40%的金融财富比重低于国际上通用的50%水平。尽管比重在不断上升，但距离发达国家以金融财富为主的财富结构仍有距离。这表征金融市场的财富支持能力相对较弱，房产等不动产依然是居民家庭理财的主要选择对象。

2007年以来，尽管实体经济增速有了明显下降，但家庭资产取得了快速增长。2007~2014年总家庭财富、金融财富和非金融财富的名义年均增速分别为15.22%、17.41%和13.89%，远远超过了同期的其他国家，尤其是发达国家。

五、各部门债务水平比较的结论

通过对政府（中央政府和地方政府）、企业、家庭部门的资产负债水平比较不难发现，相对于发达国家而言，中国的各部门静态债务水平都是比较低的，尤其是家庭部门，政府部门债务水平也处于安全范围。企业部门的杠杆水平比较高，这在很大程度上是因为中国传统上就是一个以间接融资为主的国家，庞大的国有银行体系为中国破解经济发展的金融约束提供了解决方法。所以2016年以来的一系列去杠杆措施主要集中于为地方政府和企业去杠杆，为家庭部门加杠杆。

第三节　国内目前关于债务通缩的认识与分歧

国内学术界在当前国内债务通缩形势的判断存在巨大分歧。例如，余永定（2015，2016）认为中国上一次出现持续通缩是在1998~2002年。1998年CPI开始回落，但生产物价指数下跌8个月，连续51个月维持在负数水平，39个月之后CPI才回升。中国走出通缩的主要措施如下：国有企业的倒闭、兼并和收购减少了产能过剩情况，扩张性财政政策刺激了实际需求，住房市场化改革鼓励了房地产投资等。通缩时使用货币政策其实作用不大。现阶段，当局可以考虑容许企业倒闭并购，并推出其他结构性措施。理论上，长远的解决办法就是通过结构性调整，改善资源分配方法。中国应准备好面对再次出现的通缩，而且通缩期可能比1998~2002年的通缩期更持久。

中国人民大学经济学院副院长刘元春（2015）认为中国应充分重视"通缩与债务效应"，目前中国经济下行进程中的最大问题就是自2014年以来已经出现的生产领域通缩-高债务效应。主要表现是企业盈利能力大幅度下降，部分企业已经全面步入盈亏分界线；企业融资模式发生剧烈变化，企业不仅开始从过去的"借贷投资"转向"借新还旧"，更为严重的是相当部分企业已经从"借新还旧"的模式滑向"借新还息"；一些企业的经营模式发生剧烈的变异，开始从传统的生产经营转向全面债务融资与债务重构的模式，盈利能力的下滑与财务成本的过高导致企业投资行为发生剧烈变异，不仅传统的扩展性投资加速下滑，同时折旧性投资和库存投资也出现大幅度萎缩；在过度负债和实体盈利能力下降的双重挤压下很多企业很可能孤注一掷，稳健的资产配置行为转换为风险投资甚至投机行为，希望通过金融资产的腾挪来摆脱财务困局，从而演化出实体经济萧条中的泡沫；泡沫破灭进一步导致部分企业资产负债表的恶化，从而导致悲观预期蔓延，经济出现加速的内生性紧缩，促发系统性的问题。

中国人民大学经济学院副院长陈彦斌（2015）认为：中国目前债务-通缩迹象虽已出现，但并不严重，不必过于担忧。主要是因为CPI并未由正转负，真正意义上的通缩并不存在，更不用说通缩预期的自我强化现象。其次是房价稳中有升。从预期与资产价格两个关键指标来看，债务-通缩问题并未被真正触发。即使未来中国经济真的出现了债务-通缩问题，政府也可以通过适度宽松的货币政策来稳定通胀预期与资产价格，避免债务-通缩恶性循环引发大萧条式危机。

2016年的"权威人士"认为，产能过剩依然严重，工业品价格总体下降的趋势一时难以根本改变，物价普遍大幅上涨缺乏实体支撑；同时市场流动性充裕，居民消费能力旺盛，出现严重通缩的可能性不大。

虽然CPI尚未全面为负，但自2015年第四季度以来中国另一个全面衡量物价的指标——GDP缩减指数已经降到0以下，从而导致2015年前三个季度的实际GDP增速高于名义GDP增速。从几个价格指数变化的迹象看，通缩的威胁正在临近。

第一，截止到2016年6月，生产者价格指数PPI连续52个月为负，一般工业品价格水平累积下降超过12%，很多资源型产品的价格降幅超过了50%。煤炭、钢铁等全行业亏损，农产品价格萎靡。

第二，全球经济陷入通缩。欧洲经济正处在通缩的边缘，从2013年开始欧元区PPI年率成为负值开始，直到2016年月度PPI保持在3%以上的降幅。2015年3月欧洲中央银行把欧元区主导利率下调至零的历史最低水平；同时下调隔夜贷款利率和隔夜存款利率分别至0.25%和-0.4%。欧洲中央银行行长德拉吉暗示，欧洲中央银行"超低利率"将再持续至少1年，欧元区数月内仍将深陷通缩泥潭。虽然目前仅为中国-5.9%水平的一半，但是却并没有收缩的趋势，甚至在不断扩大。9月欧洲的调和消费者物价指数已经下降为-0.1%，虽然10月后重新恢复到零，但通缩的阴影并未散去。日本银行2015年1月底宣布将存款利率下调至-0.1%，以促进民间银行通过融资等方式向实体经济注入更多资金，并以最快速度实现2%的通胀目标。4月28日，日本银行宣布将存款利率维持在-0.1%。瑞士、瑞典和丹麦中央银行也引入了负利率政策。日本的核心CPI重新恢复到负值，这种物价长期下跌的阵痛已经断断续续伴随了日本20年。

相比于通胀，通缩的危害更大。通缩比较罕见，并不是市场经济的常态。通货紧缩表现为货币或者金本位时代作为货币基准的黄金的购买力不断上升。但遗憾的是，货币价值的不断上升并不常见。在美国最近100年的统计数据中，真正产生通缩的是13个年份，占全部数据样本的13%，其余的年份则全部为通胀。产生两年及两年以上连续通缩只有四次，都集中在1921~1939年这20年的时间里。也就是说，1940年以后，美国还没有发生过两年以上的连续通缩。英国的情况也是如此。实际上，在 OECD 数据库的 34 个成员方中，只有 2013~2014 年的希腊、2009~2010 年的爱尔兰、2012~2013 年的瑞士，有连续两年以上的通缩记录，时间距离当下是如此之近。唯一的例外是日本，有两段较长时期的通缩，分别是 1998~2003 年和 2009~2011 年，分别为 5 年和 3 年。

通缩一直与经济史上最严重的经济衰退联系在一起。上文计数的几个通缩的国家和时期，基本都是经济危机时期。美国通缩记录中时间最长的一次是 1930~1933 年，这就是经济史上最有名的"大萧条"时期。期间最严重的物价下跌发生在 1932 年，CPI 下降了 9.9%。最后一次连续两年通缩是 1938～1939 年，处在"大萧条"尾段。值得注意的是，由于 1929 年的 CPI 为 0，既不是通胀也不是通缩，我们就可以把 1927～1928 年的通缩称为危机的前奏。上面所说的希腊、爱尔兰和瑞士，都是本轮经济危机不断深化的表现。至于日本，学术界认为其长期连续的通缩是造成其过去 20 年经济表现不佳的重要原因，是负债式衰退的典型表现。通缩已经与失业、破产、危机这类词汇联系在了一起。我们几乎已经可以把通缩当做经济危机的代名词。凯恩斯说，在通胀和通缩之间，我宁愿选择前者；因为通胀虽然给储蓄者带来损失，但通缩却会让企业破产、工人失业。

通缩持续的预期比通缩本身更可怕。就像所有的物价现象一样，经济学家都建议价格调整一步到位，因为一次变化并不会严重影响后续的市场预期，但渐进式的调整却会不断影响预期。通缩持续的时间越长，形成的预期就越明显，进一步导致通缩的可能性就越大。当所有厂商都在拼命减价促销的时候，通缩预期就变成了严酷的现实。表现在去产能过剩的过程中，只要存在通缩和物价下降，企业就会持续出现多余生产能力，直到破产那一天。

通缩会让现行的常规宏观调控政策完全失效。如果通缩足够严重，物价变动一旦为负，中央银行为了维持市场流动性，就不得不把市场利率降到 0，甚至 0 以下。这样传统货币政策的空间就已经严重压缩。这是中国政策制定者从未遇到，国外政策制定者也极少遇到的情况。在通缩的威胁下，欧洲已经开始对商业银行存款罚息，虽然并不针对家庭存款。但是这种政策的幅度始终是有限的，小打小闹也不会产生实质的功效，因为中央银行和政府要面临道德与政治的审判。

比全面通缩更明确的是中国出现的工业通缩。中国当前出现了工业通缩和产能过剩双碰头的局面，这二者间的恶性循环可能导致经济过快下行，甚至会失控。

工业通缩已经持续近 4 年，没有明显改善迹象。2012 年 3 月到 2016 年 1 月，PPI 连续 47 个月负增长，工业品平均价格已经累计下降 15% 左右，并且依然在加速下降，没有触底反弹的迹象。从工业体系内部看，2012 年以来生产资料部门价格全线下降，其中采掘业下降 40%，原材料工业和加工工业下降分别超过了 20% 和 10%。能源资源行业全线亏损，钢铁、水泥行业亏损严重，黄金采掘业也出现亏损。在生活资料中，耐用消费品下降最多，其次是一般生活用品，只有食品衣着基本能够保持原价。大量承担国民经济就业的劳动密集型加工制造业企业，因为利润水平较低，产品价格已经基本下降到停产关闭点附近。价格下降超过关闭点后，企业将不再是降价限产，理论上是直接停产关闭。如不努力控制，2016年将陆续有大量企业关停倒闭，长江三角洲、珠江三角洲将出现大规模失业。

全面通缩特征越来越明确。从一般物价水平看，衡量全面产出的GDP平减指数，已经从2014年的正增长0.79%，变成2015年的负增长0.45%，生产者物价已经全面萎缩。CPI在2015年维持了1.6%的涨幅，但居民消费只占中国GDP的40%左右。实际上在工业价格萎缩，农产品价格和房价基本零增长的背景下，维持价格正增长的基本上是政府定价的公共服务品，如供水、供电、教育、文化、卫生等。一旦房价下跌，市场定价部分将全面下跌，CPI转为全面负值。从国民经济体系的内部关联看，这些公共服务品本身就是工业生产最重要的投入要素之一，公共服务品价格维持正增长，客观上可以使CPI保持在正增长区间。但公共服务本身就是工业企业的重要生产投入，不降价比降价的危害更大，价格上升或者稳定不变，可能比价格下降导致更多的工业企业破产。

产能过程进一步加重，呈现出与工业通缩相互加强的趋势。据中国企业家系统的调查数据，我国2012~2014年的设备利用率为72%左右，2015年企业平均设备利用率比2014年又下降了4.4百分点，表征产能过剩程度依然在加大。一般来说，市场去产能过剩的存货调整周期为3~4年，但从2008年至今已经超过了7年，依然没有明显改观。这并不是因为没有政策，而是因为市场出现了新变化，去产能过剩遭遇到工业通缩。目前制造业基本全行业产能过剩，钢铁、水泥、煤炭等资源行业和平板玻璃、电解铝、船舶、光伏、风电、石化等行业产能利用率持续下降，房地产库存创历史新高。产能持续过剩的出现是因为物价下行，新的过剩产能不断形成。2015年产能过剩形成机制的重要变化，就是工业通缩与产能过剩之间的相互强化机制已经形成，向下自执行的价格螺旋已经启动。

第四节 防范债务处置路径中的通缩倾向

DDT强调当经济系统受到高债务冲击且没有外部措施应对价格水平下跌时，家庭与企业背负的实际债务负担加重，导致总需求规模缩减，进而使价格水平继续下降，由此陷入债务与通缩相互作用的恶性循环。考虑到预期的作用，当价格下降导致公众形成通缩预期时，家庭会减少消费支出以偿还债务，企业则因为实际利率上升而减少投资，由此抑制了总需求并导致价格进一步下降，从而使通缩预期不断强化。通缩在加重企业实际债务负担的同时会减少其资产净值，导致逆向选择和道德风险问题攀升，进而使全社会信贷供给与需求大幅减少，加剧总需求萎缩与价格下降幅度，致使经济陷入债务-通缩恶性循环（陈彦斌，2015）。

债务处置中的通缩倾向，或者通缩预期，来自于资产价格下跌，或者出于对资产价格下跌的担忧而出现的经济主体行为变化，这些行为变化影响了总需求的各个部分。相对于新古典经济学连续性假设而言，这些行为往往是非对称或者不连续的，有些就是二值变量选择，如"买"转变为"卖"。由于过度负债，企业的资产负债表可能会非常难看，如负债率超过 100%，导致净资产为负而遭到股东抛售。为了防止这种情况，企业不得不用大量的利润去还债而不是投资。这就会减少投资需求，从而造成投资需求紧缩，正如日本企业在过去 20 年中所经历的那样。尽管日本的企业现金流充裕，盈利状况良好，但是就是不投资，目的是挽救濒临破产的资产负债表（Koo，2008，2012）。

家庭消费支出的紧缩大多发生在住房等耐久品消费上，与房价预期有着密切关系，这不仅仅取决于财富效应，而且是资产从提前购买到推迟购买的转变。传统的财富效应，强调了房价上升而引起的消费者生命周期——持久收入的外生增长，从而效用最大化的消费者通过平滑化的消费方式增加自己每一期的消费。房价对家庭行为变化的影响主要体现在产权收益和群体行为上。产权收益是指家庭预期资产价格大幅度上升时，会利用杠杆大量购房以增加财富持有量，只要杠杆计算后的财富升值超过利率，加大购买量就是有利可图的。例如，住房的杠杆率为 3，利率为 3%，则住房价格升值率超过 3%在理论上就是有利可图的[①]。家庭会加大房产购买量，从而为整个家庭部门或者整个社会加杠杆。加杠杆导致资金追逐有限的房产，从而会加大住房价值增值的趋势。这是中国过去十年来的基本事实。

在房价下行时，尤其是当房价下行已经为家庭个体不可控制时，家庭的行为就会恰恰相反。很多投资性需求会因为资产价格的转向和杠杆率而出售房产，进而引发房价进一步下行的预期，居住型消费者不得推迟购买行为。比个人行为变化更明显的是机构，机构持有的质押贬值更多，杠杆倍数也更高，一旦确认房价下行，机构将大量抛售所持有的住房资产，从而引发资产价格进一步下行。如果下行超过一定程度，如超过了 30%，则居住型消费者持有的净资产将转变为净债务，很多人会选择违约，从而让住房抵押机构有更多的房产出售，形成房价进一步下跌的预期。这是美国 2007 年住房次级贷款危机发生后的故事。

政府部门的紧缩倾向一般是过度借债引起的财政不可持续。从而政府不得

---

① 这个基本是按照首付 30%来设定，而中国过去十年的房价年均增幅都远远超过了 3%。超过了上述条件，故投资性购房一直是中国住房销售的重点。

减少赤字,甚至减少支出。市场预期政府财政状况恶化而导致偿债能力下降,导致政府很难在债券市场筹资以应付刚性支出需要。政府的债务处置一般就会包含赤字规模的减少、借债增速的下降、支出的下降等。中国的财政数据不允许我们做太多的分析,但我们的报告仍然对政府部门引起的紧缩进行了适度数据分析。

我们认为当前政府部门的紧缩,是导致中国式债务–通缩的关键。这表现为地方债处置中的保守倾向,用债务置换的形式强制购买企业资产,从而导致以融资平台为核心的城市开发投资下降,紧缩来自投资部门转制、效率、期限、分配等几个方面。更重要的紧缩来自于财经制度与市场不能接轨的条件下进行的财经纪律整顿,这导致政府非合意存款的过快增长和体制性紧缩的出现。尽管未来会面临多重挑战,但中国的财政是可持续的,政府部门过于保守的行为无助于债务处置,而滞后的财经制度改革也是造成经济紧缩的关键。

债务处置,即降低经济体的杠杆率,确保经济各部门的债务水平处于合理范围之内,以此降低债务违约和金融危机的风险。

(一)理论机制

政府债务方程可以由会计恒等式推出。政府的收入主要来自于税收,支出主要用于政府购买。对于具有独立货币发行权的国家来说,政府的收入还有一部分来自铸币税。当收入大于支出时,存在基本盈余,反之存在基本赤字。基本预算赤字的情况下,政府需要融资,还需要为债务支付利息,此时的政府财政平衡体现为整体平衡[①]。可以通过一个简单的等式来描述政府债务的产生(Chalk and Hemming, 2000; Bravo and Silvestre, 2002; Bohn, 2008):

$$G_t + i_t D_{t-1} = T_t + D_t - D_{t-1} \quad (5\text{-}1)$$

式(5-1)等号左边表示政府支出(含债务利息 $i_t D_{t-1}$),等号右边表示政府收入(含新增债务 $D_t - D_{t-1}$)。其中,G_t 是政府支出;T_t 是政府收入;D_t 是债务存量。变换后有

$$D_t = (1+i_t)D_{t-1} - PS_t \quad (5\text{-}2)$$

其中,$PS_t = T_t - G_t$ 是 t 期的基本预算盈余。为了把经济规模考虑进去兼顾通货膨胀的影响,用名义 GDP(Y_t)去除式(5-1)的两边,并定义 $d_t = D_t/Y_t$,$ps_t = PS_t/Y_t$,i_t 作为债务利率,g_t 作为实际经济增长率。债务比率(债务存量与 GDP 的比率)可以表示为

[①] 基本盈余减去未偿还债务的利息支出,结果若为正则称为整体(含利息)财政盈余,结果若为负则称为整体财政赤字。

$$d_t = \frac{1+i_t}{(1+g_t)(1+\pi_t)}d_{t-1} - ps_t \qquad (5\text{-}3)$$

式（5-3）表明，债务比率 d_t 的动态变化受多个因素变动的影响：债务利率 i_t、实际经济增长率 g_t、通货膨胀率 π_t、上一期债务比率 d_{t-1}、基本财政盈余 ps_t、铸币税 s_t。d_t 是否会发散，主要取决于 d_{t-1} 前的斜率大小。基本财政盈余 ps_t 给定的情况下，当 $\frac{1+i_t}{(1+g_t)(1+\pi_t)}=1$ 时，$d_t=d_{t-1}$，如图 5-6 中 a 曲线所示；当 $\frac{1+i_t}{(1+g_t)(1+\pi_t)}>1$ 时，债务比率发散，如图 5-6 中 b 曲线所示；当 $\frac{1+i_t}{(1+g_t)(1+\pi_t)}<1$ 时，债务比率收敛，如图 5-5 中 c 曲线所示。

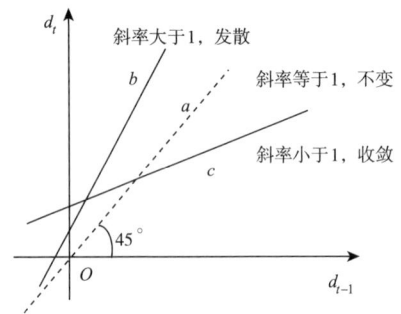

图 5-5　债务比率走势图

根据式（5-3），给定财政盈余的情况下，当经济增长率 g 高于债务利率 i 时，政府债务比率趋于下降，债务是可持续的。对于政府债务负担过高的国家来说，将债务水平降到合理范围是政府部门不得不做的事。这个问题可以从两个角度来看：一是通过提高经济增速能否解决债务问题；二是假如经济增速一般，政府仅仅依靠低利率是否能够降低债务–收入比率。Reinhart 等（2015）将债务处置路径分为正统和非正统两种：正统路径包括促进增长、实现基本预算盈余和政府资产私有化；非正统路径包括债务重组、实施未预期的通货膨胀、加税，以及金融抑制。通过检验 1800~2014 年 22 个发达经济体 70 余次削减公共债务比率的做法，发现发达经济体更多地依靠非正统方法。

（二）债务处置路径

由上述分析可知，要降低债务比率，可以有以下几种路径：正统的路径依赖经济增长、财政整顿、出售政府资产、依靠外部援助等；非正统的路径依靠制造通货膨胀、实施金融抑制、直接违约或重组。由于中央银行具有较强独立性，通过征收铸币税来削减债务的方法并不常见，下面分别对其他路径进行详细阐述。

1. 正统的债务处置路径

1）经济增长——提高 g_t

提高经济增速即提高 g_t，增大式（5-3）等号右边分式的分母，可以降低债务曲线的斜率，减缓债务增长速度。通过经济增长缓解债务危机的途径是很多政策制定者的特别偏好。通过经济增长解决债务问题的好处是，不用通过财政削减或者疏远债权人就可以解决债务问题，但增长的成效要在长期才能显现，对于已经处于债务危机的国家短期内仅仅依靠增长来解决债务问题可能还是有困难的。正是由于将增长作为短期内降低债务的方法存在不确定性，IMF 在解决希腊问题的规划中不仅包括结构性改革，还将财政削减作为核心环节。很多人认为历史上经济增长是解决巨大债务负担的唯一途径[①]。Buiter 等（1985）、Reinhart 和 Sbrancia（2015）指出，通货膨胀和金融抑制在第二次世界大战后债务危机的解决中扮演了关键角色。以英国为例，第二次世界大战后英国经济增长与财政赤字对削减债务的作用相互抵消，只有通货膨胀对降低债务比例起到了作用[②]。陆婷（2015）和余永定（2015）认为，依靠经济增长并不能降低未来中国企业债对 GDP 的比值，而只能依靠提高资本使用效率、企业利润率和降低企业对债务融资的依赖。

2）财政整顿——提高 ps_t

一国政府可以通过一系列措施降低政府财政赤字（即增加财政盈余 ps_t），包括增加税收、削减支出，或者二者相结合，这就是财政整顿的路径。如果债务水平过高是政府支出过多或税收过低引起的，有目标导向的财政整顿对于降低债务水平是有效的。如果财政整顿可以降低未来税收预期，将会鼓励私人部门支出，具有扩张效应（刺激经济增长）。然而，财政整顿的措施实施起来成本高昂，因为短期内降低总需求，导致经济紧缩，失业率上升，这会降低经济增速 g_t。很多国家就出现过反对财政整顿的抗议声，如比利时、希腊、爱尔兰、西班牙。去杠杆往往发生在经济下行时期，凯恩斯需求管理理论认为政府应该通过扩大支出或减少税收来刺激经济，而不是相反。

[①] 事实上有这样一个错觉，那就是大家认为第二次世界大战时的重债国家在战后通过快速的经济增长解决了主权债务问题。诺贝尔经济学奖得主阿玛蒂亚·森在英国卫报上曾经写道：历史给出了它的经济教训。很多背负巨额公债的国家在第二次世界大战结束后陷入极度的焦虑中，但是得益于快速的经济增长，债务迅速消失了。（http://www.guardian.co.uk/commentisfree/2011/jun/22/euro-europes-democracy-rating-agencies）

[②] 例如，Reinhart 和 Rogoff 在 2010 年的论文《债务时代的经济增长》（*Growth in a time of debt*）指出，当债务比率达到 90%时，经济增长将受影响。此外，还有一些文献探讨了经济增长与债务水平之间的关系，见 Cordella 等（2005）、Caner 等（2010）、Bowdler 和 Esteves（2013）、Marcelino 和 Hakobyan（2014）等。

3）出售政府资产——增加 ps_t

出售资产可以帮助政府平衡资产负债表。很多国家的政府拥有大量的国内或海外资产，历史上不乏出售房地产、金条甚至战舰来还债的例子。除了还债，出售国有企业还可以提高经济效益及增长率。国家资产通常可以创造经常性收入，如果出售将会是一笔损失，从而永久地降低政府的财政收入。出售政府资产也是相对较慢的过程，且匆忙的"减价出售"也没有什么吸引力。即使政府资产可以全价出售，这也只能减少政府债务很小的一个部分。对于已经出售的政府资产未来很难再获得，不管是通过交易还是国有化，尤其是那些位于国外或者可以移到国外的资产。所有这些因素联合作用，决定了出售国家资产可能是处理主权债务问题最没吸引力的选择。然而出售资产确可以向债权人传递一个重要的信号，那就是政府正在兑现其坚持偿债的承诺。

4）依靠外部援助——提高 g_t

对主权国家的援助可以采取多种不同形式。政府可以通过寻求外部资金支持用于投资和消费以刺激经济增长，通过这种方式解决主权债务问题。这种"搭桥"融资法，可以帮助经济体度过暂时的经济下滑。第二次世界大战以来的国际额借贷机构（如 IMF）在协调重债国家的外部信用方面扮演了主要角色。然而给一个原本已经重债的国家安上更多的债务是有争议的。赠款与债务减免可以立即帮助一个国家回归到债务可持续的位置，这对于债务国来说是不足为奇的流行方法。债权国延长债务国还款期限的协定，向债务国提供了更多偿还债务的时间。这些援助形式，大多带有一些附加的政治条件。例如，IMF 贷款通常取决于接受者进行经济和政府改革的情况，且 IMF 要定期审核以确保政策执行。

2. 非正统的债务处置路径

1）高速通货膨胀——抬高 π_t

与提高 g_t 的作用一样，提高通货膨胀水平 π_t 也可以增大式（5-3）等号右边分式的分母，起到降低债务比率的作用。通货膨胀是市场经济国家政府执行经济政策的一种工具，政府通过向银行透支、增发纸币来弥补财政赤字，降低人们手中货币的购买力。

通货膨胀使政府可以在不采取财政紧缩政策的条件下偿还其债务，且不像债务重组那么复杂。从历史的角度看，通货膨胀被看做政府的"王牌"，因为其属于扩张性政策，可以在经济下行期使用，在短时期内显著降低政府债务负担。如果政府债务是以本币命名的，政府可以使用通货膨胀降低债务的实际价值。尽管政府有其他办法来创造通货膨胀，但很多经济学家把这种政策看做有效的债务违约方式，因为这意味着财富从债权人向债务人转移。

将通货膨胀作为债务管理战略的一种手段也有问题。中央银行发行货币购买国债，一方面有利于维持国债较高的价格和较低的收益率，另一方面造成货币供给过量，引发通货膨胀。低收益率和高通货膨胀率使持有国债实际可获得的收益极低，因此影响私人部门购买国债的意愿。通货膨胀只能降低由中央银行控制的本币发行非浮动利率债务的偿还负担。因此，政府部门不能通过无限制的"债务货币化"来稀释国债。通货膨胀政策的成本是，政府也难以控制经济体通货膨胀的水平：一轮通货膨胀可能提高了人们对未来通货膨胀的预期，反过来导致更严重的通货膨胀。利用通货膨胀来降低债务的实际价值需要中央银行合作，但是在大部分发达经济体中央银行的货币政策是独立的。

2）金融抑制——降低 i_t

"金融抑制"是指政府通过一定的政策诱导或者强迫国内投资者在人为压低的利率水平上购买政府债券。尤其是将债券的利率压低到通货膨胀率水平之下，导致实际利率水平为负。金融抑制的作用是通过降低金融市场的利率 i_t，进而减少政府债务的偿债成本。金融抑制有以下两种：一是直接或间接设定利率上限，具体做法有行政法规限定存款利率上限（如美国的 Q 条例）、规定银行贷款利率上限，以及中央银行制定利率目标。二是引导国内市场资金流向政府债券，具体做法有提高业银行法定存款准备金、对资本账户实行管制等。

以实际为负的利率水平获得贷款，必然导致政府债务与 GDP 的比率随着时间的推移下降。为了让投资者购买这些债券，政府使用一大堆政策，如限制资本流出，让他们购买这些债券。还有，政府可能要求养老基金持有政府债券。政府实施金融抑制政策的根本原因在于控制国内金融资源的流向。通过对金融系统的直接控制，政府可以绕开复杂的法律程序，限制金融市场参与者与潜在参与者的行为，限制私人部门的投资选择，限制资本流出，或者要求养老基金持有政府债券，以更低的成本将资金转移至政府手中。

第二次世界大战后几个发达国家采取过金融抑制的手段来降低公债水平。据估计 1945~1980 年大概有一半的时间发达国家的实际利率是负的。一些经济学家估计，第二次世界大战结束后到 20 世纪 70 年代，在美国和英国，金融抑制帮助降低了 3%~4%的债务水平，或者每十年降低 30%~40%（Nelson，2012）。当前的非常规货币政策，中央银行大量购买国债，如美国持续六年的 QE 政策、英国中央银行的资产购买安排基金，以及欧洲中央银行的长期再融资操作都属于金融抑制。

金融抑制可能是有吸引力的，因为它避免了政治上痛苦的财政紧缩政策，比债务重组破坏性小，不需要向经济体引入意外的通货膨胀，是比经济增长更确定的选择。然而金融自由化30年来，政府要通过资本管制等金融抑制的手段来降低债务也是具有技术上的难度的。

3）直接违约或重组——降低 d_{t-1}

"违约"可能是历史上降低主权债务水平最常用的手段。违约对债务人和债权人都有负面影响，违约国无法在资本市场上再融资，被迫进行突然的财政整顿，被索取更高的利率，引发一定的政治不稳定。

债务重组是代替直接违约的一个办法，通常做法是修改贷款条件，如延长还款期限或者降低债务利率，然而这种"重组"或"部分"违约经常导致未来各国借贷成本更高，信贷条件更严格。债务重组事实以上提供了偿还债务的优惠条件，也可以减少债务本金。不管在哪种情况下，债权人拿到的钱都比之前承诺得要少。债务重组不同寻常但并不是史无前例，它将债务削减的成本落在了私人债权人头上。新兴市场经济体在20世纪90年代和20世纪头10年进行过债务重组，包括俄罗斯和阿根廷等。

IMF的经济学家曾经说过，发达国家的债务重组是"不必要、不可取、不可能"的。对一些发达经济体来说，政府债务中的大部分是由国内持有。这说明，通过债务重组给私人部门债权人造成损失，而不是采取财政紧缩措施的办法缓解债务危机，可能无法使政府免于遭受国内强烈反对。债务重组在逻辑上也可能存在困难。需要组织成千上万个债券持有者并与他们谈判，这样是非常烦琐且耗时的。债务重组会使投资者焦虑而且会将危及传染至其他国家。欧元区出现债务危机，欧洲国家和IMF正在努力阻止危机从诸如希腊、爱尔兰和葡萄牙这样的小国蔓延至区域大国，包括西班牙、意大利和比利时。

第五节　地方政府性债务处置必须坚持股权化思路

地方政府性债务处理是影响当前和未来中国经济增长的重要问题，也是新一届政府消化前期政策的主要内容。在决定中国"新常态"经济增速的"三期叠加"中，"前期刺激政策消化"主要是处理国际金融危机爆发初期的一揽子经济刺激计划的遗留问题，尤其是地方政府（性）债务和产能过剩。

地方政府（性）债务相关的重要问题是地方债制度建设。在1994年《预算法》禁止地方政府借债导致政府借贷行为扭曲的前提下，2014年修正的《预算法》正式赋予了省级政府一定的借债权力，但对于资金使用范围、筹借方式、筹借主体都做了限制①。建立规范的地方政府借贷制度,让资本市场成为地方政府及其覆盖的纳税人跨期分配公共资源的新渠道,是地方债制度的发展方向。

本部分的核心观点是,由于地方政府性债务产生的机制并不是标准的政府债务生成机制,所以当前的地方政府性债务处置和地方债制度建设是两个不同问题,如果将二者混为一谈,可能会同时影响改革和法制建设。从企业债务到政府债务的置换环节,只具有稳定金融市场的功能,而置换完成的地方政府性债务也不是标准的地方债。置换完成后的地方债也必须按照企业债的处置形式,推行债务重组或债转股,这才是地方政府性债务处置的核心问题。

一、山雨欲来,还是小题大做

2016年是中国政府施行大规模政府债务置换的第二年,与2015年年度不同的是,2016年地方政府债务置换不再下达明确置换规模,财政部只给出一个债务置换的"上限",具体置换规模由各省级政府自行确定②。2016年的债务置换规模可能在5万亿~6万亿元,新增债务规模在8 000亿元左右。在此之前,财政部已经公布了三年约15万亿元规模的地方债置换计划,2015年已经完成了约3.2万亿元③。

置换后的地方政府性债务就是法律形式上的中国政府债务。3年净增15万亿元政府债务,对于中国这样一个预算偏向保守的国家来说,是一个巨大的冲击。截止到2015年年底,中国政府的未偿还债务总额为106 599.59亿元④。3年置换的债务量,已经相当于1949年以来循环累计的国债余额的1.5倍。对任何一个国家或地区来说,3年增加1.5倍的公共债务都不啻一场金融危机。

---

① 2014年通过的《预算法》第三十五条规定:经国务院批准的省、自治区、直辖市的预算中必需的建设投资的部分资金,可以在国务院确定的限额内,通过发行地方政府债券举借债务的方式筹措。举借债务的规模,由国务院报全国人民代表大会或者全国人民代表大会常务委员会批准。省、自治区、直辖市依照国务院下达的限额举借的债务,列入本级预算调整方案,报本级人民代表大会常务委员会批准。举借的债务应当有偿还计划和稳定的偿还资金来源,只能用于公益性资本支出,不得用于经常性支出。

② 财政部《关于做好2016年地方政府债券发行工作的通知》(财库〔2016〕22号)提出"省、自治区、直辖市、经省政府批准自办债券发行的计划单列市人民政府依法自行组织本地区地方债发行、利息支付和本金偿还","地方政府发行新增债券的规模不得超过财政部下达的当年本地区新增债券限额"。"地方财政部门应当根据资金需求、存量债务到期情况、债券市场状况等因素,科学安排债券发行。"

③ 债务置换纾解地方风险预计明后两年加码.http://economy.caixin.com/2015-12-01/100880605.html.

④ 按照历年国务院《政府工作报告》的数据,2011年以来的政府预算赤字规模分别为9 000亿元、8 000亿元、12 000亿元、13 500亿元和16 200亿元,占GDP的比重分别为2011年1.2%,2012年1.5%,2013年2.1%,2015年2.3%。2013年预算没有赤字率目标,但是实际赤字率也低于《马斯特里赫特条约》规定的3%的界限。

与设想中的场景有所不同,增加如此大规模的债务资金需求并没有引起中国金融市场太大的波动,甚至可以说是波澜不惊。图 5-6 是 2011~2015 年中国代表性利率的变化情况,包括上海银行间同业拆放利率 Shibor 的隔夜利率和 1 年期利率、6 个月短期贷款利率,以及温州民间借贷综合利率和 1 年期中债国债到期收益率。在整个期间内,只有 Shibor 出现过大规模上升,但这是发生在地方债置换之前。2015 年的大规模债务置换开始后,代表性利率无一例外都在下降,或者至少没有看到上升趋势。

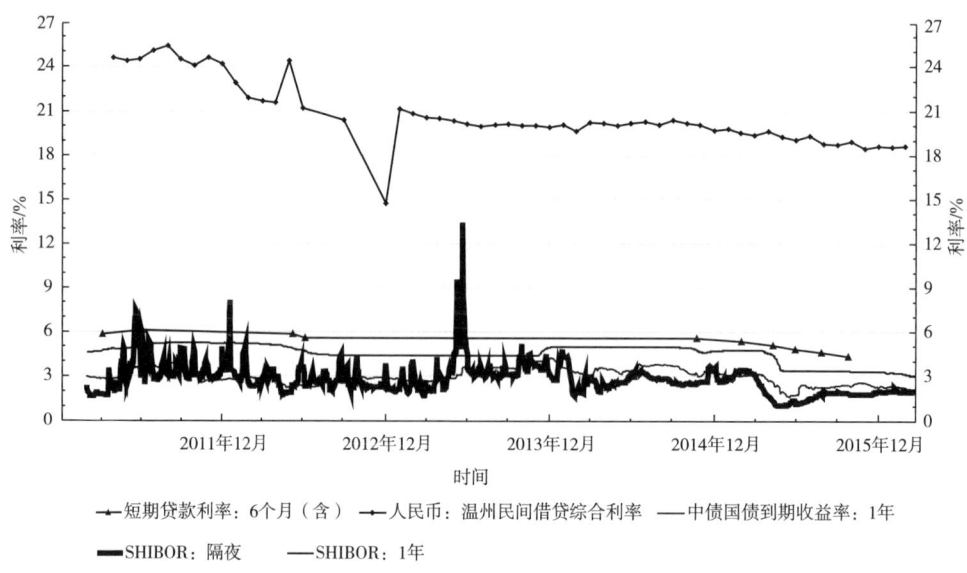

图 5-6　地方债置换前后的主要利率走势
资料来源：wind 资讯中国债券信息网

这非常不符合常识。因为政府的大规模借贷一般都会严重影响资本市场的运行,过多的债务追求有限的资金,必然会拉高资金利率,尤其是机构之间拆借资金利率。由于地方债发行主要面向金融机构,金融机构之间拆借资金利率会首先受到影响,这是经济学中最简单的供求影响价格问题。是经济学失效了吗？还是地方债处置小题大做,实际上并没有字面上那些严重？问题出在哪儿？

进一步的政策分析可以看到,《中共中央关于全面深化改革若干重大问题的决定》关于金融体制改革的方向是"健全多层次资本市场体系,推进股票发行注册制改革,多渠道推动股权融资,发展并规范债券市场,提高直接融资比重"。很明显,大规模增加政府债券与提高直接融资比重的改革方向相对而行。

本部分提出这样一个论点,即地方债问题很大程度上是一个被过度放大的问题。地方债的置换只是政府强行收买了企业债券及其对应的企业资产,从而给政府本身带来的债务负担。但由于地方债本质上就是企业债券,所以政府的债务扩张很大程度上是一次性而非持久性的,地方债造成的债务规模会随着债券还本付息而逐步萎缩,与西方标准地方债的持续扩张形成对比。这会导致两个政策性评估问题,一是全国人大批准的地方债限额在当前为不该政府承担的债券而迅速扩张,今后可能会由于地方债偿还而逐步放空,但是债务空间的存在可能为后期的政府债再度膨胀奠定了制度基础。这样制度上严格规范的地方债,不但不是在限制地方债务,反而是在鼓励地方多借债。二是现在正在大举推行的地方债置换并不是地方债处置的核心,地方债置换有助于稳定金融但不利于融资平台和城市投融资体制改革,如果过度关注地方债置换可能会导致"捡了芝麻,丢了西瓜"。

二、从"地方融资平台"到"地方债"

"地方债"这个名词几乎是在一夜之间出现的,之前最火的词汇是"融资平台",实际执行中的"地方债"就是来自"地方融资平台",所有研究"地方债"的实证文章也是从地方融资平台说起的。图 5-7 用中国知网 CNKI 文献总库中搜索的结果,展示了 2009 年大规模财政刺激之后"地方债"研究与"融资平台"研究之间的此消彼长状况。融资平台的数据是采用篇名和关键词两种口径下的"城投公司"和"融资平台"两个词汇搜索量之和,而地方债则是篇名和关键词两种口径下的"地方债"、"地方政府债务"和"地方政府性债务"三个词汇的搜索量之和。

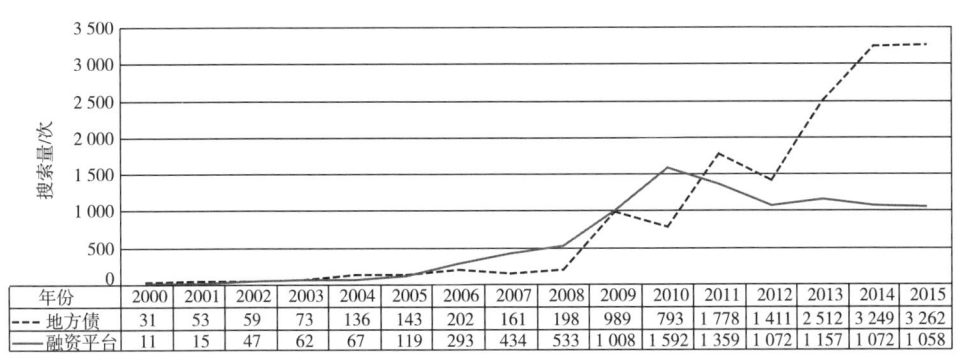

图 5-7 地方债与融资平台研究之间的替代关系

图 5-7 显示,2007 年美国次贷危机爆发后,中国国内对地方债和融资平台的研究处在低水平的稳定增长阶段。2009 年积极的财政政策的回归和四万亿刺激计划出台,中国人民银行和中国银行业监督管理委员会(简称中国银监会)联合发

布了《关于进一步加强信贷结构调整促进国民经济平稳较快发展的指导意见》提出"支持有条件的地方政府组建投融资平台，拓宽中央政府投资项目的配套资金融资渠道"，地方融资平台获得了大发展，融资平台研究和报道也获得了急剧增长，并在 2010 年达到了顶峰，正是在这一年发布了《国务院关于加强地方政府融资平台公司管理有关问题的通知》（国发〔2010〕19 号）。可以看到，2011 年开始的"地方债"增长与"融资平台"的下行相对应，表征二者之间存在替代关系，随后的"地方债"增长则伴随着"融资平台"的低水平徘徊。从 2011 年开始，地方债的研究彻底取代融资平台研究而成为主体。

2010 年发布的《国务院关于加强地方政府融资平台公司管理有关问题的通知》（国发〔2010〕19 号）提出的地方融资平台整治的首要任务，是抓紧清理核实并妥善处理融资平台公司债务，这就意味着地方融资平台的政策重点已经转向债务问题。到 2014 年《国务院关于加强地方政府性债务管理的意见》（国发〔2014〕43 号）发布时，关于地方债的研究已经到达了有数据可查的最高值，政策重点也完全转向了"地方政府性债务"，内容完全是融资平台甄别后的债务分类处理和新债务发行方式，已经丝毫看不到融资平台的影子，从而实现了政策从地方融资平台到地方债的完整跨越。

地方融资平台是 21 世纪以来中国快速发展的城市化的主要融资机制，尤其是基础设施融资。地方政府融资平台公司是由地方政府及其部门和机构等通过财政拨款或注入土地、股权等资产设立，承担政府投资项目融资功能，并拥有独立法人资格的经济实体。1994 年分税制改革后中央上收财权财力和下放事权事责的双重措施，使地方政府产生了巨大的资金需求和发展冲动。在建立规范的政府间纵向转移支付的努力以覆盖地方基本公共服务长期未能实现的背景下，通过发展地方经济来促进财政增收任务完成的"大财政观"逐步确立，地方政府将"以地生财"和推动城市化发展有效地结合在一起。

三、地方政府性债务的企业债性质

地方债的制度需求或者地方债政策来自于融资平台。地方投融资平台是国资公司，其债务在法律形式上自然也就是公司债券。融资平台资产一般来自土地划拨（如重庆的"渝富"和"八大投"），银行通过平台资产估价的 70%向平台发放贷款，主要用于地方城市建设、经济发展和社会福利改进。平台基本分为三类：①非公益性项目，有经营性收入来源；②公益性项目，偿债资金主要来自项目收入；③公益性项目，偿债资金来自财政。

《国务院关于加强地方政府融资平台公司管理有关问题的通知》（国发

〔2010〕19号）提出融资平台公司的分类原则是，对只承担公益性项目融资任务且主要依靠财政性资金偿还债务的融资平台公司，今后不得再承担融资任务，相关地方政府要在明确还债责任，落实还款措施后，对公司做出妥善处理；对承担上述公益性项目融资任务，同时还承担公益性项目建设、运营任务的融资平台公司，要在落实偿债责任和措施后剥离融资业务，不再保留融资平台职能。对承担有稳定经营性收入的公益性项目融资任务并主要依靠自身收益偿还债务的融资平台公司，以及承担非公益性项目融资任务的融资平台公司，要按照《中华人民共和国公司法》等有关规定，充实公司资本金，完善治理结构，实现商业运作；要通过引进民间投资等市场化途径，促进投资主体多元化，改善融资平台公司的股权结构。

《地方政府存量债务纳入预算管理清理甄别办法》提出财政部门对地方政府负有偿还责任的存量债务逐笔甄别的标准如下：①通过政府与社会资本合作PPP模式转化为企业债务的，不纳入政府债务。②项目没有收益、计划偿债来源主要依靠一般公共预算收入的，甄别为一般债务。③项目有一定收益、计划偿债来源依靠项目收益对应的政府性基金收入或专项收入、能够实现风险内部化的，甄别为专项债务。④项目有一定收益但项目收益无法完全覆盖的，无法覆盖的部分列入一般债务，其他部分列入专项债务。现有被置换的政府性债务，是没有通过PPP模式转化为企业债务的部分。但我们认为更大的可能是没来得及转化，没有给市场足够的时间，没有足够的现金流保障。但可以肯定的是，按照企业债的发债规则，这些债务都有相应资产作为抵押品。

表5-5是国家审计署2013年8月至9月组织5.44万名审计人员对中央、31个省（自治区、直辖市）和5个计划单列市的391个市（地、州、盟、区）、2 778个县（市、区、旗）、33 091个乡（镇、苏木）的政府性债务情况逐笔、逐项审核的结果，共审计了2 215个政府部门和机构、7 170个融资平台公司、68 621个经费补助事业单位、2 235个公用事业单位和14 219个其他单位，涉及730 065个项目、2 454 635笔债务。其中2012年年底地方政府负有偿还责任的负债规模为96 281.87亿元，再加上有担保责任的债务24 871.29亿元和承担一定救助责任的债务37 705.16亿元，广义地方债总规模为158 858.32亿元，到2013年6月三种口径债务分别增加到108 859.17亿元、26 655.77亿元和43 393.72亿元。从比例上看，地方负有偿还责任的债务约占60%，或有债务为40%左右，中央层面的或有债务比重约为20%，偿还债务为80%左右。

表 5-5 全国政府性债务规模情况表

时间	政府层级	政府负有偿还责任的债务/亿元	比重/%	政府或有债务				债务合计/亿元
				有担保责任的债务/亿元	比重/%	承担一定救助责任的债务/亿元	比重/%	
2012年年底	中央	94 376.72	79.42	2 835.71	2.39	21 621.16	18.19	118 833.59
	地方	96 281.87	60.61	24 871.29	15.66	37 705.16	23.74	158 858.32
	小计	190 658.59	68.66	27 707	9.98	59 326.32	21.36	277 691.91
2013年6月底	中央	98 129.48	79.24	2 600.72	2.10	23 110.84	18.66	123 841.04
	地方	108 859.17	60.85	26 655.77	14.90	43 393.72	24.25	178 908.66
	小计	206 988.65	68.37	29 256.49	9.66	66 504.5	21.97	302 749.64

资料来源：国家审计署.全国政府性债务审计结果（2013年12月30日公告）

为了理解债务的微观结构，我们对地级市和县级市两级进行了调研。表 5-6 是东部某发达省份县级市 Y 市的融资平台及其债务分布，我们对数据做了适当处理。在 2012 年年底核实的 25 个平台中，除了该市的"财政局"之外，其余 24 个全部属于国有企业，这证明了融资平台债都是企业债，包括最常见的城建、景区、各种开发区、供水、国资公司、土地储备中心、市场中心、高速投资公司，2012 年年底至 2015 年年底的债务总规模分别为 69.76 亿元、61.72 亿元、84.15 亿元和 96.57 亿元。这些平台中，2012 年年底持有债务的是 18 个，2015 年年底还持有债务的只有 15 个，其中企业或者项目自身有收入的有 7 个。政府负有偿还责任的一般债务仅有财政局和自来水公司的债务，其中财政局债务用于旧城改造和学校操场建设，自来水公司债务资金用于水库联网工程，二者的债务之和只占债务存量的 30%左右。真正导致财政局债务上升的就是债务置换，2013 年年底债务置换之前，财政局的债务仅仅为 5 亿元左右，占全部债务比重为 6%，而在债务大量置换的 2015 年，财政局的一般性债务一年就增加到 300%，这生动显现了债务置换的结果。用土地出让金偿还的或有债务及其资金使用分别是包括城市建设的债务置换、景区投资的景区综合整治、五金产业的高速建设，但是工业园区的年产 25 万台环保机械也纳入了土地出让金的范围。

表 5-6 Y 市 2012 年年底核实的政府性债务清理甄别情况表（单位：万元）

序号	单位	2013年审计分类	2012年年底余额	2013年年底余额	2014年年底余额	2015年年底余额	项目内容	偿还资金来源	认定债务类型
1	城市建设开发有限公司	偿还责任	120 000	90 000	60 000	60 000	债务置换	出让金	专项债务
2	景区投资经营有限公司	偿还责任	48 000	42 000	32 000	27 000	景区综合整治	出让金	专项债务
3	乡镇供水公司	偿还责任	3 200	0	0	0			
4	总部中心开发有限公司	偿还责任	0	0	0	0			

续表

序号	单位	2013年审计分类	2012年年底余额	2013年年底余额	2014年年底余额	2015年年底余额	项目内容	偿还资金来源	认定债务类型
5	国资经营有限公司	偿还责任	34 000	20 000	0	0			
6	工业园开发公司	偿还责任	18 600	9 600	4 600	2 800	年产25万台环保机械	出让金	专项债务
7	新区发展公司	偿还责任	0	0	0	0			
8	土地收储中心	偿还责任	18 000	0	0	0			
9	省五金产业有限公司	偿还责任	160 000	160 000	160 000	160 000	C高速	出让金	专项债务
10	市场开发服务中心	偿还责任	19 400	10 000	0	0	C高速资本金	出让金	专项债务
11	财政局	偿还责任	51 000	52 000	74 000	250 000	旧城改造、学校操场建设	一般公共预算	一般债务
12	农机产业园开发有限公司	偿还责任	0	16 000	0	0	N产业园	出让金	
13	自来水公司	偿还责任	0	0	30 000	30 000	水库联网工程	一般公共预算	一般债务
	一类小计		472 200	399 600	360 600	529 800			
14	红十字会医院	担保责任	3 840	3 820	2 800	1 900	短期周转金	项目自身收入	或有债务
15	园林工程有限公司	担保责任	800	800	0	0	短期周转金	企业自身收入	或有债务
	二类小计		4 640	4 620	2 800	1 900			
16	市政建设投资有限公司		0	0	118 000	118 000	旧城改造	一般公共预算	或有债务
17	第一人民医院	救助责任	24 600	24 600	6 400	0	流动资金贷款	企业自身收入	或有债务
18	交通发展有限公司	救助责任	12 660	9 960	9 960	9 960	债务置换	企业自身收入	或有债务
19	物流有限公司	救助责任	34 000	29 000	24 000	21 000	债务置换	企业其他收入	或有债务
20	农贸城有限公司	救助责任	16 400	14 600	12 300	9 400	农贸果蔬粮油市场建设	项目自身收入	或有债务
21	五通物流有限公司	救助责任	0	10 098	8 078.4	0	物流中心	企业自身收入	或有债务
22	会展有限公司	救助责任	0	40 000	70 000	54 000	会展中心	项目自身收入	或有债务
23	五金城集团有限公司	救助责任	133 110	84 686	36 262	28 588	五金城商铺建设	企业自身收入	或有债务
24	总部开发建设有限公司	救助责任	0	0	0	0	总部经济营销研发中心	项目自身收入	或有债务
25	高速投资有限公司	救助责任	0	0	193 094	193 094	C高速项目	项目自身收入	或有债务
	三类小计		220 770	212 944	478 094.4	434 042			
	地方政府债务总计		697 610	617 164	841 494.4	965 742			
	粮食政策性挂账		7 212	7 212	7 212	0			
	合计		704 822	624 376	848 706.4	965 742			

注：编制单位为Y县财政局，数据经过梳理，单位为万元

四、地方债制度建设和地方政府性债务

地方债制度建设和地方政府性债务是两个不同问题，不能以标准地方债制度来衡量来自于企业债的地方债。这一轮地方债处理的是"地方政府性债务"，不是"地方政府债务"。主要是因为1994年通过的《预算法》并不允许地方政府借债，"地方政府债务"这个名词在2014年《预算法》修订之前在制度和法律上都不成立，所以其法律和制度形式只能是企业债务，是地方政府为了促进基础设施建设而以城投平台为主体发行的企业债券[①]。

债券的差别主要取决于发行人。企业债券和政府债券在财务规则上有明显不同，企业债务属于法人债务，具有法律清偿约束，政府债券不属于法人债务，也不会因为违约而被债权人强制清偿；企业债务一般需要资产抵押，一般贷款额度是资产估值的70%[②]；但政府债务一般都是纯信用债券，没有抵押资产作为标的物。正是因为如此，政府债务一般期限较长，企业债务则期限较短，因为其长期资金需求往往通过股权市场来满足，政府就无法做到这一点。更重要的是，企业债务往往是需要到期清偿的，但政府债务往往永续现金流，规模只会越来越大。

与地方债问题相关联的事件是地方债制度建设，与现行的地方债政策来自于2009年以来的融资平台大跃进不同，地方债制度来自于标准的地方债制度。融资平台处置和地方债制度建设在当下是两个完全不同的问题，将二者联系起来的政策路径是地方政府性债务。融资平台后期治理分为"堵"和"疏"两部分，"堵"的部分就是地方政府性债务处置，通过处置旧有的平台债务，将其已有债务通过置换方式来降低金融风险、纠正期限错配并得以逐步偿还，防止新的不良债务产生，所以地方债置换出发点是稳定金融，核心是"堵"。"疏"就是政府与社会资本合作PPP。

地方政府融资平台公司是由地方政府及其部门和机构等通过财政拨款或注入土地、股权等资产设立，承担政府投资项目融资功能，并拥有独立法人资格的经济实体[③]。作为地方融资平台的后续处理问题，地方政府性债务是以公司债形式存在的地方债，本质上属于政府债务，但在法律形式上属于企业债务。地方债置换的实质是以政府债券强行替换企业债券，并购买相应的企业资产。

---

① 理论上讲，地方政府性债务的范围比地方政府债务的范围广。地方政府债务仅包括地方政府直接举借的债务，构成地方政府债务是法律意义上的债务。地方政府性债务还包括政府融资平台公司、经费补助事业单位、公用事业单位及其他单位三个主体举借的部分债务，这三者可以列为地方政府道义上的债务。见刘尚希和赵全厚（2002, 2013）。

② 这个授信的比例大致等同于住房消费信贷中的比例70%。在住房质押信贷中，贷款额为房地产价值的70%，个人首付30%。

③ 《国务院关于加强地方政府融资平台公司管理有关问题的通知》（国发〔2010〕19号）。

五、地方债置换和股权化改革

单兵独进的地方债置换产生了紧缩作用，股权化改革才是落实积极财政政策和推动新型城镇化发展的关键。地方债务置换产生的紧缩倾向需要以体制改革来加以对冲。随着地方治理的重点从融资平台治理转向地方债务治理，整个政策的着力方向发生了微妙的急剧转变。从清理整顿城投平台到地方债置换，本质上实现了从整顿市场主体促使其合规合法经营，到债券性质从企业债到政府债的转变。

地方债置换带来的紧缩倾向来自于以下方面。

第一，发债主体性质转变带来的紧缩效应。地方债原有的发债主体是城投平台，本质是从事城市开发和经营的市场主体。经过置换后变成地方政府的公共债务，从企业债券到政府债券的性质转变，意味着城投平台这个城市开发的市场主体功能已经消失，必须得到其他方式融资机制的弥补，否则城市开发和城市经营会出现大问题。

第二，规模控制带来的紧缩效应。市场主体会按照自身经营能力，尤其是偿债能力来安排债务，直面市场约束。在目前的预算法约束下，公债的发债主体是中央政府，省级以下政府不能发债，其所需要的债务资金并不能体现市场需要，而是有赖于上级和全国预算安排。全国的债务规模一般来说会小于地方债务的需求规模之和。

第三，大规模政府债务置换对资金需求巨大，从而产生对企业（金融和非金融）、居民和国债等其他部门债务筹资的"挤出效应"。

第四，时期错配和债务资金效率带来的紧缩效应。市场主体的经营往往相时而动，但政府债务却必须按部就班，这会导致公共债务资金未必能够在最适宜的时候发债，从而缺乏效率。

从当下的地方债务处置看，对现有债务和资产的存量进行市场化处理，通过市场化估值，能够让市场在注入新资本后，以政府和社会资本合作的股权化形式运作，是保持地方城投平台开发功能的关键。赋予社会资本适当的税收和收益政策优惠，是推进地方债处置和 PPP 建设的关键。但可能面临的问题是国有资产流失。

地方债是一个被误解和放大的市场问题。地方债置换只是起到了稳定金融市场的作用，经过强行的政府债替换企业债，政府多了十几万亿元政府债务和与此相对应几十万亿元政府资产，更直白地讲，就是通过债务置换保留了成片的土地。地方债置换只是完成了城市投融资制度改革的第一步，后期如果不需要保留这些资产，则可以将抵押品作价入股。

当前的地方债置换思路始自于《国务院关于加强地方政府融资平台公司管理

有关问题的通知》(国发〔2010〕19号),当时的主要问题是融资平台公司举债融资规模迅速膨胀,运作不够规范;地方政府违规或变相提供担保,偿债风险日益加大;部分银行业金融机构风险意识薄弱,对融资平台公司信贷管理缺失等。清理的目的是有效防范财政金融风险,加强对地方政府融资平台公司管理,保持经济持续健康发展和社会稳定。

2010年全球金融危机依然在深化,发达国家宏观审慎监管概念刚刚出台、宏观经济政策集中于稳定金融市场(即让财政部购买"有毒资产",从而保障中央银行"最后贷款人"角色顺利履行)的反危机政策之际,中国地方债置换的主要目标也是稳定金融市场,防范金融风险。但是与国外中央银行的数量宽松政策不同,中国政府主要不是购买政府和私人部门债权,而是推行债权置换,用新的政府债务去置换已经存在的企业债务。债务置换的目标是防止大规模违约,同时也起到降低政府的债务利息负担的作用。

地方政府性债务置换的结果,是政府多了十几万亿元债务,导致债务率上升一倍多,同时也多了几十万亿元资产。置换形成的地方债存量并不是政府债务意义上的具有债务上限性质的债务存量,而是可以按照企业债方式还清或者清偿的债务。由于平台资产主要是土地储备,如果不可以保留这些土地储备,而是将其作价按照净值投向市场,或者按照净市值作价入股,债务也可以不要。相应的,地方债制度建设也没有那么紧迫。置换完成的地方政府性债务和尚未启动的债务置换,都可以按照上述股权化方式来处理。

地方政府性债务置换只是完成了债务处置的第一步,形成的存量债务怎么处理是更重要的发展问题。PPP是新型城镇化融资的第一选择,也是处理地方债的第一选择。已经置换完的债务部分应当继续推进PPP,置换的作用是有利于提高国有资产估值和标的国有资产净值。没有置换的部分,也要同步推进PPP,并且将后期的债务置换优先用于PPP中偿债风险较高的部分,并以此提高PPP标的资产的价值。

债转股应当作为地方政府性债务处置和融资平台改革的一般性方案而非特例。用市场化的方式处理地方政府性债务问题,是推动中国经济沿着市场化方向健康发展的唯一路径。债券股不是为了稳定金融市场,而是为了深入推进市场化改革,尤其是新型城镇化的投融资体制改革。推进债转股的法律依据是,地方债本来就是企业债,置换后的地方债名义上是政府债,实际上仍然是按照企业债方式清偿和运行,而股权化是企业债务处理的一般方式。既然地方政府性债务本质上就是一般的国有企业债务,那么债转股应当作为地方债处置的一般性方案,而非针对不良贷款部分的应急预案。

参 考 文 献

财政部.2015-03-17.关于 2014 年中央和地方预算执行情况与 2015 年中央和地方预算草案的报告.http://www.mof.gov.cn/zhengwuxinxi/caizhengxinwen/201503/t20150317_1203481.html.
陈彦斌.2015-12-13.中国目前不必过于担忧"债务-通缩"问题.光明日报.
法博齐 F J.2014. 固定收益证券手册. 第七版. 周尧, 齐晟, 吉群立, 等译. 北京：中国人民大学出版社.
付敏杰．2016．理解政府存款：口径、规模和宏观政策含义.财贸经济,（1）：92-105.
高弘. 2013. 基于私人部门债务通缩视角的欧债危机成因新解. 上海金融,（4）：10-15，116.
郭步超, 王博. 2014. 政府债务与经济增长：基于资本回报率的门槛效应分析. 世界经济,（9）：95-118.
何代欣. 2013. 主权债务适度规模研究. 世界经济,（4）：69-87.
何帆, 郑联盛. 2013. 欧债危机与中国应对. 北京：社会科学文献出版社.
贾康, 赵全厚. 2000. 国债适度规模与中国国债的现实规模. 经济研究,（10）：46-54.
李萍. 2006. 中国政府间财政关系图解. 北京：中国财政经济出版社.
李扬, 张晓晶, 常欣. 2015. 中国国家资产负债表—2015. 北京：中国社会科学出版社.
刘尚希, 赵全厚. 2002. 政府债务：风险状况的初步分析. 管理世界,（5）：22-32，41.
刘尚希, 赵全厚. 2013-08-23. 正确认识地方政府性债务. 光明日报.
刘元春. 2015-09-23.中国应充分重视"通缩与债务效应". 21 世纪经济报道.
陆婷. 2015. 中国非金融企业债务：风险、走势及对策. 国际经济评论,（5）67-77.
陆婷, 余永定. 2015.中国企业债对 GDP 比的动态路径.世界经济,（5）：3-16.
马丁 J H.2010.美国企业研究所：通缩风险构成重大威胁.财经界,（8）：66-67.
奇瓦科 M, 林卫基.2015.中国企业部门究竟能承担多少债务？金融市场研究,（5）：127-137.
戎梅. 2015. 主权债务可持续性的影响因素—基于特征事实的分析.世界经济与政治论坛,（4）：103-126.
宋美喆, 胡丕吉．2016.基于债务通缩理论的系统性风险传导机制研究.金融经济,（4）：79-81.
王春峰, 黄凝, 房振明．2015．债务与经济的周期关系研究及国际比较．经济体制改革,（4）：179-183.
肖宇. 1999. 中国国债市场.北京：社会科学文献出版社.
许一涌. 2014. 我国非金融企业杠杆率问题研究.金融与经济,（10）：38-41.
余永定.2015-07-08.需防范债务——通缩陷阱.中国证券报.
余永定. 2016-03-10. 现在处于通缩时期要把有效需求推上去. http://finance.sina.com.cn/review/hgds/2016-03-10/doc-ifxqhmve9008733.shtml.
赵瑾. 2014. 国家主权债务危机：理论、影响与中国的战略.北京：中国社会科学出版社.
中国经济增长课题组. 2011. 城市化、财政扩张与经济增长. 经济研究,（11）：5-21.
中国人民银行杠杆率研究课题组. 2014. 中国经济杠杆率水平评估及潜在风险研究. 金融监管研究.
Bohn H. 2008. The sustainability of fiscal policy in the United States. Sustainability of Public Debt：15.
Bordo M, Erceg C, Levin A. et al.2007. Three great American disinflations. International Finance

Discussion Papers, No. 898.

Bowdler C, Esteves R P. 2013.Sovereign debt: the assessment. Oxford Review of Economic Policy, (3): 463-477.

Bravo A B S, Silvestre A L.2002. Intertemporal sustainability of fiscal policies: some tests for European countries. European Journal of Political Economy, (18): 517-528.

Buiter W H, Persson T, Minford P. 1985.A guide to public sector debt and deficits.Economic Policy, (1): 13-79.

Caner M, Grennes T, Koehler-Geib F.2010. Finding the tipping point: when sovereign debt turns bad. World Bank Conference Volume on Debt Management: 63-75.

Chalk N, Hemming R.2000. Assessing fiscal sustainability in theory and practice. IMF Working Paper No.00/81.

Cordella T, Ricci L A, Ruiz-Arranz M. 2005.Debt overhang or debt irrelevance? Revisiting the debt-growth link.IMF Working Paper, No. WP/05/223.

Fisher I. 1993.The debt-deflation theory of great depressions. Econometrica, 1 (4): 337-357.

IMF. 2002.Assessing Sustainability. IMF Staff Paper No. 05/28/2002.

Kaminsky G, Reinhart C, Vegh C. 2004.When it rains, it pours: pro-cyclical capital flows and macroeconomic policies. NBER Macroeconomics Annual,19: 11-82.

King M. 1994.Debt deflation: theory and evidence. European Economic Review, (38): 419-445.

Koo R.2008. The Holy Grail of Macroeconomics: Lessons from Japan's Great Recession. New York: Wiley.

Koo R.2012. The world in balance sheet recession: causes, cure, and politics. Real-World Economics Review, Iissue No. 58.

Manasse P, Roubini N, Schimmelpfennig A. 2003.Predicting sovereign debt crises. Social Science Electronic Publishing, 3(221): 192-205.

Marcelino S R,Hakobyan I. 2014.Does lower debt buy higher growth? The impact of debt relief initiatives on growth. IMF Working Paper, No.WP/14/230.

Nelson R M.2012. Sovereign debt in advanced economies: overview and issues for congress. Congressional Research Service.

Pescatori A, Sandri D, Simon J. 2014.Debt and growth: is there a magic threshold? IMF Working Paper, No.WP/14/34.

Reinhart C M, Reinhart V, Rogoff K. 2015. Dealing with debt. Journal of International Economics, 86(1): 543-555.

Reinhart C M, Rogoff K S. 2010. Growth in a time of debt. American Economic Review, 100 (2): 573-578.

Reinhart C M, Rogoff K S, Savastano M A.2003.Debt intolerance. Brookings Papers on Economic Activity, (1): 1-74.

Reinhart C M, Sbrancia M B.2015.The liquidation of government debt. Economic Policy, 30(82): 291-333.

Sau L. 2014.Debt deflation worries: a restatement. CESMEP Working Paper 2/2014.

Wolfson M H.1996. Irving fisher's debt-deflation theory: its relevance to current conditions. Cambridge Journal of Economics, 20 (3): 315-333.

第六章　资本市场发展对通货紧缩预期的影响机制研究[①]

第一节　资本市场：国际比较及中国现实

一、资本市场的建立及在各国的发展

货币金融元素伴随着商业活动而生，早期资本市场的诞生也要归功于商业繁荣对资金筹措和风险分散的本质需求。企业或商人借助银行间接融资可以追溯到15~16世纪的意大利，通过发行股票进行直接融资则始于17世纪初的荷兰，1602年东印度公司成立后，为服务于其殖民战略和贸易活动，向社会发行首只股票，资本市场由此诞生，并随着全球经济发展在各国落地生根。早期全球主要资本市场的建立见表6-1。纵观全球资本市场迄今400多年的发展历程，有以下几个明显的特征。

表6-1　早期全球主要资本市场的建立

国家/地区	建立历程	年限
美国	1792年，"梧桐树协定"缔结，股票交易自律机制建立；1817年成立纽约证券与交易管理会，1863年更名为纽约证券交易所	199年
英国	1773年，伦敦证券交易所的前身在伦敦的一家咖啡馆成立，1802年伦敦交易所大厦落成	214年
德国	1820年，法兰克福出现首只股票；1879年，法兰克福证券交易所落成	137年
日本	1879年，东京证券交易株式会社成立，即东京证券交易所的前身；1949年，东京证券交易所重新开业	137年
俄罗斯	1703年，俄罗斯成立圣彼得堡证券交易所；1839年，莫斯科开设综合性交易所，并设立独立的金融产品交易部门	177年
南非	1887年，约翰内斯堡证券交易所成立	129年

[①] 本章执笔人：闫先东、朱迪星、张建平、叶欢、李倩。

续表

国家/地区	建立历程	年限
印度	1875年，孟买交易所成立；1957年，证券市场发展步入正轨，出现《证券法》	141年
巴西	1845年，里约热内卢证券交易所成立；1890年，圣保罗证券交易所成立；1976年通过《证券法》	161年
中国	1918年，北京证券交易所成立；1920年，上海证券物品交易所成立	98年
新加坡	1930年，新加坡证券业协会成立；1973年，新加坡证券交易所成立	86年

资料来源：笔者根据各国证券交易所网站公开信息搜集编制

第一，世界资本市场发展的中心伴随着全球经济霸权的重心迁移。荷兰在17世纪前后实质上已成为新的霸权国家，其股份制的东印度公司[①]在成立伊始便推出上文提到的资本市场发轫之作。17世纪中叶以后，通过三次"英荷战争"，英国取代了荷兰成为新的霸权国家，1773年，世界上首家证券交易所在伦敦的一家咖啡馆成立，即伦敦证券交易所的前身。20世纪上半叶的两次"世界大战"改变了全球政治格局，美国成为新的世界霸主，其国内资本市场也随着经济发展迅速占据制高点。美国的资本市场虽然也经历过几次波折，但其全球资本市场中心的地位至今难以撼动。

第二，在资本市场发展的早、中期，实体经济需求引致了资本市场发展。首先，资本市场的诞生是商业经济和股份制发展到一定阶段的产物。其次，各国资本市场的高速发展时期都是叠加在经济实现腾飞阶段里出现的，无论是早期的殖民贸易还是各国滚滚而来的工业化浪潮，迅速活跃的实体经济对资金募集和风险分散机制建设提出了更高的要求，崭新的商业模式迫切需要信用机制的创新来提供支持。最后，脱离实体经济需求的资本市场往往孕育着巨大的金融风险。

第三，资本市场发展始终伴随着投机和由此带来的泡沫化风险。可以说，任何一个资本市场里都有投机的成分，"羊群效应"造就了资本市场的"非理性繁荣"[②]，而"博傻理论"将资本市场泡沫化推向崩溃的边缘，价格泡沫在事件触发破灭后，金融加速器机制将导致流动性短缺的自我强化，从而导致大大小小的金融危机，这些危机向实体经济各个领域蔓延，这可谓是虚拟经济的固有属性和本来面目之一（周吉来和张建平，2012；Shiller，2003，1990）。

[①] 1602年，荷兰贵族和商人成立股份制的"联合东印度公司"，拥有政治、军队和商船的集合权利。

[②] "非理性繁荣"（irrational exuberance）一词最早由美联储前主席Alan Greenspan在1996年12月5日的晚宴讲话中正式提出，并由于紧接其后的全球主要股市纷纷下挫，而被大家熟知。由于非理性繁荣被直接定义为"投机热潮的强势状态"，而与资产价格泡沫紧密联系在一起。Shiller（2000）在以此命名的经典著作《非理性繁荣》（第一版）中，列出了股票价格大涨的12种原因，并着重指出：在经济上升阶段，来自内部和外部的任何利好消息，都更容易成为资产价格泡沫自我维持和进一步膨胀的原因（周吉来和张建平，2012）。

二、当前全球主要资本市场的比较及量化评价

（一）资本市场发展规模的整体比较

表6-2列举了2012年主要的资本市场发展指标，从中我们有以下几点发现：一是发达国家/地区依然保持着其在全球资本市场的影响力，经济的证券化水平较高。无论从上市公司市值还是从上市公司数量来看，美国、日本、英国等老牌资本市场强国仍然占据市场的制高点；从证券化率来看，发达国家/地区（包括南非、新加坡等）这一指标都在100%以上，以金砖国家为代表的新兴市场国家证券化率平均不足50%；从资本市场活跃程度来看，发达国家交易周转率（换手率）也要明显高于新兴市场国家。二是金融危机对新兴市场国家的冲击要比发达国家更大，资本市场的成熟度决定了危机后资本市场恢复的速度。2012年，高收入国家股票市值占全球的比重为80.8%，在危机前的水平上略有提高，其中曾深陷危机发源地和最中心的美国则由2007年的30.9%上升至35.1%；同期处于危机外围的金砖国家整体占比由2007年的16.2%下降到14.4%。由于资本市场还不完善，危机后新兴经济体市场自我修复的能力要弱于发达市场国家。三是金融结构类型在很大程度上决定了资本市场发展的高度。美国、英国属于市场主导型的金融结构，证券化率水平基本相当，都在115%左右；日本、德国属于银行主导型的金融结构，证券化率分别为61.8%和42.1%，与新兴市场国家相比没有太大的差距。这一结论在金砖国家也是适用的，银行主导型的中国内地、俄罗斯的证券化率都在50%以下，但市场主导型的南非则超过150%。

表6-2 主要国家/地区资本市场发展指标（2005年、2012年）

国家/地区	上市公司总数/家	上市公司市值/亿美元	证券化率/%	股票交易总额占GDP比重/%	换手率/%
美国	4 102(5 143)	186 683(169 709)	115.5(129.6)	132.2(164.3)	124.6(129.2)
英国	2 179(2 759)	30 195(30 582)	115.5(126.8)	95.2(172.8)	84.0(141.9)
德国	665(648)	14 863(12 213)	42.1(42.7)	34.7(61.7)	91.8(146.0)
日本	3 470(3 279)	36 810(47 365)	61.8(103.6)	60.5(109.3)	99.8(118.8)
俄罗斯	276(296)	8 747(5 486)	43.4(71.8)	36.3(20.9)	87.6(39.0)
南非	348(388)	6 123(5 654)	154.1(219.3)	78.5(77.9)	54.9(39.3)
印度	5 191(4 763)	12 633(5 531)	69.0(66.3)	34.0(52.0)	54.6(92.2)
巴西	353(381)	12 299(4 746)	51.0(53.2)	34.6(17.3)	67.9(38.3)
中国内地	2 494(1 387)	36 974(7 808)	43.7(34.4)	68.9(25.8)	164.4(82.5)
新加坡	472(685)	4 141(3 167)	142.8(248.5)	54.0(94.0)	43.3(40.4)
韩国	1 767(1 620)	11 805(7 182)	96.5(80.0)	123.8(133.9)	139.2(209.8)

注：括号内为2005年数据。证券化率=市值/GDP，换手率=股票交易总额/市值

资料来源：World Bank Group. World development indicators：stock markets

(二) 资本市场发展的完备性比较

经济的多元化发展在很大程度上决定了投融资需求的多元化,产业结构的调整和升级也对金融结构演变提出了更高的要求,因此多层次资本市场是适应实体经济需求的必然产物。整体来看,多层次的资本市场应该至少包括主板市场、二板市场(创业板)和场外交易(over the counter, OTC)市场,"国际板"和区域性交易市场的补充也是很必要的。

评价各国资本市场发展的完备性,可以分别从市场的层次性(构成及对比关系)、转板机制和开放程度等方面展开。其一,从多层次市场构成的要件来看,美国、英国、德国、日本四国虽然在资本市场层次结构上有所区别[1],但都分别建立了完善的主板、二板、场外市场和区域交易市场,新加坡、韩国等"四小龙"伴随着经济腾飞纷纷建立和完善了交易所市场和场外市场,但囿于经济体量的制约,区域性市场未有显著的发展;中国内地多层次资本市场架构已经基本搭建,但二板、场外市场发展还很不充分;南非和印度的资本市场也都相对完整,但印度没有明确的创业板市场;俄罗斯、巴西等国的创业板或场外交易都存在较大的空白。其二,从纵向各个层次市场的交易活跃度、上市公司数量对比关系来看,以美国、日本、英国为首的发达资本市场大致呈现"场外交易>二板>主板"的"金字塔结构",而中国等新兴市场国家则与之截然相反[2]。其三,转板机制是反映资本市场成熟度的重要参考标准。整体来看,发达国家都具有完善的升降转板机制。以美国为例,一方面,交易所市场和场外市场具有灵活的升降互动机制。从纽约证券交易所(简称纽交所)或者美国全国证券交易商协会自动报价表(national association of securities dealers automated quotations, NASDAQ)摘牌的股票可以进入场外市场行情公告板(over the counter bulletin board, OTCBB)[3],而 OTCBB 挂牌企业如果达到一定标准,也可以自然升至 NASDAQ 或纽交所、美国证券交易所(简称美交所)进行交易。这一机制不但可以区分投资风险,而且能为不同

---

[1] 在资本市场分层结构上,各发达国家又有所区别。其中,英国伦敦证券交易所同时涵盖主板、二板和场外交易,在内部进行分层;日本和德国与英国相似,东京、大阪和名古屋三家证券交易所内设市场一部、二部和三部,分别对应主板、二板和国际板,而作为店头市场代表的日本证券商自动报价系统(Japan association of securities dealers automated quotation, JASDAQ)主要提供二板和场外交易(green sheets)交易服务,德国证券交易所下设主板(高级市场、一般市场)和二板市场(初级市场);纽交所与 NASDAQ 并行,前者专注于主板市场,而后者又进行了分层,分别涵盖主板、二板市场。

[2] 对于新兴市场国家而言,由于主板市场运行时间长,且以国有控股企业和大中型为主,具有资金和规模上的优势,是资本市场的核心;二板初建不久,门槛相对较高,具备资质的企业数量有限,且场外交易非常分散、不规范,交易活跃度很低,整体市场规模相对有限。

[3] 根据 NASDAQ 的规定,连续 30 个交易日交易价格低于 1 美元,警告 3 个月后未能使股价升至 1 美元的股票,将摘牌进入 OTCBB 报价系统。

发展阶段的企业提供更加优化的融资渠道。另一方面，在场外市场中，被 OTCBB 摘牌的企业会进入粉单市场（pink sheet）系统，反之依然。与之相比，中国新三板（场外交易）股票转升创业板试点尚未推出，交易所市场的退市制度和转板制度整体方案亦未能落地，其他新兴市场国家也普遍面临这样的问题。其四，"国际板"反映了资本市场的开放程度。一方面，发达国家资本市场通常并不单列"国际板"，外国上市公司可以与本国股票按大致相同的规则在交易所上市交易，如纽交所、NASDAQ 中的全球市场（global market，GM）和全球精选市场（global select market，GSM）、伦敦证交所主板市场（main market）和创业板市场（alternative investment market，AIM）、德国证交所的主板市场等[1]。另一方面，新兴市场国家"国际板"建设差别较大，其中，新加坡、韩国、南非等国家/地区资本市场开放程度不逊传统发达国家[2]，南非、俄罗斯、巴西等相对开放，印度、中国内地等资本管制程度较高，"国际板"尚未开启。

（三）对各国资本市场的量化评价

为了更加清晰地比较当前世界各主要资本市场的发展水平，我们试图建立资本市场发展的一套评价体系，涵盖了资产证券化水平、证券交易活跃度、层次性1（完整性）、层次性2（对比关系）、转板机制和开放度等评价内容，具体评价指标、权重和评价标准参见表6-3，评价结果具体见表6-4。整体来看，美国拥有全球最为发达和活跃的资本市场，无论市场发展还是机制建设都具有示范性效应，这也与其长期以来的"金融霸权国家"的地位相符；作为传统的资本主义强国，英国资本市场发展历史悠久且非常成熟，高度国际化的资本市场吸引了来自全球70余个国家的上市公司；由于德国和日本银行体系在国内金融市场中的主导性地位，会在一定程度上抑制资本市场的进一步壮大，但两国资本市场均已比较成熟；新加坡、韩国和南非较早实现了经济腾飞和资本市场开放，有限的经济体量限制了上市公司数量和市值的进一步增长，但整个资本市场的运行机制已经相当完善；印度资本市场近些年来在"投资印度"战略的刺激下有了长足的进步，但整个市

---

[1] 伦敦证交所堪称国际化程度最高的资本市场，在 main market 和另类投资市场（alternative investment market，AIM）上市的国外股票近600只，来自70余个国家，其市值总量与本国上市公司相当；德国证券交易所也有来自近70个国家的上市公司，其交易量要占到全部交易量的50%以上。

[2] 南非JSE于2004年允许外国公司上市交易，但因外汇管制对本地投资者持股设定上限，2011年废除这一条款，资本市场更加开放。新加坡证券交易所（Singapore Exchange Limited）1990年为国际性证券开设 Club International 市场，1997年将自动报价系统（stock exchange of Singapore dealing and automated quotation system，SESDAQ）也开放给国外上市公司，2010年成立 Global Quote 板块，推出19家亚洲大型企业的美国存托凭证交易（含6家中国上市公司），资本市场进一步开放。韩国于1981年开放资本市场，经历了10年的不断探索，20世纪90年代初开始全面放开国内资本市场，允许外国公司境内上市和韩国公司境外上市。暂时无法分享国外优质企业的价值成长。

场缺乏有效规范，资本市场分层不明，上市公司数量繁多且良莠不齐，迫切需要厘清未来的战略发展思路；俄罗斯、巴西资本市场的整体架构还不均衡，存在着运行机制的空白，与中国一样面临着未来资本市场进一步开放的诸多考验；中国内地资本市场正式建立不过20余年的时间，上市公司数量和市值迅猛增长，目前虽已基本搭建起各个板块，但很多子市场还属于成长初期，国际板也处于空白，未能充分发挥资源配置和风险分担的实质作用，而且机制供给长期落后于市场需求，未来多层次资本市场建设仍然面临着诸多课题。

表 6-3 资本市场发展评价指标体系

评价内容	权重/%	评价指标	评价标准
资产证券化水平	20	证券化率=上市公司市值/GDP（%）	(1,+∞)，★★；(0.75,1]，★☆；(0.5,0.75]，★；(0,0.5]，☆
证券交易活跃度	20	股票交易量/GDP（%）	(1,+∞)，★★；(0.75,1]，★☆；(0.5,0.75]，★；(0,0.5]，☆
层次性1：完整性	10	主板、二板、场外交易、区域性交易市场的构成	主板、二板、场外交易和区域性交易市场完备，★；其他，☆
层次性2：对比关系	10	上市公司数量	场外市场>二板市场>主板市场，★；其他，☆
转板机制	20	退市、摘牌或向上转板	自动升板机制和强制退市机制，满足两项，★★；自动升板机制和强制退市机制，满足一项，★☆；无明确转板机制，★
开放度	20	国际板	国外股票可在境内上市，且上市规则类似国内股票，★★；国外股票可在境内上市，但审批要更为严格，★☆；资本管制，无国外股票，但建有QDII、QFII或类似机制，★；完全管制，☆
合计	100		加权平均得分

表 6-4 主要国家/地区资本市场的评价体系

国家/地区	资产证券化水平	证券交易活跃度	层次性1：完整性	层次性2：对比关系	转板机制	开放度	合计
美国	★★	★★	★	★	★★	★★	★★★★★
英国	★★	★☆	★	★	★★	★★	★★★★☆
德国	☆	☆	★	★	★★	★★	★★★☆
日本	★	★	★	★	★★	★★	★★★★
俄罗斯	☆	☆	☆	☆	★	★★	★★☆
南非	★★	★☆	☆	★	★☆	★★	★★★★
印度	★	☆	☆	☆	★☆	★	★★☆
巴西	★	☆	☆	☆	★	★	★★☆
中国内地	☆	★	★	☆	★	★	★★☆
新加坡	★★	★	☆	★	★★	★★	★★★★
韩国	★☆	★★	☆	★	★★	★★	★★★★

三、资本市场波动及与宏观经济的相关性

(一) 资本市场的波动性

整体来看,新兴市场国家资本市场的波动性要远高于发达国家。在发达国家中,英国股票市场波动性最小,变异系数只有 0.17,市场价格稳定性最强;而美国、日本、新加坡相当,变异系数也都在 0.3 以下的较低水平;日本略高,紧随其后。在新兴市场国家/地区中,南非、中国相对较低,但都超过 0.4 的水平,俄罗斯、印度和巴西资本市场波动性较大,均在 0.7 左右。造成资本市场波动性巨大差异的因素有很多,这里有几点需要强调:其一,资本市场发展越完善,运行机制越成熟和规范,市场自动稳定机制的作用就越强,发达国家资本市场发展的悠久历史在很大程度上铸就了这一点。其二,在机构投资者占据主导和价值投资理念占据主流的市场中,外部冲击和投机成分造成的股价振幅将收敛于一个相对较窄的区间。当前主要发达国家股票市场的机构投资者比例基本在 60% 以上,而发展中国家这一比重要低很多[①]。其三,资本市场开放将在很大程度上使新兴市场国家直接暴露在更为动荡的全球化市场中,对比中国与俄罗斯和巴西股票市场的波动性可以强化对这一结论的认识[②]。

(二) 资本市场与宏观经济的相关性

为了考察资本市场发展与经济增长的相关性,我们计算了各样本国家国内上市公司市值、股票价格指数两项指标分别与 GDP (基于购买力平价、现价) 之间的相关性 (表 6-5)。其中,时间序列区间为 1996~2014 年,GDP 和国内上市公司总市值使用年度数据,来自世界银行数据库;股票价格指数的日度高频数据相应调整为年度数据(以每年 12 月的平均指数作为年末收盘价,以避免个别交易日的异动),来自 wind 数据库。总体来看,资本市场发展与宏观经济呈现显著的正相关性[③],且新兴市场国家的相关系数要普遍高于发达国家。金融发展与经济增长

[①] 很多研究都得出了一致性的结论,即机构投资者持股比例与股票波动性之间呈现显著的负相关关系(祁斌等,2006)。

[②] 倪权生和潘英丽(2009)将资本市场开放度分解为资本账户、直接投资、证券投资、金融衍生品和其他投资,并分别赋予权重,测算结果显示,中国、印度属于资本市场低开放度国家,而南非、俄罗斯和巴西属于中等开放度国家。温振华等(2011)专门测算了金砖国家证券市场的开放度,南非、俄罗斯、巴西、印度和中国由高到低依次排列。

[③] 滞后相关检验结果表明,各国年度数据均呈现同期相关。其中,俄罗斯股票市场上市公司数量较少,至今不足 300 家,且产业类型较为单一,主要集中于大型的金融股、能源股,加之近些年来经济的频繁动荡,所以国内上市公司市值与 GDP 的相关关系呈现较大程度背离;日本经济自 20 世纪 90 年代以来长期低迷,股票价格指数波动性在发达国家中较高,与 GDP 呈现弱的负相关关系。

的相关性具有动态变化的明显特征：在经济发展的早期阶段，资本市场发育的进度落后于实体经济增长的幅度，两者表现为较低的相关性；随着经济的腾飞并向中等收入国家过渡，经济增长和金融发展的关系更多地表现为前者对后者较强的需求拉动，金融结构（银行体系和资本市场的结构关系）逐渐与实体经济和产业结构类型相契合，资本市场发展与经济增长路径都具有明显的上扬趋势，两者呈现较高的相关性；而随着经济步入更高的成熟阶段，经济增长速度放缓且较为平稳，金融创新过度和金融供给过剩常常导致金融发展超越经济增长的实际需要，从而造成两者相关关系的背离。近些年来，学界对于"最优金融结构"领域的相关研究逐渐兴起，表征经济发展阶段的代理变量（真实人均 GDP 水平、产业结构以及其他控制变量）成为决定金融中介尤其是资本市场发展高度的关键，而对"最优金融结构"任何方向的偏离都会损害真实经济增长（张建平，2015；Demirgüç-Kunt and Maksimovic, 2002; Levine, 2002; Allen et al., 2005）。需要指出的是，考虑到当前中国人均 GDP 的水平，"相关性 2"的数值仅有 0.54，远低于俄罗斯、巴西和印度，也低于其他大多数发达国家，这说明股票价格变动与经济增长的背离在中国是长期存在的。

表 6-5 各主要国家/地区资本市场波动性及与经济的相关性测算

国家/地区	2014 年人均 GDP/美元	证券化率	相关性 1	相关性 2	股指变异系数	GDP 变异系数	资本开放度
美国	54 629.5	115.5	0.58	0.79	0.26	0.23	0.73
英国	45 603.3	115.5	0.48	0.34	0.17	0.22	0.99
德国	47 627.4	42.1	0.47	0.74	0.35	0.23	0.64
日本	36 194.4	61.8	0.30	−0.29	0.28	0.15	0.78
俄罗斯	12 735.9	43.4	−0.92	0.71	0.72	0.53	0.67
南非	6 477.9	154.1	0.87	0.87	0.41	0.31	0.72
印度	1 595.7	69.0	0.69	0.94	0.70	0.49	0.56
巴西	11 384.6	51.0	0.66	0.89	0.64	0.32	0.69
中国内地	7 593.9	43.7	0.78	0.54	0.46	0.62	0.50
新加坡	56 286.8	142.8	0.94	0.78	0.29	0.42	—
韩国	27 970.5	96.5	0.84	0.92	0.46	0.30	0.73

注："相关性 1"是计算各国国内上市公司总市值与 GDP 的相关性，"相关性 2"计算股票价格指数与 GDP 的相关性；各国代表性股票价格指数分别为美国证交所综合指数、伦敦金融时报 100 指数、法兰克福 DAX 指数、日经 225 指数、孟买 Sensex30 指数、韩国综合指数、新加坡海峡指数、圣保罗 IBOVESPA 指数、俄罗斯 RTS 指数和上证 A 股综合指数。

资料来源：人均 GDP、证券化率来自 World Bank Group；国内上市公司市值、股票价格指数数据来自 wind 数据库；资本开放度的测算结果来自倪权生和潘英丽（2009）

（三）资本市场的"股灾"

自资本市场创立以来，股市泡沫化现象就始终如影随形，并不因为监管体制或市场机制的完善而从根本上得以避免。资本市场泡沫孕育和形成的原因可以归结为过度的金融自由化、中央银行的非对称货币政策、经济上升周期的"非理性繁荣"、适应性预期和羊群效应、资本国际流动等多个方面（周吉来和张建平，2012）。很显然，上述各方面影响因素基本上都无法在现实中有效规避，因此股市泡沫化现象将一直伴随着资本市场发展。"股灾"有别于一般的股市波动，也有别于一般的股市风险，股市泡沫化累积严重时通常因为偶发事件[①]瞬时触发，并且在很多时候都能演化为破坏力极大的金融危机。我们通过整理各国代表性股票价格指数的历史走势，归纳了近百年来样本国家所经历的严重"股灾"事件（表6-6）。

表 6-6　各主要国家/地区资本市场危机

国家/地区	股灾名称	持续时间	股市波动幅度/%	GDP 增速变化
美国	大萧条危机	1929年10月28日至1932年7月7日	-89.0	n.a
	1987年"股灾"	1987年10月2日至1987年10月19日	-34.2	n.a
	新经济泡沫危机	2000年1月13日至2002年10月9日	-37.1	7.8%(2000Q2)→-1.3(2001Q3)
	金融危机	2007年10月9日至2009年3月9日	-53.8	1.4%(2007 Q4)→-8.2(2008 Q4)
英国	新经济泡沫危机	1999年12月30日至2003年3月12日	-52.6	5.8%(2000 Q1)→-1.2(2001 Q4)
	金融危机	2007年10月31日至2009年3月3日	-47.8	4.8%(2007 Q3)→-8.1(2008 Q4)
日本	日本泡沫危机	1989年12月29日至1992年8月18日	-63.2	9.9%(1990 Q2)→0.7(1992 Q4)
	新经济泡沫危机	2000年4月12日至2003年4月28日	-63.5	1.1%(2000 Q3)→-3.0(2002 Q1)
	金融危机	2007年10月11日至2009年3月10日	-59.6	0.2%(2007 Q4)→-9.2(2009 Q1)
新加坡	亚洲金融风暴	1997年2月17日至1998年9月4日	-64.3	10.8%(1997 Q3)→-5.1(1998 Q3)
	金融危机	2008年2月15日至2009年3月9日	-54.3	8.3%(2008 Q1)→-8.8%(2009 Q1)

[①] 作为市场经济的核心，金融体系本质上是很脆弱的，汇率或利率水平的短时间大幅度波动、程序化交易、经济基本面导致的资产配置转移以及杠杆率的骤然变化，都有可能是资本市场失灵的诱发因素。

续表

国家/地区	股灾名称	持续时间	股市波动幅度/%	GDP 增速变化
中国香港	亚洲金融风暴	1997年8月7日至1998年8月13日	-60.1	1.9%(1997 Q2)→-2.7%(1997Q4)
	金融危机	2007年10月30日至2008年10月27日	-65.2	1.9%(2007 Q3)→-3.4%(2009 Q1)
中国台湾	日本泡沫危机	1990年2月20日至1990年10月11日	-79.0	6.5%(1990 Q4)→-1.6%(1991 Q1)
	亚洲金融风暴	1997年8月26日至1999年2月5日	-45.9	6.9%（1997 Q4）→3.1(1998Q4)
	新经济泡沫危机	2000年4月10日至2001年10月3日	-66.0	3.2%(2000 Q2)→-2.1%(2001 Q2)
	金融危机	2007年10月29日至2008年10月27日	-55.5	3.0%(2007 Q4)→-3.7%(2008 Q3)
巴西	金融危机	2008年5月28日至2008年10月27日	-59.8	6.9%(2008 Q3)→-2.6%(2009 Q1)
中国内地	金融危机	2007年10月16日至2008年11月4日	-72.0	14.9%(2007 Q2)→6.2%(2009 Q1)
	2015年"股灾"	2015年6月12日至2015年8月26日	-43.4	n.a

注：GDP 数据标志：美国，不变价、环比折年率；英国，不变价、环比折年率、季调；日本，现价，当季同比；新加坡，不变价，同比；中国香港，季调，环比；中国台湾，不变价，环比，季调；巴西，不变价，当季同比；中国内地，不变价，当季同比。Q 表示季度。n.a 表示缺乏数据

资料来源：wind 数据库

首先，历次"股灾"的破坏力都相当惊人，对资本市场和实体经济带来双重打击。无论是发达国家还是新兴市场国家，几年甚至是十几年累积起来的长期"牛市"在"股灾"面前不堪一击，短时间股价腰斩的惨烈事件层出不穷，个别市场的股价甚至下挫 2/3 有余。总体来看，股价泡沫化累积和崩盘的走势在时间轴上是非对称的。更进一步的，"股灾"无一例外地传染至实体经济，并对经济增长造成重大冲击（表6-6），其中，财富效应和流动性约束成为资本市场动荡向实体经济溢出的主要机制（周吉来和张建平，2012）。其次，没有足够的证据表明，近期的"股灾"比较从前的"股灾"破坏力有明显的减弱。从资本市场的纵向发展来看，法制环境、监管机制、公司治理、资产定价能力、投资者经验和市场成熟程度都有了长足的进步，但"股灾"的破坏力并未因此而显著减弱，最近一次的全球金融危机导致各国股票价格指数下挫的幅度仍然超过50%。最后，随着经济、金融的一体化趋势和资本跨境流动能力的增强，"股灾"在各国传播要更迅速和深远。通过表 6-6 可以看出，由美国引发的"次贷危机"迅速蔓延至全球，道琼斯工业指数从 2007 年 10 月 9 日开始下挫，其他大多数国家股市也都在 10 月中下旬发生连锁反应，而"股灾"后市场筑底回升的时间窗口也基本相近。

四、目前中国资本市场存在的主要问题

20 世纪 90 年代初，处于创建萌芽期的沪深股市，只开设了主要服务于大中型国有企业的主板市场。国家在 2003 年提出创建多层次资本市场的主体思路后，2004 年增设服务于中小企业的中小板，2009 年进一步增设服务于高新技术类中小企业的创业板，针对沪深股市较高的上市门槛限制了部分处于成长阶段中小企业的上市需求，2012 年正式成立了全国中小企业股份转让系统（即"新三板"），我国多层次资本市场体系初步形成，囊括主板（包括中小板）、创业板、新三板和区域性股权市场。这一体系不仅在经济社会发展中起到重要作用，而且在企业融资模式发展和现代金融体系构建中也做出巨大贡献。但值得注意的是，我国资本市场总体仍处于发展初期，多层次资本市场体系虽已初具雏形，但仍有较大的改革、发展和健全的空间，其中某些突出问题已经成为阻碍经济社会发展的明显掣肘。

第一，直接融资占比偏低，资本市场的融资功能作用有限。从社会融资规模来看，2015 年年末全国社会融资规模为 138.14 万亿元，其中，非金融企业境内股票余额仅为 4.53 万亿元，占比 3.3%，股权融资规模明显偏小。当前，我国股权融资没有显著降低企业较高的负债率和融资成本，也没有明显缓解企业融资难、融资贵等问题。当间接融资主导整个社会的融资模式，负债率难免持续上升，经济衰退时少数企业违约导致的债务危机也极有可能蔓延扩大成整个金融体系的风险和危机。

第二，资本市场较高的融资门槛制约了中小企业的股权融资积极性。国家大力发展多层次资本市场体系的一个重要目的就是有效拓宽中小微企业的股权融资渠道，降低中小微企业负债比率。但当前中小微企业仍以银行贷款为主要融资渠道，资本市场融资的难度和门槛更高。据统计，2015 年 A 股有 224 只新股发行，募集资金合计 1 578 亿元，从首次公开募股（initial public offerings，IPO）申请受理到核准新股发行上市的审批时间长达两年以上。

第三，多层次资本市场体系结构发展失衡，区域发展不合理。我国主板市场运行时间长，且以国有控股企业和大中型为主，具有资金和规模上的优势，是资本市场的核心；创业板市场初建不久，门槛相对较高，具备资质的企业数量有限，同时市场价格存在非理性波动、发行制度仍在不断试错阶段；新三板和区域性股权市场等场外市场交易非常分散、不规范，交易活跃度很低，整体市场规模相对有限。另外，资本市场区域发展不合理的特征十分显著。例如，从社会融资规模来看，直接融资渠道包括企业债券和非金融企业境内股票融资，上海、江苏、浙江和广东等发达省份直接融资规模占比分别为 23.1%、27.4%、32.2% 和 22.6%，直接融资占比均在 20% 以上，而吉林和黑龙江等欠发达省份的直接融资规模占比

仅为 10.6%和 9.6%，直接融资占比显著偏低。

第四，资本市场融资模式呈现"债高股低"的特征，短期资金长期资本化的趋势并不明显。近几年，资本市场中债券市场发展迅速，资本市场的债券融资总额已经显著高于股票融资总额。从社会融资规模来看，2002年，债券融资总额明显小于股票融资总额，二者之比为 0.58。2015 年，债券融资已显著高于股票融资，二者之比为 3.9。显然，债券融资规模大幅高于股票融资，表明债券市场发展速度更为迅速，当前我国资本市场"债高股低"的特征表明资本市场不合理的发展模式，资金转化为长期资本的比例偏低，企业负债率不降反升。另外，债券融资市场是以间接融资为主的资本市场。当前我国银行间市场交易商协会批准了九成以上的债券，债券的购买方主要以商业银行或非银行的金融机构为主，即各类金融机构成为债券的主要购买者，普通公众或各类企业参与交易的难度大，间接融资渠道成为债券承销交易的主要资金来源，间接融资趋势明显。

第五，资本市场各层次之间缺乏相互连通的转板机制。处于某个层次资本市场的融资企业一般位置相对固定，缺乏向上或向下的流动机制，资本市场各层次之间并未形成一个流动自由的结构体系。例如，当前处于较低层次资本市场的某些企业已经成长壮大到有更高的融资需求，对升级转板到更高层次资本市场的需求较为紧迫，但目前资本市场层级之间相对独立，板块之间缺乏连通转接的渠道，符合条件的企业无法轻易更换资本市场，换板上市等待的时间和费用成本显著加大，大大降低了资本市场的融资效率，也限制了资本市场的融资功能。

第二节　通货紧缩的历史考察

一、20 世纪 30 年代的美国"大萧条"时期

（一）"大萧条"时期美国的资产价格泡沫

"大萧条"时期，美国资产价格出现了非正常的过度波动，这反映了资产价格与基本面价值之间的长期偏离，这便是资产价格泡沫。从 Shiller（1981）的过度波动检验到 West（1987）、Fang 等（2015）的传统泡沫检验方法，经济学家一直在探索更为精确的泡沫检验方法来衡量资产价格的波动。到目前为止，Phillips 等（2011）提出的泡沫检验更精准，他们发现，存在泡沫时股价是发散过程，不存在泡沫时是单位根过程。因此，他们将单位根过程作为原假设，发散过程作为备择假设，检验泡沫。自然的，他们结合 ADF 右尾检验和 sup 检验，提出了 supADF 检验，并由这一检验统计量渐近分布的右尾取临界值。该方法具有明显的优势，

可用来一致估计泡沫产生的时间和泡沫破灭的时间。

我们使用此方法来检验历次金融危机中是否存在资产价格的泡沫,若存在,估计出泡沫的起始和破灭时间。对于大萧条时期,结合数据的可获得性,我们选取了1924年1月2日至1936年12月31日的美国道琼斯工业平均指数日度数据,样本量为3 257个,利用检验需要设定初始样本比例为0.1。由于本章三个部分泡沫检验所使用的数据均为日度数据,样本量非常大,因此我们对泡沫检验采用的均是渐近分布的临界值。由supADF统计量可知,该时期的美国股市中有明显的泡沫存在。

进一步,利用Phillips等提出的方法,在supADF检验中,通过递归估计可产生一组t统计量$\{DF_t\}$,将此曲线与临界值曲线$cv = 2/3 \times \ln(\ln(n))$相交(这个临界值曲线是非常接近95%显著性水平下的临界值,可近似代替(Phillips et al., 2011),可以得出泡沫产生和破灭的时点,其中n表示对应的样本量。

图6-1是根据道琼斯工业指数得出的泡沫产生和破灭的时间。其中实线表示道琼斯指数supADF统计量,虚线表示对应临界值。使用supADF方法检验泡沫时,要求设定初始数据段,滚动计算后面每个数据点的supADF统计量。本部分将检测数据全样本之前10%作为初始数据段,故supADF统计量在检测样本的10%没有数据。图6-1从supADF统计量有数据(1925年)开始。如图6-1中所示,道琼斯指数supADF统计量的值第一次大于临界值对应的就是泡沫产生的时点,其后第一次小于临界值对应泡沫破灭的时点。由此可知,对该时期道琼斯工业指数而言,资产价格泡沫产生和破灭的时间分别是1928年5月(5月8日)和1929年10月(10月22日)。

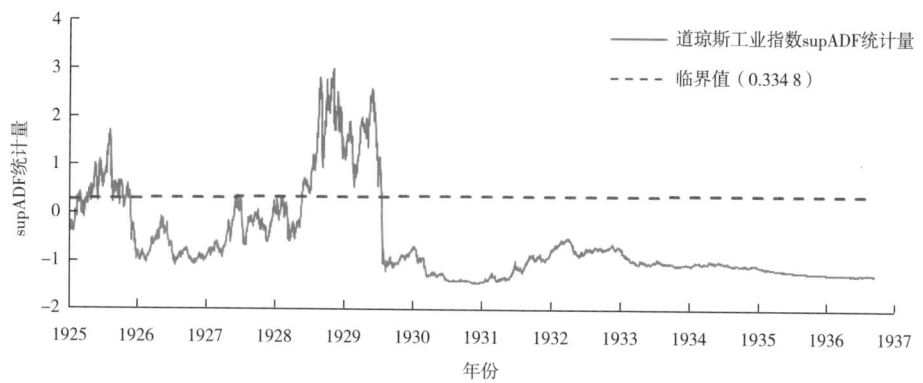

图6-1　道琼斯工业指数supADF检验泡沫出现和破灭的时点

将该时期资产价格泡沫的始末时间和CPI的图形(图6-2)进行对比,可发现,泡沫出现的时间比CPI大幅变化的时间提前三个月左右。这说明资产价格的变化速度要比实体经济的反应灵敏，大约提前三个月开始带动实体经济和 CPI 的变化。下面将继续分析资产价格变化对 CPI 的影响程度。

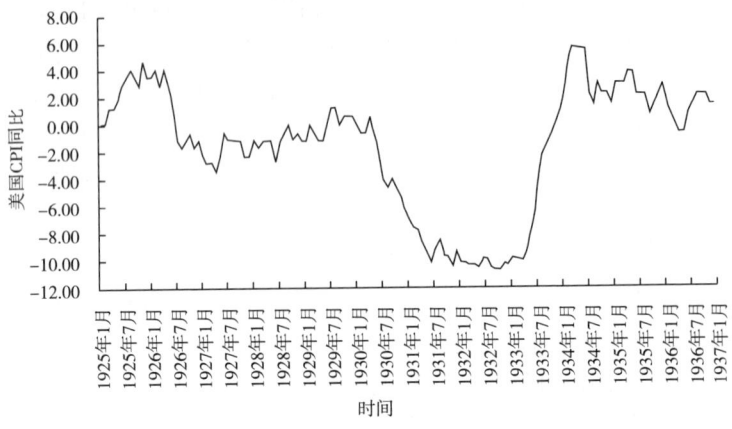

图 6-2　美国 CPI 同比变化图（一）

（二）大萧条时期资产价格变化对物价的影响测度

为了探讨资产价格变化对物价的影响，本部分分别将股票价格（即道琼斯工业指数）以及股票价格的泡沫程度对 CPI 进行检验并建模。同时，考虑到资产价格泡沫时期和泡沫破灭后的通缩时期可能是两种不同的传导机制，将估计阶段分成泡沫时期和通缩时期。由于资产价格数据及泡沫数据均为规模数据，故将 CPI 数据统一转化成定基比数据[①]。鉴于数据的可得性，本时期没有考虑房地产价格对 CPI 的影响[②]。

为考察股票价格变化及其产生的泡沫程度对物价的影响程度，建立了如下回归模型：

$$CPI_{1i} = a_{1i} + b_{1i}SP_{1i} + \varepsilon_{1i}$$
$$CPI_{1i} = c_{1i} + d_{1i}SPM_{1i} + \gamma_{1i}$$

其中，SP_{1i} 为该阶段第 i 期股票价格（道琼斯工业指数）；SPM_{1i} 为股票价格的泡沫程度，它是资产价格变化的衡量指标；a_1、b_1、c_1、d_1 分别为模型相应的截距和斜率系数，反映了股票价格及其变化对物价的影响程度。

从表 6-7 的结果可以看出，泡沫时期股票价格与物价的关系更紧密，模型的拟合效果更好，并且股票价格与其变化程度和物价负相关。而在通货紧缩时期，虽然各项系数大部分显著，但整体拟合效果较差，这种较差的拟合优度也从侧面

[①] 此处及本节后文中所使用的 CPI 数据均为定基比数据。
[②] 本节后文的两个时期均同时考虑了股票价格和房地产价格对 CPI 的影响。

抵消了系数显著性这一有力的证据。在这两个时期，股票价格对物价的影响更为有效，股票价格泡沫对物价，特别是通货紧缩时期几乎没有影响。虽然 F 统计量均表明四个方程通过了整体显著性检验，但股票价格与物价的方程更显著，泡沫与物价的方程呈弱显著性。对比这两个时期的结果，可以发现，泡沫时期股票价格与物价的传导机制更为顺畅，这从侧面反映泡沫时期会被大家误认为是经济上升期，人们分不清究竟是经济形势利好还是泡沫经济。在通货紧缩时期，股票价格和物价之间的传导机制不明确，这也会间接影响货币政策的调整效果。

表 6-7 "大萧条"期间两时期的模型结果

模型	泡沫时期（1928年5月至1929年10月）				通缩时期（1929年11月至1936年12月）			
	a_1	b_1	R^2	F 统计量	a_1	b_1	R^2	F 统计量
模型 1.1	−102.479 7 (***)	−0.049 3 (***)	0.733 8	44.112 8 (***)	−27.949 1 (***)	0.386 5 (***)	0.650 4	156.302 2 (***)
	c_1	d_1	R^2	F 统计量	c_1	d_1	R^2	F 统计量
模型 1.2	90.033 7 (***)	−1.510 3 (**)	0.272 4	5.989 3 (**)	−7.531 8 (**)	−27.768 9 (**)	0.045 8	4.030 6 (**)

*表示在10%的水平上显著；**表示在5%的水平上显著；***表示在1%的水平上显著

二、日本泡沫破裂前后时期

（一）日本资产价格泡沫的测度

本小节同样使用 supADF 泡沫检验研究日本泡沫经济的始末时期。在日本的泡沫经济中，房地产价格的崩盘通常是人们最关注的。而由于日本 1990 年之前的房地产数据有限，无法满足本检验的要求，因此本部分使用了日经 225 指数作为资产价格的指标变量，选取了 1984 年 1 月 4 日至 2000 年 12 月 29 日的日度数据进行检验，样本量为 4 187。supADF 统计量表明该时期的日本股市中有明显的泡沫存在。进一步，对日经 225 指数进行泡沫检验的点估计，得到递归估计量和临界值。如图 6-3 所示，资产价格泡沫从 1986 年 3 月（3 月 14 日）到 1990 年 2 月（2 月 19 日）断断续续持续存在。虽然在图 6-3 上看到 1989~1990 年的泡沫非常小，但事实上这是这种方法的局限性所致。该方法对第一个泡沫的识别非常有效，但是若存在第二个或者第三个泡沫，则此方法的识别效果将会减弱，这是 1989~1990 年的泡沫感觉非常小的原因。后期 Phillips 等对该方法又进行了改进，用以识别多个泡沫，这些改进的方法在本部分没有引用。

对比该时期的资产价格泡沫和 CPI 的走势图（图 6-4），可发现，泡沫出现的时间比 CPI 的大幅变化的时间提前了六个月左右，这说明资产价格的变化非常灵敏。

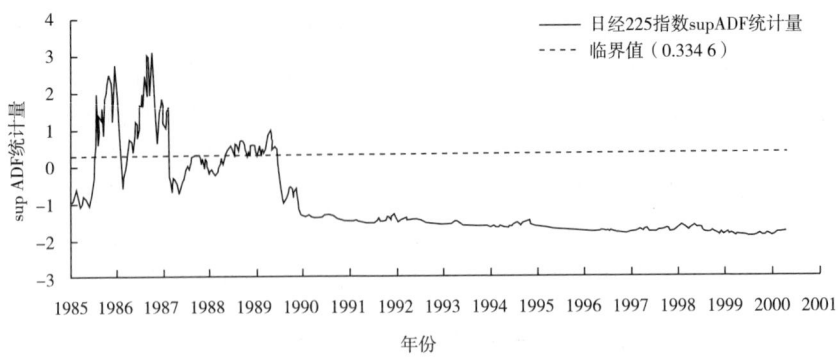

图 6-3 日经 225 指数 supADF 检验泡沫出现和破灭的时点

图 6-4 1984~2000 年日本 CPI 同比变化图

（二）日本泡沫时期资产价格变化对物价的影响测度

为了探讨日本泡沫期间资产价格变化对物价的影响，与上一部分的研究思路类似，针对资产价格泡沫时期和泡沫破灭后的通缩时期分别对资产价格以及资产价格的泡沫程度对 CPI 进行最小二乘回归。其中资产价格分别使用股票价格和房地产价格进行分析，由于仅有 1990 年之后的房地产价格数据，而生成泡沫数据时需要 10% 的初始变量，泡沫的数据更少，因此没有分析房地产泡沫程度对物价的影响。

1. 股票价格对物价的影响

考虑日本股票价格变化对物价的影响程度，建立回归模型如下：

$$CPI_{2i} = a_{2i} + b_{2i}SP_{2i} + \varepsilon_{2i}$$
$$CPI_{2i} = c_{2i} + d_{2i}SPM_{2i} + \gamma_{2i}$$

其中，SP_{2i}为第i期股票价格（日经225指数）；SPM_{2i}为股票价格的泡沫程度，它是股票价格变化的衡量指标；a_2、b_2、c_2、d_2分别为模型相应的截距和斜率系数，反映了股票价格及其变化对物价的影响程度。

从表6-8可以看出，股票价格及其泡沫能够解释物价。相对来讲，股票价格在泡沫时期对物价的解释能力更强，而股票的泡沫程度则在通货紧缩时期对物价的解释能力更强。两个模型的所有系数均十分显著，整体的拟合效果也优于本节第一部分。除泡沫时期的股价泡沫与CPI的模型之外，其余模型的显著性较高。

表6-8　日本泡沫破裂前后两时期的模型结果

模型	泡沫时期（1986年3月至1990年2月）				通缩时期（1990年3月至2000年12月）			
	a_2	b_2	R^2	F统计量	a_2	b_2	R^2	F统计量
模型2.1	62.975 9 (***)	0.002 0 (***)	0.691 4	103.045 8 (***)	1 055.712 (***)	−0.029 6 (***)	0.609 6	199.874 0 (***)
	c_2	d_2	R^2	F统计量	c_2	d_2	R^2	F统计量
模型2.2	119.623 3 (***)	−5.071 7 (*)	0.069 1	3.412 4 (*)	−376.454 8 (***)	−535.260 4 (***)	0.702 8	302.706 2 (***)

*表示在10%的水平上显著；**表示在5%的水平上显著；***表示在1%的水平上显著

从股票价格对物价的影响效果来看，通缩时期股票价格对物价的影响与泡沫时期股票价格对物价影响效果相反（这与第一部分美国"大萧条"时期的模型结果十分类似）。这说明，通缩时期股票价格和物价之间的传导机制与泡沫时期不对称，通缩时期的股票价格上涨对经济的正向刺激作用有限。这有可能是通缩时期资产价格的上涨可能吸引社会及公众的资金向股市聚集，间接影响资金流入实体经济，从而导致经济持续萎靡不振。

2. 房地产价格对物价的影响

考虑日本房地产价格变化对物价的影响程度，建立回归模型如下：

$$CPI_{2i} = a'_{2i} + b'_{2i}HP_{2i} + \varepsilon_{2i}$$

其中，HP_{2i}为第i期房地产价格。

从表6-9可以看出，在日本1990年3月至2000年12月这段持续低迷的通缩时期，房地产价格与CPI关系比较紧密，其影响效果与股价类似，对CPI为负向的影响。这说明在日本通缩时期，房价对物价的传导机制并不明确，这可能跟公众持续预期的低通缩有关，即当房地产价格上升时，吸引了社会上更多的投资资金，减少了资金在实体经济的运转，这使整体物价水平更加低迷，而此时的资本市场和实体经济市场更像是"两张皮"，相互竞争吸引资金，呈现出一种此消彼长的态势。这表明公众对于通缩已经习以为常，资产市场的运行很难拉动实体经济的恢复。

表 6-9 日本泡沫破裂后的模型结果

模型	通缩时期（1990 年 3 月至 2000 年 12 月）			
	a_2'	b_2'	R^2	F 统计量
模型 2.3	1 121.767 (***)	−9.331 4 (***)	0.787 0	472.868 9 (***)

*表示在 10%的水平上显著；**表示在 5%的水平上显著；***表示在 1%的水平上显著

3. 资产价格、宏观经济因素对物价的影响

上文分析了资产价格对物价水平的单因素影响，而在经济体中货币供应量、经济总产出、利率水平以及就业等因素也是影响实体经济乃至物价水平的重要因素。本小节在前文资产价格的基础上加入了对经济影响因素较大的宏观变量，通过模型回归和筛选对比在日本通货紧缩时期影响 CPI 的主要因素。

本小节的研究思路如下：首先，分析四个宏观变量对 CPI 的影响程度（模型 1）；其次，由于股票价格和房地产价格的走势很相近，分别加入这两个变量，分析其对 CPI 影响的变化程度（模型 2、模型 3）；再次，将所有因素包含在模型中，分析模型回归效果（模型 4）；最后，剔除综合前面模型的不显著变量，做比较分析（模型 5）。为了解决模型变量的异方差性，我们使用广义最小二乘法对模型进行估计。对这五个模型的回归结果如表 6-10 所示。

表 6-10 日本通缩时期 CPI 的主要影响因素（加权最小二乘法）

模型	通缩时期（1990 年 3 月至 2000 年 12 月）								
	常数项	HP	SP	M2	IND	INT	EMP	R^2	
模型 1	168.480 2	—	—	1.790 8***	−7.561 8***	−36.195 6***	0.027 8	0.937 8	
模型 2	271.572 4	−0.004 3	—	1.859 3***	−7.731 4***	−34.881 2**	0.011 7	0.935 7	
模型 3	307.758 3	—	−0.004 3	1.063 4***	−4.488 2*	−39.473 6***	0.033 6	0.943 4	
模型 4	402.608 1	0.906 6	−0.004 6	1.183 9***	−4.993 0*	−41.806 7***	0.008 8	0.943 9	
模型 5	455.839 6**	1.027 4	−0.004 7	1.211 5***	−5.162 3*	−41.864 3***	—	0.945 8	

*表示在 10%的水平上显著；**表示在 5%的水平上显著；***表示在 1%的水平上显著

从各模型的回归结果来看，除常数项和就业水平外，在 1%~5%的显著性水平下，绝大部分变量系数通过了显著性检验。从模型 1 的回归结果来看，四个宏观变量对 CPI 的整体解释力度也高于股价或者房价的解释力度，模型拟合优度达到 93%以上，这说明与资产价格指标相比，这些宏观经济指标能更好地解释物价的变化。在加入资产价格因素之后（模型 2、模型 3、模型 4），资产价格的系数并不显著，其模型拟合优度变化不大，说明资产价格对 CPI 的解释作用相对较小。在几个模型中，宏观变量中的就业因素不显著，模型 5 去掉了就业因素后，整体

的拟合优度有所提高。总体而言，房价和股票价格的系数并不显著，这说明在日本通货紧缩的十年，资产价格对于物价的传导机制并不稳定，资产价格的变化可能通过原材料市场、资本市场、公众心理预期等多种渠道影响到 CPI，而仅从价格方面来看，可能并无明显的关联关系。

三、2007~2008 年次贷危机及之后的金融危机时期

（一）金融危机时期的资产价格泡沫

本小节也使用 supADF 泡沫检验研究美国泡沫经济的始末。对 2001 年 1 月 2 日至 2015 年 12 月 15 日的道琼斯工业指数进行泡沫检验，样本量为 3 769。supADF 统计量表明该时期美国道琼斯工业指数中不存在价格泡沫。进一步，对道琼斯工业指数进行泡沫检验的点估计，得到递归估计量和临界值（图 6-5）。可以看出，所有 supADF 统计量均在临界值之下，这也进一步说明在该时期美国道琼斯工业指数中不存在价格泡沫。

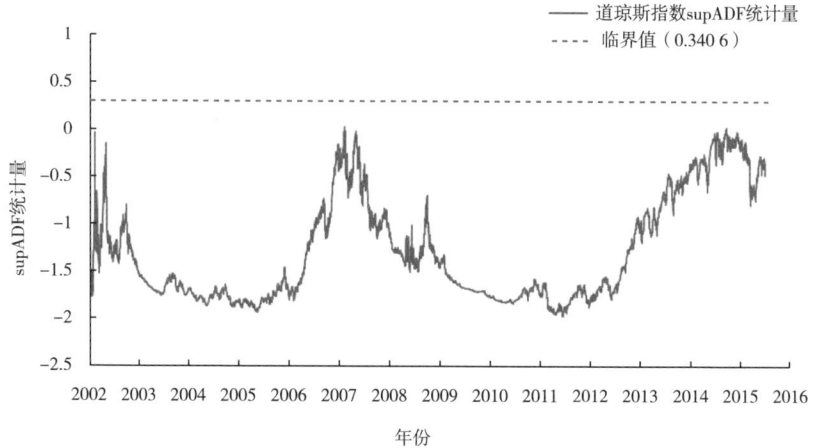

图 6-5　道琼斯指数 supADF 检验泡沫的点估计结果

除了股票价格外，房地产价格也是资产价格的重要组成部分。为检验本时期内是否真的不存在资产价格泡沫，我们选取了 2000 年 1 月至 2015 年 8 月的月度房地产价格指数进行再次检验。结果表明，该时期美国的房地产市场存在明显的泡沫。如图 6-6 所示，对该时期房地产价格指数而言，资产价格泡沫产生和破灭的时间分别是 2003 年 6 月和 2006 年 11 月。

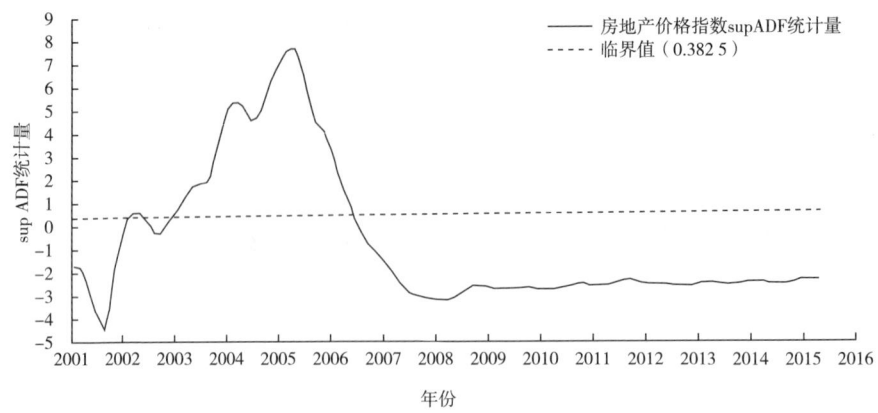

图 6-6 房地产价格指数 supADF 检验泡沫出现和破灭的时点

将该时期资产价格泡沫的始末时间跟 CPI 的图形（图 6-7）进行对比，可以发现，该时期两者的走势图没有明显的关联特征。因此，下面通过模型回归详细分析两者的相关程度。

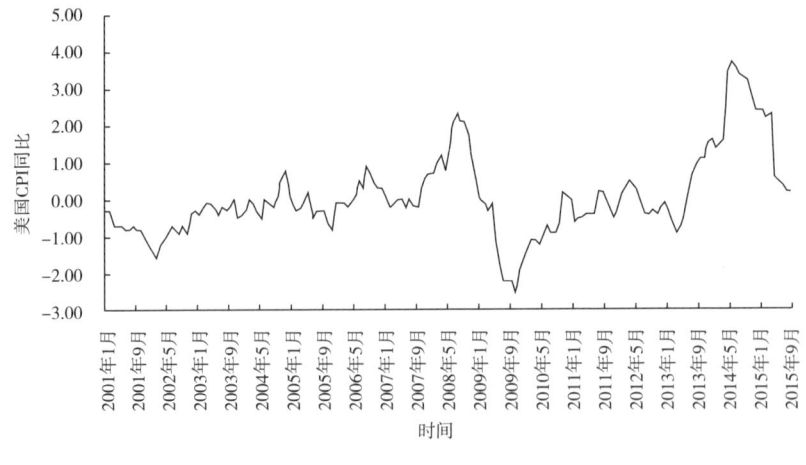

图 6-7 美国 CPI 同比变化图（二）

（二）金融危机时期资产价格变化对物价的影响测度

为深入探讨该时期资产价格变化对物价的影响，与前两部分的研究思路类似，在资产价格泡沫时期和泡沫破灭后的通缩时期，分别将资产价格（股票价格和房地产价格）以及资产价格的泡沫程度对 CPI 进行建模分析。

1. 股票价格对物价的影响

考虑美国 2008 年金融危机前后股票价格变化对物价的影响程度，建立回归模型如下：

$$\mathrm{CPI}_{3i} = a_{3i} + b_{3i}\mathrm{SP}_{3i} + \varepsilon_{3i}$$
$$\mathrm{CPI}_{3i} = c_{3i} + d_{3i}\mathrm{SPM}_{3i} + \gamma_{3i}$$

其中，SP_{3i} 和 SPM_{3i} 分别为该时期第 i 期股票价格（道琼斯工业指数）和股票价格的泡沫程度，a_3、b_3、c_3、d_3 分别为模型相应的截距和斜率系数，反映了股票价格及其变化对物价的影响程度。

从表 6-11 可以看出，股票价格在泡沫时期能够较好地解释物价，而在通缩时期则几乎没有解释力。股价泡沫在通缩时期能部分解释物价水平，但解释力度不强。这说明，在泡沫时期，公众更愿意相信的是经济形势的好转，从而加大投资对实体经济的刺激作用，而通缩时期公众对通缩的预期不明朗，导致资本市场的下跌无法有效传导至实体经济。这也表明政府在泡沫时期和通缩时期的不同政策可能具有不对称的政策效果。

表 6-11 金融危机期间股价对物价两时期的模型结果

模型	泡沫时期（2003年6月至2006年11月）				通缩时期（2006年12月至2012年12月）			
	a_3	b_3	R^2	F 统计量	a_3	b_3	R^2	F 统计量
模型 3.1	−883.326 4 (***)	0.103 8 (***)	0.767 5	132.067 1 (***)	523.052 9 (*)	0.036 8	0.024 7	1.799 8
	c_3	d_3	R^2	F 统计量	c_3	d_3	R^2	F 统计量
模型 3.2	577.291 1 (***)	183.315 5 (**)	0.120 9	5.499 6 (**)	−61.240 0	−593.744 1 (***)	0.498 0	70.425 0 (***)

*表示在10%的水平上显著；**表示在5%的水平上显著；***表示在1%的水平上显著

2. 房地产价格对物价的影响

房地产价格变化对物价的影响程度的协整模型如下：

$$\mathrm{CPI}_{3i} = a'_{3i} + b'_{3i}\mathrm{HP}_{3i} + \varepsilon_{3i}$$
$$\mathrm{CPI}_{3i} = c'_{3i} + d'_{3i}\mathrm{HPM}_{3i} + \gamma_{3i}$$

其中，HP_{3i} 为第 i 期房地产价格（标准普尔房价指数）；HPM_{3i} 为该房地产价格的泡沫程度，它是房地产价格变化的衡量指标；a_3、b_3、c_3、d_3 分别为模型相应的截距和斜率系数，反映了房地产价格及其变化对物价的影响程度。

从表 6-12 可以看出，在金融危机期间房价的解释力度更强，并且泡沫出现的时期房地产价格与物价的关系更紧密，模型的拟合效果更好。而在通缩时期，各回归系数与泡沫时期刚好相反。这也印证了上文美国"大萧条"时期的部分结论：泡沫时期房地产价格与物价的传导机制更为有效，说明泡沫时期和通缩时期货币政策和经济整体的反应程度不对称；同时，通缩时期系数的负号与日本泡沫时期案例类似，说明房地产市场与实体经济可能出现背离的态势。

表 6-12　金融危机期间房价对物价两时期的模型结果

模型	泡沫时期（2003 年 6 月至 2006 年 11 月）				通缩时期（2006 年 12 月至 2012 年 12 月）			
	a_3'	b_3'	R^2	F 统计量	a_3'	b_3'	R^2	F 统计量
模型 3.3	−389.480 6 (***)	3.341 6 (***)	0.856 3	238.442 8 (***)	3 026.961 (***)	−13.306 6 (***)	0.528 4	79.540 8 (***)
	c_3'	d_3'	R^2	F 统计量	c_3'	d_3'	R^2	F 统计量
模型 3.4	191.037 6 (***)	4.649 6	0.015 2	0.618 0	531.150 9 (***)	−169.451 3 (**)	0.082 5	6.383 1 (**)

*表示在 10%的水平上显著；**表示在 5%的水平上显著；***表示在 1%的水平上显著

3. 资产价格、宏观经济因素对物价的影响

除了资产价格的影响，本部分还进一步分析了加入宏观变量后的多因素影响。本部分选取的变量和研究思路与上文类似，通过分步加入变量指标，对比和筛选回归模型，分析在美国金融危机前后的通缩时期影响 CPI 的主要因素。对五个模型的回归结果如表 6-13 所示。

表 6-13　金融危机前后通缩时期 CPI 的主要影响因素

模型	通缩时期（2006 年 12 月至 2012 年 12 月）							
	常数项	HP	SP	M2	IND	INT	EMP	R^2
模型 1	−6 735.946***	—	—	0.426 6***	0.155 6**	−24.809 8***	0.024 9***	0.992 1
模型 2	−6 715.039***	−0.211 4	—	0.426 0***	0.156 7***	−22.909 3	0.025 0***	0.992 1
模型 3	−6 693.480***	—	−0.015 4**	0.442 5***	0.297 5***	−19.033 8**	0.021 4***	0.992 8
模型 4	−6 610.092***	−0.823 0	−0.016 1***	0.440 6***	0.308 5***	−11.363 3	0.021 6***	0.992 8
模型 5	−6 510.858***	—	−0.019 3**	0.467 0***	0.215 8***	—	0.020 8***	0.992 2

*表示在 10%的水平上显著；**表示在 5%的水平上显著；***表示在 1%的水平上显著

从各模型的回归结果来看，在 1%~5%的显著性水平下，大部分变量系数均通过了显著性检验。模型 1 中，宏观变量各项系数均十分显著，并且拟合优度高达 99%，说明这四个宏观变量对 CPI 的解释力度非常高。在加入资产价格因素之后（模型 2、模型 3、模型 4），拟合优度略有提高，说明资产价格对 CPI 也具有一定的解释作用，但作用相对较小。同时，在模型 2、模型 4 中，房价指标均不显著，说明房价对 CPI 的影响非常小，也可能房价影响被股价代替因而不显著。在模型 2、模型 4 中，利率变量不显著，在模型 5 中将房价指标和利率指标去掉后进行回归，各回归系数相对稳定且十分显著。这说明，对于美国金融危机后的通缩期，货币供应量、工业总产值、就业人数、股价是影响 CPI 的主要因素。

四、小结

实证研究的结果表明，通缩时期常常与资产价格泡沫相伴，主要是因为通缩是泡沫破裂后实体经济陷入困境的表现。以股票价格和房地产价格为代表的资产价格在通缩时期对物价的影响十分有限，物价主要由实体因素决定。在通缩时期，资产价格的上涨反而会吸引更多资金投入资本市场或房地产市场，甚至会加剧通缩的程度。因此，防止资产价格的非理性上涨有利于抑制通缩，一是可以防止资金过多逃离实体经济，二是可以防止资产价格泡沫破裂后经济崩溃陷入通缩。

从美国政府在金融危机中对资产价格波动所采取的态度和对策可以看出，货币政策仅仅盯住通货膨胀是有局限的，虽然货币政策对资产价格做出及时、准确、有效的反应有很大难度，但即使没有严重的通货膨胀或通胀预期，在货币政策操作中如果忽视资产价格，任由资产价格泡沫膨胀和破裂将会对宏观经济和金融稳定带来严重的负面影响。从日本政府对金融危机的干预来看，似乎难以准确区分资产价格泡沫和金融繁荣两者的差别，虽然其针对资产价格泡沫做了大量的政策干预，但因为时机不当又给国内经济造成了不可挽回的损失。

尽管很难判断什么是泡沫、泡沫的规模、泡沫如何演化、什么时候泡沫会破裂、泡沫破裂时对经济发展和通货膨胀与金融稳定的影响如何、货币政策和资产价格的关系，但货币政策制定者对未来的通货膨胀、经济发展、GDP 缺口、失业预测、均衡的实际利率面临着同样的不确定性。中央银行总是在不确定的环境下制定货币政策，甚至可以说，没有不确定性就没有货币政策。所以，中央银行在制定货币政策时考虑资产价格没有什么本质的不同。中央银行是否对资产价格做出反应取决于中央银行的判断和权衡。

第三节　股票价格泡沫、物价波动与货币政策反应

一、资产价格波动与货币政策反应

2014 年下半年以来我国资本市场经历了大幅的震荡，上证指数仅用半年左右的时间就从 2 400 点左右快速攀升到最高的 5 179 点，而后在外生降杠杆政策的冲击下，在两个月内指数就迅速滑落，最低曾达到 2 850 点。在整个动荡过程中，尤其是暴跌阶段，关于中国人民银行是否应该利用货币扩张释放流动性救市的话

题引起了广泛的讨论。从事后来看,在经济增速放缓且物价处于低位的情况下,为应对资本市场和实体经济的同时下行,中国人民银行实施的降准和降息等宽松政策符合市场整体的预期,配合其他监管政策最终有效遏制了指数的进一步下滑。但如果回顾股市整个动荡过程,尤其是在前期资本市场繁荣阶段,当经济面临通缩压力,但股票指数存在泡沫时,货币政策应如何选择仍值得反思。这其中可能涉及两个关键的问题:其一,我国的资产价格波动与实体经济之间到底存在怎样的联动关系;其二,我国的货币政策体系在资产价格大幅波动的过程中到底发挥了怎样的作用,或者说应该发挥怎样的作用。

如果将视野投向欧美等金融市场更加完善的经济体,我们可以发现类似的争议和探讨。在大多数情况下,资产价格稳定与宏观经济的其他目标之间并不冲突,平稳运行的资本市场可以提高流动性配置的效率,并促进经济增长和就业。出清的劳动力市场和健康的企业财务状况,对金融稳定也非常有益。同时,物价保持稳定不仅对实体经济的要素配置有帮助,而且能降低金融市场的不确定性,并提高定价效率。但从实践看,在产出缺口和通胀水平均保持稳定的情况下,仍可能产生巨大的资产价格泡沫,2007年的金融危机正是这样一个典型例子。金融危机爆发前,美联储在低通胀条件下自然而然地选择了相对宽松的政策,而忽视了股市和房地产市场泡沫的形成。这种选择基于货币政策的传统观点,即仅仅需要关注经济体系的平稳运行,刺激有效的增长并保持物价的稳定。而金融体系,包括资产价格的稳定会是这种货币政策选择的副产品(Bernanke and Gertler,1999),但从资本市场最终泡沫破裂,并对实体经济产生深远而严重的负面影响的现实来看,传统观点的逻辑可能存在问题,危机前的宽松政策选择也确实值得商榷。

也正因为如此,在金融危机后很短的时间内,逆风策略(leaning against the wind)就成为理论界一个相对达成共识的观点,他们指出如果中央银行能在资产价格的泡沫形成期主动介入,通过货币紧缩减小非基本面驱动的资产泡沫规模,就能有效降低金融危机出现的概率以及危机发生后对实体经济的威胁程度。但遗憾的是,逆风策略在操作性上存在比较大的缺陷,以Yellen为代表的美联储官员指出,货币政策调整对资产价格的影响并不稳定,尤其是面对资本市场时,如果想有效降低泡沫的规模可能需要短期利率的大幅提升,这可能会让经济基本面承担过高代价。另外,中央银行并没有能力在事前准确判断泡沫的程度,也很难对公众解释低物价下紧缩政策的必要性。在实际操作中,他们将更多的精力放在对风险暴露程度而不是无法准确把握的风险概率的监测上,正是出于这个考虑,以宏观审慎工具为代表的逆周期监管策略得到了长足发展,并被寄予厚望。

将视野转回到中国,这种理论的演进和共识的变化为中国人民银行的政策选择提供了很好的借鉴意义。但应该注意到，中国现实的金融市场和金融体系与欧美等国家存在很大差异，具体来看，其一，资产价格的形成机制离真正的市场化存在较大的差距，政府监管部门能轻易地控制资产交易的规模、频率甚至价格（纪敏等，2012），资产价格上升有更强的流动性驱动证据（陈继勇等，2013）。同时，中国资产价格上涨背后存在政策目的性，股票市场的繁荣被认为可以实现包括降低杠杆水平、为经济结构转型提供融资、国有资产保值增值、填补社保资金缺口等在内的多个目标，这种明确的目的性在中国金融市场上制造了巨大的套利空间，并造成风险定价机制的弱化和资产价格的过度波动性（何佳，2015）。其二，中国资本市场与实体经济之间的关系与欧美国家存在明显差异。受居民持股比例和企业股权融资比例较低等因素的影响，资本市场繁荣带来的财富效应以及融资便利的改善较少，相反可能由于风险定价机制问题而吸引产业资本入市，反而降低实体经济效益（吴海民，2012）。

二、基于中国数据的实证研究

（一）基于 MS-VAR 模型的分析

我们在国内学者研究的基础上选择利用多区制的宏观模型来分析不同区制下货币政策、资产价格与宏观经济因素之间的长期和短期关系。针对资本市场的实证研究的样本期为 1996 年 1 月至 2015 年 8 月，回归变量中选择了通胀水平（CPI），产出缺口（$yGAP$），货币态势（m）和资产价格收益 r 四个变量。根据 AIC[①]、HQ[②]、SC[③]规则和对数似然值的大小综合来看，MSIH(3)-VAR(3)模型拟合的效果最优，即模型存在三个不同的区制。综合区制估计概率、中国资本市场的基本变化趋势以及回归模型中不同区制方程的截距和方差来看，我们可以定义区制 1 为资本市场指数平稳状态，区制 2 为资本市场指数快速下滑的萧条状态，而区制 3 为资本市场指数快速上升的繁荣阶段。

第一，在不同区制下，物价水平、产出缺口和货币供应量受到资本市场一个标准差正向冲击的累积脉冲响应情况如图 6-8 所示。通胀水平对资产价格的外生冲击会有持续的正向响应，这符合盛松成和张次兰（2010）的研究结论。同时，在不同的区制下物价响应程度不同，在萧条状态下资产价格的下滑所导致的通缩压力，要大于在平稳和繁荣状态下资产价格上升带来的通胀压力，这可能与资产价格在经济下行阶段会更大程度负向冲击经济总需求有关。

[①] AIC：Akaike information criterion，即赤池信息准则。
[②] HQ：Hannah-Quinn information criterion，即 HQ 信息准则。
[③] SC：Schwarz criterion，即施瓦兹准则。

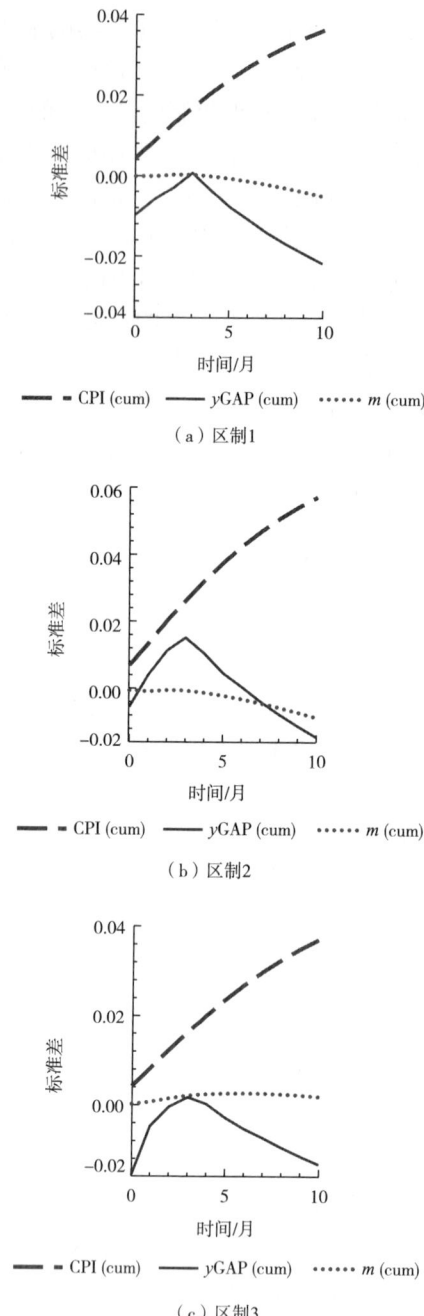

图 6-8　不同区制下各变量对资本市场收益冲击的累积响应

第二,从产出缺口看,我国的资本市场上升几乎没有对实体经济带来真正的正向冲击。产出缺口对一个标准差正向的资产价格冲击累积响应持续在负值区间,其中繁荣阶段的初始负向冲击反而更大,而在萧条阶段,资产价格的外生负向冲击则会迅速恶化实体经济。在资产价格繁荣和稳定阶段,资产价格的上升不仅可能导致上市企业的投资过度效率降低,同时较高的资产收益率可能造成实体经济的产业空心化倾向。而在股市萧条阶段,资本市场的下滑可能造成企业投资性收益的大幅下降,现金流收紧并导致其后期投资动力下滑,而负面的财富效应更趋明显,会显著约束消费的增长。

第三,货币政策对资本市场价格冲击的响应存在明显的非对称性。具体来看,在资本市场的繁荣阶段,货币政策存在正向调整的态势,货币态势会由于外生的指数上升而继续扩张。而在资本市场平稳和萧条的两个区制,货币政策则呈现负向的关系,这也符合前期的研究结论,即我国的货币政策对泡沫形成可能并不敏感,但在资产价格快速下滑阶段则有很强的宽松倾向。

在不同区制下,产出缺口、物价水平和资产价格收益变动受货币态势一个单位标准差正向冲击的累积脉冲响应情况如图6-9所示。我国货币政策对资本市场收益的冲击与欧美等国家呈现较大的差异。在资本市场繁荣阶段,货币政策的外生冲击会带来资产收益的大幅上升,这至少说明中国人民银行并没有面临美联储官员担忧的那种货币政策调整对控制泡沫是否有效率的问题,可能在繁荣阶段小幅的货币调整就能以较低代价遏制泡沫的扩张。另外,衰退区制下货币政策对资产价格的正向冲击则不明显。简单来说,虽然过度流动性驱动资产泡沫增长的现象存在,但在情绪恐慌蔓延的阶段利用流动性释放可能无法扭转市场预期,仅依靠货币工具救市的效果并不理想,这也符合我国资本市场几次快速下行周期中的现实。

(二)滚动周期回归分析

我们借鉴游家兴等(2006)和朱迪星(2014)的研究思路,利用循环滚动回归分析的方法进一步细化实证分析。具体的思路如图6-10所示,在整体样本1996年1月至2015年8月内选择每60个月作为一个时间序列回归的子样本,对每个子样本进行相关变量的回归分析,并比较整个样本周期内核心变量的回归系数的变化趋势[①]。

---

① 考虑到不同模型中回归变量的指标计算和滞后项选择问题,实际回归的子样本数可能会小于176个。

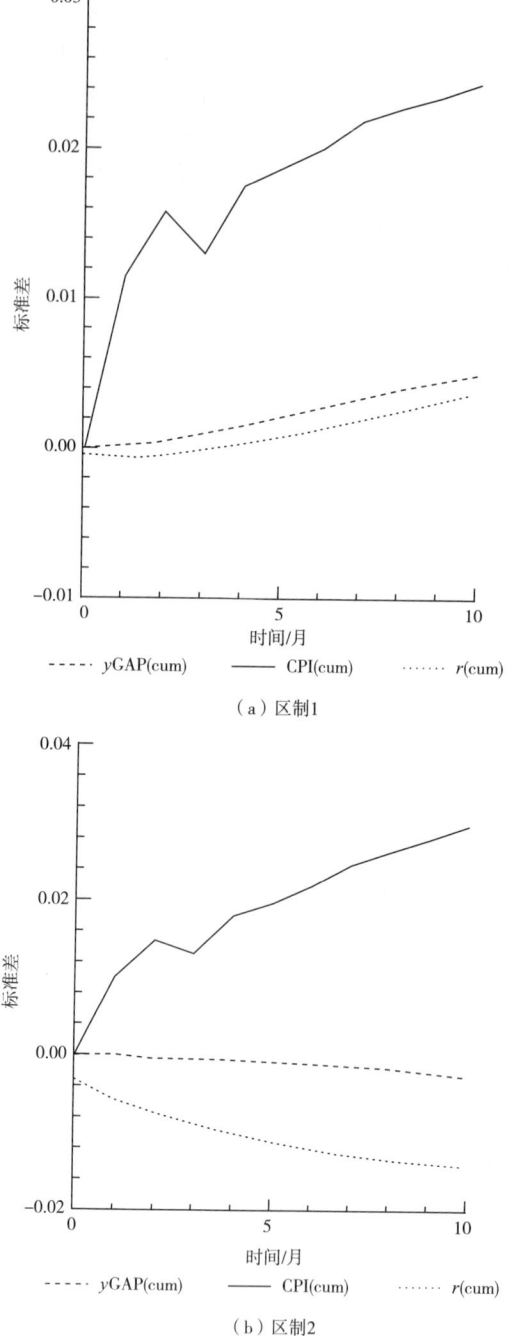

（a）区制1

（b）区制2

第六章 资本市场发展对通货紧缩预期的影响机制研究 ·297·

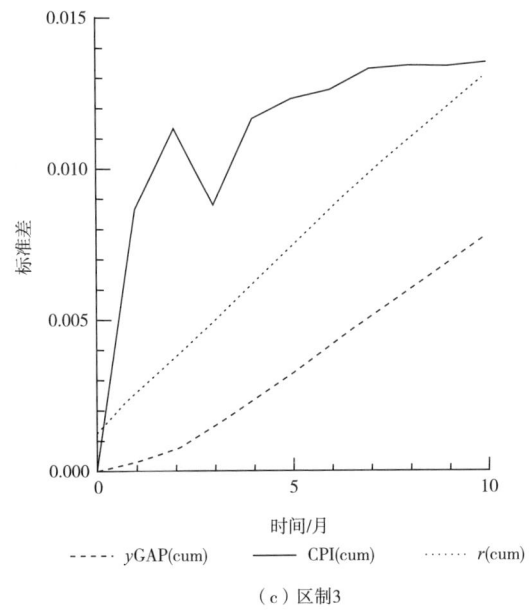

(c) 区制3

图 6-9 不同区制下各变量对货币态势冲击的累积响应

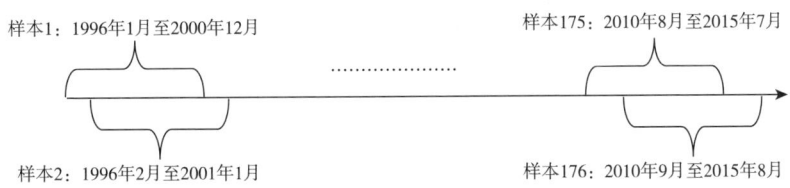

图 6-10 滚动周期回归分析的样本选择示意图

1. 货币态势对资产价格变化的动态影响

在基础模型方面,我们选择了对资产价格收益的时间序列建立 AR(3) 模型,并增加货币态势指标 m_{t-1},考察的是其系数 β_1 在所有子样本中的变化趋势。其中考虑到货币态势的变化对资产价格的影响可能存在较长的滞后关系,我们在实际的模型估计中分别用滞后 6 期和 12 期货币态势变化的均值(分别记为 mx 和 my)替代 m_{t-1} 进入模型,也分别对两者的系数时变特征进行了分析。从整体上看,货币态势 m_{t-1} 的系数均保持在正值区间但在不同的回归子样本中并不稳定,在涵盖较长时间繁荣阶段的样本回归结果中 β_1 值较高,如前期高点为样本中心落在 2005 年 6 月(即 2003 年 1 月~2007 年 12 月),正好涵盖 2006~2007 年的整个繁荣周期,而随着样本区间跨入 2008 年年初开始的萧条阶段,子样本的货币态势系数出现了明显的下滑。类似的,后期的高点为 2012 年 11 月(即 2010 年 6 月至 2015 年 5 月),包含了 2014 年下半年至 2015 年的整个繁荣周期,由于指数收益率大幅下滑的同时货币态势依然保持稳定,其后两者的相关性也发生了明显的下降。

2．资产价格变动对产出缺口的动态影响

本章选择了两种估计方法研究资产价格变动对实体经济的冲击。外生、内生资产价格波动对产出缺口影响的滚动周期回归结果如图 6-11 和图 6-12 所示。

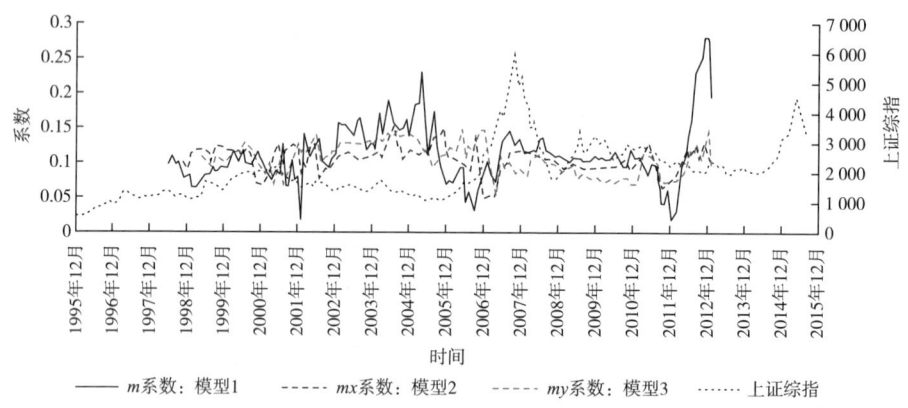

图 6-11　货币态势对资产价格影响的滚动周期回归结果

横坐标时间点所对应的数值为该时间点前后各 30 个月的区间样本回归结果中 β_1 的估计值,如第一个时间点为 1998 年 6 月,其对应的数值表示样本 1996 年 1 月至 2000 年 6 月时间序列的回归结果。由于样本滞后期的影响,滞后期变量 mx_t 和 my_t 的滚动周期估计系数要短于 m_{t-1},以下皆同

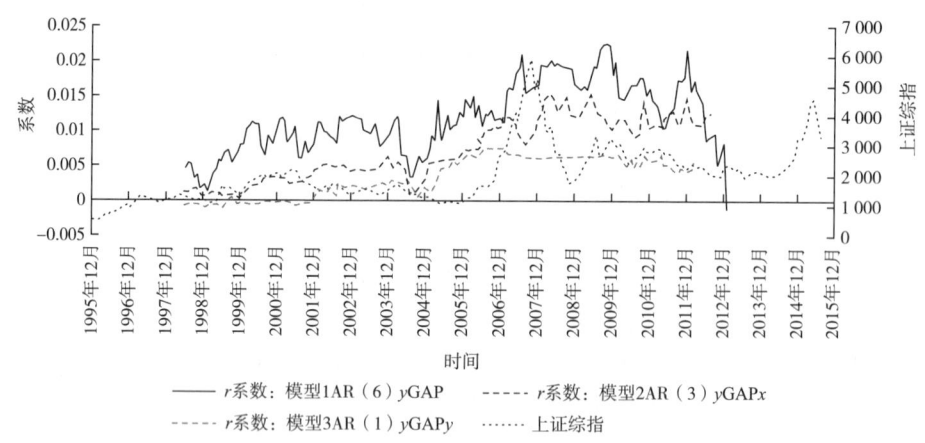

图 6-12　外生资产价格波动对产出缺口影响的滚动周期回归结果

第一是利用产出缺口的时间序列 $yGAP_t$ 估计 AR(6)模型,加入资产价格指标 Δr_{t-1},分析系数 β_1 在所有子样本中的变化趋势。

与货币态势影响资产价格一样,产出缺口的三个模型在滚动样本中的估计系数也有明显的时变性,整体上看,涵盖较长萧条周期的子样本中估计的指数收益系数较高。就模型 1 而言，在 2000 年前后的子样本中指数收益和产出缺口之间关系并不显著，且随着指数在 2005~2007 年的大幅上升，但两者的正相关关系也进一步下滑至 2004 年 9 月（即 2002 年 4 月至 2007 年 3 月样本）的最低值，而此后随着资本市场进入萧条阶段，其下滑对实体经济的负面作用逐步显现，两者的正相关关系逐步走高。近期的情况是自 2011 年 12 月（即 2009 年 7 月至 2014 年 6 月样本）一直到最终样本（2010 年 8 月至 2015 年 7 月）两者的系数开始出现大幅下滑，在此阶段样本包含了 2014 年以来的股市繁荣阶段，也从数据上证明了此次股市泡沫明显背离经济基本面的现实。利用外推产出缺口的模型自相关更大，导致其滞后项的解释力更强，使整体的系数绝对大小较低。外推模型的序列趋势与第一个模型类似，相对高点和低点也出现在相似的区域内，进一步提高了实证结论的稳健性。

第二是考虑资产价格内生特征的实证检验。具体而言，我们选择利用包含产出和资产价格两个因变量因素的联立方程模型求解。同时，也是考虑到变量之间的滞后影响，我们估计了下面两个联立方程组后得到两组 β_1 的系数序列。

$$\begin{cases} y\text{GAP}x_t = \beta_0 + \beta_1 \Delta r_t + \beta_2 mx_{t-1} + \varepsilon_t \\ \Delta r_t = \eta_0 + \eta_1 mx_{t-1} + \eta_2 \Delta r_{t-1} + \eta_3 y\text{GAP}_{t-1} + \mu_t \end{cases}$$

$$\begin{cases} y\text{GAP}y_t = \beta_0 + \beta_1 \Delta r_t + \beta_2 my_{t-1} + \varepsilon_t \\ \Delta r_t = \eta_0 + \eta_1 my_{t-1} + \eta_2 \Delta r_{t-1} + \eta_3 y\text{GAP}_{t-1} + \mu_t \end{cases}$$

可以看出，利用联立模型估计的两条序列比单一方程估计结果更加平滑，这是由于估计时将 Δr_t 中的一些内生因素剔除。但从数据趋势看，依然符合单方程估计时资产价格影响实体经济的非对称特征，从图 6-13 中可以清晰看出充分覆盖 2010 年前后萧条区间的各个子样本系数估计结果明显处于更高的水平。

三、对实证结果的分析与思考

综合考虑两种方法的回归结果，可以看出，我国资本市场与实体经济和货币政策的关系确实与国外发达国家存在一定的差异。在泡沫形成阶段，资本市场价格波动存在流动性驱动的特征，这一点在 2014 年下半年开始繁荣的阶段尤为明显，包括降低整体杠杆、结构转型融资、国有资产保值增值以及填补社保资金缺口等特殊的政策目标对市场定价机制产生了较大的负面作用，潜在的套利机会吸引了包括产业资本在内的流动性进入市场，提高了投资者增加杠杆的动力。事实上，快速的资产价格泡沫形成和急剧的杠杆风险积累使相关政策目标根本无法在短期内实现，指数增长对经济的正向作用主要体现在交易量提升后的金

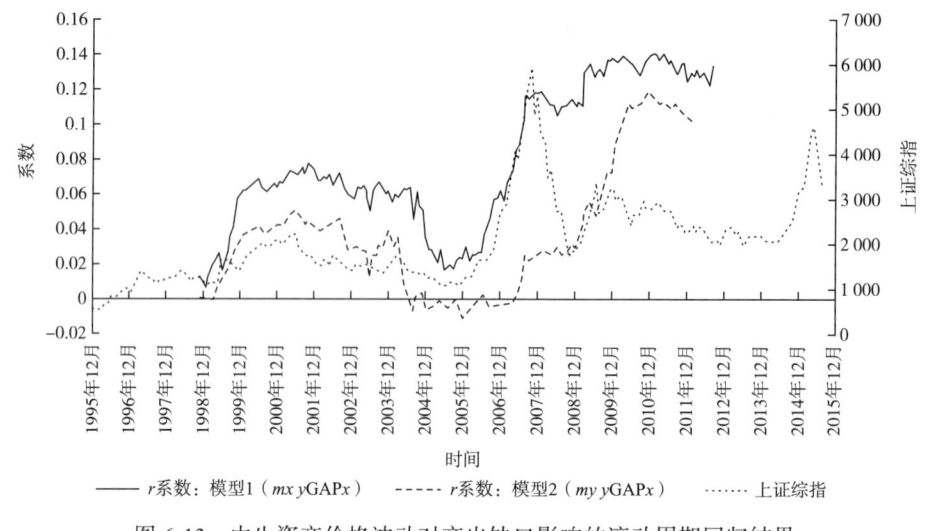

图 6-13　内生资产价格波动对产出缺口影响的滚动周期回归结果

融业增加值增速上，而其他方面如产业资本流失等问题反而对实体经济产生了负面影响，这也是实证结果中指数收益对产出缺口之间的正向关系不显著的主要原因。另外，我们也观察到流动性驱动的资产价格泡沫与货币态势调整之间有紧密的关联，这表明我国货币政策如果在泡沫期介入，可以用较小的代价降低资本市场的大幅波动。

在资本市场萧条期间，货币态势与指数价格之间的关系趋于不敏感，这种关系在此次高杠杆的泡沫破灭后极为明显，降息等流动性释放很难减缓降杠杆过程中指数下行的压力，同时也很难改变转市场恐慌的局面。同时，资本市场萧条对实体经济的负面影响比较明显。具体来看，一是由于前期的杠杆积累指数下行可能导致资本市场的风险向其他包括民间融资和互联网金融等借贷市场蔓延，甚至有部分会通过股权质押贷款的渠道威胁银行的资金安全。二是负向财富效应显现，持股居民消费意愿有所下滑。三是由于实体工业投资存在较长周期，资金从产业资本流入股市比较容易，但在资本市场萧条阶段即使不考虑资本损益，相关资金想流回实体经济也非常困难。但同时也应该注意到中国监管部门对市场的干预能力远远强于欧美国家，随着围绕融资约束和交易限制等一系列干预政策的实施，股票指数还是逐步呈现趋稳的态势。

但最终的结果是，这种市场震荡和政策干预仍存在巨大的成本，不仅没有实现前期降杠杆等政策目标，反而造成市场化改革的迟滞。这些代价促使我们必须重新思考资本市场泡沫形成的真正意义，以及逆向货币政策在前期介入的可行性。

第四节　房地产价格、产出增长与物价波动

一、房地产价格对经济的影响

1998年住房制度改革以来，我国的房地产业持续快速发展，在整个国民经济中发挥着越来越重要的作用，房地产市场不仅与国内产出水平有高度的相关性，而且对政府财政、社会民生以及经济金融稳定等方面都有着巨大的影响。作为资产价格最重要的组成部分，房地产价格的波动对经济社会各方面的冲击以及特殊的内在价格形成机制也受到了理论界和实务界的持续关注。

在全球范围内，即使是金融市场发达的欧美国家，房地产价格波动也对经济有较大影响，2007年的金融危机就是一个典型的案例。美国的房价指数在1996~2006年上涨了125%，并在随后的5年内下跌了38%（Sinai，2012），许多学者都认为房地产市场的过度波动是系统性金融风险滋生的重要原因之一（Crowe et al.，2013；Reinhart and Rogoff，2008），房地产泡沫形成背后中央银行货币政策调整的迟缓（Diamond and Rajan，2011）、房价波动与宏观审慎政策的关系（Hartmann，2015）等问题也得到了较多的讨论。

与之相比，中国房地产市场与经济运行的关系更加密切和复杂，一方面，房地产业投资对国民经济的其他产业有较强的带动作用（戴国强和张建华，2009；梁云芳等，2006；王国军和刘水杏，2004），且对地方财政收入影响较大（Ambrose et al.，2015），在目前以GDP为基础的官员考核机制下各地方政府都有较强的内在动力去做大做强房地产。另一方面，我国特殊的住户消费和企业投资决策方式导致房地产泡沫对实体经济效益的长期影响可能并不显著，过高的房价导致的是刚性需求带来的替代效应（Fang et al.，2015）以及投机需求的提高（陈崇，2011），最终反而造成消费缩减。同时，高房价可能会吸引过多的资源进入房地产行业，挤出制造业等其他低收益领域的投资，造成实体产业的空心化（吴海民，2012；Deng et al.，2011）。

除了对经济有更复杂的影响渠道外，我国房价形成机制也与欧美国家有很大不同，一方面，经济增长持续高位使我国住户部门有强烈的收入增长预期，并转化为对高房价收入比的承受能力（Cheng et al.，2014），而他们对房地产的刚性需求也体现在所有收入层次群体上（Fang et al.，2015）。另一方面，政府对房地产市场有极强的控制动力和能力，无论是价格还是交易规模都能在特定的政策目标时期受到行政手段的有效干预。

具体来看，住房改革后的很长时间内，房地产市场的经济和财政目标占据主

导地位，2007年之前中国大多数城市的房价都处于持续上涨的周期。出于民生诉求和行业风险的考虑，当时中央政府实施了一系列的政策来控制房价、抑制投机行为。但在全球危机后，实现增长目标成为房地产市场调控的重心，政府又推出了一系列政策来刺激房地产市场，包括下调购买普通住房契税税率、暂免个人买卖印花税和营业税、免征个人住房转让的土地增值税、降低购房首付比以及降息等，房地产市场从2009年开始新一轮上涨。快速上升的房价带来的资源错配、产能过剩、行业风险以及民生等一系列问题，促使政府不得不采取措施限制房地产泡沫，2010年先后采取调整首付款比率、上浮房贷利率和采取临时限购措施等政策进行调控。而受经济进入下行区间、房地产市场投资销售持续低迷的影响，2014年下半年政府再次在供需两侧同时刺激房地产市场，调整了按揭贷款首付比例、利率下限和二套房认定方式，并放松境外机构和个人购房限制，还下调了房地产开发项目的资本金比例5百分点。

从一系列政策调整的情况看，政府对房地产市场的调控存在明确的目标，即希望市场能稳定发展，在刺激经济的同时不会带来风险和民生方面的问题，但从实际情况看，这种多目标不仅在制度上操作困难，而且政策强度的确定需要主观判断。从政策反复的情况看，对房地产供给需求的调控往往反应过度，一些稳定房价预期的政策最后却导致了泡沫的积聚。这说明，在很长一段时间内，管理层对于我国房地产市场的价格形成机制、房地产对经济的影响逻辑还没有准确把握，而这些恰恰是房地产市场调控政策决策的基础。很显然，对我国房地产市场与宏观经济之间关系和传导渠道进行更深入的研究具有较强的理论和现实意义。

二、基于中国数据的实证研究

（一）基于 MS-VAR 模型的分析

我们构建了包括房地产价格、国内产出缺口、物价水平和货币态势在内的四因素 MS-VAR 模型，样本周期为2005年7月至2015年10月的月度数据。根据 AIC、HQ、SC 赤值规则和对数似然值的大小综合来看，MSIH(2)-VAR(3) 模型拟合的效果最优，即模型存在两个不同的区制。综合区制估计概率、房地产指数的基本变化趋势以及回归模型中两个区制方程的截距和方差来看，我们可以定义区制1为房地产市场增幅较慢的平稳阶段，区制2为房价快速上升的繁荣阶段。

在不同区制下，物价水平、产出缺口和货币供应量受到房地产价格一个标准差正向冲击的累积脉冲响应情况如图6-14所示。具体来看，在两个区制下通胀水平对资产价格的外生冲击都会有持续的正向响应,这符合大多数文献的研究结论。同时可以看出，在不同的区制下物价响应表现方向一致，但也存在程度上的不对称性,在区制 1 房地产市场平稳状态下外生一个标准差的房价波动会带来更大的通胀压力,10 个月内的累积响应程度会超过区制 230% 左右。

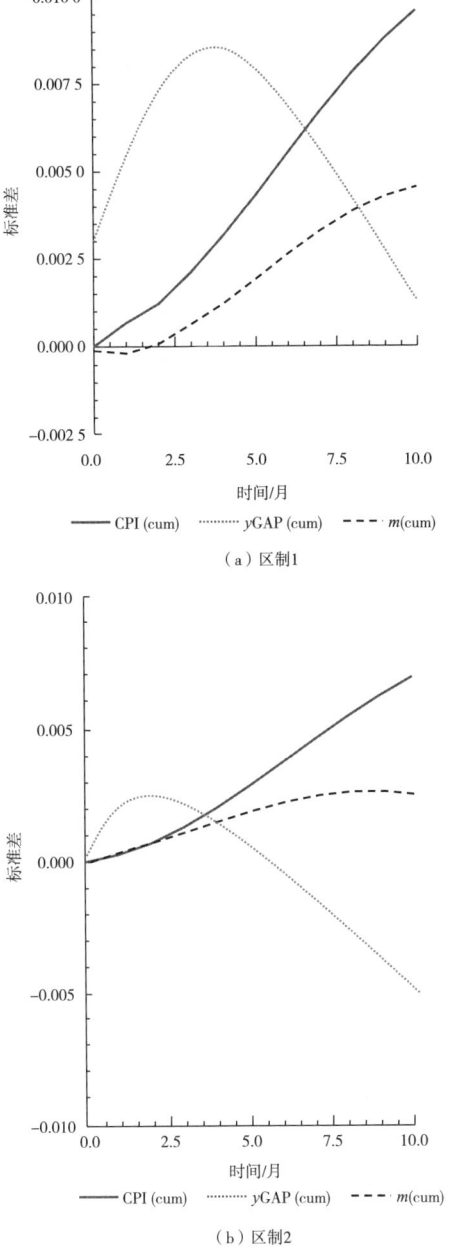

图 6-14　不同区制下各宏观变量对房地产价格冲击的累积响应

产出缺口对房地产价格冲击的响应情况来看，在市场平稳的区制 1 中，房价波动对产出缺口的累积冲击持续 10 个月都处于正值区间，在泡沫较小的时期外生的房价波动通过财富效应和抵押品渠道正向影响实体经济的能力可能更强，而在市场繁荣的区制 2 阶段中，房价上升对产出缺口的正向冲击只持续了 5 个月左右就进入负值区间并持续扩大。一方面，高涨的房价会导致购房需求刚性的住户部门缩减消费开支（Chamon et al., 2010），同时扩大高收入人群在房地产市场的投机需求（Fang et al., 2015）；另一方面，房价的快速上升可能导致投资结构的扭曲，房地产领域会吸纳过多的稀缺资源，从而挤出整个企业部门在制造业等相对收益低领域的投入（罗知和张川川，2015）。在市场繁荣阶段，房价的正向波动不仅无法通过财富效应和抵押品渠道刺激经济增长，反而可能由于中国市场上投资者和消费者的特殊偏好，负向作用于产出增长。

在两个区间内房价上升与货币供应量之间都是正向的影响，且在平稳状态下可能冲击更强。一方面，这说明中央银行并没有针对房地产市场的价格波动有明显的逆风操作策略，利用紧缩政策应对泡沫形成，只是在价格高涨阶段的货币扩张态势会相对放缓。另一方面，可能也是房地产市场发展增加货币需求的结果，如前所述，较高的房价不仅没有紧缩消费者购房的需求，反而可能刺激一些刚性需求者的购房意愿上升（Banks et al., 2015），同时会扩大房地产领域的投资上升，相应的，货币信贷需求也被释放（唐志军等，2010）。

在不同区制下，产出、物价和房地产价格水平受一单位外生货币冲击的响应情况如图 6-15 所示。可以看出，两个区制下货币态势调整都会在长期内带动房价的正向波动，在市场繁荣的区制 2 中这种效应更为显著，货币增速上升会在一个季度内就大幅提高房价上升的内在动力，并继续维持正向影响，而稳定的区制 1 阶段正向作用的快速释放要在半年之后。同时，从累计响应的情况看，繁荣阶段货币冲击的影响比稳定阶段要高出一倍左右，这也进一步证明了我国房价高涨背后存在明显的流动性驱动特征。

（二）基于面板数据的分析

本部分实证研究选择了编制房价指数的 70 个大中城市，在 2004~2014 年的年度主要宏观经济数据，包括产出变量、产出增长影响因素、内生房价影响因素、控制因素、经济水平、分省和年度虚拟变量等，考察房价变化与宏观经济变量之间的关系。

利用面板数据对产出和房价变量的关系进行估计。具体的回归方程为

$$y_{i,t}(yx_{i,t}) = \beta_0 + \beta_1 h_{i,t} + (\beta_2 ycontrol\_) + fixed effect(pro-dummy) + \varepsilon_{i,t}$$

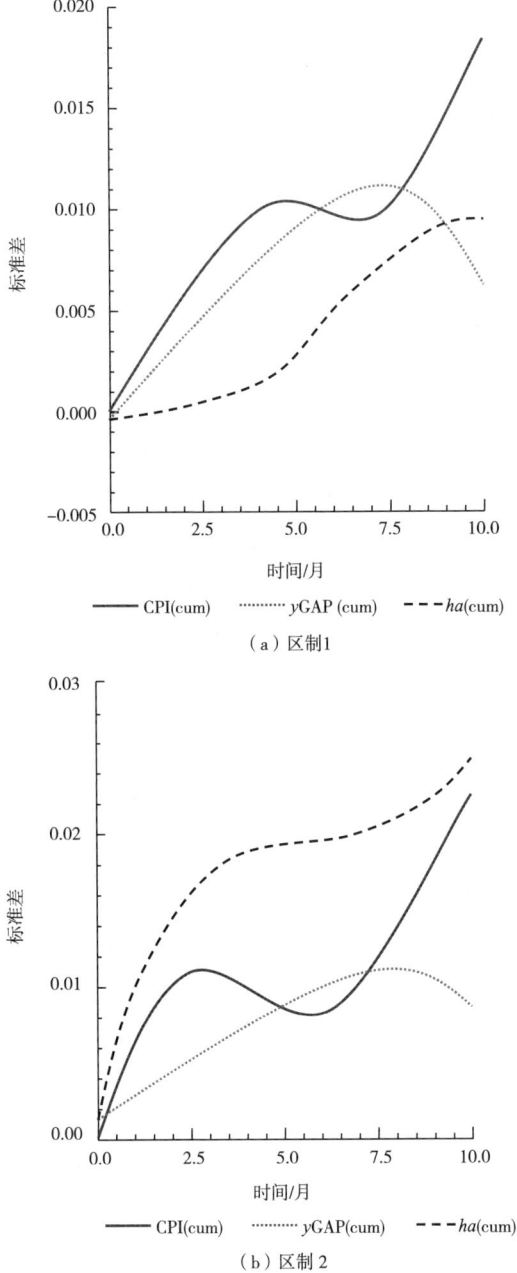

图 6-15 不同区制下各宏观变量对货币冲击的累积响应

其中，被解释变量为总产出增长 $y_{i,t}$ 和人均产出增长 $yx_{i,t}$；主要的回归变量为新建商品住宅销售价格 $h_{i,t}$；ycontrol_表示影响产出变化的其他重要宏观因素，我们在这里选择了消费增长、投资增长、财政支出和贷款增长四个方面。在模型设定上，为排除个体效应，这里选择了利用固定效应估计和省级虚拟变量聚类分别进行估计。从回归结果看，所有回归方程中新建商品房住宅销售价格的系数均显著为正，说明从数量来看，即使是在城市的层面，经济增长与房价之间仍存在较为明显的正向联动关系。另外，增加了其他影响产出的控制因素 ycontrol_后，并没有影响这种显著关系。值得注意的是，ycontrol_的系数在 $y_{i,t}$ 为因变量的回归中显著性强于 $yx_{i,t}$ 作为因变量的两个方程，这从一个侧面说明样本期内，我国各城市经济增长仍在很大程度上与人口聚集的红利有关，城镇化进程和后期的人口政策与后期的产出变化仍息息相关。

我们进一步分析不同年份经济–房价敏感性的时变特征，对不同年份的样本分别进行了截面的回归估计，方程如下：

$$y_i = \beta_0 + \beta_1 h_i + \beta_2 \text{ycontrol}\_ + \text{pro}-\text{dum}my + \varepsilon_{i,t}$$

$$\begin{cases} y_i = \beta_0 + \beta_1 h_{i,t} + \beta_2 m_t + \beta_3 \text{ycontrol}\_ + \text{pro}-\text{dum}my + \varepsilon_i \\ h_i = \phi_0 + \phi_1 \text{control}\_ + \text{pro}-\text{dum}my + \varphi_i \end{cases}$$

其中，前一个单方程假设房价是外生的，后一个联立方程假设房价是内生的。分别在每个年度估计外生房价和内生房价两个模型，上述所有变量都是截面变量，因此在内生房价 $h_{i,t}$ 的方程中并不包含时间变量。

估计结果如图 6-16 所示，可以看出内生和外生模型中房价的系数在不同年度中有明显的时变特征，即房价对经济的影响在不同周期环境中有较大差异，变化趋势比较接近，但内生房价模型的波动性可能更大。总体来看，在房价指数和货币增速较高的阶段，房价本身对实体经济的正向影响较弱，甚至有负向的冲击（如 2009 年），而房价指数平稳增长的阶段，其对经济的促进作用更加显著。这一结论也与 MSVAR 中脉冲响应的结果类似。

我们还进一步讨论了房地产价格变动影响经济的渠道，主要考察了财富效应渠道，并按经济规模对 70 个城市进行了分类讨论。

三、对实证结果的总结

我们利用中国的经验数据分析了中国房地产市场与经济物价等宏观因素之间的内在联系，通过区制转换模型和面板数据的一系列模型估计，得到的主要研究结论如下：①货币宽松是房地产市场繁荣阶段泡沫形成的重要原因。由于房地产价格与产出物价等同时受到货币冲击的正向影响，基于房价外生假设的研究可能

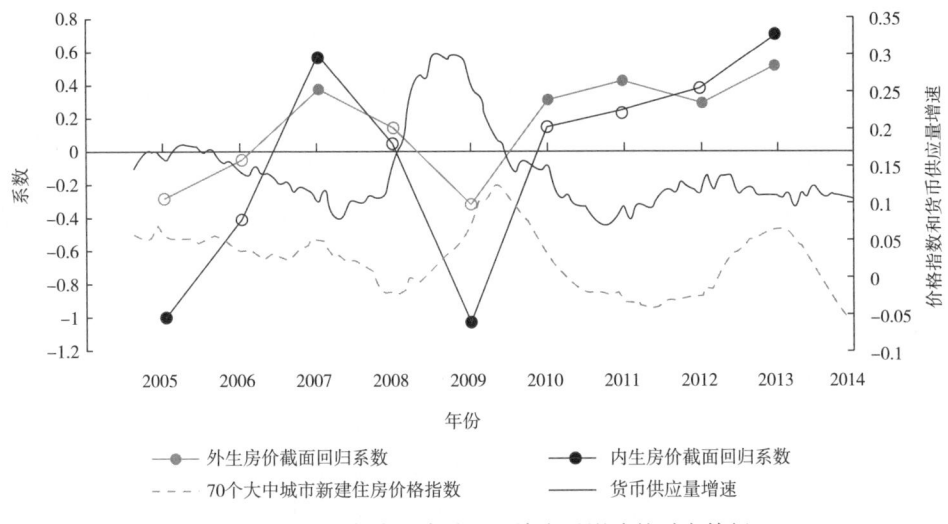

图 6-16 不同年度下房价对经济变量影响的时变特征

其中每个点表示该年度在模型中房价系数的估计值 β_1，未填充的点表示该系数在 5%的水平下并不显著

明显高估了房地产市场对经济的正面影响。②在货币增速较高、房地产市场繁荣阶段，房价的继续上升对实体经济的正面影响非常有限。一方面，房价上升后刚性需求的低收入者预期未来购房或改善购房的成本上升，而高收入者边际消费倾向较低并且投机动机更强，因此我国房价通过住户部门财富效应传导到产出物价的效果很弱。另一方面，房价上升对企业部门投资的正向影响较弱，但房地产业的高收益可能挤出其他低收益的产业，实证结果中房价上升会显著提高房地产投资在城镇固定资产投资中的占比。③房价对经济的影响存在明显的区位差异，主要是受高收入区域低财富效应，以及低收入区域偏好财政收入等因素的影响，经济相对发达地区房价上升对经济增长的影响要弱于不发达地区。

第五节 相关政策建议

一、继续推进中国多层次资本市场建设

发展我国资本市场的主体思路应该是不断健全多层次资本市场体系，主板、创业板、新三板和区域性股权市场共同协调发展，从全国性和区域性两个层级助推各类企业发展。

（一）推进资本市场以注册制为核心的市场化改革

核准制的低效率和高门槛影响了资本市场的效率和价格发现功能，资本市场的发行制度急需转变。注册制改革是资本市场市场化改革的重中之重，它要求证券发行人按照证券法向主管部门申请发行资格，主管当局只需审查发行企业的资质条件以及申请材料的真实性和全面性，只要满足这些标准，证券发行人就可发行证券。作为一种发行制度，注册制反映了资本市场的市场化和自由性，主管当局的形式审查取代了核准制下对发行申请的实质条件审查，烦琐的授权审核工作量大幅下降，周期明显缩短。在注册制下证券发行人只要符合法律规定就可公开上市，即使发展前景不明朗的夕阳企业也可进入资本市场发行低价值证券，投资者自己衡量风险与收益。显然，资本市场向注册制转轨推动了市场向自由原则转变，通过市场选择和政府监督来对证券发行人形成双重约束，以信息资料公开来不断提高市场透明度，最终实现资本市场的权责对称制度。

（二）重点发展创业板市场，将其培育成中国高新产业的孵化器

创业板市场是注重企业前景的前瞻性市场，强调培育企业的成长前景与发展潜力，其市盈率明显高于主板市场，风险明显偏高。创业板能否成功，取决于优质企业能否持续壮大，如美国 NASDAQ 市场的巨大成功就源于大批高新技术企业在"新经济"时期的高速增长。我国创业板市场也需要不断修正市场定位，注重企业创业初期的孵化培育机制。

当前，我国创业板市场存在非理性波动、发行制度仍在不断试错阶段。未来，创业板市场的价格发现机制仍需要一个较长的发展和完善过程。对于创业板发行价格而言，定价标准要从当前业绩向未来前景转变。在创业板上市的企业往往属于无形资产占比较高、成长前景较好但当前经营波动较大的企业，如果按照主板市场的当前业绩定价方法，依赖一系列评估指标来确定发行价格，就存在低估或错估的可能，根据当前经营水平、人力资本情况和核心技术层次等来综合评判企业发展前景才是准确评估发行价格的合理方式。

（三）加快场外资本市场的建设

当前我国场外交易市场仍处于萌芽探索阶段，许多方面亟待健全。首先，场外市场需要健全做市商制度。引入做市商，有利于激活市场流动性，明显缩短交易时间，明显提升交易效率，使场外市场更为稳健地走向成熟与壮大。其次，场外市场应该分层管理。我国场外交易市场的发行制度过于单一，没有针对企业的具体条件制定多层次、全方位的发行制度。当我国场外交易市场发展到一定规模后，如新三板市场应该区分不同层级，每个层级对相应企业制定不同的挂牌标准，

允许企业满足要求后在各层次之间自由流动。最后，持续扩大上市企业数量。相比于中小板和创业板，场外市场挂牌企业和融资规模仍然较少，扩充企业数量是发展场外市场的关键步骤。一方面，场外市场应该持续立足于国家高新技术园区；另一方面，将企业服务范围扩展到全国，只要具备挂牌条件的企业都可以申请在场外市场挂牌交易。

（四）合理发展金融衍生品市场，完善市场定价和风险管理机制

作为从资本市场中产生的新型金融工具，金融衍生品不仅具有高杠杆特征，而且具备规避风险的功能。对金融衍生品市场的发展，应该从以下几个方面进行规范。

首先，完善证券期货法律细则，及时适应衍生品市场的新情况和新问题。我国当前涉及证券期货管理的法律文件主要包括《中华人民共和国证券法》（简称《证券法》）、《期货交易管理条例》和《期货交易所管理办法》等法律文件，但这些规定过于笼统和宽泛，对近年来不断创新的交易工具和行为没有做出详细规定，因此需要根据衍生品市场的新情况不断完善证券期货法律文件的细则。

其次，扩充并优化机构投资者群体。证券期货市场中机构投资者是主要参与者，但机构投资者过于单一，主要为券商和基金公司两类，私募、保险和信托等机构投资者较少，但这两类公司几乎一致的操作动机使期货市场波动过于剧烈，机构投资者队伍需要扩充和优化。

最后，丰富证券期货产品种类，适应避险和对冲等多样化投资需求。应创立更多更新的证券期货产品，有效对冲和规避风险，推动市场操作策略走向多样化。另外，证券期货产品的丰富也能扩充投资者的风险规避和财富管理工具，不断满足大型机构投资者追求长期收益的稳定发展目标。

（五）完善资本市场风险监测和危机救助机制

2015年6月开始的股市大跌凸显系统性风险监测机制的重要性。由于监测机制的缺失，股市下跌没有引起监管部门的足够重视，股市持续下跌，投资者损失严重。因此，我国急需建立完善的资本市场系统性风险监测机制，并针对系统性金融危机制定合理的应对和救助措施。

一方面，完善金融业综合统计制度，以大数据为基础构建风险监测预警机制。中国人民银行应该积极联合三会，共同完善金融业综合统计制度，及时获取各类系统重要性金融机构的经营运行情况和风险监管状况。同时，利用大数据构建预警模型，全方位地实时跟踪证券市场的资产配置和分布状况，合理掌控证券市场的杠杆情况，提高金融风险的监测能力。

另一方面，建立完善金融危机应对及救助机制。在证券法律中应该确定紧急应对条款，在某种突发扰动导致证券价格大幅波动的情况下，主管部门可以加强对资本市场的应急监管，当出现严重危机时，主管部门可以采取强制措施暂停证券市场的交易活动。同时，应明确中国人民银行救助金融机构的具体条件，以及向哪些金融机构注入流动性，提高危机救助的决策效率。

二、积极关注资产价格变动

对股票市场而言，与欧美国家货币政策在泡沫形成期介入可能存在较高的经济成本不同，中国货币政策调整在资本市场的繁荣阶段对股价的影响更加显著，降低市场波动承担的代价相对较小。相反在市场萧条阶段，降息等流动性扩张政策扭转市场指数的能力较弱，只能起到延缓市场下行的作用，还需要其他干预政策配合以稳定市场。同时，由于降杠杆和风险蔓延等因素，资本市场震荡也会影响到货币政策对实体经济的传导效率。因此我们建议货币政策对资产价格的关注应该从事后转向事前，选择在事前降低泡沫形成的速度和规模成本更低，减少前期的风险积累程度，用最小的代价维持金融体系的稳定。

对房地产市场而言：①事实上高房价的继续上升对经济的正向影响非常有限，即使是在短期也不能对房地产市场发展的稳增长效率评价过高。②货币政策的扩张在房价的泡沫形成中发挥了明显的作用，即使不考虑对房地产价格进行逆风调控，也需要重新考虑在高房价和低物价并存时货币态势选择的权衡。③高房价会导致严重的产业空心化问题，这背后主要是房地产市场定价机制不健全造成的收入风险不对等，政府的持续干预导致整个社会都认为房地产是一个"过于重要而不能倒下"的投资方向。一方面，道德风险的存在会在前期加剧泡沫形成的内在动力，减少不必要的对价格和交易规模的干预能缓解这一问题；另一方面，需要对信贷等领域杠杆资金的用途有更严格的监控和限制，减少房地产对其他制造业领域的挤出。④利用房地产行业稳增长的另一个负面问题是去产能效率可能弱化。房地产高速发展带动的主要是钢铁水泥等严重产能过剩行业，当前供给侧改革框架下去产能是未来一段时间经济发展的重要任务，但由于房地产的快速发展可能会为相关行业带来新的需求，结合相关领域严峻的就业问题，后期产能化解的内生和外生难度都将继续加大。⑤在城镇化过程中，由于人口流动呈现单向特征，在不同类型的区域住户部门收入增长预期以及对房地产的需求弹性可能都呈现较大差异，对房地产的调控政策应该更注重区位的差异性。

参 考 文 献

陈崇. 2011. 房地产价格波动及其宏观效应研究. 南京大学博士学位论文.

陈继勇, 袁威, 肖卫国. 2013. 流动性、资产价格波动的隐含信息和货币政策选择——基于中国股票市场与房地产市场的实证分析. 经济研究, 11: 43-55.

戴国强, 张建华. 2009. 货币政策的房地产价格传导机制研究. 财贸经济, 12: 31-37.

何佳. 2015. 金融危机与政府救助. 中国金融, 19: 37-39.

纪敏, 周源, 彭恒文. 2012. 资产价格影响通货膨胀了吗? 国际金融研究, 11: 23-29.

梁云芳, 高铁梅, 贺书平. 2006. 房地产市场与国民经济协调发展的实证分析. 中国社会科学, 3: 74-84.

罗知, 张川川. 2015. 信贷扩张、房地产投资与制造业部门的资源配置效率. 金融研究, 7: 60-75.

倪权生, 潘英丽. 2009. G20国家资本账户开放度比较研究——基于改进的约束式测度法. 世界经济研究, 2: 19-22+87.

祁斌, 黄明, 陈卓思. 2006. 机构投资者与股票波动性. 金融研究, 9: 54-64.

盛松成, 张次兰. 2010. 货币供应量的增加能引起价格水平的上涨吗——基于资产价格波动的财富效应分析. 金融评论, 3: 1-16+122.

唐志军, 徐会军, 巴曙松. 2010. 中国房地产市场波动对宏观经济波动的影响研究. 统计研究, 2: 15-22.

王国军, 刘水杏. 2004. 房地产业对相关产业的带动效应研究. 经济研究, 8: 38-47.

温振华, 孟宪强, 张碧琼. 2011. 金砖国家证券市场开放度研究. 当代财经, 12: 41-53.

吴海民. 2012. 资产价格波动, 通货膨胀与产业"空心化"——基于我国沿海地区民营工业面板数据的实证研究. 中国工业经济, 1: 46-56.

游家兴, 张俊生, 江伟. 2006. 制度建设、公司特质信息与股价波动的同步性. 经济学(季刊), 1: 189-206.

张建平. 2015. 最优金融结构与金融结构缺口研究. 吉林金融研究, 1: 6-12.

周吉来, 张建平. 2012. 资产价格泡沫化与金融危机. 吉林金融研究, 3: 5-12.

朱迪星. 2014. 货币冲击、制度变迁与资本市场流动性. 金融监管研究, 9: 26-52.

Allen F, Bartilore L, Kowalewski O. 2005. Does economic Structure determine financial stucture? AFA 2007 Chicago Meetings Paper.

Ambrose B W, Deng Y, Wu J. 2015. Understanding the risk of China's local government debts and its linkage with property markets. National Bureau of Economic Research, 2015 Chinese Economy Meeting: Massachusetts, US.

Banks J W, Blundell R W, Oldfield Z, et al. 2015. House price volatility and the housing ladder. National Bureau of Economic Research Working Paper 21255.

Bernanke B, Gertler M. 1999. Monetary policy and asset price volatility in Proceedings - Economic Policy Symposium-Jackson Hole Federal Reserve Bank of Kansas City: 77-128.

Chamon M, Liu K, Prasad E. 2010. Income uncertainty and household savings in China. IMF Working Papers 10(289).

Cheng I, Raina S, Xiong W. 2014. Wall Street and the housing bubble. The American Economic Review, 104(9): 2797-2829.

Crowe C, Dell'Ariccia G, Igan D, et al. 2013. How to deal with real estate booms: lessons from country experiences. Journal of Financial Stability, 9(3): 300-319.

Demirgüç-Kunt A, Maksimovic V. 2002. Funding growth in bank-based and market-based financial system: evidence from firm level data. Journal of Financial Economics, 65: 337-363.

Deng Y, Morck R, Wu J, et al. 2011. Monetary and fiscal stimuli, ownership structure, and China's housing market. National Bureau of Economic Research Working Paper 16871.

Diamond D, Rajan R. 2011. Fear of fire sales, illiquidity seeking, and credit freezes. The Quarterly Journal of Economics, 126(2): 557-591.

Diba B, Grossman H. 1988. Explosive rational bubbles in stock prices? The American Economic Review, 78: 520-530.

Fang H, Gu Q, Xiong W, et al. 2015. Demystifying the Chinese housing boom. National Bureau of Economic Research Working Paper 21112.

Hartmann P. 2015. Real estate markets and macroprudential policy in Europe. Journal of Money Credit and Banking, 47(S1): 69-80.

Levine R. 2002. Bank-based or market-based financial systems: which is better? Journal of Financial Intermediation, 11: 398-428.

Phillips P, Wu Y, Yu J. 2011. Explosive behavior in the 1990s nasdaq: when did exuberance escalate asset values? International Economic Review, 52(1): 201-226.

Reinhart C, Rogoff K. 2008. This time is different: a panoramic view of eight centuries of financial crises. Annals of Economics and Finance, 15(2): 1065-1188.

Shiller R. 1981. The use of volatility measures in assessing market efficiency*. The Journal of Finance, 36(2): 291-304.

Shiller R. 1990. Market volatility and investor behavior. American Economic Review, 80: 58-62.

Shiller R. 2000. Irrational Exuberance. 1st Edition. Princeton: Princeton University Press.

Shiller R. 2003. From efficient markets theory to behavior finance. Journal of Economic Perspectives, 17: 83-104.

Sinai T. 2012. House price moments in boom-bust cycles. National Bureau of Economic Research Working Paper 18059.

West K. 1987. A specification test for speculative bubbles. Quarterly Journal of Economics, 102: 553-580.

第七章 全球经济调整对通货紧缩预期的影响机制研究[①]

2007~2008年美国"次贷危机"引发全球金融危机以来，国际经济经过长达8年的缓慢恢复，如今仍然处于深度调整之中。当前，国际经济形势空前复杂：主要发达经济体复苏仍然缓慢，其复苏不振也影响到新兴和发展中经济体增长明显放缓。各国中央银行不仅要解决本国需求不足的问题，还面临全球需求不足的情况，货币政策明显力不从心。国际经济的调整正在或即将重塑中国经济成长的外部环境：从国际贸易环境看，过去经济全球化支撑的全球贸易的扩张势能正在减弱，外需不足削弱了出口对中国经济增长的拉动作用；从国际资本流动方向看，美联储重启加息之旅，意味着全球资本流动可能发生方向性改变。为重振经济，发达国家重启经济结构调整之路，全球产业结构面临新的洗牌。这一切在重塑国际经济环境的同时，也对我国的通货膨胀/通货紧缩预期产生了影响。国际经济环境的深刻变化需要我们认真分析当前国际经济形势，及时调整经济发展战略，积极应对新的挑战。本章首先归纳出当前国际经济深度调整的具体表现，特别是各国物价水平表现出的差异性，然后从理论上分析国际经济深度调整产生的原因，通过实证分析具体影响因素和影响程度，最后给出政策建议。

第一节 当前国际经济深度调整的主要表现

从外部环境来看，世界经济的复苏进展缓慢，甚至可能出现长期停滞，会影响到中国的各项经济政策效果。从中国自身来看，随着中国经济体量的不断扩大，当今世界似乎比以往任何时候都能感受到中国经济的影响力。可以认为，世界经

[①] 本章内容主要来源于课题组已经发表的成果：张慧莲.国际经济深度调整对中国的影响及对策.经济纵横，2016，（3）：101-110；张慧莲.当前国际经济深度调整的表现、原因及对策分析.亚太经济，2016，（2）：3-10；张慧莲，付韶军.国际经济因素对中国消费价格指数的影响.武汉金融，2016，（3）：32-35；张慧莲.负利率能否帮助全球经济走出困境？金融与经济，2016，（4）：35-39+30. 本章执笔人：张慧莲、付韶军。

济对中国经济的边际带动力正在减弱，以往借助经济全球化和世界经济快速发展带动中国经济发展的战略机遇期基本上结束了。当前国际经济正处于深度调整之中，这主要表现在如下几方面。

一、全球经济增速放缓，主要国家经济周期不同步

2007~2008年全球金融危机爆发后，为避免陷入衰退，世界各国纷纷采取了扩张性的财政和货币政策。经过历时8年的努力，世界经济增长还远未恢复到危机前水平（金融危机爆发的前5年，全球经济年均增长率约为5%）。世界主要经济体的复苏表现迥异，因而政策路径分歧大。2015年美国经济增长2.4%，远好于市场预期，失业率降至7年来的最低水平，住房和劳动力市场复苏强劲。2016年4月IMF预测2016年美国经济增长2.4%，英国经济增长1.9%。英国的失业率比美国略高，但远低于欧元区。欧元区的经济增长十分缓慢，失业率仍处于较高水平，但消费品市场有所复苏。欧元区核心通胀率自2013年3月以来一直低于欧洲中央银行所定义的"价格稳定"（低于但接近2%）。2015年欧元区GDP同比增长1.6%，IMF预测其2016年GDP增长1.5%。日本2015年的经济形势虽较上年有所好转，但复苏势头仍很弱。2015年年底，日本失业率降至亚洲金融危机以来的新低，但2016年有所上升；IMF预测日本2016年增速为0.5%（较2016年年初的估计下调0.5百分点）。IMF在2016年4月发布的《世界经济展望》中估计，较年初下调世界经济增长预期（这已是IMF连续第四次下调世界经济增长预期）。IMF估计2016年世界经济增长率为3.2%。其中，发达国家增长1.9%，与上年持平。发达国家中，美国和英国的复苏进展最快，而欧元区和日本的复苏更为不确定。

新兴市场和发展中经济体的经济增长速度已经连续六年下滑。2015年其总体经济增长率为4.0%，显著低于2013年的5.0%和2014年的4.6%，大约只有2010年的一半。新兴市场和发展中经济体与发达经济体之间的增速差距正在缩小，2015年前者增速仅较后者高2.1百分点，而2009年这一差距是6.6百分点。这说明支撑新兴市场和发展中经济体增长的一些中长期因素可能已发生周期性改变。IMF估计，2016年其整体增长速度微升至4.1%。受大宗商品价格下滑、财政紧缩以及消费信贷萎缩等因素影响，巴西和俄罗斯等部分新兴经济体处于物价高涨和GDP负增长并存的滞胀阶段。2015年巴西GDP同比萎缩3.8%。IMF预测其2016年将继续萎缩3.8%。2016年2月，其失业率略上升至8.2%，通胀率自2016年3月后从两位数缓慢下降至9.3%（4月CPI同比）。为应对不断上涨的物价和资本外逃，巴西中央银行于2014年10月启动新一轮加息周期，经过连续7次升息，

至2015年7月政策利率由11%升值14.25%并保持至2016年4月,也是全球新兴经济体中的最高水平。巴西已陷入20世纪30年代以来最严重的经济衰退。受到西方国家经济制裁以及国际油价下跌双重影响的俄罗斯经济则呈现负增长,通胀率曾经比巴西还高,2016年4月CPI同比为7.3%。2015年俄罗斯GDP同比萎缩3.7%,衰退幅度仅次于巴西。IMF预测其2016年经济萎缩1.8%。为应对货币贬值预期和资本外逃,俄罗斯中央银行曾经在2014年12月一次性将政策利率由9.5%骤升至17%,至2015年8月分次降至11%,并保持至2016年4月。近年来饱受高失业率、罢工和经济缓慢增长影响的南非于2013年将非洲第一大经济体的宝座让位于尼日利亚,目前还在衰退边缘挣扎。上述这些国家可能需要付出较大代价,较长时间后才能恢复到物价和经济增长同时稳定的局面。印度受益于国际大宗商品价格下跌和新的改革措施,经济增速于2015年超过中国,成为全球增长最快的大型经济体。IMF预测其2016年和2017年的经济增速也将超过中国。

世界主要经济体近年来的宏观经济表现见表7-1。

表7-1 全球经济增速及预测(单位:%)

国家/地区	2013年	2014年	2015年	2016年(预测值)	2017年(预测值)
全球	3.3	3.4	3.1	3.2(3.4)	3.5(3.6)
发达国家	1.4	1.8	1.9	1.9(2.1)	2.0(2.1)
美国	2.2	2.4	2.4(2.5)	2.4(2.6)	2.5(2.6)
欧元区	-0.4	0.9	1.6(1.5)	1.5(1.7)	1.6(1.7)
日本	1.6	0.0	0.5(0.6)	0.5(1.0)	-0.1(0.3)
英国	1.7	2.9	2.2	1.9(2.2)	、2.2
新兴市场和发展中经济体	5.0	4.6	4.0	4.1(4.3)	4.6(4.7)
中国	7.7	7.3	6.9	6.5(6.3)	6.2(6.0)
印度	6.9	7.3	7.3	7.5	7.5
俄罗斯	1.3	0.6	-3.7	-1.8(-1.0)	0.8(1.0)
巴西	2.7	0.1	-3.8	-3.8(-3.5)	0.0
南非	2.2	1.5	1.3	0.6(0.7)	1.2(1.8)

注:括号中数据为其2016年1月预测值
资料来源:IMF.World economic outlook,April 2016

各国经济周期的不同步,加剧了它们之间宏观经济政策的冲突,政策协调更加困难。复苏缓慢、经济减速或衰退的国家继续通过降低利率、扩大中央银行资产购买等宽松政策刺激经济。2015年,欧洲中央银行与主要国家在处理主权债务纠纷方面达成了中期内的妥协方案,并更坚定地执行宽松货币政策。欧洲中央银行早在 2014 年 6 月就成为全球首家实行负利率的主要中央银行,目前该行隔夜存款利率为-0.4%(2016 年 4 月)。日本中央银行于 2015 年年底对其质化量化宽松（quantitive and qualitive easing,QQE）货币政策小幅加码之后,又于 2016 年 1 月也将基准利率下调至-0.1%,这是该行五年来首次调整基准利率(此前为 0.1%)。与之相反,处于经济复苏前列的美国却通过加息结束了 2008 年国际金融危机之后的零利率货币宽松政策。美联储加息使美元保持强劲,这不仅会抑制本国需求扩张,还会降低欧元区、日本和其他经济体宽松货币政策的效果。各国宏观经济政策的不同步导致各国利率水平迥异,汇率大幅波动,资本配置短期化,国际资本在全球游窜,未来一段时间这种局面恐怕会成为全球经济的"新常态"。

二、国际贸易增长放缓,贸易保护主义抬头

在 2008 年金融危机的前 10 年,全球贸易年均增长 6.7%,几乎是同期全球经济增速的两倍。全球金融危机以后,世界货物出口增长率曾于 2010~2011 年恢复到 20%左右。2011 年以后,全球贸易增长趋缓,全球贸易增长率同全球经济增长率齐平或明显低于全球经济增长率。2015 年,全球贸易增长 2.5%,低于全球 3.1%的经济增长速度,也低于世贸组织（2.8%）的估计,是自全球金融危机以来增长最为缓慢的一年。根据荷兰经济政策研究局发布的《世界贸易监测》(World Trade Monitor)数据显示,2015 年以美元计算的跨境商品价值下降了 13.8%,出现自 2009 年以来的首次收缩。从全球来看,几乎每个地区的进出口商品价值都经历了不同程度的下跌。在强势美元之下,2015 年美国对外出口下降了 6.3%;由于石油价格暴跌,中东地区出口大跌 41.4%[①]。衡量全球贸易大宗商品风向标的波罗的海干散货指数(Baltic dry index,BDI)已经触及历史低点（图 7-1）。与此同时,贸易对全球经济的推动作用也出现了弱化:据世界银行估算,今天 1 美元的贸易额对产出的推动作用,还不到 1986~2000 年的一半。

全球贸易增速下滑主要受全球需求不旺,贸易保护主义加剧,汇率波动加剧和大宗商品价格下跌以及地缘政治紧张的影响,这些因素短期内可能仍将继续影响国际贸易的增长。而全球贸易增长的持续低迷,反过来又将刺激贸易保护摩擦和竞争性汇率贬值的风险。近年来,美国、欧盟、澳大利亚、印度和巴西等国纷纷通过立法和行政手段强化其贸易救济执法,加大对国内产业的保护力度,目前已经接近白热化程度。以前针对中国的贸易调查主要由美国和欧盟发起,近年来则扩至亚洲、拉美、非洲和大洋洲,而且所针对的产业和产品越来越多,涉案金额也屡创新高。例如,中国钢铁产业已连续 8 年位列贸易摩擦行业首位。仅针对

---

① 全球贸易额创金融危机以来新低加剧对全球经济状况忧虑. 第一财经网站,2016-02-26.

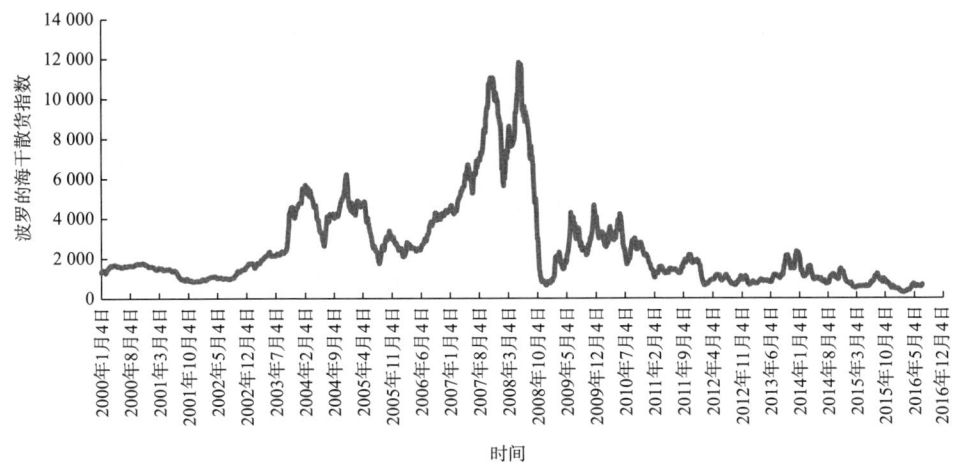

图 7-1 波罗的海干散货指数
时间为 2000 年 1 月 4 日至 2016 年 7 月 1 日
资料来源：wind 资讯

中国钢铁产品的贸易摩擦 2014 年共 27 起，2015 年 37 起（涉案金额 47 亿美元）；2016 年头两个月就已经超过 30 起①，来自欧盟、美国、加拿大、大洋洲、印度、南非等多个国家和地区。此外，贸易摩擦正在由经济层面向政治层面蔓延。美国和欧盟经常把钢铁产品对他们的冲击与中国的市场经济地位问题结合起来。在 2016 年的 G7 峰会，以及中美、中德等领导人会议上，中国钢铁行业产能过剩问题竟然成了重点讨论的议题。

三、全球资本流向发生改变，金融市场动荡加剧

全球金融危机之后，发达国家普遍采用的低利率货币政策，吸引了新兴市场的借款者，特别是一些非金融类公司，他们或者为本地资产融资，或者进行"息差交易"（carry trade）。IMF 的数据显示，2009~2012 年，总计有 4.5 万亿美元资金从发达经济体流入发展中和新兴经济体，占同期全球资金流动规模的一半。但在此过程中，这些国家也承担了外币债务搭配本币资产的货币错配风险，这种融资模式与 1997~1998 年亚洲金融危机时的模式极为相似，潜伏着巨大风险。因为一旦美联储收紧货币，国际资本将会逆转，他们将不得不承受资本外流和本币汇率下跌的双重压力。2015 年 12 月 17 日，美联储宣布将联邦基金利率提高 25 个基点，从而正式开启了加息周期。实际上，早在 2013 年 6 月，美联储还只是暗示

---

① 张维. 中国成贸易救济案件最大目标国，钢铁位列摩擦行业首位. http://finance.sina.com.cn/china/gncj/2016-06-28/doc-ifxtmwei9392902.shtml，2016-06-28.

正在考虑放缓扩充资产负债表的速度，新兴市场资本就开始大量外流，汇率重挫，股市下跌。此后，从 2013 年 12 月美联储宣布开始缩减 QE 规模，到 2014 年 10 月正式结束资产购买计划，再到此次美联储宣布加息为止，在这长达两年半的时间里，全球金融市场，特别是新兴经济体的金融市场动荡不已，这场动荡被称为"削减恐慌"（taper tantrum）。根据荷兰国际集团的统计，全球 15 个大型新兴经济体 2014 年下半年净资本流出总计达 3 924 亿美元。根据国际金融协会的估计，2015 年 7 月新兴市场资金流由正转负，截至 2016 年 1 月，国际投资者总计从新兴市场累计撤出资金 487 亿美元。2016 年 1 月当月净流出资金达到创纪录的 36 亿美元。2015 年，共有 6 370 亿美元资金流出中国，2016 年 1 月又有 1 130 亿美元资金流出，这已经是中国连续第 22 个月的国际资本的净流出。

资本外流带来这些国家货币的贬值和外汇储备的流失。根据 IMF 的数据显示，2014 年 8 月，全球中央银行的外汇储备曾经达到 12 万亿美元的峰值，比 10 年前的水平增长了 5 倍，其中来自新兴市场和发展中国家的外汇储备占 67%（图 7-2）。新兴和发展中国家的外汇储备总额在 2014 年首次出现自 1995 年有记录以来的下降，全年较上年减少 1 247 亿美元。截至 2015 年第二季度，新兴市场外汇储备总量已连续四个季度下滑，即便是在全球金融危机的最高峰时刻，新兴市场外储也仅出现过连续两个季度下滑。中国外汇储备于 2016 年 1 月降至 3.23 万亿美元，较 2014 年 6 月的历史峰值下降了 7 623 亿美元，这几乎相当于一个国家的外汇储备总量。英国《金融时报》认为，新兴经济体的外储流失速度是近 15 年所未见的。

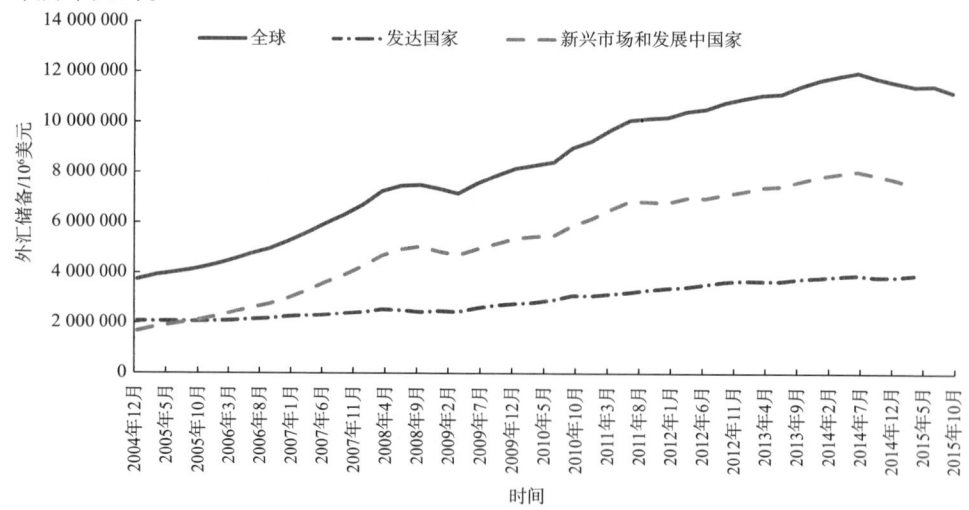

图 7-2　全球官方外汇储备

资料来源：wind 资讯

2015年，全球股市经历暴涨暴跌，涨幅主要集中在上半年，下半年出现显著回调，第三季度主要股指几乎全军覆没。中国的上证综指于2015年6月15日达到5 178.19点的高位，而后急速下挫，到8月26日最低点为2 850.70点，最大跌幅达到45%，创业板最大跌幅56%。期间出现14次千股跌停的局面，是A股历史上前所未有的大震荡。这种震荡也波及其他股票市场。

随着美联储加息预期的出现和真正落实，美元指数自2014年下半年的80点左右，上升至2015年3月达到2003年以来的高点100点，升幅达25%。此后，美元指数随着美联储对加息的态度犹疑在90~100点摇摆。美元的升值意味着新兴市场货币的贬值，这些货币纷纷创国际金融危机以来，甚至创历史最低水平。2015年，多种新兴市场货币承受贬值的压力或者不得不与美元脱钩：哈萨克斯坦坚戈的贬值幅度接近45%，巴西雷亚尔大跌33%，安哥拉宽扎、阿根廷比索和阿塞拜疆马纳特的跌幅均超过25%，南非兰特下挫近24%，土耳其里拉跌20%，俄罗斯卢布下滑14%。阿根廷和阿塞拜疆两国货币对美元汇率下跌约30%，并先后放弃汇率管制。与其他新兴经济体货币相比，中国的人民币保持了相对稳定，甚至还随美元一起兑其他主要货币出现一定的升值。2015年8月11日，中国人民银行宣布改革人民币汇率形成机制，人民币兑美元汇率中间价一次性贬值1.9%，人民币兑美元触及4年来新低。此后两周，人民币汇率短暂下行，在累计贬值4%左右后暂时趋于稳定。2015年年底至2016年年初人民币再次出现明显的下跌。人民币的波动也给其他新兴经济体货币带来了一定的冲击。

从长期来说，货币贬值虽然能够刺激新兴市场的出口和经济增长；但短期来看，则不利于其以美元计价债务的偿还。根据富国银行的数据，新兴市场国家总共有3万亿以美元计价的债务。美元上涨，意味着偿还这些债务的成本增加了。以往，货币贬值是一国提高商品出口竞争力，从而将本国经济拉出泥潭的可靠途径。如今，这一效果可能要大打折扣。世界银行的一项对46个国家的研究发现，作为推动出口的工具，如今货币贬值的效果仅为20世纪90年代中期时的一半。而且，一国融入全球经济的程度越深，汇率变化对出口可能带来的影响就越小。究其原因：首先，过去20年全球供应链的发展，使很多产品都是由很多产自不同国家的部件组装而成的，汇率走低的实际影响计算起来要困难得多。例如，人民币贬值理论上能降低制成品销往海外的价格，但它也提高了进口部件的成本。其次，在全球经济都不景气的情况下，一国货币贬值可能带动它国货币竞争性贬值，从而使首先贬值货币的优势快速消弭。2015年8月11日人民币启动中间价改革后，就引发了一波新兴经济体货币的快速贬值潮。最后，随着国际贸易环境的改变，贸易保护主义在部分发达经济体中抬头，全球贸易增长疲软。

四、"去杠杆"成效有限，修复资产负债表尚待时日

次贷危机之后，为了避免重蹈金融危机的覆辙，主要国家不得不启动去杠杆，修复资产负债表的过程。但是根据麦肯锡公司的调查，自金融危机以来，世界大多数国家都增加了债务而不是真的去杠杆；几乎所有国家的债务——无论是绝对值还是相对值——都增长了。从绝对值看，2007年至2014年第二季度，全球债务增长了57万亿美元（从142万亿美元上升至199万亿美元，以2013年汇率为基准），增速超过全球GDP的增速。近七年，全球债务年复合增长率为5.3%，这一增长率虽然比此前七年 7.3%的年复合增长率要低。但考虑到全球经济增速，这一增长率仍然是相当高的。根据麦肯锡公司的研究，2007~2013年，中国大陆、马来西亚、韩国、泰国和中国台湾的债务与GDP之比分别上升了83、49、45、43和16百分点（McKinsey Global Institute, 2015）。实际上，金融危机以来仅有少数国家，如阿根廷、罗马尼亚、埃及、沙特阿拉伯和以色列等去杠杆化取得成效。从债务结构上看，部分发达国家的家庭部门（包括美国、英国和欧元区）杠杆比率降低，美国、德国、法国和英国等金融部门的债务比率也出现了较大下降，但政府部门的债务比率大幅上升。总体上看，发达国家债务部分地从家庭和金融部门转移至政府部门，但总债务杠杆率依然是上升的（McKinsey Global Institute, 2015）。

去杠杆之所以成效不显著，是因为世界各国为了应对经济复苏缓慢或经济增长下滑，实施了宽松的货币政策，实际上是扩大了债务水平而不是去杠杆。摩根大通估计，欧洲中央银行的QE政策已经从市场上买走了5 950亿欧元的公共和私营部门债券。在日本，自2012年年末安倍晋三上台以来，日本银行大举购买政府国债，日本银行的资产负债表已经从2012年年末的165万亿日元扩张到2016年3月的380万亿日元。目前国债余额已经占到日本银行资产负债表的85%，日本银行购买的国债已经占到整体国债余额的三分之一左右，预计2016年年底即可超过40%。日本银行几乎买下了除商业银行持有之外的整个国债市场，已经接近无债可买的境地。与此同时，私人债务规模也越来越庞大。根据国际金融协会的数据，2015年发达市场企业债务与GDP之比为87.4%，较上年减少了0.4百分点。

短期内，全球经济很难出现大幅提振，所以期望去杠杆的目标很快实现是不现实的。此外，对于那些高负债和经济增长缓慢叠加的国家而言，可能陷入"债务-通货紧缩"性衰退，一旦出现这种情况，则需要很长的时间来摆脱困境。

五、多国实施负利率政策，凸显货币政策困境

次贷危机之后，许多国家——特别是发达国家纷纷将利率调至极低的水平，

并相继推出了名目繁多的 QE 货币政策，但随着 QE 货币政策也几乎走到尽头，一些中央银行开始采用负利率政策。这是在全球经济复苏乏力情况下，货币政策的一种无奈选择。

（一）全球五大中央银行关键利率为负值

目前，全球已有五家中央银行实施负利率。为推动欧元区经济增长，欧洲中央银行从 2012 年 7 月开始对边际存款利率实行零利率。2014 年 6 月，欧洲中央银行下调边际存款利率为负 0.1%，成为第一家实行负利率的主要中央银行。同年 9 月下调至负 0.2%，2015 年 12 月和 2016 年 3 月分别下调至负 0.3%和负 0.4%。负利率不断加码反映的是欧元区复苏乏力的事实。日本银行从 2010 年开始将隔夜无担保拆借利率维持在 0~0.1%的极低水平，但仍然不足以提振经济。2016 年 1 月末，日本银行意外宣布从 2 月 16 日起引入三级利率体系，将金融机构存放在日本银行的部分超额准备金存款利率从之前的 0.1%降至负 0.1%。

金融危机之后，瑞典中央银行成为第一家实施负利率的中央银行。2009 年 7 月，瑞典中央银行将回购存款利率减至负 0.25%，1 年后才恢复为零水平。但是，为摆脱通货紧缩的局面，瑞典中央银行于 2015 年 2 月重回负利率俱乐部，将基准回购利率从 0 下调至负 0.1%，同年 3 月和 7 月分别下调至负 0.25%和负 0.35%。2016 年 2 月进一步下调至负 0.50%。丹麦中央银行是实行负利率时间最久的中央银行。2012 年 7 月，丹麦中央银行就将对银行业的基准存款利率从 0.05%下调至负 0.2%，不久之后上调至负 0.1%。2014 年 4 月，丹麦中央银行将存款利率从负 0.1%上调至 0.05%，从而结束了为期近两年的负利率试验。但是同年 9 月，丹麦中央银行再次将存款利率下调至负 0.05%。进入 2015 年之后，丹麦中央银行在两个月之内四次降息至负 0.75%；直到 2016 年 1 月初丹麦中央银行才又小幅上调，目前其基准存款利率为负 0.65%。目前，瑞士中央银行的隔夜存款利率是全球主要中央银行中最低的，为负 0.75%。2014 年 12 月，瑞士中央银行将利率目标区间降为负 0.75%至 0.25%，从而正式加入中央银行负利率俱乐部。2015 年 1 月，该区间进一步向下调整为负 1.25%至负 0.25%。

日本的负利率体系与欧洲地区的负利率体系有所不同。在三级利率系统下，日本银行业在日本银行的初始超额准备金存款利率是负 0.1%，在一个季度后上升至 0。而欧元区、瑞士和丹麦银行的存款准备金中只有一部分固定的金额是不用向中央银行支付费用的。

目前，中央银行采取了负利率国家的 GDP 占全球 GDP 的 23.1%，其中欧洲中央银行和日本银行覆盖地区的 GDP 占比达 21%。

其他发达国家中央银行虽然没有实现负利率,但其关键利率水平一直在下降。

某些中央银行虽然没有推出负名义利率，但如剔除掉银行对账户收取的手续费，实际的名义收益率也是负值。次贷危机后，美联储连续推出四轮 QE 货币政策，联邦基金利率（隔夜）目标区间长期处于 0~0.25% 的最低水平。2015 年 12 月，美联储宣布将联邦基金利率提高 0.25 百分点，新的联邦基金目标利率维持在 0.25%~0.5%。英格兰银行于 2009 年 3 月开始实行 QE 货币政策，官方银行利率从 5% 下调至 0.5%，并维持至今。表 7-2 是目前主要发达国家关键利率水平。

表 7-2　目前主要发达国家/地区关键利率水平

国家/地区	利率名称	目前利率/%	升降基点	公布日期	前次利率/%
美国	联邦基金利率	0.25~0.50	+25	2015年12月16日	0~0.25
	贴现率	0.75	+25	2010年2月18日	0.50
	基本利率(prime)	3.25	−75	2008年12月16日	4.00
日本	隔夜无担保拆借利率（target UC O/N）	0~0.10	—	2010年10月5日	0.10
	贴现率	0.30	−20	2008年12月19日	0.50
	超额准备金存款利率（policy-rate balance）	−0.10	−20	2016年1月29日	0.10
欧元区	主要再融资利率	0.00	−5	2016年3月10日	0.05
	边际贷款利率	0.25	−5	2016年3月10日	0.30
	边际存款利率	−0.40	−10	2016年3月10日	−0.30
英国	准备金利率	0.50	−50	2009年3月5日	1.00
瑞士	隔夜存款利率	−0.75	−50	2015年1月15日	−0.25
	3个月瑞士法郎 Libor 目标区间	−1.25~0.25	−50	2015年1月15日	−0.75~0.25
丹麦	基准贷款利率	0.05	−15	2015年1月19日	0.20
	基准存款利率	−0.65	10	2016年1月7日	−0.75
瑞典	回购利率（repo）	−0.50	−15	2016年2月11日	−0.35
挪威	银行同业存款利率（key policy）	0.50	−25	2016年3月17日	0.75
加拿大	隔夜拆借利率	0.50	−25	2015年7月15日	0.75
澳大利亚	隔夜现金目标利率（O/N cash）	2.00	−25	2015年5月5日	2.25
新西兰	官定现金利率（official cash）	2.25	−25	2016年3月10日	2.50

资料来源：根据 wind 资讯整理

虽然金融机构的客户存款利率为负值的情况并不常见，但也是存在的。例如，2015 年瑞士大额定期存单利率一直是负值，同期丹麦的非金融企业存款利率在某些月份也出现了负值。

（二）长期国债和同业拆借市场负利率

一些国家的长期国债利率和银行同业拆借利率也出现负利率，或者接近零利率的水平。期限长达10年的瑞士政府债券和约3万亿美元的欧洲和日本资产，如今都处于负利率下。

自欧洲地区的中央银行宣布实施负利率以后，投资者纷纷涌向国债避险，国债收益率曾一路下探。摩根大通估计，截至2015年年底，全球负收益率政府债券规模已达5.5万亿美元，在最先采取负利率的欧洲地区，大约50%的政府债券收益率为负，尤以德国、芬兰以及瑞士的政府债券为首。2015年4月，瑞士成为首个销售负收益率国债的国家；2016年2月，日本政府发行最长五年期的负收益率债券；3月，日本政府拍卖了价值2.2万亿日元的10年期负收益率债券，这是1980年以来日本国债首次低于日本银行政策利率。目前日本负利率国债的规模已达600万亿日元。彭博数据显示，2016年3月初，全球近30%政府债券的收益率为负值。

在实行负利率的国家，银行同业拆借市场也普遍出现负利率。表7-3是2016年3月17日不同期限的美元、英镑、瑞郎、日元和欧元同业拆借市场利率。从表7-3中可以看出各期限的瑞郎和欧元、大部分期限的日元同业拆借利率为负值。

表7-3 主要货币伦敦同业拆借利率（2016年3月17日）（单位：%）

货币形式	美元	英镑	瑞郎	日元	欧元
隔夜	0.374 80	0.480 00	−0.764 8	−0.037 71	−0.382 86
1周	0.397 65	0.487 50	−0.803 0	−0.048 14	−0.373 57
1个月	0.432 10	0.509 44	−0.783 6	−0.058 43	−0.327 71
2个月	0.515 40	0.547 44	−0.754 0	−0.019 71	−0.279 57
3个月	0.623 40	0.588 75	−0.733 2	−0.007 43	−0.247 86
6个月	0.888 30	0.748 75	−0.661 0	0.020 71	−0.131 71
12个月	1.202 20	1.017 75	−0.543 0	0.116 14	−0.009 71

资料来源：wind资讯

六、国际产业分工面临调整，结构化改革任重道远

第二次世界大战结束后，以美国为代表的发达经济体的产业结构一直在向高价值链和研发集中的知识产权和服务业转移，逐渐淡出那些低附加值、处于中间环节的制造业。美国制造业增加值在20世纪50年代初曾经占世界总和的近40%，而到了2012年这一比例降至17.4%。2010年，全球制造业"老大"的位置被中

国取而代之。发达国家长期追求去工业化的后果就是经济虚拟化和空心化、经济增长严重依赖债务驱动、对外贸易和财政则长期赤字，这最终导致了全球金融危机。惨痛的教训使它们开始谋求转型，因为制造业不仅能够帮助一个国家保持产业领先地位，还能提供实实在在的就业岗位。奥巴马政府提出重振美国经济的"再工业化"战略，其中期目标是要重振美国制造业、创造更多就业，以此推动美国经济实现结构调整，走出低谷；而远期目标则是要抢占世界高端制造业，掌控环保、能源、交通，乃至所有经济领域的先进技术和设备，以达到巩固并长期维持其世界第一超级经济大国地位的战略目标。这几年，数字化制造和能源成本下降使美国制造业开始出现结构性复苏迹象。其他发达国家/地区，如英国、欧盟和日本等也纷纷出台了各自重振制造业的政策。其中，德国的"工业4.0"尤其深入人心。与此同时，许多发展中国家，如越南、印度等也在加快自身的工业化建设。

发达国家此轮的制造业回归，并非简单的回归制造业，而是对制造业产业链的重构和升级，是以新兴产业发展为核心，促进经济结构和产业结构的调整和转型，具体涉及各国有关制造业的政策取向、制度设计、科技研发、劳动力素质等诸多方面的竞争，这必将影响到未来全球产业尤其是制造业的发展格局。但目前来看，虽然数字化制造和能源成本下降使美国制造业开始出现结构性复苏迹象，但效果还不明显。

与此同时，许多新兴市场和发展中经济体，如中国，原本是以制造业为重，但近年来由于世界市场需求萎缩，制造业出现产能过剩，在无效供给未能及时出清的情况下，制造业利润增速不可避免地出现下滑，很多资本开始追逐房地产和金融业，形成一定程度的资产泡沫和融资市场乱象。中国 3 000 多家上市公司中至少有一半和房地产有关，它们要么是专门的房地产企业，要么其主要利润来自房地产投资。16 家上市银行的利润占近 3 000 家上市公司全部利润的一半以上，许多上市公司热衷于进入金融业。当一个国家的财富不是主要来自于技术和实业，而是来自于金融和房地产领域时，这个国家的经济必然走向空心化和虚拟化。

结构化改革的过程是艰辛的，过程可能会出现反复，因而任重而道远，但是值得期待。

第二节 影响各国物价水平波动的国际经济因素

2015 年以来国际大宗商品价格持续走低给原材料进口国 PPI 带来了下行压力，并传导至消费者价格领域，导致消费物价低迷。受此影响，多国通货紧缩压力明显，IMF 预计 2016 年发达国家 CPI 增速为 0.7%，新兴市场国家 CPI 增速为

4.5%，新兴市场国家 CPI 仍高于发达国家（表 7-4）。IMF 预计 2016 年原油和国际大宗商品价格还将下跌，但与 2015 年相比，降幅缩小。另外，汇率变动和资本流动对各国通货膨胀水平产生了一定的影响。当然，对各国物价增幅影响最大的还是其国内经济增长速度。

表 7-4 全球价格年度同比及预测（单位：%）

年份		2014 年	2015 年	2016 年（预测值）	2017 年（预测值）
消费者价格	发达经济体	1.4	0.3	0.7（1.1）	1.5（1.7）
	新兴市场和发展中经济体	5.1	4.7（5.5）	4.5（5.6）	4.2（5.9）
商品价格	石油	-7.5	-47.2（-47.1）	-31.6（-17.6）	17.9（14.9）
	非燃料商品	-4.0	-17.5（-17.4）	-9.4（-9.5）	-0.7（0.4）

注：括号中数据为 IMF 于 2016 年 1 月的预测值
资料来源：IMF.World economic outlook，2016

一、全球物价水平两极分化明显

目前，总体而言，发达经济体处于通货紧缩的边缘。整个 2015 年，美国 CPI 同比增幅都在零值附近徘徊，但剔除食品和能源的核心通货膨胀率明显上升，并于 2015 年年底超过美联储 2% 的目标。正是由于担心通货膨胀抬头，美联储于 2015 年 12 月 17 日宣布将联邦基金利率提高 25 个基点。由于经济复苏乏力，欧元区目前仍未摆脱通货紧缩的阴影。日本物价曾经在安倍经济学政策的刺激下在 2014 年和 2015 年第一季度有所回升，但却未能持续。2016 年 3 月，日本通货膨胀率（CPI 月同比）重回负值（图 7-3）。鉴于这些发达国家长期徘徊在通货紧缩的边缘，美国财政部前部长萨默斯认为："目前的市场迹象表明，美国、欧洲和日本的通胀 10 年内都不会达到目标水平。"[1]

新兴市场和发展中经济体的物价水平则出现明显波动（图 7-3）。资源出口国受制于大宗商品价格下跌、外汇收入锐减、本币贬值的影响，物价曾经出现大幅上涨走势，但由于出现经济衰退，高物价难以为继；而资源进口国则受益于大宗商品价格的下跌，物价水平保持在较低的水平。俄罗斯 CPI 在 2014 年年底攀升至两位数，并于 2015 年 3 月达到近 17%（CPI 月同比），直到 2016 年受到国内经济衰退的影响开始下行，5 月 CPI 同比增长 7.3%，接近近年来的平均水平。同期，巴西的物价水平也同样经历了先扬后抑的过程，目前在 9.3% 的水平（2016

---

[1] 萨默斯 L.重视金融市场的警示.金融时报，2016-01-13.

年5月）。印度CPI（产业工人）同比增幅在2013年达到两位数之后，经过2014年的快速调整，得益于其经济较快的增长，2015年至2016年4月稳定在6%左右的水平。在新兴市场和发展中经济体中，中国的通胀水平是较低的，而且PPI还出现了连续50多个月的负增长。实际上，与其他新兴经济体不同，中国的物价增长幅度更接近发达经济体的情况，存在一定程度的通货紧缩压力。

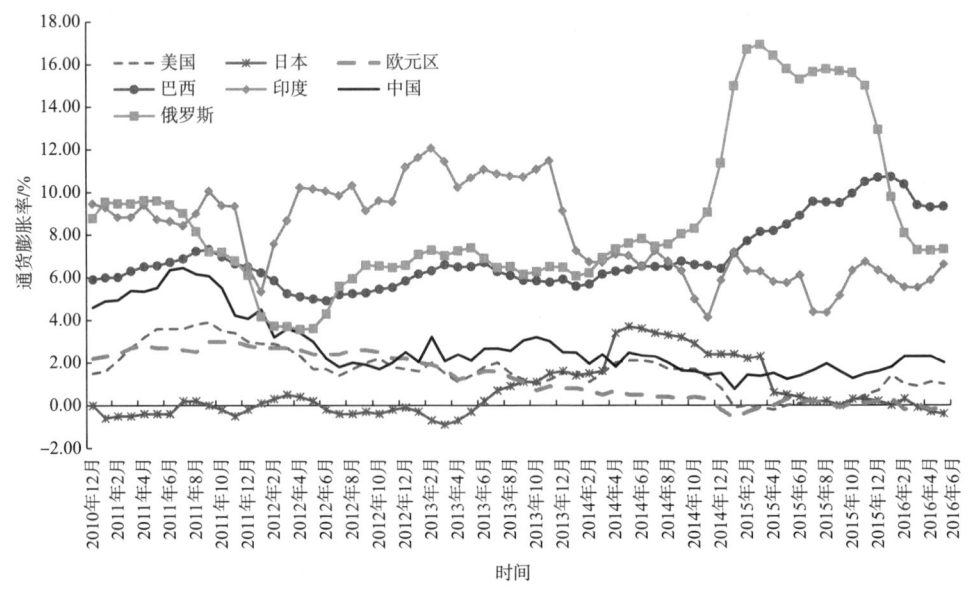

图7-3 主要国家/地区通货膨胀率（CPI月同比）

资料来源：wind资讯

二、国际大宗商品价格下跌带动消费国物价下跌

近年来国际大宗商品价格持续下跌，国际能源和基本金属价格跌至2008~2009年水平。以油价为例，国际原油价格在2013年9月曾经达到110美元的峰值，之后一路下行，至2016年年初曾经跌破30美元，此后有所回升，至2016年4月在50美元左右。但如果全球经济不能显著恢复，很难支持油价长期回升。国际大宗商品价格下跌，一方面是全球经济增速放缓，特别是作为过去十年全球最大的能源和基本金属需求市场——中国经济的放缓，对其需求在减弱。另一方面，供给还在增加。由于前些年大宗商品火爆时期增加的投资正逐渐投产，世界主要产油国和基本金属生产国的供应不仅没有减少还增加了。美国页岩油的开采也比预期更成功。

国际大宗商品价格持续下跌对各国物价水平产生的影响如下：①对那些通货

膨胀水平原本就高，同时需要大量进口国际大宗商品的新兴经济体，其价格的走低有利于缓解国内的通货膨胀压力，有利于刺激其经济增长。印度过去3年的通货膨胀率平均水平一直维持在8%左右，但从2014年年底到2015年6月，年通胀率下跌至5%左右。②对那些经济严重依赖大宗商品出口的国家，如俄罗斯、巴西、哥伦比亚和马来西亚等，大宗商品价格的下跌无疑会成为其经济下行的推手，却对减轻其通胀水平无益。③对于正在寻求摆脱通货紧缩阴霾的美日欧等发达经济体，则会使其通货膨胀目标更难实现。④对中国而言，由于原本通货膨胀水平不高，再加上国内产能过剩，其价格的下跌则进一步拉低了中国的PPI，还有可能拉低本来就不高的CPI。

由于全球经济增速放缓，特别是过去十多年全球大宗商品最重要的需求市场——新兴经济体增长放缓减弱了对大宗商品的需求。与此同时，世界主要产油国和基本金属生产国的供应不仅没有减少反而还增加了：欧佩克为捍卫国际原油市场份额，誓言不减产；美国页岩油的开采比预期更成功，该技术使石油产量可以以惊人的速度增长；美国还在时隔40年后宣布解除原油出口禁令；其他非欧佩克产油国还在提供产能等。尽管当前的原油库存量已经达到了80年来的高位，国际能源署（International Energy Agency，IEA）仍然认为全球原油供应过剩局面还将持续多年。在供给严重超过需求的背景下，国际大宗商品市场遭遇持续下跌，国际能源和基本金属价格2015年年底已跌至2008~2009年国际金融危机期间水平。石油和大宗商品价格下跌可能会重塑全球经济前景布局：经济依赖于石油和基本金属的资源出口型国家受损，但欧元区、日本、中国和印度的消费者会从价格下跌中获益。

IMF认为，大宗商品价格下跌的净效应是正面的，但一些因素正部分抵消其积极影响：首先，石油出口国的财政压力削弱了它们缓解外部冲击的能力，使其国内需求大幅收缩；其次，油价下跌抑制了全球能源资源开采业的投资，可能导致全球总需求下降；最后，IMF观测到，石油价格下跌对石油进口国的消费增长作用不如以前，这可能是因为一些经济体还处在去杠杆化的过程中；此外，在一些新兴市场和发展中经济体，能源进口价格下跌对消费者传导的过程由于多种原因受阻，价格传递不完全。金德尔伯格（Kindleberger，1973）认为，尽管从理论上说，大宗商品出口国贸易条件恶化的损失可以对称地转化为商品消费国的收益，但在实践中却可能发现商品出口国的负面影响是占主导作用的。这可能是因为，消费国意识到其实际收入增加而支出扩张是需要时间的，但原材料生产国却不能等。

三、汇率波动对各国物价水平的影响

美联储加息意味着美国国内资产的相对预期回报率增加，对美元资产的需求量提高，这将导致美元的升值。但由于对美联储加息的时间和幅度不明朗，市场预期经常发生摇摆，导致国际外汇市场动荡不定。但总体而言，从 2014 年下半年至 2015 年第一季度，美元处于上升通道，此后随着对美元二次加息的预期出现犹疑而波动加剧。

理论上，本币汇率升值会因进口品价格下降而降低国内通胀率，汇率贬值则会因进口品价格上升而提升国内物价水平。从 2011 年年初至 2015 年 7 月，美元指数上升了 22.4%，同期美国 CPI 下跌了 87.4%（CPI 同比从 1.7%下跌至 0.2%）。从 2011 年年初至 2015 年 7 月，人民币实际有效汇率指数上升了 29.6%，同期中国 CPI 下跌了 67.3%（CPI 同比从 4.9%下跌至 1.6%）。但与美国进口主要是消费品不同，中国的进口主要是中间投入品，因此汇率升值对 PPI 的影响更大。这就是为什么中国 PPI 连续创新低的重要原因。

对于那些因美元升值而本币贬值的国家，则有助于国内通胀水平的上升。这对那些通货膨胀已经很高的国家而言则无异于火上浇油。从 2011 年年初到 2015 年 7 月，巴西货币雷亚尔的实际有效汇率指数下跌了 26.97%，通胀率水平则上升了 59.5%（从 5.99%上升至 9.56%）。2015 年有加速之势：从 2015 年 1 月的 7% 左右一路飙升到 7 月的 9.56%，是 2003 年 11 月以来的最高值，也是巴西中央银行 4.5%目标通胀率的两倍多，目前是主要新兴经济体中通货膨胀水平最高的。同期，俄罗斯实际有效汇率指数下跌了 19.1%，通货膨胀率则上升了 63.6%，从 2015 年 1 月起维持在 15%以上，2015 年 3 月曾一度接近 17%，2016 年后才开始下降。

四、国际资本流动对各国物价水平的影响

新兴市场外汇资金的流出带动了外汇占款和外汇储备的减少。资本渠道对一国物价水平的影响具有不确定性。首先，在资本自由流动和汇率自由浮动条件下，资本净流出（流入）会压低（抬升）本币汇率，通过汇率变动影响物价水平；其次，资本流动会改变一国外汇占款（非储备货币国），并可能影响货币总量。一国资本净流入导致本国外汇储备和外汇占款增加，如果中央银行没有完全对冲，则带来本国货币总量的扩张，从而导致物价的上涨。资本净流出则正好相反，对货币供给有紧缩效应，推动物价下跌。所以，净资本流出可能通过汇率渠道推升通货膨胀，也可能通过资本渠道压低通货膨胀水平，而中央银行的对冲干预可能会消除这些影响，最终的结果要看这三种力量的对比。但是，如果存在资本管制和

汇率管制，情况就有所不同。经验研究发现，大部分时候资本管制是无效的，即资本会通过各种隐蔽的形式流动。如果资本以隐蔽的形式净流出（或流入），而汇率由于管制不能相应贬值（或者贬值幅度不够），则资本渠道的影响大于汇率渠道，货币紧缩效应更明显；此时需要看货币当局的对冲效果。

第三节 国际经济深度调整的原因：理论解释

从近期看，当前国际经济的深度调整是2007~2009年全球金融危机的延续和发展，但是从更长的历史维度看，它未尝不是各种周期性和结构性矛盾交叠的产物。从理论上，我们至少可以整理出以下一些值得思考的观点。

一、经济长波周期理论

经济长波理论主要包括内生机制长波论、制度演变长波论和技术创新长波论。其中，技术创新长波论是被最广泛接受的。技术创新长波理论推崇技术创新的作用，认为其是经济长波形成的主要原因，而其他因素最多只是影响技术创新的因素。其代表人物主要有康德拉捷夫（Kondratiev，1935）和熊彼特（Schumpeter，1939）。他们认为，由技术创新推动的经济周期能够持续大约50年的时间，因此被称为"长波周期"。长波周期分为上升波段和下降波段，在上升波段经济增长较快，经济较为繁荣；在下降波段经济增速较缓，经济较为萧条。工业革命以来，人类社会经历了大约5次技术革命。第五轮长波的上升期发生在20世纪70~80年代以来到这轮金融危机爆发前，主要被以互联网信息技术为核心的"新经济"（the new economy）所推动，这次经济繁荣期持续了近30年，与经济学家所称的"大稳定"[①]（great moderation）时期（Bernanke，2004）大部分重合。如果按照一个长波周期平均50年算来，这个下降波段至少还将持续若干年。但是，也有经济学家认为（考恩，2015），与电力这样的发明不同，互联网的大部分价值并没有进入"生产"领域，科技创新早在1960~1970年就出现了停滞，正是这种停滞导致今天经济的"大停滞"（the great stagnation）。

无论对于最近一轮科技创新是否已经停滞的判断如何，我们都可以看到技术创新对经济增长的重要作用。我们可以乐观地认为以云计算、大数据为主要特征的互联网的发展将改变诸多行业，并将极大改善和提高工业、农业和服务业的效率，从而拉动GDP的增长。但是要将此变为现实，尚有待时日。

---

① 大稳定时期的主要特征是经济持续增长与低通胀、低失业率以及低波动率同时并存。

二、"长期停滞"和"新平庸"观点

2013年年底,美国财政部前部长萨默斯提出,2008年金融危机以来,以美国为首的发达经济体可能会陷入一个"长期停滞"(secular stagnation)[①]的阶段,即经济缓慢增长、低通胀水平及均衡实际利率下行同时存在的阶段;在此阶段,即使名义利率已经超低(甚至为负值)也难以刺激经济实现充分就业和较高的增长(Summers,2014)。而造成这一局面的主要原因如下:人口结构恶化,劳动参与率降低;技术进步速度下降,劳动生产率下降;收入分配不平等加剧,抑制了经济增长潜力与社会活力。目前,欧洲和日本的状况比美国更符合"长期停滞"的特征。

2014年10月,IMF总裁拉加德首次使用"新平庸"(new mediocre)来概括前景仍然灰暗的全球经济。简单地说,"新平庸"指的是全球经济陷入低增长、低通胀、高失业和高负债的状态。在此状态下,各国经济均陷入"去杠杆化"和"修复资产负债表"的两难境地;贸易保护主义加剧,引致"去全球化"忧虑;大宗商品价格波动加剧,国际游资肆虐、息差交易盛行;各国宏观政策周期非同步,导致各国利率水平迥异,全球治理落入真空。

无论是"长期停滞"还是"新平庸",都表明经济进入缓慢增长时期。而且,一些国家虽然已经采取了负利率政策,却仍然不能有效刺激经济增长,这说明造成经济发展停滞或平庸的那些因素很难在短期内发生改变,全球经济的完全复苏还有待时日。

此外,经济长波周期理论和"长期停滞"观点都强调了技术创新对经济发展的作用。当技术创新步伐停滞之时,制造业的投资也会相应减少,资本将追逐金融服务业等虚拟经济行业,从而带来经济的虚拟化和空心化。

三、债务-通缩理论

债务-通缩理论最早可以追溯到耶鲁大学经济学家欧文·费雪,他系统地阐述了过度负债和通货紧缩导致经济衰退的逻辑关系(Fisher,1933):新发明、新产业、新资源的出现带来好的投资前景,企业为了获取高利润过度扩张和负债推动经济的繁荣与资产泡沫的发展;当经济发展到某个时点会处于"过度负债"的状态,债务人出于谨慎动机会清偿债务,债务清偿引致资产价格下跌,资产泡沫破灭,货币收缩;货币收缩导致价格下跌和通货紧缩,通货紧缩又会造成企业盈

[①] "secular stagnation"一词由经济学家汉森(Alvin Hansen)在1938年提出,他当时认为美国在"大萧条"后可能面临长期停滞的命运。事后证明,汉森的预言错了。

利水平下降和资产负债表恶化；由于缺乏合格抵押品，金融机构会进一步收缩信贷，企业破产加速；随着悲观情绪的蔓延，消费和投资收缩，通货紧缩更加严重……从而形成具有自我强化效应的债务-通缩螺旋，最终导致经济落入萧条状态。在此过程中，名义利率下降，真实利率上升。这一理论的关键点是，只有当过度负债与通货紧缩结合起来，才会酿成灾难。此后，Minsky（1982）提出债务-通缩发展过程具有反复性。此后，不少文献释放了该理论的一些假定，将其适用性推广至资产价格下跌的情形（Wolfson，1996）以及实际通货膨胀率小于预期的情形（Fazzari and Casky，1989）。

该理论在问世的头半个世纪并未在宏观经济政策领域引起太多关注，因为当时凯恩斯主义占据了政策思想的主导地位，到了20世纪60~70年代货币主义学派兴起，最近30年，随着不同类型、不同规模的金融危机多次爆发，债务-通缩理论才真正引起宏观经济学界和政策实务界的关注。伯南克及其合作者结合信息不对称、金融市场不完善等理论，发展出通货紧缩自我加强效应的"金融加速器"理论（Bernanke and Blinder，1998；Bernanke et al.，1999）。该理论认为，信息不对称问题导致了信贷市场上代理成本的增加，而代理成本的高低又取决于企业的财务状况和企业资本金的充足与否。

负债-通缩理论的政策含义如下：负债-通缩螺旋具有自我强化效应，最终将导致经济萧条，因而货币当局需要采取先发制人策略，最好在通缩出现之前采取强势"再通胀"（reflation）政策加以防范。如果出现名义利率下降至零无法再降的"流动性陷阱"以至于利率工具不再管用，则需要采取非价格手段。金融危机爆发后，各国纷纷通过财政赤字、低利率以及中央银行扩大资产负债表来稳定经济。宽松的货币政策和信贷政策一度带动了后危机时期的大宗商品繁荣。但目前，信贷的膨胀带来的却是通货紧缩和经济增长放缓，这说明经济可能已经接近"过度负债"的状态。在此状态下，继续加码宽松力度会使货币政策的效果减弱。

四、全球经济失衡与金融危机

自第二次世界大战以来，全球至少发生了五次经济失衡。本轮全球经济失衡酝酿于20世纪90年代的"大稳定"时期。在大稳定时期和金融危机之前，整个世界可以简单地看做一个"中心-外围"模式。美国是中心国，外围国家则以新兴市场经济国家为主，外围国家推行出口导向型发展战略。为了维持汇率的稳定，外围国家需要盯住中心国家的货币，这造成本币低估和对中心国的贸易顺差，外围国继而通过持有中心国的债券使它们的外汇储备流回中心国；而作为中心国的美国，由于拥有资本市场优势和美元的国际货币地位，可以通过发行债券吸引外围国家的资金流入。这种"中心－外围"模式又被称为"新布雷顿森林体系"（Dooley et al.，2003）。Ferguson 还为此专门提出"中美国"（Chimerica）这一名词来形容由世界最大消费国和最大储蓄国所构成的利益共同体（Ferguson and Schularick，2007）。在这个共同体中，美国主导消费，中国主导生产，它们之间的关系是"共生的"。但是，这种关系是不稳定和难以持续的（Ferguson and Schularick，2011；Caballero，2010）。造成这种全球经济失衡的原因是美国的低储蓄率、高投资率以及亚洲的高储蓄率（Eichengreen and Park，2006）。在全球金融危机发生之前，这种失衡在不断积累。2005 年年底，美国经常账户赤字占 GDP 的比重达到峰值，约为 6.27%。当储蓄从贸易顺差国流向发达国家时，降低了发达国家的融资成本，推高了当地的风险偏好，而投资者风险偏好的改变最终诱发了金融危机的爆发（Bernanke，2008）。

金融危机爆发后，各国所采取的调整政策暂时缓解了全球经济失衡的规模，但这更多的是当时美国金融系统遭受损失而顺差国金融系统表现良好所致。造成全球经济失衡的根本性原因尚未得到解决：如顺差国的经济结构并未发生根本性改变，发达国家的储蓄率仍然不足，需要发展中国家的储蓄弥补（Chinn et al.，2011）；外围国家仍然很依赖美国提供的安全资本（Caballero et al.，2006）。当前，随着美国经济的复苏，如果美国金融的优势再次逆袭，全球经济失衡就仍将持续。

由此可见，无论是从哪种理论出发，我们都看不到国际经济短期出现根本性好转的迹象，这多少有些让人泄气，但是在国际经济调整的过程中，如果经济结构得以优化，全球经济能够恢复平衡，就能够为未来更稳健的全球经济增长打下坚实的基础。

第四节　国际经济因素对中国消费价格指数的影响：实证分析

本节将在第二节的基础上归纳总结国际经济因素影响一国价格水平的渠道和路径，并从实证分析的角度检验国际经济因素对中国 CPI 的影响效果。

一、引言

近年来，伴随着我国经济增速的下滑，物价呈现出较为明显的低位运行态势。截至 2015 年 12 月，CPI 同比涨幅降至 1.6%，这已经是该指数同比增幅连续 17

个月在 2%以下运行。与此同时，我国 PPI 已持续 47 个月为负值（图 7-4）。而上一次 PPI 连续出现负值是东南亚金融危机期间,但那时也只持续了 31 个月(1997 年 6 月至 1999 年 12 月）。虽然目前 CPI 仍处于正值，但 PPI 指标已经显示出通货紧缩的迹象。中国此阶段面临的通货紧缩压力虽然有国内需求不振的原因，但显然也有外部输入性因素的影响。

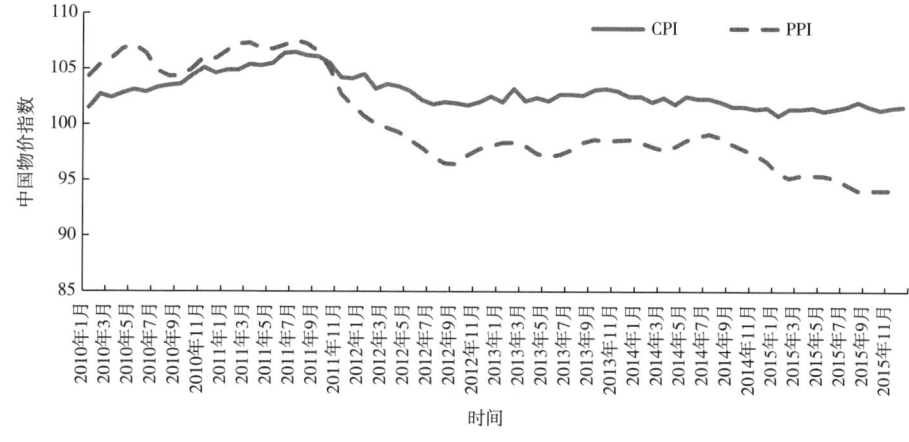

图 7-4 中国物价指数（同比）
资料来源：CEIC

自 2007~2009 年美国"次贷危机"引发的全球金融危机以来，全球经济出现重大调整。主要发达经济体复苏十分缓慢，新兴经济体增速下滑，全球物价水平下行。具体而言，目前影响中国物价水平的典型性事件主要如下：①国际大宗商品价格持续走低，带动进口成本的下降。国际能源和除黄金之外的多种基本金属价格目前已跌破 2008~2009 年国际金融危机期间的最低水平。中国的进口品有三分之二是中间投入品，国际大宗商品价格下跌可能对 PPI 影响较大，进而传导至 CPI。②过去十年人民币汇率相对升值，可能带来一定程度的紧缩效应。自全球金融危机以来人民币有效汇率升值了近 30%。③短期资本外流加大，外汇储备缩减，可能制约中国基础货币的增长，从而对物价进一步产生收缩效应。中国的外汇储备规模已经从 2014 年 6 月 3.99 万亿美元的历史峰值下降至 2015 年 12 月末的 3.33 万亿美元，一年半的时间缩减了 6 600 亿美元。本部分将实证分析以上哪些因素才是影响中国物价水平的主要因素，以及其影响的渠道和路径如何。

二、国际经济因素影响中国物价指数的传导机制

尽管各有不同表述，但归纳总结现有国内外文献，在经济全球化和开放经济

背景下，国际经济因素影响一国物价指数的方式大致可以归纳为三条渠道和三条路径（图 7-5）。

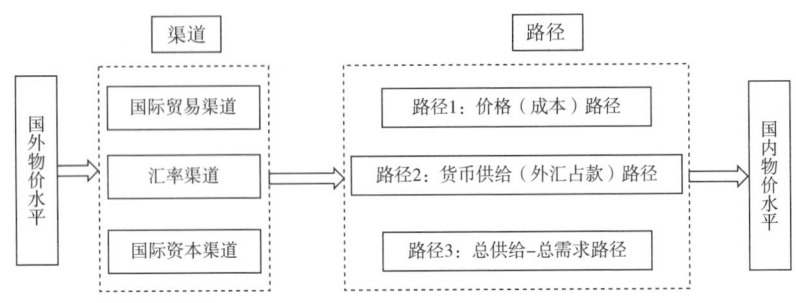

图 7-5　国际经济因素影响物价水平的渠道和路径

（一）国际贸易渠道

从国际贸易角度出发，国际通货膨胀水平可以通过国际收支平衡表的经常项目传递至本国。价格（成本）路径（路径 1）：国外的物价水平通过本国的商品和服务进口影响国内价格水平。这种影响可以是直接影响，即进口品价格→CPI；也可以是间接影响，即进口中间品价格首先传递给生产成本，进而影响生产者价格水平，再间接传递至消费品物价水平，即进口中间品价格→生产要素价格或生产成本→PPI→CPI。价格路径的传递效果取决于企业的定价能力和中间产品的市场化程度：定价能力越低，市场化程度越高，它的传递水平越低（Ghosh，2008；Galesi and Lomardi，2008）。国际食品价格、国际原油价格等国际大宗商品价格是中国通胀的部分原因（中国经济增长与宏观稳定课题组，2008；方勇和吴剑飞，2009；中国人民银行营业管理部课题组，2009；胡援成和张朝洋，2012；袁吉伟，2013）。

货币供给（外汇占款）路径（路径 2）：对外贸易收支的差额会影响本国外汇储备和外汇占款量，进而影响货币供应量和物价水平，即进出口差额→外汇储备→外汇占款→货币供给量→国内物价水平。由于商品和服务的进口量在中国总供给量中的比重不大，进口商品价格和进出口差额对国内总供求和物价水平的影响均有限（陈全功和程蹊，2004），但贸易顺差扩大能够增大中国通胀压力（纪敏，2009）。

总供给-总需求路径（路径 3）：商品和服务的进口形成一国总供给的一部分，出口则构成总需求的一部分，在国内供给量和需求量一定情况下，进出口贸易会改变该国总供给-总需求的平衡状况，从而改变国内物价水平，即进出口→国内总供给和总需求→国内物价水平。陈碧琼和何燕（2009）认为，中国进出口贸易对物价波动短期内呈负向冲击，随后转为正向冲击。

（二）国际资本渠道

货币学派认为，世界的货币供应量决定了世界平均通货膨胀率。在经济全球化条件下，当一国由于资本流入导致国际储备的增加，如果此刻本国经济初始处于充分就业状态，则本国货币供应量增加，物价上升（路径2），即国际资本净流入→国际储备增加→外汇占款增加→本币供应量增加→物价上涨。与贸易渠道不同，资本流动通常并不直接影响本国通货膨胀，而是通过汇率、利率，以及中央银行政策方向改变等间接发挥作用（Mishkin，2001），外汇储备的变动与通货膨胀率的变动往往正相关（Heller，1976；Khan，1979）。有学者认为，影响中国通货膨胀水平的主要外部因素是资本流入（范爱军和路颖，1995；孙婉洁和臧旭恒，1995；余珊萍和钟伟，1997；姚枝仲和张亚斌，2011；周晓明和朱光健，2002）。也有学者认为在人民币汇率缺乏弹性的条件下，中国的外汇储备变动具有明显的通胀效果，而货币冲销则对这种效果有显著的平抑作用（李扬，1997；曲强等，2009；张鹏和柳欣，2009）；但频繁的货币冲销只会导致国内利率的升高和国内外利差的扩大，使中央银行陷入更深的货币冲销泥潭中（Calvo，1998）。但也有人认为，全球流动性的转化因中央银行的有效对冲而没有明显、直接地影响中国物价水平（中国经济增长与宏观稳定课题组，2008）。

（三）汇率传递渠道

在不同汇率制度下，通货膨胀的传递效应是不一样的。Mundell（1963）和Dornbusch（1980）认为，在固定汇率制度下通货膨胀以国际收支差额为媒介向其他国家传递；但在浮动汇率制度下，由于国际收支可以通过汇率的自由浮动自动调整平衡，一定程度上可以抵御国外通货膨胀的输入。当一国汇率制度从固定转向浮动汇率制时，通货膨胀的传递效应会降低（Steel and King，2004）。我们仍然可以将汇率影响物价水平归纳为以上三条路径。路径1是指本币升值而进口商品外币价格不变时，进口商品价格下跌，上游产品价格的下跌通过产业链条拉动相关中间产品价格，最终传递到消费领域，引起物价水平的整体下降，即在其他条件不变的情况下有本币升值→进口品价格下跌→CPI下跌。汇率渠道对通货膨胀的传递是通过价格链条实现的，且传递效应沿着价格链条出现衰减（Sekine，2006；Campa and Goldberg，2005）。高通货膨胀国家的汇率传递效应大于低通货膨胀国家（Ghoudhri and Hakura，2006）。伴随着经济全球化和交易成本的下降，国际市场的竞争加剧，单个企业的定价能力越来越弱，企业有时需要采取内部消化甚至降低利润的方法来应对汇率的变化，汇率变动对物价水平的传递效应会因此下降（Cwik et al.，2011）。国内有学者认为，人民币汇率对中国进口价格和CPI的影响是显著的，但程度非常低（封北麟，2006；陈六傅和刘厚俊，2007；毕玉江，

2008；白钦先和张志文，2011）。路径 2 是指在满足一定条件下（如马歇尔-勒纳条件），汇率可能通过影响贸易差额影响一国物价水平，即本币升值→贸易顺差减少或逆差增加→外汇储备和货币供应量减少→CPI 下跌。此外，汇率预期也会引发国际资本流动，经路径 2 间接影响物价水平。张成思和唐兆丰（2012）发现，人民币升值确实在一定程度上和通货膨胀程度有负相关关系；有效的货币冲销政策，可以缓解外汇储备增加引起的通货膨胀压力。路径 3 是指汇率变化通过总供给-总需求路径传递通货膨胀。余永定（2004）认为人民币升值确实可能通过贸易顺差的减少或增长速度的下降，导致国内总需求的减少或增长速度的下降，对物价水平或物价上涨率产生向下的压力。

外部因素影响一国消费价格指数的实际过程中，不同的传递路径与上述的先后顺序可能有所不同，变量之间可能存在着反作用，某些过程可能会重复出现。这些增加了物价国际传导的复杂性。货币学派认为，国际资本市场的调整要快于商品市场的调整。中央银行货币政策的可信度也能对通货膨胀的传递效应施加一定的影响，如通货膨胀目标制就有利于增强社会公众对中央银行稳定通货膨胀预期的信心，也会减弱和放缓输入型通货膨胀的传递（Aleem and Lahiani，2014）。

三、实证分析

（一）模型和变量的选择

考虑到国际经济因素影响中国物价水平的复杂性，现有的经济理论很难对经济变量之间的动态联系提供严密的影响顺序说明，我们拟采用 VAR 模型进行实证分析。VAR 模型将所有的变量都作为内生变量处理，仅用其滞后值的函数来构造模型，这种单纯基于数据的统计性质来研究多变量之间关系的方法，既减少了主观判断错误所带来的不确定性，也避免了为保证结构模型的可识别性而施加的不严谨限制性的影响。

在变量选择方面，考虑到中国实行的是有管理的浮动汇率制（汇率有限弹性）及对资本项目存在一定的管制，本部分拟以进口（以 IM 表示）、出口（以 EX 表示）、净出口（以 NEX 表示）和国际基础商品价格指数（以 IPP 表示）考察国际贸易渠道对物价指数的影响，用人民币实际有效汇率（以 RER 表示）考察汇率渠道对物价指数的影响，用国际资本流动（以 ICF 表示）考察国际资本渠道对物价的影响。此外，为了满足理论分析合理性的要求，我们增加了货币供应量（M2）和产出缺口数据。由于 GDP 通常只有季度数据，我们用工业增加值（以 IVA 表示）代替 GDP 作为产出缺口的替代变量。我们选择 2000 年 1 月至 2015 年 11 月共 191 个月的数据。这个时间段的总体特征是，中国经济结束了短缺时代，逐渐步入需求疲软产能过剩的阶段。

我们选择的具体变量、数据的处理方法及数据来源说明见表 7-5。

表 7-5 变量名称和处理说明

变量名称	符号	处理说明	数据来源
国际资本流动	ICF	全口径外汇占款（人民币，环比增量）-净出口（用美元汇率将美元计价转为等值人民币）	CEIC-中国人民银行、海关总署
消费价格指数（同比）	CPI		CEIC-国家统计局
进口值（CIF）	IM	用美元汇率将美元计价转为等值人民币	CEIC-海关总署
出口值（FOB）	EX	用美元汇率将美元计价转为等值人民币	CEIC-海关总署
净出口	NEX	用美元汇率将美元计价转为等值人民币	CEIC-海关总署
国际基础商品价格指数（所有初级产品）	IPP	2010 年为 100	CEIC-国际货币基金组织
工业增加值（同比）	IVA	已剔除价格影响	CEIC-国家统计局
广义货币供应量（同比）	M2		CEIC-中国人民银行
人民币实际有效利率	RER	2010 年为 100	CEIC-国际清算银行

注：对于个别缺损数据我们采用简单插值法进行了处理

为选择合适变量，我们先在理论分析的基础上采用 Granger 检验测度各变量与 CPI 之间是否存在单向因果关系。由表 7-6 可以看出，ICF、IM、IPP、IVA、M2、RER 都是 CPI 的 Granger 成因，而 EX 和 NEX 不是 CPI 的 Granger 原因，因此我们选择 ICF、IM、IVA、IPP、M2、RER 和 CPI 等变量建立 VAR 模型，这样能够保证每条渠道都有可供检验的变量。

表 7-6 Granger 检验表

原假设	F 统计量	P 值	结论
ICF 不是 CPI 的 Granger 成因	2.053 2	0.015 4	拒绝原假设
IM 不是 CPI 的 Granger 成因	2.069 8	0.008 1	拒绝原假设
IPP 不是 CPI 的 Granger 成因	1.860 5	0.020 6	拒绝原假设
IVA 不是 CPI 的 Granger 成因	20.469 9	0.000 0	拒绝原假设
M2 不是 CPI 的 Granger 成因	4.320 0	0.014 7	拒绝原假设
RER 不是 CPI 的 Granger 成因	1.710 0	0.044 5	拒绝原假设
EX 不是 CPI 的 Granger 成因	0.177 9	0.837 2	不拒绝原假设
NEX 不是 CPI 的 Granger 成因	1.535 2	0.218 2	不拒绝原假设

（二）时间序列的平稳性检验

由于宏观经济变量大都为非平稳变量，需要对各个经济变量的平稳性进行检验。为此，我们对各变量进行了 ADF 检验，得 ADF 检验表（表7-7）。

表7-7 ADF 检验表

变量	$Z(t)$统计量	检验类型	1%临界值	5%临界值	结果
CPI	-2.502	存在截距，存在时间趋势	-4.014	-3.440	非平稳
M2	-1.743	存在截距，存在时间趋势	-4.014	-3.440	非平稳
IAV	-2.763	存在截距，存在时间趋势	-4.014	-3.440	非平稳
IM	-1.677	存在截距，存在时间趋势	-4.014	-3.440	非平稳
ICF	-0.861	存在截距，存在时间趋势	-4.014	-3.440	非平稳
IPP	-0.955	存在截距，存在时间趋势	-4.014	-3.440	非平稳
RER	-0.887	存在截距，存在时间趋势	-4.014	-3.440	非平稳
ΔCPI	-12.963	不存在截距，不存在时间趋势	-2.588	-1.950	平稳
ΔM2	-13.915	不存在截距，不存在时间趋势	-2.588	-1.950	平稳
ΔIAV	-23.559	不存在截距，不存在时间趋势	-2.588	-1.950	平稳
ΔIM	-20.346	不存在截距，不存在时间趋势	-2.588	-1.950	平稳
ΔICF	-5.795	不存在截距，不存在时间趋势	-2.588	-1.950	平稳
ΔIPP	-8.163	不存在截距，不存在时间趋势	-2.588	-1.950	平稳
ΔRER	-9.700	不存在截距，不存在时间趋势	-2.588	-1.950	平稳

由上面的分析看出，各个变量均为非稳定变量，为保持分析的稳健性，需要进行协整检验，以检验各个变量之间是否存在稳定的长期均衡关系。通过 Johansen 协整检验分析，各变量之间存在稳定的长期均衡关系。

（三）模型的稳定性检验

为了分析建立的 VAR 模型的稳定性，进一步采取滞后结构检验发现，VAR 模型的 AR 特征多项式根的倒数的模都小于 1（表7-8），各个点均落在伴随矩阵单位圆内，这表明我们所建立的 VAR 模型是稳定的可以进入下一步的脉冲响应函数的分析。

表 7-8 VAR 稳定性检验表

特征值		模
0.988 032+	0.016 657 55i	0.988 172
0.988 032-	0.016 657 55i	0.988 172
0.936 825+	0.063 925 48i	0.939 004
0.936 825-	0.063 925 48i	0.939 004
0.929 095		0.929 095
0.260 320		0.260 32
0.084 507		0.084 507

注：特征值第一列为实部，第二列为虚部，i 表示虚数的虚部

（四）脉冲响应函数分析

在建立 VAR 模型的基础上，我们利用 STATA 软件进行脉冲响应分析，得到向量间冲击反应效果图（图 7-6），从中可以看到各相关变量之间的互动关系与 36 个月滞后期冲击的响应变化。当对 ICF 施加一个标准差的冲击时，对 CPI 产生的影响偏弱［图 7-6（b）］；当对进口值（IM）施加一个标准差的冲击，对 CPI 产生正向影响，前几期不断增大，之后不断减弱［图 7-6（c）］；当对 IPP 施加一个标准差的冲击，对 CPI 产生微弱的负向影响，后趋于 0［图 7-6（d）］；当对 IVA 施加一个标准差的冲击，很快对 CPI 产生正向影响，变动趋势为先上升后下降直至变为负向冲击［图 7-6（e）］；当对 M2 施加一个标准差的冲击，对 CPI 产生正向影响，变动趋势为先上升后下降［图 7-6（f）］；当对 RER 施加一个标准差的冲击时，先对 CPI 逐渐产生负向影响，影响强度先增强后减弱［图 7-6（g）］。

此外，我们还进行了方差分解分析（图 7-7），发现 CPI 本身的影响一直占据主导地位（即翘尾因素），但影响不断降低；IVA 是除 CPI 之外的短期重要影响因素，经历了先增长后减少的变动趋势；RER 对 CPI 的影响先是逐步上升并超越 IVA 的影响，此后不断衰减。RER 对 CPI 的中长期影响较大；M2 的影响也是逐步上升后至平稳；IM 的影响也是先上升后下降，但总体不大；ICF 的影响则相对较小。

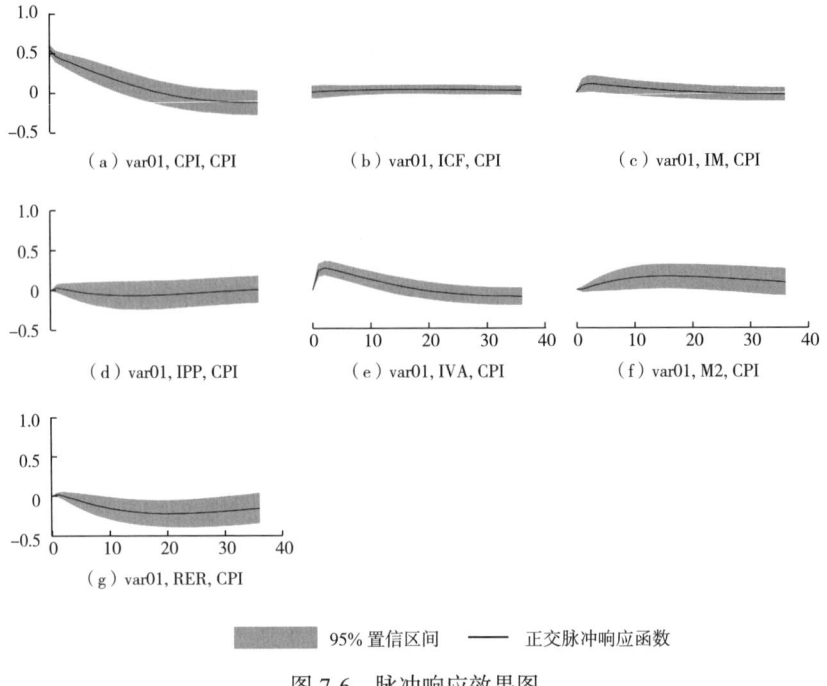

图 7-6 脉冲响应效果图

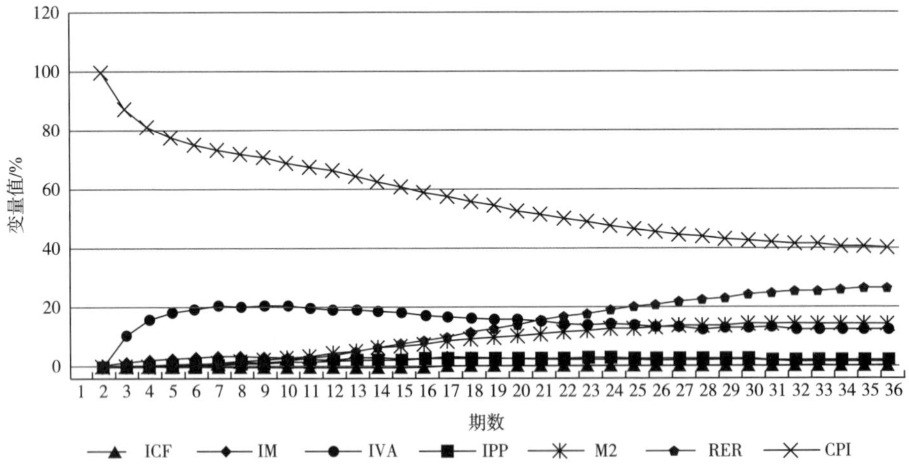

图 7-7 方差分解图

四、实证分析的结果

本部分通过文献回顾与实证研究,对国际经济因素影响下的中国 CPI 进行了探讨,基本结论如下。

首先，国际贸易渠道对中国 CPI 有一定的短期影响：①出口和净出口都不是 CPI 的 Granger 原因，而 IM 对 CPI 有正向影响，但没有长期影响，这说明总供给－总需求路径（路径 3）在短期内有一定作用。在当前中国国内产能过剩，大多数商品供过于求的情况下，出口不能影响 CPI 是可以接受的。IM 对 CPI 产生正向影响可能是因为：中国进口品以工业制品为主（2015 年年底占 75%，样本期平均超过 70%），当国内投资和消费需求强劲时，在进口增加的同时也拉动了物价的上涨。而当前国内需求不旺，进口增幅显著下降，则可能预示着我国物价水平有进一步下行的压力。2015 年，我国货物贸易较上年下降 7%，其中进口下降了 13.2%，这说明我国处在内需明显乏力的阶段，为避免经济硬着陆，需要采取刺激性宏观经济政策。②IPP 对中国 CPI 的影响很小（路径 1），这可能是因为样本期间，国内能源价格定价机制并未完全市场化，价格路径的国际传导并不通畅；中国进口商品中初级产品所占比重不大（2015 年年底是 25%，样本期平均不到 30%）；国际基础商品价格主要影响的是 PPI 而非 CPI。近些年来，中国 CPI 出现与 PPI 越来越背离的现象，原因在于服务业在居民消费中所占比重越来越大。我们通过简单的回归分析也发现 IPP 与 PPI 有较强的相关性，而 CPI 和 PPI 的相关性逐渐减弱。

其次，国际资本渠道对中国 CPI 影响有限。ICF 对中国 CPI 的影响无论是长期还是短期都不明显，这说明中央银行的冲销操作取得了不错的政策效果。

最后，汇率渠道对中国 CPI 有中长期影响。人民币实际有效汇率变动对 CPI 有负向影响，即人民币汇率升值有抑制物价指数的效果，但有一定的时滞。

综合而言，影响中国 CPI 的主要因素是内部因素（货币供应量和经济增长），外部因素仅是次要因素。短期看（3~6 个月），国内对 CPI 影响最大的因素是滞后期的 CPI（即通胀黏性）和工业增加值增长率，外部因素是国际贸易。影响中国 CPI 的国际贸易因素主要是进口，而进口受制于中国的内需增长。从中长期看（7~36 个月），对中国 CPI 影响最大的国内因素是货币供应量，外部因素则是人民币实际有效汇率。

以上实证分析的结果与本章第二节和本节前文的理论分析大体是相符的。

第五节 中国应对国际经济调整，稳定通货紧缩预期的对策建议

复杂的国际经济环境是我国经济发展的外部约束。目前，无论是国际市场还是国内市场，无论是商品市场，还是货币市场、证券市场，都远没有找到自己的

均衡态。动荡和坎坷不可避免，此时特别考验的是各国当局者的管理智慧和国际社会的沟通协调能力。随着美联储在加息通道上继续前行，中国将面临资本外流、货币贬值和资本市场动荡等诸多挑战。中国需要根据国内外经济发展形势，综合考虑国内经济增长、资产价格、人民币汇率、资本流动等因素的相互作用，在内外部平衡中寻求政策最佳着力点，兼顾短期增长和长期稳定。

一、进一步改革人民币汇率机制，与美元保持适当距离

目前，中美经济走势出现背离，伴随着美联储的加息，美元可能不断走强，如果人民币汇率继续盯住美元，则会被动升值，这显然对中国经济不利。近期公布的 CFETS[①]人民币汇率指数，引导市场更多关注人民币一篮子汇率，而不只是人民币兑美元的汇率，实属明智之举。但在外汇市场上，中国人民银行每日设定人民币兑美元中间价，人民币兑美元汇率可以在中间价上下 2%范围内浮动，这一方式让投资者仍然盯住美元。

要有序释放短期贬值压力，避免引起金融市场恐慌和大幅动荡。2015 年年末至 2016 年年初，主要有两方面的原因导致人民币贬值压力加大：首先，美国经济逐渐恢复，美联储重启加息之路，美元需求上升；反观中国，经济正在放缓，工业产能严重过剩，培育新的经济增长点还需要时间，人民币资产回报率在下降，人民币需求下降。其次，从 2005 年汇改以后人民币名义和实际有效汇率就不断升值，2014 年下半年以来虽然有所贬值，但贬值幅度远远小于其他新兴经济体。贬值有渐进式和一次性贬值两种策略，各有利弊：渐进式贬值的最大风险在于会形成贬值预期，加大资金流出压力；短期快速贬值到位的策略可能会导致暂时超调，市场短期震荡可能较大。中国人民银行需要权衡这两种策略。或许，中国人民银行可以采用一个折中方案，即阶梯式贬值策略。目前贬值的一个有利条件是物价水平比较低，贬值不会导致通货膨胀，反而有利于缓解当前的通货紧缩压力。此外，人民币适当贬值还有利于增加经常项目顺差，以弥补国内投资减少的缺口。

2016 年以来人民币兑美元汇率出现明显的贬值，人民币贬值压力得到较好释放。从中期来看，人民币不一定有贬值压力，原因如下：①随着人民币国际化程度的增强，人民币在国际市场的需求会增加；②中国贸易顺差还在保持增长；③中国物价水平相对低。从长期看，人民币汇率水平还是取决于中国经济增长水平。无论何时，我们都要综合考虑国内经济增长、资产价格、人民币汇率、资本流动等因素的相互作用，根据内外部均衡的状况灵活调整汇率水平。

---

① China Foregin Exchange Trade System.

二、加强对资本流动的监测，重视宏观审慎监管

按照"三元悖论"，在资本自由流动、货币政策独立性和汇率稳定中只能三选二。实际上，中国一直以来选择的是汇率有限浮动、资本项目部分管制和货币政策部分独立的组合，只不过有些时候偏重于汇率稳定，有时候偏重于货币政策独立而已。资本自由流动对人民币国际化有利，货币政策独立性则主要关注国内均衡，汇率政策则需兼顾内外部的均衡。当前应该优先考虑内部均衡而非外部均衡，同时将人民币国际化视为一个金融体系长期发展成熟的自然结果，而不是一个急于求成的目标。展望未来一年，中国经济增长有可能继续放缓，对外贸易增长有限，中国人民银行可能进一步下调利率，人民币贬值预期可能反复升温。在释放人民币贬值压力时要对资本流动施加适当限制，防止过多热钱流动冲击我国金融体系和实体经济。在此过程中，要加强宏观审慎监管。在国际经济深度调整的过程中，各国宏观经济政策的不同步导致国际利率、汇率大幅波动，国际游资在全球流窜，导致股市、房市、债市、汇市等潜在金融风险隐患增大，容易诱发局部金融动荡和金融危机，因此要确保金融稳定目标。具体而言，一是要甄别资本流动的隐蔽渠道；二是警惕短期套息和套利交易动向，必要时采取临时管制措施；三是要严厉打击地下钱庄。

三、平衡"稳增长"与"去杠杆"关系，妥善处理债务问题

近年来，中国债务增长迅速。2014年中国债务率已达278.9%，比2008年升高了94.3百分点，新增债务中约70%源自非金融企业（陈彦斌，2015）。高债务水平往往会形成对经济增长的拖累，增加金融市场的波动和脆弱性，如果过度负债与通货紧缩相结合，还可能引发"债务-通缩"式萧条。在此情形下，大幅度去杠杆可能会带来更多下行的压力。所以，要平衡好"稳增长"和"去杠杆"的关系，妥善处理好债务问题：①可以采取债务重组、核销和置换、PPP等措施，降低杠杆率。②保护股权市场发展，使外部融资朝着更长期的、基于股权的资本结构转变，以减轻市场对趋势逆转的担忧。根据中国人民银行公布的数据，截至2015年年底，我国非金融企业境内股票融资占比仅为4.9%，还很低。③对银行和一些大型非银行金融机构补充资本金，增强金融业抵御风险的能力。④综合运用利率、准备金率、中期借贷便利（medium-term lending facility，MLF）、常设借贷便利（standing lending facility，SLF）和抵押补充贷款（pledged supplementary lending，PSL）等货币政策工具，为结构改革提供相对宽松的货币环境。可以降低存款准备金率，必要时适当下调利率。根据前述债务-通缩理论，适度宽松的

货币政策有利于稳定通胀预期，打破债务-通缩的恶性循环。目前高达 17%的存款准备金率，还有很大的下调空间。降息虽然会加大资本外流的压力，但目前 PPI 通缩，企业的实际融资成本居高不下，企业的债务负担非常沉重，再加上中美利差还有不小距离，从优先考虑内部均衡的角度出发，降息还有一定的空间。⑤妥善应对经济结构调整过程中出现的银行资产不良率上升的问题。例如，前些年外贸快速增长时，东部沿海一带许多企业通过"联保联贷"方式从银行获得贷款，现在去库存、去产能过程中遭遇出口不振问题，容易出现一家倒闭带倒一大片企业的情况，银行不良率因此可能大幅攀升。

当然，考虑到去杠杆的必要性，货币政策也不宜过于宽松。

四、加快结构性改革，减少对外部经济的依赖

当前中国经济面临的问题既是周期性，也是结构性的，但经济内部的结构性问题才是制约中国经济中长期发展的障碍。中国经济增长已告别高增长、高投资、高投入时代，进入结构调整的新常态时期。2015 年年底召开的中央经济工作会议对"十三五"开局之年的经济工作进行了全面部署，强调要着力推进供给侧结构性改革，为解决中国经济的长期结构性问题提供理论指引。供给侧结构性改革是用改革的办法推进结构调整，优化国内产业结构，提升投资效率，矫正要素配置扭曲，扩大有效供给，提高供给质量，同时着力改善民生，刺激消费降低储蓄率。供给侧改革的重点是要大力推进市场取向的改革，重视"供给侧"的调整，加快淘汰僵尸企业，有效化解过剩产能，提升产业核心竞争力，不断提高全要素生产率。具体而言，一是需要加快收入向居民手中转移的过程，提高家庭可支配收入与 GDP 之比；二是通过人民币适当贬值提高经常项目顺差弥补投资减少的缺口。

推进供给侧结构性改革，要按照"创新、协调、绿色、开放、共享"五大发展理念的要求，适应经济发展新常态，实行宏观政策要稳、产业政策要准、微观政策要活、改革政策要实、社会政策要托底的总体思路，要围绕"去产能、去库存、去杠杆、降成本、补短板"五大重点任务。用改革的办法推进结构调整，矫正要素配置扭曲，扩大有效供给，释放有效需求，促进经济社会的持续健康发展。

五、综合运用财政货币政策，防止总需求过度萎缩

在推进结构调整和去产能的过程中，短期内会加剧经济下行压力，这就需要货币政策和财政政策适度宽松加以缓冲，即总需求管理和供给侧结构性改革要相互配合。

如前所述，供给侧改革是以结构性改革和市场化改革为核心的，着眼于长期

的经济增长潜力的体制性改革。短期内，它并不会马上带动经济增速。而且，在当前经济增长速度下行条件下，如果大力推进结构调整和去产能，那么短期内会加剧经济下行压力。因此，需要做好相应的总需求管理，保持经济运行在合理区间。若过度依靠刺激基建和房地产投资需求则会进一步推升债务和杠杆水平。供给侧改革的短期宏观政策目标只能是防止经济增速大幅下滑，最好是能够稳定在6.5%以上的水平。货币政策的作用主要体现在降低融资成本、流动性合理充裕和社会融资总量适度增长、为结构性改革营造适宜的货币金融环境上，因此货币政策要保持总体稳健和适度宽松相结合。可以针对金融市场的变化灵活运用逆回购、MLF、SLF等操作工具进行预调微调，并谨慎使用降准降息等力度较大的工具。在面临通货紧缩（而非通货膨胀）和结构调整（而非总量调整）时，财政政策通常比货币政策更为有效。例如，扩大地方政府债务置换规模，阶段性提高财政赤字率以弥补收支缺口，适当提高赤字率和政府债务负债率；实行对企业减税；加快收入向居民手中转移的过程，提高家庭可支配收入与GDP之比，以刺激消费，减少经济对出口的依赖。目前，我国的财政政策还有一定的空间，应该好好加以利用，使其为结构调整更好地发挥作用。

六、重视预期管理，熨平市场波动

全球经济在经历了长达八年的调整之后仍然没有完全恢复，市场的耐心和信心已经到了一个临界点。新兴市场的资本外流，国际油价的持续低迷，以及欧洲有可能发生新一轮银行业危机的前景都让投资者对未来经济前景感到迷茫。如果没有明确的趋势改变，再加上对"第三轮金融危机"的传言[1]，全球投资者心理变得脆弱，可能对各种信号过于敏感也是最近全球金融市场波动加剧的原因之一。在这种情况下，中国人民银行要管理好市场预期。例如，在人民币汇率调节中，由于没有公布明确的中间价定价模式，在实际操作中中国人民银行成了市场预期的对手，显得很被动。而且，市场预期不仅会在债市、股市、汇市和房市之间传播，也会在国际和国内市场之间传播。中国人民银行要综合考虑这些市场之间的风险传递机制，做到防微杜渐，防患于未然。

七、加强大国之间的协调，寻求经济政策的国际合作

作为全球第二大经济体，中国占全球产出的16%，占全球预期增长的近20%。2011~2015年，中国经济增长对世界经济增长的贡献在30%左右，超过了美国，

---

[1] 第一轮危机是次贷危机，第二轮危机是欧洲债务危机，第三轮可能的危机指的是新兴市场危机。

实际上承担了全球经济"稳定器"的角色。当前世界经济复苏缓慢，中国无须过多承担全球经济"稳定器"的职责，而是要想方设法推进国际社会共同承担经济调整成本。2015 年 8 月 11 日中国汇改引发新兴经济体货币竞相贬值；9 月美联储在货币政策会议纪要中指出其暂缓加息的原因之一是对中国经济放缓的担忧。2015 年年底至 2016 年年初人民币汇率的快速下跌，以及 2016 年第一个交易周 A 股市场的大幅波动，对全球金融市场产生了不小的震动。国际社会一次次见证了中国对全球市场的影响力。今天，上证综合指数与标普 500 指数之间的相关度较 5 年前提高了 4~5 倍[1]。这说明，中国不再仅仅被动接受来自国际经济的外部冲击，中国自身的经济表现也正在成为国际社会宏观政策决策过程中不可忽视的重要影响因素。

目前，英国脱欧使欧盟出现分化，经济国家孱弱，新兴国家自身经济增长乏力，围绕国际经济深度调整，中国应积极应对。随着金融市场全球化和互联网信息技术的高效率发展，经济全球化从来没有比今天更明显。信息技术可以很快把一个尚不明确的风险点快速地传播到全球金融市场。2008 年雷曼兄弟倒闭的消息在几个小时内就席卷全球。所以，中国应积极推动国际社会充分讨论当前的国际经济形势，要求有关国家承担更多的全球经济稳定义务，防止贸易保护主义，防止货币竞争性贬值，主要国家的中央银行要加强国际间宏观政策的协调与合作。IMF 总裁拉加德在 2015 年 10 月曾经表示，在新兴经济体经济前景下行风险增加的"困难且复杂"时刻，"世界主要经济体亟须对策来应对问题"[2]，这应该是国际社会的共同心声。IMF 在 2016 年 4 月的《世界经济展望》中呼吁"值此全球经济同步减缓，下行风险显著，许多国家政策空间受限，全球经济恢复的关键时刻，亟须采取大胆的多边行动以提振经济，控制风险"。IMF 还指出，当前需要通过国际合作来加固全球金融安全网和全球监管体系，以提高国际货币和金融体系的弹性。"各国政策制定者如若都能清醒地认识到他们共同面对的风险，并采取一致行动应对这些风险，那么这对建立全球信心的积极影响将是巨大的。"[3]

参 考 文 献

白钦先，张志文. 2011. 人民币汇率变动对 CPI 通胀的传递效应研究. 国际金融研究，12：38-46.
毕玉江. 2008. 人民币汇率变动对中国进口商品价格的传递效应——基于 VECM 的实证研究.

---

[1] A 股跌完美股跌，中美股市相关性达到新高度.wind 资讯，2016-01-14。
[2] 贾尔斯 K.世界经济前景：恐惧与希望并存. 金融时报. http://www.ftchinese.com/story/001064323，2015-10-13。
[3] IMF . World economic outlook，2016.

数量经济技术经济研究，8：70-82.
陈碧琼，何燕.2009.我国外汇储备与CPI波动动态传导机制研究.国际贸易探索，5：69-74.
陈漓高，齐俊妍，韦军亮.2009 第五轮世界经济长波进入衰退期的趋势、原因和特点分析.世界经济研究，5：3-11，87.
陈六傅，刘厚俊.2007.人民币汇率的价格传递效应——基于VAR模型的实证分析.金融研究,4：1-13.
陈全功,程蹊.2004. 我国对外贸易影响国内通货膨胀水平的路径分析.国际金融研究，2：51-56.
陈彦斌. 2015-12-13.中国目前不必过于担忧"债务—通缩"问题. 光明日报，007.
方勇，吴剑飞. 2009. 中国的通货膨胀：外部冲击抑或货币超发——基于贝叶斯向量自回归样本外预测模型的实证. 国际金融研究，4：72-78.
范爱军，路颖. 1995. 引进外资与通货膨胀的关联分析及对策探讨. 经济研究，9：67-71.
封北麟.2006. 汇率传递效应与宏观经济冲击对通货膨胀的影响分析.世界经济研究,12：45-51.
胡援成，张朝洋.2012. 美元贬值对中国通货膨胀的影响：传导途径及其效应.经济研究,4：101-112,123.
纪敏.2009.本轮国内价格波动的外部冲击因素考察.金融研究,6：31-43.
考恩 T.2015.大停滞?科技高原下的经济困境：美国的难题与中国的机遇.王颖译.上海：上海人民出版社.
李扬.1997.外汇体制改革与中国的金融宏观调控.国际经济评论,Z3：34-39.
曲强,张良,扬仁眉.2009. 外汇储备增长、货币冲销的有效性及对物价波动的动态影响——基于货币数量论和SVAR的实证研究.金融研究,5：47-60.
孙婉洁，臧旭恒. 1995. 试析外资流入对我国通货膨胀的影响. 经济研究，9：60-66.
姚枝仲，张亚斌.2011.中国资本项目的变化及其宏观影响.世界经济, (8)：21-30.
余珊萍，钟伟.1997. 论通货膨胀和国际收支调节.国际经贸探索,6：12-16.
余永定. 2004. FDI对中国经济的影响. 国际经济评论，2：22-23.
袁吉伟.2013. 外部冲击对中国经济波动的影响——基于BSVAR模型的实证研究.经济与管理研究，1：27-34.
张成思,唐兆丰.2012. 人民币升值同中国通货膨胀的关系研究.中央财经大学学报,9：23-29.
张鹏,柳欣.2009. 我国外汇储备变动对通货膨胀的影响.世界经济研究,2：35-39,46,88.
中国经济增长与宏观稳定课题组.2008. 外部冲击与中国的通货膨胀. 经济研究,5：4-18,115.
中国人民银行营业管理部课题组.2009. 外部冲击与我国物价水平的决定——基于结构VAR模型的分析.财经研究,8：91-104.
周晓明,朱光健.2002. 资本流动对我国货币供给的影响与对策.国际金融研究,9：66-71.
Aleem A, Lahiani A. 2014. Monetary policy credibility and exchange rate pass-through：some evidence from emerging countries. Economic Modeling, 43：21-29.
Bernanke B. 2004-02-20. The great moderation. http：//www.federalreserve.gov,February 20.
Bernanke B. 2008-06-05. The sources of the financial turmoil：a longer-term perspective. BIS Review 69. http：//www.bis.org/review/r080605a.pdf?noframes=1.
Bernanke B, Blinder A. 1998. Credit, money, and aggregate demand. American Economic Review,78：435-439.
Bernanke B, Gertler M, Gilchrist S.1999. The financial accelerator in a quantitative business cycle

framework//Taylorand J B, Woodford M. The Handbook of Macroeconomics, North Holland.

Caballero R J. 2010. The "other" imbalance and the financial crisis. NBER Working Paper 15636.

Caballero R J, Fahri E, Gourinchas P O. 2006. An equilibrium model of "Global Imbalances" and low interest rates. NBER Working Paper 11996.

Calvo G A. 1998. Capital flows and capital-market crises: the simple economics of sudden stops. Journal of Applied Economics, 1(1): 35-54.

Calvo G A. 1999. Inflation stabilization and bop crisis in developing countries. Handbook of Macroeconomic, 1(99): 1531-1614.

Campa J M, Goldberg L S. 2005. Exchange rate pass-through into import prices: evidence from chile. Review of Economics and Statistics, 87: 679-690.

Chinn M D, Eichengreen B, Ito H. 2011. A Forensic Analysis of Global Imbalances. NBER Working Paper No. 17513, October 2011.

Cwik T, Muller G J, Wolters M H.2011. Does trade integration alter monetary policy transmission? Journal of Economic Dynamics and Control, 35(4): 545-564.

Dooley M P, Folkerts-Landau D, Garber P. 2003. An essay on the revised Bretton Woods System. NBER working paper 9971, September 2003.

Dornbusch R. 1980. Open Economy Macroeconomics. New York: Basic Books.

Eichengreen B, Park Y C. 2006. Global imbalances and emerging markets. Global Imbalances and the US Debt Problem—Should Developing Countries Support the US Dollar? Fondad, The Hague November 2006. www. fondad.org.

Fazzari S, Casky J. 1989. Debt commitments and aggregate demand: a critique of the neoclassical synthesis and policy//Semmler W. Financial Dynamics and Business Cycles: New Perspectives. New York: Armonk.

Ferguson N, Schularick M. 2007. Chimerica and the global asset market boom. International Finance, 10: 215-239.

Ferguson N, Schularick M. 2011. The end of Chimerica. International Finance, 14: 1-26.

Fisher I.1933. The debt-deflation theory of great depressions. Econometrica, 1: 337-357.

Galesi A, Lomardi M J.2008. External shocks and international inflation linkages: a global VAR analysis. Working Paper 1062. Frankfurt: European Central Bank.

Ghosh A.2008. Implications of production sharing on exchange rate pass-through. International Journal of Finance & Economics, 14(4): 334-345.

Ghoudhri E U, Hakura D S. 2006. Exchange rate pass-through to domestic prices: does the inflationary environment matter?Journal of International Money and Finance, 25: 614-639.

Heller H. 1976. International reserves andworld-wideInflation. IMF Staff Paper, 23(1): 61-87.

IMF. 2016. World economic outlook—subdued demand, diminished prospects, January.

Khan M S.1979. Inflation and international reserves: a time series analysis. IMF Staff Papers, 26(4): 699-724.

Kindleberger C P.1973. The world in depression: 1929—1939.University of California Press, 40th Anniversary Edition edition, January 7.

Kondratiev N D. 1935. The long waves in economic life. Review of Economic Statistics, 17(6): 105-115.

McKinsey Global Institute. 2015. Debt and (not much) delever aging.

Minsky H. 1982. Debt deflation processes in today's institutional environment. Banca Nazionale Del Lavoro Quarterly Review, 143,377-93.

Mishkin F S. 2001.The transmission mechanism and the role of asset prices in monetary policy. Aspects of the Transmission Mechanism of Monetary Policy, Focus on Austria 3-4/2001. Vienna: Osterreichische National Bank.

Mundell R A.1963. Capital mobility and stabilization policy under fixed and flexible exchange rates.Canadian Journal of Economic and Political Science,29(4): 475-485.

Schumpeter J. 1939. Business Cycles: A Theoretical, Historical and Statistical Analysis of the Capitalist Process. New York, Toronto, London: MacGraw-Hill Book Company.

Sekine T.2006.Time-varying exchange rate pass-through: experiences of some industrial countries. BIS Working Papers, 202.

Steel D, King A. 2004. Exchange rate pass-through: the role of regime changes. International Review of Applied Economics,18(3): 301-322.

Summers L. 2014. US economic prospects: secular stagnation, hysteresis and the zero lower bound. Speech Delivered to the National Association for Business Economics, Economic Policy Conference, February 24.

Wolfson M H. 1996. Irving fisher's debt-deflation theory: it's relevance to current conditions. Cambridge Journal of Economics, 20(3): 315-333.

第八章　通缩及通缩预期影响经济增长的机理分析与改革治理[①]

当前中国经济正处于一个新旧增长模式交替的关键阶段，受国内外众多因素的冲击，经济增速下行压力进一步加大。本章侧重于探讨与通货紧缩预期及经济增长相关的基础理论研究及其之上的政策研究，最大的特色是经济理论与量化分析的统一，将通货紧缩预期对经济增长的影响机制的研究纳入一个准结构化的宏观经济预测模型中。主要研究内容包括债务通缩、新凯恩斯模型理论、中国宏观经济形势分析预测、政策应对的情景分析等，结合国内外相关理论和实践，探讨了生产部门紧缩和通货紧缩预期的影响因素，致力为"新常态"之下的中国宏观经济调控及"十三五"规划的具体落实，提供科学的理论依据和决策参考。

第一节　债务-通缩、通缩预期对经济增长的影响机理

一、债务-通缩理论及债务-通缩对经济增长的影响机理

欧文·费雪通过对20世纪30年代世界经济危机的研究提出"债务-通货紧缩"理论，主要从供给角度联系经济周期来研究通货紧缩问题，这是其与凯恩斯的有效需求理论的最大不同之处，参见Fisher（1933）。他认为，作为初始状态的过度负债和随后出现的通货紧缩是解释商业周期的两个最主要的经济变量，它们是相互作用、相互加强的，其他的经济变量都是从属的、次要的变量。通货紧缩会加重企业的债务负担，企业过度负债又会反过来恶化通货紧缩，从而陷入"债务-通缩"的恶性循环，债务和货币购买力的冲击，将对几乎所有其他的经济变

[①] 本章执笔人：田国强、黄晓东、陈旭东、王玉琴、巫厚玮、吴化斌、赵琳、周亚虹、朱梅、张敏。

量产生严重的冲击,最终导致经济的"螺旋式"衰退甚至大萧条。这也是费雪所认为的 20 世纪 30 年代经济大萧条的主要原因。

事实上,近几年中国 PPI 的长期负增长已致使很多企业的盈利能力下降,亏损企业数量增多。根据经济学理论的内在逻辑推演,这可能引起一定的债务通缩压力。课题组将通过研究中国工业企业债务相关问题,分析中国经济面临的债务通缩风险。具体来说,债务通缩发生的机理如下:如果通货紧缩(预期)增加,将导致企业的实际债务增加,在这种情况下,企业的偿还能力下降,违约风险加大,从而使银行更加谨慎地对待企业借债,企业融资难问题进一步加剧,导致企业的投资减少、产出下降,相应的收入也因此下降。企业为了偿还债务不得不降低价格出售产品,进而导致通货紧缩的进一步恶化及经济的下滑。因此,从我国目前的企业债务状况来看(以规模以上工业企业为例),我国将面临相当大的"债务-通缩"风险,形势甚为严峻,具体分析如下。

数据显示,我国工业企业负债规模占 GDP 比重从 2002 年开始急速上涨,上涨幅度较大,虽然在 2007 年有所下降,但由于受经济危机的影响,2008 年又开始加速上涨,到 2014 年工业企业负债规模占 GDP 比重已高达 86%,与 2013 年持平,相比 2012 年增加了 3 百分点,而且我国工业企业负债额呈现持续上涨的趋势,这些都表明了我国企业整体债务负担已经相当严重。另外,从 2011 年开始,企业负债增速开始下降,2015 年 11 月累计同比增速 5.3%,比 2014 年同期下降了 3.3 百分点,这说明很多债务是之前积累的,表面上显示企业资金充足,不需要大量借债,偿债能力强,然而关于银行不良贷款率大幅上升的数据显示事实并非如此,数据表明我国工业企业举债能力在不断下降,或者可以说借债难度在不断加大,已经影响到企业的投资能力和生产水平。

进一步看,从 2011 年开始,我国工业企业资产负债率一直波动下降,2015 年 11 月工业企业资产负债率为 56.6%,相比 2014 年同期下降了 0.9 百分点,且呈现未来继续下滑的趋势;同时,投资增速也呈现大幅下降,2015 年 1 月至 11 月,固定资产投资累计名义增速为 10.2%,较 2014 年大幅下滑 5.6 百分点,前三季度累计实际投资增速较 2014 年同期下降 3.3 百分点,这说明投资价格出现了下降的趋势。投资的下降会引起产出的减少,加上 PPI 的持续下降和劳动力成本的上升,必然会导致工业企业利润的下降。自 2015 年 6 月开始,工业企业利润已连续出现负增长,2015 年前 11 个月工业企业利润累计同比为-1.9%,与 10 月基本持平,相比 9 月下滑了 0.22 百分点,工业企业的盈利能力自 2012 年持续下降,这从我国工业企业资产贡献率也可以看出。由此可见,截至 2015 年年底我国工业企业债务负担沉重,投资和盈利能力正在下降,进一步导致借债困难。

相应的，2015年我国工业企业亏损额和亏损企业数也在迅速增加。数据显示，我国工业企业亏损额自2012年以来，呈现总体上升的趋势。工业企业累计亏损额在2005年之前一直在200亿~1 800亿元均衡浮动，但2005年之后呈现整体增长的趋势，尤其是在2014年和2015年累计亏损额增速更快。自2015年年初以来，工业企业累计亏损额急剧增长到8 175.5亿元，同比增长32.4%，比2014年同期增加了16.8百分点。相应的，亏损企业数也在迅速上升，亏损企业累计数量从2011年11月的34 973个上涨到2015年11月的54 459个，上涨了55.7%，并且工业企业亏损企业数累计同比增速自2015年年初到2015年11月已迅速上涨至17.4%。总体来看，我国工业企业的盈利能力正在不断下降，企业亏损规模与亏损额度在不断加速上涨。综上所述，截至2015年年底我国的债务通缩迹象已有所显现，尽管目前"债务-通缩"机制还没有完全发挥作用，但是未来恶化的风险很大，不容忽视。

二、新凯恩斯模型框架下通缩预期对经济增长的影响机理[①]

正如Bernanke（2007）所述，新凯恩斯菲利普斯曲线刻画了实际通货膨胀/紧缩与通货膨胀/紧缩预期、产出缺口及供给冲击之间的关系，能够对通货膨胀/紧缩未来的较长期发展趋势进行相对比较准确的分析和预测。进一步发展的新凯恩斯模型不仅包括了新凯恩斯菲利普斯曲线，也包括了需求冲击和货币政策，暗示通货紧缩预期和实际物价指数乃至货币政策的实施效果密切相关（Woodford，2003；Galí，2008）。那么如何刻画通货膨胀/紧缩预期呢？

理论上传统的刻画预期的方法是基于理性预期（rational expectations）。Muth（1961）首先提出理性预期假设，之后Lucas（1972）把理性预期假设应用到宏观经济学中。自此以后理性预期假设在宏观经济研究中成为主要的假设。然而，该假设对经济代理人的信息和计算能力等要求太高，因而传统理论也经常受到一些质疑。有相当一部分文献研究理性预期假设的局限和不足，进而提出了不同的替代方法，其中包括基于适应性学习（adaptive learning）的预期假设。适应性学习预期的基本思想是假设经济代理人像计量经济学家一样，根据历史数据来估计模型中的参数。

从实证分析来看，Arora等（2013）认为美国公众的CPI通胀预期是基于适应性学习形成的。类似的，中国人民银行的张蓓（2009）认为中国公众考虑通货膨胀的历史情况及自身过去的预期偏差来形成未来的通货膨胀预期，且预期具有

[①] Hommes C, Zhu M. Behavioral learning equilibria, persistence amplification & monetary policy. Working Paper, 2016.

自我实现的特征。也就是说，不管是美国消费者还是中国消费者，他们通常都会根据历史数据通过适应性学习形成对未来通货膨胀/紧缩的预期。这在一定程度上说明把适应性学习作为预期的基本方式是合理的。

早期的适应性学习模型有些假设和传统理论相似，一般要求经济代理人知道市场均衡方程，具体可参见一些综述性的文章和书籍，如 Evans 和 Honkapohja (2001, 2013)、Honkapohja 等 (2013) 和 Bullard (2006)。在这样的框架下，适应性学习往往会收敛到理性期望均衡 (rational expectations equilibrium)。然而正如 White (1994) 指出：经济模型或概率模型仅仅是观测数据真实关系的一个大概的逼近，因此有必要把经济或概率模型看做有一定感知偏差的模型。基于这个思想，Evans 和 Honkapohja (2001) 的最后一部分给出了有一定感知偏差框架下的一种新的均衡，称为受限制的感知均衡 (restricted perceptions equilibrium)。他们通过两个简单的例子发现在此框架下适应性学习并不收敛到理性期望均衡，而是收敛到这种受限制的感知均衡。Branch (2006) 对这类均衡给出了很好的综述，认为这种受限制的感知均衡可能是对理性期望均衡的一个自然的替代，因为这种均衡和理性期望均衡的初始假设在一定程度上很吻合，同时这种均衡又只假设经济代理人是有限理性的，并不要求其具有完全理性。不仅如此，一些研究还发现在适应性学习和受限制的感知均衡下，系统也能产生一些理性期望均衡下所不能产生的实际经济金融市场的典型特征，如 Branch 和 Evans (2010, 2011) 所示，因此适应性学习和受限制的感知均衡也受到学术界及中央银行的广泛关注。

有一类受限制的感知均衡是行为学习均衡 (behavioral learning equilibrium)。Hommes 和 Zhu (2014) 对于一类一维线性模型引入了行为学习均衡概念并给出了行为解释，即假设经济代理人并不知道系统的真实演化规律，而是采用简单的 AR (1) 计量模型，基于历史数据计算样本均值和样本一阶自相关系数对模型的参数进行估计，然后进行预测，这样通过不断地适应性学习调整，最终达到行为学习均衡，此时真实系统的均值和一阶自相关系数会与经济代理人感觉到的均值及一阶自相关系数是相同的；并首次从理论上证明了行为学习均衡的存在性并且样本自相关学习（其中一种适应性学习）会收敛到稳定的行为学习均衡，并应用于一个典型的资产定价模型和新凯恩斯菲利普斯曲线中，另外发现在此均衡下系统能产生一些实际价格或通货膨胀的新的典型特征。

Hommes 和 Zhu (2014, 2016) 把行为学习均衡概念推广到一般的 n 维线性系统中，并对这个一般的系统给出了条件保证行为学习均衡的存在性和稳定性，并应用于一个典型的新凯恩斯模型 (new Keynesian model)。类似于 Woodford (2003) 和 Bullard 等 (2008)，考虑如下典型的新凯恩斯模型：

$$y_t = y_{t+1}^e - \varphi(i_t - \pi_{t+1}^e) + u_{1,t}$$
$$\pi_t = \lambda \pi_{t+1}^e + \gamma y_t + u_{2,t}$$
$$i_t = \phi_\pi \pi_t + \phi_y y_t$$

其中，第一个方程刻画了通货预期 π_{t+1}^e 对产出缺口 y_t 的影响，进而通过第二个方程刻画了对价格变化（通胀/通缩）π_t 的影响。Hommes 和 Zhu（2016）考虑最简单的适应性学习预测 AR(1)模型[①]，即

$$\pi_t = \alpha + \beta(\pi_{t-1} - \alpha) + v_t, \pi_t^e = \alpha + \beta(\pi_{t-1} - \alpha), \pi_{t+1}^e = \alpha + \beta^2(\pi_{t-1} - \alpha)$$

其中，参数通过样本均值和样本自相关系数来估计，然后把该预期放到模型中，进而研究了系统的长期均衡行为，从理论上发现在一般的条件下行为学习均衡总是存在的，并且在适应性学习下系统会收敛到稳定的行为学习均衡，而且对不同的泰勒规则所得结果也是比较稳健的。

数值模拟显示在适应性学习预期下该模型能够产生实际通胀/通缩 π 的一些典型特征（如高持续性）。Hommes 和 Zhu（2016）发现在基于适应性学习的行为学习均衡下通胀的持续性明显高于外部冲击的持续性（也高于理性预期下的持续性），即通胀的高持续性不仅来自于外部冲击，更重要的是来自于适应性学习预期的自我实现；并进一步研究了货币政策和适应性学习如何相互作用影响未来的价格变化。通货膨胀预期可能会扩大货币政策的影响，而消极的通货紧缩预期也可能加速经济的萎缩。

第二节 中国宏观经济形势分析与预测的基本分析框架

自改革开放以来，伴随着举世瞩目的快速增长，中国经济发生了翻天覆地的深刻变化。中国经济的体量越来越庞大；经济体制在从计划经济向市场经济转变的过程中体现出越来越多的市场经济特征；随着开放程度的不断提升，中国经济与世界经济运行的相关性越来越强；中国的经济结构和增长方式正面临着根本性的转变……这些特征表明，中国经济体系正变得越来越复杂，影响中国经济发展的因素也越来越多。

在这样的背景下，中央政府对宏观经济进行调控的难度无疑也大大增强了，而政府对宏观经济的有效调控，离不开对宏观经济走势的准确判断和预测。世界

[①] Hommes 和 Zhu（2016）对于该假设给出了详细的解释。

主要发达经济体的中央银行，都建立了各自的宏观经济预测模型，为政府宏观经济决策和调控提供重要依据。因此，课题组尝试构建中国宏观经济模型，主要就是希望建立一个全新的、能够科学模拟中国宏观经济运行的高端模型，对中国宏观经济的走势进行季度性的预测，从而为政府的宏观经济决策提供参考。同时，我们也希望通过预测，帮助公众建立对未来经济走势的理性预期，进而提高政府宏观经济政策的有效性。

一、国内外宏观经济计量模型开发和应用现状

20世纪30~40年代，美国考尔斯委员会（Cowles Commission）的众多杰出计量经济学家和宏观经济学家的研究工作为宏观经济计量模型的开发与应用奠定了良好基础。进入20世纪50~60年代，世界各国尤其是美国主要致力于研发基于凯恩斯经济理论之上的大型结构性宏观经济计量模型（structural macroeconomic model），进入一个快速发展时期。到了20世纪70年代，西方国家面临石油危机和经济结构的巨大转变，使结构性宏观经济计量模型一度失去了解释力和影响力，著名的卢卡斯批判（Lucas critique）就是针对此的，而时间序列模型、动态模型、协整分析和误差修正技术等，则推动了非结构性宏观经济计量模型的快速发展。无论是在发达国家还是在发展中国家，关于宏观经济计量模型的开发和应用都取得了较为丰富的成果。

近年来，国际上关于宏观经济计量模型与预测的研究前沿主要体现在以下几个方面：①非结构性宏观经济计量模型逐步由线性模型向非线性模型转换，这是由于计算机的出现大大方便了非线性回归模型的估计。②随着现代宏观经济理论的不断发展，尤其是理性预期被引入宏观经济计量模型以来，结构性宏观经济计量模型再度获得重视：一是用于政策分析的宏观经济计量模型再度进入IMF等诸多国际机构的经济分析工具箱；二是将基于理性预期的跨时最优作为模型构建的基本出发点，利用欧拉方程来构建关键行为方程；三是随机动态最优化基础上的DSGE模型研究取得比较关键的发展。

迄今为止，中国不少大学和研究机构也已研制出了一些宏观经济计量模型并付诸预测实践应用，如清华大学中国与世界经济研究中心"清华-香港科大中国宏观经济模型"、国家信息中心"中国宏观经济模型"（project LINK）、中国社会科学院世界经济与政治研究所"中国宏观经济季度模型（China_QEM）"、中国社会科学院数量经济与技术经济研究所和国家统计局综合司"中国宏观经济年度模型"、厦门大学"中国季度宏观经济模型"（China quarterly macroeconometric model，CQMM）及中国人民大学"中国宏观经济分析与预测模型"（China's macroeconomic analyzing and forecasting model，CMAFM）等。近年来，以本课题组成员为主干研究力量也研发了"上海财经大学高等研究院中国宏观经济预测模型"（institute for advanced research-China's macroeconomic model，IAR-CMM），并突出情境分析（counter-factual analysis）和政策模拟（policy simulations）方法。

二、中国宏观经济模型建设思路和理论框架

（一）基本建设思路和理论框架

课题组的基本建设思路是，借鉴美国联邦储备银行宏观经济模型（federal research board/US，FRB/US 模型）与欧洲中央银行宏观经济模型（new area-wide model，NAWM）的理论基础和基本框架，结合中国经济运行的特征和规律，构建一个适用于中国经济的季度性宏观计量模型。模型的理论基础是新古典经济学和新凯恩斯经济学的有机结合，其长期均衡状态通过新古典经济学的动态随机一般均衡理论来描述，而短期非均衡特征则通过新凯恩斯经济学的短期价格（工资）黏性理论来描述，从而使货币政策能够对实体经济产生重要的短期效应。

该模型包含三个显著的理论特色：第一，经济体系各部门的预期是显性的，这些预期，特别是市场对宏观经济政策的感知力，构成了宏观经济政策最主要的传导通道；第二，经济体系各部门可获知的信息是灵活可变的，并包含了"完全预见"（perfect foresight）和学习（learning）自过往的信息；第三，模型经济对现实经济的拟合情况，可与简约式（reduced form）时间序列模型的预测结果相比照。这些理论特色充分突出了公众预期在现实经济（特别是市场经济体系）中的重要性，同时也考虑了模型预测结果的可检测性。

在模型的基本框架中，共有四个基础模块，每个基础模块由若干个方程式组成，课题组的模型就是由所有的方程式联立而成的。这四个基础模块如下。

（1）套利均衡模块。此模块包含建立在标准的有效市场定价模式之上的债券收益方程式和证券价格方程式。在套利利润为零的假设之下，金融市场上交易资产的预期回报与预期的基本回报率及该资产的期限或风险贴水有关。

（2）均衡状态模块。此模块包含的变量不是由金融市场而是由各部门经济个体来决定的，如家庭消费或企业的固定资产投资。每个部门都根据各自部门的经济活动来决定这些变量的均衡值，而这些均衡值都是外生于本部门的变量的函数。全部的均衡方程式实际上就是关于稳态的描述，并包含了相应的符合经济理论的约束条件。

（3）动态调节模块。在模型所表示的经济体系中，除金融市场外，其他各部门的经济活动都受到多种动态摩擦（dynamic frictions）的影响。动态调节模块是

由考虑了动态摩擦的若干方程式所组成，如当由某个部门所控制的变量在均衡状态发生变动时，就会激发一个向新的目标值运动的反应，而如果这类反应受到动态摩擦的限制，那么到达新均衡的最优路径就会被延展很多季。

（4）预测模块。模型中的结构方程式需要关于解释变量的预测，如在套利均衡中，金融市场收益的主要决定因素是对存贷款利率的多期预测。受到动态摩擦影响的变量，对其动态调节的描述，就需要对相关均衡值的多期预测。预测模块中加入了理性预期的假设，并通过一个关于经济的 VAR 模型来完成。

（二）基本分析方法和工具

课题组使用宏观经济研究中常用的主流分析方法，主要涉及的步骤包括建立和求解基于微观决策主体最优化行为的动态随机一般均衡模型，以及使用计量方法估计模型参数并模拟经济运行特征。下面对此逐一简要介绍。

1. 建立和求解动态随机一般均衡模型

动态随机一般均衡模型的主要思想是，经济中的各行为主体大致划分为家庭、厂商（可进一步划分为中间产品厂商和最终产品厂商）、政府三个部门，其中每个部门的经济行为均由各自的预算约束和决策目标共同刻画。三个部门的经济行为交互作用构成了整个宏观经济的运行模式。

家庭部门在预算约束下确定消费、投资、财富积累水平、债券和名义货币持有量，并向劳动市场提供劳动以获取工资收入，其目标是最大化自身的效用。根据研究需要，刻画家庭决策目标的效用函数中可以考虑消费和工作时间的行为惯性，家庭的预算约束也可能包括投资调节成本、资本利用率、流动性约束等。

中间产品厂商雇佣劳动和租用资本生产产品并提供给最终产品厂商，厂商的生产目标是最大化效用：根据 Calvo（1983）的交错价格假设，每个中间厂商按一定的调价概率对未来的预期设定最优调整价格。考虑到中国市场定价机制并不完善的实际情况，厂商可能信息滞后，或者在一定程度上受到双轨定价的调控制约，往往难以一次性成功调整为前向预期的最优价格，因此可以按照 Gali 和 Gertler（1999）的设定方式假定厂商在调价时以一定概率根据上期通胀率使用适应性预期价格；另一种设定方式是根据 Smets 和 Wouters（2003）假定不能设定最优价格的厂商都根据上期通胀率进行价格调整。

政府部门向私人部门收税并通过转移支付调节收入分配，进行公共投资改善基础设施，同时，还通过不同政策工具调节货币供给，具体来说，政府的税收收入在预算平衡约束条件下分别用于转移支付、生产性投资建设支出与其他非产性支出。中国人民银行的货币供给在文献中有内生和外生两种不同的假定，其中内生假定认为中国人民银行根据利率规则实行盯住通胀和产出缺口的货币政策，以利率作为政策调节工具。本项目将对比研究不同假定下的分析结论。

2. 参数估计

为了使宏观经济模型的分析结论与我国的经济现实相吻合，根据历史数据对模型中的一些重要参数进行估计是必不可少的。具体的估计方法有很多，在宏观计量研究文献中使用比较成熟的方法包括广义矩方法（gaussian mixture model，GMM）、极大似然估计方法（maximum likelihood estimate，MLE）及贝叶斯估计方法（Bayesian method）等。

3. 数值模拟和脉冲反应

在确定模型的关键参数之后，就可以通过数值方法模拟经济的运行模式，讨论动态随机一般均衡模型对外生冲击或者经济政策的反应，并进而分析和预测经济运行的走势或者进行政策评估。通过分析变量的脉冲反应，可以判断在既定的模型动态传导机制下，经济中的各种外生扰动，如政策性因素或者社会、经济、市场环境等因素发生变化时，对经济中各主要变量的影响方向及作用力度，并在此基础上做出比较客观的预测结论。

为了判断模型对现实经济的拟合程度或者分析模型预测结论的精确性，往往还需要通过数值方法模拟各经济变量的统计特征，如各变量的均值、方差、相关系数及自相关系数等。具体的操作方法与计算脉冲反应函数类似，主要的区别在于脉冲反应只针对一次性冲击进行计算，而讨论拟合情况时需要使用 Monte-Carlo 抽样方法对每一期实现的冲击进行随机模拟，从而得到各主要变量的多个随机样本序列，并根据这些样本序列进行计算。

三、消费、产出、通缩与货币政策模拟实验

课题组着力在建立和完善宏观经济分析与预测模型的基础上，运用模型从以下几方面对中国宏观经济运行展开研究（随着项目的建设进展，还将不断丰富和拓展实验内容）。

1. 就业与技术进步

随着经济增长方式的转变和经济结构的调整，在今后很长一段时间内，我国将面临较为严峻的就业形势，因而就业问题研究备受经济学界和政策部门关注，因此，在这部分课题组将尝试讨论技术冲击等因素对就业的动态效应。由于市场中广泛存在的市场势力、价格调整、政策干预等非技术因素在中国劳动就业对技术冲击的反应传导机制中起到重要作用，而传统真实周期模型是基于完全竞争假设，难以说明中国劳动就业对技术冲击反应为负的这一经验特征。

因而，课题组基于不完全市场假设，通过动态随机一般均衡模型，在新凯恩斯主义政策干预的设定下解释经济现象和行为。从定性角度来说，引入垄断竞争、名义价格黏性等凯恩斯模型元素来构建模型是和中国现实经济相一致的，具有一定合理性。在黏性价格模型中，正向技术冲击会导致就业在短期内下降，直观上，当正向技术冲击到来时，由于价格黏性存在，实际价格或工资调整缓慢，从而使劳动就业对技术冲击引起的工资水平的提高带来的替代效应较大，收入效应相对较小，促使劳动就业对技术冲击的效应为负。通过把市场势力、价格黏性等因素引入动态随机一般均衡模型中进行分析，从而刻画中国劳动市场动态特征，对当前经济结构调整、产业升级背景下分析劳动市场的经济现象和趋势，讨论劳动政策的影响及其宏观经济意义具有重要借鉴价值。

2. 就业与财政政策

在经济周期研究中，就业一直是非常重要的研究对象，特别在后金融危机时代的大背景下，讨论宏观经济政策对就业影响的研究具有极为重要的现实意义。研究外生冲击下，就业以及与就业高度相关的产出和通胀将如何做出反应，是理论界和政策制定者需要思考的重要的宏观经济问题。

名义黏性是新凯恩斯主义模型最重要的特征之一。名义黏性可以分为价格黏性和工资黏性。现有的宏观经济理论研究认为，价格黏性和工资黏性在经济传导机制上存在一定的差异，工资黏性设置能够使产出更加具有持续性，同时，在劳动力市场上，不同的名义黏性机制下，劳动供给和真实工资的动态反应也不相同。

造成工资黏性的主要微观机制是工资契约的交错性。在现实经济中，工资契约的制定一般是交错而非同步的，即当期经济受到冲击后，并非所有企业和工会之间能够立即进行劳资谈判并重新确定工资。实证研究表明，在西方国家每隔一年调整一次工资最为普遍，而由大型工会出面制定的合约有一半以上的合约长度都超过一年。并且由于企业财年的不同，合约签订时间分布在一年的各个季度之中。

课题组在黏性工资模型框架下研究财政政策冲击引起的劳动力市场的动态反应，讨论财政政策的传导机制，对宏观经济政策特别是财政政策的实施效果和作用渠道进行模拟，在此基础上为有关经济政策的制定和出台提供理论依据与参考。

3. 经济波动与宏观经济政策

货币量（或利率）、通货膨胀率及产出三者之间关系是宏观经济学中关注的重要问题。从实际经济数据中找出它们之间关系，并在此基础上建立理论模型对实际经济现象进行分析，可以深入地理解经济波动的内在规律，从而为制定科学合理的宏观经济政策、熨平经济波动、保持经济平稳增长提供重要依据。

传统文献中大量的研究只是简单地比较从实际数据和模型模拟数值得到的宏观经济变量的二阶距，没有深入分析模型，对真实经济的解释力度有限。课题组根据经济中相关变量之间互动关系建立向量自回归模型，并根据宏观经济政策的特殊性质分离出经济政策冲击，从而基于数据进行估计并分析中国产出与通货膨胀在政策冲击下的反应。然后，在动态随机一般均衡模型中引入不完全竞争和名义价格黏性等模型元素，对宏观经济进行模拟，由此分析相关市场要素在宏观经济政策冲击传导机制中的作用，进而更深入地理解现实经济，并在严格理论分析的基础上通过模型的脉冲反应分析讨论宏观经济政策冲击对通货膨胀、产出的动态传导机制。

4. 消费与货币政策

相对于财政政策较长的政策时滞，货币政策具有更快的政策效力，然而也会产生不合意的和预期不到的结果，因而政策实施者需要准确评估货币政策效力，这就需要理解货币政策的传导机制（主要包括利率、汇率、资产价格和信贷等传导机制）。在中国，货币政策作为宏观经济政策的重要工具之一，经常被用于促进经济增长、扩大就业和稳定物价，虽然拉动内需已成为国家宏观经济政策的导向，但是长期以来消费一直低迷，"高储蓄低消费"是中国的重要经济特征，消费问题备受国内学者的关注。迄今为止，对中国货币政策有效性和"高储蓄低消费"问题的研究虽然有很多，但基于理性预期和最优化问题探讨货币政策冲击的传导机制，以及其对消费、产出和通货膨胀率影响的研究，特别是货币政策对居民消费的动态效应还较少。目前，对货币政策有效性及中国"高储蓄低消费"典型事实的研究还是分离的，鲜有文献讨论两者的关系。对货币政策有效性的讨论，主要基于货币政策对产出和物价水平等变量的效应分析，较少涉及消费。

基于此，本部分致力提供一个将实证和理论相统一的研究框架，即在动态新凯恩斯主义模型中引入居民的习惯偏好后，考察中国货币政策的传导机制及其对居民消费的影响。具体而言，首先，分别基于产出-通胀和消费-通胀的结构向量自回归模型，并对其施加具有经济意义的识别条件，实证分析货币政策冲击下中国产出、消费和通货膨胀的经验事实；其次，构建基于工资黏性的动态新凯恩斯主义模型，并进行模拟，探讨产出、消费和通货膨胀率对货币政策冲击的反应及其影响传导机制的重要因素。

5. 宏观经济政策的传导机制

经济决策部门以稳定经济增长、熨平经济波动为目标，通常需要根据经济状况制定和实施特定的宏观经济政策，政策选择需要考虑其经济效应，并与其他可行的政策选择进行比较。然而，由于宏观经济政策的不可实验性，政策实施者往往需要借助于经济理论进行直觉推理和判断，再通过经济模型模拟可能的政策效果，因而政策实施的效果往往取决于选择的模型的质量，即基于该模型的政策实验能否准确模拟出与现实相符的政策效果，或者与经济学共识相一致。例如，一些学者的研究发现：中国不仅存在显著的流动性效应，而且存在流动性过剩。流动性过剩的存在，在削弱货币政策对物价水平调控能力的同时加强了货币政策对实际产出的影响能力；流动性的变化改变了货币政策中介目标与最终目标之间的相关性，影响货币政策的实施方式。由此可见，正确考察货币政策的流动性效应，对于理解货币政策传导机制、提高货币政策的有效性和针对性、实现货币政策目标具有重要的实践意义。

根据中国的实际经济情况，由于中国金融市场的不发达、居民理财意识和能力的欠缺、交易成本和居民消费计划等，居民在扩张经济政策实施之后，不愿意或者不能及时调整储蓄，且往往受上一期或过去行为的影响，即当期的储蓄决策是在期初决定的，因而在经济模型中考虑家庭的黏性储蓄行为具有现实意义。课题组尝试构建更加符合中国经济特征的黏性价格有限参与模型，在垄断竞争的市场结构下，基于新凯恩斯主义的动态随机一般均衡框架，分析宏观经济政策冲击的传导机制并模拟实际政策效果。

以上研究内容的共同特点是运用动态随机一般均衡模型来理解和刻画中国宏观经济的运行特征，进而给出模型评估或政策思考，侧重于描述中国宏观经济，在宏观经济系统的内在运行规律和特征的深刻描述及理解的基础之上，对中国宏观经济运行进行预测和政策分析。随着项目的开展，还将根据中国经济的实际情况逐步加入阶段性的研究课题。

第三节 化解通缩及通缩预期影响经济增长的改革治理

一、化解通缩及通缩预期影响经济增长的政策配置

中国需要准确判断当前宏观经济失衡的方向和经济增长下滑的程度，并据此从供给侧改革和需求侧管理两方面来协同实施宏观经济政策，所以，确定宏观政策的组合方式和松紧搭配，是当前中国迫切需要研究和加以解决的问题。当前中国的通缩属于顺周期紧缩，一方面表现为总需求不足：先出现于生产部门，后通过"债务紧缩"和"信用紧缩"的双向作用，已形成向消费领域和金融领域的传导效应，民间投资和消费信心严重下降；另一方面表现为由去产能、去库存、去

杠杆形成的总供给约束，再加上债务处置周期叠加，使通货紧缩陷入更为复杂的局面。

为应对上述局面，中国政府全面部署宏观经济调控政策，出台了一系列相互配套的政策措施，但从2015年以来中国经济的基本面和整体趋势来看，当前通货紧缩局面和经济增长下滑的局面依然没有得到完全缓解。因此，对当前通货紧缩必须采取更加积极、协调的宏观政策措施。

第一，货币政策方面。目前中国的实际利率水平依然较高，应继续推行适度的降准降息政策，进一步向社会释放流动性，缓解资金面上的结构性紧缩困境。根据当前及今后一个时期经济基本面的态势，可有计划、有重点地选择一批事关全局的关键性领域（如高端装备制造业、重大基础设施产业等），继续探索实施定向宏观调控和非对称货币政策，并科学配置货币政策工具，将利率操作与逆回购操作、公开市场操作等合理有机结合。当然，也不能忽视现行的宽松货币政策所存在的效用递减的问题。

第二，财政政策方面。应进一步提升财政赤字率，适度调整财政直接投资规模，充分发挥财政投资的积极引导作用，推动PPP项目落地。同时，进一步深化企业税收制度改革，在坚持结构升级和优化调整的前提下，给予民营制造业特别是高端制造业和重大基础设施产业以更大的税收优惠政策力度，从而刺激民间投资信心的恢复和进一步扩张。面对社会居民消费倾向呈现持续下降的趋势，应探索个人所得税向"综合与分类计征相结合"转变，从而切实降低城镇生活成本，以刺激消费拉动经济增长。

第三，鉴于全球经济的整体不确定性及多种外部输入性因素的影响，应加强对国际通缩传导机制的研究并采取积极的应对策略。加快推进人民币汇率形成机制改革和人民币国际化的进程，以自贸区试点不断深化和扩展对外贸易与投资体制改革，鼓励国际间产能合作、分工，加快构建对中国有利的新型开放型经济体系。同时，要正确把握和处理好稳增长与调结构的平衡关系，在促进第二产业及制造业投资尤其是民间投资稳健增长的基础上，积极引导民间投资有序、有效地进入服务业特别是新兴服务业，坚持在稳增长基础上调结构，着力于中长期产业结构、空间结构优化。

二、中国经济增长超预期大幅下滑的五重原因

近年来中国经济增长的大幅下滑，需要基于一般均衡和综合治理的视角来考察，否则，头痛医头、脚痛医脚，仅仅依靠财政和货币政策，无法真正从根源上解决问题。一般而言，一个经济体在一定时期内增长放缓主要有两种原因，一个

是周期性的，另一个是结构性的，亦即经济社会发展、科学技术发明和创新导致的结构性变化。当前中国经济持续下行有一定的周期性原因，但更多的是来自于自身经济结构的问题，如产业升级、产业结构、需求方式转变等。除了这两个原因外，中国更面临着发展驱动和经济体制双转型滞后的问题，这才是导致中国实际经济增长低于潜在经济增长更为关键的根源因素。

首先，中国作为一个发展中国家，与其他任何一个发展中国家一样，都面临着发展驱动的转型问题，都需要经过三个特定的发展阶段，即要素驱动、效率驱动和创新驱动。由于边际收益递减的客观经济规律，要素驱动仅仅是阶段有效的，未来中国经济的可持续增长和发展依赖于向效率驱动、创新驱动的转变，但是这样的转型驱动是有前提的：需有赖于市场经济的完善，否则驱动转型不可能成功。需要指出的是，在中国经济从要素驱动向效率驱动乃至创新驱动的转变过程中要素的作用依然不可或缺，只是不能再过多地依靠规模投入，而要通过一系列体制机制尤其是土地制度、户籍制度和金融制度方面的改革深化，使土地、劳动力、资本这三大基本要素在企业家精神和创新精神的驱动下自由流动、优化组合，进而实现效率提升和创新激活。

其次，更关键的是中国还面临着体制转型的问题。这是由于，效率驱动乃至创新驱动能否实现，关键还在于经济体制向现代市场体制转型能否成功。尽管与改革开放之前的计划经济体制相比，中国的市场经济已取得了长足的进步，但与成熟市场经济发达国家相比，现代市场经济体制还远未完善建立。通过短期宏观调控对经济增长放缓的治理有一定成效，但治标不治本，只能适当采用，否则有后遗症（如2007年后中央动用几万亿的强刺激和大规模投资把增速拉起来所造成的后遗症）。更为根本的结构性问题和治理问题，是长期以来以要素驱动、政府主导、国企挤压为特征的经济发展模式造成了经济增长的动力枯竭、行业垄断、政府负债、产能过剩、效率低下、民营经济发展不足、企业竞争力低下、国富民穷、贪腐猖獗、腐败消费、民间消费疲软等突出问题，由此也导致社会不公、矛盾激化，甚至是执政危机。这些都需要从长期治理的角度入手，通过进一步完善现代市场经济制度来加以解决。

归纳起来，要素驱动红利衰减、政府主导动力枯竭及国企产能过剩挤压民营经济的发展方式不再具有可持续性，再加上政府施政过程中出现的严重不作为的问题及对于"新常态"的理解偏差，这五重原因的叠加，导致当前中国经济增长持续大幅度下滑，具体如下。

（1）要素驱动红利衰减、增长中枢下移。要素驱动在过去相当长的一个时期里为中国经济增长做出巨大贡献，这是客观事实。然而，从长远看，由于边际收益递减的客观经济规律，在生产率下降的同时会伴随着要素的成本不断上升，要素驱动的发展模式是不可持续的。因为要素驱动本身是要素市场发育不充分的前提，通过非市场行为压低要素价格而产生的不合理却阶段性有效的竞争优势，易导致高投入、高耗能、高排放、高污染、低经济效益、低劳动力回报、低创新附加值的粗放式经济发展方式。随着人口红利、资源红利、环境红利等要素红利的衰减，以及人民币升值、国际贸易壁垒高筑、其他新兴经济体崛起等外在持续压力，这一发展模式显然无法继续推动中国从中等收入国家向高收入国家迈进。

需要指出的是，由于区域差异、个体的生产力差异及经济发展驱动的转换需要一个过程，发展驱动转换不应是一刀切或一蹴而就的。由于对中国经济发展驱动转变的认识不清，误以为从要素驱动转向效率驱动、创新驱动，就是完全不要发挥要素规模投入的作用了，许多地方政府过早、过快地通过"腾笼换鸟""机器换人"等手段使一些产业或主动或被动地转移到东南亚一些国家去，这恐怕也是造成中国经济增长大幅下滑的一大原因。实际上，从要素驱动转向效率驱动、创新驱动，不是一个简单的单向迭代、完全替换的过程，它反映的是占据主导驱动的变化，后一阶段同样需要前一阶段的高度发展作为奠基，原有驱动因素作为存量和重叠还依然要发挥重要作用。否则，两头落空也会使经济增长失去动力。

（2）政府主导动力枯竭、公共服务功能欠缺、内生增长匮乏。中国依然是一个政府主导型的市场经济，这是因为在过去以 GDP 增长为主要衡量指标的晋升锦标赛中，地方政府官员有很强的激励动力来拉动经济增长以取得政绩回报。在 1994 年分税制改革之后中国的财政体制是"上面千条线，底下一根针"，地方政府的财力和事权本身是不匹配的。1997 年土地招标及住房制度改革重塑了中国的发展模式，土地要素市场的政府垄断供给，使"以地生财"的土地财政，再加上地方抵押借债成为地方政府的重要财政手段。于是，以城镇化为背景，土地要素的城乡流转成为中国过去 20 年经济增长的主要动力，一定程度上起到了"加速器"的作用，但是，在此过程中也产生了大量问题，如暴力强拆、破坏生态、破坏古迹、破坏文物等，成为社会矛盾的一大导火索。

对于政府本身而言，这也带来了一个恶性循环。一方面，政府凭借垄断的土地征用权，形成了以土地作抵押的新的融资渠道，2007~2013 年，84 个重点城市的土地抵押面积从 192.5 万亩（1 亩≈666.7 平方米）增加到 605.9 万亩，抵押贷款从 1.33 万亿元上升到 7.76 万亿元[①]。借助金融和资本的杠杆，中国经济在高速增长的同时也形成了高杠杆和泡沫化。另一方面，这些抵押贷款，包括其他地方政府债务很大一部分又是靠土地出让收入来偿还的，这就使地方政府有很大的激励动力来做大土地财政。2014 年地方土地毛收入已经占到地方一般公共预算本级

---

① 邵挺.别了，土地财政.中国发展观察，2009：76-77.

收入的 56.2%，如果土地市场发生较大波动，地方政府融资平台的不良贷款率就可能较快上升，其中蕴含着巨大的地方债务和金融风险。这样的方式是不可持续的，也将会使政府主导经济发展的动力枯竭。

同时，政府的发展属性过强，服务功能欠缺带来的另一个后果就是使居民消费意愿和消费能力不足。政府依然在许多本应由市场发挥资源配置作用的地方占据主导地位，成为市场利益主体，挤压了居民的市场激励收益机会。政府财政用于固定资产投资、行政管理支出、"三公"消费方面的支出太多，而用于公共服务和社会保障方面的支出不足，基本公共产品的供给严重不足和不均衡，这使居民预防性储蓄过多，消费异常孱弱，无法形成真正内生的发展驱动力。2014 年中国居民消费的 GDP 占比仅约 38%，还不到美国的一半，与俄罗斯 55%的水平相比也有不小的差距。中国经济的可持续发展，要求中国必须从生产型社会向消费型社会转型，当然这需要一个渐进的过程。

（3）国有企业产能过剩、挤压民营经济，经济活力下降。时至今日，国有经济的规模依然很大，国有企业在一些地区和重要行业中的垄断地位非但没有削弱，并且还在加强。观察 2016 年上半年各省经济增长数据，可以发现一个现象，即国有经济比重越大、民营经济越不发展的省份往往经济增速越靠后、下降得越快，如东三省的辽宁仅为 2.6%，黑龙江、吉林也是倒数几位，均滑出了经济增长合理区间，而民营经济越是活跃的地方，经济增速下降越小，如浙江、广东等省。在国有企业比重过大的地区，国有企业往往凭借控制资源能源与优先获取金融资源的优势而占据过多要素，这些地区的民营中小微企业则面临比其他地区民营经济更为突出的融资难、生产成本高问题，发展严重受限，这就使当地市场没有一个良性的竞争机制，经济活力下降。

2008 年中央"四万亿"经济刺激计划很多资金就是流向了本来就资金充裕的国有企业，这带来的一大后果就是重复投资、无效投资的不断累积，经济的造血机制不足。国家统计局统计显示，2013 年年末我国工业企业产能综合利用率基本低于 80%，近一两年来则是进一步降低，一些行业已属于绝对过剩行业。以钢铁产业为例，目前我国大约有 12 亿吨粗钢年产能当量，按照 2016 年上半年的粗钢产量粗略计算，全年产能利用率不足 70%。这仅仅是冰山一角，中国产能过剩的行业远不止于此，像煤炭、电解铝、水泥、平板玻璃、造船等都有超过 30%以上的产能过剩率，行业利润大幅下滑。这些都是自我循环的结果，为了要追求更高的增长，就用增长来刺激增长，用资源生产资源，这样反复循环的结果就产生了大批过剩产能，企业大面积亏损。此外，各地方政府大都照搬中央政府 2009 年提出的七大战略新兴产业及其后扩展的九大战略新兴产业振兴规划，由政府财政补贴扶持和指定技术路线，使风电设备、多晶硅、光伏电池等许多战略性新兴产业一哄而上，同样出现了严重的产能过剩。这些过剩产能，如化解不及时、不到位，通货紧缩的风险就会进一步上升，加剧经济下行的趋势。

政府主导型经济和国企垄断不仅导致产能过剩、效率低下，同时也导致贪污腐败猖獗、腐败消费旺盛和民间消费疲软。客观而言，过去相当长一个时期来自政府部门的奢侈性消费、铺张性消费本身及其相关产业拉动效应，也曾经是中国经济增长的一大动力，但这是一种畸形消费。在"八项规定""十五条禁令"等出台和落实之后，许多最浮华、利润极大的高档消费行业就受到很大打压，如高档酒店、饭店、会所、食品、服装、化妆品、营养品及金银财宝、珍珠玛瑙、古玩字画等出现生产过剩，消费需求远没有以前旺盛，并影响了其他相关产业。

（4）政府自身的目标管理缺失、不作为现象严重。新一届中央领导集体看到了腐败问题的严重性，将其提升到了亡党亡国的高度，于是深入推进反腐倡廉，这对于整顿吏治、净化政风、制约权力无疑是非常必要和及时的，但由于中国依然是政府主导型经济，还不是市场发挥决定性作用的经济，驱动转变所需的市场制度要件还不健全，没有跟上，对在很大程度上仍处于"重政府轻市场、重国企轻民企、重国富轻民富"、简政放权改革还有很长路要走的体制转型经济而言，如果仅仅重反腐倡廉而轻目标管理，就容易导致不作为，包括政策不作为和做事不作为，使"银行的钱难以贷出去、财政的资金难以用出去、各种审批手续难以批出去"的"三难"现象比较普遍。

政府与经济活动至今密切相关，市场仍未发挥决定性的作用，政商关系仍密不可分，"跑项目、拿批文"是其一大特征。当前各级政府对从事经济活动的各种程序审批、项目审批、准入壁垒依然众多，维护和服务性的有限政府、有效政府的目标还远没达到，从而政府部门（无论是否该管的）办事效率的高低成为影响发展包括经济发展的重要因素。一旦影响了政府官员的办事积极性，增长动力就会衰减，从而进一步地加剧了经济增长的下滑。2014年中国经济增长没有达到预期目标以及2016年上半年经济增长的进一步下滑，经济目标管理缺失从而办事不积极、不作为，直接导致了中国经济实际增速与潜在增速的缺口扩大。

（5）对"新常态"的理解出现偏差。"新常态"是指粗放式的高投资、高消耗、高污染所支撑的高速增长不能再继续下去了，而是在提高市场效率与社会公平正义安定有序治理方面要有新作为，使得仍处于提升发展阶段（还没有进入平衡增长轨道）的中国经济保持中高速增长。由此，放弃粗放式高速增长的旧常态和提倡政府简政放权及减少政府的过位，绝不应与不作为、放任经济放缓画等号，更不意味着经济增长的大幅、过快下滑，从而自我放松对实现经济增长目标的坚定承诺和责任心态。这种认知上的误区如不清除，继续放任这种做法，按照这样的下降速度持续发展下去，实际经济增长率继续大幅下滑也大有可能。

以上提及的五大原因导致了中国经济增长持续过快地大幅下降，其背后是制度层面的原因，归根结底还是市场化改革不够彻底，这说明了合理制度安排至关重要，不同的制度安排将导致不同的激励反应、不同的权衡取舍，进而导致不同的结果。还是邓小平说的好："制度好可以使坏人无法任意横行，制度不好可以使好人无法充分做好事，甚至走向反面。"[①]中国经济的效率由于现代市场制度远未建立而非常低下，靠民营经济为主的创新驱动还根本谈不上，如不及时应对，就会大大地增加滑入"中等收入陷阱"的可能。

三、深化市场导向的结构性制度改革才是治本之道

如前所述，财政政策和货币政策都是短期的，治标不治本，并且其效果正呈现边际递减的趋势。进入 2016 年之后，中国经济进一步持续大幅下滑，形势仍不容乐观，压力重重：实体经济整体疲弱，更严重的是经济主体信心不足，表现在消费者信心下降明显，民间投资出现断崖式增长下滑，民营企业出现倒闭潮，劳动力市场的就业和失业的压力加大，商业银行坏账大幅上升，使生产效率、投资收益及收入增速的预期都在下滑，而国有背景的投资却由于贷款可得性，即使在去过剩产能去库存的任务下仍出现爆发式增长，但其对经济增长的提升作用要比 2008 年的 4 万亿元差很多，出口增速持续低迷，且随着人民币国际化进程的加快和美联储加息周期的临近，以及中国要素比较优势的丧失，使外企的外迁势头也显著扩大，人民币贬值压力和资本外逃风险日益加剧。

所有这些都表明，外部经济环境的波动和不确定性、内部经济状况的扭曲和恶化、金融风险的加剧和间断性释放，使得经济内生性下滑的压力仍在加剧，没有形成稳定或复苏的基础，因此中国经济持续下行的风险是大概率事件。中国经济增长根本不应这么差。现在一个流行的观点认为，由于新常态，中国的潜在增长率也大幅度下降了，实际增长率下降，是这么回事吗？尽管潜在生产率无法严格确定，但可从三个方面判断它并没有大幅度下滑。

其一，一个简单的判断就是：即使要素边际收益递减规律发生作用，像任何国家的经济一样，其潜在增长率也一定是一个缓慢下降的过程，绝不会在短短几年内就下滑偏离了改革开放以来的经济增速均值约 3 百分点。

其二，中国经济由于政府行政垄断、主导经济、国企做大的现象愈演愈烈，民营经济的发展空间进一步受到严重挤压，各类资源配置扭曲大幅度上扬使得其配置效率持续下滑，在原有低效率的情况下更是雪上加霜，配置效率怎么可能变好，加上民间投资、消费双双下滑，经济主体的信心没有改善，从而怎么可能使

---

① 邓小平. 邓小平文选（第二卷）. 北京：人民出版社，1994.

得实际增长率和潜在增长率更为接近呢？

其三，不要低估改革开放和民营经济大发展的威力。例如，能进行市场化深层次制度性改革，提高市场效率和激发人们的积极性是关键，会产生意外的极大效果。至今令我印象十分深刻的是，20世纪80年代初，中央提出了到20世纪末实现工农业总产值翻两番的目标，那时几乎没有经济学家相信这能实现，认为怎么可能在整整20年间将平均经济增长速度从4%一下子提高到7%左右呢？结果中国的改革开放和民营经济的大发展不仅实现而且是超额完成了这个目标任务。此外，20世纪90年代初，中国经济也面临极大的困境，邓小平1992年南方谈话，确立市场经济体制改革目标，又给中国带来了20多年的经济大发展，而这又是靠市场化改革和民营经济的大发展。因此，只要通过真正的制度性、市场化的深化改革和扩大开放，同等对待民营经济，社会和企业的信心肯定会为之一振，经济持续下滑的劣势就会逆转。还有，在21世纪之初中国加入WTO前后，许多人反对，甚至动辄以卖国贼扣帽子，上升到意识形态上去，认为中国加入WTO后，农业、民族工业、汽车、纺织、医药等行业都会受到毁灭性影响，这些是没有内在逻辑的说法，其结果正好相反，它推动中国经济高速发展了10多年。

所以，无论是从内在逻辑分析，还是从历史视角的分析，还是量化的实证数据都得不到潜在生产率大幅下降的结论。从而，实际经济增长率降得如此之快一定是不正常的，是有其内在原因的，在一些关键性的地方出了问题，如不尽快扭转，弄得不好，将会导致和加剧一系列严重的社会经济问题和风险。课题组的基本判断是，如果供给侧结构性改革真正到位，现代市场制度建设不断完善，全要素效率不断提高，资源配置效率不断改进，中国经济增长完全有希望逼近潜在增长率而不是拉大负向缺口，并且中国未来5年的潜在增长率至少应该是7%以上，不会显著大幅下滑。那么，究竟是什么原因导致中国经济潜在增长率和实际增长率的差距在短短的几年时间内就变得如此之大且越来越大呢？这不得不让人反思，急需弄清楚其背后的深层次原因究竟是什么。

课题组认为，其根本原因是在贯彻落实中央决议精神的执行力上和应对经济下滑的具体举措方面都有很大的问题，即十八届三中、四中、五中全会所提出的决议精神和发展理念没能真正得到有效执行和落地，没有进行深层次市场化制度改革，许多领域改革推而不动，停歇不前甚至是倒退，不作为甚至反向作为的现象严重，民间信心不振，导致决议和现实反差巨大的严重激励不相容，改革和发展及稳增长在打架，在稳增长短期方面的具体对策和举措上出现了严重的偏差，发展的逻辑和治理的逻辑都出现了很大问题，没有解决好两者间的相辅相容的辩证关系，没有解决好"是政府还是市场，是国企还是民企"这样"谁去做"和"怎么做"的关键性、方向性问题，思维僵化，仍然是一如既往地"重政府轻市场、重国富轻民富、重发展轻服务"。

当前中国很多不作为与反向作为现象的同时存在,这与"谁去做"和"怎么做"没有明确有很大关系,与对供给侧结构性改革的误解、误会有很大关系。2015年中央经济工作会议曾对供给侧结构性改革定调,并指出其目标是"矫正要素配置扭曲,扩大有效供给,提高供给结构适应性和灵活性,提高全要素生产率",并将2016年供给侧结构性改革的五大任务界定为去库存、去产能、去杠杆、降成本、补短板这样的"三去一降一补"的任务。毫无疑问,中央对供给侧结构性改革的定调及其实现目标是非常精准和正确的。但是,现在从政策到具体措施,给人的印象就是:不进行实质性的市场化制度改革,一味忽视和跳过效率驱动,继续做大、做强国有经济,而不是充分推动民营经济大发展,以此来遏制经济持续快速下行和直接跨越进入创新驱动发展,这几乎是不可能的,不进行深层次改革,这些目标和愿景只能是停留在口头上的空想。

例如,要完成"三去一降一补"的任务,首先需要弄清楚哪些部门最严重。不难发现,库存最严重的部门是国有企业,产能过剩最严重的部门也是国有企业,高杠杆和高成本地方也是国有企业,短板最严重的地方是政府提供公共服务不足的地方,民营经济没有平等对待的地方。如果不弄清楚原因,不对高库存、过剩产能、高杠杆、高成本和短板背后的制度问题进行改革(如不打破行政垄断,不简政放权,不放松管制,不约束货币发行,不让各种所有制公平竞争,不让民营经济在就业和经济发展方面发挥主要作用),不让市场发挥决定性作用,不让政府在维护公共服务方面发挥好的作用,又怎能从根源上解决"三去一降一补"问题呢?即使短期解决了,也会死灰复燃,不能从根本上解决问题,中长期还会反复。

改革大计难以落实,使得潜在生产率和实际生产率落差巨大,决议和现实反差巨大,也让人迷惑和导致争论,出现了一股否定市场化改革及其现代市场制度的理论基础——现代经济学的思潮,使得社会上出现了各种声调,如怀疑甚至是否定改革开放的正确大方向,将市场化等同于私有化,将个体和民营经济等同于私有经济,将公有经济等同于国有经济。其实,正如邓小平所说,市场只是一种手段、方法,资本主义可以用,社会主义也可以用。由于没有一个明确的说法,使得基层深化改革的具体执行者没了方向感,从而"多做多错、少做少错、不做不错"自然就成为最优的选择,其表现形式就是不作为,改革也就没有了方向,争辩四起,造成了社会舆论及思想上的混乱。

那么,应该如何走出这样的困境呢?下面将从理论、历史和统计三个维度论证要进一步解放思想,坚持改革开放,提高市场效率的供给侧结构性改革是关键,提振民间信心是关键,以此平衡好供给侧结构性改革和刺激需求端才是关键,建立有效市场和让政府要在维护和服务方面发挥好的作用,提供各种所有制公平自由竞争的环境，让民营经济大发展才是中国应对经济困境的指标和治本之策。

（1）供给侧结构性改革应以深层次市场化制度改革为内涵推进，以此提高市场效率，建立维护和服务型有限政府，同时加以提振民间信心才是中国同时处理好发展的逻辑和治理的逻辑，以及应对当前经济困境的标本兼治之策。

这是由于制度才是最关键、最根本、最长效的，在个体（无论是国家层面还是部门、企业及个人层面）通常情况下为自身考虑的客观约束条件下，现代市场制度不可替代，要在资源配置中发挥决定性作用，建立有效市场，同时政府要在维护和服务方面发挥好的作用。

例如，课题组成员2015年10月发表于《中共中央党校学报》的《新阶段中国经济的发展驱动转型与制度治理建设》所分析的那样，当前经济下滑主要是由于要素驱动红利衰减，向效率驱动乃至创新驱动的转型滞后；政府主导动力枯竭，地方财政不具有可持续性；国企产能过剩挤压民营经济，资金继续流向本来就充裕的国有企业，其后果就是重复投资、无效投资的不断累积，导致经济严重乏力，造血机制不足；再加上政府施政过程中出现严重不作为的问题，以及对于"新常态"的理解偏差造成的。

可以看出，这些原因的背后都是市场化改革不够深入，政府与市场、政府与社会之间的治理边界不够合理，市场经济制度不够完善以及政府治理出了问题造成的。如果不进行深层次的制度性方面的市场化改革，这五重导致经济增长持续大幅下滑的因素就不可能得到根本性的解决。但现实是，许多部门和地方政府没有真正遵循十八届三中、四中、五中全会的中央决议精神，特别是没有让市场在资源配置中发挥决定性作用和更好发挥政府作用的方向改革，所给出的改革措施甚至和改革开放取得巨大成就的重要因素在很大程度上是背道而驰的，导致了严重的激励不相容，以致当前许多改革的思路和举措都是反向的，政府行政垄断、主导经济、国企做大的现象愈演愈烈，民营经济的发展空间进一步受到严重挤压，导致民企对当前政策手段和改革方式信心不足。

有一种观点认为，2016年1月至4月的民间投资增速下滑是由于整个经济增长率下降，需求自然就下降了。如果是这样，那么为什么在2016年1月至5月全国固定资产总的投资增速基本不变的情形下（由2015年年底的10%略降至9.6%），但政府投资却由2015年年底的9.5%猛增至20%，而民间投资却由10.1%继续大跌至历史新低3.9%呢？反差如此巨大，只能表明当前的中国经济仍是一个政府主导而不是市场发挥主要作用的经济，政府急于保增长而再次出台大规模投资刺激计划，且很多资金又流向国有企业，使国有企业肆无忌惮地横行资金密集型行业，大量高负债国有企业大规模进军土地市场，近年来各地的"地王"基本都是国有企业，出现了国有银行和国有企业成为资本密集型行业供需双方的市场博弈主体这一世界奇观。另外，还显示了民间资本的信心严重不足，即使社会资金丰富也不愿投资。然而，由于边际收益递减及政府主导下的投资低效率，这一轮规模更大的铁公基投资，从对经济增长的拉动效果来看要比2008年的4万亿元投资差很多。

因而，供给侧结构性改革应统一到十八届三中全会所提出的让市场在资源配置中起决定性作用和更好发挥政府作用，以及十八届四中全会所提出的全面推进依法治国和十八届五中全会提出的创新、协调、绿色、开放、共享的五个发展理念上来，以市场化、法治化的结构性改革来同步解决做什么、谁去做、怎么做的问题，坚定不移地继续推行松绑放权及市场化制度性和有限政府职能的改革才是关键。否则，供给侧结构性改革的内涵不明确，许多政府部门和部委就会要么选择不作为，要么选择根据各自的想法，甚至是自身的利益来实施所谓的供给侧结构性改革，出现了激励不相容的反向作为。

如不尽快进行深层次市场化制度性方面的改革，中国经济唯一可能的趋势就是经济增长持续大幅下滑。现在简单套用、泛用、误用经济学理论及其经济政策现象严重，有人认为依靠重商主义政府来推动中国的"工业革命"就可解决问题，更多人呼吁采用更大力度的财政政策和货币政策就可解决当前经济下滑劣势。这些观点都以为不重视长期治理的市场化改革，就可以快速实现工业化，就能扭转经济增长持续大幅下滑困境。然而，这只能是空想或短期有效，而不能从根本上解决问题，甚至有反效果。这是由于，许多现代经济学理论以及基于这些理论发展出来的政策工具大多是基于有一个成熟完善市场经济制度环境的假定而给出的，因而都是基准经济制度环境下的基准经济理论和基准政策工具，不能直接照搬照用到中国这样一个市场经济体制还没有完善的转型加转轨的新兴经济体。如果不考虑前提假设一味地泛用、误用，只能是作用有限，弄不好起反效果。

当然，也还有不少人很不以为然地说，主要发达经济体如美国近年的经济增速也只有2%~3%，中国经济增速即使下滑到6%，也算高的了，而沾沾自喜，缺乏忧患意识。殊不知，这种将不同发展阶段放在一起的简单类比是会误国的。用卫星作比喻，发达国家就像已进入预定轨道环绕飞行的卫星，总体已基本处于平衡增长轨道。中国则不同，作为一个仍处于发展中的经济体，就像一个处于腾空上升阶段的卫星一样，还需一定的速度保障，否则动力不足，就可能达不到预定目标轨道，并会造成非常严重的灾难性后果。并且，党的十八大提出要全面建成小康社会，十八届五中全会则进一步明确提出 GDP 和城乡居民人均收入在2010~2020年实现翻番的政治承诺，在2016~2020年的"十三五"期间需要确保实现以6.5%为底线的经济增长目标。但是，如果促进效率提升和创新驱动的制度供给上得不到改进，改革继续挂空挡或踩刹车，那么目标实现将异常艰巨或成本巨大。因此，中国在更为关键、更为根本的市场制度建设问题上一定不能出问题，否则可能导致非但动力不足，还会出现阻力。

观察自2015年以来中国各省的经济增长就可以发现，那些政府干预较多、国有经济占比较大的省份，往往也正是经济受冲击较大的省份。例如，在2015年全国31省GDP增速排名中，有5个省份经济增速低于6.9%，分别是辽宁、山西、黑龙江、吉林和河北，其中辽宁以3%的增速位列倒数第一。而在2016年第一季度，这5个省份再度位列GDP增速后5位，辽宁甚至出现负增长，以–1.3%的增速位列末位。已经被实践证明行不通的经济发展模式，难道我们还要重蹈覆辙？

回顾近代以来的中国历史，也有三次以国有企业主导的工业化失败尝试：第一次是洋务运动，在国家处于主导控制下的工业化尝试，最终以中日甲午战争惨败收场。第二次是西方国家发生第一次大萧条以后，1934年开始由国民政府掌握经济的走向，抗战胜利后国有资本膨胀达到了新的历史高峰，由于贪腐严重，效率低下，国民政府加速崩溃。第三次是新中国成立后以国有企业推动工业化，最终形成了国有经济占绝对经济地位，对经济造成严重负面影响。

相反，改革开放以来，非国有经济尤其是民营经济的大发展对中国经济的发展做出巨大贡献，无论产值贡献还是解决就业方面均居于主要地位，并且越是民营经济发达的地方，地方政府无论是经济发展、社会稳定还是其他方面，日子好过多了，少了许多麻烦。更重要的是，中国向效率驱动乃至创新驱动的转型发展，还有赖于民营经济发挥主体导作用。这样，历史和现实都告诉我们，国有经济主导、政府主导，很难解决其效率低下、创新不足、贪腐猖獗、挤压民营经济、机会不均导致社会公平正义严重不足的问题，这与让市场发挥决定性作用是根本冲突的，也无法真正实现国家治理体系和治理能力的现代化。

为了避免歧义，需要着重指出的是，并不是说不需要国有企业。国有企业的存在必要性主要是基于国家经济安全和政治方面的考虑，而不是基于效率的角度，从而必定有一个度，比重不能过高，不能过度强调它的作用，包括执政作用，一个没有效率、经济不能有大的发展的社会是不可能长久稳定、可持续的。

并且，如果什么都是由政府和国有企业兜着，中间没有隔离带和防火墙，一旦经济出事，责任自然就在政府，在国有企业，矛盾立刻就集中在政府身上，这将会对中国政治、经济和社会稳定造成很大的风险。同时，这也非常不利于产业转型升级和破产。例如，我们能让那些高污染、高消耗的国有企业破产吗？而如果是民营企业，就不存在这个问题。例如，美国政府为了削减发电厂的碳排放，加快清洁能源的使用，以应对气候变化，制订了《美国清洁电力计划》环境能源政策，当然也由于页岩气能源革命，短短几年，美国已有30多家煤炭公司申请破产，包括美国第二大煤炭生产商阿尔法等大型煤炭公司。中国国有煤炭企业，特别是那些夕阳企业能这样做吗？此外，许多人主张国有企业大量存在是基于解决民生和社会保障问题的考量，但国有企业是生产性单位，是要追求效率的，而民生和社会保障及社会稳定是应该由政府通过提供公共服务去解决的。

很多人也将国有企业当做党的执政之基，而忽视民营企业在这方面的重要作用，这其实是有失偏颇的。执政之基主要体现在人民对执政党的拥戴度及对其执政的满意度，而这取决于执政党能否通过有效治理，让经济持续发展、社会和谐稳定，来满足人民日益增长的物质、文化和公共产品的需求。改革开放以来，如没有非国有经济，特别是民营经济的发展，中国经济怎么能大发展，经济、政治及社会怎么可能这么稳定，怎么会取得举世瞩目的成就呢？显然，改革开放以前的实践已表明，计划经济条件下完全靠国有企业并没有很好地满足人民的需求，恰恰是改革开放后民营经济的大发展才使得人民的需求得到极大满足，极大地夯实了党的执政基础。

所以，最重要的还是要思想解放，打破思想的禁锢，坚定市场化改革的信心，树立鼓舞人心的改革和发展目标，并能坚实落地。前面列举的20世纪80年代初翻两番的目标，90年代初邓小平南方谈话和随后确立市场经济体制改革目标，以及21世纪初加入WTO的例子都说明了只要通过真正的制度性、市场化的深化改革和扩大开放，同等对待非国有经济，社会和企业的信心肯定会为之一振，经济持续下滑的劣势就会逆转。

值得肯定的是，2016年6月14日，国务院发布《关于在市场体系建设中建立公平竞争审查制度的意见》，提出要初步清理废除和防止出台妨碍全国统一市场和公平竞争的规定与做法。这个意见如能执行到位，对于降低制度性交易成本，调动各类市场主体的积极性和创造性，无疑是有正向作用的。

（2）中国要实现经济可持续增长和发展，社会和谐稳定，国家长治久安，必须注重两个逻辑，即发展的逻辑和治理的逻辑，否则会造成各种问题和危机，其关键是政府的定位必须恰当。同时，建立一个维护、服务型有限政府离不开三要素，即法治、执行力、民主监督。

中国改革已经进入深水区。改革在取得巨大成就的同时，问题也十分严重：社会公平正义严重不足，贫富差距过大，贪腐猖獗，生态严重恶化，没有处理平衡好发展和治理逻辑，导致成就和问题两头都冒尖。当前，中国社会经济发展所面临的困境也是问题的表现之一。如果对导致发展成就的经验和问题的根源认识不清，错把缺点当成优点，把短处当成长处，中国经济的问题不可能得到根治，也不可能实现社会和谐和国家长治久安。

客观而言，中国改革之所以取得巨大成就（当然由于只是遵循了发展的逻辑，没有注重治理的逻辑，问题很多、很严重），就是基本放弃计划经济，实行松绑放权的改革，也就是政府的干预大幅度减少，民营经济大发展从而使国有经济比重不断下降而取得的。因此，我们应该按照实验物理学的基本实验的基本方法论来谈什么是差异因素，那就是，除了坚持党的领导、坚持社会主义、坚持社会稳定之外，新的因素是，较大程度上的经济上的选择自由、松绑放权的改革、引入竞争机制（包括中央与地方政府、对内对外的竞争）、对外开放、民营经济大发展，中国的巨大成就正是在这样的基本制度性市场化改革下才取得的。

然而，现实中，许多的改革正在往回改，又回到政府主导的老路，就是一旦遇到问题，就惯性思维式地回到老路，就想到或仍采用政府主导的方式去解决，负面作用很大。例如，对供给侧结构性改革与"三去一降一补"的机械理解，各级政府通过层层分解的任务指标以行政手段来越俎代庖地解决本应由市场和企业自主解决的问题，使得问题并没有从根源上得到实质解决，随时可能死灰复燃。

以去产能为例，一直在路上的去产能，却越去越多。2015年，中国平板玻璃、钢铁、水泥和造船等严重过剩行业的产能利用率均已下滑到70%以下，其中钢铁行业与2008年相比产能利用率下降高达10%。为此，国务院2016年2月出台的6号文提出5年内要化解钢铁过剩产能1亿~1.5亿吨，结果刚出台，3月、4月钢铁产量却连续增长，许多依靠政府补贴续命的钢铁企业又开始复产。与此相反的是，还是拿美国煤炭企业的生存危机作为例子，美国政府并没有出手干预市场让煤炭企业苟延残喘，而是让市场、让企业自己来决定自己的命运，其结果是2015年美国煤炭产量与2008年相比减少了超过20%，成功实现了去产能。

之所以会有上述这样的问题，关键是政府的定位没有得到合理界定。中国的政府本质上还是一个发展型的全面政府，过于注重发展的逻辑，却忽视了治理的逻辑。政府在资源配置中仍然居于主导地位，大量越位和错位，大大限制和压制了市场作用的发挥，而政府却在维护市场秩序和提供公共服务方面大量缺位，没有发挥好应有的作用。因此，供给侧结构性改革首要任务应该是体制机制的改革，首先解决好效率驱动的问题，改革影响市场效率的不合理制度环境和监管架构，解决政府职能定位的问题，以此解决好政府与市场和政府与社会的治理边界，使之成为一个好的市场经济。

政府既是改革的主要推动力量，更是改革的对象，这就决定了中国下一步改革的艰难性。那么，如何将二者有机结合起来，将全面深化改革引向深入呢？即如何从政府自身的改革入手，来使之成为一个个的改革发动机？如何确保深化市场化改革的成功？如何在加强治理的同时，又不对发展产生太大的副作用？这些问题实际上就牵涉政府治理本身，在我看来一个维护、服务型有限政府的善治实现依赖于三要素——法治、执行力和民主监督。

其一，法治的首要作用是对政府行为的规范和约束，其次才是对市场经济个体的。这是"法治"和"法制"的本质差别。一个好的法治环境,可以支持和增进市场,真正让市场发挥基础性和决定性的作用,而政府只是起到维护和服务的作用,只有这样才能最大限度地压缩权力寻租腐败的空间。

其二,增强改革的执行力和发展的驱动力,则必须从法治、激励和理念三个维度推进综合治理,特别是要发现和培养改革发展的开拓良将,将那些不唯上、不唯书、只唯实,敢闯、敢试、敢为人先的人放在重要岗位上或一把手的位置上,使之成为一个个改革发动机。

其三,没有民主监督,没有问责,没有责任边界的划定,没有社会和媒体的监督,这样的政府治理体系将是涣散失效的。中国还需要有质量的量化指标作为目标,否则就没了努力方向,也就无法对官员加以问责,从而官员也就没责任和动力关注发展、推动改革,不再勇于创新。

(3)供给侧结构性改革要取得成功,必须正视改革的艰巨性和复杂性,用好成功改革的方法论,灵活运用"明道、树势(顺势)、优术、抓时(择时)"四位一体的方法论。并且,对于改革方案的制订方式也需要重新设计,以确保独立性、科学性和可操作性。

当前中国改革空间异常狭窄,来自于利益集团和弱势群体的双重夹击,使之充满着对立和冲突,社会刚化和阶层分化严重,具有很大变数,需同时解决好让市场发挥决定性作用和社会公平正义问题。为此,我们要有十足的紧迫感,不能再滞后,越拖越麻烦,如房产税和遗产税在二十年前基本没有房产和财产时就制定成法规是非常容易的一件事情,但现在再来制定已经困难重重。

由此,现在很多改革包括政府大力倡导的供给侧结构性改革,并没有从方案落实到制度,从制度落实到政策,从政策落实到行动,缺乏可操作性,执行不下去。基本是上面在踩油门、中间在挂空挡、下面在踩刹车,整个在地方部门不作为,改革决议和文件在许多方面处于空转的状态,甚至由于目标、方向的混乱,反而出现文件与文件打架,反作为,改革有往回走的趋势,令人十分忧虑。问题出在哪里?在我看来,至少有三个方面的因素。

其一,按照现在的改革做法,让部委自己来操刀给自己动手术,让地方政府来革自己的命,很难做到。即使国家发展和改革委员会也是发展的性质大过改革,给人的感觉就是在不断地审批项目,在改革上用力严重不够。一旦经济遇到问题,就想到用政府主导的老办法来解决。不像以前,中国设置国家经济体制改革委员会这样一个专门研究、制定、协调和指导体制改革的综合性、独立性专门权威机构,一旦形成决议和文件,中央部委不得不执行。因此,有必要恢复国家经济体制改革委员会或成立类似的机构。

其二,缺乏鼓励改革理论探讨的氛围条件,无法凝聚改革的学理共识,增加改革的前瞻性和战略性。中国改革是一个庞大系统工程，实践每向前推进一步，都会带来更多更为复杂的理论和实际问题，这就对理论创新提出了新的更高要求。不过，理论探索离不开一个开明、宽松的舆论氛围和社会环境，需要务真求实，因而要尽量避免上纲上线，甚至动辄上升为意识形态、阴谋论、敌对势力的大字报，这样将造成很大的社会不和谐，导致极其严重的负面后果。

其三，目前中国的智库结构也还是官方色彩浓厚，缺乏独立性、客观性，民间智库很少，发展严重滞后。在现有的决策体制下，中央关于某个领域的政策往往是由相关部委负责制定的，而部委下属的研究机构往往通过写文件、做课题、报内参在决策中发挥作用，形成一种决策咨询上的渠道垄断。显然，这导致的结果只能是政策被部门利益、地方利益所裹挟，不是基于一般均衡、综合治理的考量。例如，国有企业改革 1+N 的文件就是一种关门设计，没有很好地听取国有企业、地方政府和社会各方面的意见与建议，使之脱离国有企业实际严重，带有明显部门利益和视野上的局限。独立的政策研究机构是政府决策科学化的保障，中国需要大力发展民间智库。

参 考 文 献

上海财经大学高等研究院"中国宏观经济形势分析与预测"课题组.2016.亮眼经济数据背后需重视的问题.改革内参，(17)：18-21.

田国强．2016．供给侧结构性改革的重点和难点——关键是建立有效市场和维护服务型有限政府．未刊稿．

田国强，陈旭东.2015.中国经济新阶段的发展驱动转型与制度治理建设．中共中央党校学报，(5)：71-81.

厦门大学宏观经济研究中心课题组.2007.中国季度宏观经济模型的开发与应用.厦门大学学报（哲学社会科学版），(4)：28-35.

张蓓.2009．我国居民通货膨胀预期的性质及对通货膨胀的影响．金融研究，35：40-54.

Arora V, Gomis-Porqueras P, Shi S.2013.The divergence between core and headline inflation：implications for consumers' inflation expectations. Journal of Macroeconomics, 38：497-504.

Bernanke B S. 2007. Inflation expectations and inflation forecasting. In Speech at the Monetary Economics Workshop of the National Bureau of Economic Research Summer Institute, Cambridge,Massachusetts.

Branch W A. 2006. Restricted perceptions equilibria and learning in macroeconomics// Colander D. Post Walrasian Macroeconomics：Beyond the Dynamic Stochastic General Equilibrium Model. New York：Cambridge University Press.

Branch W A, Evans G W. 2010. Asset return dynamics and learning. The Review of Financial Studies, 23(4)：1651-1680.

Branch W A, Evans G W. 2011. Learning about risk and return：a simple model of bubbles and crashes. American Economic Journal: Macroeconomics, 3(3): 159-191.

Bullard J.2006.The learnability criterion and monetarypolicy. Federal Reserve Bank of St. Louis Review, 88: 203-217.

Bullard J, Evans G W, Honkapohja S. 2008.Monetary policy, judgment and near-rational exuberance. American Economic Review, 98: 1163-1177.

Calvo G A. 1983. Staggered prices in a utility-maximizing framework. Journal of Monetary Economics,12(3): 383-398.

Evans G W, Honkapohja S. 2001.Learning and Expectations in Macroeconomics. Princeton: Princeton University Press.

Evans G W, Honkapohja S. 2013.Learning as a rational foundation for macroeconomics and finance//Frydman R, Phelps E S.Rethinking Expectations: The Way Forward for Macroeconomics (Chapter 2).Princeton: Princeton University Press.

Fisher I. 1933.The debt-deflation theory of great depressions. Econometrica, 1: 337-357.

Galí J.2008.Monetary Policy, Inflation and the Business Cycle: An Introduction to the New Keynesian Framework.Princeton: Princeton University Press.

Galí J, Gertler M. 1999. Inflation dynamics: a structural econometric analysis. Journal of Monetary Economics, 44(2): 195-222.

Hommes C, Zhu M. 2014.Behavioral learning equilibria. Journal of Economic Theory, 150: 778-814.

Hommes C, Zhu M.2016.Behavioral learning equilibria, persistence amplification & monetary policy. Working Paper. https://www.researchgate.net/profile/Mei_Zhu4/contributions.

Honkapohja S, Mitra K, Evans G. 2013.Notes on agents' behavioral rules under adaptive learning and recent studies of monetary policy//Sargent T J, Vilmunen J. Macroeconomics at the Service of Public Policy. Oxford: Oxford University Press.

Lucas R.1972.Expectations and the neutrality of money. Journal of Economic Theory,4: 103-124.

Muth J E.1961.Rational expectations and the theory of price movements. Econometrica, 29: 315-335.

Smets F, Wouters R. 2003. An estimated dynamic stochastic general equilibrium model of the Euro. Journal of the European Economic Association, 1(5): 1123-1175.

White H.1994.Estimation,Inference and Specification Analysis. Cambridge: Cambridge University Press.

Woodford M.2003.Interest and Prices: Foundations of a Theory of Monetary Policy. Princeton: Princeton University Press.

附录：发达国家应对通货紧缩及通缩预期对经济增长影响的政策研究

杨阔[①]　郭克莎[②]

当前，我国经济面临通货紧缩风险，市场通缩预期对需求和经济增长产生了明显影响。本部分介绍和分析了日本、美国、欧洲等发达国家/地区在应对通货紧缩影响中所实施的宏观调控政策，即以非传统货币政策为主体的宏观经济政策及其效果。虽然我国的经济运行和宏观政策背景与发达国家有很大不同，特别是货币政策仍运行于常规政策的框架内，但发达国家应对通货紧缩及通缩预期的宏观政策取向、国际经济学家研究这种政策及其效果的方法和理论，仍然对我们有一定的借鉴作用。

20世纪90年代初，日本泡沫经济破灭，整个经济陷入停滞状态。在此背景下，日本银行于2001年首次实施了非传统货币政策，即QE货币政策，以此谋求稳定金融市场，扩大信用，刺激投资和消费。日本的宏观调控政策创新与实践引起了学界广泛关注，随之拉开了研究应对通货紧缩及通缩预期对经济增长影响的政策创新特别是非传统货币政策的序幕。2008年金融危机发生后，美联储实施的以QE货币政策为主体的调控政策，为进一步研究新时期应对衰退与通缩的宏观调控政策创新提供了新的框架。本部分旨在对发达国家关于应对经济衰退与通货紧缩的宏观政策尤其是非传统货币政策的研究进行梳理与总结，以期为当前国内防范通货紧缩及通缩预期提供有益参考。

[①] 杨阔，华侨大学经济发展与改革研究院研究人员，中国社会科学院研究生院博士生。
[②] 郭克莎，华侨大学经济发展与改革研究院院长，中国社会科学院经济政策研究中心主任，教授、博士生导师。

一、发达国家的宏观政策框架

2008年国际金融危机爆发，全球经济遭受重创。为了促使经济早日走出衰退，重新步入增长轨道，全球主要发达国家均采用了大规模扩张性宏观政策以刺激经济，如综合使用扩张性财政政策、产业政策以及作为政策体系亮点与核心的宽松性货币政策，即非传统货币政策。对于这些宏观经济政策，国际经济学家在研究日本如何应对通货紧缩影响的问题时，已经建立了一定的理论基础。其中，以巨额赤字为主要特征的扩张性财政政策，借助政府债务货币化，通过大规模公共投资、转移支付以及税收减免等措施刺激需求与投资，除了负债融资方式有别于过去外，仍处于传统财政政策范畴；产业政策方面，既有旨在稳定金融市场，救助银行、证券、房地产、汽车等受危机冲击较严重行业的短期产业政策，也有针对产业结构优化调整的长期产业政策。而货币政策方面，以美联储、欧洲中央银行、日本银行和英格兰银行为代表的发达经济体中央银行首先纷纷将政策利率降低至接近零的历史最低位。尽管赤字财政、产业政策和零利率传统货币政策在一定程度上发挥了积极作用，但对降低失业率、促进经济增长、抑制通货紧缩作用并不显著，市场期待更加宽松的货币信贷环境和更加积极的财政政策刺激，然而更加积极的财政刺激却普遍面临着赤字上限的约束。于是，在普遍的赤字率上限和零利率下限（zero lower bound，ZLB）约束下，各发达国家中央银行纷纷进行宏观政策创新，推出一系列非传统货币政策，以便更为主动地应对通货紧缩及通缩预期对经济增长的负面影响。从此，发达国家的宏观调控政策在货币政策方面发生了重大转变，从传统以短期名义利率调控为核心转向以中央银行资产负债表的调控为核心，这一新型宽松货币政策被称为非传统货币政策。下面着重围绕非传统货币政策的定义、分类、传导机制与工具创新予以简要概述。

赤字率上限的硬约束很难突破，因此赤字性财政扩张的政策空间有限。这样，如何破除零利率下限约束就成为宏观调控政策创新的主攻方向，而非传统货币政策正是用于解决"如何走出零利率下限约束的流动性陷阱"问题的。就"如何走出零利率下限的流动性陷阱"问题，学者给出了以下建议。

第一，扩张基础货币。Meltzer（2001）认为，即使短期名义利率为零，基础货币扩张也会影响资产价格和真实利率，尤其是在本币贬值的情况下。但是基础货币扩张能否真正影响到通胀预期，这取决于这种扩张是否为永久性扩张或扩张承诺。

第二，宣布一个通胀目标或价格增长路径。Bernanke（2000）、Krugman（1998）、Posen（1998）建议以一个足够大的通胀目标作为未来通胀率的承诺。Krugman（1998）建议日本连续十五年实行4%的通胀目标；Posen（1998）建议一开始为3%，一些年后为2%，为了增加可信度，中央银行需要公布通胀预测和通胀报告。Svensson（2001）和Bernanke（2003）则建议每年1%~2%的价格增长路径。

第三，降低长期利率。长期利率对消费和投资的影响更大，因此降低长期名义利率对于降低长期真实利率和走出通缩都有作用。Clouse等（2000）、Meltzer（2001）建议将长期债权的公开市场操作作为重要手段。Bernanke（2003）建议直接对一定时期的政府债券进行利率封顶，同时承诺在该利率水平上会购买无限量的政府债券。Orphanides和Wieland（2000）则认为，长期债券利率和未来短期债券名义利率预期是相关的，所以保持短期名义利率在很长一段时间内为零的承诺会自动降低长期债券利率。

第四，货币贬值。大部分学者认为即使短期名义利率为零，本币贬值也能拉动经济走出"流动性陷阱"。Svensson（2001）指出，货币贬值和固定某个贬值率的盯住汇率政策能够提供一个未来更高价格水平的明显承诺。Callum（2003）则建议通过"移动汇率目标"来走出"流动性陷阱"，他通过模拟手段表明这种政策比较有效。

第五，财政政策。传统的财政政策会导致财政赤字，如果赤字率过高，私人部门会预期政府增加税收和减少未来福利措施，这便导致私人部门储蓄增加，进而降低扩张性货币政策的作用。所以，Eggertsson（2003）认为，如果中央银行独立性很差，财政赤字可通过中央银行来融资，从而能够产生通货膨胀预期，且不会挤出私人投资和消费。Bernanke（2003）则建议同时使用价格水平目标制和中央银行货币融资的财政政策。

以上五种走出零利率下限流动性陷阱的方法和途径基本为非传统货币政策提供了逻辑依据。进一步，Gertler和Karadi（2011）对非传统货币政策的作用机制进行了深入解析。他们认为，中央银行直接充当信用中介对修复企业和金融机构的资产负债表、恢复信贷市场功能有着重要作用。通过建立DSGE模型来模拟本次金融危机，研究发现：中央银行为私人部门直接提供信贷的效果取决于中央银行介入成本的大小，若中央银行信贷有高信用等级资产作为抵押，则中央银行充当信用中介的成本相对较低，在这种情况下，中央银行直接充当信用中介可行；在其他情况下，中央银行需要对借款人进行持续的监督，中央银行信贷中介功能可能完全无效，这时中央银行最优策略是资本注入。

（一）非传统货币政策的定义

学界目前对非传统货币政策的内涵尚无统一定义，甚至连政策名称也无定论，多称之为QE、数量宽松、定量宽松、信用宽松等，我们统称为非传统货币政策。

QE 的概念由成功预测 1991 年日本银行体系崩溃的 Richard Werner 于 1995 年首次提出。日本银行于 2001 年 3 月首次实施 QE 货币政策，称其为零利率下用以对抗通缩和衰退的前所未有的政策尝试。

关于非传统货币政策的定义，Bernanke 认为，传统货币政策（conventional monetary policy，CMP）是货币当局调整短期名义利率的货币政策，由此可将非传统货币政策理解为短期名义利率之外的货币政策。Borio 和 Disyatat 则认为，非传统货币政策与传统货币政策的本质区别在于，前者的各种措施均是围绕中央银行资产负债表规模和结构进行调整，而后者则是对短期名义利率的调整。靳玉英和张志栋（2010）则认为 Borio 和 Disyatat 对非传统货币政策的界定并不全面，非传统货币政策还应该包含中央银行资产负债表内容的调整，如在美国非传统货币政策实践中，美联储成立了如 Maiden Lain 等专门公司来收购私人企业资产，在美联储的资产负债表增加了新的资产项目，这一项目体现了非传统货币政策下中央银行替代商业银行直接输出流动性给私人部门的特征，这也是非传统货币政策与传统货币政策的本质差异之一。在此基础上，他们对非传统货币政策进行了全面分析，认为非传统货币政策可以概括为"在零利率下限约束下，中央银行通过改变其资产负债表的规模、结构和内容进而为经济注入流动性的所有措施"；同时将负债类措施整体界定为 QE 货币政策，该政策的特征如下：①以资产负债表规模、结构和内容的调整为核心；②中央银行在部分替代商业银行的流动性输出功能；③具有"准财政"特点。

综上所述，我们可以把非传统货币政策定义为，在零利率下限约束下，中央银行通过保持宽松货币政策承诺，调整资产负债表的规模、结构和内容，购买长期资产等特殊手段，以增加货币供给，缓解流动性压力，最终旨在稳定金融市场、消除通缩螺旋、刺激经济增长的所有非传统货币政策措施。

（二）非传统货币政策的分类

Bernanke 把非传统货币政策分成三类：①承诺效应。中央银行公开承诺将一直维持充足的流动性供给，政策利率将长期保持低位，以此引导市场对未来利率走势的预期。②QE。中央银行增加其资产负债规模，使之超过短期基准利率下调为零时所要求的水平。③信贷宽松。中央银行通过改变其资产负债表的组成成分来影响市场上各种证券的相对供给量，从而改变它们的相对价格和收益率，进而对实体经济的信贷条件产生影响。

Borio 和 Disyatat 将非传统货币政策分成四类：①汇率政策。中央银行通过对外汇市场的操作，改变私人部门遭受风险的外币资产金额，以达到在给定的任一利率水平下影响汇率水平和波动程度的目的。②准债务管理政策。中央银行针对公共部门债务市场的政策行为，改变由私人部门拥有的对公共部门要求权的组成成分，这些要求权包括不同期限的证券和在中央银行里的准备金存款，其目的是改变政府债券的收益率，从而更一般地影响融资成本和资产价格。③信贷政策。针对具体的私人债务和证券市场部分，中央银行通过改变对私人部门要求权的风险头寸来改变私人部门资产负债表的组成成分，其目的是改善私人部门的融资环境。④银行准备金政策。中央银行对银行准备金设定一个具体目标，其目的在于增加基础货币和对金融中介机构的信用。Reis根据次贷危机的不同时期，将美联储所采用的非传统货币政策区分为利率政策、数量政策和信贷政策。这里，利率政策并非传统的短期利率政策，而是指持续低利率承诺以及给存款准备金支付利息的行为；数量政策关注的是美联储资产负债表的规模及其负债方的组成成分；信贷政策关注的是资产方的结构。

2009年第一季度IMF的全球金融稳定报告则把非传统货币政策分为以下四类。

第一类，标准操作，仅作技术上的改变，如扩展合格的抵押品、交易对象以及交易期限范围，在市场操作中提供无限的流动性等。该措施的目的是向货币市场提供中央银行准备金，使用的中央银行主要有欧洲中央银行和日本银行等。

第二类，流动性宽松政策。具体方法有贷出国债用来交换非流动性证券，中央银行之间或中央银行和商业银行之间的货币互换协议，在国内市场提供外币等。主要使用的中央银行有美联储和欧洲一些国家的中央银行。

第三类，QE政策。通过对国债或政府担保债券的永久性购买来提供长期资金，降低长期收益率曲线。主要使用的中央银行有美联储、英格兰银行和日本银行等。

第四类，信贷宽松政策。该政策包括对私人部门证券的永久性购买，直接提供流动性给借款者和投资者，用于支持抵押和房地产市场，恢复证券化市场的发行，以及扩展对家庭和企业的信贷。其主要使用者是美联储和日本银行。

总体上看，关于非传统货币政策，尽管每个学者对QE和CE的内涵界定略有不同，但基本认同QE和CE的一般分类。在QE和CE的分类基础上，我们认为Bernanke对非传统货币政策的分类较为合理，即非传统货币政策可划分为承诺效应、QE和CE三类。一方面，此种分类较为全面、明晰，既涵盖了非传统货币政策的全部内容，又条理清晰；另一方面，现存大多数关于非传统货币政策的文献基本都是基于这种分类展开研究的。

（三）非传统货币政策的传导机制与工具创新

总体来说，可将非传统货币政策的传导机制归纳为以下五类：①利率渠道传导机制；②资产组合再平衡效应传导机制；③承诺效应或信号渠道传导机制；④财政支出传导机制；⑤汇率渠道传导机制。

关于非传统货币政策的工具创新，Bernanke（2009）将其大体划分为三类：第一类，向金融机构等提供短期流动性的工具，如保证金融机构得到短缺信贷的信贷拍卖机制和保证一级交易商有资格获得窗口贴现的工具；第二类，向借款人和投资者直接注入流动性的工具，如购买商业票据和向货币基金市场提供流动性补充的工具等；第三类，购买长期证券，如购买国有企业债券和国有企业抵押债券。王维安和徐澄（2011）在对美联储货币政策工具创新进行细致分析的基础上，将其区分为以下四类：①提供短期流动性的政策工具，为更广泛的群体提供支持；②缓解信贷市场紧缩的货币政策工具；③中长期信用工具；④货币互换。

二、日本以非传统货币政策为主体的宏观政策及效果

（一）日本的宏观政策

1. 日本银行的非传统货币政策

日本的 QE 政策实践可分为两个时期：2001~2006 年的首次 QE 政策实践和次贷危机后的 QE 政策实践。

1）2001~2006 年日本首次 QE 政策

面对严重的通缩与衰退，在零利率下限约束下，2001 年 3 月 19 日至 2006 年 3 月 19 日，日本银行实施了新的货币政策框架，即 QE 政策。具体而言，日本银行首先将无抵押隔夜拆解利率从 0.25%下调至 0.15%，并分两次将再贴现率从 0.5%下调至 0.1%，重新恢复零利率。随后，日本银行将货币政策操作目标由隔夜拆借利率转向中央银行的商业银行经常账户余额，意图通过购买商业银行持有的国债来增加商业银行在中央银行的超额准备金账户余额。之后，日本银行不断提高商业银行超额准备金目标和购买国债上限。日本银行在实施 QE 初期便向公众宣布 QE 政策目标是抵抗通缩，实现物价上升，并承诺物价恢复上升之前不会改变宽松的货币政策。日本银行表示，只有满足核心 CPI 维持相当时间的正增长和未来核心 CPI 保持正增长两个条件，才有可能改变宽松政策方向；但即便上述条件满足，出于对稳定物价和刺激经济考量，中央银行仍然可能维持 QE 政策（BOJ，2003）。

2）金融危机后日本的 QE 政策

这轮国际金融危机爆发后，为了阻止日元升值和经济下滑，日本再度实施 QE 政策。在 2008 年把隔夜拆借利率从 0.5%下调至 0.1%，以及 2009 年大规模购买商业票据、企业股份和公司债的基础上，2010 年 10 月 5 日，日本银行宣布启动第二轮 QE 政策的"组合拳"。这包括三项内容：一是将政策性利率诱导目标由年

率 0.1%左右下调至 0~0.1%，再次实施零利率政策。二是推出资产购买计划。资产购买计划的主要目的是在短期利率无下降空间的情况下，促进长期利率以及各种风险溢价下降。该计划主要包括两部分内容：一部分是进行资产购买，涉及的资产包括日本政府债券、国库券、商业票据、企业债券、交易所交易基金（exchange-traded funds，ETFs）和日本房地产投资信托基金（Japanese-real estate investment trusts，J-REITS）等；另一部分是为固定利率共同担保基金供给，该资金供给主要为促进货币市场运转。资产购买计划一经推出，规模便不断扩大，到2012年年底该计划规模已经从最初的35万亿日元扩张至101万亿日元。三是事实上设立通胀目标，承诺零利率政策将一直实施到能够判定物价稳定时为止。

第二轮 QE 政策效果不甚显著，为了应对长期通货紧缩和产业空心化，2013年1月，安倍内阁在"重建日本经济"的紧急经济对策会议上高调提出了以"大胆的金融政策、机动的财政政策和刺激民间投资的经济增长战略"为主体的新一轮政策组合，又称"安倍经济学"。安倍内阁认为通货紧缩才是本国经济停滞的根源，其原因是市场上流通的货币过少，并将经济低迷、失业增加归结为金融政策的失败。基于此，为了表示其对抗通货紧缩的决心，安倍政府在 2013 年 1 月 22日提出了"无限期量化宽松"的对策，并设定了 2%的"通胀目标"。

2. 日本的财政政策与产业政策

为了应对金融危机，日本新内阁不得不改变小泉内阁旨在消除赤字的紧缩性财政政策方向，相继启用以大规模赤字为特征的扩张性财政政策，以便增加公共支出和减免税收。例如，2008 年，福田内阁实施了规模为 11.7 万亿日元的"实现安心的紧急综合对策"，麻生内阁实施了规模为 26.9 万亿日元的"生活对策"和总额为 43 万亿日元的"生活防卫紧急对策"；2009 年，鸠山内阁出台了金额为 24.4万亿日元的"紧急雇佣对策"，后来又出台了"应对明日安心和增长的紧急经济对策"；2010 年，菅直人内阁相继投入 9.8 万亿日元和 21.1 万亿日元的"紧急综合经济对策"。这使得 2006~2010 年日本的财政投入高达 193.5 万亿日元。2013 年，以克服通缩为主要目标，安倍政府又启动了新一轮扩张性财政政策，即"机动的财政政策"，先后推出"15 个月预算"和"国土强韧化"计划，由日本银行认购赤字国债，以消除巨额财政赤字的挤出效应，借以扩大财政支出，增加公共事业投资。此番共动用财政支出超过 100 万亿日元，规模为历史之最。

日本的产业政策，除了稳定金融市场、救助汽车等制造业的短期措施之外，还表现为对未来增长性产业的前瞻性扶持（吉野直行，2010）。2009 年 12 月，日本推出新时期产业政策，即"新增长战略"。为了具体实施新增长战略计划，日本经济产业省于 2010 年 6 月推出重振日本经济和国内产业的"产业结构远景"，制订了具有前瞻性的未来增长产业扶持计划，确立了官民一体，致力于：核电及铁路等社会基础设施建设；医疗、护理、健康、儿童成长等社会保障与服务；开发环保汽车、环保家电等绿色新能源产业；发展感性文化产业；以机器人、精密零部件为代表的尖端制造领域等战略产业。在"新增长战略"的基础上，2013年1月，安倍内阁又提出了"刺激民间投资的经济增长战略"。该战略主要包括恢复制造业的"日本产业再兴计划"、支援企业海外发展的"国际拓展战略"以及培育新产业的"新目标政策"三个方面。安倍将健康、能源、下一代基础设施以及绿色综合农业这四个领域作为经济增长战略的着力点，他认为，上述四大领域是引领未来产业变化之关键。

(二) 日本宏观政策效果研究

1. 非传统货币政策效果研究

1) 第一轮 QE 效果研究

2001年日本首次实行QE政策，引起学界广泛关注。在规范分析方面，大体可分为两种观点：一种持肯定态度，即"赞扬派"；另一种持否定态度，即"否定派"。在"赞扬派"看来，日本的QE政策实践对于稳定金融市场、应对通货紧缩起到了明显的积极作用，是一次逆经济周期调节的大胆而成功的宏观政策创新。执此类观点的代表人物有伯南克和克鲁格曼。伯南克认为，要重振日本经济，就得走出当时日本货币政策陷入瘫痪的困境，就得采取过激的QE政策让通货膨胀达到3%~4%的目标，就需让日元全面贬值。克鲁格曼认为，治理流动性陷阱和通货紧缩最重要的是打破公众的预期陷阱，使公众产生长期通胀预期，因此日本银行应该通过公开市场操作，购买日本长期国债，维持4%的通货膨胀率达15年之久，这样才能使日本经济走出流动性陷阱。然而，"否定派"学者却持相反意见，他们认为，尽管长期利率有所降低，但非传统货币政策对扩大信用和停止紧缩几乎没有产生效果。执此类观点的代表有Okina和Shiratsuka (2004)等。

在规范分析的同时，很多学者也进行了实证研究，如Fujiki和Shiratsuka (2002)、Bernanke等 (2004)、Okina和Shiratsuka (2004)、Baba等 (2005)、Kobayashi等 (2006)、Oda和Ueda (2007)、Ugai (2007) 等。这些研究一般涉及两个问题：①非传统货币政策是否能缓解金融市场的压力并促进金融市场功能正常化，主要研究对象是反映短期利率和未来短期利率变化的收益曲线变化、流动性和信贷价差；②非传统货币政策是否对产出和通货紧缩等变量产生了影响。多数研究表明：日本银行的政策承诺具有明显的"承诺效应"，有效改变了市场对于短期利率未来走势的预期，降低了长期利率，对于缓解危机、降低信用风险、稳定金融市场效果显著，但是其产出效应与长期效果并不明显。

2) 第二轮 QE 效果研究

2008年国际金融危机后，学界对日本第二轮 QE 政策展开了实证研究，依然褒贬不一。持否定态度的学者大多认为，尽管此轮 QE 对于稳定金融市场、改变私人部门预期和降低市场利率起到了一定作用，但其提高产出和扭转通缩的效应并不显著。持此类观点的学者有 Caballero 和 Kashyap（2008）、Nakajima 等（2010）、Ueda（2010）、潘成夫（2009）、刘兴华（2010）等。其中，Caballero 和 Kashyap（2008）认为，产出及扭转通缩效果不显著是银行"惜贷"致使货币乘数大幅下降所致；刘兴华（2010）则认为，是无限扩张的货币投机需求导致此轮 QE 政策对实体经济影响甚微。

然而与以上观点相反，许多学者得出了肯定的结论。这类学者认为，此轮 QE 不仅客观上稳定了金融系统，降低了市场利率，扩大了信用，而且也发挥了明显的提高产出和遏制通货紧缩的效用。执此类观点的学者有 Harada 和 Masujima（2009）等。Harada 和 Masujima（2009）认为，资产价格和银行资产负债表是此轮 QE 货币政策发挥作用的主要渠道。

综上所述，日本所实施的非传统货币政策总体上确实稳定了金融市场，降低了市场利率水平及预期，从而使得企业的潜在融资成本明显下降。然而，QE 货币政策在促进银行信贷增长方面的效果并不显著，一些关键的传导渠道发生了堵塞，导致新增的流动性大部分滞留于金融机构之内，并未被市场消化。而在实体经济方面，正如"否定派"所指出的，私人部门投资支出和融资需求并未显著增加。

2. "安倍经济学"效果研究

作为非传统货币政策、扩张性财政政策与产业政策的综合，安倍经济学的"三支箭"到目前为止都已射出。从国内外文献看，学界对安倍经济学的关注度很高，但仍然褒贬不一，总体上可划分为"赞扬派"、"否定派"和"观望派"三大类（陈志恒，2013）。由于政策效力的时滞性和数据收集尺度的较长要求，目前对"安倍经济学"的实施效果研究尚主要处于规范分析阶段。首先看"赞扬派"，这类学者认为：日本把货币、财政以及产业政策整合为一种综合手段，是有利于促进经济复苏的，QE 货币政策和财政政策刺激对结束日本通缩局面十分必要；安倍经济学的"三支箭"是一项重要的"经济试验"，将取得成功，并成为指引世界经济走出低迷的"全球范例"。持此类观点的学者既有高田创（Takata，2013）、滨田宏一等日本学者，也有包括斯蒂格利茨、克鲁格曼（Krugman，2013）在内的国际知名经济学家，同时也包括诸如经济合作与发展组织（OECD，2013）的专家。

然而，"否定派"学者并不这么乐观。他们认为，"安倍经济学"不但难以起效，而且最终还会损害日本经济。持这类观点的学者主要有英国的休·科塔齐（Cortazzi, 2013）、日本的滨纪子、美国的马丁·费尔德斯坦（Feldstein, 2013）等。其中，被誉为"日本的克鲁格曼"的滨纪子甚至把"安倍经济学"视为"最糟糕的经济学"，她认为安倍经济刺激计划只会使货币流向股市，难以解决通货紧缩问题。Hugh Cortazzi 则在《日本时报》发文指出，"安倍经济学"只不过是凯恩斯主义的翻版，QE 的货币政策、扩大公共开支的财政政策以及模糊的结构改革措施难以担当重振日本经济的重任，从长远来看，如果运用不当还会对日本经济造成实际危害。另外，还有一些"否定派"学者从分析日本经济低迷的内在原因出发，认为日本经济之所以"失去 20 年"，更多的是一个长期结构性问题，而非周期性问题，只有通过重大结构改革才能使日本经济重新步入增长的正轨，因此安倍经济学的货币和财政刺激政策的作用十分有限，无法解决人口老化、产业外移、竞争力下降等深层次问题。此类学者有澳大利亚专家萨蒂亚吉特·达斯（Das, 2013），以及耶鲁大学高级研究员、摩根斯坦利公司前首席经济学家斯蒂芬·S.罗奇等。

除了以上两派学者外，还有一部分学者对"安倍经济学"持谨慎的观望态度，既不完全肯定其"三支箭"的作用，也不完全否其可能发挥的积极作用，他们抱有审慎的乐观与担忧。他们认为：激进的货币扩张和财政刺激所提供的只是短期刺激，"安倍经济学"可能获得成功，但前提是结构改革即产业政策卓有成效，现在断言"安倍经济学"是否成功为时过早。我们称这类学者为"观望派"。这类学者包括肯特·卡尔德、劳伦斯·林赛、马丁·沃尔夫、吉姆·奥尼尔、托比亚斯·哈里斯（Harris, 2013）、李钟和、查德·卡茨以及 IMF 等国际组织的诸多学者。例如，李钟和教授指出，"安倍经济学"的扩张性货币政策和财政政策的作用似乎正在显现，但这只是短期效用，必须辅之以结构改革，包括提升产业竞争力、增强创新力等改革措施，才能实现走出"失去 20 年"的政策目标。美国企业公共政策研究所[①]（American Enterprise Institute for Public Policy Research，AEI）专家劳伦斯·林赛也认为，不能过于重视"安倍经济学""前两支箭"的作用，因为大规模财政刺激政策意味着财政赤字扩大，这难免让人质疑政策的可持续性，但"前两支箭"的发力，却能给"第三支箭"——民营部门的经济转型——创造机会和条件。持相同观点的还有美国《半周刊杂志》专家理查德·卡茨。他认为，扩张性"财政-货币"刺激是重启日本经济的必要条件，而非充分条件，日本要解决那些根深蒂固的经济低迷和通缩问题，只能依靠真正的结构改革，然而安倍政府却只重视前两项措施，而回避必要的结构改革。

---

① 简称美国企业研究所。

国内研究方面，郭可为（2013）、秦兵（2015）、陈刚（2015）、姜跃春（2015）、金京淑和马学礼（2015）等研究认为，"安倍经济学"在促进物价上升和经济成长方面取得了较为明显的初步成效，但考虑到少子老龄化、产业空心化、财政亏空和消费税增高等不利因素，其前景并不乐观。李欢丽和王晓雷（2015）则直接认为，由于货币传导机制存在严重扭曲，且日本经济的根本症结在于产业结构扭曲与老化，"安倍经济学"无法实现政策目标。高海红和陈思翀（2013）、任云（2014）、陈友骏（2015）等则从产业政策的视角切入，认为安倍增长战略的实际推进力度远远不够，缺乏实质性改革措施，所以难以触及经济运行系统的核心部分，也未能扭转日本经济持续通缩的窘境。然而，田远（2014）等研究却得出较为乐观的判断：安倍经济学效果良好，有必要继续执行，日本的物价水平和产出水平都有明显回升，日本经济正往更为清晰的方向行进。

综上，关于"安倍经济学"的效果，学界目前尚未取得共识。"赞扬派"认为安倍政府面对严重的宏观经济失衡问题，在宏观调控对策与实践上走出了勇敢的一步，是积极探索与应对经济衰退的体现，对于恢复市场信心、稳定和提振金融系统、反通货紧缩以及拉动经济增长均具有明显的积极效果。"否定派"学者则抓住安倍经济学治标不治本的缺陷，以及 QE 政策实践历史上效果微弱的把柄，认为日本的经济问题不是一个短期失衡的总量问题，而是一个长期失衡的结构问题，由于货币乘数和流通速度明显下降等，过激的宏观刺激政策非但解决不了通货紧缩和经济衰退等总量问题，从长期看反而极有可能使之恶化，有造成新一轮资产泡沫的风险。"存疑派"学者则较为审慎和中庸，在充分了解日本经济问题和 QE 政策主张的基础上，辩证地扬弃了上述两派学者的观点，认为日本经济问题既有长期的结构问题，又有短期的总量问题，因此需要标本兼治；"安倍经济学"对于应对短期总量失衡问题效果较为明显，这是其政策的积极作用，需要肯定，但又不能据此定论安倍经济学将取得成功，因为长期积累的结构问题尚未解决，这需要视安倍经济学的"第三支箭"即结构改革政策的执行效果而定；如果不能采取有效措施解决日本的结构问题，安倍经济学以及现已取得的积极成效都将丧失根本，而目前尚无迹象显示安倍政府的结构改革政策已取得明显成效，因此当以审慎态度对待之。

三、美国以非传统货币政策为主体的宏观政策及效果

（一）美国的宏观政策

1. 美联储的非传统货币政策

美联储于 2008~2014 年陆续实施了四轮 QE 政策，以及扭转操作和前瞻性指

引,此三者在整体上构成了美联储非传统货币政策的主要内容。

1) 第一轮QE政策

2008年9月15日,美国雷曼兄弟公司申请破产导致美国金融危机进一步恶化,2008年11月25日,美联储正式宣布启动第一轮QE货币政策,简称QE1。QE1共购买了1.725万亿美元的国债、机构债券和住房抵押支持证券(mortage-backed security,MBS),整个过程持续到2010年4月。

2) 第二轮QE政策

QE1虽一定程度上遏制了美国经济下滑,但并没有使美国彻底摆脱金融危机,期末失业率依旧高达9.9%,且新的通货紧缩迹象显现。在此背景下,2010年11月4日,以刺激经济增长为主要目的的第二轮QE货币政策出台,简称QE2。具体看,美联储每月购买750亿美元长期国债,持续8个月,使国债总额达到6 000亿美元。

3) 扭转操作

在前两轮QE刺激下,美国通胀预期虽不高,但已有明显回升,为了继续获得QE的好处,又可规避资产负债表规模扩大的风险,2011年9月21日,美联储宣布,为了促进经济更强劲复苏,从2011年10月到2012年6月末,美联储将从市场购买总额为4 000亿美元的长期国债(6~30年期),同时卖出基本同额的短期国债(3个月至3年期)。2012年6月21日,美联储再次宣布,延长扭转操作至2012年年底,新增规模为2 670亿美元。

4) 第三轮QE政策

2011年9月,美国失业率高居不下,美联储不得不开展以房地产市场复苏为主要目标的第三轮QE货币政策,简称QE3。9月13日,美联储公开市场委员会宣布,每月将采购400亿美元的抵押贷款支持证券(mortage-backed security,MBS),此轮QE货币政策没有设定总规模和购买期限。

5) 第四轮QE政策

由于QE3效应与预期存在较大偏差,再加上经济萧条与失业问题并未得到妥善解决,在此背景下,2012年12月13日,美联储出台第四轮QE货币政策,简称QE4。具体看,自2013年1月,美联储每月多购买450亿美元长期国债,以替代上年年底到期的扭转操作工具,并宣布只要失业率高于6.5%,未来1~2年的通胀预期不超过2.5%,此轮QE货币政策就不会退出。

6) 前瞻性指引

为了主动与市场沟通,旨在诱使公众对未来利率和通膨率形成合理预期,2008~2014年,美联储相继实施了八次前瞻性指引政策。例如,2008年12月16日,美联储表示:"联邦基金利率将在一段时间内处于超低水平。"2011年8月9

日，美联储表示："超低利率将长期保持下去，至少要到 2013 年年中。"2014 年 3 月 19 日，美联储表示："如果通胀预测值继续保持在委员会 2%的长期目标以下，那么在 QE 货币政策结束后的一段时间内，美联储继续保持联邦基金利率在当前的超低目标区间仍是合适的。"

2. 美国的财政政策与产业政策

1）美国的财政政策

为应对金融危机引起的衰退与通缩风险，并配合 QE 货币政策，美国及时实施了扩张性财政刺激。按时间划分，美国扩张性财政政策的实施可分为两个阶段：第一阶段为布什政府的财政救助计划，第二阶段为奥巴马政府的财政救助计划。

（1）布什政府财政救助计划。2008 年 1 月，布什政府首先推出高达 1 500 亿美元的经济刺激方案。而随着危机态势愈演愈烈，布什政府又于 2008 年 10 月推出 7 000 亿美元不良资产救助方案。该方案利用 2 500 亿美元进行金融注资计划，其中包括 9 家主要的大型银行类金融机构；剩下的 4 500 亿美元用于进行不良资产购买计划。总体而言，布什政府的财政救助计划侧重于金融业，对实体经济的救助计划难免薄弱。

（2）奥巴马政府财政救助计划。2009 年 2 月，《2009 年美国复苏与再投资法案》实施，奥巴马政府推出了高达 7 870 亿美元的预算赤字刺激计划。该计划包括减税计划和直接开支计划两大方面。具体而言，奥巴马政府为失业人员延长了失业保险金期限，允许提前支取退休金，并取消了救济类开支的税收征取。此外，政府在新能源、医疗、科技教育以及基础建设等方面加大了公共投资与政府购买力度。在减税措施方面，奥巴马政府签署了中产阶级减税计划。该计划将税收征收与减免的类别做了详细划分：以年收入 25 万美元为界，对于年收入高于边界的群体实行增税；对于年收入低于边界的家庭及中小企业施行税收减免。

2）美国的产业政策

金融危机下，美国也及时实施了产业政策，并有短期与中长期之分。

（1）短期目标与措施。美国产业政策的短期目标是应对危机，保障和创造就业。具体措施包括：其一，救助房贷机构和购房者，遏阻房贷危机蔓延。这又包括救助"两房"和帮助还贷困难的房主两个方面。其二，救助汽车产业，推动汽车产业重组。2008 年 12 月 19 日，布什政府宣布将从财政部拯救金融业不良资产救助计划资金中拨出 134 亿美元，分批向通用汽车和克莱斯勒提供短期贷款。奥巴马政府上台后，继续向两家公司提供资助，以帮助其重组。其三，向金融系统注资，稳定金融市场，这包括收购金融机构股权、直接向金融机构注资、帮助银行剥离有毒资产、限制受助金融机构高管的薪酬、提供全方位担保、加强对金融系统的监管等方面。

（2）中长期目标与措施。美国产业政策的中长期目标是扶持新能源产业、新一代信息技术、3D打印、智能硬件、生物科技等高新产业以及医疗、教育等基础产业，保持和重塑国际竞争力。具体措施包括：其一，推动汽车产业向环保节能方面转型。其二，资助科技研究，鼓励发展清洁可再生能源，推行能源独立战略。其三，大力发展医疗、教育等公共基础设施。其四，全面整改金融系统，防范金融危机再次爆发。其五，启动"再工业化"战略。把新一代信息技术、3D打印、智能硬件、生物科技等高端制造业的培育与发展作为产业结构优化升级主攻方向，通过出口带动美国制造业复兴。

（二）美国宏观政策效果研究

1. 非传统货币政策效果研究

2008年金融危机爆发后，美联储为了应对经济衰退与通缩风险，先后多次实施非传统货币政策，引起学界进一步关注，对美联储非传统货币政策执行效果的研究层出不穷，但观点莫衷一是。

第一，在稳定金融市场、降低债券利率和提高流动性方面，Vasco 和 Woodford（2010）、Baba 和 Packer（2009）、McAndrews（2009）、Gagnon 等（2010, 2011）、Neely（2010）、Ayt-Sahalia 等（2010）、Dob（2010）、Hancock 和 Passmore（2011）、Yellen（2011a）等众多学者进行了实证研究。这些研究，或使用事件研究法，或使用高、低频数据分析法，或将非传统货币政策引入标准新凯恩斯模型进行检验，大都认为美联储非传统货币操作对于降低包括长期利率在内的债券利率、稳定金融市场、提高流动性效果显著。

第二，在应对通缩与提高产出效应方面，一些学者也进行了实证研究，如 Friedman 和 Kuttner（2010）、Neely（2010）、Chung 等（2011）等。其中，大部分研究都得出了美联储非传统货币政策在恢复通胀预期、增加企业投资、刺激经济复苏方面具有显著成效的结论。

第三，一些学者还具体分析了单次 QE 政策的成效，如 Neely（2010）、Krishnamurthy 和 Vissing-Jorgensen（2011）、D'Amico 等（2012）、Chen 等（2012）、Gertler 和 Karadi（2013）、Li 和 Wei（2013）等。这些研究或用事件研究法，或用 CUSIP 面板数据，或用 DSGE 模型，大都认为 QE1 效果最佳，显著降低了中长期利率；QE2 次之，只使得长期国债等金融资产的收益率小幅下降；QE3 效果最差。

第四，一些学者还针对第一类货币工具创新的有效性进行了探讨。Mishkin（2008）、McAndrews 等（2008）、Wu（2008）、Taylor 和 Williams（2008）、Frank 和 Hesse（2009）、Stroebel 和 Taylor（2009）、Thornton（2010）等或引入虚拟变

量进行线性回归，或使用马尔科夫转换模型与 GARCH 模型，或采用事件研究法，主要针对定期拍卖工具(term auction facility, TAF)的有效性展开分析，除了 Taylor 和 Williams（2008）和 Stroebel 和 Taylor（2009）认为定期拍卖工具对缓解金融市场压力没有任何效果外，大部分研究都认为定期拍卖工具有效降低了 Libor-OIS 利差，对于改善金融市场的流动性匮乏状态成效显著。而针对定期证券借贷工具（term securities lending facility, TSLF），Fleming 等（2010）、Hrung 和 Seligman（2011）等运用普通最小二乘法建立回归模型，研究发现：TSLF 能够有效缓解担保资金市场的紧张局面，并且能够刺激市场参与者对国债的需求。

而针对第二类货币工具创新，也有许多文献实证检验了其对金融市场的影响。Anderson 和 Gascon（2009）、Adrian 等（2010）通过大量数据资料分析认为：CPFF 显著提高了定期商业票据发行量，并且降低了商业票据的利差。Duygan-Bump 等（2010）运用双差分模型检验了 AMLF 的政策效果，结果表明：AMLF 的推出有助于增加高质量 ABCP 市场的流动性，并且打破了货币市场份额赎回与 ABCP 抛售间的恶性循环。Campbell 等运用事件研究方法，从整体市场和不同信用评级证券两个维度来检验 TALF 的实践效果，结果表明：对于整体市场而言 TALF 是有效的。

第五，还有一些学者实证研究了前瞻性指引对于债券利率和预期通胀率的影响。部分研究表明，明确的前瞻性指引可以较好地锚定通胀预期，减少预期的不确定性，并可导致实际利率明显下降。属于这类观点的研究有 Yellen（2011b）等。然而，部分学者利用不同数据或模型却得出了相反的结论，认为前瞻性指引不能产生持久可信的效果，国债收益率对前瞻性指引的反应并不显著。持此类观点有 Kool 和 Thornton、Swanson 和 Williams，以及美国著名智库彼得森国际经济研究所所长亚当·波森等。

以上研究虽观点不尽相同，但大都认为，通过大规模资产购买、前瞻性指引等操作，美联储非传统货币政策总体上明显稳定了金融系统，提高了市场流动性，降低了债券收益率，遏制了通缩预期。债券收益率的下降和人们通缩预期的改善则压低了实际利率水平，这无疑对实体部门产出的提高产生了积极效应。

2. 财政政策效果研究

目前，关于美国金融危机期间财政政策和产业政策的研究文献较少，而在财政政策研究方面，最具代表性的当数 Romer 和 Bernstein（2009）和 Cogan 等（2009）的研究。

美国总统经济顾问委员会主席克里斯蒂娜·罗默和美国副总统办公室首席经济学家杰瑞·伯恩斯坦基于美联储的 FRB/US 模型，就 2009 年美国财政刺激计划对美国 GDP 和就业的影响做了数值模型分析。研究结果表明：2009 年财政刺激计划的工作创造效应相当显著,2010 年第四季度的 GDP 增长率约为 3.7%,工作岗位增加约 367.5 万个。而对产业分类刺激计划的工作创造效应的进一步分析表明,30%的工作岗位创造来自于建筑业和制造业,其他效应显著的行业是零售业及休闲娱乐业。

然而,罗默和伯恩斯坦的观点却遭到了其他经济学家的批评。Cogan 等(2009)认为,罗默和伯恩斯坦的研究存在两个明显缺陷:其一,所使用的是没有考虑理性预期的旧凯恩斯主义模型;其二,假定美联储在预测期内钉住利率不变。鉴于此,他们使用斯麦茨-沃特斯(Smets-Wouters)模型(由 14 个方程联立的 DSGE 模型,即新凯恩斯主义模型)对美国财政刺激计划效应进行了再次检验。研究结果却发现:基于斯麦茨-沃特斯模型的乘数预测要比罗默和伯恩斯坦的预测小得多,且乘数随着时间迅速减少;2010 年第四季度总体刺激计划对 GDP 的乘数仅为 0.65,而罗默和伯恩斯坦计算的乘数则高达 3.6;政府财政刺激很快导致私人部门消费和投资出现反向变动,即挤出效应发生,到 2010 年年底,每一美元刺激导致私人部门产出减少 0.6 美元;总体财政刺激政策只能创造 50 万个工作岗位,明显小于罗默和伯恩斯坦的计算值。

对于 2009 年美国大规模财政刺激计划效果的分析,以上两个主要研究虽然都认为刺激政策对 GDP 及就业具有正效应,但对刺激效果大小的判断却存在明显分歧。Romer 和 Bernstein 的模型表明,政府高支出在可预见的时间内一直保持对 GDP 的增加效应,从而效果非常显著;而 Cogan 等的模型却表明,政府支出具有明显的挤出效应,因此政府支出对 GDP 的增加效应会迅速减弱,从而效果十分有限。后者与 Taylor(2009a,2009b)的观点较为相似,他对 2008 年美国经济刺激方案的实证检验亦表明,税收和转移支付对消费增加具有正效用,但不甚显著。

综上所述,面对金融危机所引起的严重衰退和通缩螺旋风险,美联储敢于突破常规宏观调控框架,及时实施了以非传统货币政策为主体的宏观政策刺激,对于防止经济进一步下滑、稳定金融系统、应对通货紧缩和恢复产出水平都起到了无可争辩的重要作用,并为经济结构优化调整赢得了宝贵的时空。正如 Michael 等所言:"宽松的货币政策环境,促进了美国产业结构的调整。美国已将'再工业化'高端制造业复兴作为基本国策,需要通过出口拉动美国制造业复兴,而美国四次 QE 政策压低美元势必对此做出巨大贡献。"然而,非传统货币政策和扩张性财政政策毕竟不能取代产业政策本身,它只能在总量上致力于使严重失衡的经济系统止住连续衰退的惯性,并尽可能实现短期总量均衡;却不能从根本解决因长期积累而致的经济结构失衡问题,不能实现结构均衡。因此,从长期看,美国非传统货币政策和扩张性财政政策的效果尚需连续、有效的产业政策配合方能巩固和扩大。

四、欧洲以非传统货币政策为主体的宏观政策及效果

（一）欧洲的宏观政策

1. 欧洲中央银行的非传统货币政策

国际金融危机爆发后，欧洲中央银行初期采取的 QE 政策主要包括利率承诺、强化信贷支持、资产担保债券购买计划、证券市场计划、两轮三年期的长期再融资操作和直接货币交易等。

由于德国的反对，欧洲中央银行在相当一段时间内并没有效仿美国、日本等采取真正意义的 QE 政策，以上政策措施虽有工具创新的成分，但基本仍处于传统货币政策范畴，且对反衰退与恢复适度通胀没有起到多大作用。欧元区经济依然复苏不力，并有陷入通货紧缩螺旋的风险，外加欧元区面临分裂的政治风险，如此严峻形势下，拯救欧元成为包括欧洲中央银行在内的整个欧元区的重大使命。政治经济问题对欧洲联合的冲击最终迫使德国放弃了反对 QE 的立场，从而夯实了真正"欧洲版"QE 政策出台的基础。

为应对长期通货紧缩和经济疲软，历经艰难争论，2015 年 1 月 22 日，真正"欧洲版"QE 政策终于出台。欧洲中央银行宣布，扩大债券购买范围，自 2015 年 3 月起，每月购买 600 亿欧元政府与私人债券，持续至 2016 年 9 月底，预计总共向市场投放上万亿欧元，购买计划将一直持续至区域内中期通胀率回升到接近 2% 的通膨率目标为止，并承诺如果通胀水平低迷，将在 2016 年 9 月后继续购债。

2. 英格兰银行的非传统货币政策

英国是继美国和日本之后第三个实行 QE 货币政策的发达国家。在传统货币政策无效的情况下，追随美国和日本实行 QE 货币政策，以此向市场中注入流动性以避免经济大幅下滑成为英格兰银行的首选方案。

英国的 QE 政策分成两个部分。一部分是"标准化"的 QE 政策，分为三轮执行，资产购买计划总金额达到 3 750 亿英镑。与此同时，英格兰银行的基准利率一直维持在 0.5% 的历史最低水平。另一部分是"改良版"的 QE 政策。2012 年 7 月，英格兰银行推出"融资-贷款计划"（funding for lending scheme，FLS），主要内容如下：自 2012 年 8 月起的 18 个月内，英国的各商业银行能够以非常便宜的资金价格从英格兰银行融入长期资金，但前提条件是这些商业银行要增加贷款规模，即资金价格与商业银行的新增贷款规模负相关。FLS 的优势在于能够对商业银行的商业信贷形成激励，从而将金融系统内部的流动性引入实体经济。在商业银行普遍"惜贷"的危机期，英格兰银行此举值得其他推行 QE 政策的中央银行借鉴。

3. 欧元区的财政政策与产业政策

财政政策方面,欧元区各国纷纷采取了以巨额赤字为特征的扩张性财政政策,扩大公共投资和转移支付,减免税收,以大规模刺激经济。欧元区层面上,2008年11月26日,欧盟委员会提出了《欧洲经济复苏计划》。该计划有两个主要支撑,第一个是为经济注入购买力,以拉动需求并激发信心。委员会建议,作为紧急事项,成员国和欧盟同意一项金额高达2 000亿欧元的立即财政刺激。第二个支撑是引导和加强欧洲长期竞争力。该支撑提出了一个全面的方案,将救市相关行为引导至"明智的投资"。所谓"明智的投资"是指应投资于正确的技能,这些技能用于满足未来的需要。《欧洲经济复苏计划》是欧元区层面出台的最重要的财政刺激措施。

产业政策方面,在稳定金融行业的短期操作之外,于中长期产业结构优化调整方面,总体而言,欧元区层面的产业政策与传统的直接干预式产业政策存有明显区别,它带有自由主义市场导向型产业政策的显著特征,强调为提升工业竞争力和结构转型创造良好环境,既是欧元区层面的指导性方针,又是对成员国产业政策的必要补充。就内容而言,欧元区层面的产业政策主要以高新技术产业为导向,着重支持在高端装备、精密零部件、机器人、新能源、新一代信息技术以及生物科技等领域的研发与创新,支持制造业复兴与国际市场拓展,提高劳动者技能以适应产业结构升级要求,最终实现提高欧盟制造业的国际竞争力,促进各成员国制造业协调发展的战略目标。

4. 英国的财政政策与产业政策

英国是欧盟诸国中最热心于积极财政政策的国家。2008年,英国财政大臣达林第一时间宣布,为应对金融危机,英国将削减营业税,并向小企业、低收入者以及家庭提供转移支付。为此,英国的新刺激方案规模高达200亿英镑,以进行公共投资和转移支付。达林称,公共刺激计划将使英国的公共借款在下一财年膨胀至1 180亿英镑。此外,英国政府还将增值税率从17.5%下调至15%(欧盟要求的最低水平),以提高消费者购买力。在出台多项刺激举措后,英国政府2008~2009财政年度的预算赤字高达1 750亿英镑,上一财年的财政赤字仅为346亿英镑;到2010年9月,英国政府已计划支出1 750亿英镑,实际数字高达2 250亿英镑。在产业政策方面,除了购买银行股份、为银行信贷提供担保等稳定金融市场的短期操作外,英国则把生物技术、新一代信息技术、新能源、海洋产业以及以文化创意为代表的软产业作为其产业结构优化调整的主攻方向,并通过组织支持政策、金融支持政策、税收支持政策、创新促进政策和人才吸引政策予以推进和扶持。

（二）欧洲宏观政策效果研究

1. 欧洲中央银行非传统货币政策效果研究

欧洲中央银行非传统货币政策的实施大体上可划分为2015年真正"欧洲版"QE政策实施之前和之后两个阶段。

对于前一阶段欧洲中央银行实施的非传统货币政策，学界所做研究不多，这一方面是由于这些政策并非真正意义的非传统货币政策；另一方面，研究者大多选择美国、日本等更具代表性的国家进行研究。尽管如此，Lenza等（2010）、Hui和Chung（2011）、Dor（2011）、de Grauwe（2011）、Cecioni等（2012）、Giannone等（2012a, 2012b）等依然做了相关研究。其中，Hui和Chung（2011）、Dor（2011）、de Grauwe（2011）等研究认为，欧元区的QE货币政策并没有取得像美联储操作那样明显降低国债利率的效果，且欧债危机使欧元区统一的货币政策难以维系。而其他研究则一致认为，欧元区非传统政策工具总体上是有效的，其显著降低了息差，对利率和贷款都产生了较大影响；然而稍有分歧的是，Giannone等（2012a, 2012b）和Cecioni等（2012）认为欧洲中央银行非传统货币政策的经济复苏效应也较为显著，而Lenza等（2010）却认为欧洲中央银行非传统货币政策对提振经济增长和通胀有明显的滞后效应。

国内学者陈敏强（2010）在这方面也进行了研究。他认为，欧洲宏观政策执行效果主要体现在两个方面：①LIBOR-OIS利差的明显缩小。这表明欧洲中央银行实施的非传统货币政策在降低信用风险、改善欧元区货币传导机制和加快经济走出衰退等方面取得了一定成效。②通胀效应。2009年11月以来，欧元区通胀水平逐步恢复正增长，这在一定程度上反映了欧洲中央银行非传统货币政策在抑制欧元区通缩进一步恶化方面发挥了积极作用。然而，汤柳和王旭祥（2012）通过研究却认为，欧洲中央银行的非传统货币政策虽令欧洲出现了短暂的金融市场反弹，展示了QE政策在促进经济复苏方面的有效性，但是这种短暂反弹并不能掩盖其实质性恶化。

欧洲中央银行前一阶段的货币政策创新介于传统货币政策与非传统货币政策之间，可称为"泛量化宽松政策"。在这种政策实施下，尽管一些学者认为取得了较为明显的反衰退与通缩效果，但总体上看，这种"泛量化宽松政策"对于拉动欧洲经济复苏和反通缩的效果并不显著，并且由于延误时间，欧洲经济结构等内部问题甚至进一步恶化了。这正是真正"欧洲版"QE政策出台实施的原因和契机。

2015年1月，真正"欧洲版"QE政策出台实施。由于较长尺度的经验数据尚难收集，对此研究主要处于规范解析阶段，且褒贬不一。客观而言，自"欧洲版" QE 政策以来，欧元区显现了复苏迹象。然而，德国经济学界并不相信这个大规模购债计划能够拯救欧洲经济。德意志银行专家估算认为，欧洲中央银行每购买 1 万亿欧元国债，拉动通胀与经济增长的结果仅为 0.25 百分点；摩根士丹利的预计也仅为 0.4 百分点（柴野，2015）。美国地区金融公司首席经济学家理查德·穆迪也表示，不管欧版量宽采取何种形式，其对欧元区经济的实质作用都不会太大（吴刚和吴成良，2015）。美国财政部前部长、哈佛大学教授萨默斯亦表示，欧元区仅靠货币刺激政策很难促进欧元区经济增长和就业增加。欧洲中央银行无法有效地将 QE 带来的货币增量注入广泛的经济领域，因此欧元区成员方在欧洲中央银行推行 QE 的同时需要继续实施财政刺激（严恒元，2015）。对此，德国总理默克尔在 2015 年达沃斯论坛上也表示："量化宽松不能成为欧洲中央银行的唯一政策，财政政策和其他提升国家竞争力的改革不能放弃。"在德国的压力下，欧洲中央银行行长德拉吉也强调："包括国债购买计划在内的中央银行货币政策仅能为经济发展奠定基础，欧元区各国只有继续推进结构改革与财政改革才能重获增长动力。"

欧元区这一历史性货币决策与海量货币投放无疑将对本区及世界经济产生重要影响，且正如短期数据所示，对反通缩和拉动经济复苏于短期内起到良好效果。然而，这一政策如脱离行之有效的产业政策实施，其应对通缩压力与促进经济复苏之效力恐怕难以持久，毕竟欧洲经济疲软的根本原因在于经济结构问题，如产业结构固化、创新不足、区域不平衡、福利负担等因素。只有同步实施配套的财政支持政策、修复失灵的货币政策传导机制，并着重推行产业结构改革政策，才能使欧洲真正走出通缩，走向复苏。

2. 欧元区财政政策效果研究

关于欧元区财政政策刺激效果，Arghyrou 和 Kontonikas（2010）、Gianviti 等（2010）、Bruton（2011）、Featherstone（2011）、Hagen（2012）等学者进行了研究，并一致认为，欧元区随意性财政政策是经济过度波动和长期增长率偏低的主要原因，因此应该实施财政改革和债务重组，使欧元区的援助建立在财政政策协调的基础之上，这样财政刺激才会及时有效。其中，Bruton（2011）还认为，金融危机背景下，欧元区应当进行恰当的金融监管和公共债务规模控制；而 Arghyrou 和 Kontonikas（2010）则建议欧元区出台统一的稳定债券，各国联合承担风险，以应对因财政赤字过大而造成的债务危机风险。

还有一些学者或用 VAR 模型，或用 DSGE 模型，实证检验了欧元区扩张性财政政策的溢出效应。其中，Corsetti 等（2010）、Beetsma 和 Giuliodori（2011）、Auerbach 和 Gorodnichenko（2012）等研究认为，欧元区国家的财政政策刺激显著扩大了对欧洲其他国家的进口，在产出和通胀方面具有明显的正溢出效应，尤其是那些处于衰退之中的国家受到伙伴国政府购买的正溢出效应影响更大。而 Cwik 和 Wieland（2011）等的研究并没有发现成员国政府支出增加具有正溢出效应的证据。

3. 英格兰银行非传统货币政策效果研究

自英格兰银行于 2009 年 3 月推行 QE 政策以来，一些学者从不同角度就该政策应对通缩与衰退的效应进行了研究。

Meier（2009）和 Joyce 等（2011）运用事件研究法，分析了英格兰银行 QE 政策对英国金融市场的影响，都认为此政策明显降低了英国中长期债券收益率，同时提高了英国股价水平，具有显著的经济效果。de Grauwe（2011）也认为，较之于西班牙，英国 QE 政策明显降低了中长期国债收益率，这意味着英国融资成本的显著降低。继 Meier、Joyce 等之后，Kapetanios 等（2012）进一步分析了英格兰银行 QE 政策对英国产出和通胀的影响，结果发现：平均来看，QE 政策使英国的 GDP 增长率和通胀率分别提升了 1.5% 和 1.25%。国内学者陈敏强（2010）则通过比较分析认为，英格兰银行的非传统货币政策对于改善货币市场运作、疏通受堵的货币传导机制以及促使英国走出衰退和通缩均做了积极贡献。

以上研究大都认为，英格兰银行 QE 政策有效改善了英国金融市场的流动性，明显降低了市场利率，对于稳定金融市场、抑制通货紧缩和推动经济复苏效果显著。

五、结语

面对金融危机，发达国家普遍采取了以非传统货币政策为主体的宏观调控政策，以应对经济衰退和通缩螺旋风险。客观而言，QE 货币政策和赤字性财政政策对于抑制通货紧缩及通缩预期、恢复生产效果较为显著，于短期内在抑制总量失衡连续扩大之惯性和恢复总量均衡方面具有积极意义，其中以美国的综合刺激政策成效最为显著。而更重要的意义在于，货币、财政综合刺激还为各国经济结构优化调整赢得了宝贵的时间和空间。正如 Michael 等所言："宽松的货币政策环境，促进了美国的产业结构调整。美国已将'再工业化'高端制造业复兴作为基本国策，需要通过出口拉动美国制造业复兴，而美国四次 QE 政策压低美元汇率势必对此做出巨大贡献。"由此亦可看出，美国的货币、财政政策刺激效果最佳，其原因正在于美国在此基础上及时且初步成功地实施了旨在促进产业结构调整优化的产业政策，即"再工业化"战略。所以，非传统货币政策和积极财政政策实施绝不能缺少有针对性的产业政策这个重要的后续措施，否则货币、财政刺激效应将不可持续。

货币、财政刺激毕竟只是权宜之计,非传统货币政策的目的在于为产业运行注入流动性,而扩张性财政政策则普遍面临赤字上限约束,故而,二者最重要的意义就在于为医治结构病症的产业政策发挥效力争取时空,使其能在一个相对稳定的外部环境中连续、稳步地进行。美国较好地初步实施了产业政策,及时利用了货币、财政刺激所争取的时空,因此非传统货币政策和财政刺激效果最佳。相反,日本、欧元区以及英国没有及时实施有针对性的产业政策使其货币、财政刺激效果得不到巩固和扩大,并逐渐衰微。然而,美国也仅是初步实施了较为成功的产业政策,至于"再工业化"战略的后续推进与执行效果则到目前为止尚未可知,而这将在很大程度上影响到美国经济的后续复苏进程。

最后,从国际经济系统有序运行的视角看,各国普遍执行的非传统货币政策创新与实践,具有"以邻为壑、损人利己"的消极影响,严重违背了"互利共赢"的国际经济交往原则,干扰了国际经济分工与协作的基本运行机制。可以说,为解决本国经济问题,这种不够审慎的宏观调控政策创新与实践,自日本起,由美国接力,进而传播到全球范围,虽然在一定程度上取得了一些短期和局部利益,但却在国际经济博弈中引入了新的违背"互利共赢"原则的"囚徒困境"机制。从长期看,这种机制不利于各国经济结构优化与总量增长。

参 考 文 献

柴野.2015-01-24."量化宽松",欧洲亦喜亦忧.光明日报(005 版).
陈刚.2015.日本财政政策视角下安倍经济学的逻辑和前景.现代日本经济,(2):53-62.
陈敏强.2010.2009 年美、欧、英、日央行非常规货币政策及其效应比较分析.(7):4-18.
陈友骏.2015.论"安倍经济学"的结构性改革.日本学刊,(2):75-92.
陈志恒.2013.解读"安倍经济学":国外学者观点述评.国外社会科学,(11):53-60.
段小茜,李南妮,陈玉财.2013.量化宽松难解日本经济之困.中国金融,(14):76-77.
高海红,陈思舢.2013.安倍经济学经济增长战略的目标、内容和评价.国际经济评论,(5):55-66.
郭可为.2013.安倍经济学评析.国际研究参考,(9):44-54.
吉野直行.2010-01-25.危機後の産業政策のあり方企業の新陳代謝を軸に.日本経済新聞"経済教室".http://www.rieti.go.jp/papers/contribution/yoshino/1.htm.
姜跃春.2015."安倍经济学"的困境与日本经济前景.国际问题研究,(2):103-111.
金京淑,马学礼.2015.人口老龄化困境中的"安倍经济学"——兼评日本经济增长的前景.现代日本经济,(3):83-94.
靳玉英,张志栋.2010.非传统货币政策解析——以美国的该政策实践为例.货币理论与政策,(10):11-20.
李欢丽,王晓雷.2015.传导机制扭曲与日本量化宽松货币政策失灵.现代日本经济,(1):33-42.
刘兴华.2010.日本的"零利率"政策:起源、效果与趋势.现代日本经济,(4):17-22.

潘成夫.2009.量化宽松货币政策的理论、实践与影响.经济学家,(9):83-89.
秦兵.2015.安倍经济学对日本产业和贸易的影响及其走向.对外经贸实务,(1):17-20.
任云.2014."失去的20年"与"安倍经济学"增长战略.国际经济评论,(4):121-140.
汤柳,王旭祥.2012.欧洲量化宽松货币政策前景难料.中国金融,(11):63-65.
田远.2014.安倍经济学"的"第三支箭"——看日本财政改革的困难和政治斗争中的妥协.经济研究参考,(67):24-29.
王维安,徐澄.2011.次贷危机中美联储非常规货币政策应对、影响和效果.国际金融研究,(1):53-59.
吴刚,吴成良. 2015-01-22.欧洲"折中版"量化宽松即将出台. 人民日报(022版).
严恒元. 2015-01-23. 欧洲量化宽松政策正式"亮相".经济日报(016版).
Adrian T,Kimbrough K,Marchioni D. 2010. The federal reserve's commercial paper funding facility. Federal Reserve Bank of New York,Staff Report 423,January.
Anderson R,Gascon C.2009. The commercial paper market,the fed,and the 2007-2009 financial crisis. Federal Reserve Bank of St. Louis,Review,November/December.
Arghyrou M G,Kontonikas A. 2010.The EMU sovereign-debt crisis: the european institute,LSE 12 October 2010.
Auerbach A J,Gorodnichenko Y. 2012.Output spillovers from fiscal policy. National Bureau of Economic Research Working Paper 18578.
Auerbach A J,Obstfeld M. 2003.The case for open-market purchases in a liquidity trap. National Bureau of Economic Research.
Ayt-Sahalia Y,Andritzky J,Jobst A,et al.2010.Market response to policy initiatives during the global financial crisis.NBER Working Papers No.15809.
Baba N,Nakashima M,Shigemi Y,et al.2006. The bank of Japan's monetary policy and bank risk premiums in the money market. International Journal of Central Banking,2(1):43-52.
Baba N,Nishioka S,Oda N,et al.2005. Japan's deflation,problems in the financial system,and monetary policy. BIS Working Papers 188. Basel:Bank for International Settlements.
Baba N,Packer F.2009.From turmoil to crisis:dislocations in the FX swap market before and after the failure of lehman brothers.Bank for International Settlements Working Paper No.285.
Beetsma R,Giuliodori M.2011.The effects of government purchases shock: review and estimates for the EU.The Economic Journal,121(550):4-32.
Bernanke B.2000.Japanese monetary policy: a case of self-induced paralysis?// Mikitani R, Posen A S. Japan's Financial Crisis and its Parallelsto U.S. Experience,Institute for International Economics,Washington D C.
Bernanke B. 2003.Some thoughts on monetary policy in Japan. The Japan Society of Monetary Economics,Tokyo,Japan,May 31.
Bernanke B. 2009.The crisis and the policy response. London School of Economics.
Bernanke B,Reinhart V R.2004. Conducting monetary policy at very low short-term interest rates . The American Economic Review,(2):85-90.
Bernanke B,Reinhart V R,Sack B P.2004. Monetary policy alternatives at the zero bound: an empirical assessment.Brookings Papers on Economic Activity,(2):2-95.
BOJ.2003.The role of the money stock in conducting monetary policy. Bank of Japan Quarterly Bulletin,11(2):151-202.
Bruton J.2011.European banking policy: past,present and future.European View,(10):79-85.
Caballero R J,Kashyap A K.2008.Zomble lending and depressed restructuring in Japan. American

Economic Review, 98 (5): 1943-1977.

Callum B. 2003. Japanese monetary policy 1991-2001. Federal Reserve Bank of Richmond Economic Quarterly 89.

Cecioni M, Ferreo G, Secchi A.2012.Unconventional monetary policy in theory and in practice.Bank of Italy Occasional Paper No.102.

Chen H, Crurdia V, Ferrero A. 2012. The macroeconomic effects of large-scale asset purchase programs. Economic Journal, 122 (564): 289-315.

Christopher N. 2012.The large-scale asset purchases had large international effects.Federal Reserve Bank of St. Louis Working Paper No. 2010-018A.

Chung H, Laforte J P, Reifschneider D, et al.2011. Estimating the macroeconomic effects of the Fed's asset purchases. FRBSF Economic Letter, issue Jan 31.

Clouse J, Dale H, Athanasios O, et al. 2000. Monetary policy when the nominal short-term interest rateis zero.Federal Reserve Board, Finance and Economic Discussion Series, 2000-51, November.

Cogan J, Cwik T,Taylor J,et al.2009.New keynesian versus old keynesian government spending multipliers.NBER Working Paper, No.14782.

Corsetti G, Meier A, Muller G.2010.Cross-border spillovers from fiscal stimulus.International Journal of Central Banking, 6 (1): 5-37.

Cortazzi H. 2013-02-04."Abenomics"MissingtheMark.http://www.japantimes.co.jp/opinion/2013/02/04/commentary/abenomics-missing-the-mark/#.UjloZY2BRQ.

Cwik T, Wieland V.2011.Keynesian government spending multipliers and spillovers in the Euro Area.Economic Policy, 26 (67): 493-549.

D'Amico S, English W B, L'opez-Salido D, et al.2012.The federal reserve's large-scale asset purchase programs: rationale and effects.Economic Journal, (122): 415- 446.

Das S.2013-06-20.Japan becoming the land of the setting sun.The Wall Street Journal (Market Watch), 2013.http://www.market watch.com/story/japan-becoming-the-land-of-the-setting-sun-2013-06-20#.

de Grauwe P.2011.The European central bank: lender of last resort in the government bond markets? CESifo Working Paper No.3569.Category 7: Monetary Policy and I -Nternational Finances Eptember 2011.

Dob T.2010.The efficacy of large-scale assets purchases at zero lower bound. Federal Reserve Bank of Kansas City, Second Quarter: 5-34.

Dor E.2011.Leaving the euro zone: a user's guide.IESEG Working Paper Series, No.ECO-06.

Duygan-Bump B, Parkinson P, Rosengren E, et al.2010.How effective were the federal reserve emergency liquidity facilities? Evidence from the Asset-Backed Commercial Paper Money Market Fund Liquidity Facility, Federal Reserve Bank of Boston, Working Paper, QAU10-3, April.

Eggertsson G. 2003. Fighting deflation at zero nominal interest rates: committing to being irresponsible.IMF Working Paper No. 03/64.

Featherstone K.2011.The greek sovereign debt crisis and EMU: a failing state in a skewed regime.JCMS, 49: 193-217.

Feldstein M.2013.The wrong growth strategy for Japan.http://www. The guardian. com/business/economics-blog/2013/jan/18/japan-economic-growth-strategy-wrong.

Ferguson N, Lindsey L, Loeb D.2013-06-24.The right target for the third arrow: corporate managerial efficiency in Japan compared with the United States.http://www.aei.org/files/2013/

06/24/-the-right-target-for-the-third-arrow 172849809480.pdf.

Fleming M, Brung W, Keane F. 2010. Report market effects of the term securities lending facility. American Economic Review, 100 (2): 591-96.

Francis I, Cui J.2008.The impact of a new term auction facility on LIBOR-OIS spreads and volatility transmission between money and mortgage markets.Monash University Working Paper 2008.

Frank N, Hesse H.2009.The effectiveness of central bank interventions during the first phase of the subprime crisisJ.IMF working paper, No.206.

Friedman, Kuttner.2010. Implementation of monetary policy: how do central banks set interest rates? NEER Working Paper.

Fujiki H, Shiratsuka S.2002. Policy duration effect under the zero interest rate policy in 1999~2000: evidence from Japan's money market data. Bank of Japan Monetary and Economic Studies, (1): 1-31.

Gagnon J, Raskin M, Remache J, et al.2010. Large-scale asset purchases by the federal reserve: did they work? Federal Reserve Bank of New York Staff Reports No. 441.

Gagnon J, Raskin M, Remache J, et al.2011. The financial market effects of the federal reserve's large-scale asset purchases.International Journal of Central Banking, 7 (10): 3-43.

Gertler M, Karadi P.2011.A model of unconventional monetary policy. Journal of Monetary Econornics, 58 (1): 17-34.

Gentler M, Karadi P.2013. QE1 vs. 2 vs. 3...: a Framework for analyzing large-scale asset purchases as monetary policy tool . International Journal of Central Banking, 9 (1): 5-53.

Giannone D, Lenza M, Pill H, et al. 2012b.The ECB and the interbank market.ECARES Working Paper 2012-005.

Gianviti F, Krueger A O, Pisani-Ferry J, et al.2010. A European mechanism for sovereign debt crisis resolution: a proposal. Bruegel, 9: 1-32.

Giannone D, Lenza M, Reichlin L. 2012a. Money, credit, monetary policy and the business cycle in the Euro Area.ECARES Working Paper 2012-008.

Hagen V.2012.Electoral institutions, cabinet negotiations, and budget deficits in the European Union.NBER Working Paper, No.6341.

Hancock D, Passmore W.2011.Did the federal reserve's MBS purchase program lower mortgage rates? Journal of Monetary Economics, 58 (5): 498-514.

Harada Y, Masujima M.2009. Effectiveness and transmission mechanisms of Japan's quantitative monetary easing policy. Japanese Economy, 36 (1): 48-105.

Harris T. 2013-06-06. Don't declare victory for a benomicsyet. http://cei.study.org.cn/doc/jjnk03/2013060616621.pdf.

Hrung W, Seligman J. 2011. Responses to the financial crisis, treasury debt, and the impact on short-term money markets. Federal Reserve Bank of New York, Staff Report No. 481, January.

Hui C H, Chung T K.2011.Crash risk of the Euro in the sovereign debt crisis of 2009-2010.Journal Of Banking And Finance, Vol.35, No.11.

Joyce M, Lasaosa A, Stevens I, et al.2011. The financial market impact of quantitative easing in the United Kingdom. International Journal of Central Banking, 7 (3): 113-161.

Joyce M, Miles D, Scott A, et al.2012.Quantitative easing and unconventional monetary policy—an introduction.The Economic Journal, 122 (564): 271-288.

Kapetanios G, Mumtaz H, Stevens I, et al. 2012.Assessing the economy-wide effects of quantitative easing. The Economic Journal, 122 (564): 316-347.

Kartz R.2013.More sizzle than steak: why the abe economy will fail.The International Economy, 67.

Kobayashi T, Spiegel M M, Yamori N.2006.Quantitative easing and Japanese bank equity values.Journal of the Japanese and International Economies, 20 (4): 699-721.

Krishnamurthy A, Vissing-Jorgensen A.2011.The effects of quantitative easing on interest rates. Brookings Papers on Economic Activity, 215- 265.

Krugman P. 1998. It is baaack! Japan's slump and the return of the liquidity trap.Brookings Papers on Economic Activity, (2): 13 -87.

Krugman P.2013-05-24. Japan the model. http://www.nytimes.com/2013/05/24/opinion/krugman-japan-the-model.html.

Lee J W. Abenomics and Asia.http://www.project-syndicate.org/commentary/the-consequences-of-japan-s-economic-policies-for-asia-by-lee-jong-wha.

Lenza M, Pill H, Reichlin L. 2010. Monetary policy in exceptional times.Working Paper Series.

Li C, Wei M.2013.Term structure modeling with supply factors and the federal reserve's large-scale asset purchase programs.International Journal of Central Banking, (3): 3- 39.

McAndrews J.2009.Segmentation in the US dollar money markets during the financial crisis.Paper presented at the International Conference of the Bank of Japan's Institute for Monetary and Economic Studies.

McAndrews J, Sarkar A, Wang Z. 2008.The effect of the term auction facility on the london inter-bank offered rate.Federal Reserve Bank of New York, Staff Report No. 335, July.

Meier A.2009.Panacea, curse, or nonevent? unconventional monetary policy in the united kingdom. IMF Working Papers: 1-47.

Meltzer A H. 2001.Monetary transmission at low inflation: some clues from Japan in the 1990s.Monetary and Economic Studies, 19 (S1): 13 -34.

Mishkin F S. 2008-02-15. The federal reserve's tools for responding to financial disruptions.Board of the Federal Reserve System.

Moussa Z, Girardin E.2011.Quantitative easing works: lessons from the unique experience in Japan 2001-2006.Journal of International Financial Markets, Institutions& Money, 21 (4): 3.

Nagano M. 2011. The regional effects of quantitative easing monetary policy in Japan: evidence from post-crisis firm data. Global Economic Review: 1-19.

Nakajima J, Shiratsuka S, Teranishi Y.2010.The effects of monetary policy cmmitment: evidence from time-vary parameter VAR analysis. IMES Discussion Papers.

Neely C J. 2010.The large-scale asset purchases had large international effects. Federal Reserve Bank of St. Louis Working Paper Series.

Oda N, Ueda K.2007. The effects of the bank of Japan's zero interest rate commitment and quantitative monetary easing on the yield curve: a macro-finance approach. The Japanese Economic Review, (3): 303-328.

OECD.2013. OECD Economic Surveys: Japan 2013.

Okina K, Shiratsuka S.2004. Policy commitment and expectation formation: Japan's experience under zero interest rates . North American Journal of Economics and Finance, (1): 75-100.

Orphanides A, Wieland V.2000. Efficient monetary policy design near price stability. Journal of Japanese and International Economies, 14: 327 -356.

Posen A S.1998.Restoring Japan's Economic Growth. Washington D C: Institute for International Economics.

Romer C, Bernstein J.2009. The Job Impact of the American Recovery and Reinvestment Plan, January 8, 2009. http://otrans.3cdn.net/ ee40602f9a7d8172b8 -ozm6bt50i. Pdf.

Stroebel J C, Taylor J B.2009. Estimated impact of the fed's mortgage-backed securities purchase program. Unpublished Manuscript.

Svensson L E O. 2001.The zero bound in an open economy: a foolproof way of escaping form a liquidity trap.Monetary and Economic Studies, 19 (S1): 277-312.

Svensson L E O. 2003. Escaping from a liquidity trap and deflation: the foolproof way and others.Journal of Economic Perspectives: 145-166.

Takata H.2013.Abenomics brings Japan out of the lost two decades.AJISS—Commentary, No.176.

Taylor J.2009a. The lack of an empirical rationale for a revival of discretionary fiscal policy. Prepared for the Annual Meeting of the American Economic Association Session "The Revival of Fiscal Policy".

Taylor J. 2009b.The financial crisis and the policy responses: an empirical analysis of what went wrong.NBER working paper, No.14631.

Taylor J, Williams J C.2008.A black swan in the money market.NBER working paper, No.13943.

Thornton D L. 2010. The effectiveness of unconventional monetary policy: the term auction facility, federal reserve bank of St.Louis, Working Paper Series no. 2010-044A, October.

Ueda K.2010.The bank of Japan's experience with non-traditional monetary policy. The Discussion Paper of 55th Economic Conference of the Federal Reserve Bank of Boston, October 14-16st.

Ugai H.2007. Effects of the quantitative easing policy: a survey of empirical analysis. Monetary and Economic Studies, Bank of Japan.

Vasco C, Woodford M.2010.The central-bank balance sheet as an instrument of monetary policy.Journal of Monetary Economics.

Veda Kazuo.2012. Japan's deflation and the bank of Japan's experience with nontraditional monetary policy. Supplement February : 175-190.

Wu T.2008.On the effectiveness of the federal reserve's new liquidity facilities.Federal Reserve Bank of Dallas Working Paper 2008.

Yellen J. 2011a. The federal reserve's asset purchase program. Speech at the Brimmer Policy Forum, Allied Social Science Associations Annual Meeting, Denver, Colorado January 8, 2011.

Yellen J.2011b. Unconventional monetary policy and central bank communications.Speech at the University of Chicago Booth School of Business US Monetary Policy Forum, New York, February.

后　　记

本书是国家自然科学基金 2015 年第二期应急项目的最终研究成果,是一项集体研究成果。这项研究包括一个总体项目、七个子项目和一个与总项目并列的项目。根据研究的需要,整个项目最终成果的文字规模较大,我们按出版社的要求,把书稿压缩到 30 万字左右,形成了摆在读者面前的这本专著。

在书稿即将付梓之际,作为主编,我们首先想到的是需要感谢为本书做出贡献的人。我们要感谢国家自然科学基金委管理学部对本项目的资助,感谢李一军、高自友、杨列勋等有关领导和项目管理主任方德斌、高杰等教授对项目研究的指导和帮助;我们要感谢七个子项目主持人、田国强教授及整个项目团队的全部研究人员和工作人员给予的精诚合作;我们要感谢参与项目中期评审和结项评审的专家:李善同教授、汪同三教授、杨晓光教授、陈彦斌教授、龚六堂教授,他们对项目研究的深化提出了许多宝贵的意见;我们要感谢华侨大学、中国社会科学院财经战略研究院的领导和相关部门的工作人员,他们在本项目申请、立项、评审、结项的过程中给予了大力支持,李雪芬老师为此做了很多默默无闻的工作。最后,我们还要感谢科学出版社经济法律分社的马跃副社长、刘英红编辑,他们为本书的顺利出版付出了辛勤的劳动。

这个应急项目的名称是"防范通货紧缩预期对经济增长影响的政策研究",但我们在研究过程中把范围扩大为"防范通货紧缩及通缩预期对经济增长影响的政策研究",并以此作为本书的书名。修改题目名称的主要原因是,在最初的项目论证答辩阶段,评审专家对通货紧缩与通缩预期的关系提出了意见,对适度修改题目提出了一些建议,引发了我们的深入思考。对于中国经济是否有通货紧缩趋势,现在各方的看法仍存在分歧;总量通缩的基本特征还没有出现,而结构性通缩的问题相当突出;市场上的通缩预期,已比较明显地表现出来;这些都对经济增长产生影响,加大了经济下行的压力。考虑到以上因素,我们在研究中把"通货紧缩"和"通缩预期"都作为关键词。

本书的各章都是由各个项目组独立完成的,我们尊重项目主持人及团队的研究成果和观点取向,基本上没有对内容加以修改或调整,同时也要求作者文责自负。书中难免有不足之处,我们诚恳欢迎读者批评指正。

这个项目的研究重点和落脚点是政策研究，预测研究的时区主要是未来两三年。书中的分析判断是否正确、政策建议是否可行，还有待实践的检验。我们认为，未来几年，中国经济面临的通缩压力将大于通胀风险，防范通缩及通缩预期对经济增长的影响，努力减轻经济下行的压力，将至少是一项中期性任务。这需要更多的专家学者与我们一起，根据实践的发展不断深化研究，为宏观决策提供可行而有效的参考依据。

郭克莎、汪红驹

2017 年 3 月 16 日